पाश्चात्य राजनैतिक चिन्तन

खण्ड 1

(बेन्थम से आज तक)

डॉ॰ उर्मिला शर्मा
डॉ॰ एस॰ के॰ शर्मा

ATLANTIC
PUBLISHERS & DISTRIBUTORS (P) LTD

प्रकाशक :
एटलांटिक पब्लिशर्स एण्ड डिस्ट्रीब्यूटर्स (प्रा.) लि.
7/22, अन्सारी रोड, दरियागंज, नई दिल्ली-110002
दूरभाष : +91-11-40775252, 23273880, 23275880, 23280451
फैक्स : +91-11-23285873
ई-मेल : orders@atlanticbooks.com
वेबसाइट : www.atlanticbooks.com

शाखा कार्यालय :
5, नालाथम्बी स्ट्रीट, वालाजाह रोड,
चेन्नई-600002
दूरभाष : +91-44-64611085, 32413319
ई-मेल : chennai@atlanticbooks.com

मुद्रक : चमन इन्टरप्राइसेज, 1603, पटौदी हाऊस, दरियागंज, नई दिल्ली-110002

PASHCHATYA RAJNAITIK CHINTAN (*in Hindi*)
By Dr. Urmila Sharma and Dr. S.K. Sharma

विषय प्रवेश

प्रस्तुत पुस्तक, जैसा कि उसके नाम से स्पष्ट है, पाश्चात्य राजनैतिक चिन्तन के सम्बन्ध में है। इसमें प्लेटो से बर्क तक के पाश्चात्य राजनैतिक चिन्तन का विवेचन किया है। पाश्चात्य राजनैतिक चिन्तन के इस प्रथम खण्ड को तीन भागों में विभाजित किया गया है—प्राचीन राजनैतिक चिन्तन, मध्यकालीन राजनैतिक चिन्तन तथा आधुनिक राजनैतिक चिन्तन।

इस पुस्तक की विषय सामग्री प्रामाणिक तथा मौलिक ग्रन्थों से एकत्रित की गई है। विषय सामग्री को केन्द्रीय, वाम एवं लगातार शीर्षकों द्वारा उपस्थित किया गया है ताकि विषय को याद करने में आसानी हो। उद्धरणों के हिन्दी अनुवाद के साथ उन्हें फुटनोट में मूल अंग्रेजी भाषा में भी दिया गया है। विषय विवेचन करने की भाषा यथासंभव सरल रखी गई है। प्रत्येक चिन्तक के विचारों का विवेचन करने के पूर्व उसका जीवन चरित्र दिया गया है। अध्याय के अन्त में विश्वविद्यालयों की परीक्षाओं में वास्तव में पूछे गए कुछ महत्त्वपूर्ण प्रश्न दिये गए हैं। जिससे पाठक परीक्षा के लिये अभ्यास कर सके। इस प्रकार लेखकों ने विषय के अध्यापन के अपने अनुभव के आधार पर इस पुस्तक को यथासंभव विद्यार्थियों के लिये एक आदर्श पाठ्यपुस्तक तथा शिक्षकों के लिये एक आदर्श संदर्भ ग्रन्थ बनाने का प्रयास किया है।

फिर भी लेखकों को विद्यार्थियों और शिक्षकों के सुझावों का इन्तजार रहेगा ताकि पुस्तक के आगामी संस्करण को और भी अधिक उपयोगी बनाया जा सके।

उर्मिला शर्मा
एस॰ के॰ शर्मा

विषय सूची

भाग—3
आधुनिक राजनैतिक चिन्तन
(Modern Political Thought)

1

विषय प्रवेश
(Introductory)

राज-शास्त्र एक व्यापक विषय है। इस शास्त्र को तीन भागों में विभक्त किया जा सकता है।

(1) राजनीति-कला— राजनीति-कला व्यावहारिक राजनीति की शिक्षा देती है जिसमें राजनीति के ज्ञान की व्यावहारिक क्षेत्र में चतुराई से प्रयोग करने की क्षमता अपेक्षित होती है।

(2) राजनीति-विज्ञान— राजनीति-विज्ञान में विषय-वस्तु को व्यवस्थित रूप दिया जाता है। यह व्यवस्थित रूप पर्यवेक्षण, अध्ययन और अनुभव का परिणाम होता है जिसे इस तरह उपस्थित किया जाता है कि वह सम्पूर्ण प्रतीत हो।

(3) राजदर्शन—दर्शन शब्द की उत्पत्ति 'दृश्' धातु से हुई है जिसका अर्थ है 'देखना'। जिन विषयों में राज्य संचालन और तत्संबंधी सिद्धान्तों का अध्ययन करना पड़े, वही राज-शास्त्र है। राज-शास्त्र में विशिष्टताओं का अध्ययन नहीं किया जाता, उनमें अनुभवों का साधारणीकरण (Generalisation) किया जाता है। राजदर्शन में राजनीति के अनिवार्य और मौलिक तत्त्वों को स्थिर किया जाता है।[1] इस प्रकार राज्य संबंधी सिद्धान्तों और विचारों के जन्म और विकास आदि की व्याख्या राजदर्शन हुई। विचारों को समझने के लिये उनको क्रमबद्ध एवं सुव्यवस्थित ढंग से उपस्थित किया जाना नितान्त आवश्यक है। इन विचारों का प्रतिपादन और प्रस्तुतीकरण इस प्रकार किया जाता है जिससे पाठक या श्रोता प्रतिपादक से सहमत हो जायँ। इसी कारण विचारक में विशेष चतुराई की अपेक्षा होती है। विज्ञान की सीमा से एक चरण आगे रखकर दर्शन भी कला के क्षेत्र में प्रविष्ट हो जाता है। इस दृष्टि से राजदर्शन कला और विज्ञान दोनों है लेकिन सामान्यत: इसे कला ही माना जाता है। राजदर्शन को कला इसलिये माना जाता है क्योंकि उसकी सामग्री अत्यन्त व्यापक और

---

1. Gettell, *Political Science*, p. 5.

जटिल है। दूसरे, उसमें शोध और प्रयोगों के शुद्ध वैज्ञानिक साधनों को प्रयोग नहीं किया जा सकता। तीसरे, राजदर्शन की विचार-पद्धतियों, सिद्धान्तों और परिणामों के संबंध में सभी विचारकों का एक मत होना आवश्यक नहीं होता। चौथे, राजदर्शन के अध्ययन द्वारा भावी घटनाओं के संबंध में कोई निश्चित भविष्यवाणी नहीं की जा सकती। क्योंकि सामाजिक और राजनीतिक संबंध बराबर बदलते रहते हैं। इन सब बातों को दृष्टि में रखकर राजदर्शन को विज्ञान के क्षेत्र में न रखकर कला के क्षेत्र में ही रखना पड़ता है।

राजदर्शन का जन्म और विकास

मानव-वृत्तियों की रचना और उनका निर्माण तथा विकास भौगोलिक वातावरण पर निर्भर करता है। मानवीय प्रवृत्तियाँ समाज की विभिन्न आवश्यकताओं को जन्म देती हैं। इन आवश्यकताओं से मानव-संस्थाओं या सामाजिक-संस्थाओं की सृष्टि होती है। राजनीतिक संस्थाओं का स्वरूप कुछ सामाजिक संस्थानों का ही विकसित रूप है। उदाहरण के लिये राज्य की आवश्यकता इसीलिये पड़ी कि वह सामाजिक-आकांक्षाओं की पूर्ति कर सके। परन्तु राजनीतिक संस्थान कभी एक समान नहीं रहे। उनमें बराबर परिवर्तन होता गया। इस परिवर्तन का कारण आवश्यकताओं का क्रमशः जटिल होता जाना था। ज्यों-ज्यों मनुष्य उन्नति करता गया और उसका मस्तिष्क विकसित होता गया, त्यों-त्यों उसकी आवश्यकताएँ जटिल होती गयीं और उसे अन्य संस्थानों को विकसित करने की इच्छा की भाँति ही अपने राजनीतिक-संस्थानों को भी विकसित करने की आकांक्षा रही। यह राजदर्शन के उद्भव की मनोवैज्ञानिक भूमिका है। इस प्रकार राजदर्शन में जहाँ एक ओर राज्य के सिद्धान्तों का अध्ययन किया जाता है, वहाँ दूसरी ओर राजनीतिक परम्पराओं के क्रमागत विकास और इतिहास का भी अध्ययन किया जाता है।

राजदर्शन की विविधता

राजदर्शन की मनोवैज्ञानिक भूमि मानव प्रवृत्तियों की विभिन्न आवश्यकताओं पर निर्भर करती है। यह बात सभी देशों के राजदर्शन के लिए समान रूप से लागू होती है। किन्तु सभी देशों के राजदर्शन का इतिहास बिल्कुल एक समान नहीं है। उनमें परस्पर बड़ी विविधताएँ हैं। एक देश के दो विचारकों में भी सदैव मतैक्य नहीं पाया जाता। उदाहरण के लिये प्लेटो और अरस्तु को ही लीजिए। दोनों ही विचारक और दार्शनिक यही चाहते थे यूनान के नगर-राज्यों का पतन न होने पाये। वे कीर्ति और ज्ञान के उच्चतम शिखर पर सदैव आसीन रहें। परन्तु लक्ष्य एक होते हुए भी दोनों की दृष्टियाँ भिन्न थीं। जहाँ प्लेटो समूह की दृष्टि से विचार करता है और व्यक्ति को महत्त्व नहीं देता—वहाँ अरस्तु की दृष्टि व्यक्तिवादी है। उसे व्यक्तिवाद में ही समूहगत लाभ के दर्शन होते हैं। यह तो विविधता का सीमित-सा उदाहरण हुआ। इसके अतिरिक्त विभिन्न युगों में विभिन्न प्रकार की समस्याएँ होती हैं और उन समस्याओं का दार्शनिक और विचारक अपने-अपने ढंगों से निदान करते हैं। ये निदान विभिन्न प्रकार के राजनीतिक सिद्धान्तों को जन्म देते हैं। एक सिद्धान्त की प्रतिक्रिया उसके निर्माण के बाद होती है और वह प्रतिक्रिया दूसरे विरोधी सिद्धान्त को जन्म देती है। अन्त में मूल सिद्धान्त और विरोधी सिद्धान्त के बीच समन्वय होता है और उन दोनों

के आधार पर एक नया समन्वयकारी सर्वमान्य सिद्धान्त जन्म लेता है। कालान्तर में इसकी भी प्रतिक्रिया होती है और यह क्रम अनन्त रूप से चलता जाता है। सिद्धान्तों की क्रिया-प्रतिक्रिया का यह मत हीगल ने बड़े अच्छे ढंग से प्रतिपादित किया है। राजदर्शन के विभिन्न सिद्धान्त अपने-अपने समय की माँगों की देन होते हैं। अतएव इन सिद्धान्तों को भली-भाँति समझने के लिये तत्कालीन परिस्थितियों का अध्ययन अत्यन्त आवश्यक है। किसी भी राजनीतिक सिद्धान्त को समझने के लिये उसकी सामाजिक-भूमिका को जानना आवश्यक है।

राज-शास्त्र और राजदर्शन

राजदर्शन दो भागों में विभक्त हो जाता है। एक मार्ग तो स्थूल और भौतिकवादी दिशा की ओर चला जाता है और दूसरा सूक्ष्म की ओर—जिसमें विचार और कल्पना ही प्रगति की आधार-शिलाएँ मानी जाती हैं। पहली दिशा में हम शासन, प्रशासन, विधियाँ (law), अन्तर्राष्ट्रीय सम्पर्क आदि के सिद्धान्तों का अध्ययन करते हैं। दूसरी दिशा में हम राज्य के विकास और सिद्धान्तों, राज्य की उपयोगिता, राज्य के तत्त्वों आदि पर विचार करते हैं। इन दोनों विषयों के स्वरूपों में मौलिक दृष्टि से कोई विशेष अन्तर नहीं है, वे एक ही मुद्रा के दो पहलुओं के समान हैं। किन्तु राजदर्शन के इतिहास में हम मुख्य रूप से दूसरे पक्ष का अध्ययन करते हैं। राजदर्शन की गतिदिशा स्थूल से सूक्ष्म की ओर, विग्रह से एकता की ओर तथा विश्रृंखलताओं और असमानताओं से सामंजस्य और समन्वय की ओर रहती है। राजदर्शन की दृष्टि उस अंतिम सत्य पर केन्द्रीभूत रहती है जहाँ समस्त ज्ञान-विज्ञान आकर एकाकार हो जाते हैं और जीवन और जगत् के कल्याण की ओर निर्देश करते हैं।

राजदर्शन की समस्याएँ

राजदर्शन के विद्यार्थी की सबसे बड़ी समस्या यह रहती है कि वह किसी एक दार्शनिक या विचारक के निर्णयों और विचारों, निदानों और सुझावों को आंख बन्द करके मान लेने में असमर्थ होता है। दूसरी ओर प्रत्येक राजनीतिक विचारक यही समझता है कि जो कुछ उसने किसी समस्या पर लिख दिया है वही अंतिम शब्द है। इन दोनों ही दृष्टियों में भारी अन्तर है। यदि हम एक विचारक के शब्दों को अंतिम मान लेते हैं तो फिर प्रगति की कोई गुंजायश ही नहीं रहती और यदि हम किसी विद्वान की कोई बात स्वीकार ही नहीं करते तो किसी भी परिणाम पर कैसे पहुँचेंगे? मध्यमार्ग का अवलम्बन इस समस्या का सबसे अच्छा समाधान है।

आज हमें विभिन्न राजनीतिक विचारों में अनेक त्रुटियाँ दिखलायी पड़ती हैं और आश्चर्य होता है कि इन विद्वानों ने अपनी विचार-श्रृंखला में ऐसी अशुद्धियाँ कैसे रह जाने दीं। परन्तु अतीत की जो समस्याएँ हल की दृष्टि से हमें इतनी सरल प्रतीत होती है, वही तत्कालीन युग में आज की समस्याओं की भाँति ही कठिन रही होंगी। इस दृष्टि से देखने पर विभिन्न विचारकों और दार्शनिकों की विचारधाराओं की त्रुटियों एवं अशुद्धियों का कारण स्पष्ट हो जाता है। विचारों की त्रुटियों और अशुद्धियों के होते हुए भी राजदर्शन का अध्ययन मस्तिष्क के विकास तथा उच्चतर अभिव्यक्तियों की क्षमता प्राप्त कर लेने के लिये आवश्यक है।

रूढ़िवादी और प्रगतिशील विचारों का संघर्ष

राजदर्शन के इतिहास में **कट्टर** और **प्रगतिशील** तत्त्वों का आदि काल से शाश्वत संघर्ष चलता आया है। स्वभाव से ही अनुदार कट्टरता पक्षपाती तत्त्व इतिहास बतलाता है कि समाज के उसी स्वरूप की उसने एक स्वर से हिमायत की है जिसमें वह रहता चला आया है। उसने क्रान्तियों और परिवर्तनों का सब तरह विरोध किया है। इसके विपरीत प्रगतिशील तत्त्व सदैव ही आदर्शवादी रहा है और उसका विचरण क्षेत्र कल्पनालोक का विस्तृत अंचल है। प्रगतिशील तत्त्व ने परिवर्तनों तथा क्रान्तियों की माँग की है। उसने अन्यायकारी प्राचीन व्यवस्थाओं के विरोध में अपना स्वर उठाया है। दोनों ही पक्षों की अपनी-अपनी त्रुटियाँ और अभाव तथा विशेषताएँ रही हैं। जहाँ अनुदारतावादी कट्टर पक्ष ने शांति और व्यवस्था की स्थिरता में महत्त्वपूर्ण योगदान दिया है वहाँ दूसरी ओर उसने प्रगति का मार्ग अवरुद्ध किया है और बहुधा अत्यन्त आवश्यक सुधारों के रास्ते में रोड़ा अटकाया है। जहाँ प्रगतिशील तत्त्व प्रथम पक्ष के दोषों का परिष्कार तथा परिमार्जन कर जीवन-धारा को आगे प्रवाहित करने में औषधि का कार्य करता है—वहीं दूसरी ओर इसमें सबसे बड़ी कठिनाई यह है कि प्रगतिशील विचारक अपने कल्पनायुक्त आदर्शों को मूर्तिमान रूप देने की धुन में व्यावहारिक और यथार्थवादी पक्ष को बिल्कुल ही भूल जाते हैं और वास्तविकताओं के प्रति उनकी यह अवहेलना, अशान्ति एवं अव्यवस्था को जन्म देती है।

राजदर्शन के अध्ययन के स्रोत

राजदर्शन के अध्ययन के स्रोत निम्नलिखित हैं:—

1. **विभिन्न विचारकों की लिखित सामग्री—** लिखित-सामग्री के अध्ययन से हमें लेखक के विचारों तथा उसकी कल्पनाओं का ज्ञान हो जाता है।

2. **तत्कालीन सामाजिक स्थितियों का अध्ययन**—यदि हम केवल लिखित-सामग्री का अध्ययन ही करते रहें तो वह दर्शन का अध्ययन नहीं रहता। अतएव दार्शनिकों के विचारों को भलीभाँति हृदयंगम करने के लिये हम तत्कालीन सामाजिक स्थितियों का अध्ययन करते हैं। दार्शनिक अपने समय के जिन-जिन विषयों से प्रभावित हुआ है, उनका भी हम अध्ययन करते हैं। इन स्रोतों के अध्ययन से दार्शनिक की विचारधारा को समझने में सहायता मिलती है। हम उसके विचार की त्रुटियों और गुणों का अवलोकनात्मक अध्ययन करने में सफल हो जाते हैं।

3. अधिकारियों और जनता के नेताओं के भाषण।

4. सरकारी कागज पत्र।

5. **तत्कालीन साहित्य**—इसमें उस सयम की समस्त प्रवृत्तियाँ दिग्दर्शित होती हैं।

राजदर्शन का योगदान

1. राजदर्शन का सबसे बड़ा योगदान यह है कि वह अतीत के विचारकों को समझने में सहायता प्रदान करता है। प्राचीन और मध्ययुगीन तथा आधुनिक दार्शनिकों के मतों एवं

विचारों के अध्ययन से हम उनको तथा उनके युग के मनोवैज्ञानिक स्वरूप को तथा अपने आपको समझते हैं। अपने आपको समझने की यह प्रक्रिया हमारी उच्चतर कल्पनाओं की अभिव्यक्ति का अत्यन्त महत्त्वपूर्ण साधन है। राजदर्शन के अध्ययन से विद्यार्थी में अपने आपको समझने की प्रवृत्ति उत्पन्न होने से उसकी उपयोगिता स्वतः सिद्ध है।

2. राजदर्शन में विशिष्ट युग की मूल प्रवृत्तियों का विचारकों के विचारों के माध्यम से विश्लेषण किया जाता है। इस विश्लेषण से हम कुछ उपयोगी परिणाम निकाल सकते हैं जो बोधपाठों का कार्य भी कर सकते हैं। किन्तु किसी भी युग के बोधपाठों से प्राप्त शिक्षाओं को व्यावहारिक क्षेत्र में प्रयोग करते समय यह भूल न जाना चाहिए कि तब और अब की परिस्थितियों में कितना अन्तर हो चुका है। जो परामर्श नगर राज्यों के युग में उनकी सत्ता को स्थिर बनाये रखने के लिये दिये जा सकते थे उनका राष्ट्र--राज्यों के अस्तित्व की रक्षा में एक सीमा तक ही प्रयोग किया जा सकता है और बहुत सी दशाओं में तो वह सलाहें सर्वथा असामयिक भी हो सकती हैं।

3. जैसा कि **गैटिल** ने लिखा है, राजदर्शन का एक सबसे महत्वपूर्ण योगदान यह है कि उससे विचार-विनियम, आलोचना-प्रत्यालोचना से एक प्रकार की मानसिक और बौद्धिक सहिष्णुता विकसित हो जाती है जो विरोधी के भी विचारों को सुनने-समझने तथा उन पर विचार करने के लिये बाध्य करती है।

राजनैतिक चिन्तन के युग

(Periods of Political Thought)

बार्कर के शब्दों में पाश्चात्य राजनीतिक विचारों का इतिहास यूनानियों से आरम्भ होकर आज तक निरन्तर अजस्त्र धारा के रूप में गतिमान है। विभिन्न युगों में उसकी प्रमुख विशेषताओं के कारण अथवा प्रमुख राजनीतिक विचारकों के नाम पर विभिन्न युगों का नामकरण होता रहा है, किन्तु फिर भी किसी युग की निश्चित सीमा रेखा (Demarcation) निर्धारित नहीं की जा सकती। सामान्य रूप से पाश्चात्य राजनीतिक विचारों के इतिहास को निम्नलिखित तीन युगों में विभाजित किया गया है।

(i) प्राचीन युग (Ancient Period)—प्रारम्भ से 5वीं शताब्दी तक।

(ii) मध्यकालीन युग (Medieval Period)—5वीं शताब्दी से 15वीं शताब्दी तक।

(iii) आधुनिक युग (Modern Period)—15वीं शताब्दी से वर्तमान समय तक।

प्राचीन राजनैतिक चिन्तन

(Ancient Political Thought)

बार्कर (Barker) के अनुसार पाश्चात्य राजनीतिक चिन्तन का इतिहास यूनानी राजदर्शन से हुआ। इस कथन की पुष्टि जिमर्न (Zimern) ने यह कह कर की है कि "यूनानियों की सबसे बड़ी देन यह है कि उन्होंने राजनैतिक चिन्तन का आविष्कार किया।" इस प्राचीन

काल के राजनैतिक चिन्तन की विशेषतायें अग्रलिखित हैं–

(1) सरकार की विभिन्न पद्धतियां (Different Systems of Government)– प्राचीन यूनानी राज्यों में विभिन्न प्रकार की प्रशासनिक पद्धतियाँ प्रचलित थीं जैसे– कुलीनतन्त्र (Aristocracy), राजतन्त्र (Monarchy), अन्यायतन्त्र (Tyranny) एवं लोकतन्त्र (Democracy) आदि। राजनैतिक जीवन के ये प्राचीन सफल प्रयोग आज भी राजनैतिक चिन्तन में विचारणीय विषय हैं।

(2) नगर राज्यों का आधिक्य (Mostly City States)–प्राचीन युग में अधिकतर नगर राज्यों की ही स्थापना की गई थी, जो आत्मनिर्भर तथा स्वशासित थे। ये राज्य केवल राजनैतिक इकाई अथवा संस्था के रूप में ही नहीं अपितु नैतिक एवं शैक्षिक संस्था के रूप में भी कार्य करते थे। ये नगर 'राज्य' भी थे और चर्च भी। इन राज्यों को 'व्यक्ति का ही वृहत् रूप' (Individual Writlarge) समझा जाता था।

(3) नागरिक जीवन का आदर्श (Ideal of Civic Life)–यूनानी विचारकों के अनुसार नागरिक जीवन यूनानवासियों के लिये एक आदर्श था। नगर राज्यों में ही व्यक्ति के व्यक्तित्व तथा नैतिकता का पूर्ण विकास सम्भव था। नागरिक जीवन के कारण यूनानवासियों में संवैधानिकता का विकास हुआ। अरस्तु (Aristotle) ने लिखा है कि ''संविधान ही राज्य था और संविधान का तात्पर्य राज्य के अंगों की व्यवस्था नहीं बल्कि एक नैतिक जीवन का निर्माण था।'' अरस्तु ने 'नागरिक विधि' तथा 'नैतिक विधि' को एक-दूसरे का पर्याय माना था। बार्कर (Barker) के शब्दों में ''उस समय राजनीति के तीन अर्थ होते थे–राज्य का सिद्धान्त, विधि सिद्धान्त और नैतिक सिद्धान्त।''

(4) विधि का महत्व (Importance of Law)–यूनानी विचारक न्याय को महत्त्व देते थे। इस न्याय की प्राप्ति के लिये वे कानून का पालन आवश्यक मानते थे। उनके विचार में कानून स्थायी होते थे तथा उन्हें ईश्वर द्वारा निर्मित माना जाता था। इन दो कारणों से यूनानी दार्शनिकों ने कानून को अत्यधिक महत्व दिया था। इसके अतिरिक्त यूनानी विचारकों का मत था कि सच्चरित्र नागरिक जीवन का निर्माण कानूनों के पालन द्वारा ही किया जा सकता है। डा० भण्डारी (Dr. Bhandari) के अनुसार, ''विधि का स्रोत प्रकृति को माना जाता था। राज्य का कर्तव्य विधि के निर्माण करने की अपेक्षा विधि को लागू करना था।''

(5) न्याय को महत्व (Importance to Justice)–प्राचीन युग में न्याय को सर्वाधिक महत्व प्रदान किया गया था। उनके विचार में सर्वोच्च शासन प्रणाली वही है जिसमें न्याय का पालन किया गया हो। प्लेटो ने अपने सर्वाधिक महत्त्वपूर्ण ग्रन्थ 'रिपब्लिक' को 'न्याय से सम्बन्धित' (Concerning Justice) कह कर सम्बोधित किया था।

(6) नागरिकता एक आदर्श के रूप में (Citizenship as an Ideal)– यूनानियों के लिये नागरिकता एक आदर्श था। सभी व्यक्ति राज्य में 'नागरिक' नहीं थे। अरस्तु ने एक नागरिक के विषय में लिखा था कि ''नागरिक वह है जो एक एसेम्बली के रूप में न्याय तथा विधि निर्माण के कार्यों में सक्रिय सहयोग दे और भाग ले। ये

दोनों ही राज्य की सम्प्रभुता के विशेष कार्य हैं।" नागरिक बनने के लिये शिक्षा तथा सैनिक शिक्षा प्राप्त करना आवश्यक था। प्रत्येक व्यक्ति का यह परम कर्तव्य था कि वह नागरिकता प्राप्त करने को अपना आदर्श लक्ष्य समझे।

(7) आध्यात्मवाद (Spiritualism)—यूनानी विचारकों ने नैतिकता को नागरिक तथा राजनीतिक जीवन दोनों में विशेष महत्व दिया था जिससे यूनानी चिन्तन में आध्यात्मिकता का समावेश हो गया था। उनके लिये राज्य एक नैतिक संस्था थी। अरस्तु (Aristotle) ने लिखा है कि "संविधान केवल कार्यालयों की व्यवस्था ही नहीं है, अपितु जीवन-विधि है। यह वैधानिक व्यवस्था से अधिक है। यह एक नैतिक भावना है।"[1] इस प्रकार यूनानी राजदर्शन में आध्यात्मिकता का समावेश हो गया था। प्लेटो ने लिखा है कि "असली आध्यात्मवाद सार्वजनिक देवताओं की पूजा करने में छिपा था, नगर राज्यों का भी उद्देश्य था कि नागरिक अपने कार्यों को नैतिक आधार पर करें। वे नीति और राजनीति में भेद न करते थे।" यह आध्यात्मिकता भी प्राचीन यूनानी राजनैतिक चिन्तन की एक विशेषता थी।

(8) भौतिकवादी दृष्टिकोण (Materialistic View)—प्राचीनकाल में यूनानी दार्शनिकों का दृष्टिकोण भौतिकवादी था। वे जीवन को अधिक से अधिक सुखी बनाने के लिये प्रयत्नशील थे। वे सार्वजनिक देवता की ही पूजा करते थे। राज्य हित को सर्वोपरि मानते हुए भी नगर राज्यों में व्यक्तियों को अपनी स्वयं की उन्नति करने की भी पूर्ण स्वतन्त्रता थी।

(9) शिक्षा की परम आवश्यकता (Necessity of Education)—प्राचीन यूनानी राजदर्शन में शिक्षा को जीवन की परम आवश्यकता माना गया था। प्लेटो ने तो राज्य को ही एक शैक्षणिक संस्था के रूप में उपस्थित किया था। जीवन को सुखमय बनाने तथा नागरिकता प्राप्त करने के लिये शिक्षा ग्रहण करना आवश्यक था। रूसो (Rousseau) के अनुसार प्लेटो की "रिपब्लिक" "शिक्षा पर सर्वोत्तम कृति है।"

(10) दास प्रथा (Slavery)—प्राचीन युग में यूनानी राजनैतिक जीवन में दासों का भी महत्त्वपूर्ण स्थान था। सबसे अधिक संख्या में होते हुए भी ये राज्य के नागरिक नहीं होते थे। समस्त यूनान में यह प्रथा सभी राज्यों में प्रचलित थी। सेबाइन (Sabine) ने लिखा है कि, "सामाजिक वर्ग की तली में दास वर्ग था, क्योंकि प्राचीन जगत में दास प्रथा एक लोकप्रिय संस्था थी।" प्राचीन युग में यह प्रथा अनिवार्य रूप से राज्य का एक प्रमुख अंग समझी जाती थी।

(11) बुद्धिवादी दर्शन (Rationalistic Philosophy)—प्राचीन युग में यूनानी राजदर्शन बुद्धिवादी भी कहा गया। यूनानी विचारक बुद्धि (विवेक) को महत्त्व देते थे। श्रद्धा और अन्धविश्वासों का प्राचीन राजदर्शन में कोई स्थान न था, प्राचीन युग में राजदर्शन तर्क पर ही आधारित था। वस्तुतः यूनान में राजनीतिक दर्शन का आरम्भ ही तर्क से हुआ। मैक्सी (Maxey) ने उचित ही लिखा है कि "जिस क्षण मनुष्य ने मनुष्य पर शासन करने के

1. "The Constitution is not only an arrangement of offices, but a manner of life. It is more than a legal structure. It is also a moral spirit." —Aristotle.

अधिकार पर प्रश्न किया ठीक उसी क्षण राजदर्शन ने जन्म लिया।" सेबाइन (Sabine) ने भी लिखा है कि "यूनानी विचारक तर्क के आधार पर जिस निष्कर्ष पर पहुँच जाते, उससे वे लेशमात्र भी नहीं घबराते थे। चाहे उनके निष्कर्ष प्रचलित मान्यताओं के विरोधी की क्यों न हों? सोफिस्टो, प्लेटो, अरस्तु और अरस्तु के बाद के सारे चिन्तकों के सम्बन्ध में यह कथन सत्य दिखलाई पड़ता है।"

इस प्रकार प्राचीन युग में यूनानी राजनीतिक चिन्तन धर्म निरपेक्षता, बुद्धिवाद, आध्यात्मवाद, भौतिकता आदि विशेषताओं से युक्त था तथा राज्य के हितों के सम्पादन के साथ-साथ व्यक्ति को अपने विकास के लिये पूर्ण स्वतन्त्रता देता था।

मध्यकालीन राजनीतिक चिन्तन
(Medieval Political Thought)

राजनैतिक चिन्तन के इतिहास में मध्यकाल का आरम्भ 5वीं शताब्दी से आरम्भ होकर 15वीं अथवा 16वीं शताब्दी तक चलता रहा। सन्त आगस्टाइन को प्राचीन तथा मध्य काल के बीच की कड़ी माना गया है। इस मध्यकालीन राजनीतिक चिन्तन की विशेषतायें निम्नलिखित हैं—

(1) सामन्तवादी प्रथा (Feudal system)—मध्यकालीन युग में सामन्त प्रथा सर्वत्र विद्यमान थी। इस प्रथा के विषय में सेबाइन (Sabine) ने लिखा है कि "मध्यकाल में सामन्त प्रथा उसी प्रकार प्रभावशाली थी, जिस प्रकार प्राचीन युग में नगर राज्य।" मध्यकालीन युग की यह एक प्रभावशाली संस्था थी। इसने सामाजिक विचारों तथा वैज्ञानिक सिद्धान्तों को प्रभावित किया तथा मध्यकालीन लोगों के जीवन तथा विचारों को प्रभावित किया। मध्ययुग की यह प्रभावशाली प्रथा आधुनिक काल में पूर्णतया समाप्त हो गई है।

(2) सार्वभौमवादिता (Universalism)—मध्ययुगीन राजनैतिक चिन्तन में सार्वभौमवादिता को भी प्रमुख स्थान दिया गया था। इस युग की मान्यता सीमित राज्य अथवा समाज की न होकर तमाम संसार को एक समाज के रूप में देखने की थी। यह कामना की जाती थी कि समस्त संसार का संगठन एक चर्च तथा एक राज्य के आधीन हो। इसलिये मध्ययुग के आरम्भ में चर्च को पोप के नियंत्रण में तथा राज्य को रोमन सम्राट के अधीन रखने का विचार किया गया। "होली रोमन अम्पायर" (Holy Romon Empire) इसी मान्यता की देन थी। किन्तु मध्यकाल में ही आगे चलकर चर्च और राज्य में कौन बड़ा है, इस प्रश्न को लेकर व्यापक संघर्ष एवं वाद-विवाद छिड़ गया तथा सार्वभौमवादिता की भावना समाप्त हो गई।

(3) दैवी अधिकार का सिद्धान्त (Theory of Divine Right)—इस युग के राजदर्शन की एक प्रमुख विशेषता राजा के दैवी अधिकार का सिद्धान्त है। राजाओं की यह पुष्ट धारणा थी कि उनका राज्य करने का अधिकार पैतृक तथा दैवी है। 'ईश्वर के प्रतिनिधि' के रूप में होने के कारण राज्य में राजा ही सर्वप्रमुख है, चर्च नहीं, क्योंकि उसे राज्य करने का अधिकार ईश्वर से प्राप्त हुआ। इसीलिये पृथ्वी पर रहने वाले प्रत्येक व्यक्ति का धर्म

है कि वह राजा की आज्ञा का पूर्ण निष्ठा के साथ पालन करे।

(4) चर्च को समुचित महत्त्व (Proper Importance to Church)– मध्यकाल में चर्च की प्रमुखता सदैव राजनीतिक चिन्तन का विषय बनी रही। मध्यकाल की राजनीति भी चर्च से प्रभावित थी तथा अनेक देश चर्च के प्रमुख पोप (रोम के पोप) से ही राज-काज के आदेश प्राप्त करते थे।

(5) वैयक्तिक स्वतन्त्रता को महत्त्व (Importance to Individual's Independence)– जब जर्मनी के द्वारा रोमन सभ्यता नष्ट की गयी तब जर्मन राजनैतिक विचारकों के द्वारा व्यक्ति की स्वतन्त्रता को महत्त्व दिया गया। मध्य युग के राजनीतिक दर्शन की यह भी एक महान विशेषता रही। एडम्स (Adams) के शब्दों में वे "वैयक्तिक स्वतन्त्रता को विशेष महत्त्व देते थे और राज्य की अपेक्षा व्यक्ति के मूल्य एवं महत्त्व को प्राथमिकता देते थे।" आगे चलकर गिल्ड, कम्यून तथा कारपोरेशन आदि की भावना के उदय के कारण व्यक्तिगत स्वतन्त्रता की यह भावना लुप्त होती चली गई।

(6) संविधानवाद का उदय (Rise of Constitutionalism)– मध्यकाल के उत्तरार्द्ध में संविधानवाद भी राजनीतिक चिन्तन का विषय बन गया। संवैधानिक सरकारें अनेक देशों में स्थापित हो गईं तथा उनकी मांग की जाने लगी। राजा को चुनने का अधिकार, निर्वाचित राजतन्त्र, एसेम्बली आदि शब्दावली इस युग में सामान्य चर्चा का विषय बन गई।

(7) धर्म को महत्त्व (Importance to Religion)– मध्यकालीन राजनैतिक चिन्तन में धर्म की प्रधानता थी। राजदर्शन का आधार प्राचीन युग की भाँति तर्क अथवा बुद्धि-विवेक नहीं अपितु धर्म ग्रन्थ अथवा धार्मिक अन्ध-विश्वास था। ईसाइयों की धर्म-पुस्तक बाईबिल (Bible) तथा सन्त ऑगस्टाइन (St. Augastine) की पुस्तक 'ईश्वर का राज्य' (Civitas Dei) द्वारा प्रमाणित तथ्य ही सामाजिक व धार्मिक जीवन तथा दर्शन के लिये प्रमाणित निर्णय के रूप में स्वीकार किये जाते थे। मध्यकाल में राज्य तथा उनकी राजनीति धर्म के आधार पर ही संचालित की जाती थी। इस प्रकार मध्यकालीन राजनैतिक चिन्तन धर्म से प्रभावित था तथा चर्च और राज्य के संघर्षों का अखाड़ा बना हुआ था।

आधुनिक राजनीतिक चिन्तन
(Modern Political Thought)

15वीं शताब्दी के उपरान्त पाश्चात्य राजनैतिक विचारधारा आधुनिक युग में प्रवेश करने लगी थी। इसी कारण इस काल के प्रतिनिधि-विचारक मैकियावेली (Machiavelli) को मध्य युग का अन्तिम तथा आधुनिक काल का प्रथम विचारक माना जाता है। आधुनिक युग की नवीन मान्यताओं ने राजनैतिक चिन्तन को प्रभावित किया, जिसके कारण आधुनिक राजनैतिक दर्शन में निम्नलिखित विशेषतायें उत्पन्न हो गईं–

(1) राष्ट्रीय राज्यों का उदय (Rise of National States)– राष्ट्रीय राज्यों का उदय आधुनिक युग के राजनैतिक जीवन की महान घटना है। इससे सार्वभौमिकता की भावना समाप्त हो गई थी। न केवल पोप का अपितु महान सम्राटों का युग भी समाप्त हो

चला था। इसीलिये अब इंगलैंड, फ्रांस आदि देशों में राष्ट्रीय सरकारों की स्थापना हुई तथा अब वहाँ के नागरिक 'एक राष्ट्र' की भावना लेकर अपने-अपने राष्ट्रों के हित सम्पादन में संग्लन हो गये।

(2) धर्म निरपेक्षता (Secularism)—आधुनिक युग में धर्मनिरपेक्ष राज्यों की स्थापना पर जोर दिया गया। इस युग के आरम्भ से राज्यों पर चर्च का प्रभुत्व समाप्त हो गया था। पोप की सत्ता समाप्त हो चुकी थी तथा अन्तिम सत्ता के रूप में अब पोप का प्रभुत्व समाप्त हो गया था।

(3) सार्वभौमिकता में कमी (Lack of Universality)—आधुनिक युग में सार्वभौमिकता की भावना में बहुत कमी हुई। संसार में सर्वत्र राष्ट्रीय राज्यों की स्थापना हुई। समानता के आधार पर अन्तर्राष्ट्रीयता का तो प्रचार हुआ किन्तु राष्ट्र से बाहर किसी अन्य सर्वोच्च सत्ता की भावना अब पूर्णतया समाप्त हो गई।

(4) अनेकवाद तथा उनमें विवाद (Various Theories & Their Conflicts)—आधुनिक युग के राजनैतिक चिन्तन में विभिन्न विरोधी वादों का उदय हुआ तथा उनमें परस्पर संघर्ष भी हुआ। स्वेच्छाचारी राजतंत्र के विरोध में निर्वाचित तथा सीमित राजतन्त्रवादी विचारधारा उत्पन्न हुई। आगे चलकर 'वाद', 'प्रतिवाद', 'प्रतीकवाद' तथा 'बुद्धिवाद' का प्रचलन हुआ और आगे बढ़ने पर प्राकृतिक विधि (Law of nature) को महत्त्व दिया जाने लगा। विभिन्न वादों के उदय की श्रेणी में प्रकृतिवाद तथा बुद्धिवाद के विरुद्ध जन्मे समग्रवाद तथा सत्तावाद की भी गणना की जाती है। इस युग में साम्यवाद, समाजवाद, आदर्शवाद, व्यवहारवाद आदि अनेक वादों का उदय हुआ तथा इनमें परस्पर संघर्ष हुआ और संघर्ष के उपरान्त पुनः नये वादों का जन्म हुआ।

(5) न्याय की नवीन धारणा (New Conception of Justice)—प्राचीन युग की भाँति आधुनिक युग में भी न्याय को महत्त्व दिया गया किन्तु न्याय की इस नवीन धारणा और प्राचीन युग की धारणा में बहुत अधिक अन्तर है। अब न्याय के पालन हेतु एक नवीन संस्था का जन्म हुआ जिसे न्यायपालिका का नाम दिया गया।

(6) व्यक्ति एवं समाज का वैधानिक सम्बन्ध (Legal Relation between Society and Man)—आधुनिक युगीन राजदर्शन की एक नवीन विशेषता यह है कि यह समाज तथा व्यक्ति के मध्य वैज्ञानिक सम्बन्ध स्थापित करता है। यह सम्बन्ध पहले की भाँति नैतिक अथवा पवित्र न माना जाकर कानूनी माना जाता है।

(7) आर्थिक विचारों को महत्त्व (Importance to Economic Views)—आधुनिक राजनैतिक चिन्तन की एक प्रधान विशेषता यह है कि इसमें आर्थिक विचारों को विशेष महत्त्व प्रदान किया गया है। आधुनिक युग की वैज्ञानिक उन्नति एवं औद्योगिक विकास ने मानव जीवन में आर्थिक तत्त्वों का अधिकाधिक प्रवेश किया। परिणाम यह हुआ कि राजनैतिक जीवन में भी आर्थिक पक्ष को महत्त्व दिया जाने लगा। राजनैतिक जीवन की पहली नैतिकता तथा न्यायिक भावना अब आर्थिक भावना में बदल गयी तथा राजनैतिक जीवन में भी हितों के योगदान को महत्त्व मिलता चला गया। यही भावना दार्शनिक रूप प्राप्त कर आधुनिक युग के राजदर्शन में सन्निहित हुई।

इस प्रकार पाश्चात्य राजनीतिक विचारों के इतिहास में विभिन्न युगों की अपनी-अपनी पृथक्-पृथक् चारित्रिक विशेषतायें थीं। मानव विकास की निरन्तरता तथा युग की परिवर्तनशीलता ने राजनीतिक विचारों को भी परिवर्तित, परिवर्द्धित, संशोधित तथा पुनः नवीन विचारों की उत्पत्ति की निरन्तर गतिशील विशाल प्रक्रिया बना दिया।

अभ्यास के लिये प्रश्न

1. राजदर्शन क्या है? उसकी प्रकृति, स्रोत तथा योगदान बतलाइये।
2. प्राचीन, मध्यकालीन तथा आधुनिक राजनीतिक चिन्तन की मुख्य विशेषताओं का उल्लेख कीजिये तथा उस आधार की भी विवेचना कीजिये जिस पर यह काल विभाजन किया गया।

भाग—I
प्राचीन राजनैतिक चिन्तन
(Ancient Political Thought)

2
प्राचीन यूनानी राजनैतिक चिन्तन
(Ancient Greek Political Thought)

प्रोफेसर बार्कर के अनुसार, ''राजनैतिक चिन्तन का प्रारम्भ यूनानियों से होता है। उसका उद्‌गम यूनानी मस्तिष्क की शान्त और स्पष्ट विवेकशीलता से सम्बन्धित है।''[1] इस प्रकार आधुनिक राजनैतिक विचारक प्राचीन यूनानी राजनैतिक चिन्तन को राजशास्त्र का उद्‌गम मानते हैं। जिमर्न के शब्दों में, ''यूनानियों की सबसे बड़ी देन यह है कि उन्होंने राजनैतिक चिन्तन का आविष्कार किया।'' इसी बात को प्रोफेसर मैकिलवेल ने इस प्रकार लिखा है, ''राजनैतिक सम्बन्धों पर विचार की जो धारा यूरोपियन जगत में तथा यूरोपीय संस्कृति से प्रभावित देशों में बह रही है उसका प्रारम्भ यूनानियों से हुआ।'' ईसा से सात सौ वर्ष पूर्व यूनान में अनेक नगर राज्य थे। ये नगर राज्य पहाड़ियों, घाटियों और नदियों के पास बसे हुये थे। प्रत्येक नगर आत्म-निर्भर था। ये नगर राज्यों में एथेन्स और स्पार्टा विशेष प्रसिद्ध हुये। इनमें परस्पर संघर्ष रहता था। इनमें अनेक प्रकार की सरकारें बनायी गई। इस प्रकार यूनान के नगर राज्यों में भी राजतंत्र (Monarchy), कुलीनतंत्र (Aristocracy), अन्यायतंत्र (Tyranny) तथा जनतंत्र (Democracy) आदि विभिन्न प्रकार की सरकारों के प्रयोग किये गये। अस्तु पाश्चात्य राजशास्त्र को समझने के लिये यूनानी राजनैतिक विचारों को जानना आवश्यक है। मेयर के शब्दों में, ''जीवन के प्रति यूरोप का जो दृष्टिकोण है उसे समझने के प्रयास की समस्त भूमिकायें आदि काल से ही यूनानियों द्वारा स्थायी रूप से बनायी गयी हैं।''

---

1. ''The Political thought begins with the Greeks. Its origin is connected with the calm and clear rationalism of Greek mind.'' —Barker

यूनानी राजनैतिक चिन्तन की विशेषतायें

संक्षेप में यूनानी राजनैतिक चिन्तन की निम्नलिखित विशेषतायें बतलायी जाती हैं:-

(1) विवेक की प्रधानता—प्राचीन यूनानी राजनैतिक चिन्तन विवेकशील था। मैक्सी के शब्दों में, "जब विवेक ने मानव पर मानव के शासन के अधिकार पर प्रश्न करना प्रारम्भ किया तो राजनैतिक दर्शन का जन्म हुआ।"[1] यूनानी दार्शनिक मानव में विवेक को सबसे अधिक महत्व देते थे। यूनान के नगर राज्यों में धर्म-निरपेक्ष तथा लौकिक सरकारें थीं। नगर राज्यों में राजनैतिक जीवन की गति तीव्र थी। उनमें जिज्ञासा प्रधान थी। वे प्रत्येक बात के पक्ष और विपक्ष को समझने का प्रयास करते थे।

(2) व्यावहारिकता—यूनानी राजदर्शन व्यावहारिक था। सुकरात और प्लेटो ने नगर राज्य में आदर्श राज्य की स्थापना के लिये विचार किया। प्लेटो के विचार 'रिपब्लिक' में कल्पना प्रधान होते हुये भी 'स्टेट्समैन' और 'लाज' में व्यावहारिक हो गये हैं। अरस्तु की पुस्तक 'पालिटिक्स' में तो सर्वथा व्यावहारिक दृष्टिकोण अपनाया गया है। इसी व्यावहारिकता के कारण यूनानी राजनैतिक चिन्तन आज भी राजशास्त्रियों का मागदर्शन का रहा है।

(3) भौगोलिक स्थिति का प्रभाव—यूनानी राजनैतिक चिन्तन की एक अन्य विशेषता यूनान की विशिष्ट 'भौगोलिक स्थिति' है। यूनान के पूर्व में असीरिया और दक्षिण में मिश्र के प्रसिद्ध राज्य थे। यूनान पर विदेशियों के आक्रमण कम हुये इसलिये वहाँ की सभ्यता का अबाध विकास होता रहा। समाज में पुरोहित वर्ग के अभाव के कारण यूनान के नगर राज्यों में स्वतंत्र विचारों में प्रगति हुई। जब कि भारत और चीन की सभ्यतायें प्रकृति की उदारता का परिणाम थीं, यूनान की जनता ने अपने विवेक के बल पर सभ्यता का विकास किया। स्पष्ट है कि यूनान की भौगोलिक स्थिति का वहाँ के राजनैतिक चिन्तन पर कितना अधिक महत्वपूर्ण प्रभाव पड़ा था।

(4) व्यक्ति का महत्व— आधुनिक राजनैतिक चिन्तन में नागरिक को विशेष महत्व दिया गया है। प्राचीन यूनान में राज्य को व्यापक अधिकार दिये गये थे, किन्तु उसका केन्द्र व्यक्ति ही था क्योंकि राज्य में नैतिक लक्ष्य सबसे अधिक महत्वपूर्ण था। प्राचीन यूनानी स्वतंत्रता प्रेमी थे। नगर राज्यों का आकार छोटा होने के कारण प्रत्येक नागरिक राज्य के कार्यों में भाग लेता था। नागरिकों में उत्तरदायित्व की भावना, राजनैतिक चेतना और जागरूकता थी। इसी कारण प्राचीन नागरिक आज भी नागरिकों के आदर्श माने जा सकते हैं।

(5) राजनैतिक जीवन में आस्था—यूनानी राजनैतिक चिन्तन की सबसे बड़ी विशेषता राजनैतिक जीवन में आस्था थी। यूनानी दार्शनिक राजनैतिक जीवन और नैतिक जीवन में अन्तर नहीं करते थे, जैसा कि आजकल दिखलाई पड़ता है। राजनैतिक और नैतिक दोनों ही क्षेत्रों में एकमात्र लक्ष्य मानव का विकास और उसे आनन्द प्रदान करना था। यूनानी विचारकों ने मानव को सामाजिक प्राणी माना है और राज्य तथा समुदाय में अन्तर नहीं किया।

---

1. "In the moment when reason began to question the right of man to rule over man, political philosophy was born." —Maxey

इस प्रकार राज्य में ही मानव का सामाजिक विकास होता है। राज्य का लक्ष्य व्यक्ति का कल्याण था। राज्य सभी धर्मों को मान्यता देता था। वास्तव में राजनैतिक और सामाजिक जीवन में कोई अन्तर नहीं था।

(6) आदर्श राज्य की खोज—यूनानी विचारकों ने आदर्श राज्य पर विचार किया और यह निश्चित करने का प्रयास किया कि आदर्श राज्य कैसा होना चाहिये। इस सम्बन्ध में प्लेटो और अरस्तु के विचार विशेष रूप से महत्वपूर्ण हैं। आदर्श राज्य के विषय में यूनानियों के विचार आज भी राजशास्त्रियों का मार्गदर्शन कर सकते है। क्योंकि आदर्श राज्य वही माना गया था जिसमें नागरिकों का अधिक से अधिक और सर्वांगीण विकास तथा कल्याण हो।

(7) कानून के प्रति आस्था—यूनानी राजनैतिक चिन्तन में एक महत्वपूर्ण विशेषता कानून के प्रति आस्था है। अरस्तु राज्य में कानून को सर्वोच्च मानता था। कानून को सर्वोच्च मानने से एक विशेष लाभ यह है कि राज्य व्यक्तिनिरपेक्ष हो जाता है। आधुनिक राजशास्त्र में कानून के राज्य को जो महत्व दिया गया है वह यूनानी विचारकों की भी देन है।

(8) समुदाय के हित की भावना—जैसा की पीछे बतलाया जा चुका है, यूनानी विचारक समाज और राज्य, सामुदायिक जीवन और राजनैतिक जीवन में अन्तर नहीं करते। उन्होंने राज्य का लक्ष्य सम्पूर्ण समुदाय का सब प्रकार का कल्याण माना है। यही विचार आधुनिक राजशास्त्र में कल्याणकारी राज्य का मूल आधार है।

(9) विभिन्नता में एकता—सामुदायिक जीवन का आधार विभिन्नता में एकता की खोज है। आधुनिक काल में जनतंत्रीय राज्यों में नागरिकों को अपनी-अपनी विभिन्नता रखते हुये भी सामुदायिक एकता बनाये रखने की बात की जाती है। यह सिद्धान्त यूनानी चिन्तन से लिया गया है। यूनानी नगर राज्यों मे विभिन्न व्यक्तियों, वर्गों आदि में एकता बनाये रखने का प्रयास किया जाता है। अनेकता में एकता का सिद्धान्त विशेषतया अरस्तु के विचारों में मिलता है।

(10) नागरिक जीवन का आदर्श—यूनानी राजनैतिक विचारकों ने नागरिक जीवन का आदर्श सबका कल्याण माना है। बार्कर के शब्दों में, "उस समय राजनीति के तीन अर्थ होते थे— राज्य का सिद्धांत, विधि सिद्धांत और नैतिक सिद्धांत।" यूनानी विचारक इन तीनों को अलग-अलग न मानकर एक ही मानते थे। अरस्तु के शब्दों में, "संविधान ही राज्य है और संविधान का तात्पर्य राज्य के अंगों की व्यवस्था नहीं बल्कि एक नैतिक जीवन का निर्माण है।"

(11) समाज और राज्य में तादात्म्य—जैसा कि पीछे बतलाया जा चुका है, यूनानी विचारक समाज और राज्य में अन्तर नहीं करते थे। समाज की शक्तियों को संतुलित करने के लिये भी प्लेटों ने सम्पत्ति और स्त्रियों के साम्यवाद का सिद्धांत उपस्थित किया था। अरस्तु ने समाज के विभिन्न विरोधी वर्गों में संतुलन बनाये रखने के लिये राज्य की सत्ता को मध्यम वर्ग के हाथों में देने की बात की थी।

(12) दास प्रथा की आवश्यकता—यूनानी राजनैतिक चिन्तन की एक विशेषता ऐसी है जिसका बाद के राजनैतिक विचारकों ने खण्डन किया है, यह है दास प्रथा की आवश्यकता। यूनानी विचारक कुछ लोगों को दास बनाये रखना उचित और आवश्यक मानते थे, यह बात आधुनिक विचारकों को मान्य नहीं है।

(13) राज्य का मूल्यांकन—आधुनिक राजशास्त्र के अनुसार राज्य व्यक्ति के विकास का साधन है। इसके विरुद्ध यूनानी विचारकों ने राज्य और व्यक्ति के उद्देश्यों में कोई अन्तर नहीं माना है। जिस प्रकार व्यक्ति और समाज के हित अलग-अलग नहीं होते, उसी तरह व्यक्ति और राज्य के हित भी अलग-अलग नहीं होते क्योंकि राज्य और समाज एक ही हैं।

(14) शिक्षा की व्यवस्था—यूनानी नगर राज्यों में राज्य ही नागरिकों की सब प्रकार की शिक्षा की व्यवस्था करता था। इसमें शारीरिक, मानसिक, राजनैतिक और नैतिक सभी प्रकार की शिक्षा सम्मिलित थी। जिमनास्टिक के साथ-साथ संगीत की शिक्षा भी आवश्यक मानी जाती थी। प्रत्येक व्यक्ति को उनके विशिष्ट वर्ग की स्थिति के अनुसार कार्य करने के हेतु शिक्षा दी जाती थी।

(15) व्यापक राजनैतिक चिन्तन—यूनानी विचारकों ने बहुत ही व्यापक क्षेत्र में राजनैतिक चिन्तन किया। राजनैतिक जीवन का कोई भी पहलू उनसे छूटा नहीं है। उन्होंने नैतिक, शिक्षा सम्बन्धी, आर्थिक सभी क्षेत्रों को राजनैतिक क्षेत्र में सम्मिलित कर लिया था। बार्कर के शब्दों में, ''यूनानियों के विचार यूनान तथा यूनानी नगर राज्यों के लिये थे। यूनानी एक मानव था और यूनानी नगर राज्य एक राज्य था तथा पोलिस का राजनैतिक सिद्धांत मानव और राज्य दोनों के लिये था। इसलिये वे सिद्धांत अब भी सही हैं और सदैव सही रहेंगे।'' इस कथन से स्पष्ट है कि आज भी यूनानी विचारकों के चिन्तन से राजशास्त्रियों को मागदर्शन प्राप्त हो सकता है। प्रोफेसर मैक्सी के शब्दों में इस बात को इस प्रकार रखा जा सकता है, ''हजारों वर्ष पुरानी सभ्यताओं का हमारा ज्ञान हमें यह बतलाता है कि इन लुप्त युगों की जातियों का राजनैतिक चिन्तन कितना सम्पन्न था। विचार और व्यवहार दोनों ही बातों में उन्होंने यूरोपीय विचारों की पूर्व घोषणा की, उनके सामने विचारों की सृष्टि की एक सीमा तक कुछ ऐसे विचारों का शिलान्यास किया जो आगे चलकर यूरोपीय राजनैतिक चेतना में घुल मिल गये।''

यूनानी राजदर्शन सार्वकालिक एवं सार्वभौमिक है। प्रत्येक काल एवं प्रत्येक देश में पृथक-पृथक परिस्थितियों के होते हुये भी यूनानी राजदर्शन के अधिकांश नियम समय की कसौटी पर खरे उतरे हैं। बार्कर (Barker) ने यूनानी राजदर्शन की व्यापकता के विषय में लिखा है कि ''यूनानियों के विचार यूनान तथा यूनानी नगर राज्यों के लिए थे। यूनानी एक मानव था और यूनानी नगर एक राज्य था तथा 'पोलिस' का राजनैतिक सिद्धान्त मानव और राज्य दोनों के लिए था। इसलिए वे सिद्धान्त अब भी सही हैं और सदा ही सही रहेंगे।''

यूनानी राजदर्शन की इस सार्वभौमिकता तथा सार्वकालिकता के कारण उसकी अनेक बातें आज भी अनेक देशों मे मागदर्शन का कार्य कर रही हैं। लोकतन्त्र, राजतन्त्र, कुलीनतन्त्र संविधान आदि के सम्बन्ध में यूनानी राजदर्शन की धारणायें वर्तमान समय में भी मार्गदर्शन

प्रदान करती है। तर्कसंगत, बुद्धिवादी एवं विवेक पर प्रमाणित होने के कारण यूनानी राजदर्शन द्वारा प्रतिपादित सिद्धान्त सार्वकालिक व सार्वभौमिक हैं। सम्भवत: वह अपनी उपयोगी भूमिका के कारण सभी कालों में प्रत्येक स्थान और देश में प्रचलित हुआ है तथा भविष्य में भी उसकी यह उपयोगिता निरन्तर बनी रहेगी।

यूनान में विभिन्न प्रकार के नगर राज्य
(Various Forms of City State in Greek)

बार्कर के अनुसार "राजनैतिक विचारधाराओं का श्रीगणेश यूनानियों से होता है। इसके जन्म का, यूनानी मानस के शान्त तथा स्वच्छ तर्क एवं बुद्धिवाद के साथ सम्बन्ध है।" इस कथन से इस तथ्य की पुष्टि होती है कि पाश्चात्य राजदर्शन की उत्पत्ति यूनान में ही हुई। वस्तुत: राजनीतिक (Political) शब्द भी यूनानी शब्द ^Police' से ही बना है। एक अन्य सुप्रसिद्ध विद्वान मैकिलवेन (Mackilvan) ने लिखा है कि "राजनैतिक सम्बधों पर विचार-विमर्श की जो धारा यूरोपियन जगत से तथा यूरोपियन संसकृति से प्रभावित देशों में बह रही है, उसका आरम्भ यूनानियों से हुआ है।"

यूनान में राजनीतिक चिन्तन का उदय वहाँ के छोटे-छोटे नगर राज्यों के अन्तर्गत सम्पन्न हुआ जो उस समय यूनान में अधिसंख्या में विद्यमान थे।

पाश्चात्य राजनैतिक दर्शन के उदय के समय यूनान में छोटे—छोटे नगर राज्य विद्यमान थे। 'एथेन्स' एवं 'स्पार्टा' (Sparta) आदि इन छोटे-छोटे राज्यों में विशाल, महत्वपूर्ण एवं प्रभावशाली राज्य थे, जिनका प्लेटो, एवं अरस्तु ने बार-बार अपनी रचनाओं में उल्लेख किया है।

नगर राज्यों के सिद्धान्त
(Principles of City States)

प्राचीन युग के इन नगर राज्यों में राजतन्त्र (Monarchy), कुलीनतन्त्र (Aristocracy), अन्यायतन्त्र (Tyranny) तथा लोकतन्त्र (Democracy) आदि सभी प्रकार की सरकारें थी, जिनके कारण आरम्भ से ही यूनान के राजनीतिक विचारों में विविधता आ गई थी। ये नगर राज्य यद्यपि एक-दूसरे से द्वेष तथा संघर्ष के भाव रखते थे किन्तु ये अपने में पूर्ण व आत्म-निर्भर थे तथा उनकी जनसंख्या भी बहुत थोड़ी होती थी। इन नगर राज्यों में विभिन्न प्रशासनिक पद्धतियों के प्रचलन ने अनेक दार्शनिक व राजनीतिक सिद्धान्तों को जन्म दिया, जिनमें मुख्य निम्नलिखित हैं—

(1) समाज तथा राज्य में समानता (Equality Between State and Society)— यूनान के इन नगर राज्यों में समाज तथा राज्य को एक ही वस्तु माना जाता था। बार्कर (Barker) ने लिखा है कि "समाज को राज्य के साथ होना चाहिये क्योंकि यूनान में उनके अलग होने को स्थान नहीं ।" वस्तुत: उस युग मे राज्य में भिन्नता का कोई कारण भी नहीं था। दोनों का उद्देश्य, लक्ष्य तथा कार्यविधि एक ही थी।

(2) 'राज्य' मानव का ही वृहत रूप है (State is Individual Writ Large)—

व्यक्ति को यूनानी नगर राज्यों में विशेष महत्व दिया गया था, किन्तु व्यक्तियों का यह महत्व राज्य की ओर से स्वतन्त्र स्थिति के रूप में न होकर व्यक्ति की सामाजिक उपयोगिता के आधार पर थी। राज्य और समाज में कोई भेद न होने के कारण व्यक्ति की यह सामाजिक उपयोगिता ही राज्य की उपयोगिता बन गई थी। वस्तुतः यूनान के नगर राज्यों में व्यक्ति पर राज्यों का पूर्ण नियन्त्रण था। इसीलिये नगर राज्यों में यह सिद्धान्त प्रचलित था कि "राज्य व्यक्ति का ही विराट रूप है।" उनका विचार था कि व्यक्ति राज्य की एक इकाई है तथा राज्य उसका वृहत् रूप है।" व्यक्तित्व का विकास ही राज्य का उद्देश्य तथा प्रमुख कार्य है। राज्य और व्यक्ति के विकास विरोधी न होकर परस्पर पूरक हैं। एक के विकास में दूसरे का हित निहित है।

(3) धर्मनिरपेक्षता (Secularism)—यूनान के नगर राज्य धर्म से प्रभावित न थे। धर्म का राजनीति से कोई सम्बन्ध न था। उनकी धर्मनिरपेक्षता के विषय में बार्कर (Barker) ने लिखा है कि 'यूनानियों पर धार्मिक तत्वों का बहुत ही कम प्रभाव था।" इस धर्मनिरपेक्षता को और अधिक स्पष्ट करते हुए सेबाइन (Sabine) ने लिखा है कि, "यूनानी विचारक तर्क के आधार पर जिस निष्कर्ष पर पहुँच जाते थे, उससे वे लेशमात्र भी नहीं घबराते थे चाहे उनके निष्कर्ष प्रचलित मान्यताओं के विरोधी ही क्यों न हों? सोफिस्ट, प्लेटो, अरस्तु और अरस्तु के बाद के समस्त चिंतकों के सम्बन्ध में यह कथन सत्य दिखलाई पड़ता है।"

यूनानियों के लिये "नगर ही चर्च था और नगर ही राज्य।" उनके लिये इनमें विरोध न होकर साम्य था। धर्म इनके लिये व्यक्तिगत वस्तु था। धार्मिक सहिष्णुता उनकी प्रकृति तथा प्रमुख विशेषता बन गई थी।

(4) नैतिक संस्था के रूप में राज्य (State as an Ethical Institution) — राज्य को चर्च के रूप में मान्यता देने के कारण राज्य उनके लिये एक नैतिक संस्था के रूप में मान्य था। बार्कर (Barker) ने लिखा है "राजनीति राज्य का विज्ञान है किन्तु साथ ही साथ वह आध्यात्मिक तथा विधि का भी सिद्धान्त है।"

(5) अनिवार्य आदर्श नागरिकता (Essential Ideal Citizenship) — बार्कर के शब्दों में, "चाहे ग्रीक दर्शन ग्रीक का, और ग्रीक के लिये ही था, फिर भी यूनानी एक पुरुष था और उसका नगर एक राज्य था।"[1] शिक्षा, बुद्धि, विवेक युक्त नागरिकता आदर्श नगर राज्यों के लिये प्रत्येक नागरिक के लिये अनिवार्य थी।

(6) आत्म-निर्भरता (Self-Dependence)— नगर राज्यों का एक प्रमुख सिद्धान्त यह था कि समस्त नगर राज्यों को आत्मनिर्भर होना चाहिये। बार्कर (Barker) ने लिखा है कि, "प्रत्येक नगर आत्म-निर्भर समझा जाता था। स्वराज्य एवं आत्म-निर्भरता को ग्रीक परम्पराओं में एक-दूसरे का पूरक समझा जाता था।"

---

1. "Even if Greek philosophy is a philosophy of the Greek and for the Greek yet the Greek was a man and his city was a state." —Barker

(7) प्रजातान्त्रिक सिद्धान्तों में आस्था (Devotion to Democratic Principles)—प्राचीन यूनानी नगर राज्यों में प्रजातान्त्रिक सिद्धान्तों जैसे— समानता तथा भ्रातृत्व आदि को प्रमुखता दी गई थी। वाद-विवाद करने, व्यवसाय करने तथा धर्म-पालन करने आदि में नागरिकों को पूर्ण स्वतन्त्रता प्रदान की गई थी। इस प्रकार यूनान के नगर राज्य समानता, स्वतन्त्रता एवं भ्रातृत्व आदि प्रजातान्त्रिक सिद्धान्तों पर आधारित थे।

यूनानी नगर राज्यों की विशेषतायें
(Salient Features of Greek City States)

ईसा से लगभग 700 वर्ष पूर्व यूनान में प्राचीन नगर राज्यों का अस्तित्व विद्यमान था। इनकी निम्नलिखित प्रमुख विशेषतायें थीं—

(1) सीमित जनसंख्या एवं क्षेत्रफल (Limited Area & Population) —प्राचीन यूनानी नगर-राज्यों का क्षेत्रफल तथा जनसंख्या बहुत सीमित थी। जनसंख्या की दृष्टि से सबसे अधिक प्रमुख एथेन्स था जबकि अधिकाँश नगर राज्य दस हजार अथवा उससे भी कम जनसंख्या वाले राज्य थे। स्पार्टा राज्य का क्षेत्रफल सर्वाधिक तीन हजार वर्ग मील था। एथेन्स का क्षेत्रफल मात्र एक हजार वर्ग मील था। इसी प्रकार के अन्य राज्य रहोड़, एटिका, डेनवर, आइलैण्ड तथा रोचेस्टर आदि थे, जिनका क्षेत्रफल एक हजार वर्ग मील से भी कम था।

(2) धर्मनिरपेक्ष राज्य (Secular State)—यूनानी नगर राज्य धर्म निरपेक्ष राज्य थे। धर्म को यूनानियों से पूर्णतया पृथक् रखा था। वे धर्म को 'व्यक्तिगत वस्तु' मानकर उसे सामाजिक व राजनैतिक महत्व देने को तैयार न थे। उनके नगर राज्य भी थे और चर्च भी।

(3) स्वशासित संस्था के रूप में राज्य (State as Self-Governing Body)—प्रसिद्ध दार्शनिक प्लेटो तथा अरस्तु दोनों ने स्पार्टा व एथेन्स राज्यों को आत्मनिर्भर मानने के साथ स्वशासित संस्था के रूप में व्यक्त किया है। इन राज्यों की जनता स्वयं अपना शासन चलती थी।

(4) प्रत्यक्ष शासन पद्धति (Direct Government System)—प्राचीन यूनानी राज्यों में प्रत्यक्ष शासन पद्धति का प्रचलन था। जनता संख्या में कम होने के कारण स्वयं राज्य का संचालन करती थी।

(5) कार्य विभाजन का अभाव (Absence of Division of Labour)—प्राचीन यूनानी राज्यों में कार्य विभाजन नहीं किया गया। आवश्यकता, अवसर तथा योग्यता के आधार पर कोई भी व्यक्ति कोई सा भी कार्य कर सकता था। वस्तुत: राज्य के प्रति सामूहिक उत्तरदायित्व को ही माना जाता था।

(6) न्यायिक व्यवस्था (Judicial System)—प्राचीन यूनानी नगर राज्यों में न्याय व्यवस्था का उद्देश्य यूनानियों को सच्चरित्र बनाये रखना था। उनका विचार था कि 'सज्जनतापूर्ण व्यवहार ही प्याय है।' बार्कर (Barker) ने लिखा है कि उन राज्यों में, "आत्मा का नेक होना ही न्याय था दूषित होना ही अन्याय।"

(7) नगर राज्यों में विभिन्न सामाजिक वर्ग (Various Social Groups in City States)—यूनानी नगर राज्यों में समाज को निम्नलिखित वर्गों में विभाजित किया गया था—

(i) नागरिक—यूनानी राज्यों में प्रथम सामाजिक वर्ग नागरिकों का था, जो समस्त राजनीतिक कार्यों के सम्पादन में स्वयं भाग लेता था तथा समस्त राजनैतिक अधिकारों का भोग करता था। ऐसे व्यक्तियों को नागरिकता जन्म से ही प्राप्त थी।

(ii) विदेशी—नगर राज्यों में द्वितीय वर्ग विदेशियों का था। इनका सामाजिक जीवन तो अन्य नागरिकों की भांति ही था किन्तु राजनैतिक दृष्टि से इनका महत्व नहीं था।

(iii) दास—इनको राजनैतिक अधिकार प्राप्त नहीं थे।

राजनीतिक विचारधारा का प्राचीनतम रूप यूनानी राजनीतिक चिन्तन के रूप में प्राप्त हुआ है। यद्यपि प्लेटो और अरस्तु के क्रमबद्ध एवं सुव्यवस्थित राजदर्शन से ही पाश्चात्य राजनीतिक विचारधाराओं के इतिहास का आरम्भ हुआ माना जाता है, किन्तु प्लेटों से पूर्व भी यूनान में सोफिस्ट्स तथा सुकरात के राजदर्शन के रूप में एक विकसित राजनीतिक विचारधारा के दर्शन होते हैं। सम्भवत: इसीलिये बार्कर ने लिखा है कि, "राजनीतिक चिन्तन का आरम्भ यूनान से होता है।"[1]

बार्कर का यह कथन इस अर्थ में युक्तिसंगत है कि प्राचीनतम राजनैतिक चिन्तन का आरम्भ यूनान में हुआ किन्तु यह इस अर्थ में तर्क संगत नहीं है कि यूनान से पूर्व अथवा समकालीन अन्य देशों जैसे प्राचीन भारत, चीन, बेबीलोन तथा ईरान आदि में राजनीतिक चेतना का नितान्त अभाव था। वस्तुत: इन देशों में भी यूनान से पूर्व तथा उसके समकालीन युग में राजदर्शन की अनेक बातों का आरम्भ हो चुका था। राजनीतिक विचारधारा के अभाव में कोई भी सभ्य जाति बहुत दिनों तक जीवित नहीं रह सकती। प्राचीन भारतीय वैदिक सभ्यता एवं सिन्धु घाटी की सभ्यता आदि इस तथ्य के सुस्पष्ट प्रमाण हैं। मैक्सी (Maxey) ने सत्य ही लिखा है कि, "हजारों वर्ष पुरानी सभ्यताओं का हमारा ज्ञान हमें यह बताता है कि इन लुप्त युगों की जातियों का राजनीतिक चिन्तन कितना सम्पन्न है? विचार एवं व्यवहार दोनों ही बातों में उन्होंने यूरोपीय विचारों की पूर्व घोषणा की। उनके समक्ष विचारों की सृष्टि की और एक सीमा तक तो कुछ ऐसे विचारों का शिलान्याय किया, जो आगे चलकर यूरोपीय राजनीतिक चेतना में घुल मिल गये।"

विश्व की अनेक प्राचीन सभ्यताओं के उपमानों को यूनानी राजनैतिक उपमानों के समतुल्य ही व्यक्त करते हुए मैक्सी ने लिखा है कि, "हिन्दू, पैरिक्लीज, सीजर, जस्टीनियन, चार्ल्स मैगनर और फ्रेडरिक, बार्बरस अपने-अपने क्षेत्र में पाश्चात्य उपमानों की चुनौती में आसानी से खड़े हो सकते हैं।"[2]

---

1. "The political thought begins with Greeks....."
2. "The Hindu, Pericleses, Caesars, Justinians, Charles, Megners and Fredric Barbarosses could easily challenge comparison with their western peers on their own terms" —Maxey

वस्तुतः राजनैतिक चिंतन की शब्दावली तथा उसका समुचित उपयोग एवं प्रयोग सर्वप्रथम यूनान में ही हुआ। राज्य की समस्याओं, कार्यविधियों एवं सिद्धान्तों का निरूपण आदि का आरम्भ भी यूनान में ही हुआ। इसलिये डनिंग (Dunning) ने उचित ही लिखा है कि, ''यूरोप के आर्य ही केवल ऐसे व्यक्ति हैं, जिनके साथ राजनैतिक शब्द का उचित रूप से प्रयोग किया जा सकता है।''

राजनीति तथा राजनीतिक सम्बन्धों का ज्ञान भी यूनान में ही सर्वप्रथम हुआ। इस तथ्य की पुष्टि करते हुए मैकिलवेन (Mackilvan) ने लिखा है कि, ''नीति सम्बन्धों पर विचार-विमर्श की जो धारा यूरोपियन संस्कृति व यूरोपियन जगत से प्रभावित देशों मे बह रही है, उसका आरम्भ यूनानियों से ही हुआ है।'' मेयर (Mayer) कि शब्दों में ''जीवन के प्रति यूरोप का जो दृष्टिकोण है, उसे समझाने का जो प्रयास है उसकी समस्त भूमिकायें आदिकाल से ही यूनानियों द्वारा स्थायी रूप से निर्मित हैं। जब तक भी यूरोप निवासी ऐतिहासिक जगत को जानने का प्रयास करता रहेगा, जब तक यूनानी विचार एवं धारायें उसके लिये अपरिहार्य रहेंगे। उनके अभाव में ज्ञान सम्भव ही नहीं है।''[1]

यूनान में पाश्चात्य राजदर्शन के उदयकाल तथा उससे पूर्व भी विभिन्न सभ्यताओं के अस्तित्व के स्पष्ट संकेत मिले हैं तथा उनके आश्चर्यजनक विकसित होने से भी इन्कार नहीं किया जा सकता, किन्तु दूसरी ओर प्रो॰ वेपर (Prof. Wayper) का यह कथन भी कम महत्वपूर्ण नहीं है कि, ''ग्रीक जाति के पूर्व सरकार एवं शासितों का अस्तित्व रहा था, किन्तु राजनीति का नहीं।'' इसी तथ्य का समर्थन करते हुए प्रो॰ मैक्सी (Maxey) के ये शब्द निश्चय ही निर्णायक मत प्रकट करते हैं कि, ''पाश्चात्य सभ्यता मिश्र तथा एशिया की जनक संस्कृतियों के प्रति कलाओं, दस्तकारियों, साहित्य, विज्ञानों तथा धर्मों के लिये स्वयं को ऋणी मानते हैं परन्तु राजनैतिक विचारों तथा संस्थाओं के लिये नहीं।''

यूनान में राजदर्शन की उत्पत्ति के कारण
(Reasons for the Origin of Political Thought in Greek)

पाश्चात्य राजनीतिक चिन्तन का श्रीगणेश यूनान में निम्नलिखित कारणों से हुआ था–

(1) व्यक्तिवादी प्रवृत्ति (Individualistic Tendency)–यूनान में राजनीतिक विचारधारा का उदय व्यक्तिवाद की समर्थन–भावना के साथ हुआ। यूनान निवासी अपने व्यक्तिगत जीवन को भली प्रकार समझते थे वे चाहते थे कि व्यक्ति अपने तथा समूह-समुदाय आदि के विषय में स्वतन्त्रतापूर्वक सोचे तथा अपनी व्यक्तिगत भावना व विचारों की स्वतन्त्रतापूर्वक अभिव्यक्ति भी करें। यही कारण है कि यूनान में प्रारम्भ से ही उच्च कोटि के विचारक-दार्शनिक उभर कर सामने आये। इन्होंने स्वतन्त्रतापूर्वक विचार-मंथन किया तथा समाज-समूह तथा राज्य आदि के लिये पारिभाषित शब्दावली दी। बार्कर (Barker) ने उनके इस सफल प्रयास की

---

1. ''The Categories of European Thought and approach to the understanding of life have been permanently moulded by the Greek from the very beginning. So long as the European thinker continues in his endeavour to know the historical world, it is adoption of Greek ideas and concepts which make this knowledge at all possible.''
—Mayer

सराहाना करते करते हुये लिखा है, ''यूनान में राजनीतिक चिन्तन के विकास की प्राथमिक शर्त है– व्यक्ति के महत्व की भावना।'' वस्तुत: व्यक्तिवाद का समर्थन करके वे दार्शनिक, सामाजिक अथवा राजनैतिक जीवन से विमुख नहीं हुए। उन्हें दास प्रथा की आवश्यकता थी तथा राजनैतिक सत्ता का समुचित ज्ञान था। फिर भी वे राज्य, समाज अथवा समुदाय को व्यक्ति के ऊपर अधिक महत्व देने को तैयार न थे।

(2) **ज्ञान पिपासा** (Knowledge Thirst)– ज्ञान-पिपासा ने भी यूनानियों को विवश किया कि वे अधिकाधिक शिक्षित हो, विचार करें तथा दार्शनिक चिन्तन-मनन करके नवीन विचारों, दृष्टिकोणों एवं कार्यविधियों की स्वतन्त्र अभिव्यक्ति करें। यही कारण था कि प्रत्येक यूनान निवासी ज्ञान प्राप्त करने के लिये सदैव तत्पर रहता था। अरस्तु (Aristole) ने स्वयं लिखा था, ''सब मनुष्य जानना चाहते हैं। आश्चर्य की भावना उन्हें दार्शनिक बनाती है– दर्शन का एक मात्र स्त्रोत यही है।'' यूनानवासियो की इस ज्ञान-पिपासा ने ही उन्हें राजनीतिक चिन्तन में योगदान करने को प्रेरित किया।

(3) **नगर राज्यों का महत्व** (Significance of City States)—ज्ञान-पिपासा एवं अभिव्यक्ति की स्वतन्त्र प्रवृत्ति ने चिंतन– मनन का विषय भी सुगमता से ढूँढ लिया। वह था –'नगर राज्य'। यूनान निवासी नगर राज्यों के स्वतन्त्र एवं नागरिक अधिकार प्राप्त जागरूक नागरिक थे। उन्हें अपने नागरिक जीवन के प्रति तथा नगर राज्य के प्रति अत्यधिक रुचि थी। उन्होंने इस विषय में जाना, सोचा और व्यक्त किया। उनकी यह अभिव्यक्ति ही पाश्चात्य राजदर्शन का मूल स्रोत बनी।

(4) **मानववादी दृष्टिकोण** (Humanistic View)—यूनानवासियों का चिन्तन मानवमात्र के लिये था। उन्होंने अपना जीवन तथा विवेक देवताओं एवं विभिन्न प्राकृतिक प्रतीकों की पूजा-अर्चना में न लगाकर अपनी समस्त ज्ञान-साधना का केन्द्र बिन्दु 'मनुष्य' को ही बनाया। उन्होंने मनुष्य में ही देवत्व की कल्पना की। स्वयं सुकरात (Socrates) ने कहा था कि, ''सर्वश्रेष्ठ अनुसंधान इस विषय का अध्ययन करता है कि मनुष्य को क्या बनाना चाहिये और उसे किन बातों का अनुसरण करना चाहिये?'' इस अर्थ में यूनानी राजदर्शन सर्वथा अनोखा सिद्ध हुआ क्योंकि उस युग में विश्व में सर्वत्र सभी सभ्यताओं में प्रकृति पूजा का प्रचलन था।

(5) **बुद्धिवादी तार्किक दृष्टिकोण** (Reasonalistie View) –यूनानवासियों का दृष्टिकोण बुद्धिवादी तथा तार्किक था। वे अपने समस्त अध्ययन एवं चिन्तन-मनन में प्रमाण की खोज करते थे तथा स्वतन्त्रतापूर्वक उन्हें प्रस्तुत करते थे। उन्हें आध्यात्मिकता तथा धर्म प्रवृत्त आस्था अथवा अन्धविश्वास आदि में कोई रुचि नहीं थी। उनके लिये समस्त धर्म, विश्वास, दर्शन आदि का मूल बुद्धि, तर्क एवं प्रमाण था। उन्हें स्वतन्त्र वाद-विवाद तथा गहन विचार-विमर्श में आस्था थी। उनके इस बुद्धिवादी तार्किक दृष्टिकोण के कारण ही यूनान में उच्च कोटि के पाश्चात्य राजदर्शन का प्रादुर्भाव हुआ।

(6) **राजनीतिक शान्ति** (Political Peace)—तत्कालीन यूनानी पड़ौसी राज्यों में शान्त एवं सुरक्षित जीवन व्यतीत करने की कामना थी। उनके राज्यों को अन्य नगर राज्यों

पर तथा अन्य राज्यों को उनके राज्य पर आक्रमण करने तथा विशाल साम्राज्य स्थापित करके 'एकराट', 'सम्राट', 'महाराज' तथा 'राजाधिराज' बनने की भी अभिलाषा न थी परन्तु यूनानवासियों का अधिकाधिक ध्यान सदैव शिक्षा अध्ययन एवं विचार विमर्श पर ही लगा रहता था। इस राजनीतिक शांति ने उनके मस्तिष्क को शांतिपूर्वक दार्शनिक विचारों में प्रवृत्त रहने के लिए प्रेरित किया।

अभ्यास के लिए प्रश्न

1. यूनानी राजनैतिक चिन्तन की मुख्य विशेषताओं की विवेचना कीजिये।
2. यूनानी नगर राज्यों के सिद्धान्त एवं विशेषताओं का वर्णन कीजिये।
3. ''ग्रीक जाति के पूर्व, सरकार एवं शासितों का अस्तित्व रहा था, किन्तु राजनीति का नहीं'' (प्रो॰ वेपर) व्याख्या कीजिये।
4. ''यूनानियों ने सर्वप्रथम राजनीतिक चिन्तन आरम्भ किया।'' इस कथन से आप कहाँ तक सहमत हैं? यूनान में राजनीतिक चिन्तन की उत्पत्ति के कारणों पर प्रकाश डालिये।
5. ''राजनीतिक चिन्तन का आरम्भ यूनान से होता है। इसका मूल स्रोत यूनानी मस्तिष्क का शांत एवं स्पष्ट बुद्धिवाद है।'' (बार्कर) इस कथन की व्याख्या कीजिये।

3

सोफिस्ट राजनीतिक विचारधारा
(Sophist Political Thought)

यूनान में 'सोफिस्ट' पहले विचारक थे, जिन्होंने एक क्रमबद्ध राजनैतिक दर्शन दिया। ईसा से पूर्व पाँचवीं शताब्दी के उत्तरार्द्ध में ये सोफिस्ट एथेन्स में रहते थे। विदेशी होते हुए भी इनका तत्कालीन यूनानी परिस्थितियों पर अत्यधिक प्रभाव पड़ा था। विशेष रूप से एथेन्स का उच्च वर्ग तो इन सोफिस्टों से बहुत कुछ सीखने का इच्छुक था।

सोफिस्ट राजदर्शन
(Sophist Political Philosophy)

'सोफिस्ट' का अर्थ– 'सोफिस्ट' शब्द यूनानी भाषा 'Sophives' से बना है, जिसका तात्पर्य' बुद्धिमान' (Learned) से लगाया जाता था। ये विचारक यूनान में अन्य देशों से आते थे तथा ''मैटिक'' (Metic) कहलाते थे। अरस्तु ने इन्हें 'ज्ञान के पुजारी' (Worshipper of Knowledge) कहा है। सोफिस्ट अनेक विषयों के ज्ञाता थे। बार्कर (Barker) ने इनके विषय में लिखा है कि ''सोफिस्टों के बहुमुखी ज्ञान की पराकाष्ठा एलिस के हैप्पियास के रूप में थी, जो एक बार ओलम्पिक खेलों के अवसर पर प्रकट हुआ था तथा अपने हाथ से बने वस्त्रों को पहने हुये था, तो एक बार वह कवि तथा गणितज्ञ के रूप में प्रकट हुआ था, फिर उसके उपरान्त वह धार्मिक तथा नीतिज्ञ के रूप में संगीत के विद्यार्थी तथा कलाविद् के रूप में, इतिहासज्ञ तथा राजनीतिज्ञ के रूप में और कभी प्रत्येक क्षमता वाले मूल्यवान लेखक के रूप में प्रकट हुआ था।''

सोफिस्टों को बहुमुखी विचारक बताते हुए सुप्रसिद्ध विद्वान डमली (Dummlee) ने लिखा है कि ''सोफिस्ट बहुमुखी विद्वान थे। वे अपने युग के महान् इतिहासज्ञ, धार्मिक, अनाध्यात्मिक तथा मनोवैज्ञानिक थे।''

सोफिस्ट एथेन्स में बसने वाले विदेशी विद्वान थे, जो बहुमुखी प्रतिभासम्पन्न होने के कारण यूनान में अधिक लोकप्रिय हो गये थे। यूनान में ये बहुमुखी शिक्षा प्राप्त शिक्षकों के रूप में कार्य करते थे। विभिन्न विषयों के ज्ञाता के रूप में इनकी बहुत अधिक प्रतिष्ठा हो गई थी। उनके राजदर्शन में भी उनकी इस बहुमुखी प्रतिभा के दर्शन होते हैं। सोफिस्टों की तुलना आधुनिक विश्वविद्यालय के प्रोफेसरों के साथ ही की जा सकती है। उस युग

में एक सोफिस्ट के पास जाना ठीक उसी प्रकार था जैसे कि आजकल किसी स्कूल या कालेज में जाना होता है।

सोफिस्टों की प्रमुख विशेषतायें—सोफिस्टों की प्रमुख विशेषताओं का वर्णन निम्नलिखित रूप में किया जा सकता है—

(1) सोफिस्ट विदेशी थे तथा बाहर से आकर ऐथेन्स में बसे गये थे।

(2) सोफिस्टों को विविध विषयों का ज्ञान था अर्थात् उनमें सभी विषयों के विद्वान थे जैसे—राजनीतिज्ञ, इतिहास, मनोवैज्ञानिक, दार्शनिक, तर्कशास्त्री आदि।

(3) सोफिस्टों ने अपने विद्यालय स्थापित नहीं किये थे अपितु वे सभी वाद-विवाद पद्धति में पारंगत थे तथा समस्त ज्ञान इसी पद्धति से प्रदान किया करते थे।

(4) सोफिस्टो के सम्मुख वाद-विवाद के लिये सर्वाधिक महत्वपूर्ण प्रश्न यह था कि कानून ईश्वर द्वारा निर्मित है अथवा मनुष्य ने इसका निर्माण किया है।

(5) सोफिस्ट विचारक निःशुल्क शिक्षा प्रदान नहीं करते थे, वरन् शिक्षा प्रदान करने के लिये शुल्क के रूप में धन प्राप्त करते थे जो उन्हें धनिक वर्ग ही दे सकता था। इसीलिये यूनान का उच्च धनिक वर्ग ही उसका शिष्य बना। बार्कर ने लिखा है कि "धनी शिक्षा प्राप्त करने को बहुत अधिक उत्सुक थे किन्तु वे अपने उद्देश्यों की पूर्ति के लिए ही ज्ञान प्राप्त करने के इच्छुक थे। वे न्यायालयों में सामूहिक रूप से आरोपित होने से बचने के लिये उनसे वाक्पटुता सीखना चाहते थे, निर्वाचनों को नियन्त्रण करने के लिये व्यावहारिक ज्ञान प्राप्त करना चाहते थे, राज्य को प्रभावित करने तथा सामान्तों जैसे— उच्च व्यक्तियों वाले प्रभाव को राज्य पर डालने के लिये योग्यता प्राप्त करना चाहते थे।

(6) सोफिस्ट आलंकारिक (Rhetoric) भाषा में अपनी शिक्षा प्रदान करते थे।

(7) उनकी सबसे अधिक प्रभावशाली विशेषता यह थी कि वे व्यावहारिक एवं तर्क-प्रधान बुद्धिवादी दृष्टि से शिक्षा प्रदान करते थे। इस व्यावहारिक दृष्टिकोण का प्रभाव भावी यूनानी दार्शनिकों पर व्यापक रूप से पड़ा।

(8) ज्ञान के प्रति उनका दृष्टिकोण संशयवादी (Sceptic) था तथा तर्क की कसौटी पर कसने के उपरान्त ही वे उसे ग्रहण करने योग्य मानते थे।

(9) सोफिस्टों के विचार मानवतावादी थे उन्होंने समस्त विचार तथा कार्यों का केन्द्र बिन्दु मनुष्य को ही बनाया था।

बार्कर ने सोफिस्टों का वर्णन करते हुए उनकी आलोचना भी की है, जो इस प्रकार है कि "सोफिस्टों को अर्द्ध विद्वान, अर्द्ध अध्यापक, अर्द्ध विचारक तथा अर्द्ध सम्पादक कहा गया है। वे ऐसे अधूरे विचारक थे, जो नवीन विचित्र, एवं आश्चर्यजनक विचारों का प्रतिपादन करते थे। वस्तुतः उन्होंने राजदर्शन के कोरे सिद्धान्तों को रोमांचकारी एवं आकर्षक बनाने की चेष्टा की।"[1]

---

1. "The Sophists have been called half professors and half journalists, half teachers and half thinkers, half disseminators of things new, strange paradoxical and astonishing which could catch the ear, with something of the charlaton they combined something of philosophy.
—Barker

सोफिस्ट राजदर्शन की विशेषतायें
(Characteristics of Sophist Political Philosphy)

सोफिस्टों के विचारों एवं विचार पद्धति पर अनेक विद्वानों का यह मत है कि सोफिस्टों का कोई राजनैतिक दर्शन ही नहीं था। विशेष रूप से सेबाइन (Sabine) का यह कथन इस तथ्य की पुष्टि करता है कि 'जहाँ तक सोफिस्टों के राजदर्शन का प्रश्न है, उनमें कोई मौलिक दार्शनिक प्रतिभा नहीं थीं। उन्हें जितना धनी विद्यार्थियों से धन का लोभ होता था, उसी के अनुपात में वे अपनी दार्शनिक प्रगति करने की चेष्टा करते थे।''[1] सेबाइन का यह कथन एकांगी है और सोफिस्टों के विचारों का सही मूल्याकंन नहीं है। यद्यपि यह निश्चयपूर्वक कहा जा सकता है कि सोफिस्टों ने किसी क्रमबद्ध वैज्ञानिक राजदर्शन की आधारशिला नहीं रखी और न ही यूनानी राजदर्शन सोफिस्टों के राजदर्शन पर आधारित है, फिर भी उनके विचारों और विचार पद्धतियों दोनों में दार्शनिकता थी तथा उन्होंने निश्चय ही यूनान के प्रारम्भिक राजदर्शन को एक समुचित दिशा प्रदान करने के लिये सुदृढ़ नींव रखी थी। जैसा कि प्रोटेगोरस ने कहा था, ''मनुष्य स्वयं समस्त वस्तुओं का मान दण्ड है। वही मनुष्यों का वास्तविक अध्ययन कर सकता है। उसे अपने को गुणवान बनाने के लिये अपना सही अध्ययन करना चाहिये।'' यूनाम में वे समस्यायें ही दार्शनिक अध्ययन का विषय रही जिन पर सोफिस्टों ने अपने वाद-विवाद में विस्तारपूर्वक विचार किया था।

इस प्रकार सोफिस्टों के विचारों को दार्शनिक आधार पर भी महत्वपूर्ण कहा जाता है। उनके राजदर्शन की विशेषताओं का उल्लेख निम्नलिखित रूप से किया जा सकता है—

(1) राज्य विषयक अवधारणा(Conception of State) —राज्य की उत्पत्ति के विषय में सोफिस्ट विचारकों का विचार था कि ''राज्य को व्यक्ति की आवश्यकताओं ने ही जन्म दिया है।'' इसी प्रकार उन्होंने ''सामाजिक उत्पत्ति में मानव विकास का आधार व्यक्तिवाद एवं नैतिकता को माना है। प्रोटेगोरस ने लिखा है कि कानन को दैवी स्वीकृति प्राप्त होती है, वह मनुष्यों को प्राकृतिक अवस्था में जाने से बचाता है। इसलिये मनुष्य के जीवन में कानून का महत्व बहुत अधिक है।'' राज्य के नियमों तथा प्राकृतिक नियमों के सम्बन्ध में प्रसिद्ध सोफिस्ट विचारक ऐन्टीफोन (Antiphon) ने कहा है कि ''राज्य के नियम कृत्रिम हैं जबकि प्राकृतिक नियम वास्तविक एवं न्यायसंगत है।'' बार्कर (Barker) ने भी लिखा है कि ''एन्टीफोन के विचार का आधार उसका यथार्थवाद था।''

(2) व्यक्तिवादी दृष्टिकोण (Individualistic View)—सोफिस्ट विचारकों ने अपने विचारों को अपनाने तथा व्यक्त करने में व्यक्तिवाद को प्रमुखता दी थी। इस सम्बन्ध में स्वयं प्रोटेगोरस ने लिखा था कि ''मनुष्य सभी चीजों का माप है., जो कुछ है उसके अस्तित्व के सम्बन्ध में और जो नहीं है, उसके अभाव के सम्बन्ध में वहीं निश्चय करता है। वह जो कुछ मुझे प्रतीत होता है, वह मेरे लिये सत्य है। जो मेरे साथी को प्रतीत होता है वह उसके लिये सत्य है। मिथ्या ज्ञान का अस्तित्व नहीं है।'' यह व्यक्तिवादी

---

1. ''So far as the Sophists were concerned, they had no philosophy they thought what will-to-do students are willing to pay for.'' —Sabine

विचारधारा ही आगे चलकर व्यक्तिवाद (Individualism) तथा बैन्थम के उपयोगितावादी (Utilitarianism) की आधारशिला बनी।

(3) ज्ञान के प्रति संदेहवादी दृष्टिकोण (Sceptic View towards Knowledge) – ज्ञान के प्रति संदेहवादी दृष्टिकोण अपनाकर सोफिस्टों ने महत्वपूर्ण सिद्धान्त का प्रतिपादन किया था। उनका विचार था कि सत्य का अन्तिम रूप जानना किसी के भी वश की बात नहीं है। यही कारण है कि प्रत्येक मनुष्य ईश्वर को अपने-अपने दृष्टिकोण से देखता है। इसीलिये प्रोटेगोरस ने कहा "मनुष्य ही सब वस्तुओं का मापदण्ड है। मनुष्य ही मानव जाति का वास्तविक अध्ययन विषय है। स्वयं का अध्ययन करो और अपने को गुणी बनाओ।"[1] उनका विचार था कि कोई भी कथन 'अन्तिम सत्य' (Absolute truth) नहीं है। सोफिस्टों के यह कथन भारतीय दर्शन में जैनियों के 'स्याद वाद' के समान है। 'संदेह' अथवा 'संशय' को ही सोफिस्ट समस्त ज्ञान दर्शन का स्रोत मानते थे।

(4) मानवतावादी विचारधारा (Humanistic view) – सोफिस्ट विचारधारा मानवता की पोषक थी। प्रमुख सोफिस्ट गोर्जियास इस मानवतावादी विचारधारा का प्रवर्तक कहा जाता है। अपने सन्देहवादी दृष्टिकोण के द्वारा उसने भौतिकवाद का विरोध किया तथा इस तथ्य की प्रतिस्थापना की कि "मनुष्य के अध्ययन के लिये सर्वोत्तम विषय मनुष्य ही है। इसके अतिरिक्त किसी भी वस्तु का कोई अस्तित्व नहीं है और यदि है भी तो मनुष्य के ज्ञान से परे है।"

(5) कानून व न्याय सम्बन्धी अवधारणा (Conception of Law and Justice) –सोफिस्टों का सर्वप्रमुख सिद्धान्त कानून तथा न्याय के सम्बन्ध में व्यक्त अवधारणा थी। कानून को सोफिस्ट अपने अध्ययन का प्रमुख विषय मानते थे। इस विषय में पहला मत प्रोटेगोरस का था, जो 'मनुष्य को सब वस्तुओं का मापदण्ड' मानकर भी व्यक्तिवाद का प्रचारक नहीं था और 'न्याय की पवित्रता' तथा 'राज्य के सदस्यों की समानता' आदि सिद्धान्तों का प्रतिपादक था। कानून के सम्बन्ध में दूसरा मत एलिस के हिपियास (Hippias of Elis) का था जो कानून को दो प्रकार का मानता था। एक, मानव द्वारा निर्मित कानून (Positive Law) तथा दूसरा प्राकृतिक नियम (Natural Law)। उसके विचार में ये प्राकृतिक नियम मनुष्य द्वारा निर्मित नहीं है तथा सार्वभौमिक हैं और मानव द्वारा निर्मित कानूनों से ऊपर हैं।

(6) प्रकृति तथा कानून का विरोध (Opposition of Law and Nature)– सोफिस्टों ने कानून तथा प्रकृति में भी विरोध व्यक्त किया है तथा इस विरोध को 'स्वाभाविक विरोध' की संज्ञा दी है। उनका मत था कि "ऊपर से सत्य दिखने वाली (नैतिक दृष्टि से) बात, वास्तविक सत्य की विरोधी होती है।' बार्कर (Barker) ने उनके इस सिद्धान्त के विषय में लिखा है कि "तथापि प्रकृति एवं नियम के मध्य जो मतभेद स्थान-स्थान पर प्रकट किया गया है, वह अत्यधिक महत्वपूर्ण है और इससे हमें सोफिस्टों के सिद्धान्तों की एक नवीन एवं क्रान्तिकारी विशेषता का ज्ञान होता है। आज प्रकृति का चाहे हम कैसा भी

1. "Man is the measure of all things, Man is the real study of Mankind. Study yourself and make yourself virtuous." —Protagoras

अर्थ क्यों न ले, वह नियम के पूर्णतया प्रतिकूल है और उससे अधिक महत्ता रखती है। इस महत्ता का निशिचित परिणाम एक नागरिक का राजकीय सरंक्षण से कुछ अंश तक स्वतन्त्र हो जाना है। इसके साथ ही साथ अन्य राज्य के नियम भी वैसे महत्वपूर्ण नहीं माने जाते जैसे कि इस विशेषता की उत्पत्ति के पूर्व थे। अब तो कुछ विचारक राज्य में एक सर्वाधिक शक्तिशाली व्यक्ति को प्रशासकीय अधिकार दिये जाने के समर्थक हैं।''

सोफिस्ट दर्शन का मूल्यांकन
(Evaluation of Sophist Philosophy)

सेबाइन (Sabine) ने सोफिस्टों के द्वारा प्रस्तुत किसी भी राजदर्शन से असहमति प्रकट की है किन्तु बार्कर (Barker) ने उनके द्वारा प्रस्तुत सिद्धान्तों, को पर्याप्त दार्शनिक महत्व प्रदान किया है। सोफिस्ट मानवतावाद की महत्वपूर्ण देन प्रदान करने वाला तथा इस क्षेत्र में प्रारम्भिक विचारक था। विल ड्यूरन्ट (Will Durant) ने लिखा है कि ''यूरोप को सबसे पहले सोफिस्टों ने ही व्याकरण और न्याय शास्त्र प्रदान किया। उन्होंने ही सर्वप्रथम यूरोप में द्वन्द्ववाद का विकास किया।''[1]

सेबाइन के विचार में ''उन्होंने व्यवहारिक बुद्धि (ज्ञान) की शिक्षा दी, तथा राज्य एवं परिवारों का समुचित रूप से प्रबन्ध करने की कला का सम्पूर्ण ज्ञान प्रदान करने का वायदा किया।'' संशयवाद (Sceptism) सोफिस्ट दर्शन की प्रमुख देन है, क्योंकि वह मनुष्य को सत्य की खोज करने की ओर प्रेरित करती है। मानवता के प्रति सोफिस्टों की सर्वाधिक महत्वपूर्ण देन वह दृष्टिकोण है, जिसको उन्होंने मनुष्य को सत्य प्राप्त करन की ओर प्रेरित किया।

वस्तुतः सोफिस्ट सर्वतोन्मुखी प्रतिभा के धनी थे तथा उन्होंने ज्ञान के समस्त विषयों को अपनी अभिव्यक्ति एवं अध्ययन अध्यापन का केन्द्र बिन्दु बनाया था। उनकी अस सर्वतोन्मुखी प्रतिभा एवं व्यवहारिक ज्ञान की महत्ता पर प्रकाश डालते हुए प्रो॰ बाउलर (Prof. Bowler) ने लिखा है कि ''सोफिस्ट विचारक चतुर्मुखी प्रतिभा रखते थे और उनके अध्ययन एवं अध्यापन का क्षेत्र विस्तृत था। उनकी शिक्षा का मूल लक्ष्य राजनीति के पाठको को व्यवहारिक पाठ पढ़ाना था। वे ही सबसे पहले व्यक्ति थे, जिन्होंने अध्यापन कार्य को एक व्यवसाय के रूप में ग्रहण किया।''

अभ्यास के लिए प्रश्न

1. सोफिस्ट राजनीतिक विचारों का संक्षेप में वर्णन कीजिये तथा बताइये कि राजनैतिक चिन्तन पर उसका क्या प्रभाव पड़ा है?

---

1. ''.........invented grammar and logic for Europe, they developed dialectic, analysed the forms of argument and tought and taught man how to detect and practice fallacities.''
— Will Durant

4

सुकरात
(Socrates, 469BC—399BC)

सेबाइन के शब्दों में 'सुकरात का समस्त जीवन राजनैतिक विधियों तथा विधियों के अनुसार आचरण करने की एक सजीव कहानी है। उसके जीवन का प्रधान लक्ष्य विधिसम्मत आचरण तथा नागरिक कर्त्तव्यों का अक्षरश: पालन करना था।''

विश्व में वैचारिक क्रान्ति का उद्‌भव सुकरात के जीवनकाल से ही आरम्भ होता है। उसके द्वारा किया गया विषपान प्राचीन युग की अत्यन्त प्रभावशाली घटनाओं में से एक है, किन्तु प्रमाणित ज्ञान की उपलब्धि के अभाव में सुकरात के विषय में अधिक कह पाना सम्भव नहीं है। बरट्रेण्ड रसल (Bertrend Russel) ने ठीक ही कहा है कि ''कुछ व्यक्तियों के बारे में यह निश्चित होता है कि हम उनके बारे में बहुत थोड़ा जानते है। किन्तु सुकरात के सम्बन्ध में हमें यह निश्चय नहीं है कि हम अधिक जानते है या कम जानते है।'' अत: सुकरात के सम्बन्ध में उपलब्ध स्रोत मुख्यत: दो है—एक, जेलीफोन के संस्मरण तथा दूसरे, प्लेटो के कथन। इन दोनों पर विचार करके सुकरात के जीवन तथा दार्शनिक विचारों का वर्णन किया जा सकता है।

सुकरात का जीवनवृत्त

सुकरात का जन्म पेरीक्लीज के शासन के आरम्भ होने के 4 वर्ष पूर्व 469 ई०पू० में हुआ था। सुकरात का पिता एक संगतराश था तथा माता फेनरीट (Phainrate) एक धात्री थी। अपनी माता के जीवन एवं कार्यों का सुकरात के जीवन एवं विचारों पर गहरा प्रभाव पड़ा था। सुकरात ने स्वयं लिखा है कि 'मैं नवीन विचारों की उत्पत्ति ठीक अपनी माँ के व्यवसाय के अनुसार ही कर रहा हूँ।''[1] सुकरात स्वयं सुन्दर नहीं था किन्तु उसका व्यक्तित्व इतना अधिक प्रभावशाली था कि प्रत्येक व्यक्ति उसकी ओर आकर्षित होता तथा उसके विचारों को ध्यानपूर्वक सुनता था।

---

1. ''I am following the occupation of my mother in as much as bring about the birth of new ideas.'' —Socrates

सुकरात के जीवन पर तत्कालीन सोफिस्टों का गहरा प्रभाव पड़ा था उन्होंने विद्या ग्रहण करने तथा विद्यादान करने में ही अपना सम्पूर्ण जीवन व्यतीत किया था। सुकरात की भौतिकशास्त्र एवं उसकी विभिन्न शाखओं का अध्ययन करने की विधि भी अलौकिक थी। सुकरात एक विचारक ही नहीं अपितु एक व्यवहारिक व्यक्ति भी था। वह एक शिक्षित तथा योग्य नागरिक की भांति अपना जीवन व्यतीत करता था। सुकरात के समय एथेन्स में प्रत्येक क्षेत्र में दिन दूनी, रात चौगुनी प्रगति हो रही थी। ईरानियों को युद्ध में परास्त करके उसने अपनी सैनिक प्रतिभा का परिचय दिया था। इसके अतिरिक्त डीलियस तथा थेस के युद्धों में भी सुकरात ने भाग लिया था।

सुकरात के नागरिकता सम्बन्धी विचारों को मान्यता देते हुए उसके एथेन्स के नगर राज्य की परिषद (Council) तथा परिषद की समिति (Committee of the Council) की सदस्यता प्रदान की गई थी। उसने उसके प्रत्येक पद पर रहकर तथा जीवन के समस्त कार्यों-क्षणों में नागरिक कर्तव्यों का पूर्ण रूप से पालन किया था। उसके नागरिकता सम्बन्धी ज्ञान एवं कार्यों की प्रशंसा करते हुए बार्कर (Barker) ने लिखा है कि ''नागरिक कर्तव्यों का समुचित पालन एवं नागरिक नियमों का लेशमात्र भी उल्लंघन न करना, उसके जीवन की ऐसी विशेषतायें थीं, जो एथेन्स के नागरिक को एक आदर्श नागरिक बना देती हैं।''

सुकरात के नागरिक जीवन की प्रशंसा करते हुए सेबाइन (Sabine) ने भी लिखा है कि ''सुकरात का सारा जीवन राजनैतिक ध्येयों तथा विधियों के अनुसार आचरण करने की एक सजीव कहानी है। उसके जीवन का प्रधान लक्ष्य, विधिसम्मत आचरण तथा नागरिक कर्तव्यों का अक्षरशः पालन करना था।''[1] एथेन्स के तत्कालीन शासकों के द्वारा नवयुवकों को पथभ्रष्ट करने के अपराध में सुकरात को बन्दी बनाया गया था उसे मृत्युदण्ड दिया गया। ऐसा कहा जाता है कि जब उसे विषपान कराया जाने वाला था तब उसके समीन बैठे उसके अनुयायियों ने उसे बन्दीगृह से भाग चलने के लिये कहा किन्तु सुकरात अपनी राजभक्ति पर अडिग रहा और उसने सहर्ष विषपान कर लिया। विद्वानों ने उसकी मृत्यु पर कहा था कि ''जिस प्रकार उसका जीवन महान था, उसी प्रकार उसकी मृत्यु भी महान थी।''

सुकरात की कार्य-प्रणाली
(Method of Socrates)

सुकरात की कार्य-प्रणाली प्रश्न विधि (Question Method) कहलाती थी। बार्कर (Barker) ने इसे द्वन्द्ववाद पद्धति (Dialectic Method) कह कर पुकारा है। उनके अपने ही शब्दों में ज्ञान ''ज्ञान के प्रस्तुतिकरण के पद्य अथवा गद्य के रूप में प्रस्तुत करने की सोफिस्टिक विधि के स्थान पर उसने प्रत्येक स्थान पर प्रश्न और उत्तर की विधि को प्रत्येक व्यक्ति से बात करते समय प्रयोग किया।'' वास्तव में, वह प्रश्नों के द्वारा ''निर्मूल ज्ञान'' को समाप्त कर देना चाहता था तथा अपने समस्त शिष्यों को वास्तविक (सत्य) ज्ञान से

1. ''A steady discharge of civic duties and a steady refusal to go outside the bounds of civic law, are the two features which mark his life as true citizen of Athens.''

— Sabine

परिचित कराना चाहता था। सेबाइन (Sabine) ने लिखा है कि ''सद्‌गुण ही ज्ञान है, जो पढ़ा तथा पढ़ाया जा सकता है।'' क्रौसमैन (Crossman) के अनुसार ''उसने अपने श्रोताओं को रोचक एवं नवीन विचारों से ही अवगत नहीं कराया, अपितु एक धात्री के कार्यों के अनुरूप मस्तिष्क को स्वयं अपने ज्ञान को प्रस्तुत करने के लिये सहायता भी दी।''

विद्वानों के लिये सकुरात की विधि वरदान सिद्ध हुई, किन्तु तत्कालीन धर्म के ठेकेदारों तथा पाखण्डियों के आडम्बरपूर्ण विचारों के प्रसार में वह अभिशाप सिद्ध हुई। यह विधि भी लिपिबद्ध नहीं की गई थी। इसकी जानकारी प्लेटो के कथनों से ही प्राप्त हुई हैं।

सुकरात के नैतिक तथा राजनीतिक विचार
(Ethical and Political Views of Socrates)

सुकरात के दार्शनिक विचारों पर सोफिस्टों का प्रभाव पड़ा था। उसके दार्शनिक विचारों का ज्ञान प्लेटो के कथनों से होता है। उसके राजशास्त्रीय विचारों का वर्णन निम्नलिखित रूप में किया जा सकता हैं–

(1) राज्य विषयक सिद्धान्त (State-Doctrine)– सोफिस्टों की भाँति राजनीति को व्यवसाय न मानकर सुकरात राजनीति को एक कला मानता था तथा कहता था कि ''यदि राजनीतिज्ञ भी एक कलाविद् है तो उसे अपने लाभों के लिये कार्य नहीं करना चाहिये अपितु अपने नागरिकों के हितों का ध्यान रखना चाहिये जिनके साथ उसे कार्य करना है तथा जिनके विकास के लिये उसकी कला सम्बन्ध रखती है।'' हार्नशा (Hearnshaw) के अनुसार, ''सुकरात ने यह शिक्षा दी कि राज्य अनिवार्य तथा प्राकृतिक है, कानून पवित्र तथा पालन करने योग्य है, राज्य की शक्ति दैवी शक्ति है, सामुदायिकता तथा वैयक्तिकता से ऊपर राजकीय सेवायें वित्त सार्वजनिक सेवायें हैं, जिनको योग्यतम तथा सबसे अधिक बुद्धिमान व्यक्तियों के द्वारा पूरा किया जाना चाहिये।''

सुकरात ने प्रचलित लोकतन्त्र का विरोध किया था। वह यह उचित नहीं समझता था कि लोकतन्त्र में छोटे तथा कम योग्यता रखने वाले व्यक्तियों को उच्चवर्गीय व्यक्तियों के समान अधिकार हों। उसने उस समय की परम्पराओं का भी विरोध किया था। उसने राजनीति को एक व्यवसाय न मानकर एक कला स्वीकार किया था। वह चाहता था कि शासक इस कला में सबसे अधिक निपुण हो। शासन तथा राजनीति में पारंगत शासक को अपने स्वार्थों की पूर्ति के स्थान पर जनहित की ओर अधिक ध्यान देना चाहिये।

(2) कानून विषयक अवधारणा (Conception of Law)– कानून को सुकरात ने ईश्वरीय आज्ञा के रूप में स्वीकार करके पालन किया था। वह कानून को पवित्र तथा दैवी शक्ति द्वारा प्रदत आज्ञा मानता था। अपने जीवनकाल में तथा मृत्यु पर्यन्त सुकरात ने राजकीय नियम को ईश्वरीय इच्छा समझकर पालन किया था चाहे वह उसके लिये विषपान के रूप में मृत्युदण्ड का ही आदेश क्यों न हो। बार्कर (Barker) ने लिखा है 'तथापि वह मृत्यु पर्यन्त एथेन्स का एक स्वामीभक्त पुत्र बना रहा। उसने उसकी सेवा में कार्य किया, कौंसिल का सदस्य रहा, उसके नियमों को ईश्वर के आदेशों की भाँति पवित्र मानता रहा और सत्यता के अतिरिक्त इन नियमों का कभी उल्लघंन नहीं किया। उसने देश के नियमों

को अक्षुण्ण बनाये रखने के लिये प्राण रक्षा हेतु बन्दीगृह से भागने से इन्कार कर दिया, जबकि वह वहाँ से सरलता से भाग सकता था।'' इस प्रकार सुकरात राजकीय कानूनों को दैवी शक्ति से युक्त मानकर पालन करने की शिक्षा देता था तथा स्वयं पालन करता था।''

(3) 'ज्ञान' सम्बन्धी अवधारणा (Conception of Knowledge)—ज्ञान के सम्बन्ध में सुकरात की अवधारणा सर्वथा नवीन तथा अद्‌भुत थी। वह सोफिस्ट विचारधारा से भी भिन्न थी। उसका ज्ञान विषयक सिद्धान्त 'स्वयं को जानो' (Know Thyself) नामक 'सूक्ति' पर आधरित था। उसके अनुसार ''ज्ञान—अज्ञान परिस्थिति पर निर्भर नहीं है अपितु शिक्षा द्वारा ज्ञान प्राप्त किया जा सकता है ।'' सुकरात ने ज्ञान को दो भागों में विभाजित किया था। एक धारणा पर आधारित सामान्य शुभत्व (Common Goodness) का नाम तथा दूसरा तर्क पर आधरित दार्शनिक शुभत्व का ज्ञान (Philosophic Goodness) इन दोनों प्रकार के ज्ञान के निष्कर्ष के रूप में सुकरात ने अपने ज्ञान के प्रसिद्ध सूत्र का प्रतिपादन किया था कि 'ज्ञान ही धर्म है तथा अज्ञान ही पाप है।'

क्या सुकरात सोफिस्ट था?
(Was Socrates a Sophist?)

सुकरात के उपरोक्त चिन्तन एवं दार्शनिक विचारों पर विचार करने से एक प्रश्न यह भी उभरता है कि क्या सुकरात सोफिस्ट था? इस प्रश्न के उभरने का एक कारण यह भी है कि एथेन्स निवासी सुकरात को सोफिस्ट नहीं मानते थे, जबकि बाद के कुछ विद्वान सुकरात के दार्शनिक विचारों के कारण उसे सोफिस्ट कहने के लिये विवश हुए हैं। किन्तु यदि वास्तविकता पर विचार किया जाये तो आधुनिक परिभाषाओं के आधार पर सुकरात को सोफिस्ट कहा जा सकता है। इसका प्रमुख कारण यह है कि सुकरात भी सोफिस्टों की भाँति मानवतावादी दार्शनिक था तथा सोफिस्टों की भाँति ही वह एक कुशल विचारक था।

इस समता के होते हुए भी सुकरात एवं सोफिस्टों में विचार-वैषम्य भी बहुत अधिक था, जिसके आधार पर सुकरात को सोफिस्ट कभी भी नहीं कहा जा सकता। इस विचार वैषम्य का वर्णन निम्नलिखित है।

(1) एथेन्स का नागरिक (Citizen of Athens)—सोफिस्ट विचारक विदेशी थे, जबकि सुकरात एथेन्स का ही रहने वाला था। इसलिये सोफिस्ट विचारक सामाजिक रीति—रिवाजों एवं नियमों को बिल्कुल नहीं मानते थे, जबकि प्रचलित रीति-रिवाजों एवं रूढ़ियों में सुकरात को दृढ़ विश्वास था।

(2) सत्य की खोज (Knowing of Truth)—सोफिस्टों ने व्यावहारिक जीवन एवं विचारों की शिक्षा प्रदान की थी जबकि सुकरात का लक्ष्य सत्य की खोज करना था, न कि व्यवहारिक जीवन की शिक्षा देना।

(3) धनोपार्जन—सोफिस्ट विचारक अपनी शिक्षा के लिये शुल्क भी प्राप्त करते थे जबकि सुकरात ने धनी एवं निर्धन दोनों को समान रूप से 'ज्ञान' की शिक्षा प्रदान की थी।

(4) लक्ष्य पूरित ज्ञान की शिक्षा– (Teaching of Aimful Knowledge)– सोफिस्टों की भाँति सुकरात ने ज्ञान को यान्त्रिक (Mechanical) न बना कर प्रयोजनमय (Teleslogical) बनाया। यह जीवन की अधिकाधिक नवीन वस्तुओं का ज्ञान नहीं करना चाहता था अपितु प्राचीन वस्तुओं का ही नवीन विधि से ज्ञान प्राप्त करना चाहता था। उसने सृष्टि का लक्ष्य जानने के लिये लोगों को प्रेरित किया। "वह पहला व्यक्ति था, जिसने वस्तुओं के अन्तिम उद्देश्य तथा कारणों की खोज की है।"

उपरोक्त विवरण से पूर्णतया स्पष्ट है कि सुकरात को सोफिस्ट कहकर नहीं पुकारा जा सकता वह एक स्वतन्त्र विचारक था, जिसने सत्य की खोज के लिये लोगों को प्रेरित कर यूनानी दर्शन व दार्शनिकों को एक नई दिशा प्रदान की थी। सोफिस्टों से उसकी जो कुछ भी समानता थी वह सामाजिक थी, आधारभूत अथवा दार्शनिक नहीं।

अभ्यास के लिये प्रश्न

1. सुकरात के नैतिक व राजनैतिक विचारों का वर्णन कीजिये।
2. बार्कर का मत है कि "सुकरात के ज्ञान की प्रभुत्ता का सिद्धान्त राजनीतिक क्षेत्र में प्रयोग में लाने से ज्ञान प्राप्त निंरकुशता का सरलता से स्थान ग्रहण कर लेता है।" इस पर प्रकाश डालिये।

5

सुकरात– उत्तर राजनैतिक चिन्तन

(Post— Socrates Political Thought)

सुकरात की शिक्षाओं एवं उसके अभूतपूर्व बलिदान ने यूनान में एक नवीन विचारधारा को जन्म दिया, जिसे **सीनिक्स** विचारधारा के नाम से पुकारा जाता है। इससे सम्बन्धित एक अन्य सम्प्रदाय की विचारधारा को **साइरेनेक्स** (Cyrenaics) कहा गया क्योंकि इस विचारधारा का जन्मदाता **ऐरिस्टिप्पस** (Aristippus) अफ्रीका के समुद्री तट **साइरीनी** का रहने वाला था। यूनान में इन दोनों नवीन विचारधाराओं में से एक केवल पहली सीनिक्स विचारधारा का ही विशिष्ट रूप से विकास हुआ। इन सीनिक्स विचारधारा के जन्मदाता **ऐन्टीस्थेनीज** (Antisthenes) थे।

सीनिक्स दर्शन
(Cynics Philosophy)

यद्यपि सीनिक्स विचारधारा का स्रोत सुकरात का जीवनदर्शन था, किन्तु उसकी विचित्रता यह है कि इसके विचारकों ने सुकरात के विचारों को नगर राज्य में लागू न करके शाश्वत रूप में प्रकट करने का प्रयास किया। उनका यह विचार अवैधानिक होने के साथ-साथ प्रचलित परम्पराओं के भी प्रतिकूल था। नगर राज्यों की नागरिकता से हटकर सीनिकों ने विश्व नागरिकता के सिद्धान्त को प्रतिपादित किया था।

सुकरात के सादे जीवन से सीनिकों ने उदासीनता की शिक्षा ली तथा "एक भिखारी के निरापद जीवन को अपना आदर्श बनाया तथा दूसरों को भी इसी प्रकार के जीवनयापन की शिक्षा दी। उन्होंने अपने उदासीन जीवन के रूप में सुकरात की शिक्षाओं का स्पष्टीकरण किया। उन्होंने साँसारिक राज्य व्यवस्था और तत्कालीन सामाजिक पद्धति की आलोचना की और उन्हें त्याज्य बताया। वे सम्पत्ति, परिवार तथा राज्य सभी के विरुद्ध थे। उन्होंने सभी लोगों में सभी स्थानों में समान हित की भावना और समान अच्छाई का दर्शन किया।"

सीनिक विचारकों के सुकरात के द्वारा व्यक्त प्रसिद्ध वाक्य "सद्‌गुण ही ज्ञान है" (Virtue is Knowledge) का सम्बन्ध "आध्यात्मिक" से जोड़ दिया तथा सांसारिक चीजों को इस सद्‌गुण के विकास में बाधा स्वरूप व्यक्त किया।

सीनिक विचारधारा के जनक एन्टीस्थीनीज ने कहा था "बाह्य संगठन बाधायें हैं, सभी सामाजिक हित पागलपन है, एक मात्र चीज जो अपनी है, वह है अपने विचारों की अभिव्यक्ति की पूर्ण स्वतन्त्रता।"[1] सीनिक अपने आपको पूर्ण मानता था, तथा वैराग्य धारण करने को ही मान्यता देता था। ये समस्त संसार को राज्य के रूप में व्यक्त करते थे तथा उसी की नागरिकता ग्रहण करने की शिक्षा देते थे। उनकी इस संसार नागरिकता पर व्यंग्य करते हुए ही पलूटार्क (Plutarch) ने कहा था कि "सिकन्दर महान् ने सीनिकों की विचारधारा से प्रभावित होकर विश्व साम्राज्य के निर्माण की योजना बनाई। अन्तर इतना था कि उसने उनके दर्शन के केवल राजनैतिक पक्ष को ही ग्रहण किया।"

एन्टीस्थीनीज प्लेटो का समकालीन था और अपने प्रसिद्ध ग्रन्थ 'कन्सर्निंग लॉ' अथवा 'दि स्टेट' (Concerning Law or the State) तथा 'साइरस' अथवा 'कन्सर्निंग मोनार्की' (Cyrus or Concerning Monarchy) लिखे थे। इनका प्रसिद्ध नारा "वापिस प्रकृति को" (Back to Nature) था। यूनान में 'सीनिक्स' का अर्थ था 'कुत्ता'। प्रचलित मतान्तरों एवं व्यवस्था का विरोध करने के कारण उनकी विचारधारा को इस नाम से पुकारा गया था।

राजनैतिक चिन्तन को देन
(Contribution to Political Thought)

यूनान की इस दार्शनिक विचारधारा का यूनान की भावी राजनैतिक विचारधाराओं पर व्यापक प्रभाव पड़ा था। इस विचारधारा की राजनैतिक देन निम्नलिखित थी–

(1) व्यक्तिवाद (Individualism)–सीनिक विचार ही राजनैतिक विचारधारा में व्यक्तिवाद को जन्म देने वाले थे। ये आत्मवादी थे तथा व्यक्ति को अपने में पूर्ण मानते थे। उनके विचार में मानव-मुक्ति के लिये आत्म-ज्ञान ही पर्याप्त है तथा मानव विकास के लिये समाज अथवा राज्य की कोई आवश्यकता नहीं। सीनिक विचारकों की यह व्यक्तिपरक अवधारणा ही राजनैतिक चिन्तन में व्यक्तिवाद के जन्म का आधार बनी।

(2) प्रकृति की ओर वापिसी (Return to Nature)–सीनिक विचारधारा का प्रमुख नारा था– 'प्रकृति की ओर लौटो' (Back to the Nature)–सांसारिक कृत्रिमता से दूर रहकर सीनिक प्राकृतिक एवं स्वाभाविक सादा जीवन व्यतीत करने के पक्षपाती थे। भविष्य में आगे चलकर रूसो ने भी सांसारिक बन्धनों को तोड़कर प्रकृति के स्वच्छन्द वातावरण में रहने के लिये नारा लगाया था। इस प्रकार रूसो के प्रकृति प्रेम को सीनिक विचारधारा में सुगमतापूर्वक पाया जा सकता है।

---

1. "Against the current of his baneful stream of political ideology, Socrates set himself like a stubborn bastion." —Antisthenes

(3) विश्व नागरिकता का सिद्धान्त (Theory of Cosmopolitanism)–यूनानी नगर राज्यों की नागरिकता से दूर हटकर सीनिक विचारधारा ने विश्व नागरिकता के सिद्धान्त का प्रतिपादन किया था। इस दृष्टि से यह विचारधारा महान् प्रारम्भिक यूनानी दार्शनिक–प्लेटो व अरस्तू–दोनों के राजदर्शन के विपरीत थी। सीनिकों द्वारा व्यक्त इस विश्व नागरिकता पर ही सुप्रसिद्ध विचारक प्लूटार्क (Plutarch) ने व्यंग्यात्मक टिप्पणी की थी और कहा था कि "सिकन्दर ने विश्वव्यापी साम्राज्य की स्थापना करके राजनैतिक क्षेत्र में सीनिक्स लोगों के आदर्श को मूर्त रूप प्रदान करने की चेष्टा की थी।" नगर राज्यों के सिद्धान्त का तो वे कट्टर विरोध करते थे।

(4) विश्व राज्य की कल्पना (Notion of a World State)–सीनिक विचार के नगर राज्य का नहीं बल्कि 'विश्व राज्य' का समर्थन करते थे। उनके अनुसार हम सभी मानव एक विशाल विश्व राज्य के नागरिक हैं। डायोजिनीज इस 'विश्व राज्य' की विचारधारा का जन्मदाता था। उनका विचार था कि 'हम सब एक सम्पूर्ण विश्व राज्य' के नागरिक हैं।

(5) विश्व-बन्धुत्व (Universal Brotherhood)–सीनिक विचारकों ने विश्व-बन्धुत्व की भावना का प्रसार किया। समस्त विश्व को ही वे एक परिवार अथवा राज्य कहकर अपने-अपने कर्त्तव्यों का पालन करने की प्रेरणा देते थे। उनकी दृष्टि में सभी देशों में रहने वाले, सभी रंगों, जाति और धर्मों वाले व्यक्ति एक ही राज्य के नागरिक होने के नाते परस्पर भाई हैं। यही विश्व-बन्धुत्व की भावना सीनिक विचारधारा का प्रमुख अंग बनी। वे मानते थे कि बुद्धि, ज्ञान, गुणों आदि पर यूनानवासियों का ही एकाधिकार नहीं है। इनको प्राप्त करने तथा उन्हें प्राप्त करने के प्रयास करने में एक अफ्रीकावादी भी उतना ही भागीदार है जितना कि एक यूनानी। इस प्रकार सीनिक विचारधारा समस्त विश्व में बन्धुत्व की भावना का प्रचार-प्रसार करना चाहती थी।

सीनिक विचारधारा की उपरोक्त देन पाश्चात्य राजनीतिक विचारों में विशेष महत्त्व रखती है, क्योंकि इसकी भावी राजदर्शन पर स्पष्ट छाप पड़ी थी।

साइरेनाइक राजनैतिक सिद्धान्त
(Cyrenaic Political Theory)

सुकरात के जीवन एवं उसके राजनैतिक विचारों से प्रभावित साइरेनेक्सवादी राजनैतिक विचारधारा का संस्थापक एरिस्टिप्पस (Aristippus) था, जो अफ्रीका के उत्तरी समुद्री तट साइरीनी का रहने वाला था। अतः इस सम्प्रदाय का नाम उस नगर के नाम पर साइरीनी सम्प्रदाय रखा गया। इस विचारधारा की प्रमुख विशेषता निम्नलिखित थीं।

(1) आत्मज्ञान की प्राप्ति (Attaining of Self-knowledge)–साइरेनेक्स विचारधारा के अनुसार मनुष्य सांसारिक बन्धनों से मुक्ति के लिये प्रयास करता है। इस मुक्ति के लिये वह आत्म-ज्ञान को ही पर्याप्त समझता है। इस विचारधारा के अनुसार आत्म-ज्ञान प्राप्त करके मनुष्य जीवन से मुक्ति प्राप्त कर सकता है।

(2) वर्तमान ही परम सत्य है (Present is an ultimate truth)—इस विचारधारा के अनुसार मनुष्य को केवल अपने चरम उद्देश्य की ओर ही सतत प्रयास करना चाहिये। साइरेनेक्स के अनुसार मनुष्य का चरम उद्देश्य सुख की प्राप्ति है। अधिकतम सुख प्राप्त करने के लिये मनुष्य को वर्तमान के विषय में ही सोचना तथा कार्य करना चाहिये। भूत-भविष्य के विचार में विचार करके मनुष्य को अपने वर्तमान को दाँव पर नहीं लगाना चाहिये। वस्तुत: वर्तमान ही चरम सत्य है।

(3) कानून की परम्परा (Custom as a law)—साइरेनेक्स विचारधारा के अनुसार कानून प्राकृतिक न होकर परम्पराओं पर आधारित है, जिनका पालन करना मानव की इच्छाओं व परिस्थितियों पर निर्भर है।

(4) कृत्रिमता का विरोध (Opposition of Artificiality)—साइरेनेक्स विचारधारा ने भी अपने सम्पूर्ण बल से कृत्रिमता का विरोध किया है। इसका विचार है कि राज्य और कानून मानव के विकास में बन्धन खड़े किये हुए हैं। यह कृत्रिमता है। मनुष्य को चाहिये कि वह मुक्ति के लिये वर्तमान में जिये तथा आत्म-ज्ञान प्राप्त करे। राज्य अथवा कानून प्राकृतिक नहीं है तथा इसी कारण वे शाश्वत आवश्यकता भी नहीं हैं।

सीनिक्स विचारधारा की भाँति साइरेनेक्स विचारधारा भी पृथक दार्शनिक पहचान रखती है। इस विचारधारा का भी पाश्चात्य राजनैतिक विचारधारा के विकास में बड़ा योगदान रहा है।

अभ्यास के लिये प्रश्न

1. सीनिक्स के राजनैतिक दर्शन की विश्लेषणात्मक व्याख्या कीजिये।
2. साइरेनेक्सवादी विचारधारा पर संक्षिप्त टिप्पणी लिखिये।

6

प्लेटो

(Plato, 428 B.C.—347 B.C.)

प्लेटो (अफलातून) का जन्म ऐथेन्स में ईसा से 428 वर्ष पूर्व हुआ था। इसका पिता कोड्रस (Codrus) के वंश का था जो ऐथेन्स का अन्तिम शासक था। कोड्रस ने अपने राज्य के लिये अपना जीवन बलिदान किया था। इसकी माता प्रसिद्ध विधान निर्माता सोलन (Solon) के वंश की थी। प्लेटो की शिक्षा उस समय के प्रसिद्ध अध्यापकों द्वारा हुई थी जिन्होंने उसे व्याकरण, व्यायाम और संगीत की शिक्षा दी थी। लगभग बीस वर्ष की आयु में वह सुकरात का अनुयायी बन गया और आठ वर्ष तक सुकरात से उसने शिक्षा प्राप्त की। वह सुकरात का बड़ा भक्त था। सुकरात की मृत्यु (ईसा से 399 वर्ष पूर्व) होने पर वह मेगरा (Megara) को चला गया। ज्ञान की पिपासा उसे मिस्र, सिसिली आदि देशों के देशाटन के लिये खींच ले गई। जिस समय वह सिसिली में था उस समय उसका परिचय साइराक्यूज (Cyracuse) के शासक डाइनीसियस (Dionysius) से हुआ, परन्तु कुछ काल पश्चात् उसकी उससे खटपट हो गई। प्लेटो के विषय में एक कहानी प्रसिद्ध है कि डायनीसियस ने इसे दास बना कर बेच दिया था किन्तु साइरिन (Cyrene) के शासक ऐनीसेरिस (Aniceris) ने इसे दासता से मुक्त कर दिया। विदेश भ्रमण के पश्चात् वह फिर ऐथेन्स को लौट आया और वहाँ इसने ऐकेडैमी नाम का एक विद्यालय स्थापित किया। यह विद्यालय ऐकेडैमिक नाम से प्रसिद्ध है। इस विद्यालय के द्वार पर उसने यह लेख खुदवा रखा था कि ज्यामिति से अनभिज्ञ व्यक्ति इसमें प्रवेश न करें।[1] प्लेटो को यहाँ से दोबारा सिसिली की यात्रा करनी पड़ी। पहली बार तो इसलिये बुलाया गया था कि वह डाइनीसियस के पुत्र को अपने दर्शन शास्त्र की शिक्षा दे, और दूसरी बार इसलिये कि साइराक्यूज जाकर वहाँ के शासक के साथ जो उसका मनमुटाव हो गया था उसको दूर करे। वह दोनों कार्यों में सफल हुआ। उसकी मृत्यु ईसा से 374 वर्ष पूर्व हुई थी। उसने दर्शनशास्त्र तथा राजनीति पर अनेक ग्रन्थ लिखे हैं। उसकी लेखन शैली साभ्यवादिक है। भाषा शुद्ध तथा सुन्दर है।

---

1. विलियम स्मिथ, *क्लैसीकल डिक्शनरी, पृष्ठ 329 तथा ई॰ बार्कर, ग्रीक पो॰, थ्यो॰, प्लेटो एण्ड हिज पीडीसेसर्स*, पृष्ठ 110

प्लेटो की रचनायें

प्लेटो की प्रमुख रचनायें निम्न हैं:– यूथीफ्रोन, अपौलौजिया, क्रितौंन, फएदीन, क्रातील्स थियातेतस सौफिस्तीस पौलिटिक्स सिक्योसियान् फएद्रस, थियोगीस्, सर्मिदीस, लाखेस्, लीसिस्, प्रोतागोरास्, गौंर्गियास्, मैलोन्, इयौन, किलतोफोन्, पौंलितैइया अथवा रिपब्लिक, नोमोइ अथवा लाज़।

इन रचनाओं को पढ़ने से यह तथ्य निकलता है कि प्लेटो ने आदि की रचनाओं में अपनी कल्पना को आदर्शवाद के गगन में पूरी-पूरी उड़ान दी है और उसने यह चेष्टा की है कि एक ऐसे राज्य की काल्पनिक स्थापना की जाय जिसमें न्याय, धर्म अथवा जस्टिस को ही पूरा-पूरा महत्व दिया जाय जिससे सुकरात को मृत्युदण्ड जैसे पाप कर्म न होने पावें। इन रचनाओं के आधार पर प्लेटो को आदर्शवादी बताते हुये और उसके दार्शनिक सिद्धान्त को थ्योरी ऑफ आइडियाज की संज्ञा दी गई है।

उदाहरणार्थ रिपब्लिक में उसने एक आदर्श (नगर) राज्य की कल्पना की है जिसमें दार्शनिकों को ही शासन करने का अधिकार दिया है। इन्हीं दार्शनिकों के विचार अन्य नागरिकों के लिये कानून हैं और किसी अन्य संस्था द्वारा कानून बनाने की व्यवस्था का घोर विरोध किया है अर्थात् उसके आदर्श राज्य में कानून अनावश्यक हैं। काफी अनुभव होने के पश्चात् उसने अपनी पुस्तक 'स्टेट्समैन' अथवा पौलिटिक्स की रचना की जिसमें उसने एक व्यावहारिक राजनीति की शरण ली है और रिपब्लिक में वर्णित आदर्श नगर राज्य को केवल कल्पित मानकर यर्थाथवादिता की ओर अपने विचारों को मोड़ दिया है। उस पुस्तक में उसने दो प्रश्नों पर विचार किया है– पहला तो यह कि एक सच्चे शासक को कैसी शिक्षा पानी चाहिये और दूसरी यह कि राजनीति शास्त्र अथवा दर्शन का क्या महत्व है?

प्लेटो का दूसरा महत्वपूर्ण ग्रन्थ लाज़ है जो उसकी मृत्यु के पश्चात् सन् 321 ई०पू० में प्रकाशित हुआ था। इसकी रचना उसने वृद्धावस्था में की थी फलतः उसने अनुभव कर लिया था कि रिपब्लिक में वर्णित आदर्श राज्य की व्यवस्था केवल काल्पनिक है जो संसार में स्थापित नहीं किया जा सकता। अतएव रिपब्लिक में वर्णित अपने बहुत से विचारों को उसने लाज़ में परित्याग कर दिया है। सबसे पहला परिवर्तन यह हुआ है कि कौटुम्बिक साम्यवाद को असम्भव समझकर वह विवाह और परिवार की आवश्यकता को सामाजिक जीवन के लिये महत्वपूर्ण समझता है जिसको किसी प्रकार नष्ट नहीं कर सकते। दूसरे, प्लेटो व्यक्तिगत जीवन में सम्पत्ति की आवश्यकता स्वीकार कर वह रिपब्लिक में वर्णित अपने साम्पत्तिक साम्यवाद का परित्याग कर देता है तथा कहता है कि सम्पत्ति और विवाह पर राज्य का पूरा-पूरा नियन्त्रण होना चाहिये। वह कहता है कि राज्य को यह देखना चाहिये कि न अनमेल विवाह हों और न अपंग संतान की उत्पत्ति हो। सम्पत्ति पर नियन्त्रण के सम्बन्ध में वह कहता है कि राज्य को यह देखना चाहिये कि न तो किसी वर्ग के पास आवश्यकता से अधिक सम्पत्ति हो और न कोई अत्यन्त दरिद्र हो क्योंकि ऐसी दोनों अवस्थाओं से बुराइयाँ पैदा हो जाती हैं और जनता में अशान्ति उत्पन्न हो जाती है। वह इस बात का समर्थन करता है कि यदि किसी वर्ग के पास आवश्यकता से अधिक सम्पत्ति हो तो राज्य को उसे अधिकृत कर

लेना चाहिये। इस पुस्तक में वह रिपब्लिक में प्रदर्शित शिक्षा सम्बन्धी अपने विचारों को भी ढीला कर देता है और यह स्वीकार करता है कि राज्य शिक्षा पर अत्यन्त कठोर नियन्त्रण न रक्खे। वह पुरुषों और स्त्रियों को समान अधिकार देता है और सारे सार्वजनिक कार्यों में उन्हें भाग लेने के लिये अधिकार देता है। वह यह भी स्वीकार करता है कि उसका कल्पित राज्य यथार्थता से बहुत दूर है और संसार में उसकी स्थापना संभव नहीं है क्योंकि वह स्वीकार करता है कि मनुष्य की त्रुटियाँ पूरी तरह दूर नहीं हो सकती हैं, वे कम की जा सकती हैं और उन पर नियन्त्रण रक्खा जा सकता है। इस नियन्त्रण को रखने के लिये विधि कानून की आवश्यकता है। अपने लाज़ नामक ग्रन्थ में उसने एक व्यावहारिक सामाजिक व्यवस्था का चित्रण किया है। वह कहता है कि समाज में अधिकतर सम्पत्ति उन लोगों के हाथ में हो जो सम्पत्ति के बढ़ाने में जीवन व्यतीत करते हैं किन्तु उन पर राजनैतिक संस्था का पूरा अधिकार रहना चाहिये।

इस पुस्तक में वह एक ऐसे शासनतन्त्र की रूपरेखा उपस्थित करता है जो रिपब्लिक में चित्रित कल्पित आदर्श राज्य से बिल्कुल भिन्न है और व्यावहारिक दृष्टि से संभव है। वह कहता है कि इस तन्त्र में शासन-व्यवस्था ऐसे 37 व्यक्तियों की एक सर्वोच्च परिषद् के हाथ में होगी जिसके सदस्य 50 वर्ष से 70 वर्ष की आयु तक के नागरिक होंगे क्योंकि ऐसे ही व्यक्तियों के अनुभव को वह योग्यता की कसौटी बनाता है।

सुकरात का प्रभाव
(Influence of Socrates)

राजशास्त्र के सभी विचारकों ने प्लेटो के विचारों पर सुकरात का यह महत्वपूर्ण प्रभाव माना है। सेबाइन के शब्दों में, ''प्लेटो के बौद्धिक विकास का सबसे प्रमुख तथ्य एक नवयुवक के रूप में सुकरात से उसका सम्पर्क था, और सुकरात से, उसने यह विचार ग्रहण किया कि सद्गुण ही ज्ञान है, यह विचार उसके राजनीति दर्शन में सदैव नियंत्रक विचार रहा था।''[1] एक अन्य विद्वान के अनुसार, ''प्लेटो के मस्तिष्क से कभी भी उसके गुरु का प्रतिबिम्ब दूर नहीं हुआ।''[2] वास्तव में प्लेटो के अनेक विचारों पर सुकरात का इतना अधिक प्रभाव है कि प्लेटो की रचनाओं में यह निश्चय करना कठिन है कि कहाँ पर उसके विचार सुकरात से प्रभावित हैं और कहाँ वे मौलिक हैं।

संक्षेप में प्लेटो के विचारों पर सुकरात के अग्रलिखित सिद्धान्तों का प्रभाव देखा जा सकता है-

(1) सद्गुण ही ज्ञान है– सुकरात सद्गुण और ज्ञान को पर्यायवाची मानता था। वह ज्ञान को ज्ञान के लिये न मानकर सद्गुण के लिये मानता था। ज्ञान केवल सूचनाओं का संग्रह मात्र न होकर चरित्र निर्माण का आधार है। सुकरात के लिये ऐसा ज्ञान निरर्थक

1- ''The outstanding fact of Plato's intellectual development was his association as a youngman with Socrates, and from Socrates, he derived what was always the controlling thought of his political philosophy, the idea that virtue is knowledge.''

—Sabine

2- ''The image of his teacher never faded from his mind.''

है जिसका आचरण से कोई सम्बन्ध न हो। उसके अनुसार ज्ञान से साहस, संयम, न्याय आदि सभी गुणों का जन्म होता है। सुकरात के इसी विचार को लेकर प्लेटो ने रिपब्लिक में दार्शनिक शासक की धारणा उपस्थित की है। इस प्रकार सुकरात नीति और राजनीति में अन्तर नहीं करता।

(2) सद्वस्तु का सिद्धान्त—सुकरात के अनुसार किसी वस्तु का गुण उस वस्तु के अस्तित्व में नहीं बल्कि उसकी पूर्ति में है। वस्तु का लक्ष्य उसका आदर्श है, आदर्श ही सद्गुण है। इसी बात को लेकर प्लेटो ने अपने दर्शन में विचारों के जगत को वास्तविक जगत से अधिक यथार्थ ठहराया।

(3) ज्ञान का सिद्धान्त— सुकरात के अनुसार ज्ञान दो प्रकार का होता है एक तो वह जो कारण से है परन्तु सत्य नहीं और दूसरा वह जो सत्य है। इस दूसरे ज्ञान को वह आत्म ज्ञान कहता है। ज्ञान सूचनाओं का संकलन मात्र न होकर आचरण और चरित्र से सम्बन्धित होता है। वह सम्पूर्ण व्यक्तित्व को प्रभावित करता है। सभी सद्गुण उसी के कारण होते हैं।

(4) दार्शनिक पद्धति— सुकरात ने दार्शनिक विवेचन की प्रश्नोत्तर विधि उपस्थित की। प्लेटो ने भी इसी विधि का अनुसरण किया है। इस विधि में जिज्ञासु किसी समस्या पर भिन्न-भिन्न विचारकों का विश्लेषण करता है और उसकी आलोचना से सत्य पर पहुँचता है।

(5) शासन की कला— सुकरात ने शासक की उपमा चिकित्सक से दी है। उसने कहा था, "जनता रोगी है, हमें अपने स्वामियों की चिकित्सा करनी चाहिये।" इसी आधार पर प्लेटो ने दार्शनिक शासक को राज्य के रोगों का कुशल चिकित्सक माना है। इस दृष्टि से सुकरात शासन को एक कला मानता है। प्लेटो ने अपने आदर्श राज्य में इस बात पर जोर दिया कि दार्शनिक शासक को शासनकला का पूर्ण ज्ञान होना चाहिये।

उपरोक्त विवेचन से प्लेटो पर सुकरात का प्रभाव स्पष्ट होता है। यह प्रभाव उसके ग्रंथों में दिखलायी पड़ता है। सुकरात के अलावा प्लेटो पर ऐथेन्स और स्पार्टा की तत्कालीन स्थिति का भी प्रभाव पड़ा। उसके विचारों पर पाइथागोरस और मेगेरियन नाम के यूनानी दार्शनिकों का भी प्रभाव दिखलायी पड़ता है। उसके ग्रंथों में निरंकुश शासक के रूप में डायनोसियस का स्पष्ट प्रभाव है।

द रिपब्लिक

(The Republic)

प्लेटो ने लगभग 40 वर्ष की आयु में अपना सबसे अधिक महान ग्रन्थ 'रिपब्लिक' (Republic) उपस्थित किया। यह ग्रन्थ 10 वर्षों में लिखकर तैयार हुआ। इसमें, जैसा कि इसके नाम से स्पष्ट है, प्लेटो ने आदर्श राज्य का चित्र खींचा था। यहाँ यह स्मरणीय है कि प्लेटो जनतन्त्र को आदर्श राज्य नहीं मानता था। प्लेटो की आदर्श राज्य की कल्पना केवल भिन्न-भिन्न राज्यों के निरीक्षण के आधार पर ही नहीं बल्कि तर्क, अनुभव, परीक्षा, तुलना और आलोचना पर आधारित थी। उपरोक्त ग्रन्थ इतना अधिक राजशास्त्र से सम्बन्धित

नहीं है जितना कि न्याय और आदर्श राज्य से सम्बन्धित है। विद्वानों ने प्लेटो के इस ग्रन्थ की भारी प्रशंसा की है। बैंजामिन जोवेट के शब्दों में, "यह प्लेटो की कृतियों का वह केन्द्र बिन्दु है जिसके चारों ओर हम बड़ी सरलता से ज्ञान माला के पुष्पों की भांति उसके समस्त सम्वादों को पिरो सकते हैं।" बारकर ने लिखा है कि, "यह मानव के पूर्ण दर्शन की ओर एक प्रयास है।"[1] सेबाइन के शब्दों में, "इसमें व्यावहारिक रूप से प्लेटो के दर्शन का प्रत्येक पहलू छुआ गया है और विकसित किया गया है, और इसकी विषयवस्तु का विस्तार ऐसा है कि यह कहा जा सकता है कि यह समस्त मानव जीवन से सम्बन्ध रखता है।"[2]

रिपब्लिक की विषय-वस्तु

उपरोक्त कथनों से स्पष्ट है कि रिपब्लिक का विषय क्षेत्र व्यापक है। प्लेटो का यह ग्रन्थ निम्नलिखित पाँच भागों में विभाजित है –

(1) पुस्तक 1 और 2 प्रारम्भिक हैं, इनमें मानव जीवन से सम्बन्धित अनेक बातों जैसे न्याय की प्रकृति तथा नैतिकता आदि का वर्णन किया गया है।

(2) पुस्तक 2, 3 और 4 में राज्य के निर्माण और शिक्षा की प्रणाली का वर्णन किया गया है। प्लेटो ने आदर्श समाज को शासक, सैनिक, उत्पादक और सेवक इन चार वर्गों में बांटा है। इन चारों वर्गों का अपने-अपने कर्तव्यों का पालन करना ही न्याय की स्थिति है।

(3) पुस्तक 5, 6 और 7 में प्लेटो ने साम्यवाद और दार्शनिक सिद्धान्तों के आधार पर आदर्श राज्य का चित्र खींचा है।

(4) पुस्तक 8 और 9 में राज्य तथा नागरिकों के विकृत रूप का वर्णन किया गया है।

(5) पुस्तक 10 में कला के दर्शन और मानव आत्मा की योग्यता तथा गुणों का वर्णन मिलता है।

उपरोक्त विवेचना से स्पष्ट है कि रिपब्लिक में सामाजिक आदर्शों, नैतिक आदर्शों, शिक्षा प्रणाली, परिवार और सम्पत्ति के सिद्धान्त तथा आदर्श राज्य का वर्णन है। इस प्रकार उसमें लगभग समस्त मानव जीवन सम्मिलित हो जाता है। नैटिलशिप के शब्दों में, "रिपब्लिक मानव जीवन का नाटकीय दर्शन है।"[3]

रिपब्लिक की समस्यायें

रिपब्लिक में प्लेटो ने निम्नलिखित मुख्य समस्याओं का विशेष रूप से विवेचन किया है।

(1) न्याय क्या है, उचित कार्य के क्या सिद्धान्त हैं, नेकी क्या है?

---

1. "It is an attempt at a complete philosophy of man." —Barker
2. "In it practically every side of Plato's philosophy is touched upon or developed and its range of subject matter is such that it may be said to deal with the whole of human life." —Sabine
3. "Republic is dramatised philosophy of human life." —Nettleship

(2) चरित्र के निर्माण और नैतिकता के विकास के लिये कौन-सी शिक्षा प्रणाली अपनायी जानी चाहिये।

(3) आदर्श व्यक्ति और आदर्श नागरिक के कौन-से गुण होते हैं?

(4) सर्वोत्तम और सर्वगुण सम्पन्न सरकार कौन-सी होती है?

(5) आदर्श राज्य के क्या लक्षण हैं और उसका निर्माण कैसे होता है?

उपरोक्त समस्यायें नीतिशास्त्र, राजनीतिशास्त्र, आध्यात्मशास्त्र और शिक्षा शास्त्र से सम्बन्धित हैं। इस प्रकार रिपब्लिक में इन सभी का समावेश है।

जैसे कि पीछे बतलाया जा चुका है, आदर्श राज्य के विषय में प्लेटो के विचार एक ओर उसके दर्शन और दूसरी ओर समकालीन राज्यों के तुलनात्मक निरीक्षण पर आधारित थे। प्लेटो एन्थेस की राज्य व्यवस्था से सन्तुष्ट नहीं था क्योंकि उसका संचालन स्वार्थी और अज्ञानी व्यक्तियों के हाथ में था जिनके परस्पर कलह के कारण राज्य की एकता छिन्न-भिन्न हो गयी थी। इन दोषों को ध्यान में रखते हुये प्लेटो ने एक कल्याणकारी और सद्गुणी राज्य का चित्र उपस्थित करने का प्रयास किया। इस प्रकार रिपब्लिक में नीति और राजनीति का मिश्रण मिलता है। उसमें तत्कालीन राजनैतिक व्यवस्था के साथ-साथ प्लेटो की कल्पना की भी झाँकी मिलती है।

रिपब्लिक की आलोचना

प्लेटो के ग्रंथ रिपब्लिक की आलोचना में अनेक बातें कही गयी हैं जिनमें से मुख्य निम्नलिखित हैं –

(1) **काल्पनिक आदर्श**—रिपब्लिक में आदर्श राज्य का चित्र अधिकतर काल्पनिक है। इसलिये वह अनेक यथार्थ राज्यों पर लागू नहीं किया जा सकता। सच तो यह है राज्य की कोई भी कल्पना सभी देशकाल में आदर्श नहीं हो सकती। देशकाल और परिस्थिति बदलने के साथ-साथ आदर्श राज्य की कल्पना में भी अन्तर किया जाना चाहिये।

(2) **छोटे राज्य की कल्पना**—प्लेटो ने आदर्श राज्य का जो चित्र खींचा है वह तत्कालीन नगर राज्य पर ही लागू होता था क्योंकि वे छोटे और आत्म-निर्भर थे। प्लेटो ने आदर्श राज्य की जनसंख्या 5040 बतलाई है। कहना न होगा कि यह जनसंख्या किसी भी आधुनिक आदर्श राज्य के लिये अव्यवहारिक है।

(3) **कानून की अवहेलना**—प्लेटो ने आदर्श राज्य की बागडोर दार्शनिक शासकों के हाथ में देकर राज्य में कानून का महत्व कम कर दिया। उसके अनुसार दार्शनिक शासक की आज्ञा ही कानून थी। ऐसा विचार आधुनिक राजशास्त्रियों को माननीय नहीं हो सकता।

(4) **पूर्ण शक्ति से भ्रष्टाचार**—प्लेटो ने आदर्श राज्य में दार्शनिक शासकों के हाथ में सत्ता की पूर्ण शक्ति सौंप दी। यहाँ पर एक कठिनाई यह है कि पूर्ण शक्ति पूर्णतया भ्रष्टाचार फैलाने का कारण बन जाती है। प्लेटो ने इस मनोवैज्ञानिक तथ्य पर कोई ध्यान नहीं दिया।

(5) राजनैतिक और आर्थिक शक्ति में पृथकता—आधुनिक राज्यों में राजनैतिक और आर्थिक शक्तियाँ साथ-साथ चलती हैं क्योंकि राज्य को आर्थिक शक्ति से शून्य रखकर उसका लक्ष्य प्राप्त नहीं किया जा सकता। प्लेटो ने रिपब्लिक में दार्शनिक शासकों को आर्थिक शक्ति से शून्य रखा, ऐसी स्थिति में वे राजनैतिक शक्ति का प्रभावशाली प्रयोग किस प्रकार करेंगे।

(6) निम्न वर्ग की अवहेलना—रिपब्लिक में प्लेटो सेवक वर्ग को कोई भी राजनैतिक अधिकार नहीं देता। निम्न वर्ग को इस प्रकार राजनैतिक सुविधाओं से वंचित करना न्याय के सिद्धान्त के सर्वथा विरुद्ध है। कोई भी आधुनिक राजशास्त्री समाज के एक बड़े वर्ग को इस प्रकार वंचित करने की सलाह नहीं दे सकता।

(7) प्रजातन्त्र विरोधी—रिपब्लिक की आदर्श राज्य की कल्पना प्रजातन्त्र विरोधी है जब कि आज विश्व में जनतंत्र को राज्य की सर्वोत्तम प्रणाली माना जाता है।

(8) अव्यवहारिक साम्यवाद—रिपब्लिक में प्लेटो ने शासक वर्ग के लिये स्त्रियों और सम्पत्ति के साम्यवाद का समर्थन किया है। यह सर्वथा अमनोवैज्ञानिक है। इसमें स्त्रियों के साथ न्याय नहीं होता। यह सर्वथा अनैतिक है। अस्तु, इसकी कितनी भी चर्चा की गयी हो किन्तु यह नितान्त अव्यवहारिक है।

उपरोक्त आलोचनाओं के बावजूद रिपब्लिक ने प्लेटो के बाद के राजनैतिक विचारकों को व्यापक रूप से प्रभावित किया था। सिसरो की महान कृति 'डी रिपब्लिका' एक प्रकार से प्लेटो की पुस्तक की नकल मालूम पड़ती है। थामस मूर की 'यूटोपिया' भी रिपब्लिक पर ही आधारित है। प्लेटो ने रूसो के राजनैतिक और सामाजिक विचारों को अत्यधिक प्रभावित किया।

प्लेटो की दर्शन-पद्धतियाँ
(Methods of Platonic Philosophy)

प्लेटो ने जिन दर्शन-पद्धतियों का प्रयोग किया था, उनका वर्णन इस प्रकार है—

(1) ऐतिहासिक दर्शन पद्धति (Historical Method)—राज्य का उद्देश्य आदर्श राज्य की स्थापना है। प्लेटो के अनुसार राज्य को अन्तिम रूप से पूर्णता प्राप्त करने के लिये राज्य को ऐतिहासिक विकास के चार प्रमुख चरणों से गुजरना पड़ता है।

(2) पौराणिक पद्धति (Mythological Method)—जनता का ध्यान अपनी ओर केन्द्रित करने के लिये प्लेटो ने पौराणिक पद्धति का सहारा लिया। अपने दार्शनिक विचारों को प्लेटो ने पौराणिक गाथाओं के आधार पर जनता को समझाया था।

(3) दार्शनिक पद्धति (Philosophical Method)—प्लेटो ने अपनी दार्शनिक पद्धति में 'वस्तुपरक ज्ञान' को 'स्वप्न में भी सत्य' नहीं माना। वे राज्य को केवल एक कल्याणकारी संस्था के रूप में मानते थे। प्लेटो का विचार था कि दार्शनिक रूप से राज्य का वास्तविक रूप उस समय सामने आता है जबकि राज्य सामुदायिक कल्याण की भावना से राज्य करने लगे। प्लेटो का कहना था कि विवेक द्वारा ही प्रत्येक वस्तु का ज्ञान सम्भव है। इसलिये प्लेटो राज्य के बाह्य स्वरूप को स्वीकार नहीं करता था।

(4) निगमनात्मक पद्धति (Deductive Method)—निगमनात्मक पद्धति में मनुष्य सामान्य सिद्धान्तों से विशिष्ट की तरफ जाता है। इसमें सामान्य सिद्धान्तों को लेकर कुछ प्रमुख निष्कर्ष निकाले जाते हैं। प्लेटो ने सामान्य लोगों के भाव जानकर कुछ विशिष्ट निष्कर्ष निकाले हैं। उन्हीं के आधार पर उसने राज्य की भूमिका स्पष्ट की है।

(5) कल्याणकारी पद्धति (Utopian Method)—कल्याणवादी पद्धति से ही प्लेटो का आदर्श राज्य अनुप्रेरित था। प्लेटो अपने आदर्श राज्य के शासक में अद्‌भुत गुणों के पाये जाने की कल्पना करता है। प्लेटो का अनुभव था कि राज्य के कार्यों का उत्तरदायित्व निडर, निष्पक्ष एवं न्यायी लोग ही संभाल सकते हैं। प्लेटो के अनुसार, ''राज्य का कार्य उन व्यक्तियों के ही हाथों में होना चाहिए, जो पारिवारिक चिन्ताओं से मुक्त हों तथा वीर हों।''

(6) दृष्टान्तवादी पद्धति (Example Method)—दार्शनिक विचारों के विश्लेषण के लिये प्लेटो ने दृष्टान्तों का भी सहारा लिया है। प्लेटो ने आदर्श राज्य के शासक को एक 'कलाकार' के रूप में माना है। उसके अनुसार, ''जिस प्रकार एक कलाकार उन्नति करते-करते कुशल एवं लोकप्रिय कलाकार बन सकता है उसी कलाकार की भांति शासक भी राजनीति में कुशल राजनीतिज्ञ बन जाता है।'' प्लेटो ने राजनीतिज्ञ की तुलना डाक्टर से भी की है। ''राजनीतिज्ञ को डाक्टर की भांति राजनीति रूपी रोग का विशेषज्ञ होना चाहिये।''

(7) द्वन्द्ववाद पद्धति (Dialectic Method)—प्लेटो ने सुकरात के दर्शन से प्रभावित होकर द्वन्द्ववाद पद्धति को ग्रहण किया था। प्लेटो के गुरु सुकरात (Socrates) ने कहा था, ''व्यक्ति का वास्तविक ज्ञान उसके अन्दर ही है। प्रश्नोत्तर प्रणाली इस ज्ञान की खोज करने का साधन है। इस पद्धति में संवाद द्वारा, प्रश्न पूछने के द्वारा एक व्यक्ति को दूसरे व्यक्ति की समस्त भावनाओं की जानकारी मिल जाती है और सत्य की खोज करना आसान हो जाता है। संवाद के द्वारा दूसरे पक्ष के गुप्त भेदों को भी जान सकता है। इस भेद को जान लेना तथा उसके आधार पर सत्य की खोज करना ही द्वन्द्व पद्धति की प्रमुख विशेषताएं हैं।''

राजनैतिक दर्शन के इतिहास में प्लेटो की विचारधारा का महत्वपूर्ण स्थान है। अपने गुरु सुकरात के समान प्लेटो भी इस विचार को मानता था कि ''सद्‌गुण ही ज्ञान'' (Virtue of knowledge) है। प्लेटो के अनुसार बुद्धिमान लोगों को देश के शासन में प्रमुख स्थान मिलना चाहिये। प्लेटो के दर्शन का आधार सुकरात की वास्तविकता का सिद्धान्त है। उसने अपने गुरु के अधूरे कार्य को पूर्ण करने का प्रयत्न किया। सुकरात के समान प्लेटो भी नेकी को ही 'वास्तविक ज्ञान' समझता था। उसने एक आदर्श राज्य का चित्रण प्रस्तुत किया जो व्यक्ति के इन गुणों का विकास करने का भरसक प्रयत्न करें। केवल एक आदर्श राज्य में ही मानव की नैतिकता का विकास पूर्णरूपेण हो सकता है तथा आदर्श नागरिक उत्पन्न हो सकते है। प्लेटो ने राजनीति तथा राजनैतिकता में घनिष्ठ सम्बन्ध बनाने हेतु पौराणिकवाद को भी अपनाया।

प्लेटो के अनुसार कार्य का विभाजन

(Division of Labour According to Plato)

प्लेटो के अनुसार कुछ व्यक्ति कृषि का कार्य करते हैं, कुछ वस्तु तैयार करते हैं और कुछ घर बनाते हैं। इसके फलस्वरूप समाज में अनेक शिल्पकार तथा श्रमजीवी बन जाते हैं। व्यक्ति की आवश्यकतओं की वृद्धि के साथ-साथ आवश्यक आवश्यकताओं की पूर्ति की सामग्री भी बढ़ जाती है। समाज में बढ़ई, सुनार, लुहार, व्यापारी, चिकित्सक बन जाते हैं। ये लोग अपने कार्यों का कुशलतापूर्वक सम्पादन करके वस्तुओं का उत्पादन अधिकाधिक करते हैं। एक ही कार्य करते रहने से व्यक्ति उस कार्य का विशेषज्ञ बन जाता है। इस प्रकार ''एक व्यक्ति तथा एक कार्य'' की व्यवस्थानुसार श्रम विभाजन हो जाता है। इसी के द्वारा सेवाओं का आदान-प्रदान भी आरम्भ हो जाता है। प्लेटो का कहना है कि आदर्श राज्य की स्थापना के लिये आवश्यकताओं की सर्वोत्तम तुष्टि और सेवाओं का उचित आदान-प्रदान करना है।

राज्य को प्लेटो मानव मन की उपज मानता है। मानव मन के तत्त्व विवेक, साहस तथा क्षुधा का प्रतिनिधित्व शासकों द्वारा, साहस तत्त्व का प्रतिनिधित्व उत्पादक वर्ग द्वारा किया जाता है। समाज के कार्यों का विभाजन प्लेटो निम्नलिखित तीन वर्गों में करता है-

(i) **प्रशासक वर्ग**—प्रशासन के कार्यों को सुगमतापूर्वक चलाना प्रशासक वर्ग का कार्य है। उनको एक ऐसी व्यवस्था को चालू करना है, जिसमें सभी वर्गों के लोग अपने-अपने कर्त्तव्यों का उचित ढंग से पालन करते रहें।

(ii) **सैनिक वर्ग**—यह वर्ग साहस तत्त्व का प्रतिनिधित्व करता है। इसका प्रमुख कार्य संकट के समय सम्पूर्ण राज्य की रक्षा करना है।

(iii) **उत्पादक वर्ग**—उत्पादक वर्ग अन्य दो वर्गों शासक तथा सैनिक वर्गों की क्षुधा को शांत करने का प्रयत्न करता है। उत्पादक वर्ग का वास्तविक कार्य पालन-पोषण के साधनों को जुटाना है।

प्लेटो के श्रम विभाजन का आधार

प्लेटो के श्रम विभाजन सिद्धान्तों का मुख्य आधार अग्रलिखित है ''सभी वस्तुओं का सरलतापूर्वक अधिक से अधिक निर्माण उसी समय होता है, जबकि एक व्यक्ति एक काम करता है और दूसरा व्यक्ति दूसरा काम करता है।''[1] प्रो० भण्डारी ने लिखा है कि ''प्लेटो के श्रम विभाजन का सिद्धान्त मानव की आवश्यकताओं की पूर्ति पर निर्भर है।''

---

1. ''All things are produced more plentifully and easily and of a better quality when one man dose one thing which is natural to him and dose it at the right time and leaves other things.''
—Plato

कार्य-विभाजन सिद्धान्त की आलोचना

प्लेटो के कार्य-विभाजन सिद्धान्त की आलोचना निम्नलिखित रूपों में की गयी है-

(1) उत्पादक वर्ग की उपेक्षा (Lower Class Neglected)—प्लेटो अपने श्रम विभाजन में उत्पादक वर्ग की उपेक्षा करता है। समाज में उसकी स्थिति दासों जैसी हो गयी है।

(2) निरंकुशता का पोषक (Support to Absolutism)—प्लेटो के श्रम-विभाजन के द्वारा शासक की निरंकुशता को प्रोत्साहन मिलता है और यही निरंकुशता अधिकनायकतन्त्र का रूप ग्रहण कर लेती है।

(3) मानवीय तत्त्वों की उपेक्षा (Negligence of Human Elements)—समाज का वर्गीकरण प्लेटो ने मानव आत्मा के तीन तत्त्वों को लेकर किया है जो पूर्णतया अमनोवैज्ञानिक है क्योंकि मनुष्य में अन्य तत्व गुण भी होते हैं।

(4) विकास का मार्ग अवरुद्ध (Impediment to Development)—मानवीय व्यक्तित्व के विकास की प्लेटो ने पूर्ण उपेक्षा की है। प्लेटो के इस आदर्श राज्य में नागरिक को उन्नति का समान अवसर प्राप्त नहीं होता, क्योंकि एक व्यक्ति एक वर्ग का प्रतिनिधित्व कर सकता है।

राज्यों का वर्गीकरण
(Classification of State)

उत्थान-पतन प्रकृति के शाश्वत नियम हैं। व्यक्ति की उन्नति समाज को उन्नतिशील बनाती है और समाज की उन्नति से राज्य उन्नति करता है, परन्तु जब व्यक्ति अपने कर्त्तव्यों का पालन नहीं करते या उनका नैतिक चरित्र क्षीण हो जाता है तो समाज के पतन से राज्य भी पतनोन्मुख हो जाता है। इस उत्थान की प्रक्रिया को बढ़ाने तथा पतन की प्रक्रिया को रोकने के लिये प्लेटो ने राज्यों का वर्गीकरण निम्नलिखित रूप में किया हैं-

(1) लोकतान्त्रिक राज्य (Democratic State)—प्लेटो के अनुसार लोकतन्त्र आदर्श राज्य का विकृत रूप है। जब अल्पतन्त्र भ्रष्टाचार का अड्डा बन जाता है या धनिक स्वार्थी लोगों के स्वार्थ के विरुद्ध जनता भड़क उठती है या उनका विरोध करने लगती है तो स्वमेव ही लोकतन्त्र प्रतिस्थापित हो जाता है।

(2) राजतन्त्रात्मक राज्य (Monarchy)—प्लेटो का आदर्श राज्य राजतन्त्रात्मक है। उसके विचार में शासन उस समय वास्तविक राजतन्त्र कहलाता है, जब शासक अपने कर्त्तव्यों का पालन निःस्वार्थ भावना से करता है। राजतन्त्र में राजा, पिता व प्रजा पुत्र के सम्बन्धों से बंधित होती है। पिता की आज्ञा का पालन करना जैसे, पुत्र का परम कर्त्तव्य है, उसी प्रकार प्रजा को पिता स्वरूप शासक की आज्ञाओं का पालन करना चाहिये।

(4) कीर्ति तन्त्रात्मक राज्य (Timocracy)—जब जनता का रक्षक ही भक्षक बन जाये अथवा रक्षक अपने स्वार्थों की पूर्ति के लिये जनता के हितों को भूल जाता है तो उस समय शासन का स्वरूप कीर्ति तन्त्र हो जाता है।

(4) अल्पतन्त्रात्मक राज्य (Oligrachy)—अल्पतन्त्रात्मक शासन की स्थापना तब होती है, जब विवेक का स्थान क्षुधा ले लेती है, या कीर्ति तन्त्र का पतन होने लगता है। राज्य का समस्त कार्य धनिक या कुलीन लोगों के हाथों में आ जाता है तथा राज्य के सभी कार्य काले धन द्वारा सम्पन्न किये जाते हैं।

न्याय का सिद्धान्त
(Theory of Justice)

प्लेटो की 'रिपब्लिक' नामक पुस्तक का मुख्य विषय न्याय की प्रकृति और राज्य में उसके स्थान को निश्चित करना है। एक बार पॉलीमार्कस के घर पर उसके भाई और अन्य लोग वार्तालाप करते हुए यह विचार कर रहे थे कि अधिकार और नैतिकता का वह कौन-सा नियम है जिसके अनुसार मनुष्य को अपना जीवन व्यतीत करना चाहिए। इस प्रसंग को लेकर प्लेटो ने बड़ी चतुरता से न्याय विषय का उल्लेख किया। वह इस पर विचार करता है कि न्याय किस प्रकार अन्याय की अपेक्षा अच्छा है। न्याय के विषय में विचार विमर्श करते हुए केफालस ने रूढ़िगत सत्य की ओर संकेत किया। फॉलस को विचार-विमर्श के बीच देवताओं की पूजा की ओर जाना पड़ा और पॉलीमार्कस उसके दृष्टिकोण का प्रतिपादन करने लगा। पॉलीमार्कस और सुकरात का शास्त्रार्थ समाप्त होने ही वाला था कि थ्रैसीमेकस ने उग्र दृष्टिकोण से न्याय की परिभाषा प्रस्तुत की। शास्त्रार्थ के अन्त में उसने अपनी परिभाषा की त्रुटि स्वीकार की। ग्लाउकोन थ्रैसीमेकस की पराजय से सन्तुष्ट न हुआ। शास्त्रार्थ जारी रखते हुए उसने न्याय की व्यवहारवादी परिभाषा प्रस्तुत की। अन्त में सुकरात के सब परिभाषाओं का खण्डन करते हुए और तीनों परिभाषा की तत्त्व की बातों को लेते हुए न्याय के विषय में अपनी व्याख्या उपस्थित की।

प्लेटो की न्याय की व्याख्या

जैसा कि पीछे बतलाया जा चुका है, विभिन्न प्रचलित सिद्धान्तों का खण्डन करने के बाद प्लेटो न्याय के स्वरूप और निवास स्थान के विषय में अपना मत उपस्थित करता है। उसका कहना था कि उसके द्वारा बतलाये गए न्याय के विचार को ग्रहण कर लेने से नगर राज्यों के सामाजिक और राजनैतिक दोष दूर किये जा सकते हैं। ज्ञान का एक सिद्धान्त है कि सरल और समझे जाने वाले रहस्यों के आधार पर उसी प्रकार के कठिन और गूढ़ रहस्यों को समझाया जा सकता है। इसी सिद्धान्त के आधार पर प्लेटो ने अपनी आदर्श राज्य की धारणा की सहायता से न्याय की परिभाषा की है और उसका निवास स्थान बतलाया है। आदर्श सिद्धान्तों से संगठित समाज ही न्याय का निवास स्थान है। न्याय को आदर्श राज्य की धारणा से अलग नहीं किया जा सकता। बुद्धिमत्ता, साहस, संयम और न्याय ये प्लेटो के आदर्श राज्य के चार गुण हैं। न्याय राज्य का प्रधान लक्षण है और आदर्श राज्य की कल्पना का मूर्त स्वरूप है। सुखी और न्यायपूर्ण जीवन उसी समाज में पाया जा सकता है जहाँ पर विभिन्न वर्गों के कार्यों का सामंजस्यपूर्ण सन्तुलन दिखाई पड़ता हो। मनोवैज्ञानिक दृष्टि से समाज में वासना, आत्मा और प्रज्ञा का सन्तुलन होना चाहिए। यह सन्तुलित स्थिति ही न्याय है। इस प्रकार न्याय वह साधन है जिसके द्वारा राज्य में विभिन्न वर्ग भिन्न होते

हुए भी अभिन्न रहते हैं। न्यायपूर्ण समाज में प्रत्येक व्यक्ति वही कार्य करता है जिसे करने की उसमें अधिकतम योग्यता होती है। कोई भी व्यक्ति दूसरों के कार्य में किसी भी प्रकार का हस्तक्षेप नहीं करता। न्याय उसी नागरिक के हृदय में निवास करता है जो अपनी विशिष्ट स्थिति के अनुसार पूर्णरूप से कर्त्तव्यपरायण है। न्याय आत्मा का गुण है, वह कोई बाहरी या बनावटी वस्तु नहीं है। वह समाज के नैतिक जीवन का अत्यावश्यक गुण है।

न्याय की विशेषताएं

प्लेटो की न्याय की धारणा की मुख्य विशेषताएँ निम्नलिखित हैं।–

(1) **सामाजिक स्तरण पर आधारित**–प्लेटो की न्याय की धारणा आत्मा के तीन तत्त्वों के अनुरूप राज्य के नागरिकों के वर्गीकरण पर आधारित है। उसके आदर्श राज्य में तीन वर्ग हैं– (अ) संरक्षक, जिन में ज्ञानतत्त्व की प्रधानता है; (ब) सैनिक, जिनमें साहस तत्त्व की प्रधानता है; (स) श्रमिक, शिल्पकार एवं कृषक आदि, जिनमें वासना तत्त्व की प्रधानता है। राज्य में न्याय बनाये रखने के लिये इनमें से प्रत्येक को अपने-अपने कर्त्तव्यों का पालन करना चाहिए।

(2) **आन्तरिक प्रवृत्ति**–न्याय कोई बाहरी वस्तु नहीं है बल्कि आन्तरिक प्रवृत्ति है। वह आत्मा का गुण है। वह मनुष्य की आत्मा की आवाज है।

(3) **कार्यात्मक विशेषीकरण**–प्लेटो ने मनुष्य की तीन प्रवृत्तियों–ज्ञान, मान और वासना के आधार पर समाज को तीन वर्गों में विभाजित किया है और इस प्रकार नागरिकों में कार्यात्मक विशेषीकरण किया है।

(4) **दार्शनिक शासक**–प्लेटो का कहना था कि राज्य में न्याय की स्थापना तभी संभव है जबकि वहाँ दार्शनिक का शासन हो क्योंकि दार्शनिक ही सबसे अधिक बुद्धिमान होता है।

(5) **साम्यवाद**–दार्शनिक शासकों को व्यक्तिगत चिन्ताओं से मुक्त करने के लिए प्लेटो ने सैनिक और शासक वर्ग में सम्पत्ति तथा स्त्रियों के साम्यवाद की स्थापना की।

(6) **न्याय के प्रकार**–प्लेटो ने न्याय के दो रूप माने– सामाजिक न्याय और व्यक्तिगत न्याय। न्याय के इन दोनों रूपों में परस्पर घनिष्ठ सम्बन्ध है।

(7) **सार्वभौमिकता**–न्याय सार्वभौम है, वह सब कहीं एक-सा पाया जाता है।

(8) **नैतिक धारणा**–प्लेटो की न्याय की धारणा कानूनी न होकर नैतिक है। न्याय के लिये मनुष्य को केवल वैधानिक कर्त्तव्यों का नहीं बल्कि नैतिक कर्त्तव्यों का पालन करना चाहिए।

(9) **स्त्रियों की स्वतन्त्रता**–राज्य में न्याय की स्थापना करने के लिये प्लेटो ने स्त्रियों की स्वतन्त्रता अत्यन्त आवश्यक मानी जाता है क्योंकि इससे उनको राज्य के कार्यों में भाग लेने का समुचित अवसर प्राप्त होगा।

(10) न्याय के लिए शिक्षा—नागरिकों को उनके विशिष्ट कार्य करने के लिये योग्य बनाने के लिए प्लेटो ने राज्य द्वारा नियन्त्रित, सुनियोजित शिक्षा प्रणाली का विधान किया। शिक्षा के द्वारा ही न्याय प्राप्त किया जा सकता है।

न्याय सिद्धान्त की आलोचना

प्लेटो के उपरोक्त न्याय सिद्धान्त के विरुद्ध निम्नलिखित आलोचनाएँ प्रस्तुत की जाती हैं:—

(1) नैतिक धारणा—प्लेटो की न्याय की धारणा वैधानिक न होकर नैतिक है। उसने व्यक्ति के अधिकारों से अधिक कर्त्तव्यों पर जोर दिया है यद्यपि एक स्वस्थ व्यवस्था में दोनों का ही महत्त्व है।

(2) शक्ति का केन्द्रीकरण—प्लेटो ने दार्शनिक शासक को राज्य सत्ता का एकाधिकार दिया। वह यह मनोवैज्ञानिक तत्त्व भूल गया कि कितना भी बुद्धिमान होने पर भी अत्याधिक शक्ति आ जाने से मनुष्य मदान्ध हो जाता है और ऐसी स्थिति में वह न्याय को बनाये नहीं रख सकता।

(3) कार्यात्मक विशेषीकरण के दोष—समाज में कार्यों के अत्यधिक विशेषीकरण से व्यक्तियों का सर्वांग विकास रुक जाता है। आधुनिक विचारक व्यक्ति के सर्वांग विकास के पक्ष में हैं और इसलिये ऐसी सामाजिक व्यवस्था को न्यायपूर्ण नहीं मानते, जिसमें प्रत्येक व्यक्ति विशेषज्ञ हो और उनका एकांगी विकास हो।

(4) फात्सीवाद—प्लेटो की न्याय की धारणा फात्सीवादी है। उसने व्यक्ति से राज्य के प्रति पूर्ण निष्ठा की आशा की है। उसकी व्यवस्था में राज्य सर्वशाक्तिशाली है। आधुनिक विचारक इस प्रकार के राज्य को सच्चे राज्य की स्थापना के उपयुक्त नहीं मानते।

(5) कानून की अवहेलना—प्लेटो का दार्शनक शासक कानून के बन्धन से मुक्त है। उसके अनुसार न्याय का निर्धारण कानून नहीं बल्कि अन्त:करण की भावना करती है।

(6) निष्क्रिय न्याय—प्लेटो की न्याय की धारणा में न्याय व्यक्तिगत और नैतिक होने के कारण उसके आधार पर वस्तुगत नियमों की स्थापना नहीं की जा सकती। इस प्रकार वह निष्क्रिय बन जाता है।

(7) विविधता से अधिक एकता पर ज़ोर—प्लेटो ने सामाजिक जीवन में अत्यधिक समरसता और समन्वय की कल्पना की जो कि सत्य नहीं है। उसने व्यक्तियों और वर्गों के हितों के संघर्ष पर कोई ध्यान नहीं दिया। उसे समाज में व्यक्तियों की इच्छाओं और हितों के विरोध की सही कल्पना नहीं थी।

प्लेटो ने एथेन्स की तत्कालीन राजनीति के दोषों को दूर करने के लिये न्याय की धारणा प्रस्तुत की। उसका उद्देश्य एथेन्स को नष्ट होने से बचाना था। वह विघटित होते हुए एथेन्स को न्याय के सिद्धान्त के द्वारा संगठित करना चाहता था। शासन को अयोग्य शासकों के हाथों में जाने से बचाने के लिये उसने दार्शनिक शासक की धारणा प्रस्तुत की।

किन्तु जैसा कि पीछे दी गई आलोचनाओं से स्पष्ट होता है, आज के प्रसंग में प्लेटो का न्याय का सिद्धान्त व्यावहारिक नहीं है।

प्रजातन्त्र सम्बन्धी विचार
(Ideas About Democracy)

जनतन्त्र की आलोचना

एथेन्स के प्रजातन्त्रीय राज्य में प्लेटो के गुरु सुकरात पर अनेक प्रकार के अभियोग लगाकर उसे प्राण दण्ड दिया गया था। इस घटना से प्लेटो को भारी आघात पहुँचा और वह प्रजातंत्र के विरुद्ध हो गया। उसने प्रजातंत्र को निरंकुश राज्य मान कर उसकी निम्नलिखित आलोचनायें प्रस्तुत कीं–

(1) प्रजातन्त्र भीड़तंत्र है–प्लेटो का कथन था कि प्रजातंत्र भीड़तंत्र (Mobocracy) है। क्योंकि उसमें भीड़ केवल संख्या के बल पर मनमानी कर सकती है।

(2) अराजकतंत्र–इस प्रकार प्रजातंत्र अराजकतंत्र (Anarchy) बन जाता है। उसमें आत्मा के 3 तत्त्वों में से कोई भी प्रधान नहीं होता और अनेक तत्त्व तथा बहुसंख्यक व्यक्ति शासन करते है। इसलिये उसमें कोई एकता, नियम अथवा अनुशासन नहीं देखे जा सकते।

(3) अव्यवस्था–प्लेटो का कहना था कि स्वतंत्रता और समानता जो कि प्रजातंत्र के आधार माने जा सकते है सीमा से अधिक बढ़ जाने पर अव्यवस्था फैलाते हैं। जनतंत्र में पशु समान मानव भी अन्य लोगों के समान स्वतंत्रता और समानता का दावा करते हैं।

(4) अयोग्य व्यक्तियों को समानाधिकार–प्लेटो के अनुसार प्रजातंत्र का सबसे बड़ा दोष यह है कि उसमें अयोग्य व्यक्तियों को भी योग्य व्यक्तियों के समान अधिकार प्राप्त होते हैं। वास्तव में प्लेटो योग्यता के अनुसार अधिकार दिये जाने का समर्थन करता है। उसके अनुसार अयोग्य व्यक्तियों को समानाधिकार दिया जाना सर्वथा अनुचित है।

(5) अन्याययुक्त–प्लेटो का कहना था कि जनतंत्र में अन्याय पलता है। उसने न्याय का सिद्धान्त श्रम विभाजन और विशेषीकरण पर आधारित किया। उसने प्रत्येक व्यक्ति को उसकी योग्यता के अनुसार कार्यभार सौंपा। दूसरी ओर जनतंत्र में कोई भी व्यक्ति कोई भी कार्य करने की स्वतंत्रता रखता है और इसमें किसी सिद्धान्त का पालन करना आवश्यक नहीं माना जा सकता।

(6) दार्शनिक शासक का अभाव–जनतंत्र में अनेक स्वार्थी और धूर्त व्यक्ति भिन्न-भिन्न उपायों से जनता के वोट बटोर कर शासक बन बैठते है। ऐसी स्थिति में आदर्श राज्य के दार्शनिक शासक की कल्पना साकार नहीं हो सकती।

उपरोक्त आलोचनाओं से स्पष्ट है कि प्लेटो लोकतंत्र को आदर्श राज्य नहीं मानता। किन्तु रिपब्लिक में यह जनतंत्र के जितना विरुद्ध दिखलायी पड़ता है, बाद में वह उतना विरुद्ध नहीं रहा। अपने ग्रन्थ 'पोलिटिक्स' में वह जनतंत्र को अल्पतंत्र से श्रेष्ठ मानता है जबकि रिपब्लिक में उसने जनतंत्र को अल्पतंत्र से निम्न माना है। अपनी बाद की रचना लाज़ में वह कानून पर आधारित जनतंत्र को आदर्श राज्य के बाद द्वितीय स्थान प्रदान करता है।

द 'स्टेट्समैन'
(The Statesman)

प्लेटो को जब यह अनुभव होने लगा कि 'रिपब्लिक' में वर्णित आदर्श राज्य व्यवहारिकता से दूर है अथवा व्यवहारिक रूप में उसे स्थापित नहीं किया जा सकता, तो 'आदर्शवाद' से व्यवहारिकता में प्रवेश करने के लिये उसने 'स्टेट्समैन' को माध्यम बनाया। सम्भवतः 'स्टट्सेमैन' की रचना 369 अथवा 361 ई०पू० में की गई थी।

'स्टेट्समैन' में प्लेटो ने राजनीति को विज्ञान एवं कला के रूप में प्रस्तुत किया था। न्याय के आदर्शों का पालन करने वाला तथा कानून से प्रतिबन्धित व्यक्ति ही शासक बन सकता था। 'स्टट्सेमैन' में प्लेटो ने दो प्रकार के राज्यों की कल्पना की है। प्रथम, 'कानून प्रिय राज्य', द्वितीय, 'कानूनहीन राज्य'। कानून प्रिय राज्य वह है, जो कानून द्वारा नियन्त्रित हो व जिसका शासक एक व्यक्ति होता है। इस एक व्यक्ति के शासन को वह 'राजतन्त्र' तथा प्रमुख व्यक्तियों के शासन को 'कुलीनतंत्र' तथा अनेक व्यक्तियों के शासन को 'प्रजातंत्र' कहता है। 'कानूनहीन राज्य' वह है जो कानून की सत्ता को स्वीकार नहीं करते। ऐसे राज्यों में एक व्यक्ति के शासन को 'निरंकुश तन्त्र', कुछ व्यक्तियों के शासन को 'अल्पतन्त्र' तथा अनेक व्यक्तियों के शासन को 'प्रजातन्त्र' कहता है। 'रिपब्लिक' में जनतन्त्रात्मक शासन की जो बुराई की गई है वह 'स्टेट्समैन' में नहीं पाई जाती। विचारधारा के इस परिवर्तन को प्लेटो ने अपने शब्दों में इस प्रकार कहा है ''अनुभव के फल तथा बुद्धि के आविष्कार के रूप में कानून के गुण को समझ लेने पर अफलातून जनतन्त्र का, जो कि कानून द्वारा शासन के सिद्धान्त पर आधारित है, मूल्य जान सकता है।''

'स्टेट्समैन' तथा 'रिपब्लिक' में अन्तर

'स्टेट्समैन' तथा 'रिपब्लिक' में निम्नलिखित अन्तर हैं :—

(1) प्रजातन्त्र विरोधी विचार सम्बन्धी अन्तर (Difference of Anti-Democratic Views)—प्रजातन्त्र सम्बन्धी विचारों में दोनों ग्रन्थों में बड़ा अन्तर पाया जाता है। रिपब्लिक में जहाँ प्लेटो प्रजातन्त्र का विरोध करता है तथा दार्शनिक शासक को महत्त्व देता है, वहाँ स्टेट्समैन में वह दार्शनिक शासक को काल्पनिक मानता है और वह प्रजातन्त्र का समर्थन करता है।

(2) राज्यों के वर्गीकरण में अन्तर (Difference in the Classification of States)—'रिपब्लिक' में प्लेटो ने राज्यों का वर्गीकरण परिवर्तन-चक्र के आधार पर किया है, परन्तु 'स्टेट्समैन' में प्लेटो कानून के आधार पर व्यक्तियों के शासन को महत्त्व प्रदान करता है।

(3) कानून सम्बन्धी अन्तर (Difference about laws)—कानून के सम्बन्ध में प्लेटो ने स्टेट्समैन में लिखा है कि ''कानून बुद्धि का खजाना है तथा भविष्य का एक मात्र पथ-प्रदर्शक है।''[1] जबकि प्लेटो ने रिपब्लिक में कानून को महत्त्व प्रदान नहीं किया है।

1. ''Laws represent treasured wisdom and are a good guide for the future.''
—Plato in Statesman

(4) दृष्टिकोणों में अन्तर (Difference of View-Points)—प्लेटो ने रिपब्लिक में आदर्शवादी दृष्टिकोण का समर्थन किया था, जबकि स्टेट्समैन में उसने यथार्थवादी दृष्टिकोण का समर्थन किया है।

द लाज़
(The Laws)

लाज़ की रचना की पृष्ठभूमि

प्लेटो का राजनीति दर्शन उसके अपने जीवन के अनुभवों के साथ संशोधित होता रहा है। रिपब्लिक लिखते समय प्लेटो को जनतंत्र का कटु अनुभव हो चुका था। इसलिये उसने जनतंत्र की भारी आलोचना की। लाज़ लिखते समय प्लेटो को अपने गुरु सुकरात की मृत्यु की स्मृति उतनी तीव्र नहीं रही थी इसलिये जनतंत्र के प्रति उसका दृष्टिकोण अधिक संतुलित मालूम पड़त है। 'द लाज़' नामक पुस्तक प्लेटो ने वृद्धावस्था में लिखी थी। इसलिये इसमें अधिक परिपक्व विचार दिखलायी पड़ते है।। यह ग्रन्थ प्लेटो के सेराक्यूज से लौटने पर लिखा गया बतलाया जाता है। उसकी अन्य पुस्तकों की तुलना में यह पुस्तक अधिक गम्भीर और परिपक्व है। इस महान कृति के निर्माण में प्लेटो पर निम्नलिखित 3 प्रभाव बतलाये जाते हैं—

(1) सेराक्यूज के राजा को दार्शनिक राजा बनाने के प्रयास की असफलता से प्लेटो को वास्तविक राजनैतिक जीव का ज्ञान हुआ।

(2) विद्यापीठ में 30 वर्ष तक लगातार अध्ययन करने के पश्चात् प्लेटो के शिष्यों ने यह अनुभव किया कि आदर्श राज्य की कल्पना यूनानी जीवन की व्यवहारिकताओं पर आधारित होनी चाहिये।

(3) सेराक्यूज में मिली असफलता के बाद प्लेटो को दास बना लिया गया था जिसका उसके हृदय पर गहरा आघात पहुंचा।

रिपब्लिक और लाज़ की तुलना

उपरोक्त पृष्ठभूमि को ध्यान में रखते हुये ही प्रोफेसर बार्कर ने लिखा है, "द लाज़ की तृतीय पुस्तक में वह इतिहास से जिन पाठों को सीखने का समर्थन करता है वह वास्तव में उसके अपने जीवन के इतिहास से लिये गये हैं।"[1] इस प्रकार 'द लाज़' का राजनीति दर्शन अधिक व्यवहारिक है। यह तथ्य रिपब्लिक और 'द लाज़' की निम्नलिखित तुलना से और भी स्पष्ट हो जाता है—

(1) शासक के स्थान पर कानून की सत्ता—जबकि रिपब्लिक में शासक राजा की सत्ता सर्वोच्च है, लाज़ में कानून की सत्ता सर्वोच्च है। इस परिवर्तन का कारण यह था कि अब प्लेटो का यह विश्वास बनने लगा था कि दार्शनिक शासक की कल्पना व्यवहारिक नहीं हैं।

1- "The lessons which he professes to derive from history in the third book of 'The Laws' are really derived from the history of his own life" —Barker

(2) मिश्रित संविधान–जब कि रिपब्लिक में दार्शनिक शासन सर्वश्रेष्ठ माना गया है, द लाज़ में प्रजातत्र और राजतंत्र का मिश्रित संविधान उपस्थित किया गया है।

(3) आत्मसंयम और न्याय का सम्बन्ध–जबकि रिपब्लिक में प्लेटो ने आत्मसंयम को न्याय के आधीन माना है, लाज़ में वह न्याय को ओत्म संयम के आधीन मानता है। इसी कारण अब वह उत्पादक वर्ग पर दार्शनिकों का नियंत्रण मानता है। उसका कहना था कि आदर्श राज्य आत्मसंयम पर आधारित होना चाहिये, तभी न्याय की प्रतिष्ठा हो सकती है।

(4) शिक्षा प्रणाली सम्बन्धी अन्तर–रिपब्लिक और लाज़ की शिक्षा प्रणाली में अनेक अन्तर पाये जाते हैं। रिपब्लिक में शिक्षा का उद्देश्य दार्शनिक शासक का आदर्श राज्य निर्माण करना था जब कि लाज़ में शिक्षा का उद्देश्य ऐसी व्यवस्था का निर्माण करना है जिसमें नागरिक स्वयं कानून का पालन करे। जबकि रिपब्लिक में केवल संरक्षक वर्ग के लिये ही शिक्षा की व्यवस्था की गयी है, लाज़ में समस्त नागरिकों के लिये शिक्षा की व्यवस्था है। जबकि रिपब्लिक में शिक्षा पुरुषों को ही साध्य माना गया है, लाज़ में स्त्रियों के लिये भी समान शिक्षा की व्यवस्था है। रिपब्लिक और लाज़ के शिक्षा के पाठ्यक्रम में भी अन्तर है। जबकि रिपब्लिक में शिक्षा कुछ लोगों तक ही सीमित है, लाज़ के सभी नागरिकों के लिये शिक्षा अनिवार्य है। इन दोनों ग्रन्थों में शिक्षा के संगठन में भी अन्तर है। जबकि रिपब्लिक में शिक्षा व्यवस्था पूरी तरह राज्य के अधीन है, लाज़ में जनता भी शिक्षा का प्रबन्ध कर सकती है। लाज़ में उच्च शिक्षा के विषय में कुछ अधिक नहीं कहा गया है।

(5) साम्यवाद सम्बन्धी अन्तर–प्लेटो ने रिपब्लिक के समान लाज़ में भी साम्यवादी विचार उपस्थित किये किन्तु इन दोनों ग्रन्थों के साम्यवाद में अन्तर है। लाज़ में व्यक्तिगत सम्पत्ति और परिवार पर लगाये गये नियंत्रण को समाप्त कर दिया गया है। इसमें भूमि के समान वितरण की योजना है। इसमें पत्नियों के साम्यवाद के स्थान पर सामूहिक भोजन योजना का समर्थन किया गया है।

(6) श्रमविभाजन के सिद्धान्त में अन्तर– रिपब्लिक और लाज़ की श्रम विभाजन व्यवस्था में अन्तर है। लाज़ में व्यापार और शिल्प सम्बन्धी कार्य विदेशी करते है। खेती के मालिक नागरिक किन्तु श्रमिक दास माने गये हैं। नागरिकों का एक मात्र कार्य शासन कार्य चलाना है।

(7) परिवार और विवाह सम्बन्धी अन्तर–रिपब्लिक और लाज़ में परिवार और विवाह की सामाजिक संस्थाओं के विषय में भिन्न-भिन्न विचार मिलते हैं। लाज़ में स्त्रियों के साम्यवाद के स्थान पर उन्हें पुरुषों से समानता के अधिकार दिये गये हैं। प्लेटो का कहना था कि विवाह सदैव विरोधी गुण वाले स्वस्थ स्त्री पुरुष में होना चाहिये और उसका एक मात्र उद्देश्य राज्य के लिये संतान उत्पन्न करना है।

(8) शासन व्यवस्था सम्बन्धी अन्तर– लाज़ की शासन व्यवस्था रिपब्लिक की शासन व्यवस्था से भिन्न है। लाज़ में प्लेटो ने प्रशासक वर्ग पर अनेक नियंत्रण लगाये हैं। इसमें शासन का कार्य जनता द्वारा निर्वाचित नागरिकों को सौपा गया है। राज्य की समस्त

सत्ता 37 सदस्यों के निर्वाचित बोर्ड में मानी गयी है। इन सदस्यों की आयु 50 से 70 वर्ष तक होनी चाहिये। इनके आधीन कुछ चुने हुये और कुछ लाटरी द्वारा नियुक्त 360 सदस्यों की प्रशासनिक परिषद् शासन का कार्य करेगी। इस परिषद् के अतिरिक्त 10 सदस्यों की एक परिषद् समस्त संविधान को उचित तथा सुचारू रूप से चलाने की देखरेख करेगी। इसके अतिरिक्त न्याय के लिये जूरी व्यवस्था होगी।

रिपब्लिक और लाज़ में वर्णित विषय की उपरोक्त तुलनात्मक विवेचना से यह कथन स्पष्ट होता है कि "प्लेटो रिपब्लिक में यदि कल्पना लोक में विचरता है तो लाज़ में भूमि पर उतर आता है।"[1] इसी बात को एक अन्य प्रकार से इन शब्दों में रखा गया है, "प्लेटो की रिपब्लिक लाज़ पर पूरी तरह छायी हुई है परन्तु फिर भी व्यावहारिकता लाज़ का गुण है। जिससे रिपब्लिक मुक्त है।"[2] सेबाइन के शब्दों में, "प्लेटो के बाद वाले सिद्धान्त के राज्य को विधि का सुनहरी धागा सुरक्षित रखता है और इस प्रकार इसका अर्थ है कि इस राज्य का नैतिक सिद्धान्त रिपब्लिक के परिणत राज्य के नैतिक सिद्धान्त से भिन्न है।"

लाज़ की सबसे बड़ी विशेषता राजतंत्र के स्थान पर कानून के शासन की स्थापना है। प्लेटो का कहना है कि मनुष्य को कानून की आवश्यकता होती है, इसके दो कारण है एक तो प्रत्येक व्यक्ति में सामाजिक हित की बातों को समझने की क्षमता नहीं होती और दूसरे यदि वह ये बातें समझ भी जाता है तो भी वह उनके अनुकूल आचरण नहीं करता। अस्तु समाज में कानून का शासन होना चाहिये जिससे सामाजिक हित हो सके और उसके लिये मानव की सुरक्षित शक्तियों का प्रयोग किया जा सके। जबकि स्वभाव से मनुष्य वासनाओं के कारण अनुचित दिशाओं में जाता है, कानून उसे सही दिशा में ने जाता है। इसलिए मनुष्य को सदैव कानून का पालन करना चाहिये। कानून की कमी प्रथाओं से पूरी की जाती है। कानून का निर्धारण संहिताकार द्वारा किया जाना चाहिये। राज्य में कानून सर्वोपरि है, सरकार को भी उसका अनुगमन करना चाहिये। कानून पर आधारित राज्य ही सबका हित साधन कर सकता है। कानून सर्वोच्च ही नहीं बल्कि नमनीय भी होना चाहिये। संरक्षकों को कानून में आवश्यक सुधार करने का अधिकार है। कानून बनाते समय उसके मूल सिद्धान्तों का उल्लेख किया जाना चाहिये। कानून को कार्यान्वित करने के लिये दण्ड और शक्ति के साथ-साथ शिक्षा और बौद्धिक विकास का भी सहारा लिया जाना चाहिये। कानून नीति का दूसरा नाम है। जिस तरह मनुष्य का नैतिक आचरण उसके स्वभाव और बुद्धि पर आधारित है उसी तरह कानून के अनुसार आचरण राज्य के भय के साथ-साथ मनुष्य के स्वभाव और बौद्धिक तर्क पर आधारित है।

लाज़ में प्लेटो मिश्रित संविधान का समर्थन करता है। वह जनतंत्र और राजतंत्र दोनों में ही गुण दोष बतलाता है। उसने लाज़ में जनतंत्र और राजतंत्र के गुणों को मिलाकर मिश्रित संविधान बनाने का प्रयास किया है। इस संविधान का लक्ष्य आदर्शवादी नहीं बल्कि शासितों को उत्तम शासन प्रदान करना है। वह युद्ध तथा शान्ति का सापेक्ष महत्त्व मानता है यद्यपि

1. "Plato is more realistic in 'The Laws' than in the Republic."
2. "Plato's Republic over-shadows his Laws, yet the latter has a practical value derived to the former."

उसने शान्तिप्रिय राज्य को अधिक श्रेष्ठ माना है। वह राज्य में न्याय और आत्मसंयम दोनों को सापेक्ष मानता है।

आदर्श राज्य
(Ideal State)

प्लेटो के आदर्श राज्य के बारे में यह बात आरम्भ में ही स्पष्ट रूप से समझ लेनी चाहिए कि आदर्श राज्य के निर्माण में प्लेटो ने व्यावहारिकता का नहीं बल्कि कल्पनात्मक तर्कों का सहारा लिया है। उसने शुरू में ही स्पष्ट किया है कि उसका उद्देश्य, राज्य का ऐसा चित्र उपस्थित करना नहीं है जो कि यथार्थ में नहीं हो, बल्कि वह ऐसे राज्य की रूपरेखा उपस्थित करता है जैसा राज्य होना चाहिए। अतः प्लेटो का उद्देश्य तो आदर्श राज्य का चित्र उपस्थित करना था, वह कहाँ तक यथार्थ बन सकता है इससे उसे कोई मतलब न था।

आदर्श राज्य का आधार

प्लेटो का कहना है कि समाज का उदय मनुष्य की आवश्यकताओं के फलस्वरूप होता है। हर एक व्यक्ति की भोजन, वस्त्र मकान आदि अनेक आवश्यकताएँ होती हैं। व्यक्ति इन आवश्यकताओं की पूर्ति अकेले नहीं कर सकता। आवश्यकताओं की विविधता और बहुलता के कारण व्यक्तियों में सहयोग की भावना जाग्रत होती है। अतः वे आपस में संगठित होकर आर्थक संघ बना लेते है। कुछ लोग खेती करते, कुछ कपड़ा तैयार करते और कुछ मकान बनाने का काम करने लगते हैं। इस प्रकार समाज में अनेक प्रकार के शिल्पकार और श्रमजीवी आदि उत्पन्न हो जाते है। ज्यों-ज्यों व्यक्ति की आवश्यकताएँ बढ़ती है। त्यों-त्यों उनको पूरा करने के लिए समाज में अनेक उत्पादक जैसे सुनार, लोहार, व्यापारी, बढ़ई, चिकित्सक आदि बढ़ते हैं। प्रत्येक व्यक्ति वही कार्य करता है जिसको करने की उसमें अधिकतम योग्यता हो, कोई भी दूसरों के कार्यों में हस्तक्षेप नहीं करता। इससे कार्य कुशलता बढ़ने के साथ-साथ उत्पादन भी बढ़ता है। 'एक व्यक्ति एक कार्य' के सिद्धान्त से श्रम विभाजन (Division of labour) के सिद्धान्त का उदय होता है। इसी श्रम विभाजन के सिद्धान्त के आधार पर प्लेओ ने अपने आदर्श राज्य में नागरिकों को तीन वर्गों बाँटा है। प्लेटो का आदर्श राज्य मुख्य रूप से चार बातों पर आधारित है-(1) राज्य में व्यक्तियों का तीन वर्गों में विभाजन, (2) न्याय की स्थापना, (3) राज्य द्वारा नियंत्रित शिक्षा प्रणाली और (4) साम्यवादी सामाजिक व्यवस्था।

आदर्श राज्य के तीन वर्ग

प्लेटो ने मनुष्य की आत्मा के तीन गुण बतलाये हैं-(1) बुद्धि (Wisdom), (2) साहस (Spirit), (3) वासना (Appetite)। ये तीनों गुण प्रत्येक व्यक्ति में मौजूद रहते हैं। किन्तु इनकी मात्रा में अन्तर होता है। किसी में बुद्धि की प्रधानता होती है तो किसी में साहस या वासना की। जिस व्यक्ति में जो गुण प्रधान होता है वह उसी के अनुरूप समाज में कार्य करता है। राज्य व्यक्ति का ही वृहत् रूप है। मानवीय आत्मा के इन तीनों गुणों के अनुरूप ही प्लेटो ने राज्य के व्यक्तियों को अग्रलिखित तीन वर्गों में बाँटा है-

(1) संरक्षक वर्ग (Guardians)—इनमें बुद्धि तत्त्व की प्रधानता होती है।

(2) सहायक संरक्षक या सैनिक (Auxliaries)—इनमें साहस ही प्रधान तत्त्व होता है।

(3) कृषक, शिल्पकार या व्यापारी (Farmers and Artisans etc.)—इस वर्ग के लोगों में वासना तत्त्व प्रधान होता है।

वासना उत्पादन की प्रेरणा देती है। उत्पादन से सम्पत्ति बढ़ती है। सम्पत्ति से राज्य का विस्तार बढ़ता है। राज्य के विस्तार और सम्पत्ति की वृद्धि से उसकी रक्षा की जरूरत होती है। रक्षा के लिए कभी-कभी आक्रमण भी जरूरी होता है जो बिना साहस के नहीं होता। इसलिए साहस की जरूरत पड़ती है। अन्त में दोनों वर्गों को सीमाओं में रखने के लिए अर्थात् वासना और साहस की अनुपात में रखने के लिए शासक वर्ग या बुद्धि की जरूरत पड़ती है।

बार्कर के अनुसार ''हो सकता है कि अपनी इन्द्रियपरक आवश्यकताओं की पूर्ति के लिए मनुष्यों ने आर्थिक बन्धन में बंध कर एक समूह बनाया हो परन्तु बुद्धि ही मनुष्यों को एक दूसरे को समझाना और समझकर एक दूसरे से प्रेम करना सिखाकर उन्हें एकता के सूत्र में गूँथती है।''[1] इस प्रकार उसी राज्य को पूर्ण कहा जा सकता है जिसमें मनुष्य की आत्मा के सम्पूर्ण गुण हों। आखिरकार राज्य न तो केवल आर्थिक संगठन है जो जीवन की भौतिक आवश्यकताओं की पूर्ति करता हो और न यह केवल सैनिक संगठन ही है जो देश की रक्षा हेतु बनाया गया है बल्कि यह एक बुद्धिपरक संगठन है जो व्यक्तियों के एक दूसरे को जानने और प्रेम करने के लिए बनाया गया है। व्यक्तियों का परस्पर प्रेम और ज्ञान ही राज्य की एकता का आधार है।

प्लेटो का विचार था कि ''राज्य किसी वृक्ष या चट्टान से नहीं बल्कि उसमें रहने वाले मनुष्यों के लक्षणों से निकलते हैं''[2] इस कारण ही उसने राज्य का मानव आत्मा के अनुरूप ही विश्लेषण किया। हर्बट स्पेन्सर के 'प्रिंसिपिल्स आफ सोशियालोजी' या हाब्स के लेवीयाथान में राज्य का विश्लेषण भौतिक विश्लेषण से सर्वथा भिन्न है। डॉ॰ बार्कर के अनुसार ''यह पूर्ण रूप से अथवा अपने अनेक कार्यों में से किसी में काम करते हुए मनुष्य की चेतना और समुदाय के सम्पूर्ण जीवन अथवा उसके पृथक् वर्गों में अभिव्यक्त एक राज्य की चेतना में समान्तरता है।''[3]

---

1. ''Appetite may have draen men together by an economic nexus; sprit may have added a new military bond; it is reason that holds men together by teaching them to understand, and through their understanding, to love one another.'' —Barker
2. '' States do not come out of an oak or a rock but from the characters of the men that dwell therein.'' —Plato
3. ''It is parallel between the consciousness of man, weather acting as a whole or in its several functions and the consciousness of a state expressed in the whole life of the community and in that of its separate classes.'' —Barker

प्लेटो का विश्वास था कि राज्य के तीनों वर्गों के व्यक्ति यदि अपने-अपने कार्यों को लगन से करें तो कार्यरत विशेषीकरण से राज्य में एकता का उदय होगा, वर्ग संघर्ष समाप्त होंगे, व्यक्तियों में प्रतियोगिता की भावना का अन्त होगा। व्यक्ति निःस्वार्थी होंगे। इससे राज्य में शान्ति स्थापित होगी और कुशलता बढ़ेगी। ऐसी स्थिति में राज्य में न्याय की स्थापना भी संभव होगी।

दार्शनिक शासक

प्लेटो राज्य के तीन विभिन्न वर्गों में से संरक्षक वर्ग को ही अधिक महत्त्व देता है क्योंकि इस वर्ग में बुद्धि तत्त्व की प्रधानता है। राज्य के शासन की बागडोर वह इसी वर्ग के हाथों में सौंपता है। प्लेटो के अनुसार बुद्धि हमें न केवल एक दूसरे को समझने की शक्ति देती है बल्कि प्रेम करने के लिए प्रेरित करती है। बार्कर के अनुसार "शौर्य से सम्बन्धित होकर बुद्धि एक सिपाही को अपने द्वारा रक्षित नागरिकों को जानने, चाहने और उनकी रक्षा करने को प्रेरित करती है, किन्तु विशुद्ध बुद्धि शासक को तत्त्व ज्ञान प्राप्त करने की प्रेरणा देती है और उसी तत्त्व ज्ञान से राज्य के प्रति प्रेम और सेवा का भाव उत्पन्न होता है।"[1] राज्य की एकता का स्रोत न इन्द्रिय तृष्णा है और न शौर्य, वह एक मात्र बुद्धि है। अतः संरक्षक वर्ग ही राज्य का योग्यतम वर्ग था। इस वर्ग के व्यक्तियों को प्लेटो ने दार्शनिक शासक की संज्ञा दी। दार्शनिक शासकों के द्वारा राजनीतिक जीवन की दुर्बलताओं का अन्त हो जायेगा और एक आदर्श राज्य की स्थापना हो सकेगी। "जब तक इस जगत में राजा और राजकुमार दर्शन की आत्मा और शक्ति नहीं रखते नगरों के पाप कभी शान्त नहीं होंगे।"[2] इससे यह स्पष्ट होता है कि प्लेटो उच्च जनतंत्र के पक्ष में था। प्लेटो एथेन्स के लोकतंत्रीय शासन के कारण उत्पन्न सामाजिक-राजनैतिक जीवन की दुर्बलताओं से परिचित था। अतः उसका विरोध लोकतंत्रात्मक शासन से था, वह राजतंत्र का विरोधी न था क्योंकि प्लेटो जैसा संरक्षक चाहता था वैसा यदि एक भी दार्शनिक शासक उसे मिलता तो उसके विचार में शासन सत्ता उसकी शासक के हाथ में सौंप दी जानी चाहिये थी।

भारतीय वर्ण व्यवस्था से तुलना

प्लेटो ने अपने राज्य में तीन वर्गों— शासक, सैनिक और उत्पादक वर्ग का उल्लेख किया है। इन वर्गों के अलावा ऐसे राज्य में दास भी होंगे किन्तु इनका बयान प्लेटो ने कहीं नहीं किया है। प्लेटो के शासक, सैनिक और उत्पादक वर्ग क्रमशः भारतीय वर्ण व्यवस्था के ब्राहाण, क्षत्रिय और वैश्य वर्णों के समान हो सकते हैं। लेकिन भारत के शूद्र वर्ण की तुलना प्लेटो के राज्य के दास वर्ग से नहीं की जा सकती क्योंकि इन दोनों की सामाजिक प्रतिष्ठा और चरित्र में भारी अन्तर है। प्लेटो के राज्य के विभिन्न मानसिक गुण भी भारतीय

---

1. "Reason in its alliance with spirit has caused the soldier to know and to like, and therefore to protect the citizens whom he guards; but reason in its purity causes the ruler to comprehend and out of his comprehension to love and serve, the state, which he governs." —Barker
2. "Until philosophers who are Kings of the Kings, and princes of this world, have the spirit and power of philosophy...cities will never have rest their evils." —Plato

गुण विभाजन के समान ही हैं। प्लेटो ने जिन प्रवृत्तियों को सोना, चाँदी और लोहा कह कर सम्बोधित किया है वे भारतीय परिभाषा में क्रमशः सात्विक, राजसिक तथा तामसिक गुण हैं। भारतीय वर्णों का निर्माण भी इन्हीं गुणों के आधार पर हुआ। प्लेटो के शासकों का काम विशुद्ध शुभ की खोज करना व जनता की निःस्वार्थ भाव से सेवा ही है। उसी तरह भारत के ब्राहणों का कार्य भी भौतिक साम्रगी तथा वैभव से अलग होकर केवल ज्ञान प्राप्त करना और जनता की सेवा करना था। प्लेटो के विभिन्न वर्गों और भारतीय वर्णों में काफी समता है। परन्तु इसका अर्थ यह नहीं कि इनमें कोई अन्तर नहीं है।

आदर्श राज्य में न्याय का महत्त्व

प्लेटो के अनुसार आदर्श राज्य की कल्पना से न्याय को पृथक नहीं किया जा सकता। न्याय ही राज्य का आधार है। न्याय की स्थापना के बिना आदर्श राज्य का निर्माण संभव नहीं है। यदि न्याय प्राण है तो आदर्श उसका शरीर है। न्याय के कारण राज्य में प्रत्येक व्यक्ति वही कार्य करता है जिसके करने की उसमें अधिकतम योग्यता होती है साथ ही साथ कोई भी दूसरे के कार्य में किसी तरह का हस्तक्षेप नहीं करता। इसके परिणामस्वरूप राज्य का प्रत्येक वर्ग कुशलतापूर्वक कार्य करता है। राज्य में शान्ति की स्थापना हो सकती है और राज्य समृद्धि की ओर अग्रसर हो सकता है। आदर्श राज्य न्याय की भित्ति पर ही खड़ा है। ये दोनों एक ही गाड़ी के दो पहिये के समान हैं।

प्लेटो के आदर्श राज्य में कानून को स्थान नहीं दिया गया है। प्लेटो का विचार है कि राज्य में न्याय की स्थापना से ही शासन-व्यवस्था शान्तिपूर्वक और सुचारू रूप से चलने लगती है और प्रत्येक व्यक्ति अपना कार्य लगनपूर्वक करता है। न्याय की स्थापना से सब प्रकार के संघर्षों का अन्त हो जाता है और लोगों को कानून द्वारा दण्ड देने की जरूरत ही नहीं पड़ती। प्लेटो के अनुसार "यदि लोग सद्‌गुणी हैं, चरित्रवान हैं तो कानून की कोई आवश्यकता नहीं, कानून की आवश्यकता तो वहीं होती है जहाँ लोगों का चरित्र ठीक नहीं होता।"

आदर्श राज्य के नागरिक

जिस प्रकार प्लेटो राज्य के शासकों में एक विशेष प्रकार के गुण उत्पन्न करना चाहता है उसी प्रकार उसने राज्य के सर्वसाधारण नागरिकों में भी कुछ गुणों का होना आवश्यक बतलाता है, जिनमें मुख्य ये हैं– (1) पूर्ण बौद्धिक विकास, (2) शारीरिक सुन्दरता, (3) सामान्य वाद-विवाद में भाग लेने की योग्यता, (4) ज्ञान प्राप्ति की आकांक्षा, (5) राज्य के नागरिकों के प्रति दया, सहानुभूति और प्रेम का व्यवहार रखना, (6) जीवन को दूषित करने वाले वर्गों के प्रति घृणा आदि।

उक्त विवेचन से यह निष्कर्ष निकलता है कि प्लेटो जिस आदर्श राज्य की स्थापना करना चाहता है वह साधारण वातावरण में नहीं स्थापित हो सकता। उसके आदर्श राज्य में विशेष प्रकार के शासकों व विशेष प्रकार के गुणों से सम्पन्न नागरिकों को उत्पन्न करने के लिये एक विशेष वातावरण की आवश्यकता होती है। प्लेटो ने यह विशेष वातावरण,

राज्य में साम्यवादी व्यवस्था स्थापित करके और एक विशेष प्रकार की शिक्षा प्रणाली को जन्म देकर ही स्थापित किया है।

आदर्श राज्य में साम्यवाद

प्लेटो ने अपने आदर्श राज्य में दो प्रकार का साम्यवाद स्थापित किया है–(1) सम्पत्ति का साम्यवाद (2) परिवार का साम्यवाद। मनुष्य में ममत्त्व की भावना के दो मुख्य आधार होते हैं– (1) व्यक्तिगत सम्पत्ति का लोभ, (2) निजी परिवार के प्रति आकर्षण। इन्हीं के कारण भ्रष्टाचार फैलता है। अतः शासक वर्ग और सैनिक वर्ग चिन्ताओं और प्रलोभनों से मुक्त हो सकें इसके लिये प्लेटो ने इन्हीं दो वर्गों के लिए साम्यवाद की व्यवस्था की। राजनैतिक दृष्टि से यह आवश्यक है कि आर्थिक और राजनैतिक सत्ता ऐसे व्यक्तियों के हाथ में हो जो निजी सम्पत्ति के संघर्षों और पारिवारिक बन्धनों से दूर हों। पारिवारिक साम्यवाद का उद्देश्य यह था कि शासक पारिवारिक चिन्ताओं से मुक्त रहकर अपना सम्पूर्ण समय राज्य हित में लगा सकें। प्लेटो का यह साम्यवाद केवल दो वर्गों, शासकों और सैनिकों के लिए ही था, उत्पादक वर्ग इससे मुक्त था।

आदर्श राज्य में शिक्षा

राज्य के लिए आदर्श नागरिकों की तथा योग्य शासकों की आवश्यकता है। अतः प्लेटो के अनुसार शिक्षा का उद्देश्य योग्य शासक और सद्गुणी नागरिक उत्पन्न करना है। शिक्षा का उद्देश्य यह है कि मनुष्य सर्वोच्च ज्ञान प्राप्त करे क्योंकि मनुष्य में जिज्ञासा की मूल प्रवृत्ति पाई जाती है। प्लेटो का कहना है कि सर्वोच्च विचार लोक हित का विचार है उसके अनुसार दार्शनिक शासक को सर्वोत्कृष्ट विचार और परम सत्य को जानना जरूरी है। मनुष्य की आत्मा का गुण ज्ञान है। आत्मा की आन्तरिक दृष्टि को ही प्रकाशित करना शिक्षा का उद्देश्य है। प्लेटो बौद्धिक और शारीरिक दोनों प्रकार की शिक्षा को महत्त्वपूर्ण समझता है। उसके अनुसार मनुष्य के बौद्धिक विकास के साथ ही साथ स्वास्थ्य भी अच्छा होना चाहिए। इसी कारण उसके शिक्षा के पाठ्यक्रम में विज्ञान, दर्शन आदि विषयों के साथ-साथ संगीत, चित्रकला, शारीरिक शिक्षा भी सम्मिलित है। प्लेटो के अनुसार शिक्षा की योजना जीवन पर्यन्त चलती है। संक्षेप में, प्लेटो के अनुसार शिक्षा का उद्देश्य आदर्श नागरिकों और योग्य शासकों को जन्म देना है।

आदर्श राज्य की आलोचना

विद्वानों ने प्लेटो के आदर्श राज्य की विभिन्न आलोचनायें की हैं। उसके पक्ष और विपक्ष में अनेक तर्क प्रस्तुत किये गए हैं जिनमें से मुख्य निम्नलिखित हैं-

(अ) पक्ष में तर्क–प्लेटो के आदर्श राज्य को शब्द-चित्र कहा गया है जिसका इस पृथ्वी पर होना संभव नहीं है। लेकिन फिर भी उसमें जिन आदर्श सिद्धान्तों का वर्णन किया गया है वे स्थाई और शाश्वत हैं। वे हर युग में पाए जा सकते है। प्लेटो का आदर्श राज्य एक कल्पना होते हुए भी जनता के जीवन पर जितना प्रभाव डाल सका उतना प्रभाव ऐथेन्स और स्पार्टा के यथार्थ राज्यों ने अपने नागरिकों के जीवन पर भी डाला था।

(1) प्लेटो के आदर्श राज्य के फलस्वरूप समकालीन नगर राज्यों को अपने दोषों को दूर करके विकास के मार्ग पर अग्रसर होने की प्रेरणा मिली।

(2) प्लेटो का आदर्श राज्य केवल कल्पना मात्र ही नहीं था बल्कि वह सामयिक नगर राज्यों पर आधारित था। ऐथेन्स और स्पार्टा की राजनीतिक व्यवस्था ने इस सम्बन्ध में पर्याप्त सामग्री दी थी।

(ब) विपक्ष में तर्क—प्लेटो के आदर्श राज्य के विपक्ष में अधिक तर्क दिए गए हैं। कुछ विद्वान प्लेटो के आदर्श राज्य को कोरी कल्पना ही मानते हैं। इनके विचार में उसमें वास्तविकता को कोई स्थान नहीं दिया गया है।

(1) प्लेटो ने राजनीति और नीति शास्त्र के विशिष्ट सम्बन्ध को ठीक से स्पष्ट नहीं किया है उसके काल्पनिक आदर्श राज्य में नगर और नागरिक एक हो जाते हैं।

(2) आदर्श राज्य में प्लेटो ने व्यक्ति तथा राज्य के सावयव (Organic) सम्बन्ध में दोनों को इसी सीमा तक अभिन्न बना दिया है कि दोनों का अन्तर निश्चित करना कठिन हो जाता है।

(3) प्लेटो ने मानव प्रकृति को ज्ञान, मान और वासना में बाँटकर उसी के अनुसार मानव समाज को विभाजित किया है परन्तु, राज्य और व्यक्ति की यह तुलनात्मक व्याख्या उपयुक्त नहीं है।

(4) प्लेटो के आदर्श राज्य में मनुष्य का सर्वांगीण (Integral) होना असम्भव हैं उसके न्याय का सिद्धान्त व्यक्ति को केवल एक ही क्षेत्र तक सीमित कर के पंगु बना देता है।

(5) आदर्श राज्य की कल्पना में राज्य के उत्पादक वर्ग को उपयुक्त महत्त्व नहीं दिया गया है। उसकी शिक्षा और उसके विकास आदि के बारे में प्लेटो ने कोई योजना नहीं दी है। उसने इस वर्ग के लिए कोई ऐसा मार्ग नहीं बतलाया जिससे वे संरक्षक वर्ग में शामिल हो सकें।

(6) आदर्श राज्य में चित्रित स्त्रियों तथा सम्पत्ति की साम्यवादी व्यवस्था मानव समाज के मूल तत्त्वों से सर्वथा भिन्न है।

(7) प्लेटो के आदर्श राज्य के दार्शनिक शासक 'त्वं ' और 'अहं' की भावना से मुक्त होकर आत्मोन्नति के अपूर्व आनन्द का अनुभव कर चुके होंगे। ऐसे व्यक्ति सांसारिक माया जाल में पड़कर राज्य का प्रशासन कैसे चला सकते हैं ? फिर प्लेटो ने उन्हें जो निरंकुश शक्ति प्रदान की है उससे अपने कर्त्तव्य-पथ से विमुख होकर पतित हो जाना कठिन नहीं है।

(8) आदर्श राज्य के चित्रण में तत्कालीन समाज के सबसे भयंकर दोष दास प्रथा पर बिल्कुल भी प्रकाश नहीं डाला गया है। इस अवहेलना से कुछ लोगों का अनुमान है कि प्लेटो इसे भयंकर दोष नहीं समझता था।

(9) 'रिपब्लिक' में प्रतिपादित यह सिद्धान्त कि राज्य को नागरिकों के समग्र जीवन को पूर्णरूप से नियन्त्रित करना चाहिए सर्वथा अव्यवहारिक है।

(10) आदर्श राज्य में राज्य की प्रमुख आवश्यकता अधिकारियों की नियुक्ति, अपराधियों की दण्ड विधि और न्यायालयों की स्थापना आदि पर प्रकाश नहीं डाला गया है।

दार्शनिक राजा
(The Philosopher King)

प्लेटो के अनुसार आत्मा के तीन तत्त्व ज्ञान (Wisdom), साहस (Spirit), और वासना (Appetite) हैं। इन्हीं के अनुरूप समाज में ज्ञान प्रधान, भाव प्रधान और वासना प्रधान मनुष्य होते हैं। ज्ञान प्रधान वर्ग सर्वोत्तम और सर्वोपरि है। दार्शनिक शासक ज्ञान प्रधान वर्ग के अर्न्तगत आते हैं। प्लेटो का यह दृढ़ विश्वास था कि जब तक शासन सत्ता दार्शनिक शासकों को नहीं सौंपी जायेगी तब तक राज्य में सुव्यवस्था और शान्ति नहीं स्थापित की जा सकती। यही कारण है कि प्लेटो ने एक ऐसी शिक्षा योजना बनाई जिससे दार्शनिक शासक उत्पन्न हो सकें। प्लेटो का विश्वास था कि दार्शनिक शासक ही राज्य के सामाजिक जीवन में आई हुई बुराइयों को दूर करने में सफल हो सकते हैं। अपनी पुस्तक रिपब्लिक की पाँचवीं पुस्तिका में वह लिखता है–

''जब तक दार्शनिक राजा नहीं बनते अथवा इस जगत के राजाओं या राजकुमारों को दर्शन की प्रेरणा और शक्ति नहीं मिलती, और राजनैतिक महानता तथा बुद्धि मिलकर एक नहीं हो जाती, और इनमें से एक को छोड़कर दूसरे की खोज करने वाले सामान्य व्यक्ति राजकाज से बाहर रहने के लिए बाध्य नहीं कर दिये जाते, नगर कभी भी अपने पापों से शान्त नहीं होंगे।''[1]

प्लेटो के विचारों पर ऐथेन्स की शासन प्रणाली का अधिक प्रभाव पड़ा। वह ऐथेन्स के लोकतंत्रात्मक शासन के दोषों को जानता था और इस कारण असन्तुष्ट था। उसके गुरु सुकरात के प्राणदण्ड का कारण भी लोकतंत्र की दुर्बलताएँ थी। उस समय शासकों के चुनाव में शिक्षा और योग्यता का अधिक ध्यान नहीं रक्खा जाता था जिससे शासन सत्ता अयोग्य व्यक्तियों के हाथ में चली जाती थी। इस प्रकार शासन दोषपूर्ण था। प्लेटो के अनुसार दार्शनिक शासक ही राज्य से स्वार्थपरता और अज्ञानता का अन्त करके एक समाज-कल्याणकारी राज्य स्थापित कर सकता है।

दार्शनिक शासक की विशेषताएँ

प्लेटो का दार्शनिक शासक सद्गुणों की प्रतिमूर्ति है। इन गुणों को वह समाज के हित में कार्यान्वित करने के लिए उत्सुक रहता है। प्लेटो का शासक न्यायप्रिय, मृत्यु भय से मुक्त, सत्य का अन्वेषक और कर्मयोगी है। प्लेटो के शासक की कुछ मुख्य विशेषतायें अग्रलिखित हैं–

---

1. ''Until philosophers are Kings, or the kings and princes of this world have the spirit and power of philosophy, and political greatness and wisdom meet in one, and those commoner natures who pursue either to the exclusion of the other are compelled to stand aside, cities will never rest from their evils.'' —Plato

(1) **ज्ञान प्रधान**—दार्शनिक शासक राज्य के तीन वर्गों में से ज्ञान प्रधान वर्ग का प्रतिनिधित्व करता है। प्लेटो ने इसी कारण शासक वर्ग के लिये एक विशेष प्रकार की शिक्षा प्रणाली बनाई।

(2) **साम्यवादी**—प्लेटो ने दार्शनिक शासकों के लिये साम्यवाद प्रस्तुत किया। प्लेटो ने शासकों को स्त्री (परिवार) और सम्पत्ति के बन्धन से मुक्त रक्खा है। उसने शासकों को अेलग-अलग परिवार के बन्धनों में न डालकर एक सम्मिलित परिवार का सदस्य होने की योजना बनाई थी।

(3) **नि:स्वार्थ**—प्लेटो के दार्शनिक शासक पूर्ण नि:स्वार्थी होते हैं। वे राज्य के हितों को अपना ही हित समझते हैं। प्लेटों ने शासकों के लिये स्त्री और सम्पत्ति का साम्यवाद इसलिए बनाया ताकि वे नि:स्वार्थ शासन चलायें।

(4) **सुशिक्षित**—दार्शनिक शासक को पूर्ण ज्ञान होना चाहिए। प्लेटो का विश्वास था कि शासक अच्छा राजनीतिज्ञ, दर्शन शास्त्र का ज्ञाता और अच्छा शासक होना चाहिये। इसी कारण प्लेटो ने शासकों के लिये एक लम्बी शिक्षा योजना प्रस्तुत की है। ज्ञानियों की सरकार में ही प्लेटो विश्वास करता है। उसकी शिक्षा प्रणाली का उद्देश्य जातियों के अल्पतन्त्र की स्थापना करना है जिससे शासन भली प्रकार चल सके। जेलर (Zeller) के अनुसार "प्लेटो का राज्य एक अथवा कुछ द्वारा चालित नेकी और बुद्धिमत्ता का कुलीनतंत्र मात्र बन सकता है।"[1]

(5) **निरंकुश**—प्लेटो ने अपने आदर्श राज्य में दार्शनिक शासक को निरंकुश शासक का रूप दिया है। एक ओर उसने शासकों को अनियन्त्रित शक्तियाँ दी हैं, दूसरी ओर वह निरंकुश शासन का विरोध करता है। दार्शनिक शासक पूर्ण निरंकुश न हो जाये इस कारण उन पर भी कुछ बन्धन है। उनको भी संविधान के निम्नलिखित मौलिक नियमों को मानना पड़ेगा—

(अ) शासकों को राज्य का उतना ही विस्तार करना चाहिये जितना कि राज्य को आत्म-निर्भर बनने और राज्य में एकता स्थापित रखने के लिये आवश्यक है। इस प्रकार राज्य का आकार न अधिक बड़ा और न अधिक छोटा होनाा चाहिये।

(ब) दार्शनिक शासक को अपने राज्य में अधिक सम्पन्नता या निर्धनता को बढ़ावा नहीं देना चाहिए। इससे राज्य में दो वर्ग स्थापित होने की सम्भावना है जिससे वर्ग संघर्ष बढ़ेगा और राज्य की एकता व शान्ति खतरे में पड़ जायेगी। दार्शनिक शासक को धन के उतार चढ़ाव में असन्तुलन न होने देना चाहिए।

(स) दार्शनिक शासक को आदर्श राज्य में न्याय की स्थापना के लिये यह देखना है कि राज्य के सभी व्यक्ति अपने-अपने कर्त्तव्यों का पालन करे और किसी दूसरे के कार्यों में हस्तक्षेप न करें।

---

1. "The Platonic state can only be aristocracy of virtue and intellect exercised by one or few." —Zeller

(द) दार्शनिक शासक को शिक्षा पद्धति में किसी प्रकार का परिवर्तन करने का अधिकार नहीं है।

दार्शनिक राजा के सिद्धान्त की आलोचना

(1) अव्यावहारिक सिद्धान्त–प्लेटो का दार्शनिक राजा का सिद्धान्त अव्यावहारिक है। दर्शन शास्त्र, गणित तथा लोक जीवन का ज्ञान रखने वाले सांसारिक विषयों में अरुचि रखने वाले व्यक्ति मिलना बहुत कठिन है। प्लेटो अपने दार्शनिक शासक में इन दोनों विरोधी विशेषताओं की कल्पना करता है। शासन की सफलता के लिये गणित और दर्शन शास्त्र का ज्ञान ही पर्याप्त नहीं है बल्कि शासक को मनोविज्ञान, अर्थशास्त्र, कानून और राजनीति का ज्ञान होना आवश्यक है।

(2) निरंकुश शासन का समर्थन–दार्शनिक शासकों को असीम अधिकार देने से निरंकुश शासन का समर्थन होता है। एक्टन के शब्दों में "सत्ता मनुष्य को बिगाड़ती है और पूर्ण सत्ता पूर्णरूप से बिगाड़ती है।" प्लेटो ने शासकों पर जो प्रतिबन्ध लगाये थे वे पर्याप्त नहीं थे।

(3) जनता की निम्न स्थिति–दार्शनिक शासकों को असीम अधिकार मिलने से सामान्य जनता की स्थिति पशुवत अथवा राज्य यन्त्र के पुर्जे के समान हो जाती है। उन्हें मानव सुलभ मूल अधिकार भी नहीं मिलते।

(4) दार्शनिकता और प्रशासन के अन्तर–दार्शनिकता के विकास से व्यक्ति में जो गुण उत्पन्न होते हैं। बहुधा वे प्रशासन में सहायक होने के स्थान पर बाधक सिद्ध होते है। अस्तु, दार्शनिकों का उत्तम शासक होना आवश्यक नहीं है। जोवेट के शब्दों में, "दार्शनिक राजा या तो भविष्य में बहुत दूर तक देखने वाला होता है या अतीत में पीछे की ओर देखता है, वर्तमान की वास्तविकता से उसका कोई सम्बन्ध नहीं होता।"

(5) शासन में जनता के योगदान का अभाव–दार्शनिक शासक शासन में जनता की राय नहीं लेते, जनता के सक्रिय सहयोग के बिना प्रशासन कभी भी सफल नहीं हो सकता।

साम्यवाद
(Communism)

साम्यवाद का लक्ष्य

प्लेटो ने अपने आदर्श राज्य के जिए एक सामाजिक व्यवस्था तैयार की। इसके अन्तर्गत शासक वर्ग या संरक्षक वर्ग के लोग कुटुम्ब और सम्पत्ति का परित्याग कर साम्यवाद को ग्रहण कर लेते है। इस व्यवस्था का उद्देश्य नैतिक उत्थान था। प्लेटो शिक्षा द्वारा नागरिकों के मस्तिष्क को अपने विचारों के अनुकूल बनाना चाहता था और साम्यवाद के द्वारा अपनी योजना को कार्यान्वित करने के लिये उचित सामाजिक वातावरण निर्माण करना चाहता था। नैतिक और आध्यात्मिक सुधार के लिये उसका साम्यवाद आर्थिक और भौतिक उपसाध्य है। प्लेटो के विचार से एक शिक्षा द्वारा ही राज्य में एकता सुरक्षित की जा सकती है। यद्यपि

अरस्तु ने प्लेटो की यह आलोचना की है कि उसने शिक्षा द्वारा सुधार की अवहेलना कर संस्था द्वारा सुधार पर अधिक जोर दिया, परन्तु वास्तव में प्लेटो आध्यात्मिक साधनों द्वारा मनुष्य और समाज का पुनरुद्धार करना चाहता था। उसकी साम्यवादी शैली की भौतिक संस्थाओं का उद्देश्य आध्यात्मिक साधनों को सक्रिय बनाने के लिये उचित वातावरण तैयार करना और बाधाओं को मिटाना था। राज्य का निर्माता मनुष्य का मस्तिष्क है इसलिये राज्य को सुधारने के लिए हमें मनुष्य के मस्तिष्क को सुधारना चाहिये। न्याय कोई बाहरी वस्तु नहीं है। यह मस्तिष्क की प्रवृत्ति है और वास्तविक न्याय तभी प्राप्त किया जा सकता है, जब मस्तिष्क में उचित प्रवृत्ति बन जाये। इसके अलावा मस्तिष्क में स्थायी रूप से सुधार किसी सीमा तक उस वातावरण पर निर्भर रहता है जिसमें उसे कार्य करनां होता है। यदि न्यायमय वातावरण इस बात पर निर्भर है कि मनुष्य अपने मस्तिष्क की प्रवृत्ति के अनुसार अपने कर्त्तव्यों का पालन करे तो किसी सीमा तक इस पर भी निर्भर है कि वे भौतिक परिस्थितियाँ हटा दी जायें जो कर्तव्य पालन में बाधक हैं।

प्लेटो का साम्यवाद मौलिक नहीं था—इस जगह यह उल्लेख करना उचित होगा कि प्लेटो ने अपने आदर्श राज्य के लिये जो साम्यवाद की व्यवस्था सोची थी वह कोई उसका नया विचार नहीं था। यूनान देश के कुछ क्षेत्रों में पहले से ही साम्यवादी प्रथा प्रचलित थी। यूनान देश की सभ्यता के प्रारम्भ में जब कि लोग खेती पर निर्भर नहीं थे भूमि का स्वामित्व सामूहिक होता था। ऐथेन्स में राज्य व्यक्तिगत सम्पत्ति पर देख-रेख रखता था और राज्य ही वनों और खानों का स्वामी होता था। स्पार्टा में भूमि नागरिकों की होने पर भी उपज का वितरण साम्यवादी ढंग से होता था। वहाँ लोग दूसरे के घरों में भोजन कर लेना अपना अधिकार समझते थे और निजी काम के लिये दूसरों के घोड़ों, कुत्तों और दासों का इस्तेमाल कर लेते थे। यूनानी नाटकार यूरीपिडीज ने अपने ग्रन्थ में स्त्रियों के साम्यवाद का भी उल्लेख किया था। इस प्रकार हम देखते है कि प्लेटो ने अपने आदर्श राज्य के लिये सम्पत्ति और परिवार का साम्यवाद प्रस्तुत करके कोई नई विचारधारा प्रस्तुत नहीं की थी।

सम्पत्ति का साम्यवाद

प्लेटो ने साम्यवादी व्यवस्था में संरक्षकों और सहायक संरक्षकों को राज्य में साधारण नागरिकों से अलग रखना उचित समझा। अपनी पुस्तक 'रिपब्लिक' की तीसरी पुस्तिका के अन्त में वह लिखित है। कि उसके लिये निम्नलिखित योजना होनी चाहिए "प्रथम तो जितनी कम से कम सम्पत्ति नितान्त आवश्यक है उससे अधिक सम्पत्ति उनमें से किसी को नहीं रखनी चाहिए। दूसरे, किसी के पास ऐसा घर अथवा भण्डार (कोष) नहीं होना चाहिए जो कि सबके स्वेच्छापूर्ण प्रवेश के लिये नित्य खुला न रहता हो। उनकी भोज्यादि सामग्री इतनी मात्रा में और ऐसी होनी चाहिए जो कि संयमी एवं साहसी योद्धा भटों के लिए उपयुक्त हो एवं यह उसको अन्य नागरिकों से सुनिश्चित एवं सुनिर्धारित प्रकार से उसकी संरक्षकता की वृत्ति के रूप में इतनी मात्रा में मिल जानी चाहिए कि न तो वर्ष के अन्त में बची रहे और न कम ही पड़े। युद्ध शिविर में रहने वाले योद्धाओं का सामान उनका भोजन एवं रहना एकत्रित होना चाहिए। रही सोने चाँदी की बात सो जब कि उनको देवताओं से दिव्य प्रकार का स्वर्ण

और रजत नित्य ही अपनी आत्मा के अन्दर प्राप्त है तो उनको मृत्यु लोक की निम्नकोटि की धातु की कोई आश्यकता नहीं है। उनकी अन्तरात्मा में विद्यमान धातु पूर्णतया शुद्ध है जबकि सांसारिक व्यवहार में आने वाले सिक्कों के कारण असंख्यों पाप हो चुके हैं। सारे नगर निवासियों में केवल इन्हीं लोगों के लिये सोने चाँदी को हाथ में लेना अथवा स्पर्श करना, उनके साथ एकत्रित एक छत के नीचे रहना या आभूषणों के रूप में उनको अंगों में धारणा करना अथवा सोने-चाँदी के पात्रों का पीने के लिये उपयोग करना अवैध है। इस प्रकार रहते हुये वे अपनी और अपने नगर की भी रक्षा कर सकेंगे। परन्तु जब कभी भी वे अपनी भूमि, पशु और धन उपार्जित कर लेंगे तो वे रक्षक न रहकर गृहस्थ तथा कृषक बन जायेंगे तथा अपने अन्य नागरिक जनों के सहायक बने रहने की अपेक्षा, उन पर द्वेषपूर्ण अत्याचार करने वाले स्वामी हो जायेंगे।''

संरक्षकों के लिये उपरोक्त योजना प्लेटो ने निम्न कारणों से बनाई थी–

(1) **व्यक्ति अलग इकाई नहीं है**–प्लेटो ने अपनी पुस्तक रिपब्लिक में इस विचार का खण्डन किया है कि व्यक्ति एक अलग इकाई (Isolated Unit) है और उसका उद्देश्य अपनी इच्छाओं को सन्तुष्ट करना ही है। इस विचार की जगह वह यह विचार स्थापित करना चाहता था कि प्रत्येक व्यक्ति अपने संकीर्ण व्यक्तित्व की परिधि से उठकर विराट सामाजिकता का एक अंग बने और इस सामाजिक व्यवस्था में वह अपना कर्तव्य पालन करने में सन्तोष अनुभव करे।

(2) **न्याय विचार**–प्लेटो के न्याय विचार के अनुसार प्रत्येक व्यक्ति को अपने क्षेत्र में अपने कर्त्तव्यों को पूर्ण रूप से और ईमानदारी से पालन करना चाहिए। इस प्रकार उसका साम्यवाद उसके न्याय के विचार पर आधारित था। आदर्श राज्य के संरक्षकों और सहायक संरक्षकों को अपना कर्तव्य बुद्धिमानी और निःस्वार्थ भाव से करने के लिये साम्यवादी व्यवस्था के अन्तर्गत रहना आवश्यक था। राज्य के जिन गुणों के वे द्योतक थे वे बुद्धि और साहस थे। यदि उनको इन गुणों से सम्बन्धित कर्तव्यों का पालन करना था तो उनको वासना तत्त्व को अलग कर देना था जिसके द्योतक किसान थे। उनको जीवन के आर्थिक पक्ष का भी त्याग कर देना चाहिये क्योंकि वह वासना तत्त्व का व्यक्त रूप था। इस प्रकार आर्थिक मानरहित या वासनारहित साम्यवादी जीवन ही राज्य के उच्च प्राणियों के लिये उचित था जो आत्मा के दो ऊँचे गुणों बुद्धि और साहस का प्रतिनिधित्व करते थे। प्लेटो का विचार था कि साम्यवादी व्यवस्था के अभाव में बुद्धि या तो निष्क्रिय और शिथिल रहेगी या वासना की उपस्थिति में इसको स्वतन्त्रापूर्वक सक्रिय होने में बाधाओं का मुकाबला करना पड़ेगा या स्वार्थी बन जाने का भय रहेगा।

(3) **आदर्श राज्य के साम्यवाद**–आदर्श राज्य के सरंक्षकों तथा सहायक संरक्षकों को निजी सम्पत्ति या कौटुम्बिक बन्धनों से मुक्त रखने के लिये प्लेटो ने साम्यवादी व्यवस्था प्रस्तुत की।

(4) **व्यावहारिक तर्क**–प्लेटो ने साम्यवादी व्यवस्था के पक्ष में एक दूसरा तर्क व्यावहारिक तर्क उपस्थित किया है। उसका कहना था कि संरक्षकों और सहायक संरक्षको

को दो उच्च वर्गों के लिए सम्पत्ति सम्बन्धी साम्यवाद इसलिये भी आवश्यक है कि आर्थिक और राजनैतिक शक्तियाँ एक ही वर्ग के पास होने से राजनैतिक कार्यक्षमता में कमी तथा त्रुटियाँ आ जाती हैं। अनुभव से देखा गया है जिन राज्यों में आर्थिक और राजनैतिक शक्तियाँ एक ही व्यक्ति के हाथों में रहीं उनमें अनेक दोष उत्पन्न हो गये हैं।

इस प्रकार प्लेटो ने मनोवैज्ञानिक और व्यावहारिक कारणों से राजनैतिक और आर्थिक शक्ति को एक ही व्यक्ति के हाथों में सौंपना अनुचित समझा। प्लेटो का साम्यवाद संरक्षकों और सहायक संरक्षकों के लिये ही था। तीसरे वर्ग के लोगों शिल्पकार, कृषक और व्यावसायियों के लिए नहीं था। प्लेटो के आदर्श राज्य में तीसरे वर्ग के लोगों को निजी सम्पत्ति रखने का अधिकार था। परन्तु इस पर सरकार का नियंत्रण था क्योंकि अधिक दरिद्रता और अधिक धनाढ्यता राज्य के लिये हानिकारक है। इसलिये राज्य तीसरे वर्ग के लोगों को अपने व्यवसाय से अधिक दरिद्र या अधिक धनाढ्य बनने से रोकता था।

(5) राज्य में एकता की स्थापना—प्लेटो के साम्यवाद का उद्देश्य राज्य में एकता स्थापित करना था। उसका विश्वास था कि उसकी साम्यवादी व्यवस्था के अन्तर्गत संरक्षक गणों में स्वार्थ भावना का अन्त हो जायेगा और वे प्रशासन का कार्य बड़ी तत्परता से कुशलतापूर्वक करेंगे। इसके परिणामस्वरूप उन्हें शासितों का प्रेम व सहयोग प्राप्त हो सकेगा। संरक्षकगण भी तीसरे वर्ग के लोगों से प्रेम करेंगे क्योंकि उनकी भोजन सामग्री के उत्पादक वे ही हैं। संरक्षकगणों के पास कोई निजी सम्पत्ति, स्त्री, सन्तान न होगी जिसके कारण उनमें आपसी वैमनस्य नहीं होगा। इस प्रकार समस्त समाज एक सूत्र में बंध जायेगा।

साम्यवाद की आलोचना

(1) राजनैतिक साम्यवाद—प्लेटो का साम्यवाद संयम पर जोर देता है। इस कारण यह निरंकुश (Autocratic) है। इसमें राज्य में आत्मा के दो गुण वाले प्रतिनिधि व्यक्तियों को त्याग करना पड़ता है। उसका साम्यवाद समस्त समाज के हित के लिये था। परन्तु साम्यवादी व्यवस्था केवल शासक वर्ग के लिये थी। इसी अर्थ में उसका साम्यवाद आर्थिक न होकर राजनैतिक है। उसने प्रशासन को उन दोषों से बचाने के लिए साम्यवादी व्यवस्था प्रस्तुत की जो स्वार्थ, मोह और लोभ के कारण उत्पन्न हो जाते है। उसने राजनैतिक उद्देश्य की पूर्ति के लिए आर्थिक योजना बनाई थी।

(2) राष्ट्रीय आय का अभाव—प्लेटो ने अपने साम्यवाद में इस बात का संकेत कहीं नहीं किया कि साम्यवाद में उत्पादन का राष्ट्रीयकरण किया जाये। संरक्षकों द्वारा उत्पादन के कुछ अंश को सामाजिक ढंग से प्रयोग करने के लिये कृषकों से अवश्य ले लिया जाता है।

(3) मनोवैज्ञानिक सिद्धान्तों के प्रतिकूल—प्राय: सभी देशों में सभी कालों में मनुष्य किसी न किसी प्रकार की व्यक्तिगत सम्पत्ति से सम्बद्ध रहा है, उसका अधिकारी रहा है। सम्पत्ति द्वारा मनुष्य अपने व्यक्तित्व का प्रकाशन करता है, अपना विकास करता है। प्लेटो ने संरक्षक और सहायक संरक्षक वर्ग के लिये निजी सम्पत्ति के विनाश के सिद्धान्त का प्रतिपादन किया है। राज्य के दोनों उच्च वर्गों के प्रतिनिधियों को निजी सम्पत्ति के अधिकार

से वंचित रखने का अर्थ उनके विकास में बाधा डालना है।

(4) राज्य को व्यक्ति से अधिक महत्व—प्लेटो की सामाजिक व्यवस्था में व्यक्ति और उसकी संस्थाओं को कोई भी महत्व नहीं दिया गया है, राज्य को अत्यधिक प्रधानता दी गई है। इस प्रकार प्लेटो का साम्यवाद मनुष्य के व्यक्तित्व तथा स्वतंत्रता के सर्वथा प्रतिकूल है।

(5) केवल शासक वर्ग का साम्यवाद—प्लेटो ने अपनी साम्यवादी व्यवस्था केवल संरक्षकों के लिये ही बनाई। उसने तीसरे वर्ग शिल्पकार, कृषक और व्यवसायियों के लिए कोई साम्यवाद नहीं बनाया।

स्त्री तथा सन्तानों का साम्यवाद

प्लेटो संयुक्त कुटुम्ब प्रणाली को समाप्त करके एक कुटुम्ब प्रणाली की स्थापना करना चाहता था। उसने अपने राज्य के दो उच्च वर्गों, संरक्षकों तथा सहायक संरक्षकों के लिये सम्पत्ति के साम्यवाद के साथ-साथ स्त्री तथा सन्तानों के साम्यवाद की भी स्थापना की। उसके अनुसार सम्पत्ति और परिवार ही व्यक्ति की ममता के दो मुख्य आधार होते हैं। प्लेटो का विचार था कि यदि संरक्षकों को इन बन्धनों से मुक्त कर दिया जाये तो वे निःस्वार्थ रूप से अपने कर्तव्यों का पालन कर सकेंगे। प्लेटो ने स्त्रियों का साम्यवाद दो प्रकार से स्थापित किया। प्रथम, उसने स्त्रियों को परिवारों के बन्धन से मुक्ति दिला दी। इसके लिये उसने एक समान शिक्षा प्रणाली स्थापित की। समान शिक्षा के द्वारा स्त्रियों तथा पुरुषों दोनों को ही अपनी शक्तियों के अधिकतम विकास का अवसर प्राप्त हो सकता था। इस प्रकार स्त्रियों को भी पुरुषों की तरह राज्य की सेवा करने का समान पर्याप्त अवसर प्राप्त हो सकता था।

विवाह की प्रथा में परिवर्तन

प्लेटो निजी परिवार प्रथा के पक्ष में न था। उसके अनुसार विवाह स्थाई न होकर अस्थाई होना चाहिए। सन्तान उत्पन्न करने का अधिकार समाज में केवल स्वस्थ और बुद्धिमान व्यक्तियों को ही होना चाहिए जिससे उनकी सन्तान भी बुद्धिमान, योग्य एवं कर्मशील बन सके। राज्य ही निश्चित करे कि कौन-सा व्यक्ति किस स्त्री के साथ सम्बन्ध स्थापित करे जिससे परिवार-विज्ञान की शिक्षा से लाभ उठा कर समाज में सबल एवं अति बुद्धिमान व्यक्तियों को जन्म दिया जा सके। राज्य को शरीर और मस्तिष्क दोनों दृष्टियों से स्वस्थ बालक प्राप्त होंगे। इस प्रकार प्लेटो के स्त्रियों के साम्यवाद के चार मुख्य उद्देश्य थे—

(अ) राज्य में स्त्रियों व पुरुषों में समानता व एकता स्थापित करना।

(ब) समाज में शारीरिक तथा मानसिक दृष्टि से स्वस्थ सन्तानोत्पत्ति।

(स) पुरुषों के समान स्त्रियों को भी अपनी शक्तियों के अधिकतम विकास का अवसर प्राप्त होना।

(द) कुटुम्ब का राष्ट्रीयकरण करना।

आलोचना

(1) स्त्रियोचित गुणों का सदुपयोग न होना—स्त्रियों के विशेष गुण संवेदनशीलता, नम्रता और लालित्य कौटुम्बिक जीवन के लिये उपयुक्त हैं न कि राज्य के कठिन कार्यों के लिये। राज्य की सैनिक असैनिक सेवायें स्त्रियों के प्रतिकूल हैं। इस प्रकार स्त्रियों को अपने स्वाभाविक पारिवारिक वातावरण को छोड़कर पुरुषों के समान राज्य की सेवायें करनी होंगी।

(2) परिवार का नाश—अरस्तु के अनुसार, ''परिवार राज्य की भाँति एक प्राकृतिक संस्था है।'' परन्तु प्लेटो कुटुम्ब प्रथा को राज्य के हित के लिये बलिदान कर देता है। इस प्रकार उसने एक अति प्राचीन और नैतिकता की परीक्षित संस्था का अन्त कर दिया है।

(3) अनुचित विवाह व्यवस्था—प्लेटो की राज्य द्वारा नियंत्रित अस्थायी विवाह व्यवस्था राज्य के केवल कुछ योग्य और उत्तम व्यक्तियों के लिये है। इनमें दो त्रुटियाँ हैं- (अ) यह मनोवैज्ञानिक दृष्टि से सर्वथा अनुचित है। इसमें राज्य के अन्य व्यक्तियों की मूल प्रवृत्तियों का ध्यान नहीं रखा गया है। (ब) इस व्याख्या से ऐसा प्रतीत होता है कि पुरुष एक प्रकार का बिजार है। इस व्यवस्था के परिणामस्वरूप राज्य में व्याभिचार बढ़ेगा। इससे समाज दो भागों में बँट जायेगा।

(4) जननिक नियम के विरुद्ध—इस अस्थाई विवाह व्यवस्था में यह माना गया है कि बुद्धिमान और योग्य माता-पिता की संतान भी बुद्धिमान और योग्य होगी। परन्तु प्लेटो ने स्वयं यह स्वीकार किया है कि ऐसा होना जरूरी नहीं है। इसके विपरीत भी हो सकता है।

(5) अनैतिक व्यवस्था—नैतिक दृष्टि से यह विवाह व्यवस्था गलत है। इससे निकट सम्बन्धियों के साथ भी अनाचार हो जाने की सम्भावना है। योग्य जोड़ों को ढूँढना राज्य के जिये मुश्किल होगा।

(6) बालकों की उपेक्षा—इस व्यवस्था से उत्पन्न हुये बच्चे भी उपेक्षित रहेंगे। सबके बच्चे किसी के बच्चे नहीं होंगे और उन पर कोई ध्यान नहीं देगा।

उपरोक्त विवेचन से यह स्पष्ट होता है कि प्लेटो का साम्यवाद व्यावहारिक न होकर अव्यावहारिक है।

शिक्षा का सिद्धान्त
(Theory of Education)

साम्यवाद के अलावा प्लेटो के राज्य में शिक्षा सबसे अधिक महत्वपूर्ण हैं। प्लेटो शिक्षा के द्वारा नागरिकों में वे प्रवृत्तियाँ जागृत करना चाहता है जो राज्य के सद्‌गुणी जीवन के लिये अत्यन्त आवश्यक हैं। शिक्षा के द्वारा नागरिक समाज में उचित स्थान प्राप्त कर सकता है। प्लेटो के विचार में शिक्षा राज्य द्वारा नियंत्रित होनी चाहिए। इसी कारण राज्य कार्यों में उसने शिक्षा का महत्वपूर्ण स्थान बतलाया है। उसके अनुसार शिक्षा का उद्‌देश्य व्यक्ति को केवल बाहरी ज्ञान देना नहीं है वरन् उसका वास्तविक उद्देश्य ऐसे वातावरण का निर्माण

करना है जिससे व्यक्ति की आत्मा की आन्तरिक गुणों का प्रकाशन हो सके। प्लेटो मस्तिष्क के विकार को मस्तिष्क सम्बन्धी औषधि (शिक्षा) द्वारा दूर करना चाहता है। उसकी शिक्षा व्यवस्था के मुख्य लक्षण निम्नलिखित हैं:-

(1) **शिक्षा का आधार न्याय**—शिक्षा को न्याय को प्रोत्साहन देना चाहिए तथा व्यक्ति को उसके कर्त्तव्य पालन करने के लिए तैयार करना चाहिए। सुनियन्त्रित और सुनियोजित शिक्षा से व्यक्ति उस विशेष कार्य के लिये अभ्यस्थ हो जायेगा और वह निःस्वार्थ वृत्ति से उस कार्य को करेगा जो राज्य में न्याय की स्थापना के लिये आवश्यक है।

(2) **एथेन्स और स्पार्टा का प्रभाव**—प्लेटो ने अपने आदर्श राज्य के लिये जो शिक्षा योजना तैयार की उसमें कुछ एथेन्स नगर राज्य की और स्पार्टा नगर राज्य की शिक्षा व्यवस्था पर आधारित थी। इनकी भाँति प्लेटो ने भी शिक्षा का उद्देश्य व्यक्ति का पूर्ण विकास बतलाया। स्पार्टा की शिक्षा व्यवस्था से प्रभावित होकर ही उसने शिक्षा पर राज्य का पूर्ण नियंत्रण स्थापित किया। प्लेटो ने स्पार्टा की शिक्षा संगठन व्यवस्था को एथेन्स को पाठ्यक्रम से सम्बद्ध कर दिया।

(3) **स्त्री पुरुष की समान शिक्षा व्यवस्था**—प्लेटो ने पुरुषों की तरह स्त्रियों को भी पूर्ण शिक्षा पाने का अधिकार दिया। शिक्षा का उद्देश्य प्रत्येक नागरिक, चाहे वह स्त्री हो या पुरुष, को सामाजिक तथा आर्थिक दृष्टि से राज्य के लिये लाभदायक बनाना है।

(4) **शिक्षा सिद्धान्त का दार्शनिक आधार**—प्लेटो का मत था कि व्यक्ति का मस्तिष्क क्रियाशील है। मस्तिष्क स्वयं अपने वातावरण में उपस्थित वस्तुओं की ओर चलायमान होता है। मनुष्य के मस्तिष्क में ऐसी शक्ति होती है जो उसे सुन्दर वस्तुओं के प्रति आकर्षित करती है। वस्तुएँ मस्तिष्क के सामने उपस्थित नहीं की जाती। प्लेटो के अनुसार शिक्षक को शिष्य की इस शक्ति से लाभ उठाना चाहिए। शिक्षक को ऐसा वातावरण प्रस्तुत करना चाहिए जिससे शिष्य की आकर्षित होने की शक्ति केवल सुन्दर वस्तुओं की ओर ही हो जाये और उनका उस पर प्रभाव। इस प्रकार शिष्य को सत्यं, शिवं और सुन्दर का बोध हो जायेगा। शिक्षक की सफलता इसी में है कि वह ऐसा वातावरण बनाए जिसमें शिष्य स्वयं ज्ञान प्राप्त कर सके। ज्ञान उस पर केवल बाहर से लादा हुआ नहीं होना चाहिए। प्लेटो ने इसी कारण अपनी शिक्षा व्यवस्था में संगीत और कला को विशेष महत्व दिया। प्लेटो का कहना था कि जिस प्रकार भोजन व्यक्ति के भौतिक जीवन (शरीर) पर प्रभाव डालता है और उसे विकसित करता है उसी प्रकार वातावरण में उपस्थित वस्तुयें व्यक्ति के आध्यात्मिक और नैतिक जीवन पर प्रभाव डालती हैं और उसकी आत्मा को विकसित करती हैं। यह क्रिया मनुष्य के जीवनपर्यन्त चलती है और यही व्यक्ति का आध्यात्मिक जीवन है।

शिक्षा व्यवस्था

प्लेटो की शिक्षा व्यवस्था पर स्पार्टा और एथेन्स का अधिक प्रभाव पड़ा उसने इन दोनों नगर राज्यों की शिक्षा व्यवस्था से कुछ बातें ग्रहण कीं। उस प्रकार प्लेटो ने दोनों के समन्वय से एक नई शिक्षा व्यवस्था बनाई। स्पार्टा की शिक्षा व्यवस्था पर राज्य का पूरा

नियंत्रण था। इसी भाँति प्लेटो ने भी शिक्षा का कार्य राज्य के हाथों में सौंप दिया। एथेन्स की शिक्षा में व्यक्ति के शारीरिक और मानसिक दोनों ही प्रकार के विकास की ओर ध्यान दिया जाता था। इसी प्रकार प्लेटो ने भी शिक्षा व्यवस्था प्रस्तुत की जिससे व्यक्ति के शरीर और मस्तिष्क दोनों का विकास हो। प्लेटो की शिक्षा व्यवस्था में शिक्षा दो उच्च वर्गों के प्रत्येक व्यक्ति के लिये अनिवार्य थी। प्लेटो की शिक्षा व्यवस्था को हम निम्नलिखित भागों में बांट सकते हैं :-

(1) प्रारम्भिक शिक्षा—इस श्रेणी की शिक्षा केवल 18 वर्ष तक के युवकों के लिये है। इस श्रेणी में दो विषयों प्रथम संगीत और द्वितीय व्यायाम की शिक्षा सम्मिलित हैं। शारीरिक विकास के लिये व्यायाम और मानसिक विकास के लिये संगीत का प्रबन्ध किया गया। व्यायाम में कसरत के अलावा भोजन और साधारण चिकित्सा भी सम्मिलित थी। युवकों को चिकित्सा का ज्ञान इतना अवश्य होना चाहिए कि बिना चिकित्सक (डाक्टर) की सहायता के वे स्वस्थ जीवन बिता सकें। प्लेटो का विचार था कि चिकित्सक दूषित और अस्वस्थ शरीर की चिकित्सा करके रोगों को बढ़ाते हैं। इस कारण अच्छे स्वस्थ समाज में चिकित्सकों को कोई स्थान नहीं है। प्लेटो ने संगीत के अन्तर्गत कविता, साहित्य, नृत्य और वाद्य को भी स्थान दिया है। उसके अनुसार संगीत का प्रभाव अप्रत्यक्ष रूप से पड़ता है। प्लेटो ऐसे साहित्य का विरोध करता है जिसका व्यक्ति के चरित्र पर बुरा प्रभाव पड़ता है।

इस शिक्षा को समाप्त करने के बाद प्रत्येक व्यक्ति को दो वर्ष की सैनिक शिक्षा देने की व्यवस्था थी। 20 वर्ष की अवधि की समाप्ति के बाद प्लेटो ने एक सार्वजनिक परीक्षा का प्रबन्ध किया। इस परीक्षा में उत्तीर्ण युवकों का चुनाव संरक्षकों तथा सैनिक वर्ग के लिये किया जाता था। इस परीक्षा से यह मालूम हो जाता था कि ज्ञान तत्व, मान तत्व और वासना तत्व में से व्यक्ति में कौन-सा तत्व प्रधान हैं। दूसरे शब्दों में व्यक्ति उच्च शिक्षा ग्रहण करेगा।

(2) उच्च शिक्षा—उच्च शिक्षा की अवधि प्लेटो ने 15 वर्ष निश्चित की। यह अवधि दो भागों में विभक्त की गई। 20 से 30 वर्ष की आयु तक सभी विद्यार्थी (स्त्री हो या पुरुष) समान रूप से शिक्षा पाते थे। इसके बाद एक परीक्षा होती थी। इस परीक्षा में उत्तीर्ण होने वाले विद्यार्थियों को 5 वर्ष तक शिक्षा दी जाती थी। 35 वर्ष की आयु पर पुनः परीक्षा होती थी। इस परीक्षा में उत्तीर्ण होने वाले विद्यार्थियों को संरक्षक नियुक्त कर दिया जाता था और असफल विद्यार्थी सहायक संरक्षक के रूप में नियुक्त किये जाते थे। पचास वर्ष की अवस्था तक ये अपने पद पर कार्य करते थे। इसके बाद इनको राज्य के पद से अवकाश मिल जाता था। इनका शेष समय आत्म शिक्षण तथा सद्गुणों के चिन्तन में बीतता था।

उच्च शिक्षा का पाठ्यक्रम

इस अवधि के पाठ्यक्रम को भी दो भागों में बाँटा गया।

(अ) 20 वर्ष से 30 वर्ष की आयु के विद्यार्थियों के लिए गणित, रेखा गणित, ज्योतिष, संगीत और आध्यात्मशास्त्र आदि विषयों को रखा गया। प्लेटो ने गणित, रेखागणित और ज्योतिष पर विशेष बल दिया। उसका कहना था कि इन विषयों के अध्ययन से ही विद्यार्थी

आदर्श और गुणी दार्शनिक बन सकते हैं।

(ब) 30 वर्ष की आयु से 35 वर्ष की आयु तक विद्यार्थियों के लिये उच्चतम स्तर की शिक्षा का प्रबन्ध किया गया। इस आयु में ये तर्कशास्त्र और दर्शनशास्त्र का अध्ययन करेंगे। इन विषयों के अध्ययन से सौन्दर्य और सत्य का ज्ञान प्राप्त होगा।

35 वर्ष की आयु तक ये लोग राज्य की सेवा करेंगे, सैनिकों को लड़ाई के समय निर्देशन देंगे, दर्शन के अध्ययन के साथ-साथ जीवन में अनुभव प्राप्त करेंगे। जो व्यक्ति 50 वर्ष की आयु तक हर परीक्षा में उत्तीर्ण समझे जायेंगे, वे राज्य के उच्च पद पर पहुँच जायेंगे। इस पद पर पहुँच कर इनका कुछ समय दर्शन के अध्ययन में और कुछ समय सौन्दर्य के विचार के मनन में व्यतीत होगा। समय आने पर इनको देश सेवा करनी होगी।

शिक्षा की आवश्यकतायें

(1) प्लेटो की शिक्षा योजना व्यक्ति की आत्मा के तीन गुणों—बुद्धि, साहस और वासना पर आधारित थी। इस योजना का आधार मनोवैज्ञानिक था जिससे आत्मा के तीनों गुणों का विकास हो सके।

(2) इस योजना में शारीरिक और आध्यात्मिक दोनों प्रकार के विकास को महत्व दिया गया। इस प्रकार प्लेटो की शिक्षा एकांगी नहीं है।

(3) शिक्षा का उद्देश्य मनुष्य को बाहरी ज्ञान से लादना नहीं है। शिक्षा ऐसा वातावरण उपस्थित करे जिससे व्यक्ति की आत्मा उन बातों को ग्रहण करे जो आत्मा के तीनों तत्वों को विकसित कर सके।

(4) प्लेटो की शिक्षा उद्देश्य आदर्श नागरिकों का निर्माण करना था। वह ऐसे नागरिक पैदा करना चाहता था जिनको आध्यात्मिक और नैतिक सिद्धान्तों का पूर्ण ज्ञान हो जिससे व्यक्ति और राज्य में सामंजस्य स्थापित हो सके।

(5) प्लेटो के अनुसार शिक्षा जीवन का एक क्रम था। शिक्षा व्यक्ति के कुछ वर्षों तक सीमित न होकर जीवनपर्यन्त ही व्यापक थी।

(6) प्लेटो ने स्त्री पुरुष दोनों के लिए समान शिक्षा की व्यवस्था की। दार्शनिक शासक को भी शिक्षा व्यवस्था में परिवर्तन करने का अधिकार न था।

(7) शिक्षा को रुचिकर तथा सरल बनाने के लिए उसने संगीत और व्यायाम को भी स्थान दिया। कठिन विषयों जैसे अंकगणित, रेखागणित, तर्कशास्त्र तथा दर्शनशास्त्र को उसने उच्च शिक्षा में स्थान दिया।

शिक्षा व्यवस्था की आलोचना

(1) प्लेटो की शिक्षा सम्पूर्ण नगर निवासियों के लिये नहीं है। उसने अपनी शिक्षा योजना संरक्षकों एवं शासकों के लिये बनाई है और राज्य के तीसरे वर्ग कृषक, मजदूर, कारीगर, व्यवसायी आदि लोगों का कम ध्यान रखा है।

(2) प्लेटों की शिक्षा योजना की आलोचना करते हुए जोवेट लिखता है कि शिक्षा में जितना सैद्धान्तिक पक्ष सबल है उतना व्यावहारिक पक्ष नहीं है। इस कारण शिक्षा पूर्ण रूप से लाभकारी नहीं है।

(3) प्लेटो की शिक्षा की एक कमी यह है कि इसमें व्यक्ति के हितों को राज्य के हितों के लिये बलिदान कर दिया गया है।

(4) प्लेटो ने अपनी शिक्षा में गणित तथा उससे सम्बन्धित विषयों पर अधिक बल दिया है और साहित्य के महत्व की उपेक्षा की है। साहित्य ही व्यक्ति की सृजनात्मक शक्ति के विकास में सहायक होता है। साहित्य की कमी से व्यक्ति का पूर्ण रूप से विकास सम्भव नहीं है।

(5) शिक्षा की अवधि बहुत लम्बी है। 35 वर्ष की आयु तक चलने वाली शिक्षा में अधिक समय लगने के साथ-साथ धन भी अधिक व्यय होगा। 35 वर्ष तक शिक्षा ग्रहण करने से व्यक्तियों में उत्साह, साहस और धैर्य का अन्त हो सकता है।

(6) प्लेटो ने शिक्षा को राज्य के नियन्त्रण में रखा है। शिक्षा का उद्देश्य व्यक्ति को व्यावहारिक नागरिक बनाने की अपेक्षा एक अच्छा दार्शनिक बनाना प्रतीत होता है।

(7) अन्त में प्लेटो की शिक्षा योजना में और चिन्तन के आदर्श में पूर्ण सामंजस्य स्थापित नहीं हो पाता। ''उसका ध्येय कभी सद्गुण प्राप्ति होता है, तो कभी समाज कल्याण, कभी गुण सौन्दर्य की अनुभूति और कभी सामाजिक सुदृढ़ता ।''

क्या प्लेटो फासिस्ट था ?
(Was plato a Fasist?)

सुकरात को जहर दिये जाने के बाद प्लेटो पर जनतन्त्र में इस घटना का बहुत आघात पहुँचा और उसने जनतन्त्र की कटु आलोचना की। अस्तु अनेक विचारकों ने प्लेटो को अधिनायकवाद (Totalitarinism) और तानाशाही (Fascism)का पिता माना हैं। उनका कहना है कि, ''प्लेटो इतिहास में प्रथम फासिस्ट हुआ है।'' (Plato is the First Fascist in history) एक अन्य वक्तव्य के अनुसार, ''इतिहास में प्लेटो के व्यापक एवं सहज स्वीकृत प्रभाव के कारणों में से एक प्रमुख कारण यह है कि वह राज्य के कुलीनतन्त्रात्मक सिद्धान्त का योग्यतम प्रतिपादक और साथ ही जनतन्त्रात्मक जीवन की पद्धति का तीव्रतम आलोचक है।''[1]

प्लेटो और तानाशाही में समानतायें

अधिनायकवाद अथवा तानाशाही और प्लेटो के राजनीति दर्शन की निम्नलिखित समानताओं से यह स्पष्ट होता है कि प्लेटो को कहाँ तक तानाशाही का समर्थक कहा जा सकता है।

(1) अल्पसंख्यकों द्वारा शासन—तानाशाही पद्धति के समान प्लेटो भी आदर्श राज्य में अल्पसंख्यकों को शासन का अधिकार देता है।

1. ''One of the main causes of Plato's pervasive and persuasive influence is that he is the ablest exponent of the aristocratic theory of the state and the acutest critic of the democratic way of life.''

(2) निरंकुश शासन– तानाशाही के समान प्लेटो ने शासक को निरंकुश अधिकार दिये हैं। दार्शनिक शासक समस्त कानूनों, परम्पराओं और जनमत से परे है और इनका उस पर कोई नियन्त्रण नहीं होता। इस प्रकार प्लेटो की व्यवस्था में शासक तानाशाह बन जाता है।

(3) प्रजातन्त्र का विरोध–अपने ग्रन्थ रिपब्लिक में लोकतन्त्र की आलोचना करते हुये प्लेटो ने लिखा था, ''लोकतन्त्र के कानून मृतक शब्द रहते हैं, उसकी स्वतन्त्रता निरंकुशता है, उसकी समानता असमानों की समानता है।''[1] इस प्रकार प्लेटो प्रजातन्त्र को भ्रष्ट और अव्यवहारिक शासन मानता था।

(4) सर्वशक्तिमान राज्य–फाासिस्टों के समान प्लेटो ने राज्य को सर्वशक्तिमान बना दिया। उसने राज्य के सामने व्यक्ति को कोई अधिकार नहीं दिये और उसे राज्य के कल्याण का साधन मात्र माना।

(5) समानता के सिद्धान्त की अस्वीकृति–फासिस्टों के समान प्लेटो भी मनुष्यों को समान नहीं मानता। उसने उत्पादक, सैनिक और शासक वर्ग को अलग-अलग कोटि में रखा है और केवल शासक वर्ग के लिये विशेष व्यवस्था की है। वह शासक वर्ग के व्यक्तियों को जन्म से ही अन्य लोगों से श्रेष्ठ मानता है।

(6) कानून की महत्ता– फासिस्टों के समान प्लेटो ने कानून को स्वयं साध्य माना है और मनुष्य को साधन मात्र बना दिया है। फासिस्ट मुसोलिनी राज्य में कानून को बहुत ऊँचा स्थान देता था।

(7) राज्य परम साध्य– फासिज्म में एक कहावत है, ''सब कुछ राज्य के अन्तर्गत, राज्य के बिना कुछ भी नहीं, राज्य के विरुद्ध कुछ भी नहीं।''[2] दूसरे शब्दों में फासिज्म राज्य के बाहर और राज्य के विरुद्ध कुछ भी स्वीकार नहीं करता। प्लेटो ने भी राज्य को यही अधिकार दिया है।

(8) जनता के कर्त्तव्य मात्र का वर्णन–प्लेटो ने अपनी पुस्तकों में नागरिकों के कर्त्तव्यों का वर्णन किया है, अधिकार राज्य को दिये हैं। फासिज्म में यह माना जाता है कि नागरिक आलोचना न करे, विश्वास करें, आज्ञा का पालन करे और कर्त्तव्य का पालन करे और कर्त्तव्य का पालन करने के लिये प्राण तक दे दे। प्लेटो ने नागरिकों को यही उपदेश दिया है।

(9) **फासिस्ट शिक्षा प्रणाली**– तानाशाही के समान प्लेटो की व्यवस्था में भी राज्य ही शिक्षा व्यवस्था का संचालन करता है। शिक्षा के द्वारा सैनिक और शासक तैयार किये जाते है। शिक्षा का पाठ्य-क्रम सरकार द्वारा बनाया जाता है और वह अपने निरीक्षण में राज्य के कल्याण के लिये शिक्षा का संचालन करती है।

---

1. ''The laws of democracy remain a dead letter, its freedom is anarchy, its equality is the equality of unequals.'' —Plato
2. ''All within the state, none without the state, none against the state.''

(10) प्रजातिवाद—फासिस्टों के समान प्लेटो भी प्रजाति के आधार पर अन्तर मानता है। वह कुछ मनुष्यों को जन्मजात ही अन्य से श्रेष्ठ समझता है और उन्हीं को शासन का अधिकार देता है।

प्लेटो और फासिज्म में अन्तर

उपरोक्त समानताओं के आधार पर यह कहा जा सकता है कि प्लेटो फासिज्म का प्रवर्तक था किन्तु यह कहते समय इन दोनों में अन्तर को सभी भुलाया नहीं जाना चाहिये। प्लेटो और फासिज्म के विचारों में निम्नलिखित अन्तर देखा जा सकता है—

(1) ऐतिहासिक व्यवधान—जबकि फासिस्ट विचारधारा बीसवीं शताब्दी में प्रथम विश्व महायुद्ध के बाद उत्पन्न हुई, प्लेटो ने अपने विचार चार शताब्दी ईस्वी पूर्व उपस्थित किये थे। स्पष्ट है कि दोनों में लम्बा ऐतिहासिक व्यवधान है।

(2) दृष्टिकोण में अन्तर—राज्य को सर्वशक्तिमान मानते हुये भी प्लेटो ने कभी भी राज्य के विस्तार का समर्थन नहीं किया जब कि दूसरी और फासिस्ट विचारक साम्राज्य के रूप में राज्य का विकास आवश्यक मानते थे।

(3) युद्ध विरोध—प्लेटो युद्ध के विरुद्ध था जब कि फासिज्म के अनुसार राज्य की प्रगति के लिये युद्ध अनिवार्य है।

(4) साम्यवाद का समर्थन—प्लेटो ने सम्पत्ति और स्त्रियों के साम्यवाद का सिद्धान्त उपस्थित किया। फासिज्म सब प्रकार के साम्यवाद के विरुद्ध है।

(5) आदर्शवादी—प्लेटो आदर्शवादी था। उसने आदर्श राज्य के निर्माण की रूप-रेखा उपस्थित की। दूसरी ओर फासिज्म पूर्णतया यथार्थवादी है।

(6) दार्शनिक अन्तर—प्लेटो के राजनैतिक विचार उसके दर्शन पर आधारित थे जब कि फासिस्ट दर्शन राजनैतिक विचारों पर आधारित होता है।

(7) नीति और राजनीति का सम्बन्ध—प्लेटो के विचारों में राजनीति नीति की दासी है। दूसरी और फासिस्टों के अनुसार नीति राजनीति का अनुगमन करती है। राजनीति की सबसे बड़ी नीति है।

(8) संगाठित विचारधारा—फासिस्ट राजनीति दर्शन अनेक विज्ञानों से लिये हुये क्रमहीन विचारों का योग हैं। दूसरी ओर प्लेटो के विचार वैज्ञानिक और क्रमबद्ध थे। उपरोक्त विवेचन से स्पष्ट है कि प्लेटो को न तो फासिज्म का प्रवर्तक कहा जाना चाहिये और न ही इतिहास में पहला फासिस्ट कहना ही उचित है। फासिज्म और प्लेटो में जो जनतंत्र का विरोध होता है उसके कारण भी अलग-अलग है। प्लेटो ने जनतंत्र का विशेषतया इसलिये खण्डन किया क्योंकि उसमें उसके गुरु सुकरात को जहर दिया गया था। जैसे-जैसे उसके मन मे इस घटना की स्मृति मंद पड़ती गयी वैसे-वैसे उसकी जनतंत्र की आलोचना की कटुता भी कम होती गयी। प्लेटो का राजनीति दर्शन उसके युग में प्रचलित विभिन्न राजनैतिक व्यवस्थाओं के विवेचन का परिणाम था। दूसरी और फासिज्म भिन्न परिस्थितियों का परिणाम था। अस्तु, केवल कुछ स्थूल समानताओं के आधार पर प्लेटो के राजनीति दर्शन को फासिज्म

कहना उपयुक्त नहीं होगा। प्लेटो के विभिन्न ग्रन्थों में पूरी तरह एक से विचार नहीं उपस्थित किये गये है। रिपब्लिक में उसने राज्य को निंरकुश रखा है जब कि लाज़ में वह राज्य को कानून को सर्वाधिक महत्वपूर्ण मानता है। अस्तु, प्लेटो के राजनीति दर्शन को फासिस्ट बतलाने वाले विचारक यह भूल जाते है कि उसका राजनीति दर्शन क्रमशः विकसित हुआ। अपनी बाद की रचना लाज़ में प्लेटो अधिक संतुलित राजनैतिक विचार उपस्थित करता है।

प्लेटो के चिन्तन में यूनानी तत्व
(Greek Elements in Plato's Thoughts)

प्लेटो के राजनीति दर्शन में महत्वपूर्ण यूनानी तत्व मिलते हैं। उसके निम्नलिखित विचारों में स्पार्टा और एथेन्स की प्रचलित प्रणालियों का प्रभाव देखा जा सकता है।

(1) स्पार्टा के समान प्लेटो ने शासक वर्ग के लिये सार्वजनिक भोजनालयों में भोजन की व्यवस्था करने की सलाह दी है।

(2) स्पार्टा में शासक सोना चांदी नहीं रख सकते थे। प्लेटो ने दार्शनिक शासक को सोना चांदी रखने का निषेध किया है।

(3) स्पार्टा में नागरिकों के लिये सैनिक शिक्षा अनिवार्य थी। प्लेटो ने अपनी शिक्षा व्यवस्था में शारीरिक और सैनिक शिक्षा पर बल दिया।

(4) स्पार्टा में स्त्रियों के लिये भी शारीरिक व्यायाम की प्रथा थी। प्लेटो ने आदर्श राज्य में स्त्रियों के लिये शारीरिक व्यायाम की व्यवस्था की।

(5) स्पार्टा में शासक वर्ग के लिये व्यापार वर्जित था। प्लेटो ने अपने आदर्श राज्य की कल्पना में शासकों के लिये व्यापार का निषेध किया।

(6) स्पार्टा में स्त्री पुरुष को समान माना जाता था। प्लेटो ने अपने आदर्श राज्य में दोनों को समान स्थिति प्रदान की।

(7) स्पार्टा में राज्य सर्वोच्च था। प्लेटो ने राज्य को सर्वोच्च माना और नागरिक को गौण स्थान प्रदान किया।

(8) प्लेटो की शिक्षा व्यवस्था का पाठ्यक्रम एथेन्स के ढंग पर और संगठन स्पार्टा के अनुरूप था।

(9) प्लेटो ने समकालीन यूनानी समाज में अश्लील साहित्य का बुरा प्रभाव देखा और इसलिये उसने अपने आदर्श राज्य में साहित्य और अश्लील कला पर प्रतिबन्ध लगाया।

(10) प्लेटो के काल में राज्य नगर राज्य थे। परन्तु उसने अपने आदर्श राज्य की जनसंख्या 5040 बतलायी है।

(11) तत्कालीन यूनानी राज्यों में दास प्रथा प्रचलित थी। इसलिये प्लेटो ने इस प्रथा को सार्वभौम माना है और दासों को समाज में आवश्यक माना है।

(12) स्पार्टा में सम्पत्ति और स्त्रियों के साम्यवाद से मिलती जुलती प्रथायें प्रचलित थीं। इन्हीं के आधार पर प्लेटो ने शासक वर्ग के लिये सम्पत्ति और स्त्रियों के साम्यवाद की व्यवस्था की।

(13) प्लेटो ने अपनी पुस्तक लाज़ में जिस आदर्श राज्य का चित्र खींचा है वह तत्कालीन एथेन्स के राज्य से मिलता जुलता है।

प्लेटो के चिन्तन में सार्वभौम तत्त्व
(Universal Elements in Plato's Thoughts)

प्लेटो के राजनैतिक विचारों में उपरोक्त यूनानी तत्वों से यह नहीं कहा जाना चाहिये कि उसमें सार्वभौम तत्व नहीं है। वास्तव में प्लेटो के राजनीति दर्शन में व्यावहारिक और आदर्श दो पहलू हैं जिनमें से दूसरा पहलू आज भी राजनीति के क्षेत्र में मार्गदर्शन कर सकता है। संक्षेप में, प्लेटो के राजनीति दर्शन मे निम्नलिखित सार्वभौम तत्व पाये जा सकते हैं–

(1) विवेक का शासन–मनुष्य में विवेक को सर्वश्रेष्ठ तत्व मानकर प्लेटो ने राज्य की बागडोर विवेक प्रधान व्यक्तियों को सौंपने का विधान किया। दार्शनिक शासन की उसकी यह धारणा आज भी महत्वपूर्ण है।

(2) न्याय का सिद्धान्त–प्लेटो के अनुसार न्याय का अर्थ अपने कर्तव्य का पालन और दूसरे के कार्य में हस्तक्षेप न करना है। आज भी न्याय की वयाख्या में इस सिद्धान्त पर सबसे अधिक जोर दिया जाता है।

(3) श्रम विभाजन–समाज और राज्य की व्यवस्था में प्लेटो भिन्न-भिन्न व्यक्तियों को उनकी योग्यताओं और क्षमताओं के अनुसार अलग कार्य देना चाहता है। श्रम विभाजन का सिद्धान्त सार्वभौम महत्व रखता है।

(4) स्त्रियों की समानता का सिद्धान्त–प्लेटो ने अपनी सामाजिक व्यवस्था में स्त्रियों को पुरुषों के समान अधिकार दिये। आज लगभग 2400 वर्ष बाद भी उसका यह सिद्धान्त सार्वभौम महत्व रखता है।

(5) सम्पत्ति का साम्यवाद–प्लेटो ने शासक वर्ग के लिये सम्पत्ति के साम्यवाद का सिद्धान्त उपस्थित किया। आज संसार में आधे से अधिक क्षेत्र में सम्पत्ति के साम्यवाद की आवाज उठायी गयी है।

(6) कानून का राज्य–प्लेटो ने अपनी व्यवस्था में कानून के राज्य को सबसे अधिक महत्वपूर्ण माना। आधुनिक राजनीतिशास्त्र की दृष्टि से किसी भी राज्य में कानून की प्रभुसत्ता सर्वोपरि है।

(7) शिक्षा का महत्व–प्लेटो ने इस तथ्य पर जोर दिया कि आप जैसी सामाजिक व्यवस्था बनाना चाहते है वैसी ही शिक्षा का प्रबन्ध करना पड़ेगा। उसने राज्य को ठीक प्रकार से चलाने के लिये शासकों के लिये विविध प्रकार की शिक्षा की व्यवस्था की और शिक्षा का भार राज्य को सौंपा। आज भी संसार में लगभग सब कहीं शिक्षा व्यवस्था राज्य के ही हाथ में है। प्रत्येक कल्याणकारी राज्य नागरिकों के विभिन्न वर्गों के लिये सब प्रकार की शिक्षा की व्यवस्था करना अपना कर्त्तव्य समझता है। शिक्षा राज्य का उत्तरदायित्व है।

प्लेटो के राजदर्शन में सार्वभौम तत्वों के उपरोक्त विवेचन से यह स्पष्ट है कि यद्यपि उसने मूल रूप से तत्कालीन नगर राज्यों को ध्यान में रखकर ही अपने विचार उपस्थित किये

थे किन्तु उसके अनेक विचार आज के विशाल राज्यों के लिये भी उतने ही महत्वपूर्ण हैं जितने नगर राज्यों के लिये थे।

अभ्याय के लिये प्रश्न

1. प्लेटो के मस्तिष्क से कभी भी उसके गुरु का प्रतिबिम्ब दूर नहीं हुआ। स्पष्ट कीजिये।
2. "रिपब्लिक राजनीति का ग्रन्थ नहीं है, अपितु अब तक शिक्षा के जितने भी ग्रन्थ लिखे गये हैं, उन सब में सर्वोच्च है" (रूसो) व्याख्या कीजिए।
3. "प्लेटो का रिपब्लिक एक विश्वविद्यालय, एक कुटुम्ब तथा एक चर्च है।" इस कथन की विवेचना कीजिए।
4. "प्लेटो की रिपब्लिक के लक्ष्य राज्य में मानव जीवन का प्रतिनिधित्व करना, पूर्ण न्याय की व्यवस्था करना तथा नेक विचारों के अनुसार शासन थे।" इस कथन की व्याख्या कीजिए।
5. "प्लेटो की रिपब्लिक में केवल प्रथम सिद्धान्तों से ही अनुमान नहीं लगाए गए हैं अपितु उसमें यूनानी जीवन के अनेक तथ्यों से सामान्य नियमों में विशेष निर्णय निकाले गए हैं।" विवेचना कीजिए।
6. प्लेटो के न्याय सम्बन्धी सिद्धान्त का आलोचनात्मक परीक्षण कीजिये।
7. प्लेटो के न्याय की कल्पना का आलोचनात्मक वर्णन कीजिये। यह कहां तक प्राप्त किया जा सकता है ?
8. "न्याय ही वह बन्धन है जो कि व्यक्तियों को एक अनुरूप बन्धन में बांध कर एक ऐसे समाज को बनाये रखता है जिसमें प्रत्येक व्यक्ति अपनी प्राकृतिक योग्यता तथा प्रशिक्षण के अनुसार कार्य पाता है। उपरोक्त कथन के संदर्भ में प्लेटो की न्याय की कल्पना का वर्णन कीजिये।
9. "केवल अपने कार्य को ही ध्यान में रखना तथा दूसरों के कार्य में हस्तक्षेप न करना ही न्याय है।" (प्लेटो) व्याख्या कीजिये।
10. "न्यायप्रद व्यक्ति खुश रहता है तथा अन्यायी व्यक्ति दुःखी।" विवेचना कीजिये।
11. प्रजातन्त्र के विषय में प्लेटो के विचारों की विवेचना कीजिये।
12. "प्लेटो की रिपब्लिक उसके 'लाज़' ग्रन्थ को फीका कर देती है, परन्तु 'लाज़' का व्यावहारिक मूल्य है जो कि रिपब्लिक का नहीं है।" व्याख्या कीजिये।
13. "प्लेटो के बाद वाले सिद्धान्त के राज्य को 'विधि' का सुनहरी धागा सुरक्षित रखता है और इस प्रकार इसका अर्थ है कि इस राज्य का नैतिक सिद्धान्त रिपब्लिक के परिणत राज्य के नैतिक सिद्धान्त से भिन्न है।" (जी० एच० सैबाइन) व्याख्या कीजिये।
14. "किन बातों से 'लाज़' ग्रन्थ में प्लेटो के विचारों में परिवर्तन आ गया है ? क्या यह कहना ठीक है कि 'लाज़' से प्लेटो ने अपनी काल्पनिक बातों का त्याग कर दिया है ?

15. 'लाज़' में वर्णित राज्य आदर्श से नीचे का राज्य है जो कि वास्तविक जीवन की वास्तविक स्थितियों के अधिक समीप है।'' इस कथन की व्याख्या कीजिये।
16. ''विधि के द्वारा शासित राज्य मानव प्रकृति की दुर्बलता के कारण एक रियायत हैं।'' प्लेटो इस कथन के औचित्य को किन आधारों पर सिद्ध करता है तथा वह विधि को राज्य में क्या स्थान प्रदान करता है ?
17. प्लेटो के आदर्श राज्य के मौलिक सिद्धान्तों का वर्णन कीजिये।
18. ''क्या हमको इस बात को स्वीकार नहीं करना चाहिये कि हममें से प्रत्येक में वही सिद्धान्त तथा आदतें हैं जो कि राज्य में हैं।'' (प्लेटो) व्याख्या कीजिये।
19. ''राज्य व्यक्ति का ही एक बड़ा रूप है।'' (प्लेटो) विवेचना कीजिये।
20. प्लेटो के आदर्श राज्य की मुख्य विशेषताओं की आलोचनात्मक व्याख्या कीजिये। क्या यह कहना सही है कि प्लेटो योग्यता के लिये व्यक्तित्व का बलिदान कर देता है ?
21. ''प्लेटो के आदर्श राज्य के सिद्धान्त की प्रमुख त्रुटि यह है कि वह उसको दिमाग की पृथक् कल्पना तथा बुद्धि की निरंकुश कल्पना पर आधारित करता है।'' (बार्कर) व्याख्या कीजिये।
22. जब तक दार्शनिक राजा और राजा दार्शनिक न होंगे, उस समय तक संसार से बुराईयाँ दूर नहीं होंगी। इस कथन की व्याख्या कीजिए।
23. ''मानव जाति की स्थिति में तब तक सुधार नहीं होगा जब तक या तो उन लोगों के हाथ में राजनीतिक सत्ता न आ जाये जो दर्शनशास्त्र का समुचित ढंग से और वस्तुत: अनुसरण करते हैं अथवा वह वर्ग जिसके हाथ में राजनीतिक नियन्त्रण है, भाग्यवश वास्तविक दार्शनिकों का ही रूप न ले लें।''- प्लेटो। व्याख्या कीजिये।
24. प्लेटो के साम्यवाद की कल्पना की आलोचनात्मक व्याख्या कीजिये। प्लेटो के साम्यवाद की तुलना आधुनिक साम्यवाद से कीजिये।
25. संक्षेप में प्लेटो के कुटुम्ब तथा व्यक्तिगत सम्पत्ति के संबंध में विचारों का परीक्षण कीजिये तथा उनका उसके राज्य के सिद्धान्त के साथ संबंध बनाने का प्रयत्न कीजिये।
26. प्लेटो के दोनों सिद्धान्तों अर्थात् (अ) सम्पत्ति तथा स्त्रियों का साम्यवाद (ब) दार्शनिक सम्राट का शासन, में कौन-सा सिद्धान्त सबसे अधिक मौलिक है ? सकारण उत्तर दीजिये।
27. प्लेटो की शिक्षा योजना का वर्णन कीजिये और बताइये कि वह योजना किस प्रकार उसके मनोवैज्ञानिक तथा नैतिक सिद्धान्तों पर आधारित है।
28. ''राज्य कार्य में कुशल व्यक्तियों के मार्ग से कठिनाईयाँ दूर करने के लिये प्लेटो साम्यवाद पर चाहे कितना ही जोर क्यों न देता हो, परन्तु उसका मुख्य विश्वास साम्यवाद पर न होकर शिक्षा पर था।'' विवेचना कीजिये।

7

अरस्तु

(Aristotle, 384BC—322BC)

दर्शन के प्रकाश स्तम्भ एवं सरस्वती के महान् उपासक अरस्तु का जन्म एथेन्स के उत्तर में स्टैगिरा (Stagira) नामक नगर में 384 ई॰पू॰ में हुआ था। अरस्तु के पिता का नाम निकोलस था, जो कि सिकन्दर महान् के बाबा 'एमिन्टास द्वितीय' के दरबार में राजवैद्य थे तथा राजा के मित्र भी थे। अरस्तु अपने पिता की भाँति बचपन से ही चिकित्सा पद्धति में रुचि लेने लगे थे। बचपन में ही उन्होंने अनेक रोगों का सूक्ष्म अध्ययन कर लिया था।

अरस्तु ने अपने 'पॉलिटिक्स' (Politics) ग्रन्थ की चौथी, पाँचवी व छठी पुस्तक (भाग) में विभिन्न शासन-प्रणालियों पर विचार किया और उनके दोषों को दूर करने के उपचार, एक कुशल-निपुण चिकित्सक की भाँति वर्णित किये हैं।

अरस्तु अपनी 17 वर्ष की आयु में पहली बार एथेन्स आया, उस समय प्लेटो का विद्यापीठ सर्वाधिक आकर्षण का केन्द्र था, जहाँ राजनीतिज्ञों का निर्माण होता था। 367 ई॰ पू॰ में अरस्तु ने प्लेटो के विद्यापीठ में प्रवेश लिया, तथा 347 ई॰ पू॰ तक (लगभग 20 वर्ष) प्लेटो के सानिध्य में एथेन्स विद्यापीठ में कार्य किया। अरस्तु ने एथेन्स विद्यापीठ में केवल एक विद्यार्थी की हैसियत से प्रवेश लिया था, परन्तु अपनी योग्यता के बल पर उसने प्लेटो के सहायक पद को प्राप्त कर लिया था। प्लेटो की मृत्यु के पश्चात् अरस्तु ने एथेन्स छोड़ दिया।

एक सच्चे शिष्य की भांति, अरस्तु ने अपने गुरु प्लेटो के दर्शन को सम्पूर्ण संसार में प्रकाशित करने को, अपने जीवन का परम लक्ष्य मान लिया था। अपने 'गुरु प्लेटो' की भाँति, वह भी अपने गुरु सुकरात का विचार-दर्शन विश्व में प्रसारित करना तथा, कार्य करना चाहता था। अरस्तु अपने गुरु के आदर्शों को मानता था, परन्तु साथ ही अपने आदर्शों की कमियाँ महसूस कर उनकी आलोचना भी करता था। उसने अपने गुरु प्लेटो के आदर्शों में आवश्यक संशोधन भी किये थे। अरस्तु अपने तर्कों द्वारा प्लेटो के आदर्शों की कमियाँ प्रमाणित करता था, तत्पश्चात् ही संशोधन करता था।

अपने गुरु प्लेटो की मृत्यु के पश्चात् अरस्तु ने एथेन्स छोड़कर अपने जीवन के लगभग 12 वर्ष परिभ्रमण में व्यतीत किये। प्लेटो की मृत्यु के पश्चात् विद्यापीठ का उत्तराधिकारी एक ऐसा व्यक्ति बना जो कि न तो स्वयं अरस्तु को पसन्द था, बल्कि उसके साथी भी उसे नापसन्द करते थे। अरस्तु इस प्रकार एथेन्स छोड़ गया तथा 'एसास' (Assas) में जाकर बस गया। यहाँ अरस्तु ने हरमियास (Harmias) के दरबार में चिकित्सक के पद को प्राप्त किया। हरमियास की सहायता से ही उसने एसास में एक विद्यापीठ की स्थापना की थी।

मैसीडोनिया के राजा फिलिप्स (Philips) ने अरस्तु को अपने पुत्र अलेक्जेन्डर को पढ़ाने के लिये 342 ई० पू० में आमन्त्रित किया। उसने अलेक्जेन्डर को 336 ई० पू० तक पढ़ाया। इसके पश्चात् वह पुनः एथेन्स वापस आ गया। यहाँ उसने अनेक पुस्तकों की रचना की।

अरस्तु जब पुनः एथेन्स आ गया तो 323 ई० पू० में सिकन्दर महान् (Alexander the Great) की मृत्यु हो जाने पर समस्त यूनान में मैसीडोनिया के विरुद्ध क्रान्ति का कारण उत्पन्न हो गया। अरस्तु चूँकि सिकन्दर का मित्र भी रहा था, तो उसके प्रति एथेन्सवादियों के मन में घृणाभाव पैदा हो गया। अरस्तु को एथेन्स छोड़ना पड़ा। अरस्तु को एथेन्स से भागकर यूबिया (Eubia) द्वीप में शरण लेनी पड़ी। इसी द्वीप पर उसकी 62 वर्ष की अवस्था में 322 ई० पू० में मृत्यु हो गयी।

विभिन्न विद्वानों ने उसे 'राजनीतिशास्त्र का जनक' (The Father of Politics) कहा है। फॉस्टर (Foster) ने उसके सम्बन्ध में लिखा है कि "अरस्तु ज्ञान के प्रायः प्रत्येक भाग-विभाग में सर्वोपरि था। उसकी मानसिक उपलब्धि की विशालता और उस उपलब्धि के परिवर्ती प्रभाव की सीमा का मानव जाति के इतिहास में सम्भवतः कोई दूसरा उदाहरण नहीं है।" फॉस्टर ने 'मास्टर्स ऑफ पॉलिटिकल थॉट' (Masters of Political Thought) में अरस्तु के विषय में लिखा है कि "अरस्तु के राजदर्शन पर उसके गुरु प्लेटो का गहरा प्रभाव पड़ा। यद्यपि उसके समय में यूनान के राजनीतिक जीवन में बड़े क्रान्तिकारी परिवर्तन हुए तथापि वह उनसे अप्रभावित रहा। उसने अपने राजदर्शन में प्राचीन यूनानी युग की भावनाओं को अभिव्यक्त किया है।"

अरस्तु की रचनायें

अरस्तु स्वयं अत्यधिक विद्वान था, विभिन्न क्षेत्रों (विषयों) पर उसका जबरदस्त अधिकार था। शरीर-विज्ञान, आध्यात्मशास्त्र, प्राणीशास्त्र, भौतिकशास्त्र, राजनीतिशास्त्र, यन्त्रशास्त्र, मनोविज्ञान, ज्योतिषशास्त्र, अर्थशास्त्र, अभिव्यंजना, कला एवं काव्य आदि में शोध कार्य कर लेने से, वह इन सबका ज्ञाता हो गया था। अरस्तु का लगभग समस्त जीवन अध्ययन और अध्यापन में ही व्यतीत हुआ था। यही कारण है कि उसे ज्ञान का 'विश्व कोष' कहा गया। उसका प्रत्येक क्षेत्र में समान अधिकार था। उसके मुख्य ग्रन्थ निम्नलिखित हैं–

(i) पॉलिटिक्स (Politics)

(ii) कान्स्टीट्यूशन्स (Constitutions)

(iii) इथिक्स (Ethics)

(iv) रिटोरिक्स (Rhetorics)

(v) इन्टरप्रेटेशन्स (Interpretations)

(vi) मेटीरोलोजी (Metereology)

(vii) हिस्ट्री ऑफ एनीमल्स (History of Animals)

(viii) मेटाफिजिक्स (Metaphysics)

(ix) दी टोपिक्स (The Topics)

अध्ययन पद्धति
(Method of Study)

मैक्सी (Maxey) के अनुसार "अरस्तु ने ऐतिहासिक प्रवृत्ति, परम्पराओं के प्रति श्रद्धा, लोकमत को मान्यता प्रदान करने वाली प्रवृत्ति का दिग्दर्शन किया।" अरस्तु ने प्रायः वैज्ञानिक पद्धति का अनुसरण किया है। यद्यपि अरस्तु के ग्रन्थों में ऐतिहासिक पद्धति को मुख्यता प्राप्त है, किन्तु उसने इसे पूर्णतः स्वीकार नहीं किया। अरस्तु द्वारा अपनाई गई पद्धतियों को निम्नलिखित रूप में वर्णित किया जा सकता है–

(1) वैज्ञानिक पद्धति (Scientific Method)—अरस्तु ने अपने विश्व प्रसिद्ध ग्रन्थ 'पॉलिटिक्स' को रचने में इस पद्धति का प्रयोग किया है। इस ग्रन्थ की रचना से पूर्व अरस्तु ने विश्व के 128 प्रमुख संविधानों का गहन अध्ययन किया था। अरस्तु की इस पद्धति के विषय में मैक्सी (Maxey) ने कहा है कि "अरस्तु के 'पॉलिटिक्स' ग्रन्थ का एक महानतम् गुण यह है कि इसमें वैज्ञानिक पद्धति को अपनाया गया है।"

(2) विश्लेषणात्मक पद्धति (Analytic Method)– यह कहा जाता है कि अरस्तु ने पॉलिटिक्स की रचना करने से पूर्व लगभग 600 देशों के संविधानों का अध्ययन किया था। यही पद्धति विश्लेषणात्मक पद्धति के नाम से प्रचलित हो गई। राजनीति में ग्रन्थों में इस विश्लेषण का विशेष महत्त्व है।

(3) आगमनात्मक पद्धति (Inductive Method)–अरस्तु ने अपने ग्रन्थ को रचने में निगमनात्मक पद्धति को न अपना कर आगमनात्मक पद्धति को अपनाया है। बार्कर ने इस पद्धति के विषय में लिखा है कि "इस अध्ययन पद्धति का सार था– "निरीक्षण एवं सम्बन्धित आँकड़ों का एकत्रीकरण और उसके अध्ययन का उद्देश्य था, कोई सामान्य नियम निकालना।"

(4) ऐतिहासिक पद्धति (Historical Method)–प्राचीन यूनानी इतिहास से अरस्तु ने प्रेरणा लेकर अपने तर्कों के आधार पर इतिहास का निर्माण किया। अरस्तु ने प्लेटो से भिन्न ऐतिहासिक पद्धति को अपनाया उसने प्लेटो की संवाद शैली का अपने ग्रन्थों में उपयोग किया।

(5) तुलनात्मक पद्धति (Comparative Method)–अरस्तु ने विभिन्न देशों की शासन पद्धतियों का तुलनात्मक अध्ययन करके राजनीतिशास्त्र के अध्ययन में तुलनात्मक

पद्धति को जन्म दिया। इस प्रकार अरस्तु ने राजनीतिशास्त्र में विभिन्न अध्ययन पद्धतियों का प्रतिपादन किया।

प्रभावित करने वाले कारक
(Factors of Influence)

विश्व के कुछ महान् विचारक जिसमें डनिंग व फॉस्टर प्रमुख है अरस्तु के दर्शन पर प्लेटो का अधिक प्रभाव मानते हैं। स्वयं प्लेटो अरस्तु को अपनी 'एकेडमी का मस्तिष्क' कहा करता था। अरस्तु प्लेटो का 20 साल तक शिष्य रहा था। फॉस्टर के अनुसार, अरस्तु "प्लेटो के सभी शिष्यों में महान् था।"[1] कुछ शिष्यों का अनुमान है कि प्लेटो स्वयं अरस्तु को अपना उत्तराधिकारी बनाना चाहता था। वास्तव में यह सत्य है कि अरस्तु पर अपने गुरु प्लेटो का बड़ा व्यापक प्रभाव है। सेबाइन (Sabine) ने इस सम्बन्ध में कहा है कि "इसके बाद दार्शनिक लेखों का प्रत्येक पृष्ठ इस सम्बन्ध में गवाह है।"[2]

अरस्तु पर पड़ने वाले प्रभाव निम्नलिखित हैं–

(1) पारिवारिक प्रभाव (Family effects) –अरस्तु का जन्म एक ऐसे परिवार में हुआ जो काफी धनी, कुलीन व सम्मानित था। उसके पिता एमिन्टास द्वितीय के दरबार में राज वैद्य थे। परिवार की सम्पन्नता का प्रभाव अरस्तु के जीवन पर अत्यधिक पड़ा था, क्योंकि वह दास प्रथा का समर्थक था। पिता के व्यवसाय का प्रभाव भी अरस्तु के जीवन पर स्पष्टतया पड़ा था। इस प्रभाव के कारण ही उसने अध्ययन की 'वैज्ञानिक पद्धति' को अपनाया था। इस प्रभाव के कारण ही मैक्सी (Maxey) ने उसे 'प्रथम राजनीतिक वैज्ञानिक' (First Political Scientist) का नाम दिया है।

(2) प्लेटो के प्रभाव (Effect of Plato)– "अरस्तु के राजनीतिक आदर्श उसी आधार पर हैं जो कि उसने प्लेटो के सम्पर्क में रहकर प्राप्त किये।" उपर्युक्त कथन सेबाइन (Sabine) ने अरस्तु पर प्लेटो के प्रभाव को देखते हुए व्यक्त किया है। प्लेटो के प्रभाव के कारण ही उसने उसकी एकेडमी में प्रवेश लिया था। वह 12 वर्षों तक उसके चरणों में बैठकर विद्याध्ययन में लीन रहा, प्लेटो का उसके चरित्र व विचारों पर प्रभाव पड़ना स्वाभाविक था। अतः स्पष्ट है कि "अरस्तु के विचार दर्शन को जितना प्लेटो ने प्रभावित किया, उतना किसी अन्य ने नहीं।" अरस्तु के विचार दर्शन में प्लेटो के प्रभाव को अग्रलिखित तथ्यों में देखा जा सकता है–

(i) अरस्तु ने अपने विचारों में प्लेटो के अनिवार्य शिक्षा के सिद्धान्त को मान्यता दी है।

(ii) अरस्तु ने भी विभिन्न संविधान की योजना को स्वीकार किया है।

(iii) अरस्तु ने भी 'दि लॉज' में वर्णित कानून की सम्प्रभुता (Sovereignty of Law)

---

1. Aristotle is greatest of all Platonists. —Foster
2. "Every page of his later philosophical writings bears witness to the connection." —Sabine

को माना तथा शासकों की विधि का संरक्षक तथा उसका सेवक माना है।

(iv) अरस्तु ने प्लेटो के इस सिद्धान्त को कि 'राज्य कार्य केवल नागरिकों को करने चाहियें' माना है।

(v) अरस्तु ने इस सिद्धान्त को भी माना है कि दास ही केवल शारीरिक श्रम करेंगे।

(vi) राज्य प्राकृतिक, नैतिक एवं आध्यात्मिक संस्था है, प्लेटो के इस सिद्धान्त को अरस्तु ने भी स्वीकार किया है।

(vii) अरस्तु भी प्लेटो की भाँति प्रजातन्त्र का विरोधी था ।

(viii) अरस्तु भी प्लेटो के समान व्यक्तिगत धर्म को महत्व देता था।

(ix) प्लेटो सीमित जनसंख्या एवं प्रदेश वाले नगर को आदर्श मानता था, इस सिद्धान्त को अरस्तु ने भी स्वीकार किया था।

(x) दोनों ही एक निश्चित विचारधारा के अनुसार अपने सिद्धान्तों का प्रतिपादन करते हैं।

(3) तत्कालीन राजनीतिक स्थिति का प्रभाव (Effect of Contemporary Political Conditions) –अरस्तु को तत्कालीन राजनीतिक स्थिति ने भी सबसे अधिक प्रभावित किया था। आदर्श राज्य (Ideal State) का विचार अरस्तु ने एथेन्स की तत्कालीन दयनीय अवस्था को देखकर ही प्रस्तुत किया था। अरस्तु की रचनाओं पर उस समय की राजनीतिक व्यवस्था की अमिट छाप अंकित है।

(4) वैवाहिक जीवन का प्रभाव (Effect of Married Life)–अरस्तु का वैवाहिक जीवन अत्यन्त सुखमय था, जिसका स्पष्ट प्रभाव अरस्तु के जीवन पर पड़ा। उसकी पत्नी का नाम 'पीधियास' था, जिसका उस पर अत्यन्त अधिक प्रभाव था। प्लेटो के 'पत्नियों के साम्यवाद' (Communism of Wives) की आलोचना करना, अरस्तु पर उसके वैवाहिक जीवन के प्रभाव का ही परिणाम था।

(5) राजदरबारों का प्रभाव (Effect of Royal Courts)–अरस्तु के पिता एक राज वैद्य थे, जिनके कारण वह बचपन से ही राजदरबारों के प्रभाव में रहा था। वह स्वयं भी हरमियास तथा मेसिडोनिया के राजा फिलिप के दरबारों में उच्च स्थानों पर रहा था। संवैधानिक राजतन्त्र का समर्थन उन पर राजदरबारों के प्रभाव को स्पष्ट करता है।

प्लेटो के 'लॉज' तथा अरस्तु की 'पॉलिटिक्स' में समानता

प्लेटो की 'लॉज' व अरस्तु की 'पॉलिटिक्स' ग्रन्थ में निम्नलिखित समानता है–

1. 'लॉज' की तरह कानून की प्रभुता के सिद्धान्त को मानकर ही अरस्तु ने अपने ग्रन्थ 'पालिटिक्स' की रचना की थी।

2. अरस्तु का परिवार से राज्य के विकास का वर्णन 'लॉज' की तीसरी पुस्तक के

वर्णन के समान है। अरस्तु ने 'होमर' का उदाहरण दिया है। प्लेटो ने भी वैसा ही लिखा है।

3. अरस्तु ने प्लेटो के इस कथन को दुहराया है कि "युद्ध स्वयं में उद्देश्य नहीं है।"[1]

4. अरस्तु का मत था कि 'राज्य के बिना न तो कोई पशु हो सकता है न देवता हो सकता है।' यह मत प्लेटो की लॉज के भाव से पूर्णतया मेल खाता है।

5. प्लेटो के लाज में प्रस्तुत उपादर्श तथा में अरस्तु के आदर्श राज्य में गहरी समानतायें हैं।

6. प्लेटो व अरस्तु दोनों ही मिश्रित संविधान की कल्पना को मान्यता देते हैं एवं स्पार्टा का उदाहरण देते हैं।

7. अरस्तु ने कृषि को महत्ता, व्यापार, ब्याज आदि के बारे में जो विचार पॉलिटिक्स के पहले भाग में दिये हैं, वे ही बातें प्लेटो की 'लॉज' की आठवीं पुस्तक के अन्त में तथा 11वीं पुस्तक के प्रारम्भ में हैं।

प्लेटो और अरस्तु का अन्तर
(Difference between Plato and Aristotle)

अरस्तु को राजशास्त्र का सबसे पहला विद्वान माना गया है। अरस्तु प्लेटो का शिष्य था। परन्तु उसने अपने गुरु की कड़ी आलोचना की है। स्वयं प्लेटो अरस्तु के विचारों का महत्व मानता था और उसे अपनी एकेडमी की आत्मा कहा करता था। प्लेटो के बाद अरस्तु ने राजशास्त्र के विभिन्न पहलुओं को सुव्यवस्थित रूप दिया। प्रोफेसर मैक्सी ने अरस्तु को प्रथम राजशास्त्र वैज्ञानिक मानते हुये अपनी पुस्तक में यह दिखलाया है कि आधुनिक राजशास्त्र अरस्तु का कितना ऋणी है।

मैक्सी ने प्लेटो और अरस्तु में निम्नलिखित अन्तर दिखलाये हैं—

(1) दृष्टिकोण का अन्तर— प्लेटो के विचारों में कल्पना का अंश अधिक मिलता है। दूसरी ओर अरस्तु यर्थाथवादी विचारक था। प्लेटो अपने दर्शन में विचारों के जगत को तथ्यों के जगत से अधिक यथार्थ मानता है। उसके अनुसार हमारा जगत विचारों के जगत की छाया मात्र है दूसरी ओर अरस्तु ने वस्तु जगत को विचारों के जगत से अधिक यथार्थ माना है और उसी के आधार पर राजशास्त्र का निर्माण किया है। मैक्सी के शब्दों में, 'प्लेटो ऐसे अति मानव की खोज में है जो आदर्श राज्य की रचना करे, अरस्तु ऐसे अति विज्ञान की खोज करना चाहता था जिसके सिद्धान्तों का अनुसरण करने से आदर्श राज्य की सृष्टि हो सके।' दृष्टिकोण के इसी अन्तर के आधार पर मैक्सी ने अरस्तु को राजशास्त्र का प्रथम वैज्ञानिक माना है।

(2) पद्धति का अन्तर—जबकि प्लेटो ने निगमनात्मक (Deductive) प्रणाली अपनायी, अरस्तु ने आगमनात्मक (Inductive) प्रणाली पर जोर दिया। पहली प्रणाली के अनुसार सामान्य तथ्यों से विशेष तथ्य निकाला जाता है। दूसरी प्रणाली में विशेष तथ्यों से सामान्य सिद्धान्त

---

1. "War for the sake of peace and not an end itself." —Aristotle

निकाला जाता है। अरस्तु ने वास्तविक घटनाओं और परिस्थितियों का निरीक्षण करके उनके आधार पर सामान्य सिद्धान्तों की खोज की। उसने लगभग 158 शासन विधानों का तुलनात्मक अध्ययन किया और इस अध्ययन के आधार पर राजशास्त्र के सामान्य सिद्धान्त निकाले। अपने इस अध्ययन में उसने ऐतिहासिक और निरीक्षणात्मक पद्धति को भी अपनाया। यही कारण था कि उसके विचार अधिक स्पष्ट, निश्चित, व्यावहारिक और तर्कसंगत दिखायी पड़ते हैं। प्लेटो और अरस्तु की पद्धति के इस अन्तर के कारण ही मैक्सी ने राजशास्त्र में उसके महत्व का प्रतिपादन किया है।

(3) क्रांतिकारी बनाम (Vs.) **रूढ़िवादी**—प्लेटो क्रांतिकारी विचारक था। उसकी पुस्तक रिपब्लिक (Republic) में अनेक ऐसे विचार मिलते हैं जो सामान्य जगत में कहीं भी घटित होते दिखलायी नहीं पड़ते। ऐसा ही एक विचार स्त्रियों का साम्यवाद और परिवार की संस्था का उन्मूलन था। दूसरी ओर अरस्तु प्लेटो की तुलना में अधिक रूढ़िवादी था। वह सामाजिक व्यवस्था में पूर्णतया परिवर्तन के विरुद्ध था। जैसा कि उसने अपनी पुस्तक पॉलिटिक्स में लिखा था, "हमें युगों से चले आने वाले अनुभवों की उपेक्षा नहीं करनी चाहिये।" प्लेटो के साम्यवाद का खण्डन करते हुये अरस्तु ने लिखा था कि स्त्री पुरुष में मौलिक अन्तर होता है और उन दोनों को एक जैसा नहीं माना जाना चाहिये।

(4) अतिवाद बनाम मध्य मार्ग—प्लेटो का दर्शन अतिवादी है। उसके अनेक सिद्धान्त ऐसे हैं जिन पर साधारणतया अमल नहीं किया जा सकता। दूसरी ओर अरस्तु ने विचारों के सभी क्षेत्रों में मध्यम मार्ग को ही सर्वश्रेष्ठ माना है और सब प्रकार की अति से दूर रहने की सलाह दी है।

(5) शैली का अन्तर—जबकि प्लेटो की लेखन शैली काव्यमय है, अरस्तु की शैली विश्लेषणात्मक है। पहली शैली में विचारों को स्पष्ट करने के लिये रूपकों का सहारा लिया जाता है, जबकि दूसरी शैली में तथ्यों का निरीक्षण ही विचारों का आधार होता है। स्पष्ट है कि दूसरी शैली पर आधारित विचार अधिक व्यावहारिक होंगे।

(6) राजशास्त्र और नीतिशास्त्र का सम्बन्ध—प्लेटो ने राजशास्त्र को नीतिशास्त्र का अंग माना था किन्तु अरस्तु उसे एक स्वतन्त्र अध्ययन मानता है। अरस्तु के अनुसार विचारों में शुभत्व कोई निरपेक्ष गुण नहीं है, वह वस्तुओं और परिस्थितियों द्वारा निश्चित किया जाता है। नीतिशास्त्र व्यक्ति की भलाई का शास्त्र है जबकि राजशास्त्र समाज के कल्याण का शास्त्र है। चूंकि व्यक्ति का पूर्ण विकास समाज अथवा राज्य में ही हो सकता है इसलिये राजशास्त्र एक स्वतन्त्र महत्त्वपूर्ण विज्ञान है।

(7) एकता और विविधता का सम्बन्ध—राज्य के संगठन में प्लेटो ने संरक्षकों को व्यापक अधिकार दिये हैं और इस प्रकार एकतत्ववादी सिद्धान्त उपस्थित किया है। दूसरी ओर अरस्तु राज्य में विविधता को भी कम महत्वपूर्ण नहीं मानता और विविधता में ही एकता स्थापित करना चाहता है।

(8) उत्तम शासन की व्याख्या में अन्तर—दृष्टिकोण, पद्धति, शैली और दर्शन के अन्तर के कारण प्लेटो और अरस्तु ने उत्तम शासन की भिन्न-भिन्न व्याख्या उपस्थित की है। इस विषय में मुख्य अन्तर निम्नलिखित हैं:-

(i) जबकि प्लेटो के अनुसार दार्शनिक का शासन उत्तम शासन है, अरस्तु के अनुसार किसी भी समाज में वही शासन उत्तम कहा जायेगा जो उस विशेष समाज के लिये सर्वश्रेष्ठ है। इस प्रकार कोई भी प्रणाली सभी राज्यों में सर्वश्रेष्ठ नहीं मानी जा सकती ।

(ii) प्लेटो के अनुसार उत्तम शासन में सत्ता थोड़े से बुद्धिमान व्यक्तियों के हाथों में रहनी चाहिये। अरस्तु के अनुसार राज्य के अधिक से अधिक नागरिकों को राजनैतिक जीवन में अधिक से अधिक भाग दिलाना ही उत्तम शासन का लक्षण है।

(iii) प्लेटो के अनुसार कानून का शासन दूसरे दर्जे की सर्वोत्तम (Second Best) व्यवस्था है। अरस्तु ने कानून के शासन को राज्य में सर्वोत्तम व्यवस्था माना है। सेबाइन के शब्दों में, ''अधिकतम बुद्धिमान शासक भी कानून से छुटकारा नहीं पा सकता क्योंकि कानून में एक ऐसा अवैयक्तिक गुण है जो कि भले से भला आदमी प्राप्त नहीं कर सकता।''[1] अरस्तु के शब्दों में ''पूर्णता प्राप्त मनुष्य पशुओं में सर्वोत्तम है परन्तु कानून और न्याय से पृथक् वह सबसे निकृष्ट है।''[2]

द पालिटिक्स
(The Politics)

राजशास्त्र में अरस्तु के प्रसिद्ध ग्रन्थ का नाम ''पालिटिक्स'' (Politics) था। इस पुस्तक की प्रशंसा करते हुये प्रोफेसर गैटिल ने लिखा है, ''अरस्तु की पालिटिक्स राजनीति दर्शन का व्यवस्थित अध्ययन नहीं है, बल्कि सरकार की कला पर एक ग्रन्थ है। उसमें अरस्तु यूनानी नगर राज्यों में प्रचलित दोषों और उनकी राजनैतिक व्यवस्थाओं की कमियों का विश्लेषण करता है और खतरों से दूर रहने की सर्वोत्तम विधि के विषय में व्यावहारिक सुझाव देता है।''[3]

पालिटिक्स का लक्ष्य

पालिटिक्स के लक्ष्य के विषय में विद्वानों में मतभेद दिखलाई पड़ता है। बैंजामिन जोबेट ने इस पुस्तक के लक्ष्य के विषय में लिखा है, ''पालिटिक्स का लक्ष्य व्यावहारिक और

---

1. "Even the wisest ruler cannot dispense with law because the law has an impersonal quality which no man, can however good can attain." —Sabine
2. " Man when perfected is the best of animals but when separated from law and justice he is worst of all." —Aristotle
3. "The Politics of Aristotle is not a systematic study of Political Philosophy, but rather a treatise on the art of government. In it Aristotle analyzes the evils that were prevalent in the Greek cities and the defects in their political systems and gives practical suggestions as to the best way to avoid threatening dangers."—*R.G Gettell*

सैद्धान्तिक दोनों ही है: आदर्श नगर की व्याख्या जिसमें आनन्द के लक्ष्य को पूर्णतया प्राप्त किया जा सके; वर्तमान राज्यों को नागरिक व्यक्तियों के लिये अरस्तु के समय से, अथवा भूतकाल से अधिक उपयोगी बनाने के लिये कुछ विधियों का सुझाव देना।"[1] संक्षेप में, पालिटिक्स के मुख्य उद्‌देश्य निम्नलिखित कहे जा सकते हैं:–

(1) आदर्श राज्य का निर्माण–अरस्तु के अनुसार आदर्श राज्य में ही नागरिकों का नैतिक विकास सम्भव है। इसलिये उसकी पुस्तक का प्रमुख लक्ष्य आदर्श राज्य की योजना उपस्थित करना था। उसने समकालीन राज्यों के गुण-दोषों की विवेचना करके आदर्श राज्य के निर्माण के सिद्धान्त प्रस्तुत किये।

(2) सामूहिक कल्याण–अरस्तु के राज्य का उद्‌देश्य सामूहिक कल्याण है इसलिये पालिटिक्स का भी उद्‌देश्य यही कहा जा सकता है। इस ग्रन्थ में अरस्तु राज्य को प्राकृतिक संस्था मानता है। राज्य व्यक्ति के विकास का लक्ष्य है। वह नैतिकता का प्रतीक है। व्यक्ति का सबसे बड़ा लक्ष्य नागरिक के रूप में कर्त्तव्यों का पालन करना है। आदर्श राज्य कल्याणकारी राज्य होता है। पालिटिक्स में सामूहिक हित के लिये ऐसे राज्य की स्थापना पर विचार किया गया है जिसमें सभी सुखी और समृद्ध हों तथा शान्ति बनी रहे।

(3) नैतिक पूर्णता की प्राप्ति–अरस्तु के अनुसार मानव जीवन का चरम लक्ष्य व्यक्ति की नैतिक परिपूर्णता है और यह लक्ष्य राज्य के अन्तर्गत ही प्राप्त किया जा सकता है। इस प्रकार पालिटिक्स का एक प्रमुख उद्‌देश्य नागरिकों की पूर्णता के लिये आदर्श राज्य के नियमों को स्पष्ट करना है।

(4) कानून का शासन–अरस्तु का कहना था कि मनुष्य कानून के बिना नहीं रह सकता। उसके नैतिक जीवन के विकास के लिये भी यह आवश्यक है कि वह राज्य में कानून के शासन में रहे। इसलिए पालिटिक्स का एक प्रमुख उद्‌देश्य कानून के शासन के सिद्धान्तों को स्पष्ट करना है। इस पुस्तक में मानव कल्याण के लिए कानून का शासन सर्वश्रेष्ठ परिस्थिति मानी गयी है।

पालिटिक्स की प्रणाली

पालिटिक्स की प्रशंसा करते हुए टेलर ने लिखा है, "अरस्तु की पालिटिक्स जो हमें अतीत से मिली है सबसे मूल्यवान कोष है तथा राजशास्त्र के ज्ञान में जो हमें अब तक उपलब्ध हुआ है, पालिटिक्स का योगदान सबसे बड़ा है।" प्रोफेसर बार्कर (Barker) ने अरस्तु के इस ग्रन्थ को राजशास्त्र के क्षेत्र में महान ग्रन्थ कहा है। किन्तु अन्य विद्वान यह दिखलाते हैं कि इस ग्रन्थ में अरस्तु की प्रणाली विशेष तर्कसंगत नहीं है। कुछ लोग इसे अधूरी कृति मानते हैं। मैकलवेन के अनुसार, "यूँ तो प्राय: सभी प्राचीन यूनानी विचारकों के विचारों

---

1. "The object of the Politics is both practical and speculative; to explain the nature of the ideal city in which the end of happiness may be completely realised; to suggest some methods of making existent states more useful to the individual citizen than they were in Aristotle's time, or had been in the past." —Benjamin Jowett.

और भाषाओं में बहुत-बहुत अस्पष्टता पायी जाती है परन्तु अरस्तु के राज्य-विषयक विचारों को समझने में इतनी अधिक कठिनाइयों का सामना करना पड़ता है कि कुछ भी स्पष्ट नहीं होता।" इस पुस्तक की इसी कठिनाई के कारण कुछ लोगों ने इसे अरस्तु की नहीं बल्कि उसके शिष्यों की रचना माना है। टेलर ने इस पुस्तक की आलोचना करते हुए लिखा है, –"अरस्तु की कोई भी कृति पालिटिक्स जैसे अत्यन्त विस्तृत विषय के समान सामान्य नहीं है। सही बात तो यह है कि इन सामाजिक प्रश्नों में उसकी गहरी दिलचस्पी नहीं दिखायी पड़ती ।"

अपने इस ग्रन्थ में अरस्तु ने वैज्ञानिक तथ्यों का संकलन और वर्गीकरण किया है। इस प्रकार इसमें राजशास्त्री के पीछे सदैव वैज्ञानिक दिखलायी पड़ता है। इस पुस्तक में अपनाई गई प्रणाली को स्पष्ट करते हुए बार्कर ने लिखा है, "अरस्तु ने अपनी पालिटिक्स में आगमन विधि के साथ ऐतिहासिक और वैज्ञानिक विधि का समन्वय किया और राजनीति में मनुष्य से सम्बन्धित बातों के विषय में विचार प्रस्तुत किया तथा साथ ही प्रकृति सम्बन्धी बातों का भी अध्ययन किया है। फिर भी उसने इन दोनों का समन्वय किया।" इस प्रकार स्पष्ट है कि अरस्तु के ग्रन्थ में आगमन विधि, ऐतिहासिक विधि और वैज्ञानिक प्रणाली अपनायी गयी है।

पालिटिक्स की विषय-वस्तु

अरस्तु का यह ग्रन्थ 8 पुस्तकों में विभाजित है। इन आठों पुस्तकों में राजशास्त्र के विभिन्न विषयों का विवेचन किया गया है। फिर भी सम्पूर्ण पुस्तक का मूल विषय आदर्श राज्य और वास्तविक राज्य का विवेचन है। दूसरी, तीसरी, सातवीं, और आठवीं पुस्तक में आदर्श राज्य का विश्लेषण किया गया है। रह गयी पहली पुस्तक, वह भूमिका मात्र है। इस प्रकार संक्षेप में पालिटिक्स की आठों पुस्तकों में निम्नलिखित विषय-वस्तु का विवेचन किया गया है:-

(i) यह पुस्तक सम्पूर्ण पुस्तक की भूमिका है। इसके पहले तीन अध्यायों में राज्य की प्रकृति और दासता का विवेचन किया गया है।

(ii) इसमें पूर्व प्रतिपादित सिद्धान्तों का ऐतिहासिक अध्ययन और प्लेटो की आलोचना सम्मिलित है।

(iii) इसमें राज्य की प्रकृति और नागरिकता का विवेचन है। इसके अतिरिक्त आदर्श संविधान पर प्रकाश डाला गया है।

(iv) इसमें संविधानों का वर्गीकरण करके उनकी आलोचना की गयी है।

(v) इसमें क्रांतियों की अन्तर्वस्तु, कारणों और रोकने के उपायों का विवरण है।

(vi) इसमें प्रजातन्त्र, कुलीनतन्त्र आदि विभिन्न शासन व्यवस्थाओं के संगठनों का विश्लेषण किया गया है।

(vii) इसमें आदर्श राज्य पर विचार किया गया है।

(viii) इसमें आदर्श राज्य के अतिरिक्त विभिन्न प्रकार के संविधानों तथा उनकी समस्याओं का विवेचन किया गया है।

पालिटिक्स और लाज़ में समानता—विद्वानों ने अरस्तु के ग्रंथ पालिटिक्स को प्लेटो की पुस्तक लाज़ का ऋणी माना है। इसका कारण यह है कि अरस्तु की पुस्तक में अनेक विचार प्लेटो की पुस्तक से मिलते-जुलते हैं। प्लेटों ने लाज़ में आदर्श राज्य का चित्र खींचा है। इसमें वह परिवार तथा निजी सम्पत्ति को स्वीकार करता है और अपने अन्य ग्रन्थों की अपेक्षा मनुष्यों की समानता पर अधिक जोर देता है। यहाँ पर अरस्तु के विचार प्लेटो से मिलते-जुलते हैं। प्लेटो ने (Republic) में आदर्श राज्य का जो चित्र खींचा था उसकी अरस्तु ने कटु आलोचना की। लाज़ में प्लेटो ने अपने पूर्व चित्र में व्यापक परिवर्तन किया। उसने राजा की प्रभुत्ता के स्थान पर कानून की प्रभुत्ता स्वीकार की। यही विचार बाद में अरस्तु ने उपस्थित किया। परन्तु अरस्तु ने लाज़ की कोई आलोचना नहीं की, उसका जिक्र तक नहीं किया तथा यह दिखलाया कि उसकी स्थिति प्लेटो से पूर्णतया भिन्न है। परन्तु प्लेटो के 'लाज़' से अरस्तु की 'पालिटिक्स' की तुलना से यह पता चलता है कि अरस्तु अपने गुरु प्लेटो का कितना ऋणी था।

राज्य का सिद्धान्त
(Theory of State)

राज्य के महत्त्व पर जोर देते हुये अरस्तु ने लिखा हैं, "राज्य समुदाय का उच्चतम रूप है और सर्वोच्च शुभ का लक्ष्य लिये हुये है।"[1] इस प्रकार अरस्तु ने मानव समाज में राज्य को अत्यधिक महत्व दिया है। मनुष्य के लिये राज्य का नागरिक होना अनिवार्य है। अरस्तु के शब्दों में, "मनुष्य स्वभाव से ही राजनैतिक प्राणी है। केवल वही व्यक्ति राज्य का अंग नहीं होता जो कि समाज में रहने के अयोग्य है, अथवा जिसकी कोई आवश्यकतायें नहीं हैं क्योंकि वह अपने लिये पर्याप्त है, ऐसा मनुष्य या तो देवता या पशु ही होगा।"[2] इस प्रकार अरस्तु के अनुसार केवल देवता और पशु ही राज्य के बिना रह सकता है। मानव समाज में राज्य प्राकृतिक संस्था है। उसके बिना मानव कल्याण सम्भव नहीं है। अरस्तु के शब्दों में "राज्य एक प्राकृतिक संस्था है। वह राजनैतिक साहचर्य की ओर स्वाभांविक प्रवृति पर आधरित है।"[3] किसी भी वस्तु के स्वभाव का अर्थ उसके विकास की चरम सीमा से लिया जाना चाहिये। बीज की प्रकृति के अनुसार विकसित होकर पौधा बन जाता है। इसी

---

1. "State is the highest form of community and aims at the highest good."
—Aristotle

2. "Man by nature is a political animal. He who is unable to live in society, or who has no need because he is suffcient for himself, must be either a god or a beast, he is no part of the state."

3. "The state is a natural institution. It is founded on a natural impulse towards that political association." —Aristotle.

प्रकार विकसित मानव राज्य की स्थापना करते हैं। दूसरी ओर राज्य में ही मनुष्यों का विकास होता है।

राज्य की उत्पत्ति

राज्य के महत्व के उपरोक्त विवेचन से स्पष्ट है कि अरस्तु राज्य को स्वाभाविक संस्था मानता है। उसकी उत्पत्ति मानव स्वभाव पर आधारित है। इस दृष्टि से राज्य व्यक्ति से पूर्ववर्ती है। राज्य के अभाव में मनुष्य व्यक्ति नहीं बन सकता। राज्य के विकास में सबसे पहला सोपान परिवार है। अरस्तु के अनुसार कालक्रम में परिवार राज्य से पहले आता है यद्यपि प्रकृति की दृष्टि से राज्य परिवार से पहले आता है क्योंकि वही यह दिखलाता है कि मानव की मूल आवश्यकतायें क्या हैं? परिवार से व्यक्ति की जैवकीय आवश्यकतायें पूरी होती हैं किन्तु इससे मानव की सभी आवश्यकतायें पूरी नहीं हो सकतीं। इसलिये परिवारों को मिलाकर क्रमशः ग्राम बने। स्पष्ट है कि राज्य के विकास में पहला सोपान परिवार और दूसरा सोपान ग्राम है। यह ग्राम ही विकसित होकर राज्य का रूप ले लेता है। राज्य मानव के विकास का अंतिम सोपान है क्योंकि उसी में व्यक्ति का पूर्ण विकास हो सकता है। यहाँ पर यह ध्यान देने की बात है कि अरस्तु समाज और राज्य तथा सरकार और राज्य में कोई अन्तर नहीं करता। उसके अनुसार राज्य का जन्म श्रेष्ठ जीवन के लिये होता है। मनुष्य सामाजिक प्राणी है, इसीलिये वह राजनैतिक प्राणी है। संक्षेप में, राज्य की उत्पत्ति अरस्तु के इन शब्दों से स्पष्ट होती है, "राज्य परिवारों और ग्रामों का एक संघ है जिसका लक्ष्य एक पूर्ण और आत्मनिर्भर जीवन है—वह समुदाय का सर्वोच्च रूप है उसका लक्ष्य परम शुभ है।"[1]

राज्य की प्रकृति

राज्य की उत्पत्ति के उपरोक्त विवेचन से उसकी प्रकृति स्पष्ट होती है। इस सम्बन्ध में उल्लेखनीय बातें निम्नलिखित हैं:-

(1) राज्य प्राकृतिक है—अरस्तु के शब्दों में, "राज्य स्वाभाविक और अनिवार्य संस्था है। वह स्वाभाविक है क्योंकि उसका उद्‌गम मनुष्य के स्वभाव में ही निहित है।"[2] जैसा कि पीछे दिखलाया गया है, परिवार और ग्राम के क्रमशः विकास से राज्य का विकास होता है और इन तीनों का विकास मानव कल्याण के लिये होता है।

(2) विवेक की उत्पत्ति—मनुष्य विवेकशील प्राणी है। उसमें सोचने समझने की शक्ति पायी जाती है। वह भले बुरे और उचित अनुचित की पहचान कर सकता है। इसी विवेक के कारण वह परिवार बनाकर रहता है और इसी विवेक के आदेश से परिवार मिलकर ग्राम बनाते हैं तथा अन्त में नगर राज्यों की स्थापना होती है। इस प्रकार राज्य विवेक की उत्पत्ति है।

---

1. "The state is a union of families and villages having as its end a perfect and self-sufficing life....It is the highest form of community and aims at the highest good."
—Aristotle

2. "State is a nautral and necessary institution. It is natural because its origin lies in the very nature of man."
—Aristotle

(3) राज्य वृहद आत्मा है—अरस्तु ने व्यक्ति के जीवन और राज्य के जीवन में अन्तर नहीं माना है। इस प्रकार यह राज्य को वृहद आत्मा मानता है। उसके अपने शब्दों में, "यदि राज्य का जीवन पूर्णतया विकसित होता है तो वह उसके आत्मा के पूर्णतम विकास की ओर स्वभावतया ले जाता है। एक विकसित नगर में व्यक्ति जीवन, समाज, नैतिकता और स्वयं पर्याप्तता—सभी वस्तुयें प्राप्त करता है।"[1]

(4) राज्य सावयव है— अरस्तु का राजशास्त्र जीव विज्ञान से प्रभावित है। जीवविज्ञान जीव के शरीर को सावयव (organism) मानता है। सावयव रचना में अंश पूर्ण पर, पूर्ण अंश पर और विभिन्न अंश परस्पर निर्भर होते हैं। प्राणियों के शरीर ऐसे ही होते हैं। इसी आधार पर अरस्तु ने राज्य की रचना का वर्णन किया है। तर्क की दृष्टि से पूर्ण अंश के पहले होता है इसी प्रकार राज्य परिवार के पूर्व है और इसी तरह व्यक्ति के भी पूर्व है। जैसे शरीर के प्रत्येक अंश का अस्तित्व और विकास सम्पूर्ण शरीर के स्वास्थ्य पर निर्भर है उसी तरह किसी भी व्यक्ति का विकास और अस्तित्व राज्य के विकास पर निर्भर है। अरस्तु के शब्दों में, "राज्य प्रकृति की सृष्टि और व्यक्ति से पूर्व है इसका सबूत यह है कि व्यक्ति, जबकि वह अलग कर दिया जाता है, आत्मनिर्भर नहीं होता और इसलिये, वह पूर्ण के सम्बन्ध में एक अंश के समान है।"[2] इस प्रकार अरस्तु ने राज्य को पूर्ण और नागरिक को उसका अंश माना है। स्पष्ट है कि वह व्यक्ति की अपेक्षा राज्य को अधिक महत्व देता है।

राज्य के उद्देश्य

राज्य की प्रकृति के उपरोक्त विवेचन से उसके उद्देश्यों पर भी प्रकाश पड़ता है। जैसा कि पीछे बतलाया गया है, अरस्तु के अनुसार राज्य का अस्तित्व जीवन के लिये होता है और उसका एक मात्र उद्देश्य नागरिकों में उच्च नैतिक स्तर की स्थापना करना है। अरस्तु ने श्रेष्ठ मानव जीवन के लिये तीन चीजें आवश्यक मानी हैं—बाहरी शुभ, भौतिक कल्याण और आध्यात्मिक कल्याण। बाहरी शुभ में धन, दास और अवकाश तथा शारीरिक स्वास्थ्य सम्मिलित हैं। शारीरिक कल्याण ही भौतिक कल्याण है। आध्यात्मिक कल्याण में नैतिक सद्गुणों का विकास शामिल है। अब राज्य का लक्ष्य श्रेष्ठ जीवन के इन सभी साधनों को जुटाना है। इसके लिये उसे दो तरह के कार्य करने पड़ेंगे—विधायक (Positive) कार्य और निषेधात्मक (Negative) कार्य। पहले प्रकार के कार्यों में सुखी जीवन की स्थापना का कार्य आता है। दूसरे प्रकार के कार्यों में सुरक्षा, शांति, आर्थिक आवश्यकताओं की पूर्ति और व्यापार आदि सम्मिलित हैं। इस प्रकार संक्षेप में, राज्य का लक्ष्य व्यक्ति के लिये पूर्ण आनन्द और

---

1. "If the life of the state is fully developed it leads automatically for the fullest development of his self. In a developed city an individual attains all things—life, society, morality and self-sufficiency." —Aristotle
2. "The proof that the state is a creation of nature and prior to the individual is that the individual, when isolated, is not self-sufficing and therefore, he is like a part in relation to the whole." —Aristotle

पूर्ण सद्‌गुण प्राप्त करना है। मनुष्य को तीन चीजें भला और सद्‌गुणी बनाती हैं—प्रकृति, आदतें और विवेक। राज्य ऐसी परिस्थितियाँ जुटाता है और ऐसे कानून बनाता है जिससे मनुष्यों की प्रकृति, आदतें और विवेक, सद्‌गुण और आनन्द प्राप्त करने की ओर चलते रहें। इसीलिये अरस्तु ने लिखा है, "वही नगर सर्वोत्तम रूप से शासित है जिसमें आनन्द प्राप्त करने का अधिकतम अवसर है।"

आदर्श राज्य
(The Ideal State)

आदर्श राज्य के आधार

अरस्तु ने आदर्श राज्य में निम्नलिखित तीन कारकों को विशेष महत्वपूर्ण माना है:-

(1) भौतिक साधन—राज्य का भौतिक आधार उसके निवासियों की संख्या और प्रकृति, नगर की भौगोलिक स्थिति और मानचित्र हैं। आदर्श राज्य में नागरिकों की संख्या न बहुत अधिक और न बहुत कम होनी चाहिये। संख्या इतनी होनी चाहिये कि सभी लोग एक दूसरे को जान सकें। नागरिकों के गुण यूनानियों जैसे होने चाहियें क्योंकि यूनानियों के स्वभाव में यूरोपीय जातियों के उत्साह और जोश तथा ऐशियायी जातियों की चतुरता और तेजी का समन्वय होता है। जनसंख्या के अतिरिक्त नगर में दासों और विदेशियों की भी व्यवस्था होनी चाहिये। भौगोलिक दृष्टि से राज्य की भूमि और क्षेत्रफल ऐसा हो जिससे नागरिकों को अपनी आवश्यकता के लिए विदेशियों पर निर्भर न होना पड़े। राज्य में नगर खास शरीर में मस्तिष्क की तरह होता है। वह ऐसे स्थान पर बसा होना चाहिये जहाँ जल की सुविधा हो, युद्ध संचालन हो सके और आवश्यकता की वस्तुयें आसानी से प्राप्त हो सकें। नगर खास की रक्षा के लिये चहारदीवारी होनी चाहिये। नगर खास में पूजागृह, व्यायामशालायें, पार्क, बाजार और बन्दरगाह आदि होने आवश्यक हैं। भूमि का वितरण इस प्रकार हो कि प्रत्येक नागरिक को नगर खास और उसके चारों ओर के प्रदेश दोनों स्थान पर भूमि प्राप्त हो। भूमि का वितरण समानता के आधार पर होना चाहिये।

(2) आदर्श जीवन के संचालन का उत्तरदायित्व—अरस्तु के अनुसार आदर्श राज्य में आदर्श जीवन के संचालन का उत्तरदायित्व सद्‌गुणी व्यक्तियों पर होता है राज्य में प्रत्येक नागरिक को सभी कामों के करने का अधिकार है। युवावस्था में वह सैनिक, प्रौढ़ावस्था में शासक और वृद्धावस्था में पुजारी होता है। इस प्रकार जहां प्लेटो ने राज्य में विभिन्न कार्यों को अलग-अलग नागरिकों को बांटा है वहाँ अरस्तु ने प्रत्येक नागरिक को भिन्न-भिन्न अवस्था में भिन्न-भिन्न कार्य करने को दिये हैं। स्पष्ट है कि अरस्तु की व्यवस्था अधिक श्रेष्ठ है।

(3) आदर्श जीवन में सरकार का स्थान—समकालीन नगर राज्यों के संविधानों का निरीक्षण करके अरस्तु ने यह पता लगाने की कोशिश की कि राज्य में आदर्श जीवन का लक्ष्य प्राप्त करने के लिये सरकार को क्या करना चाहिये। अरस्तु ने आदर्श राज्य के लिये ये 6 प्रकार के कार्य माने हैं— खाद्य सामग्री का प्रबन्ध, दस्तकारियों की व्यवस्था, सैनिकों की व्यवस्था, सम्पत्ति की वृद्धि, पूजा पाठ और इस बात का निश्चय कि किस व्यक्ति को

कौन-सा कार्य दिया जा सकता है। अरस्तु के अनुसार खाद्य सामग्री का प्रबन्ध और दस्तकारियों की व्यवस्था दासों का काम है और अन्य चारों काम नागरिकों के हैं। राज्य के शासन में सभी नागरिकों को हाथ बंटाने का अधिकार देकर अरस्तु ने लोकतन्त्र की स्थापना की। इस लोकतंत्र का लक्ष्य सद्‌गुणी जीवन का विकास माना गया है। उसका शासन सर्वश्रेष्ठ व्यक्तियों के हाथ में दिया गया है। इस प्रकार अरस्तु के आदर्श राज्य में सरकार के कार्य इस लक्ष्य से निर्धारित होते हैं कि नागरिकों को परम सद्‌गुणी और उनके जीवन को पूर्ण आनन्दमय कैसे बनाया जा सकता है।

इसी लक्ष्य को प्राप्त करने के लिये राज्य का संविधान बनाया जा सकता है और इसी के लिये कानून बनाये जाते हैं।

आदर्श राज्य की मान्यता

अरस्तु ने अपनी आदर्श राज्य की कल्पना को निम्नलिखित मान्यताओं पर आधारित किया है।

(1) मानव विकास की चरम सीमा—मानव के विकास में अरस्तु सबसे पहले परिवार, फिर ग्राम और फिर राज्य को मानता है। इस तरह राज्य मानव विकास की चरम सीमा है। राज्य में ही व्यक्ति और समाज का सर्वोच्च विकास सम्भव है।

(2) नैतिकता का सर्वोच्च आदर्श—अरस्तु के अनुसार राज्य नैतिकता का सर्वोच्च आदर्श है। राजकीय नैतिकता में ही सच्चा सुख प्राप्त होता है। अस्तु, राज्य की ही उन्नति की जानी चाहिये, वही न्याय है।

(3) सकारात्मक विचार—अरस्तु का राज्य का विचार सकारात्मक है क्योंकि राज्य सक्रिय रूप में उत्तम जीवन के विकास के लिये परिस्थितियाँ जुटाता है।

(4) सरकार राज्य का साधन— अरस्तु के अनुसार सर्वोत्तम सरकार वही है, जिसमें मानव जीवन को सर्वोत्तम रूप से शासित करने की योग्यता हो। उसके अपने शब्दों में, "वस्तुओं की स्वाभाविक व्यवस्था में, वे ही सर्वोत्तम जीवन की ओर ले जा सकती है, जो कि सबसे अच्छी तरह शासित हैं। परन्तु सर्वोत्तम बहुधा अप्राप्य होता है, और इसलिये, सच्चे विधायक और राजनीतिज्ञ को न केवल उससे परिचित होना चाहिये जो कि अमूर्त रूप में सर्वोत्तम है, बल्कि उससे भी जो कि परिस्थितियों की सापेक्षता में सर्वोत्तम है। अस्तु, हमें विचार करना चाहिये, केवल यही नहीं कि किस प्रकार की सरकार सर्वोत्तम है, बल्कि यह भी कि क्या सम्भव है और क्या सबके द्वारा आसानी से प्राप्त किया जा सकता है।"[1] इस प्रकार अरस्तु किसी भी सरकार को स्वयं साध्य नहीं मानता। राज्य में सत्ता और सैनिक शक्ति

---

1. "In the natural order of things, those may be expected to lead the best life who are governed in the best manner. But the best is often unattainable; and therefore, the true legislator and statesman ought to be acquainted not only only with that which is best in the abstract, but also with that which is best relatively to circumstances. We should therefore consider, not only what form of government is best, ;but also what is possible and what is easily attainable by all."

—Aristotle.

नागरिकों के कल्याण के साधन मात्र होते हैं। शक्ति राज्य का साधन है और सत्ता के द्वारा शक्ति के साधन से राज्य का उद्देश्य सर्वोत्तम जीवन प्राप्त करना है।

(5) शिक्षण संस्था—नागरिकों के सब प्रकार के विकास और कल्याण के लिये राज्य निःशुल्क शिक्षा का प्रबन्ध करता है। राज्य स्वयं एक आदर्श शिक्षण संस्था हैं जिसमें नागरिकों को अपनी योग्यता के अनुसार सब प्रकार के काम करने की शिक्षा मिलती है।

(6) आत्म निर्भर राज्य—अरस्तु का आदर्श राज्य आत्म-निर्भर होता है। उसमें नागरिक ही सब प्रकार के काम चलाते हैं और विदेशियों पर निर्भर नहीं रहते।

(7) कानून की सत्ता—आदर्श राज्य में कानून की सत्ता होती है और ये कानून नैतिक सिद्धान्तों पर आधारित होते हैं।

(8) सर्वांग दृष्टिकोण—जहाँ प्लेटो ने आदर्श राज्य में विभिन्न वर्गों को विशेष काम सौंपे हैं, वहाँ अरस्तु ने इस दिशा में अधिक सर्वांग दृष्टिकोण उपस्थित किया है। उसके अनुसार प्रत्येक व्यक्ति को अपनी आयु और ज्ञान की स्थिति के अनुसार सैनिक, प्रशासक, विधायक और पुरोहित इन चारों ही वर्गों के काम करने पड़ते हैं। स्पष्ट है कि प्लेटो के राज्य की तुलना में अरस्तु के राज्य में नागरिकों का अधिक सर्वांग विकास हो सकता है।,

आदर्श राज्य की विशेषतायें

अरस्तु ने आदर्श राज्य की बाहरी और आन्तरिक दो प्रकार की विशेषतायें बतलायी हैं।

(अ) बाहरी विशेषतायें—आदर्श राज्य की बाहरी विशेषतायें निम्नलिखित हैं—

(1) जनसंख्या—जैसा कि पीछे बतलाया जा चुका है, आदर्श राज्य में जनसंख्या की मात्रा और गुण उपयुक्त होने चाहियें। अरस्तु के शब्दों में, "एक राज्य की महानता उसकी संख्या से नहीं बल्कि उसकी शक्ति से जानी जा सकती है।"[1] जनसंख्या इतनी होनी चाहिये कि राज्य आत्मनिर्भर हो सके।

(2) भूमि तथा आकार—राज्य का आकार इतना बड़ा होना चाहिये कि वह आत्मनिर्भर हो सके। अरस्तु के शब्दों में, "आकार और विस्तार में राज्य ऐसा होना चाहिये कि उसके नागरिक अवकाश के उपभोग में संतुलित रूप से और उदारता से जीवन बिता सकें।"[2]

(3) सम्पत्ति—राज्य में सार्वजनिक और व्यक्तिगत दो प्रकार की सम्पत्ति होगी। व्यक्तिगत भूमि में कुछ देश के अन्तर्गत और कुछ सीमा के पास होनी चाहिये।

(4) राज्य के कार्य—अरस्तु के अनुसार राज्य 6 प्रकार के मुख्य कार्य करता है —भोजन की व्यवस्था, कला और दस्तकारी, सुरक्षा, सम्पत्ति, देवपूजा, लोकहित तथा व्यक्तिगत हित के मध्य निर्णय की व्यवस्था करना।

---

1. "The greatness of a state is not judged by its number but by its power."
—Aristotle.

2. "In size and extent state should be such that its citizens may live temperately and liberally in the enjoyment of leisure." —Aristotle

(5) राजधानी की स्थिति—राज्य की राजधानी अन्य राज्यों से सुरक्षा को ध्यान में रखकर बनायी जानी चाहिये। नगर में पानी और हवा की व्यवस्था हो। शत्रुओं के हमले से रक्षा के लिये चारों ओर परकोटा होना चाहिये। समुद्र और भूमि दोनों ही होने पर दोनों का ही लाभ उठाया जा सकेगा।

(6) राज्य के अंग—अरस्तु के अनुसार राज्य के अंग भोजन, कला, हथियार, वित्त, धर्म, राजनैतिक और कानूनी पद्धति हैं। इनके प्रतिनिधि क्रमशः किसान, कारीगर, सैनिक, पूंजीपति, पुरोहित, राजनैतिक नेता तथा न्यायाधीश होते हैं।

(ब) राज्य की आन्तरिक विशेषतायें—अरस्तु के अनुसार राज्य में आदर्श सद्गुण का शासन होना चाहिये। संविधान बनाने में वह मध्यम मार्ग अपनाना सबसे अच्छा मानता है। उसके अपने शब्दों में, "वही राजनीति निश्चय ही सर्वोत्तम है जो कि राजनैतिक अतियों का निराकरण करती है क्योंकि राजनैतिक अतियां ही राजनैतिक दोषों का स्रोत हैं।"[1]

(1) मध्यम वर्ग का शासन—अरस्तु के अनुसार, "वही राज्य सर्वोत्तम राज्य हैं जिसमें शासन सत्ता मध्यम वर्ग के हाथों में होती है।"[2] शासन न तो पूँजीपतियों और न निर्धन व्यक्तियों के हाथों में देना उचित है। अरस्तु के शब्दों में, "इस प्रकार यह स्पष्ट है कि सर्वोत्तम राजनैतिक समुदाय मध्यम वर्ग के नागरिकों द्वारा बनाया जाता है, और कि वे ही राज्य अधिक भली प्रकार प्रशासित हो सकते हैं, जिनमें मध्यम वर्ग बड़ा है, और यदि सम्भव हो सके तो अन्य वर्गों से बड़ा है अथवा कम से कम उनमें से किसी भी अकेले से बड़ा है क्योंकि मध्यम वर्ग के योग से पाँसा पलट जाता है, और वह अति की किसी भी सीमा को हावी होने से बचाता है।"[3]

अरस्तु और प्लेटो का आदर्श राज्य—अरस्तु के आदर्श राज्य के उपरोक्त विवरण से उसके प्लेटो की कल्पना से अन्तर के विषय में निम्नलिखित बातें कहीं जा सकती हैं—

(1) अरस्तु का आदर्श राज्य प्लेटो की अपेक्षा बहुत अधिक यथार्थ और व्यावहारिक है।

(2) प्लेटो के समान अरस्तु भी राज्य की एकता आवश्यक मानता है किन्तु इसके लिये विविधताओं को मिटाना आवश्यक नहीं मानता।

(3) प्लेटो के आदर्श राज्य पूर्णतया राज्य के आधीन है किन्तु अरस्तु के आदर्श राज्य में व्यक्ति राज्य में रहते हुए भी अपनी स्वतन्त्रता बनाये रखता है।

---

1. "That polity is certainly the best which avoids the political extremes....because political extremes are the very source of political evils." —Aristotle
2. "The state, therefore is best where the political power is vested in the middle class." —Aristotle
4. "Thus it is manifest that the best political comminity is formed by citizens of the middle class, and that those states are likely to be well administered, in which the middle class is large, and larger if possible than both the other classes or at any rate than either single for the addition of the middle class turns the scale, and prevents either of the extremes from being dominant." —Aristotle.

प्लेटो का उपादर्श—अरस्तु के आदर्श राज्य की आलोचना करते हुए सेबाइन ने लिखा है, "उसका सर्वोत्तम राज्य वह है जो कि प्लेटो का द्वितीय सर्वोत्तम राज्य है जो कि, वास्तव में इस अपूर्ण और परिवर्तनशील जगत में सभी मर्त्य लोगों द्वारा प्राप्त किया जा सकता है।" प्लेटो ने अपनी पुस्तक रिपब्लिक में जिस आदर्श राज्य का चित्र खींचा था वह इस पृथ्वी पर प्राप्त नहीं किया जा सकता था। इसलिये प्लेटो ने अपनी दूसरी पुस्तक लाज में अपने आदर्श राज्य में ऐसे परिवर्तन किये जिससे वह वास्तविकता से अधिक निकट हो गया। अरस्तु ने प्लेटो के सिद्धान्तों का खण्डन किया और राज्य को और भी अधिक यर्थाथवादी आधार पर स्थापित किया। इसके लिये उसे आदर्श राज्य की धारणा में संशोधन करने पड़े। प्लेटो की दृष्टि से यह सर्वोत्तम राज्य नहीं था किन्तु उपादर्श राज्य अवश्य था क्योंकि तत्कालीन परिस्थितियों में ऐसे ही राज्य को वास्तव में प्राप्त किया जा सकता था। अस्तु, सेबाइन ने ठीक ही कहा है, "अरस्तु जिसे आदर्श राज्य कहता है वह प्लेटो का उपादर्श राज्य है।"

आदर्श राज्य की आलोचना

विद्वानों ने अरस्तु की आदर्श राज्य की धारणा की निम्नलिखित आलोचनायें की हैं—

(1) दासो की अवहेलना—यूँ तो अरस्तु राज्य को अनेकता में एकता के सिद्धान्त पर आधारित करता है किन्तु उसने अपनी व्यवस्था में दासों को कृषि और शारीरिक श्रम तक ही सीमित रखा, उन्हें आध्यात्मिक और बौद्धिक विकास का कोई अवसर नहीं दिया।

(2) अस्पष्ट धारणा—राज्य की व्याख्या में अरस्तु ने नैतिकता, आनन्द, शुभ और सद्‌गुण आदि अनेक प्रयत्नों का प्रयोग किया है जिनकी उसने स्पष्ट परिभाषा नहीं दी है। इससे उसकी आदर्श राज्य की धारणा अस्पष्ट रह जाती है।

(3) प्लेटो की नकल—यद्यपि अरस्तु ने अनेक स्थानों पर प्लेटो की आलोचना की है किन्तु फिर भी उसकी दार्शनिक पृष्ठभूमि में अनेक बातें प्लेटो की नकल हैं।

(4) अव्यवहारिक श्रम-विभाजन—प्लेटो ने आदर्श राज्य में विभिन्न व्यक्तियों में उनकी योग्यताओं के अनुसार श्रम-विभाजन किया किन्तु अरस्तु ने प्रत्येक व्यक्ति को भिन्न-भिन्न आयु में भिन्न-भिन्न कार्य करने को कहा। सभी व्यक्तियों में सभी कार्य करने की योग्यता नहीं होती। इसलिये यह श्रम-विभाजन अव्यवहारिक है।

(5) एकता और अनेकता का विचित्र समन्वय—कुछ विचारकों ने यह आक्षेप किया है कि अरस्तु के विचारों में एकता और अनेकता का समन्वय उचित नहीं है, इन दोनों का संयोग विचित्र सा ही जान पड़ता है।

इस प्रकार अरस्तु के राज्य की विभिन्न विचारकों ने आलोचना की है। टेलर के अनुसार, "अरस्तु का राज्य व्यवहारिक नहीं है।" सेबाइन के शब्दों में, "अरस्तु ने आदर्श राज्य के सिद्धान्त का प्रतिपादन नहीं किया बल्कि राज्य के आदर्श गुणों का वर्णन किया है।" मैकलवेन ने अरस्तु की आलोचना करते हुए लिखा है, "अरस्तु यही तय नहीं कर पाया कि आदर्श राज्य कुछ राजनैतिक विशेषज्ञों द्वारा अथवा जनता द्वारा संचालित किया जाना चाहिए।"

कुछ अन्य विचारकों ने अरस्तु के सिद्धान्त में एक ओर राज्य के विकासवादी सिद्धान्त और दूसरी ओर राज्य को व्यक्ति के चरम विकास के साधन के सिद्धान्त में परस्पर विरोध पाया है।

क्रान्ति का सिद्धान्त
(Theory of Revolution)

राजनीति में मध्यम मार्ग का समर्थक होने के कारण अरस्तु ने राज्य क्रांति का विश्लेषण किया है और उससे बचने के उपाय बतलाये हैं। अरस्तु के शब्दों में, ''अनेक वस्तुयें मध्य में सर्वोत्तम होती हैं; मैं अपने नगर में मध्य की स्थिति में होना चाहता हूँ।'' यहाँ पर यह ध्यान रखना आवश्यक है कि अरस्तु के क्रांति सम्बन्धी विचार तत्कालीन नगर राज्यों को लेकर थे। अपनी प्रसिद्ध पुस्तक 'पालिटिक्स' के पाँचवें भाग में उसने राज्य क्रांति का विवेचन किया है। इस सम्बन्ध में मैक्सी ने लिखा है, ''यूनानी राजनैतिक अनुभव में क्रांतियों से अधिक महत्त्वपूर्ण स्थान और किसी वस्तु का नहीं है और इस विषय पर अरस्तु ने अपनी पालिटिक्स के अनेक पृष्ठ दिये हैं।'' यूनान के नगर राज्यों की शासन व्यवस्थाओं के सूक्ष्म निरीक्षण से अरस्तु ने यह निष्कर्ष निकाला कि समाज में परिवर्तन होने पर संविधान में परिवर्तन होना चाहिए। संविधान में प्रत्येक परिवर्तन सामाजिक और राजनैतिक क्रान्ति होता है।

क्रान्ति का स्वरूप

अरस्तु के अनुसार क्रान्ति का स्वरूप उसके इन शब्दों से स्पष्ट होता है, ''शासन व्यवस्था में परिवर्तन का नाम ही क्रान्ति है।'' इसको और भी स्पष्ट करते हुए अरस्तु ने निम्नलिखित चार प्रकार की क्रान्तियां मानी हैं–

(1) शासन पद्धति की क्रान्ति–जैसे किसी शासन पद्धति को हटाकर अन्य शासन पद्धति स्थापित करना।

(2) शासन कार्य की क्रांति–इसमें क्रान्तिकारी दल सत्तारूढ़ दल के हाथ से शासन कार्य छीन कर अपने हाथों में ले लेता है।

(3) शासन पद्धति की मात्रा की क्रांति–जैसे जनतंत्रीय शासन पद्धति को अधिक या कम जनतन्त्रीय बनाने के लिए क्रान्ति करना।

(4) शासन पद्धति के किसी अंश में क्रांति–इसमें शासन पद्धति के किसी विशिष्ट अंश को बदलने का प्रयास किया जाता है जैसे स्पार्टा में पंचों के पद को समाप्त करने के लिए क्रान्ति की गयी।

क्रांति के कारण

अरस्तु ने क्रान्ति के कारणों को निम्नलिखित तीन वर्गों में बाँटा है– (अ) मूल कारण, (ब) सामान्य कारण, (स) विशिष्ट शासन पद्धतियों में विशिष्ट कारण।

(अ) मूल कारण–अरस्तु के अनुसार, ''असमानता ही क्रान्ति का मूल कारण है।'' समानता दो प्रकार की होती है संख्यात्मक और योग्यता सम्बन्धी। समाज में अधिकतर लोग

यह मानने को तैयार नहीं होते कि कुछ लोगों में योग्यता अधिक है और इसलिये उन्हें विशेष अधिकार दिए जाने चाहियें। दूसरी ओर कुछ लोग मानते हैं कि कुल, धन या अन्य किसी दृष्टि से बड़े व्यक्ति में अधिक योग्यता होने के कारण उसे उसके अनुरूप अधिकार दिये जाने चाहियें। इन परस्पर विरोधी धारणाओं के संघर्ष से क्रान्ति की जाती है। कभी धनिक वर्ग में ही दो दल हो जाते हैं, जिनमें एक दूसरे के विरुद्ध क्राँति करता है। ऐसी क्रांति अधिकतर कुलीन तन्त्र में होती है। जनतन्त्र में निर्धन वर्ग धनिक वर्ग के विरुद्ध विद्रोह करता है। इस प्रकार सब कहीं असमानता ही क्रांति का मूल कारण है।

(ब) क्रांति के सामान्य कारण– अपनी पुस्तक 'पालिटिक्स' में अरस्तु ने क्रांति के निम्नलिखित सामान्य कारण बतलाये हैं।

(1) अन्याय की भावना–जब कभी किसी राज्य में कुछ लोगों को अन्य लोगों से अधिक अधिकार दिये जाते हैं तो शोषितों में अन्याय की भावना उत्पन्न होती है और विद्रोह की आग सुलगती है जो कि अवसर पाकर भड़क उठती है।

(2) श्रेष्ठता की भावना– राज्य के कुछ लोगों में अधिकारियों की अपेक्षा अधिक श्रेष्ठ होने की भावना से भी वे क्रांति करते हैं। यह श्रेष्ठता धन, विद्या अथवा सद्गुण किसी भी प्रकार की हो सकती है।

(3) सम्पत्ति अथवा आदर के लिए– सम्पत्ति को बचाने और निरादर से बचने या भविष्य में सम्पत्ति और आदर प्राप्त करने के लिये लोग क्रान्ति करते हैं।

(4) अधिकारियों की अशिष्टता और स्वार्थ–राज्य के अधिकारियों के अशिष्ट व्यवहार और स्वार्थ साधन को देखकर जनता को बड़ी ठेस पहुचती है और उसमें विद्रोह की आग भड़क उठती है। कभी-कभी अधिकारियों में ही स्वार्थ साधन के कारण परस्पर वैमनस्य हो जाता है जो क्रांति को उकसाता है।

(5) सरकार के प्रति तिरस्कार की भावना–सामन्त तन्त्र में जो लोग पद नहीं पाते वे लोग और जनतन्त्र में बहुत से लोग सरकार के प्रति तिरस्कार की भावना रखते हैं जिससे क्रांति भड़कती है।

(6) असंतुलित राज्य–जब कभी किसी राज्य में किसी वर्ग विशेष की संख्या अत्यधिक बढ़ जाती है और वह असंतुलित हो जाता है तो क्रान्ति की आवश्यकता होती है।

(7) जातिगत विविधता–जिस राज्य में विभिन्न जातियों के लोग पाये जाते हैं वहाँ इन जातियों 18गमें फूट पड़ी रहने से क्रान्ति के अवसर आते है।

(8) अन्य कारण– कभी-कभी किसी छोटी सी बात से भी राज्य में क्रांति हो सकती है। सेराक्रूज में राज्य के दो नवयुवक अधिकारियों में एक दूसरे की स्त्री के साथ अनुचित सम्बन्ध होने के कारण झगड़ा हो गया जिससे राज्य के अधिकारी दो वर्गों में बंट गये और क्रांति का अवसर आया।

क्रांति के कारणों का विश्लेषण करने में अरस्तु ने क्रांतिकारियों की भावना, प्रेरणायें, कारण तथा अवसर और उनकी मानसिक स्थिति की जांच करने की सलाह दी है।

(स) विशिष्ट शासन पद्धतियों में विशिष्ट कारण—उपरोक्त सामान्य कारणों के अतिरिक्त विशिष्ट शासन पद्धतियों में क्रांति के विशिष्ट कारण होते हैं। इनमें मुख्य निम्नलिखित हैं:-

(1) प्रजातन्त्र में क्रांति—विकृत प्रजातन्त्र में नेतागणों के प्रयत्नों से और जनता को भड़काने से क्रांति सम्पन्न होती है।

(2) कुलीन तन्त्र में क्रांति—विकृत कुलीन तन्त्र में जनता के प्रति शासकों के दुर्व्यवहार अथवा शासकों में परस्पर फूट के कारण क्रांति होती है। यह क्रांति जनता अथवा शासक व्यक्तियों के द्वारा हो सकती है।

(3) सुप्रजातन्त्र में क्रांति—कभी-कभी जनता शासक वर्ग को अपने समान समझकर असन्तुष्ट होकर उनके विरुद्ध क्रांति कर बैठती है।

(4) सुकुलीन तन्त्र में क्रांति—इसमें सीमित व्यक्तियों को राजनैतिक शक्ति प्राप्त होने के कारण, बड़े आदमियों द्वारा छोटे लोगों के अपमान के कारण या फिर किसी महत्वाकांक्षी व्यक्ति के सत्ता ग्रहण कर लेने से क्रांति होती है।

क्रांति से बचने के उपाय—क्रांति से बचने के लिये अरस्तु ने निम्नलिखित उपाय बतलाये हैं:-

(1) उपयुक्त शिक्षा प्रणाली—कोई भी शासन व्यवस्था तभी बनी रहती है जबकि उसके अनुकूल शिक्षा की व्यवस्था की जाये। इसलिये क्रांति को रोकने के लिये राज्य में उपयुक्त शिक्षा की व्यवस्था की जानी चाहिए।

(2) सुरक्षा—क्राँति को रोकने का उपाय राज्य की सुरक्षा बनाये रखना है चाहे इसके लिये व्यक्तियों के निजी मामलों में हस्तक्षेप करना पड़े।

(3) कानून का सम्मान—जब तक राज्य में कानून का सम्मान बना रहता है तब तक क्रांति होने का अवसर नहीं आता।

(4) सद्व्यवहार—क्रांति रोकने का एक मुख्य उपाय शासितों के प्रति शासकों का तथा निम्न वर्ग के प्रति उच्च वर्ग का सद्व्यवहार है।

(5) समानता—साधारणतया राज्य में विभिन्न व्यक्तियों के पदों और स्थितियों में विषमता रहनी चाहिये।

(6) आर्थिक नियन्त्रण—राज्य के सभी विभागों में प्रति वर्ष आय व्यय के निरीक्षण द्वारा आर्थिक नियन्त्रण रखा जाना चाहिये।

(7) अधिकारियों में परिवर्तन—क्रांति को रोकने का एक उपाय यह है कि राजकीय अधिकारियों को 6 महीने से अधिक एक पद पर न रहने दिया जाये।

(8) झूठ—यद्यपि अरस्तु ने यह कहा है कि शासक को ऐसे काम नहीं करने चाहियें जिनसे जनता धोखें में पड़ जाये किन्तु वह आवश्यकता पड़ने पर क्रांति को रोकने के लिये झूठ का सहारा लेने की सलाह देता है।

(9) पक्षपात का अभाव—राजनैतिक पदों के विभाजन में पक्षपात नहीं होना चाहिये, इससे क्रांति की रोकथाम होगी। शासन के प्रति निष्ठा प्रशासन की योग्यता और उच्च चरित्र के ही आधार सर्वोच्च पदों पर नियुक्ति होनी चाहिये।

(10) वितरणीय न्याय—राज्य में सरकारी पद और सम्मान वितरणीय न्याय के आधार पर दिये जाने चाहियें और किसी विशेष वर्ग को कभी भी समस्त अधिकार नहीं सौंपे जाने चाहिये।

(11) विशिष्ट शासन पद्धतियों में क्रांति रोकने के उपाय—क्रांति रोकने के उपरोक्त सामान्य उपायों के अतिरिक्त अरस्तु ने विशिष्ट शासन पद्धतियों में क्रांति रोकने के विशेष उपाय बतलाये हैं। इस सम्बन्ध में निम्न बातें महत्वपूर्ण हैं–

(क) मिश्रित संविधान में किसी छोटी घटना के परिवर्तन पर सतर्कता और जागरूकता से ध्यान दिया जाना चाहिये।

(ख) कुलीनतन्त्र में दलित वर्ग के प्रति उचित व्यवहार किया जाना चाहिये।

(ग) अधिनायक तन्त्र में निर्धनों को भी राज्य कार्य में हिस्सा देना चाहिये।

(घ) प्रजातन्त्र में धनवानों के साथ उदारता का व्यवहार करना चाहिये।

(ड़) निरंकुश तन्त्र में शासक को पुरुष और स्त्री गुप्तचरों के द्वारा सब बातें पता लगाते रहना चाहिये। उसे पक्षपात नहीं करना चाहिये और बुद्धिमान लोगों को नष्ट कर देना चाहिये।

क्राँतियों को रोकने के विषय में अरस्तु के विचारों के उपरोक्त विवरण से स्पष्ट है कि इस सम्बन्ध में भी उसने मध्यम मार्ग अपनाने की सलाह दी है। इन उपायों में उसने व्यक्तिगत भावनाओं पर विशेष ध्यान दिया है । वह सब प्रकार की असमानता और दुर्व्यवहार से दूर रहने की सलाह देता है। उसके इन महत्वपूर्ण विचारों की प्रशंसा करते हुये मैक्सी ने ठीक ही लिखा है, ''क्या आधुनिक राजनीति विज्ञान क्रांति के विष की रोकथाम के विरोध के लिये अधिक उपयुक्त उपचार बतला सकती है?''

अरस्तु ने सामान्य नागरिकों और दासों में स्वाभाविक अन्तर माना है। उसके अनुसार, ''स्वाभाविक दास वे हैं जो कि विवेक नहीं रखते।'' इस प्रकार के दासों को अरस्तु केवल आर्थिक कार्य देना चाहता है। उसका विचार है कि ''दासता प्राकृतिक है और स्वामी तथा दास दोनों के हित में है।'' दासता परिवार के लिये आवश्यक होने के कारण नैतिक संस्था है। मानसिक गुणों में ऊंचे लोगों को निम्न गुण वाले व्यक्तियों का नेतृत्व करने का स्वाभाविक अधिकार होता है। यह प्राकृतिक नियम है कि कुछ मनुष्य दास पैदा होते हैं और कुछ उन पर शासन करने के लिये उत्पन्न होते हैं। मनुष्य-मनुष्य में यह अन्तर मानते हुये भी अरस्तु ने दासों के शोषण का जोरदार विरोध किया है। वह दासों के प्रति दया का व्यवहार करने का अनुरोध करता है।

दासता के पक्ष में तर्क– दासता का औचित्य सिद्ध करने के लिये अरस्तु ने उसके पक्ष में निम्नलिखित तर्क दिये हैं–

(1) प्राकृतिक विषमता–अरस्तु के अनुसार मनुष्यों में प्राकृतिक रूप से ही शारीरिक और मानसिक गुणों की विषमता पायी जाती है। वह पूछता है, ''क्या कोई दास अपनी भुजाओं को इतनी स्वतन्त्रतापूर्वक चला सकता है जितनी स्वतन्त्रतापूर्वक एक स्वतन्त्र पैदा हुआ यूनानी जिसको जिमनास्टिक का प्रशिक्षण मिला हो।'' इस प्रकार अरस्तु कुछ लोगों के लिये दासता स्वाभाविक मानता है।

(2) आर्थिक महत्व–अरस्तु ने दासता को आर्थिक दृष्टि से उपयोगी माना है क्योंकि दासों के उत्पादन कार्य को सम्भाल लेने से उनके स्वामी आर्थिक चिन्ताओं से मुक्त होकर राजकाज में लग सकते हैं।

(3) राजनैतिक महत्व–राजनैतिक दृष्टि से यह उचित है कि जो शासन के लिये पैदा हुये हैं वे शासन करें और जो दासता के लिये पैदा हुये हैं वे दास रहें।

(4) दास और स्वामी दोनों के लिये उपयोगी–अरस्तु का कहना है कि दासता की प्रथा दास और स्वामी दोनों के लिये उपयोगी है। इसमें दास को उत्तम परिस्थितियाँ प्राप्त होती हैं और वह अपने स्वामी से बहुत कुछ सीखता है। दूसरी ओर स्वामी भी अवकाश के कारण अपना विकास कर पाता है।

(5) आत्मिक तत्वों का भौतिक तत्वों पर शासन–अरस्तु के अनुसार दास प्रथा के कारण राज्य में आत्मिक तत्व भौतिक तत्वों पर शासन करते हैं और इस प्रकार समाज का कल्याण साधन होता है।

अरस्तु की आलोचना–राजनैतिक विचारकों ने अरस्तु के दासता के सिद्धान्त की आलोचना में निम्नलिखित मुख्य बातें कही हैं:-

(1) अस्वाभाविक प्रथा–आज कोई भी सभ्य व्यक्ति मनष्यों में असमानता नहीं मानता और इसलिये दास प्रथा अस्वाभाविक है।

(2) दास भी उत्पादक–राज्य में कृषि का काम करते हुये दासों को उत्पादक अवश्य माना जाना चाहिये, अरस्तु ने यह नहीं माना।

(3) अस्पष्ट सिद्धान्त–जब दास स्वामी की सेवा कर सकता है तो यह बात समझना कठिन है कि वह अपना जीवन क्यों नहीं चला सकता।

(4) सभी दास हैं–यदि कम गुणवान व्यक्ति ही दास होते हैं तब तो समाज के सभी लोग किसी एक सबसे गुणवान व्यक्ति के दास माने जाने चाहियें।

(5) अपर्याप्त कसौटी– प्रोफेसर मैकिलवेन के अनुसार, ''दासों को स्वतन्त्र नागरिकों से अलग नहीं किया जा सकता क्योंकि दोनों के मध्य अन्तर करने वाला कोई मापदण्ड नहीं हैं।''

(6) श्रम की नागरिकता—मैकिलवेन ने यह ठीक ही आक्षेप उठाया है कि अरस्तु के दासता के सिद्धान्त में श्रम को नागरिकता से वंचित रखा जाता है जबकि वास्तव में उसे नागरिकता का अनिवार्य गुण माना जाना चाहिये।

(7) पशु समान दास—अरस्तु की व्यवस्था में दास के जीवन का एक मात्र उद्देश्य पशु के समान मालिकों की सेवा करना है। प्रोफेसर बार्कर ने ठीक ही कहा है, "अरस्तु का दासता विषयक सिद्धान्त सामाजिक समस्याओं का हल है वह कोई सिद्धान्त नहीं है।"

(8) विवेक की कसौटी में कठिनाई—अरस्तु विवेक की मात्रा और गुण के आधार पर स्वामी और दास में अन्तर करता है किन्तु यह कैसे पता चलेगा कि किसमें कितना विवेक है।

(9) संकुचित दृष्टिकोण—अरस्तु के अनुसार यूनानियों के अतिरिक्त युद्ध बन्दी बर्बर होते हैं और इसलिये उनको दास बनाया जा सकता है। यह नितान्त संकुचित दृष्टिकोण है।

(10) क्रांति का पोषक—अरस्तु क्रांति के विरुद्ध था किन्तु उसके द्वारा समाज को स्वामी और दासों में बांट देने से निश्चय ही क्रांति का पोषण होता है।

उपरोक्त आलोचनाओं के बावजूद अरस्तु के दासता सम्बन्धी सिद्धांत के प्रति न्याय करने के लिये यह ध्यान रखना आवश्यक है कि वह कानूनी दासता का नहीं बल्कि प्राकृतिक दासता का समर्थन करता है। तत्कालीन समाज में दास प्रथा प्रचलित थी। तब क्या आश्चर्य है कि अरस्तु ने यह माना, कि कुछ मनुष्य प्रकृति से ही दास होते हैं और दूसरे स्वतंत्र होते हैं। वास्तव में जैसा कि एम० बी० फॉस्टर ने लिखा है, "अरस्तु का दासता का औचित्य बताने का आधार वही सिद्धांत है जो कि प्लेटो के उत्पादकवर्ग को स्थायी रूप से आधीन रखने के औचित्य का सिद्धान्त है।" वर्तमान परिस्थितियों में मानव मनोविज्ञान तथा सामाजिक और राजनैतिक कार्यों के विषय में नये-नये विचार प्रस्तुत हुये हैं। इस आधुनिक कसौटी से अरस्तु के दासता सम्बन्धी सिद्धान्त का खण्डन उचित नहीं है। उसके मूल्यांकन में तत्कालीन परिस्थितियों को ध्यान में रखा जाना चाहिये। यह भी स्मरणीय है कि उसमें सब कहीं मालिकों को दासों के प्रति मानवीय दृष्टिकोण अपनाने की सलाह दी गई है। परन्तु अरस्तु के दासता के सिद्धान्त के विवेचन में इन सब बातों को कहने से यह तथ्य कम नहीं होता कि समस्त विचारशील मनुष्य दासता के सिद्धांत के विरुद्ध रहे हैं और इस दिशा में अरस्तु का विचार निश्चय ही त्याज्य है किन्तु जिन्हे राज्य के कार्यों की ओर ध्यान देने का अवकाश नहीं होता अथवा जिनमें इतना विवेक या योग्यता नहीं होती उनकी नागरिकता के अधिकार देने से कोई विशेष लाभ नहीं होता। आधुनिक जनतंत्रों में अधिकतर धनिक और सम्पत्तिशाली तथा पदारूढ़ व्यक्ति ही राज्य का कार्य चलाते है और अन्य लोगों के नागरिकता के अधिकारों को तरह-तरह से अपने पक्ष में कर लेते हैं। ऐसी स्थिति में अरस्तु का विचार यथार्थ से बहुत दूर नहीं मालूम पड़ता।

राज्य और सरकार
(The State and the Government)

राज्य और सरकार में अन्तर

अरस्तु ने सरकारों के विभिन्न वर्ग बतलाते हुये राज्य और सरकार में अंतर स्पष्ट किया है। वह राज्य को नागरिकों का समूह मानता है। इनमें प्रशासन की सत्ता रखने वाले नागरिक सरकार बनाते हैं। सरकार राज्य के राजनैतिक और नैतिक उद्देश्यों को पूर्ण करती है। अधिकारियों के बदलने से सरकार बदल जाती है, किन्तु राज्य तभी बदलता है जब संविधान बदलता है। संविधान में राज्य के उद्देश्य तथा प्रभुता के निवास और विभिन्न पदों की शक्तियों का वर्णन होता है। अरस्तु ने प्रभुता को राज्य में नहीं बल्कि सरकार में माना है। राज्य सरकार का निर्माण जन्म, सम्पत्ति अथवा संख्या पर आधारित होता है। जन्म के आधार पर सरकार बनाना अनुचित है क्योंकि राजा की संतान निकम्मी भी हो सकती है। इस प्रकार अरस्तु राजतंत्र के विरुद्ध था। धन के आधार पर सरकार बनाना भी उचित नहीं है क्योंकि धनी व्यक्ति अनिवार्य रूप से नैतिक अथवा बुद्धिमान नहीं होता। अस्तु, अरस्तु के अनुसार सरकार का उपयुक्त आधार संख्या है। नागरिकों में से उन लोगों का चुनाव करके सरकार बनायी जानी चाहिये जिनमें प्रशासन के गुण हों।

सरकार को चलाने के लिये राज्य में कानून की प्रभुता स्थापित की जानी चाहिये। कानून नैतिक होते हैं, वे बुद्धि के अनुरूप होते हैं। अस्तु, राज्य में स्थायी कानून होने चाहिये।

संविधान का वर्गीकरण
(Classification of State)

अरस्तु ने संविधान की विषद् व्याख्या 'दी पालिटिक्स' (The Politics) में की है। अरस्तु के अनुसार "संविधान की यह परिभाषा दी जा सकती है कि यह राज्य में विभिन्न पदों का संगठन है, जिससे उनकी वितरण विधि को निश्चित किया जाता है, सार्वभौमिक सत्ता निर्धारित होती है तथा समुदाय और उसके सब सदस्यों द्वारा स्वीकृत लक्ष्य को प्रकृति का निर्णय किया जाता है।" इस प्रकार संविधान ही राज्य का निर्माण करता है तथा शासक वर्ग का स्वरूप संविधान के स्वरूप का निर्धारण करता है अर्थात् राज्य और संविधान एक ही बात है। यदि किसी एक राज्य के संविधान में परिवर्तन कर दिया जाता है तब राज्य में भी परिवर्तन हो जाता है इसके विपरीत अरस्तु राज्य और सरकार में अन्तर मानता है। अरस्तु के विचारानुसार "राज्य समस्त नागरिकों का समूह है, परन्तु संविधान के अन्तर्गत केवल वही नागरिक आते हैं, जिनके हाथ में शासन की सर्वोच्च सत्ता होती है। अधिकारियों के बदलने से सरकार के स्वरूप में परिवर्तन हो जाता है परन्तु राज्य में परिवर्तन तभी सम्भव है, जबकि संविधान में परिवर्तन हो। इसके अतिरिक्त प्रभुसत्ता का केन्द्र सरकार है राज्य नहीं।"

अरस्तु संविधान को राज्य के निर्माण अथवा अन्त में बहुत महत्वपूर्ण मानता है। उसने राज्य और संविधान में अन्तर स्पष्ट किया है। शासन के उद्देश्य एवं शासकों की संख्या को राज्य के वर्गीकरण का आधार मानकर अरस्तु ने संविधान को तीन वर्गों में बाँटा है–

(1) एक तन्त्र (Unitary Government— Monarchy)—इसमें शासक एक व्यक्ति होता है।

(2) कुलीन तन्त्र (Aristocracy)—इसमें शासक कुछ कुलीन व्यक्ति होते हैं।

(3) सर्व जनतन्त्र (Rule of Many)—इसमें शासन सत्ता जनता के हाथ में होती है।

इस वर्गीकरण के विकृत रूप को निम्न प्रकार से वर्णित किया जा सकता है—

(4) स्वेच्छाचारी एवं अत्याचारी तन्त्र (Tyranny)—इसमें शासक केवल अपने स्वार्थों को ही महत्व देता है।

(5) धनिकतन्त्र (Oligarchy)—इसमें कुलीन वर्ग अपने ही स्वार्थों की रक्षा एवं स्वहितों की पूर्ति करता है।

(6) प्रजातन्त्र (Democracy)—इसमें जनता अपने-अपने स्वार्थों की पूर्ति करना चाहती है। इस कारण इसका रूप विकृत हो जाता है।

उपरोक्त वर्गीकरण को निम्न प्रकार वर्णित किया जा सकता है—

(1) एकतन्त्र (Monarchy)—जब शासन की बागडोर एक व्यक्ति के हाथ में होती है और व्यक्ति जनहित की भावना से परिपूर्ण होकर शासन कार्य करता है, तब अरस्तु के अनुसार राजतन्त्री संविधान होता है। प्लेटो की राजतन्त्र व्यवस्था के शासक और अरस्तु की राजतन्त्र व्यवस्था के शासक में अन्तर नहीं है, फिर भी अरस्तु के अनुसार दार्शनिक शासक मिलना आसान नहीं है। वह मानता है कि यदि ऐसा गुणवान शासक मिल भी जाये तो यह अनिवार्य नहीं कि उसका पुत्र भी उतना ही गुणवान हो।

(2) कुलीनतन्त्र (Aristoracy)—कुलीनतन्त्र में कुलीन लोग जन-साधारण के हितों की दृष्टि से शासन कार्य करते हैं। इनका प्रमुख उद्देश्य राज्य तथा उसके नागरिकों का सर्वश्रेष्ठ हित करना होता है। यह प्लेटो के 'संरक्षकों के वर्ग' से बहुत कुछ मिलता है, परन्तु अरस्तु ने इसमें व्यावहारिकता का पुट दे दिया है। इसकी प्राप्ति सरल नहीं है।

(3) सर्व जनतन्त्र (Rule of Many)—जनतन्त्र व्यवस्था को अरस्तु ने 'पोलिटी' (Polity) कहा है। सर्व जनतन्त्र का अर्थ समस्त जनता के हित के लिये किया जाने वाला शासन है। सारी जनता अपनी इच्छा से 'शुभ के ज्ञान' के आधार पर कानून के अनुसार शासन का संचालन करती है। इस शासन में किसी भी वर्ग के शोषण की सम्भावना नहीं रहती।

(4) स्वेच्छाचारी एवं अत्याचारी तन्त्र (Tyranny)—एकतन्त्र में शासक जनहित के लिये शासन कार्य करता है परन्तु वही जब अपनी स्वार्थ-सिद्धि में लग जाता है तो एक तन्त्र शासन स्वेच्छाचारी एवं अत्याचारी तन्त्र में बदल जाता है। यद्यपि 'आदर्श राज्य' की दृष्टि से राजतन्त्र ही श्रेष्ठ है, परन्तु अरस्तु के अनुसार राजतन्त्र अव्यावहारिक एवं अतार्किक है। एक व्यक्ति शासन-कार्य का संचालन नहीं कर सकता क्योंकि कोई भी शासक सद्गुणी

हो सकता है, परन्तु राजसत्ता का लोभ आने पर वह अपने कर्त्तव्य से विचलित हो सकता है। इस कारण शासन सत्ता एक व्यक्ति के हाथ में नहीं सौंपनी चाहिए।

(5) धनिकतन्त्र (Oligarcy)–यद्यपि कुलीनतन्त्र को अरस्तु ने व्यावहारिक बनाने की काफी कोशिश की है, परन्तु फिर भी उसके अनुसार यह दोषयुक्त होकर धनिकतन्त्र का रूप धारण कर लेता है। इसमें शासन करने वाले कुलीन व्यक्ति जनहित की अवहेलना कर मात्र अपने स्वार्थों की पूर्ति पर ही ध्यान देते हैं।

(6) प्रजातन्त्र (Democracy)–जनतन्त्र में शासन करने का कार्य सबको करना पड़ता है, परन्तु अरस्तु के अनुसार देश में गरीबों की संख्या अधिक होती है और शासन सत्ता उनमें पहुँचने पर दोषयुक्तहो जाती है। इस दोष युक्त रूप को अरस्तु ने प्रजातन्त्र (Democracy) का नाम दिया है। अरस्तु के शब्दों में "शासन का कार्य निर्धन व्यक्तियों के हाथ में पहुँच जाता है जो सार्वजनिक हित का ध्यान न रखकर शासन कार्य अपने हित में करते हैं अर्थात् ऐसी व्यवस्था, जिसमें स्वतन्त्रता को ध्यान में रखकर शासन का कार्य सुचारू रूप से किया जाता है, उसे प्रजातन्त्र संविधान कहा जाता है।" व्यावहारिक दृष्टि से अरस्तु ने प्रजातन्त्र व्यवस्था को ही उचित ठहराया है, क्योंकि इसमें जनता द्वारा शासन सर्व कल्याण को आधार बनाकर चलाया जाता है।

अरस्तु के अनुसार उपरोक्त वर्णित व्यवस्थायें स्वयं परिवर्तित होती रहती है। सर्वप्रथम राजतन्त्र व्यवस्था आती है और फिर इसका विकृत रूप स्वेच्छाचारी अथवा निरंकुशतन्त्र। निरंकुशतन्त्र कुलीनतन्त्र को जन्म देता है। परन्तु जब भी विकृत हो जाता है तब सर्वजनतन्त्र आता है। अन्तिम चरण प्रजातन्त्र सर्वजनतन्त्र के बाद आता है। यह प्रक्रिया पुनः इसी प्रकार चालू हो जाती है।

संविधान के वर्गीकरण की समीक्षा

अरस्तु द्वारा किया गया राज्य-संविधान का वर्गीकरण बहुत ही उलझा हुआ है क्योंकि वह राज्य और संविधान में स्पष्ट अन्तर नहीं कर पाया है। सिनक्लेयर महोदय के अनुसार इस वर्गीकरण की कोई व्यावहारिक उपयोगिता नहीं है, क्योंकि उसका वर्गीकरण संविधान की कार्य-विधि के निरीक्षण के आधार पर प्रतिष्ठित न होकर संख्या पर आधारित है। अरस्तु राज्य और सरकार में भेद स्पष्ट नहीं कर पाया है। इस कारण उसके वर्गीकरण को राज्य या संविधान का वर्गीकरण न मानकर सरकारों का वर्गीकरण मानना उचित है। अरस्तु के वर्गीकरण को जहाँ विद्वानों ने अनुचित ठहराया है, वहाँ बर्गेस (Burges) जैसे विद्वानों के अनुसार "अरस्तु के शासन का वर्गीकरण वैज्ञानिक एवं ठोस है।" ब्लंशली (Blunsally) के शब्दों में "अरस्तु का वर्गीकरण पूर्णतया लौकिक है, क्योंकि उसने धर्म और राजनीति में सम्बन्ध स्थापित करने का कोई प्रयत्न नहीं किया है।" एक अन्य विद्वान के अनुसार "अरस्तु का राज्य और सरकार का वर्गीकरण आधुनिक युग की देन है।"

अरस्तु ने अपने वर्गीकरण में नैतिक आधार को बहुत महत्व दिया है। इस वर्गीकरण में राज्यों के नैतिक आधार पर अत्यधिक बल दिया गया है, जो कि लोक कल्याण के दृष्टिकोण

से अत्यधिक महत्वपूर्ण है। हरमन (Herman) महोदय के शब्दों में "अरस्तु का वर्गीकरण मुख्य रूप से न्याय पर आधारित है। उसने न्याय के आधार पर ही संविधानों को शुद्ध एवं विकृत कहा है।" अरस्तु के वर्गीकरण के महत्व की ओर इंगित करते हुए गैटेल (Gettell) महोदय ने लिखा है कि "अरस्तु का वर्गीकरण अपने पूर्वगामियों के विचारों पर आधारित था, परन्तु वह सही और स्पष्ट है। इसीलिये बिना किसी तात्विक परिवर्तन के वह आज तक चला आ रहा है।"

प्लेटो व अरस्तु के वर्गीकरण की तुलना

प्लेटो ने पहले संविधान को 6 भागों में बांटा था—राजतन्त्र, कुलीनतन्त्र, कानूनी प्रजातन्त्र, निरँकुशतन्त्र, धनिकतन्त्र, प्रजातन्त्र। इसके अनुसार प्लेटो ने निरंकुशतन्त्र, धनिकतन्त्र एवं प्रजातन्त्र को तो सरकार का नाम ही देना उपयुक्त नहीं समझा है। वह तो मात्र प्रजातन्त्र या कुलीनतन्त्र को ही उपयुक्त मानता है। प्लेटो के दूसरे वर्गीकरण के अनुसार सरकार के चार शुद्ध रूप हैं और तीन विकृत रूप हैं। जैसे—स्टेट्समैन, आदर्श राजतन्त्र, कुलीनतन्त्र तथा कानूनी प्रजातन्त्र—निरंकुशतन्त्र, धनिकतन्त्र तथा कृत्रिम प्रजातन्त्र। अरस्तु के वर्गीकरण के अनुसार राजतन्त्र, कुलीनतन्त्र एवं जनतन्त्र तथा स्वेच्छाचारीतन्त्र, धनिकतन्त्र एवं प्रजातन्त्र आदि सरकार के ही रूप हैं।

उपरोक्त विवरण के आधार पर कहा जा सकता है कि प्लेटो तथा अरस्तु के वर्गीकरण में काफी समानता है, क्योंकि दोनों ही राजतन्त्र को सर्वश्रेष्ठ शासन प्रणाली मानते हैं। प्लेटो ने प्रजातन्त्र को भी दो भागों में विभाजित किया है—'कानूनी राज्य' एवं 'कृत्रिम राज्य'। यह अरस्तु के शुद्ध एवं विकृत रूप की भाँति है। इस कारण कहा जा सकता है कि प्लेटो व अरस्तु के वर्गीकरण में पर्याप्त एकरूपता है।

अन्त में कहा जा सकता है कि अरस्तु ने राज्य संविधान के वर्गीकरण का मुख्य उद्देश्य शासन के स्थान पर शासितों की आवश्यकताओं की पूर्ति करने के लिए शासन के कर्त्तव्यों को माना है। अरस्तु का संविधान व्यक्तियों पर किसी भी अवस्था में अंकुश नहीं लगाता बल्कि उनके कल्याण के लिये साधन रूप बनता है।

सम्पत्ति सम्बन्धी सिद्धांत
(Theory About Property)

सम्पत्ति की परिभाषा करते हुये अरस्तु ने उसे राज्य अथवा परिवार के प्रयोग में लाये जाने वाले साधनों का सामूहिक नाम बतलाया है। प्लेटो निजी सम्पत्ति को नहीं मानता था। अरस्तु का कहना था कि प्लेटो के सिद्धांत से राज्य की आत्मनिर्भरता समाप्त हो जाती है। जिस तरह व्यक्ति परिवार की अपेक्षा कम आत्मनिर्भर होता है उसी तरह परिवार राज्य की अपेक्षा कम आत्मनिर्भर होता है। राज्य ही सबसे अधिक आत्मनिर्भर होता है। सम्पत्ति के साम्यवाद की कल्पना अमनोवैज्ञानिक, इतिहास विरुद्ध तथा अनैतिक है। इस प्रकार अरस्तु प्लेटो के सम्पत्ति सम्बन्धी विचारों की आलोचना करते हुये सम्पत्ति के समर्थन में विचार उपस्थित करता है।

सम्पत्ति के प्रकार

अरस्तु ने सम्पत्ति के निम्नलिखित दो प्रकार माने हैं:-

(1) **निर्जीव** (Inanimate)–इसमें धन-दौलत, मकान, खान-पीने की चीजें इत्यादि ऐसी वस्तुयें सम्मिलित हैं जिनमें जीवन नहीं पाया जाता।

(2) **सजीव** (Animate)–इसमें दासों को गिना जाता है।

अरस्तु के अनुसार परिवार के जीवन के लिये उपरोक्त दोनों प्रकार की सम्पत्ति आवश्यक है। उसने दासों को परिवार का अनिवार्य अंग माना है। सम्पत्ति के उपार्जन के लिये अरस्तु दो उपाय बतलाता है, एक तो मानवीय उपाय जिसमें अनाज उत्पन्न करके या पशुपालन करके सम्पत्ति उपार्जित की जाती है। दूसरे, मानवीय उपाय जिनमें प्रकृति का कोई हाथ नहीं होता। इस प्रकार के उपायों में ब्याज, कमीशन इत्यादि के द्वारा धन कमाना सम्मिलित है। अरस्तु सम्पत्ति उपार्जन के दानवीय या अप्राकृतिक उपायों को अनैतिक मानता है।

सम्पत्ति की विशेषतायें

अरस्तु ने सम्पत्ति की विशेषताओं का विवेचन किया है:-

(1) **सीमितता**–व्यक्तिगत सम्पत्ति का समर्थक होते हुए भी अरस्तु उसको सीमित करना आवश्यक मानता है। सम्पत्ति वहीं तक संचित की जानी चाहिए जहाँ तक उससे अन्य लोगों को हानि न हो । अरस्तु के अनुसार सम्पत्ति का सर्वोत्तम सिद्धान्त व्यक्तिगत अधिकार और सार्वजनिक उपभोग है।

(2) **सम्पत्ति स्वयं बुरी नहीं है**–अरस्तु के अनुसार सम्पत्ति में स्वयं कोई बुराई नहीं है, बुराई तो उसके गलत उपयोग में है।

(3) **वितरण का सिद्धान्त**–अरस्तु के अनुसार सम्पत्ति के वितरण के तीन सिद्धान्त हो सकते हैं। पहला, व्यक्तिगत अधिकार और सार्वजनिक उपभोग, दूसरा, सार्वजनिक अधिकार और व्यक्तिगत उपभोग तथा तीसरा, सार्वजनिक अधिकार और सार्वजनिक उपभोग। इन तीनों सिद्धातों में से अरस्तु पहले सिद्धान्त का समर्थन करता है।

(4) **समानता की व्याख्या**–सम्पत्ति की समानता के विषय में अरस्तु के अपने मौलिक विचार हैं। उसके अनुसार अत्यधिक समानता उचित नहीं है क्योंकि इससे वैधानिक अधिकारों का कोई अर्थ नहीं रह जाता। समानता संयमित होनी चाहिए। समानता वहीं हो सकती है जहाँ इच्छायें भी समान हों। सम्पत्ति उतनी ही होनी चाहिए जिससे नागरिकों को राजनैतिक कार्यों में भाग लेने के लिये अवकाश मिल सके और बाहरी आक्रमणों से देश की रक्षा हो। राज्य के सभी नागरिकों को समान सम्पत्ति देने का विचार उपयुक्त नहीं है। कुछ सम्पत्ति सार्वजनिक भी होनी चाहिए। सम्पत्ति की समानता के लिए जनसंख्या का नियंत्रण आवश्यक है।

(5) मध्यम मार्ग—सम्पत्ति के विषय में अरस्तु के उपरोक्त विचारों से स्पष्ट है कि वह यहाँ भी मध्यम मार्ग अपनाता है। वह न तो कुछ लोगों के हाथ में अत्यधिक सम्पत्ति का संचय उपयुक्त मानता है और न सबको बराबर सम्पत्ति देना ही उचित समझता है। सम्पत्ति के वितरण में उसका मूल लक्ष्य राज्य का और इस प्रकार जनता का कल्याण है।

सम्पत्ति के अधिकार का औचित्य—अरस्तु के अनुसार मानव विकास के लिये सम्पत्ति का अधिकार अनिवार्य है। सम्पत्ति एक जीविका है और बिना जीविका के जीवित रहना असम्भव है। सम्पत्ति में परिवार के उपभोग के यंत्र सम्मिलित हैं। अस्तु, मनुष्य द्वारा उसकी प्राप्ति सर्वथा प्राकृतिक है। संक्षेप में, अरस्तु ने सम्पत्ति के अधिकार को उचित सिद्ध करने के लिये निम्नलिखित तर्क दिये हैं:

(1) मनोवैज्ञानिक तर्क—अरस्तु के अनुसार कोई भी व्यक्ति तभी उन्नति कर सकता है जबकि वह अपने कार्य में रुचि ले। अस्तु, मनोवैज्ञानिक दृष्टि से सामाजिक प्रगति के लिये व्यक्तिगत प्रयासों को प्रोत्साहित करने के हेतु सम्पत्ति का अधिकार आवश्यक है।

(2) सुख प्राप्ति—अरस्तु के शब्दों में "व्यक्ति यह अनुभव करके कितना अधिक सुख महसूस करता है। कि कोई वस्तु उसकी अपनी है क्योंकि आत्म प्रेम की अनुभूति प्रकृति द्वारा बोई गयी है और व्यर्थ ही नहीं दी गयी।" इस प्रकार सुख का अनुभव करने के लिये निजी सम्पत्ति का अधिकार दिया जाना चाहिये।

(3) नैतिक विकास—अरस्तु ने लिखा है, "जब मनुष्य के पास निजी सम्पत्ति होती है तभी वह यह अनुभव कर सकता है कि मित्रों, मेहमानों या साथियों की सेवा करने में कितना अधिक सुख है।"[1] इस प्रकार उदारता, अतिथि सेवा, परोपकार आदि नैतिक गुणों का विकास करने के लिये निजी सम्पत्ति का अधिकार आवश्यक है।

(4) इतिहास द्वारा समर्थन—अरस्तु के अनुसार, "हमें युगों के अनुभव की अवेहलना नहीं करनी चाहिये, अनेक वर्षों में ये चीजें, यदि वे शुभ होतीं तो ये अज्ञात नहीं रह पाती।"[2] इन शब्दों में अरस्तु ने प्लेटो के सिद्धान्त को इतिहास विरुद्ध कहा है। इस प्रकार उसके मतानुसार इतिहास निजी सम्पत्ति का समर्थक है।

उपरोक्त विवेचन से स्पष्ट है कि अरस्तु ने सम्पत्ति के प्रश्न को राजनैतिक न मानकर नैतिक और मनोवैज्ञानिक प्रश्न माना है। नैतिक और मनोवैज्ञानिक दृष्टि से मनुष्य के विकास के लिये उसे निजी सम्पत्ति का अधिकार दिया जाना चाहिए। जहाँ तक सम्पत्ति से होने वाले दोषों का प्रश्न है अरस्तु उनसे अपरिचित नहीं था किन्तु वह इन दोषों के निराकरण के लिये शिक्षा की व्यवस्था करता है, सम्पत्ति का अधिकार नहीं छीनता।

---

1. "There is the greatest pleasure in doing a kindness or service to friends or guests or companions which can only be rendered when a man has private property."
2. "We should not disregard the experience of ages, in the multitude of years these things, if they were good, would certainly not have been unknown.".

—Aristotle.

प्लेटो और अरस्तु की तुलना

जैसा कि पीछे बतलाया गया है, अरस्तु सम्पत्ति के विषय में प्लेटों के साम्यवाद के सिद्धांत का खण्डन करता है। प्लेटो के सिद्धांत की आलोचना में अरस्तु ने निम्नलिखित तर्क दिये हैं:

(1) साम्यवाद नहीं बल्कि शिक्षा की आवश्यकता—राज्य को निजी सम्पत्ति की बुराइयों से बचाने के लिये आर्थिक साम्यवाद ही नहीं बल्कि समुचित शिक्षा की आवश्यकता है।

(2) यांत्रिक एकता का सिद्धांत—प्लेटो का राज्य की एकता का सिद्धांत यांत्रिक एकता का सिद्धांत है।

(3) अनैतिहासिक—यदि प्लेटो का सिद्धांत उपयुक्त होता तो इतिहास के किसी न किसी युग में उसका उदाहरण अवश्य मिलता ।

प्लेटो के सम्पत्ति सम्बन्धी विचारों की अरस्तु द्वारा उपरोक्त आलोचना के विरुद्ध निम्नलिखित बातें कही जा सकती हैं:

(1) केवल संरक्षकों में आर्थिक साम्यवाद—प्लेटो की आलोचना करते समय अरस्तु यह भूल गया कि उसका आर्थिक साम्यवाद सब लोगों के लिये नहीं बल्कि केवल संरक्षकों के ही लिये था।

(2) पूरक औषधि—आर्थिक साम्यवाद प्लेटो की मूल औषधि नहीं बल्कि पूरक औषधि थी।

(3) लाज़ की अवहेलना—प्लेटो की आलोचना करने में अरस्तु ने केवल रिपब्लिक पर ध्यान दिया है और इस प्रकार लाज़ में दिये हुये प्लेटो के सिद्धांत की अवहेलना की है। स्मरण रहे कि लाज़ में प्लेटो द्वारा दिया गया सम्पत्ति का सिद्धांत अनेक बातों में अरस्तु के सिद्धांत से मिलता जुलता था।

अरस्तु की आलोचना—व्यक्तिगत सम्पत्ति के विषय में अरस्तु के विचारों की आलोचना में निम्नलिखित बातें कही जा सकती है:-

(1) संकुचित निरीक्षण—अरस्तु का सिद्धांत संकुचित निरीक्षण पर आधारित है। उसने अनेक ऐसी परिस्थितियों का निरीक्षण नहीं किया जहाँ कि सम्पत्ति के सार्वजनिक स्वामित्व के लाभ दिखलायी पड़ते हैं।

(2) कसौटी का अभाव—अरस्तु ने सार्वजनिक और व्यक्तिगत सम्पत्ति के विभाजन और उसके स्वामित्व की कसौटी स्पष्ट नहीं की।

(3) प्लेटो से समानता—प्लेटो के विचारों का खण्डन करते हुये भी अरस्तु के सम्पत्ति सम्बन्धी विचार अनेक स्थानों पर प्लेटो के विचारों से मिलते जुलते हैं।

परिवार सम्बन्धी सिद्धान्त
(Theory of Family)

अरस्तु ने मानव विकास में पहला सोपान परिवार और उससे अगला सोपान राज्य माना है। राज्य परिवारों से बनते हैं। दूसरे शब्दों में, राज्यों की प्रगति परिवारों के नैतिक विकास पर निर्भर है। परिवार प्राकृतिक और अनिवार्य संस्था है। मनुष्य परिवार के बाहर रहकर विकसित नहीं हो सकता। ऐतिहासिक दृष्टि से परिवारों को मिलाकर ही राज्य बने। परिवारों को मिलाकर ग्रामों से राज्य बनते हैं। राज्य के समान ही परिवार में शासित और शासक वर्ग होते हैं। यह परिवार क्या हैं? अरस्तु के शब्दों में, "स्त्री-पुरुष तथा स्वामी और दास के योग से जो समूह बनता है वहीं परिवार है।" परिवार के कामों को स्पष्ट करते हुये अरस्तु ने लिखा है, "पारिवारिक प्रबन्ध का कार्य निर्जीव सम्पत्ति की अपेक्षा मानव प्राणियों से अधिक सम्बन्धित है।"[1] इन शब्दों से स्पष्ट है कि अरस्तु ने परिवार का महत्व आर्थिक से अधिक मनोवैज्ञानिक माना है।

व्यक्तिगत परिवार के पक्ष में तर्क

अरस्तु ने परिवार, समाज और राज्य सब कहीं दो प्रकार के तत्व माने हैं—शासक और शासित। इनमें पहला विवेक पूर्ण और दूसरा अविवेकपूर्ण होता है। दूसरे को विवेकपूर्ण बनाने के लिये उस पर पहले का शासन आवश्यक है। इसी में सबका कल्याण है। अरस्तु के अनुसार बालकों, दासों और स्त्रियों में आत्मसंयम, न्याय अथवा ऊंच नीच के पहचान की शक्ति नहीं होती। इसलिये परिवार में इन सब पर पुरुष का नियंत्रण रहता है। व्यक्तिगत परिवार के समर्थन में अरस्तु ने निम्नलिखित तर्क उपस्थित किये हैं:-

(1) मध्यम मार्ग का तर्क—जिस प्रकार अरस्तु ने अन्य सब कहीं मध्यम मार्ग अपनाया वैसे ही वह परिवार के विषय में भी मध्यम मार्ग अपनाना उपयुक्त मानता है। इसलिये वह प्लेटो के पारिवारिक साम्यवाद का खण्डन करता है।

(2) नैतिक तर्क—परिवार नागरिक जीवन की सर्वश्रेष्ठ पाठशाला है। उसमें सब प्रकार के नैतिक गुणों का विकास होने की परिस्थितियाँ होती हैं।

(3) प्राकृतिक आधार—व्यक्तिगत परिवार बनाना सर्वथा प्राकृतिक है। मनुष्य स्वभावतया ही विवाह करते हैं और परिवार बसाते हैं।

(4) राजनैतिक तर्क—राज्य परिवारों से बनते हैं, व्यक्तियों से नहीं बनते। इसीलिये राज्य के अस्तित्व के लिये परिवार आवश्यक है।

(5) प्रेम का विकास—प्रेम का क्षेत्र बढ़ने से गहराई कम होती है। इसलिये उसे सम्पूर्ण राज्य में प्रसारित नहीं किया जा सकता। उसके समुचित विकास के लिये परिवार की आवश्यकता है।

---

1. "The business of household management is concerned more with human beings than it is with inanimate property." —Aristotle

(6) आत्मनिर्भरता की शिक्षा—अरस्तु ने सामाजिक जीवन में सब कहीं आत्मनिर्भरता को अत्यधिक महत्व दिया है। आत्मनिर्भरता के गुणों का विकास परिवार में होता है। परिवारों के आत्मनिर्भर होने से ही राज्य आत्मनिर्भर हो सकते हैं।

(7) बालकों का पालन पोषण—सामूहिक उत्तरदायित्व किसी का भी उत्तरदायित्व नहीं होता। इसलिये बालकों के पालन पोषण की जिम्मेदारी राज्य पर नहीं डाली जा सकती, उसके लिये परिवार होने आवश्यक हैं।

(8) सामाजिक आदान-प्रदान—सामाजिक जीवन के विभिन्न पहलुओं में आदान-प्रदान के लिये समाज में परिवार होने चाहियें।

(9) व्यक्तित्व का विकास—मानव व्यक्तित्व के विकास के लिये जिस प्रकार सम्पत्ति की आवश्यकता है वैसे ही परिवार की भी आवश्यकता होती है। परिवार में ही बालकों के व्यक्तित्व का विकास सम्भव होता है।

अरस्तु द्वारा प्लेटो की आलोचना

प्लेटो ने स्त्रियों के साम्यवाद का सिद्धान्त उपस्थित किया और व्यक्तिगत परिवारों को अनुचित माना। अरस्तु प्लेटो के इस सिद्धान्त को काल्पनिक और अप्राकृतिक कहता है। प्लेटो के सिद्धान्त से बालकों के समुचित विकास में बाधा पड़ेगी, मनुष्यों का जीवन पशुवत् हो जायेगा, स्त्री-पुरुष में प्रेम का विकास नहीं होगा। इससे समाज में सब कहीं अनैतिक सम्बन्ध बढ़ेंगे और सम्पूर्ण समाज का पतन होगा। व्यक्तिगत परिवार के पक्ष में अरस्तु द्वारा दिये गये उपरोक्त तत्वों से भी प्लेटो के विचारों का खंडन होता है।

अरस्तु के विचारों की आलोचना

परिवार के विषय में अरस्तु के विचारों के विरुद्ध निम्नलिखित बातें कहीं गई हैं:-

(1) कल्पना पर आधारित—अरस्तु के परिवार सम्बन्धी विचार तथ्यों से अधिक कल्पनाओं पर आधारित हैं।

(2) स्त्रियों के विषय में हीन विचार—यद्यपि अरस्तु ने पत्नियों के साम्यवाद का विरोध किया है किन्तु वह स्त्री को पुरुष से सब प्रकार से निकृष्ट मानता है और इसलिये उसे पुरुष की अधीनता में रखना चाहता है।

(3) अरस्तु ने स्वामी और दास तथा सम्पत्ति के विचार का तो विवेचन किया है परन्तु परिवार में माता-पिता और बालकों के सम्बन्ध तथा पति-पत्नी के सम्बन्ध के विषय में विस्तृत विचार नहीं किया।

(4) विवाह और सन्तानोत्पत्ति पर राज्य के नियंत्रण की लाज़ में दी गई प्लेटो की योजना को अरस्तु ने लगभग ज्यों का त्यों, केवल रूप बदल कर उपस्थित किया है।

कानून के शासन अवधारणा
(Concept of Rule of Law)

कानून का महत्व

राज्य के जीवन में विधि का महत्व बतलाते हुये अरस्तु ने लिखा है, "विधि का शासन किसी व्यक्ति के शासन की अपेक्षा अधिक अच्छा है। विधि इच्छा से अप्रभावित होती है।"[1] विधि का निमार्ण मनुष्य करते हैं। नैतिक होने के कारण विधि प्राकृतिक है, उसे केवल प्रथाओं अथवा व्यवहार पर आधारित नहीं माना जाना चाहिये। राज्य में कानून तर्क के आधार पर और नैतिक विवेचन के पश्चात् बनाये जाने चाहियें। आदर्श राज्य में सबके लिये एक से कानून होते हैं। निष्पक्ष बुद्धि द्वारा मालूम किये गये मानव चरित्र के सामान्य सिद्धान्तों को अरस्तु प्राकृतिक कानून कहता है। ये कानून स्थायी होते है और उनको मानना प्रत्येक व्यक्ति के लिये आवश्यक है। किसी भी राज्य के कानून उसके नागरिकों के सामाजिक अनुभव और सामूहिक बुद्धि दिखलाते हैं। किसी भी परिस्थिति में नागरिक को कानून की अवहेलना नहीं करनी चाहिये।

कानून और संविधान

राज्य के कानून उसके संविधान के अनुरूप होते हैं। इसलिये यदि संविधान बुरा है तो कानून भी बुरे ही होंगे। संविधान न होने पर किसी भी तरह के कानून नहीं होते। कानून सरकार से ऊपर होता है क्योंकि वह सरकार के अनेक कामों पर प्रतिबन्ध लगाता है। जबकि व्यक्ति का व्यवहार पक्षपातपूर्ण होता है, कानून में पक्षपात की कोई भावना नहीं होती। इसीलिये अरस्तु ने कानून के राज्य को अच्छे से अच्छे व्यक्ति के राज्य से बेहतर माना है। कानून स्थायी होने चाहिए। प्लेटो का दार्शनिक राजा कानून का स्रोत था, कानून उससे ऊपर नहीं थे। दूसरी ओर अरस्तु के राज्य में कानून सबसे ऊपर है वह राजा पर भी लागू होता है।" कानून की शक्ति को बनाये रखने के लिये यह आवश्यक है कि चाहे वे कैसे भी हों, उनकी अवज्ञा न की जाये। अरस्तु ने यहाँ तक कहा है कि ऐसे अच्छे कानून से जिसका कि पालन नहीं होता वह बुरा कानून कहीं अधिक अच्छा है जिसका पालन किया जाता है। इस प्रकार कानून की शक्ति उसके लागू होने में है।

कानून और सरकार का सम्बन्ध

अरस्तु के अनुसार संविधान और सरकार में कोई अन्तर नहीं है और संविधान के साथ कानून अवश्य होता है। अस्तु, कानून और सरकार का सही सम्बन्ध यह है कि सरकार कानून की प्रभुत्ता के आधीन चलायी जाये। चाहे कुछ व्यक्तियों की हो या एक व्यक्ति की, सब प्रकार की सरकार को सही रूप से चलाने के लिये कानून का होना आवश्यक है। प्लेटो के समान अरस्तु ने यह अवश्यक माना है कि यदि कोई मनुष्य देवता के समान है तो ऐसे आदर्श व्यक्ति को कानून में न बांध कर उसके आदेशानुसार ही राज्य चलाया जाना चाहिये।

1. "The rule of law is prefereable to that of any individual. The law is reason affected by desire."
—Aristotle

न्याय का सिद्धान्त
(Theory of Justice)

न्याय की प्रकृति

प्लेटो ने न्याय को राज्य का आधार कहा था। अरस्तु प्लेटो के इस सिद्धान्त से सहमत था किन्तु फिर उसने न्याय की व्याख्या प्लेटो से भिन्न प्रकार से की। उसे प्लेटो के सिद्धान्त में सबसे बड़ा आक्षेप यह था कि वह अव्यावहारिक और अयथार्थ है। प्लेटो अरस्तु का गुरु था किन्तु अरस्तु को अपने गुरु से अधिक सत्य प्रिय था। इसीलिये उसने प्लेटो से भिन्न सिद्धान्त उपस्थित किया। अरस्तु के अनुसार न्याय यह है कि जो व्यक्ति राज्य के उद्देश्यों को प्राप्त करने में योगदान प्रदान करते हैं उन्हें उसी अनुपात में राज्य में अधिकार भी प्राप्त होने चाहियें। अरस्तु के शब्दों में, "न्याय व्यक्तियों से सापेक्षिक है; और वही न्यायपूर्ण वितरण है जिसमें वस्तुओं में सापेक्ष मूल्य उनको प्राप्त करने वाले व्यक्तियों के अनुरूप होते हैं।"[1] समाज में न्याय की स्थापना के लिये यह आवश्यक है कि प्रत्येक सदस्य अन्य व्यक्तियों के प्रति अपने नैतिक कर्तव्यों का पालन करें।

न्याय के प्रकार

अरस्तु ने संकुचित और व्यापक, विशिष्ट और वितरक कई प्रकार के न्याय माने हैं जिनकी विवेचना निम्नलिखित है:

(1) **सामान्य न्याय**—अरस्तु के अनुसार सामान्य न्याय नैतिक न्याय है। समाज में न्याय के प्रसार का अर्थ नैतिक गुणों का चलन है। राज्य एक नैतिक समुदाय है, उसके कानूनों और नैतिक आदर्शों में कोई अन्तर नहीं माना जाना चाहिये। बार्कर के शब्दों में, "अरस्तु के अनुसार स्वतन्त्र तथा समान व्यक्तियों द्वारा निर्मित संस्थाओं के अनुरूप उचित व्यवहार का नाम ही न्याय है।" न्यायपूर्ण व्यक्ति नैतिक होता है। राज्य का उद्देश्य सामान्य जीवन का नैतिक स्तर ऊंचा उठाना है। यह तभी हो सकता है जबकि प्रत्येक नागरिक कानूनों का पालन करे। न्याय की अभिव्यक्ति सद्गुणों में होती है। न्याय मानव चरित्र का नैतिक गुण है जो कि सामाजिक जीवन और पारस्परिक सम्बन्धों का ऊंचा स्तर बनाये रखने के लिये अत्यन्त आवश्यक है। आदर्श राज्य का लक्ष्य पूर्ण न्याय अर्थात् पूरी तरह कानून के अनुसार आचरण है। राज्य के संविधान बदलने के साथ-साथ न्याय की कल्पना भी बदल जाती है।

(2) **विशिष्ट न्याय**—अरस्तु के अनुसार राज्य समान व्यक्तियों का समुदाय है। व्यक्ति इस समुदाय का सदस्य होता है। इस सदस्यता के नाते उसे समस्त समुदाय के सम्बन्ध में कुछ अधिकार प्राप्त होते हैं। इसी प्रकार उसको प्रत्येक नागरिक के विरुद्ध भी कुछ अधिकार प्राप्त होते है। विशिष्ट न्याय समान व्यक्तियों को समुदाय का वह गुण है जिसके कारण समुदाय सदस्यों को उनकी योग्यता के अनुसार पद और पुरस्कार देता है तथा दूसरी ओर

---

1. "Justice is relative to persons; and a just distribution is one in which the relative values of the things given correspond to those of the person receiving."—Aristotle.

प्रत्येक सदस्य अन्य सदस्यों के अधिकार क्षेत्र में हस्तक्षेप नहीं करता। विशिष्ट न्याय के अनुसार समुदाय प्रत्येक व्यक्ति को समाज में उसकी योग्यता के अनुसार स्थान और अधिकार देने की गारन्टी करता है। विशिष्ट न्याय के निम्नलिखित दो प्रकार हैं:

(अ) वितरक न्याय (Distributive Justice)—यह न्याय विशिष्ट न्याय का वह रूप है जो समस्त समुदाय से सम्बन्धित अधिकारों की व्यवस्था करता है। इसके द्वारा राज्य अपने सदस्यों में पदों, उपाधियों तथा पुरस्कारों को वितरित करता है। वितरक न्याय, जैसा कि इसके नाम से स्पष्ट है, नागरिकों के बीच राज्य के पदों का योग्यतानुकूल, उचित और इसलिए समान वितरण है। प्रत्येक नागरिक राज्य में अपनी योग्यता के अनुसार योगदान देता है और इसलिए वितरक न्याय के अनुसार प्रत्येक व्यक्ति को अपने योगदान के अनुपात में लाभ भी मिलना चाहिये। वितरक न्याय अनुपातिक समानता के सिद्धान्त को मानता है। इसके अनुसार न्याय निरपेक्ष नहीं बल्कि सापेक्ष है। इसमें प्रत्येक व्यक्ति को उसके गुणों और सामाजिक योगदान के अनुरूप अधिकार और पुरस्कार दिए जाते हैं तथा इन्हीं के अनुरूप उसके कर्त्तव्य होते हैं। इस प्रकार का न्याय जनतन्त्र में अधिक सम्भव है। अरस्तु ने समूहतन्त्र के प्रकारों में कुलीन तन्त्र और धनिक तन्त्र के अनुसार न्याय की व्याख्या का खण्डन किया है। धनिक तन्त्र में धन को ही श्रेष्ठता का लक्षण माना जाता है, अरस्तु ऐसा नहीं मानता। यदि किसी समाज में आनुपातिक समानता नहीं होती तो वहाँ न्याय नहीं रहता और नगर वर्गों में बंट जाता है। इस प्रकार के समुदाय में विभिन्न वर्गों में भाईचारा नहीं दिखलाई पड़ता क्योंकि दलित वर्ग यह सोचता है कि उसके साथ न्याय नहीं किया जा रहा है।

(ब) सुधारक न्याय (Corrective Justice)—नागरिक के अधिकारों की अन्य व्यक्तियों से रक्षा करने वाला न्याय सुधारक न्याय है। इस प्रकार सुधारक न्याय किसी भी व्यक्ति को अन्य व्यक्तियों के अधिकारों का अतिक्रमण करने से रोकता है। सुधारक न्याय व्यक्ति के जीवन, सम्पत्ति, सम्मान और स्वतन्त्रता की रक्षा करता है। ये सब वितरक न्याय के द्वारा प्राप्त होते हैं।

प्लेटो और अरस्तु की न्याय पद्धति की तुलना

न्याय के सम्बन्ध में अरस्तु के सिद्धान्त के उपरोक्त विवेचन से यह स्पष्ट होता है कि उसका प्लेटो से निम्नलिखित बातों में अन्तर है—

(1) प्लेटो कर्त्तव्यों पर अरस्तु अधिकारों पर बल देता है—प्लेटो ने मनुष्य को उनके कर्त्तव्यों का बोध कराया जबकि अरस्तु ने अधिकार बतलाये। इसका कारण यह था कि अरस्तु प्लेटो की तुलना में अधिक यर्थाथवादी था।

(2) आधार का अन्तर—प्लेटो के अनुसार न्याय का आधार नैतिक और दार्शनिक था। दूसरी और अरस्तु ने कानून को न्याय का आधार माना। प्लेटो का सिद्धान्त आदर्शवादी और अरस्तु का यथार्थवादी है।

(3) वर्गीकरण का अन्तर— प्लेटो ने न्याय का कोई वर्गीकरण नहीं किया जबकि अरस्तु न्याय को पूर्ण न्याय और विशिष्ट न्याय के वर्गों में बाँटता है।

(4) प्लेटो न्याय पद्धति को विभिन्न वर्गों की स्थिति पर आधारित करता है जब कि अरस्तु की न्याय पद्धति नागरिकों में समानता पर आधारित है।

उपरोक्त अन्तर के होते हुये भी प्लेटो और अरस्तु दोनों ने न्याय का उद्देश्य समाज में एकता, सामंजस्य, सद्‌गुण और सुखी जीवन स्थापित करना माना है। दोनों के अनुसार न्याय का आधार वितरण है। दोनों ही राज्य में नागरिक को उसका उचित भाग देना चाहते हैं। दोनों ही के लिये न्याय कार्यात्मक और प्रयोजनमय है, केवल वैधानिक मात्र नहीं है बल्कि एक नैतिक सिद्धान्त है।

आधुनिक न्याय पद्धति से तुलना

अरस्तु की न्याय की पद्धति की आधुनिक न्याय पद्धति से तुलना करने से दोनों में निम्नलिखित अन्तर पता चलते हैं:

(1) वर्गीकरण का भिन्न आधार—आधुनिक पद्धति सामाजिक, राजनैतिक, आर्थिक तथा मूल अधिकारों के आधार पर न्याय का वर्गीकरण करती है। दूसरी ओर अरस्तु ने न्याय का इससे भिन्न वर्गीकरण उपस्थित किया है।

(2) कर्त्तव्य की व्याख्या में अन्तर—अरस्तु की न्याय पद्धति में कर्तव्य के विषय में आधुनिक न्याय पद्धति से भिन्न विचार मिलता है।

(3) समानता के आधार का अन्तर—आधुनिक न्याय पद्धति में कानूनी समानता मानी जाती है, उसमें नागरिकों की योग्यता और क्षमता पर कोई ध्यान नहीं दिया जाता। दूसरी ओर अरस्तु ने नागरिकों की योग्यता में अन्तर के आधार पर आनुपातिक समानता मानी है।

(4) कानून और नैतिकता में अन्तर—आधुनिक न्याय पद्धति न्याय को नैतिक न मानकर कानूनी अधिक मानती है। दूसरी ओर अरस्तु ने न्याय को नैतिक आधार दिया है। वास्तव में वह नैतिक और वैधानिक में अन्तर नहीं करता।

अरस्तु के न्याय के सिद्धान्त की आलोचना

अरस्तु के न्याय के सिद्धान्त की विवेचना से उसकी आलोचना में अग्रलिखित बातें कही जा सकती हैं:-

(1) राज्य के प्रति योगदान की कसौटी—अरस्तु के न्याय के सिद्धान्त में सबसे बड़ी कठिनाई नागरिकों के राज्य के प्रति योगदान के माप की कसौटी को लेकर है। प्रश्न यह है कि राज्य में विभिन्न नागरिकों के योगदान की मात्रा और गुण को कैसे मापा जा सकता है? अरस्तु के अनुसार भिन्न-भिन्न संविधानों में माप की कसौटी भी भिन्न होगी। जनतन्त्र में योगदान का माप अल्पतन्त्र से भिन्न होगा। यदि ऐसा है तो फिर माप की कसौटी को उचित कैसे कहा जा सकता है?

(5) अरस्तु राज्य में नागरिकों के योगदान की कसौटी को नैतिक मानता है। नैतिकता सब कहीं एक-सी होनी चाहिए परन्तु अरस्तु के अनुसार भिन्न संविधानों में माप की कसौटी

भिन्न-भिन्न होगी। तब फिर भिन्न-भिन्न संविधानों में नैतिकता भी बदल जाती है। यदि किसी विशेष संविधान में ही नैतिकता है तो वह संविधान कौन-सा है?

(3) अरस्तु ने लिखा है, ''सदगुणी राज्य न तो जनतन्त्रीय और न अल्पतन्त्रीय कसौटी को मानेगा तथा केवल बुद्धिमान और गुणवान व्यक्तियों को सम्मान और पद देगा।''[1] राज्य में थोड़े से ही व्यक्ति बुद्धिमान और सद्‌गुणी कहे जा सकते है। अरस्तु के इस वाक्य से ऐसा प्रतीत होता है कि उसके अनुसार इन थोड़े से व्यक्तियों को ही सम्मान और पद मिलना चाहिये। किन्तु दूसरी ओर अरस्तु ने लिखा है, ''अनेक बातों में बहुमत व्यक्ति से अधिक अच्छा निर्णायक है।''[2] इसके अनुसार समूह में न्याय करने की शक्ति व्यक्तियों से अधिक होती है। ऐसी स्थिति में व्यक्ति नहीं बल्कि समूह को ही न्याय का निर्णय करना चाहिए। अरस्तु के इन दोनों कथनों में परस्पर विरोध है। एक ओर तो वह यह मानता है कि वही राज्य अधिक स्थायी होता है जिसको बहुसंख्यक लोगों का समर्थन प्राप्त है, और दूसरी ओर वह केवल थोड़े से बुद्धिमान और सद्‌गुणी व्यक्तियों को भी पुरस्कार देना चाहता है। ऐसा करने से राज्य को बहुमत का समर्थन कैसे प्राप्त होगा?

शिक्षा सम्बन्धी सिद्धान्त
(Theory of Education)

अरस्तु के अनुसार, ''नागरिक को उस शासन के रूप के ढाँचे में ढाला जाना चाहिए जिसके अन्तर्गत वह रहता है।'' राज्य के शासन के रूप में ढालने के लिये नागरिक को शिक्षा देने की आवश्यकता है। दूसरे शब्दों में, शिक्षा ही वह साधन है जिसके द्वारा नागरिक को राज्य के अनुरूप बनाया जा सकता है। इसी बात को अरस्तु ने इन शब्दों में रखा है, ''वह वस्तु जो संविधानों को सबसे अधिक स्थायी बनाती है, वह है शासन के अनुकूल शिक्षा ग्रहण करना।'' अस्तु, प्रत्येक राज्य में नागरिकों को शिक्षा देने की व्यवस्था की जानी चाहिये जिससे उनमें संविधान के अनुरूप चरित्र निर्माण हो।

शिक्षा का उद्देश्य

इस प्रकार अरस्तु के अनुसार शिक्षा का मुख्य उद्देश्य नागरिकों में ऐसे चरित्र का निर्माण करना है जिससे वह राज्य के संविधान का पालन करें। शिक्षा का उद्देश्य मानसिक और नैतिक दोनों है। उपरोक्त उद्देश्य प्रमुख उद्देश्य है। नागरिकों का मानसिक विकास शिक्षा का गौण उद्देश्य है। शिक्षा व्यक्ति को राज्य की सदस्यता के लिये तैयार करती है।

शिक्षा का अधिकार

अरस्तु के अनुसार शिक्षा का अधिकार व्यक्तिगत है बल्कि राज्य के क्षेत्र में आता है। राज्य को ही शिक्षा का प्रबन्ध करना है, शिक्षा राज्य के अधीन होनी चाहिए। राज्य को अपने

---

1. ''A virtuous state will neither accept the democratic nor the oligarchic criteria and will assign honours and offices only to the wise and virtuous.'' —Aristotle.
2. ''A multitude is a better judge of many things than an individual.'' —Aristotle.

उद्देश्य के अनुसार शिक्षा व्यवस्था बनानी चाहिए। वास्तव में अरस्तु ने सम्पूर्ण राज्य को ही शिक्षण संस्था माना है, जिसमें रहकर व्यक्तियों को नागरिक जीवन की शिक्षा मिलती है। भिन्न-भिन्न राज्यों में शिक्षा व्यवस्था के लक्ष्य और संगठन बदल जाते हैं।

शिक्षा की योजना

अरस्तु प्रत्येक व्यक्ति को भिन्न-भिन्न आयु में सब प्रकार की शिक्षा देना चाहता है जबकि प्लेटो ने समाज के अलग-अलग वर्गों के लिये भिन्न-भिन्न प्रकार की शिक्षा की व्यवस्था की थी। आयु के अनुसार विद्यार्थियों की शिक्षा का पाठ्यक्रम निम्नलिखित है–

(1) सात वर्ष तक की आयु–अरस्तु के अनुसार सात वर्ष तक बालक को घर में ही रहना चाहिए और घर में ही उसकी शिक्षा होनी चाहिए। उसकी माता को उसके खाने पीने की व्यवस्था करनी चाहिए। बालकों को ऐसी कहानियाँ सुनाई जानी चाहियें और ऐसे खेल सिखाये जाने चाहियें कि उनमें आगे चल कर किये जाने वाले कामों के संस्कार पड़े। बालकों को किसी गन्दी बात को सुनने या गन्दा काम करने का अवसर नहीं देना चाहिये क्योंकि इससे उनका जीवन दूषित बन जाता है। पांच से सात वर्ष की आयु में उन्हें जिमनास्टिक आदि ऐसे काम सिखाये जाने चाहियें जो उन्हें आगे चल के करने हैं। घर में शिक्षा से अरस्तु का तात्पर्य यह नहीं था कि इस आयु में शिक्षा पर सरकारी नियंत्रण बिल्कुल न हो। वास्तव में उसमें सात वर्ष की आयु तक के बालकों की घर में शिक्षा की देखभाल के लिये सरकारी निरीक्षकों की नियुक्ति की सलाह दी है।

(2) सात से चौदह वर्ष तक–सात से चौदह वर्ष तक की शिक्षा में अरस्तु ने शारीरिक गठन पर विशेष जोर देने की आवश्यकता मानी है। उसका कहना था कि विद्यार्थियों को इस आयु में जिमनास्टिक के द्वारा अपना शरीर ऐसा बनाना चाहिये जैसा स्पार्टा के लोगों का था। इस आयु में भी जिमनास्टिक के अतिरिक्त थोड़ी बहुत अन्य शिक्षा दी जाती है।

(3) चौदह से इक्कीस वर्ष तक–इस काल में विद्यार्थियों को कठिन परिश्रम करके पढ़ाई-लिखाई, अंकगणित, रेखागणित, चित्रकला, संगीतकला आदि विभिन्न विषयों का अध्ययन करना चाहिये। अरस्तु ने संगीत की शिक्षा की व्यापक व्याख्या की है। संगीत अवकाश बिताने का सबसे अच्छा साधन है। उसका चरित्र निर्माण पर भी प्रभाव पड़ता है। इस प्रकार संगीत से नैतिक शिक्षा में सहायता मिलती है।

अरस्तु के अनुसार 21 वर्ष की आयु तक मनुष्य की शिक्षा समाप्त हो जाती है जबकि प्लेटो ने मनुष्य की शिक्षा की अवधि सम्पूर्ण जीवन को माना था।

अरस्तु की शिक्षा की विशेषतायें

(1) अरस्तु की शिक्षा का उद्देश्य नागरिक को संविधान के अनुरूप बनाना था।

(2) शिक्षा में संकल्प के प्रशिक्षण द्वारा चरित्र का विकास आवश्यक माना गया।

(3) शिक्षा का एक उद्देश्य व्यक्ति को सफल शासक बनाना था।

(4) शिक्षा के द्वारा राज्य में नैतिक स्तर ऊँचा उठाया जाना था।

प्लेटो की योजना से तुलना

प्लेटो की योजना से तुलना करने पर अरस्तु और प्लेटो की शिक्षा योजनाओं में निम्नलिखित समानतायें दिखलाई पड़ती हैं–

(1) मानव आत्मा का प्रशिक्षण–दोनों ने शिक्षा का उद्देश्य मानव आत्मा का प्रशिक्षण माना है।

(2) नैतिक शिक्षा–दोनों ने शिक्षा का उद्देश्य नैतिक मानकर उसके द्वारा चरित्र तथा संकल्प के प्रशिक्षण पर जोर दिया है।

(3) मनोवैज्ञानिक आधार–दोनों ने ही शिक्षा प्रक्रिया में यथासम्भव मनोवैज्ञानिक उपाय अपनाने की सलाह दी है।

(4) निश्चित पाठ्यक्रम–दोनों ने ही विभिन्न स्तरों पर शिक्षा का निश्चित पाठ्यक्रम निर्धारित किया है।

(5) दोनों ने ही शिक्षा के द्वारा विवाह और संतति नियमन का प्रयास किया है।

अरस्तु और प्लेटो की शिक्षा व्यवस्था में निम्नलिखित असमानतायें दिखलाई पड़ती हैं–

(1) पाठ्यक्रम का अन्तर– प्लेटो और अरस्तु ने शिक्षा के भिन्न-भिन्न पाठ्यक्रम उपस्थित किये।

(2) लक्ष्य का अन्तर–प्लेटो की शिक्षा का लक्ष्य सद्गुण और अरस्तु की शिक्षा का अन्त:विवेक है।

(3) संगीत सम्बन्धी अन्तर–प्लेटो और अरस्तु दोनों ने ही नैतिक शिक्षा में संगीत का महत्व माना है किन्तु संगीत के स्वरूप के विषय में उनके विचारों में अन्तर दिखलाई पड़ता है।

(4) अरस्तु की शिक्षा योजना प्लेटो के समान पूर्ण नहीं है।

(5) जबकि प्लेटो ने साहित्य के अध्ययन पर जोर दिया, अरस्तु इसके बारे में कुछ नहीं कहता।

शिक्षा सम्बन्धी विचारों का मूल्यांकन

(1) अरस्तु ने शिक्षा में संगीत पर प्लेटो से अधिक जोर दिया है।

(2) अरस्तु की शिक्षा योजना प्लेटो से कम व्यवस्थित है।

(3) अरस्तु की शिक्षा योजना में साहित्य का महत्व कम है।

(4) अरस्तु की योजना में बौद्धिक विकास चौदह वर्ष के बाद ही शुरू होता है।

(5) अरस्तु की शिक्षा का उद्देश्य व्यक्ति नहीं बल्कि राज्य है।

(6) शिक्षा के सम्बन्ध में अरस्तु ने मध्यम मार्ग का समर्थन किया है।

(7) अरस्तु की शिक्षा योजना का आधार मनोवैज्ञानिक है। इसमें आनुवंशिकता, स्वभाव, अनुकरण आदि पर जोर दिया गया है।

(8) चूंकि शिक्षा का लक्ष्य संविधान से अनुकूलता है इसलिये अरस्तु ने सब नागरिकों के लिये एक सी शिक्षा की व्यवस्था की है।

(9) जब कि प्लेटो ने शिक्षा के मन्त्री को शिक्षा का सर्वोच्च अधिकारी माना है, अरस्तु के अनुसार सर्वोच्च अधिकारी कानूनी व्यक्ति होना चाहिए।

(10) अरस्तु की योजना में शिक्षा राज्य के संविधान से सापेक्ष है।

अरस्तु की शिक्षा योजना के उपरोक्त मूल्यांकन से उसके अनेक गुण और दोष स्पष्ट होते हैं। इस विवेचन से स्पष्ट है कि उसकी शिक्षा योजना में आधुनिक शिक्षा शास्त्र और शिक्षा की दृष्टि से अनेक महत्वपूर्ण बातें पायी जाती हैं। उसने शिक्षा व्यवस्था को मनोवैज्ञानिक आधार पर स्थापित किया। उसने शिक्षा के लक्ष्यों में सत्य, शुभ और सुन्दर का समन्वय किया। उसने विद्यार्थियों के विकास में शरीर और मन के संतुलित विकास पर जोर दिया। वह नैतिक शिक्षा को शिक्षा का अनिवार्य अंग मानता है। वह ज्ञान और कर्म में समन्वय करना चाहता है। उसने कला और जिमनास्टिक की शिक्षा को व्यवसाय से मुक्त रखा। उसने सभी नागरिकों के सर्वांग विकास के लिए समान शिक्षा व्यवस्था उपस्थित की और अन्त में उसने शिक्षा के लक्ष्य, पाठ्यक्रम, प्रणाली, नियंत्रण आदि विभिन्न पहलुओं में मध्यम मार्ग अपनाया। इस प्रकार उसके शिक्षा सम्बन्धी विचार प्लेटो से कहीं अधिक व्यवहारिक बन गये हैं।

राजशास्त्र की देन

(Contribution to Political Science)

राजशास्त्र के क्षेत्र में अरस्तु की देन के सम्बन्ध में उल्लेखनीय बातें निम्नलिखित हैं:-

(1) संवैधानिक शासन की स्थापना—अरस्तु ने राज्य में दार्शनिकों के शासन के स्थान पर संवैधानिक नियमों द्वारा शासन की स्थापना की क्योंकि इसी के द्वारा जनता का कल्याण सम्भव हो सकता है।

(2) अध्ययन क्षेत्र का विस्तार—राजशास्त्र के सिद्धान्तों को विभिन्न वास्तविक राज्यों के निरीक्षण पर आधारित करके अरस्तु ने इस विज्ञान के अध्ययन के क्षेत्र का व्यापक विस्तार किया। उसके अनुसार राजशास्त्र में राज्यों को चलाने की कला का व्यापक अध्ययन किया जाना चाहिये।

(3) स्वतन्त्र अध्ययन—जैसा कि पीछे बतलाया जा चुका है, अरस्तु ने राजशास्त्र को नीतिशास्त्र से अलग एक स्वतन्त्र अध्ययन का रूप दिया।

(4) आर्थिक और भौगोलिक तत्वों का महत्व— किसी भी राज्य का संविधान बनाने में अरस्तु ने आर्थिक और भौगोलिक तत्वों को अत्यधिक महत्वपूर्ण माना है।

(5) राज्य का महत्व—अरस्तु का कहना था कि मनुष्य स्वभाव से ही राजनैतिक प्राणी है। उसके अपने शब्दों में, ''राज्य जीवन के लिये ही अस्तित्व में आता है और

कल्याणकारी जीवन के लिये ही बना रहता है।" इस प्रकार व्यक्ति के कल्याण में राज्य का महत्वपूर्ण योगदान है।

(6) सरकार के योगदान का निर्धारण—अरस्तु के अनुसार राजशास्त्र की एक प्रमुख समस्या राज्य में व्यक्ति की स्वतन्त्रता और राज्य की सत्ता के मध्य समन्वय स्थापित करना है। उसने सरकार को कानून का सेवक माना। राज्य की सत्ता राज्य में नागरिकों के कल्याण के लिये कानून का पालन कराने के लिये होती है।

(7) जनमत का महत्व—जबकि प्लेटो ने जनमत को कोई विशेष महत्व नहीं दिया था, अरस्तु ने राज्य में जनमत को अत्यन्त महत्वपूर्ण माना है।

(8) जनतन्त्र की स्थापना—इस प्रकार अरस्तु ने राजशास्त्र में जनतन्त्र का सच्चा रूप उपस्थित किया। उसने लिखा था, "जनतन्त्र सरकार का वह रूप है, जिसमें निर्धन जो कि बहुमत का निर्माण करते हैं, सर्वोच्च माने जाते हैं।"

(9) क्रांति का सिद्धान्त—राज्य क्रांति के विकास में अरस्तु द्वारा प्रस्तुत किये गये विचार राजशास्त्र में आज भी इतने अधिक़ महत्वपूर्ण माने जाते हैं कि अरस्तु को कार्ल मार्क्स का पूर्वगामी कहा गया है।

राजशास्त्र के क्षेत्र में अरस्तु के योगदान के उपरोक्त विवरण से प्लेटो से उसका अन्तर स्पष्ट होता है। मैक्सी ने इस अन्तर को एक वाक्य में इस प्रकार उपस्थित किया है, "प्लेटो राजनीति दर्शन के आदर्शवादियों, स्वप्नदर्शियों, क्रांतिकारियों, कल्पनावादियों का पिता है और अरस्तु यथार्थवादियों, वैज्ञानिकों, व्यवहारवादियों तथा उपयोगितावादियों का जनक है।" इस कथन से यह भी स्पष्ट होता है कि अरस्तु राजशास्त्र का जनक था।

अभ्यास के लिये प्रश्न

1. अरस्तु को राजनीतिशास्त्र का जन्मदाता क्यों कहा जाता है और प्लेटो को क्यों स्वीकार नहीं किया था? प्लेटो तथा अरस्तु के राजनैतिक वर्णन के बीच क्यों आधारभूत अन्तर है?
2. "राजनीतिक दर्शन के मौलिक सिद्धान्तों की दृष्टि से अरस्तु प्लेटो का एक वफादार शिष्य था।" स्पष्ट करो।
3. "अरस्तु के राजनीतिक सिद्धान्त उसी पृष्ठभूमि पर स्थित थे, जो उसने प्लेटो के सम्पर्क के द्वारा प्राप्त किये थे।" उपरोक्त कथन का स्पष्ट वर्णन करो।
4. "प्लेटो ऐसे सर्वोच्च गुणों वाले व्यक्ति की तलाश करता है जो राज्य को इतना अच्छा बना देगा जितना अच्छा वह होना चाहिये। अरस्तु ऐसे सर्वोच्च विज्ञान की तलाश करता है जो ऐसे अच्छे राज्य का निर्माण कर दे जितना सम्भव हो।" (मैक्सी) विवेचना कीजिये।

5. प्रो० मैक्सी के अनुसार अरस्तु की पालिटिक्स एक निश्चित उद्देश्य की पूर्ति करती है। आप इससे कहाँ तक सहमत हैं?

6. "राज्य प्राकृतिक है। यह जीवन के लिए उत्पन्न हुआ था अच्छा जीवन बनाए रखने के लिए जारी रहा।" (अरस्तु) इस कथन की आलोचनात्मक व्याख्या कीजिए।

7. "समस्त समुदायों का उद्देश्य कुछ न कुछ भलाई करना है। राज्य, जो कि सर्वोच्च समुदाय है, का लक्ष्य सबसे अधिक भलाई करना है।" (अरस्तु) विवेचना कीजिए।

8. "इस प्रकार राज्य प्रकृति से ही स्पष्ट रूप से कुटुम्ब तथा व्यक्ति के पूर्व है। क्योंकि भाग की अपेक्षा पूर्ण वस्तु आवश्यक रूप से पहले आती है।" (अरस्तु) विवेचना कीजिये।

9. अरस्तु ने राज्य तथा सरकार में क्या अन्तर बताया है? अरस्तु के सरकार के वर्गीकरण का भी वर्णन कीजिये।

10. "बहुत से ....जब वे साथ-साथ मिलते हैं अधिकांश कुछ अच्छे व्यक्तियों की अपेक्षा बढ़कर होते हैं यदि उनको व्यक्तिगत दृष्टिकोण से न देखा जाकर सामूहिक दृष्टिकोण से देखा जाता है।" (अरस्तु) व्याख्या कीजिये।

11. अरस्तु के सम्पत्ति और परिवार सम्बन्धी विचारों की व्याख्या कीजिये।

12. कुटुम्ब तथा सम्पत्ति के विषय में अरस्तु के विचारों का आलोचनात्मक परीक्षण कीजिए। "अच्छे मनुष्यों में, सम्पत्ति के प्रयोग के विषय में, यह कहावत बहुत समय तक ठीक मानी जावेगी कि 'मित्रों का समस्त वस्तुओं पर सामान्य अधिकार होना चाहिये'।" इस कथन की विवेचना कीजिये।

13. दासता, कुटुम्ब, सम्पत्ति तथा राज्य की एकता के विषय में अरस्तु के विचार क्या हैं?

14. "संवैधानिक राज्य के शासन की कल्पना सम्भवतः सबसे महत्वपूर्ण योगदान है जो अरस्तु से बाद में आने वाली सन्तानों को दिया है।"

    उपरोक्त कथन की व्याख्या कीजिए जिसमें स्पष्ट रूप से अरस्तु की विधि की कल्पना का वर्णन कीजिए और बताइये कि यह प्लेटो की कल्पना से किस प्रकार भिन्न है?

15. "..........विधि का शासन किसी व्यक्ति के शासन की अपेक्षा अधिक अच्छा है। विधि इच्छा से अप्रभावित बुद्धि होती है।" (अरस्तु) व्याख्या कीजिये।

16. प्लेटो तथा अरस्तु के न्याय की कल्पना की तुलना कीजिये तथा आप अपने विचार भी बतलाइये।

17. "वह वस्तु जो संविधान को सबसे अधिक स्थायी बनाती है, वह शासन के अनुकूल शिक्षा ग्रहण करना है।" (अरस्तु) व्याख्या कीजिए।

8

अरस्तु–उत्तर राजनैतिक चिन्तन
(Post Aristotle Political Thought)

यूनान में अरस्तु के बाद राजनीतिक चिन्तन के विषय में सेबाइन (Sabine) ने लिखा है कि, ''322 ई॰ पूर्व में अरस्तु की मृत्यु के साथ राजनीतिक दर्शन के इतिहास में एक युग की समाप्ति उसी तरह होती है जैसे उससे एक वर्ष पूर्व मरने वाले उसके जीवन से राजनीति में नवयुग का आरम्भ हुआ था।'' अरस्तु के पश्चात् यूनानी राजनीतिक चिन्तन में एक नवीन मोड़ आया, यह मोड़ एक अभावात्मक मोड़ (Negative Attitude) के रूप में सामने आया।

अभावात्मक मोड़ के कारण—अरस्तु ने जहाँ नगर राज्य को राजनीतिक संगठन का रूप माना था, वहाँ अब उसका स्थान सैनिक शक्ति पर आधारित विशाल साम्राज्य ने ले लिया। मैसीडोनिया के राजा फिलिप (Phillip) और उसके पुत्र एलैक्जैण्डर (सिकन्दर) ने नगर राज्यों को पदाक्रान्त कर दिया था। यूनानी पहले मैसीडोनिया और बाद में रोम साम्राज्य के पराधीन हो गये। परिवर्तित परिस्थतियों ने यूनानी राजनीतिक चिन्तन की नींव को हिला दिया। यूनानियों के मौलिक विचारों की उड़ान उनके पराधीन होने के साथ ही समाप्त हो गई। अरस्तु की विचारधाराओं की कटु आलोचना होने लगी और एक नवीन विचारधारा का जन्म हुआ।

''जिस प्रकार मध्यकाल में मुस्लिम आक्रान्ताओं द्वारा पदाक्रान्त भारतीयों को भक्तिवाद से सन्तोष मिला था उसी प्रकार यूनानियों को मैसीडोनिया तथा रोम द्वारा पराधीन बनाये जाने के बाद 'एपीक्यूरस' और 'जीना' के सिद्धान्तों से शान्ति मिलती थी।'' यूनान के पराधीन होने पर अब उन्होंने सामान्य नागरिकता (Common Citizenship) को महत्त्व देना आरम्भ किया एवं दास प्रथा को बुरा कहा जाने लगा।

एपीक्यूरियन तथा स्टोइक
(Epicurean and Stoic)

एपीक्यूरियन तथा स्टोइक विचारकों ने यूनानी राजनीतिक चिन्तन को एक नया मोड़ दिया था। ये दोनों ही प्लेटो व अरस्तु के इस विचार का खण्डन करते थे कि राज्य श्रेष्ठ जीवन व्यतीत करते हेतु अनिवार्य है, तथा नागरिकों को राज्य के कार्यों में भाग लेना चाहिये।

उसके अनुसार, श्रेष्ठ जीवन व्यतीत करने का राज्य से कोई सम्बन्ध नहीं है। श्रेष्ठ एवं सुखी जीवन व्यतीत करने के लिये व्यक्ति को अपने पर नियन्त्रण रखना आवश्यक होता है। इन दोनों ही विचारकों के विचारों का केन्द्र बिन्दु राज्य न होकर व्यक्ति होता था। टार्न (Tarn) ने इस सम्बन्ध में लिखा है कि, "अरस्तु के साथ इस विचार का अन्त हो गया कि मनुष्य राजनीतिक प्राणी है, पोलिस या स्वशासन करने वाले नगर-राज्य का अंग है। सिकन्दर के आविर्भाव के साथ मनुष्य को व्यक्ति के रूप में देखा जाने लगा। मैकिलवेन (Macklevan) के शब्दों में, "अब राज्य और समाज समानार्थक नहीं रहे हैं। व्यक्ति राज्य से पृथक रूप में चिन्तन का एक प्रधान विषय बन गया है।" प्रो॰ बाउले (Prof. Bowle) ने इस विषय के सम्बन्ध में लिखा है कि, "ये दो विख्यात दार्शनिक विचारधारायें नगर-राज्य का अतिक्रमण करके एक सार्वभौम जीवन की प्रक्रिया को समझाने तथा व्यक्ति की एकान्त आवश्यकताओं की पूर्ति के प्रयत्न के विषय में एकमत हैं। ये दोनों ही जीवन एवं संस्थाओं के पीछे एक विशिष्ट नमूने का दर्शन कराती हैं, यद्यपि यह मानवीयता से बिल्कुल सम्बन्धित नहीं है। स्टोइक दर्शन और भी आगे बढ़कर कहता है कि 'प्राकृतिक कानून' तथा 'दैवी शक्ति' का विश्व पर शासन है, जिसमें पाप की प्रधानता होते हुए भी व्यक्तियों का यह कर्त्तव्य है कि वे जीवन के उच्चतर मूल्यों की रक्षा करें, जो स्वयं ही अपना पुरस्कार है। यही वह देन है, जो रोमन कानून तथा ईसाइयत को स्टोइसिज्म (Stoicism) द्वारा प्राप्त हुई है। सभी मनुष्यों पर लागू होने वाला प्रकृति का कानून बड़ी-बड़ी सरकारों के पीछे उसकी शक्ति का स्रोत बनता है। सिसरो की परिभाषाओं तथा कानूनी भाषा में अनूदित होकर यह मध्य युग तक तथा उसके परवर्ती काल में आया है।"

एपीक्यूरियन चिन्तन
(Epicurean Thought)

306 ई॰ पूर्व में एथेन्स में एपीक्यूरस नामक विद्वान दार्शनिक ने अपने विचार प्रकट किये, उसके इन विचारों को उसके नाम पर ही एपीक्यूरियन विचारधारा का नाम दिया गया। इस विचारधारा को 'साइरेनिसिज्म' (Cyrenicism) का ही विकसित रूप कहा जा सकता है। उसके प्रमुख विचार निम्नलिखित हैं–

(1) जीवन का लक्ष्य अधिक से अधिक सुख की प्राप्ति (Aim of Life to achieve great Pleasure)–एपीक्यूरियन विचारधारा के अनुसार जीवन का अन्तिम लक्ष्य अधिक से अधिक सुखों की प्राप्ति है। इस विचारधारा के अनुसार "एक बुद्धिमान व्यक्ति को राजनीति या नागरिक समाज से कोई सम्बन्ध नहीं रखना चाहिये, जब तक कि वह उसके व्यक्तिगत सुख की प्राप्ति के लिये आवश्यक न हो।" इन्यूक्रेटियस ने इस विचारधारा के सम्बन्ध में कहा है कि "एक बुद्धिमान मनुष्य को पारिवारिक जीवन के उत्तरदायित्वों से भी दूर रहना चाहिए, क्योंकि परिवार भी दु:खों का कारण है।" सेबाइन (Sabine) ने इस सम्बन्ध में अपना मत प्रगट करते हुए कहा है कि "इस दर्शन के अनुसार श्रेष्ठ जीवन आनन्द के उपभोग में निहित है तथापि, इस दर्शन ने आनन्द का थोड़ा नकारात्मक अर्थ लिया है। वास्तविक प्रसन्नता कष्ट और चिन्ता के निवारण में हैं। एपीक्यूरस अपने शिष्य मण्डल में अत्यन्त सौहार्द्र तथा मैत्री का वातावरण बनाये रखता था। उसके सुखवाद के सिद्धान्त में भी इसी

आमोद-प्रमोद के लक्ष्य मिलते हैं। इस दर्शन में सार्वजनिक जीवन की चिन्ताओं से निवृत्ति का भाव निहित है।''

(2) धर्म की उपेक्षा (Neglect of Religion)—एपीक्यूरियन विचारधारा में धर्म के प्रति उपेक्षात्मक रवैया अपनाया गया है। धर्म अज्ञानता का परिचायक है। धर्म मनुष्य के मन में भय उत्पन्न करता है, शान्ति नहीं। देवता का भय, मृत्यु व नरक की कल्पना का भय, धर्म ही उत्पन्न करता है। एपीक्यूरस के अनुयायी रोमन कवि ल्यूक्रियस का मत है कि ''मानवीय जीवन धर्म के अत्याचार से पीड़ित रहा है।''

(3) राज्य की उत्पत्ति तथा विधि (Origin of State and Law)—सेबाइन (Sabine) के अनुसार ''एक संविदा के रूप में राज्य और विधि का जन्म होता है, जो मनुष्यों के पारस्परिक व्यवहार को सुगम कर देता है। यदि इस प्रकार की संविदा न हो, तो न्याय नाम की कोई चीज भी न रहे। विधि और शासन पारस्परिक सुरक्षा के लिये हैं।'' इस विचारधारा के अनुसार, मानव स्वभाव का स्वार्थीपन ही राज्य की उत्पत्ति का मुख्य कारण है। इन व्यक्तिगत स्वार्थों पर अंकुश लगाने हेतु ही व्यक्तियों ने आपस में मिलकर एक सर्वोच्च सत्ता (राज्य) को जन्म दिया।

(4) राजनीतिक जीवन की उपेक्षा (Neglect of Political Life)—एपीक्यूरियन विचारधारा के अनुसार राजनीतिक जीवन जीने वाला व्यक्ति सामाजिक जीवन कभी नहीं जी सकता। परिवार, समाज तथा राज्य में रहते हुये व्यक्ति में इच्छाओं की उत्पत्ति अवश्यम्भावी है, इन इच्छाओं का दमन सम्भव नहीं है, जबकि इनको पूर्ण करना भी सम्भव नहीं है। अत: सुखी जीवन व्यतीत करने हेतु राज्य से पृथक ही रहना आवश्यक है। राजनीतिक जीवन व्यतीत करने हेतु शक्ति सम्पन्न होना आवश्यक है, जो अहंकार, द्वेष तथा ईर्ष्या की जननी है। डनिंग (Dunning) के शब्दों में, ''राजनीतिक जीवन एक बोझ है, जिसका आदर्श जीवन के साथ कोई मेल नहीं है।''

(5) न्याय की अवधारणा (Concept of Justice)—एपीक्यूरियन की न्याय सम्बन्धी विचारधारा के विषय में आर० डी० ह्विस (R.D. Whiss) का मत है कि ''परम्परागत विधि के अन्तर्गत व्यक्तियों के पारस्परिक व्यवहार के आधार पर उत्पन्न होने वाली आवश्यकताओं के लिये, जो वस्तु ईष्टकर मालूम होती है, वह स्वभावत: न्यायपूर्ण है। यदि कोई कानून मनुष्यों के पारस्परिक व्यवहार के अनुकूल नहीं पड़ता, तो वह न्यायपूर्ण नहीं होता। यदि कानून, व्यक्त अनुकूलता परिवर्तनशील हो और वह केवल उस समय तक के लिये ही न्याय के विचार के अनुरूप हो, तो भी वह यथार्थ दृष्टि से तथ्यों पर विचार करते हैं, अवश्य ही न्यायपूर्ण है।''

स्टोइक चिन्तन
(Stoic Thought)

स्टोइक विचारधारा का संस्थापक जीनो था। जीनो मकान की ड्योढ़ी को यूनानी भाषा में स्टोआ (Stoa) कहता था, इसलिये ये स्टोइक कहलाये। 200 ई० पू० से 300 ई० तक अर्थात् 500 वर्षों तक इस विचारधारा को बहुत मान्यता मिली। स्टोइक भौतिक आनन्द की प्राप्ति को

महत्त्वहीन समझते थे, वे बुद्धि के ऊपर आधारित मानसिक आनन्द को विशेष महत्त्व देते थे। स्टोइक विचारधारा अधिक महत्त्वपूर्ण है क्योंकि इसने राजनीतिक सिद्धान्तों को एपीक्यूरियन विचारों की अपेक्षा अधिक प्रभावित किया है।

राजनीतिक विचार

(1) मानवीय समानता (Equality of Men)–स्टोइक प्रत्येक व्यक्ति को समानता का अधिकार देते हैं। वे किसी भी मानव को नीची दृष्टि से नहीं देखते थे। किसी वर्ग विशेष को भी वे अधिकार एवं मान्यता देने के पक्ष में नहीं हैं। ''सभी मनुष्य ईश्वर के पुत्र हैं, अतः वे एक दूसरे के भाई हैं।''

(2) विश्व नागरिकता (Universal Citizenship)–स्टोइक्स ने यूनानी राज्यों की नगर-नागरिकता के स्थान पर विश्व राज्य एवं नागरिकता को ही महत्त्व दिया। बर्बर या यूनानी के अन्तर को महत्त्व नहीं देते थे।

(3) मनुष्य का स्वभाव (Nature of Man)–स्वभाव से ही मानव स्वार्थी होता है, अपने स्वभाव के कारण ही वह अनेक विपत्तियों में फंस जाता है। स्वभाव के कारण ही वह अनेक दुर्व्यसनों एवं विलासपूर्ण कार्यों में रत रहता है। मनुष्य को नैतिकता के नियमों का भी पालन करना चाहिये।

(4) राज्य तथा व्यक्ति (State and Individual)–स्टोइक्स के अनुसार राज्य तथा व्यक्ति में व्यक्ति को अधिक महत्त्व प्रदान किया जाना चाहिये। उन्होंने 'दास प्रथा' को भी समाप्त किये जाने का अनुरोध किया। उनके अनुसार 'दास भी समाज के ही सदस्य हैं।'

(5) कानून का स्वभाव (Nature of Law)–स्टोइक्स कानून में स्वभाव को सर्वोच्च स्थान देते हैं। वे कानून के प्राकृतिक रूप में विश्वास करते हैं। उनके अनुसार कानून में सर्वोच्च सत्ता निहित है।

(6) न्याय का स्वरूप (Nature of Justice)–उनके अनुसार मनुष्य के जीवन में न्याय का महत्त्वपूर्ण स्थान है। प्रत्येक व्यक्ति को, जिसकी उसको आवश्यकता है चाहे वह किसी भी स्थिति में हो उसे उसका उचित भाग ही मिलना चाहिये।

स्टोइक विचारधारा की आलोचना

डनिंग ने इसके सम्बन्ध में कहा है कि ''यह दर्शन केवल कल्पना पर आधारित है तथा इसको व्यवहार में लाना सम्भव नहीं है।'' उसने आगे कहा है कि ''ईसाइयत ने रोमन साम्राज्य में सिद्धान्त और व्यवहार की दृष्टि से स्वीकार किये जाने वाले स्टोइक विचारों को ग्रहण किया और गम्भीरतम परिणामों के साथ इन्हें वर्तमान युग को प्रदान किया।''

अभ्यास के लिये प्रश्न

1. सिसरो के विशेष संदर्भ में स्टोइकों के प्रमुख राजनैतिक विचारों की आलोचनात्मक व्याख्या कीजिये।
2. "अरस्तु के बाद यूनानी राजनीतिक विचारधारा पूर्ण रूप से परिवर्तित हो गई।" स्टोइक तथा एपीक्यूरियनों के विचारों का उल्लेख करते हुए इस कथन की व्याख्या कीजिये।
3. यूनान में अरस्तु के पश्चात् के राजनीतिक चिन्तन की क्या विशेषतायें हैं? एपीक्यूरियन तथा स्टोइक विचारधाराओं के बारे में अपने विचार प्रकट कीजिये।
4. स्टोइक विचारों के मुख्य विचारों का वर्णन कीजिये तथा राजनीतिक विचारों के इतिहास में इसका महत्त्व स्पष्ट कीजिये।
5. एपीक्यूरियन तथा स्टोइक दर्शन की मुख्य विशेषताओं का वर्णन कीजिये।
6. एपीक्यूरियन सम्प्रदाय का विशेष उल्लेख करते हुए अरस्तु के बाद यूनानी राजनैतिक चिन्तन का वर्णन कीजिये।

9

रोमन राजनीतिक चिन्तन
(Roman Political Thought)

यद्यपि प्लेटो एवं अरस्तु जैसे दार्शनिकों ने रोम की भूमि पर जन्म नहीं लिया और न ही वहाँ के राजदर्शन ने राजनीतिक चिन्तन को कोई महत्त्वपूर्ण योगदान दिया, फिर भी डनिंग (Dunning) के अनुसार ''यद्यपि मौलिक दृष्टि से रोमनों की राजनीतिक चिन्तन के इतिहास में कोई महत्त्वपूर्ण योगदान नहीं दिया। फिर भी राजनीतिक चिन्तन में उसका अपना विशेष स्थान है।'' मैक्सी (Maxey) ने भी कहा है ''रोमन सभ्यता राजनीतिक चिन्तन के इतिहास में अपने विचारों की मौलिकता के कारण प्रसिद्ध नहीं है। रोम के विचार राजनीतिक विचारधाराओं के सृजनकर्त्ता न होकर उनका विस्तार और प्रसार करने वाले थे।''

रोम की तत्कालीन अवस्था
(Contemporary Conditions of Rome)

सिकंदर की मृत्यु के पश्चात उसका राज्य छिन्न-भिन्न हो गया। इन दिनों रोम का राज्य उन्नत अवस्था में था। राजतांत्रिक नगर राज्य से आरंभ होकर, उसने ईसा के लगभग 500 वर्ष पूर्व गण-राज्य (Republic) की ओर पग उठाया और लगभग 200 वर्ष के पश्चात, पैट्रीशियनों (Patricians) और प्लीबियनों (Plebians) की समानता को स्वीकार करके, एक शक्तिशाली गणराज्य के रूप में विजय के पथ पर अग्रसर हुआ। रोम के निवासी दो विभिन्न वर्गों में विभाजित थे। पहला वर्ग पैट्रीशियनों (Patricians) अर्थात् उच्च श्रेणी के लोगों और दूसरा वर्ग प्लीबियनों (Plebians) अर्थात् निम्न श्रेणी के लोगों का था। शासन-कार्य में पहले वर्ग का एकाधिकार था। परिणामस्वरूप दूसरे वर्ग के लोगों का जीवन दुख:प्रद था। अत: उन्होंने पहले वर्ग के साथ समानता-प्राप्ति का आंदोलन चलाया और लगभग 200 वर्ष के संघर्ष के पश्चात् अपने उद्देश्य की पूर्ति में सफल हुए। पहले इटली के सब राज्य उसके अधीन हो गये और तत्पश्चात् अन्य प्रदेशों के राज्य भी। क्रमश: गण-राज्य में भी दोष आये और कालांतर में वह एक ऐसे राज्य में परिवर्तित हो गया जो देखने में तो गण-राज्य के समान था पर जो वास्तव में राजतंत्रात्मक था। लगभग 500 वर्ष के इस काल में उसके संविधान में

समयानुकूल भांति-भांति के परिवर्तन हुए जिनके परिणामस्वरूप गणतंत्रीय काल में एक ऐसा संविधान बना जिसकी संस्थाएं और अधिकारी एक दूसरे की अनियंत्रित शक्ति-वृद्धि को रोकते तथा एक दूसरे का संतुलन करते थे। रोम के विद्वानों ने इसे मिश्रित संविधान की उपाधि दी थी।

रोम की उपरिवर्णित आश्चर्यजनक उन्नति से हमें रोमन लोगों के राष्ट्रीय चरित्र का कुछ आभास होता है। वे निर्माता थे, यूनानियों की भांति विचारक हो गये थे। यूनानियों के वैयक्तिक और राष्ट्रीय जीवन का मूल मंत्र स्वतंत्रता में था, पर ऐसी स्वतंत्रता में नहीं जो अनियंत्रित हो। वे स्त्रियों और गुलामों की स्वतंत्रता के विरोधी थे। अफलातून ने स्त्रियों की स्वतंत्रता के पक्ष में कुछ विचार अवश्य प्रगट किये थे। पर उनको स्वतंत्र बनाने की अपेक्षा, वह इस बात की ओर अधिक झुका हुआ था कि वे राज्य के प्रति अपने कर्त्तव्यों का पालन करें।

रोमन राजनीतिक चिन्तन की विशेषतायें
(Characteristics of Roman Political Thought)

रोमन राजनीतिक विचारधारा की प्रमुख विशेषतायें हैं—

(1) राज्य सम्बन्धी विचार (Ideas Concerning State)—राज्य का निर्माण रोमवासियों के अनुसार लोगों की सहमति से हुआ। उनका राज्य सिद्धान्त न्यायशास्त्रियों के सिद्धान्त पर आधारित है। प्रो० मैकिलवेन (Prof. Mcilwain) ने लिखा है कि "एक यूनानी राजनीतिक विचारक के लिये राज्य या तो धनिकतन्त्र था या स्वयं राजा, एक रोमन न्यायशास्त्री के लिये राज्य प्रशासकों की समुचित कार्यवाही था।"

(2) राजसत्ता का सिद्धान्त (Theory of Imperium)—इम्पीरियम सत्ता की व्याख्या करते हुए अल्पियन ने लिखा है कि "यह सत्ता सम्राट की इच्छा में वैधानिक शक्ति है क्योंकि रीगल कानून को पास करके लोग अपनी सारी सत्ता और शक्ति उसे सौंप देते हैं।" प्रो० मैकिलवेन के विचार में "रोमन लोगों की इम्पीरियम वह सत्ता है जिसमें किसी प्रकार के कानून में बाध्यता की शक्ति प्राप्त होती, उन कानूनों में जिनका निर्माण समस्त जनता के द्वारा दिये गये अधिकारों के आधार पर करते हैं, अप्रत्यक्ष रूप से प्राप्त होती है।"

(3) रोमन कानून (Roman Laws)—रोमन कानून राजनीतिक चिन्तन के इतिहास में रोम की सबसे बड़ी देन है। मैक्सी (Maxey) ने लिखा है कि "राजनीतिशास्त्र के विद्यार्थियों के लिये रोम का अर्थ कानून और विधि-शास्त्र है। रोमन लोगों ने प्राचीन जगत में सबसे अधिक पूर्ण कानूनी पद्धति का विकास किया।" उसके प्रभाव का वर्णन करते हुए सी० एफ० स्ट्रांग (C.F. Strong) ने लिखा है कि "सर्वप्रथम रोमन विधि का महाद्वीपीय यूरोप के विधि इतिहास पर गहन प्रभाव पड़ा। पश्चिमी साम्राज्य के ट्यूटन जातीय आक्रमणकारियों द्वारा लाई गईं रूढ़ियाँ तथा विधियाँ रोमन संहिता में, जो उन्हें वहाँ मिलीं, घुल मिल गईं और इस सम्मिश्रण ने उन सब विधि-प्रणालियों को जन्म दिया, जो वर्तमान समय में पश्चिमी यूरोप महाद्वीप में प्रचलित हैं।"

(4) यूनानी विचारों का शुद्धिकरण (Purification of Greek Thoughts)—यूनानी विचारधारा की अनेक कमियों को दूर करने का कार्य भी रोम निवासियों ने किया था। गैटिल (Gettell) के विचार में ''रोमनवासियों ने ही यूनानियों के राजनीतिक विचारों को साकार किया था।''[1]

(5) विश्व नागरिकता एवं विश्व बन्धुत्व (World Citizenship and Universal Brotherhood)—रोमन विचारकों ने स्टोइक विचार 'विश्वनागरिकता' एवं विश्वबन्धुत्व को भी अपनाया। इस विचारधारा को इन्होंने विशाल साम्राज्य की स्थापना के बाद स्वीकार किया। राजनीतिक विचारधारा को उनकी यह देन भी प्रमुख है कि उन्होंने कानून की निगाह में सबको बराबर माना। इस कारण उसके राज्य में जितनी भी विभिन्न जातियों एवं सम्प्रदायों के लोग रहते थे, सब एक सूत्र में बन्ध गये थे।

(6) कानूनी अधिकार (Legal Rights)—राज्य की ओर से प्रदत्त कानूनी अधिकारों के सम्बन्ध में गैटिल (Gettell) ने लिखा है कि ''रोमन लोगों ने राज्य और व्यक्ति को पृथक-पृथक करते हुये प्रत्येक को कुछ निश्चित अधिकार और कर्त्तव्य प्रदान किये। राज्य की सत्ता के लिये सरकार आवश्यक और स्वाभाविक संगठन था, परन्तु रोमन लोगों ने राज्य के स्थान पर व्यक्ति को अपने कानूनी विचार का केन्द्र बताया। राज्य की सत्ता का प्रमुख प्रयोजन व्यक्ति के अधिकारों की रक्षा ही थी। इस प्रकार राज्य सुनिश्चित सीमाओं के भीतर ही अपनी सत्ता का प्रयोग कर सकता था और नागरिक भी ऐसे अधिकार रखने वाला व्यक्ति माना जाता था, जिसकी रक्षा अन्य व्यक्तियों से तथा सरकार के अवैध अपहरण से की जानी चाहिये।''

(7) स्थानीय प्रशासन (Local Administration)—रोमन विचारकों ने स्थानीय प्रशासन को भी अपनाया और सत्ता का विकेन्द्रीकरण किया। जनता द्वारा अपने लिये, सत्ता के लिये प्रतिनिधित्व का विचार, जो न्यायाधीश, काउन्सल तथा सम्राटों तक के लिये था, पाश्चात्य राजदर्शन को रोमनों द्वारा दी जाने वाली महत्त्वपूर्ण देनों में से एक है।

(8) प्राकृतिक कानून (Natural Law)—प्राकृतिक कानून के सम्बन्ध में सिसरो (Cicero) ने कहा है कि ''केवल एक ही कानून है और सही शब्दों में वह विवेक है। यह प्रकृति के अनुसार है। वह सब मनुष्यों के ऊपर लागू होता है। यह अपरिवर्तनशील तथा शाश्वत है। यह कानून मनुष्यों को आदेश देता है कि वे अपने कर्त्तव्यों का पालन करें।'' रोमनों ने इसे पूर्ण समर्थन दिया।

(9) अन्तर्राष्ट्रीय कानून (International Law)—आधुनिक अन्तर्राष्ट्रीय कानून की आधारशिला रोमनवादियों के जस-जैन्शियम (Jus-Gentium) पर टिकी है। रोमन विधि शास्त्री गेयस के विचार में, ''जिस कानून को प्राकृतिक बुद्धि ने सब मनुष्यों में प्रतिष्ठित किया है और जिसका पालन समान रूप से सब देशों में होता है उसे जस-जैन्शियम कहा जायेगा।''

---

1. ''The political ideals of Greeks and of the Romans were complementary.''
—Gettell

(10) लोकप्रिय प्रभुसत्ता (Popular Sovereignty)—रोमन विचारकों की एक प्रमुख देन 'लोकप्रिय सार्वभौमसत्ता' भी है। उन्होंने संसार को राजनीतिक तथा कानूनी राजसत्ता के कानून को दिया। उस समय यद्यपि वैधानिक प्रभुता का स्वामी राजा था, लेकिन राजनीतिक प्रभुता की वास्तविक स्वामी समस्त जनता ही थी।

(11) राज्य, शक्ति व समाज में अन्तर (Distinction between the State, Soceity and Individual)—राजा और समाज में अन्तर स्पष्ट करते हुए रोमवासियों का विचार है "कि राज्य का आधार नागरिक कानून है और समाज का आधार प्राकृतिक कानून है।" समाज और राज्य में अन्तर स्पष्ट करते हुए सिसरो (Cicero) ने लिखा है कि "समाज राज्य की अपेक्षा प्राचीन तथा अधिक सुविस्तृत वस्तु है। व्यक्ति को राज्य का अभिन्न अंग नहीं माना जा सकता। वह राज्य से अपना एक पृथक अस्तित्व रखे हुए है तथा नागरिक होने से पूर्व समाज का सदस्य है।"

(12) यथार्थवादी (Realistic)—रोमन विचारक यथार्थवादी थे। जॉन बाउले (J. Bawley) के विचारानुसार "रोमन मस्तिष्क दार्शनिक नहीं था, यह व्यावहारिक, सैनिक और विधानवादी था।" इन्होंने यूनानी विचारधारा में से बहुमूल्य विचारों को लेकर उनका विस्तार एवं प्रसार किया। विबासी ने कहा है कि "रोमन राजदर्शन में राजतन्त्र, वर्गतन्त्र और जनतन्त्र की शक्तियों का एक सन्तुलित तथा सामंजस्यपूर्ण मिश्रण प्रस्तुत किया गया है। यह स्वीकार किया गया है कि शक्तियों के सन्तुलित और सामंजस्यपूर्ण मिश्रण की स्थिति ही राज्य के उत्कर्ष का आधार हो सकती है।"

रोमन विचारकों ने राजनीतिक चिन्तन को जो राजनीतिक विचार दिये थे, वे आज भी राज्य के लिए वरदान सिद्ध हो रहे हैं। मैक्सी के विचार में "रोम ने भले ही विश्व को राजनीतिक दर्शन प्रदान नहीं किया, तथापि राजनीतिक चिन्तन के क्षेत्र में विध्यात्मक कानून के आदर्श, व्यक्तिगत अधिकारों का सिद्धान्त, सम्प्रभुता सिद्धान्त, राज्य की कानून वैयक्तिकता की धारणा तथा राजनीतिक सत्ता के संविदा-जनक प्रत्यायोजन की धारणायें रोम की अपूर्व देन हैं।" इस प्रकार रोम की विचारधारा का राजनीतिक चिन्तन पर गहरा प्रभाव पड़ा था।

पौलिबियस
(Polybius, 204 B.C.—122 B.C.)

रोमन जाति ने ऐसे दार्शनिक उत्पन्न नहीं किये जिनके चिन्तन द्वारा राजदर्शन में विशेष वृद्धि हुई है। यह तो यूनान (ग्रीस) का ही सौभाग्य था जिसने अनेक दार्शनिकों और विचारकों को जन्म दिया। जब यूनान की अवनति होने लगी तो उस पर रोमन विजेताओं ने अपना अधिकार स्थापित कर लिया और यूनान रोमन साम्राज्य का एक भाग बन गया।

रोमन काल में राजनैतिक चिन्तन का कुछ श्रेय पौलिबियस और सिसरो को है। पौलिबियस का जन्म ई० पू० 204 में यूनान में हुआ था। वह अपने देश का एक अच्छा दार्शनिक इतिहासकार था। रोमन विजेताओं ने उसे राजबन्दी बना कर 16 वर्ष तक रोम में रक्खा वहाँ पर पौलिबियस ने रोम के बौद्धिक और सैनिक नेताओं से जानकारी प्राप्त कर ली और इस

सम्पर्क के फलस्वरूप पौलिबियस ने रोम की भावनायें, रोमन चरित्र और रोमन संस्थाओं के बारे में अच्छा ज्ञान प्राप्त कर लिया। पौलिबियस को अपने देश यूनान की अवनति से बहुत दुख हुआ और साथ ही साथ उसे इस बात का आश्चर्य हुआ कि रोम ने 53 वर्ष के काल में ही अपना साम्राज्य बढ़ाकर उन्नति कैसे कर ली। वह स्टोइक विचारों का समर्थक था। रोम की शक्ति व उसके शासन संगठन का उस पर बड़ा प्रभाव पड़ा और अपने देशवासियों को रोम की उन्नति के कारण समझा कर शिक्षा देने का उसका उद्देश्य था। उस समय रोम अपनी उन्नति के शिखर पर पहुँच गया था। यूनान पर रोम का आधिपत्य हो चुका था। उसने "रोम का इतिहास" नामक पुस्तक लिखी जिसमें उसने यह समझाया कि रोम का नगर राज्य किस प्रकार इतना बड़ा साम्राज्य बन गया। इस प्रयत्न में उसने राज्य की उत्पत्ति और सरकारों के वर्गीकरण के सम्बन्ध में अपने विचार प्रकट किये।

राज्य की उत्पत्ति व सरकारों का वर्गीकरण

पौलिबियस के विचार से राज्य की उत्पत्ति बल से हुई जब किसी शक्तिशाली पुरुष ने अन्य व्यक्तियों पर शासन करना आरम्भ किया। ये व्यक्ति एक समूह में संगठित थे, अराजकता की स्थिति में न थे। इनको संगठन में बाँधने वाली मनुष्य की वह प्रकृति है जो उसे अन्य लोगों के साथ रहने को प्रेरित करती है न कि कोई सामाजिक समझौता जिसके द्वारा व्यक्तियों ने अपने नैसर्गिक अधिकारों को समाज के सुपुर्द करने का इकरार किया हो। राजा का आधिपत्य पहले भय से माना गया किन्तु जैसे-जैसे ज्ञान की वृद्धि हुई और अनुभव से राज्य संगठन के लाभ प्रतीत हुए व्यक्तियों ने स्वेच्छा से राजा की आज्ञा पालन करना स्वीकार किया। इस प्रकार एक शुद्ध राजतन्त्र की स्थापना हुई किन्तु धीरे-धीरे राजा स्वार्थी होकर अन्याय करने लगा तो राजतंत्र का रूप बिगड़ कर अत्याचारी शासन की स्थापना हुई। इस अत्याचार से अकुला कर कुलीन वर्ग के व्यक्तियों ने विद्रोह किया और अत्याचारी शासक को सत्ताहीन कर कुलीनों की सत्ता स्थापित की। किन्तु कुलीनों में धीरे-धीरे अवगुण आने लगे और वे भी अपनी शक्ति का दुरुपयोग करने लगे जिससे कुलीन तन्त्र (Aristocracy), कु कुलीन तन्त्र (Oligarchy) में परिणत हो गया। कुलीनतन्त्र के विरुद्ध कालान्तर में विद्रोह खड़ा हुआ और सुप्रजातन्त्र की स्थापना हुई जिसमें साधारण जनता ने जन कल्याण के लिये शासन की बागडोर अपने हाथ में सँभाली। किन्तु यह सुप्रजातन्त्र भी स्थिर न रह सका। विभिन्न वर्गों में संघर्ष उत्पन्न हुआ, मारकाट मची, रक्तपात हुआ। इस मारकाट और अन्धा-धुन्धी में जिन लोगों ने रक्त की प्यासी भीड़ का नेतृत्व किया वे ही सत्ता के स्वामी बन बैठे। अन्त में हिंसा का चक्र पूरा चल कर ही माना और एक ही व्यक्ति ने अपने साथियों का विनाश कर सारी शक्ति हथिया ली।

इस प्रकार स्पष्ट है कि पौलिबियस ने अरस्तु के समान सरकारों का वर्गीकरण किया था। जिसे अरस्तू पोलिटी कहता था उसे पौलिबियस ने डेमोक्रेसी कह कर पुकारा और अरस्तु की डेमोक्रेसी के लिये एक नया नाम (Occlocracy) ओक्लोक्रेसी रखा। पौलिबियस का कहना था कि सरकारों के शुद्ध रूपों में स्थिरता नहीं रह सकती और उनका विकृत हो जाना आवश्यम्भावी है। उसका यह भी कहना था कि सरकार के रूपों का जो क्रमिक परिवर्तन

होता है वह नैसर्गिक है और यह बराबर चलता रहता है। किसी भी रूप में विनाश के बीज उसी में निहित रहते हैं और समय तथा अनुकूल स्थिति में उस रूप की अवनति व विनाश होना आरम्भ हो जाता है। पौलिबियस का कहना था कि उत्पत्ति और विनाश का नियम इतिहास का अभिन्न अंग है।

मिश्रित शासन में विधान

पौलिबियस के अनुसार यदि ऊपर बतलाया हुआ परिवर्तन रोकना है और क्रांति से समाज की रक्षा करनी है तो संविधान में राजतन्त्र, कुलीन तन्त्र व प्रजातन्त्र तीनों के शुद्ध रूपों के तत्त्व वर्तमान रहने चाहिये। रोम के शासक संगठन की शक्ति का कारण उसके अनुसार यही था कि उसमें कौंसुल राज तन्त्र, सीनेट कुलीन तन्त्र और असेम्बली प्रजातन्त्र, इन तीनों तत्त्वों के प्रतीक थे और एक दूसरे पर नियन्त्रण रख कर शासन संगठन में वह संतुलन रखते थे जिसके नष्ट होने से ही शासन पद्धति में परिवर्तन का चक्र चलता है। अरस्तु ने भी ऐसे संतुलन के पक्ष में विचार प्रकट किये थे, किन्तु वह सन्तुलन समाज के विभिन्न अंग का था, जैसे बहुसंख्यक वर्ग का विचारक असेम्बली में होना और अल्पसंख्यक किन्तु सम्पत्तिशाली वर्ग का मजिस्ट्रेसी अर्थात् कार्यकारिणी में होना समाज में संतुलन रख सकता है। पौलिबियस के अनुसार यह संतुलन समाज के अंगों में ने होकर राज्य के संगठन की विभिन्न संस्थाओं में था। कोई भी अंग बिल्कुल तन्त्र-हीन नहीं था। मजिस्ट्रेट असेम्बली की शक्ति पर अंकुश रखते थे, और असेम्बली मजिस्ट्रेटों की शक्ति पर। इसी प्रकार की एक दूसरे पर रोक और सब की शक्ति में एक संतुलन अमरीका के शासन संविधान में अपनाया गया। जिस समय पौलिबियस यह सब लिख रहा था उस समय रोम के शासन संविधान का रूप बदल चुका था। उसका सन्तुलन नष्ट होकर राजतन्त्र के तत्त्व का प्रभुत्व हो चुका था, असेम्बली और सीनेट की शक्ति नष्ट हो चुकी थी। इसलिये रोम के शासन विधान के इस रूप की प्रशंसा तथ्यहीन सी प्रतीत होती थी।

सेनेका
(Seneca, 4 B.C. to 63 A.D.)

सिसरो का अस्तित्व रोमन गणराज्य के अंतिम दिनों में था और सेनेका का साम्राज्य के आरम्भ में। इन दिनों रोमन राज्य का जीवन पतनोन्मुख था। चारों ओर अकर्मण्यता, भ्रष्टाचार और निराशावाद का राज था। अनियंत्रित राजतंत्र का उदय हो रहा था और जनता, अपनी शक्ति पर निर्भर न हो कर, निरंकुश राजाओं के शासन को श्रेष्ठतर समझने लगी थी। ऐसी अवस्था में उन लोगों के लिए कोई स्थान न था, जो राजनीतिक सेवा को अपने जीवन का लक्ष्य समझते थे। सेनेका के विचार भी न्यूनाधिक इसी प्रकार के थे। ''एक सद्गुणी व्यक्ति राज्य-पद को स्वीकार करके या किसी राज्य-पद पर काम करके अपने साथियों की सेवा नहीं कर सकता।'' अत: उसे राज्य-पद से अलग रहना चाहिये। राज्य के प्रकार की भी चिंता व्यर्थ है। राज्य के सभी प्रकार एक ही समान होते हैं; क्योंकि उनमें से कोई भी कुछ नहीं कर सकता। अत: मनुष्य को अपने नैतिक कर्तव्यों की ओर अधिक ध्यान देना चाहिये।

सेनेका ने इस हेतु एक ऐसी सामाजिक सेवा की कल्पना की जिसमें राज्य में पद ग्रहण करने अथवा राजनीतिक सेवा करने का कोई स्थान न था। "राज्य दो प्रकार के होते हैं– (1) नागरिक राज्य (Civil State) और (2) वृहत्तर राज्य (Greater State)। समस्त विवेकयुक्त मनुष्य दूसरे राज्य के सदस्य होते हैं। यह 'राज्य' की अपेक्षा 'समाज' अधिक होता है और इसके बंधन वैधानिक और राजनीतिक न होकर मुख्यत: धार्मिक होते हैं। सेनेका के मतानुकूल मनुष्य को चाहिये कि वह अपने को इस वृहत्तर राज्य का सदस्य समझे और सामाजिक कर्तव्यों का पालन करके, अपने तथा समाज के नैतिक उत्थान में सहायता पहुँचावे। वह मनुष्य की पातकी प्रवृत्ति से भली-भांति परिचित था। स्टोइक दार्शनिकों की भांति मनुष्य की स्वपर्याप्तता को दोहराते हुए भी, वह उनके समान कठोर न होकर, मानव-प्रेम की ओर अधिक झुका हुआ था और शरीर को आत्मा का बंधन और अंधकार समझ कर प्रेम और भ्रातृ-भाव के सहारे उसकी सहायता करना चाहता था। उसके मतानुकूल मनुष्य के पापों के कारण ही सरकार की आवश्यकता थी। अत: वह मनुष्य को अपनी प्राकृतिक अवस्था की ओर ले जाना चाहता था जिसमें न तो लोभ था और न वैयक्तिक संपत्ति और जिसमें मनुष्य निर्दोष, सुखी और साधारण जीवन व्यतीत करता हुआ, सभ्यताजनित विलास-प्रियता से सर्वथा मुक्त था।

रोम के विधिवेत्ता
(Roman Lawyers)

साम्राज्य की स्थापना के कारण रोमन लोगों के राजनीतिक जीवन की इतिश्री हो गयी थी, पर उनकी राजनीतिक प्रकृति न्यूनाधिक पूर्ववत् बनी हुई थी। अत: रोम के महापुरुषों ने अपने महान साम्राज्य के उन संबंधों को निश्चित करने का प्रयत्न किया जो राजनीतिक न थे। एक ओर रोमन सम्राटों ने, संसार के विभिन्न अंगों को मिला कर एक शासकीय इकाई का निर्माण किया और दूसरी ओर रोमन विधिवेत्ताओं ने उन सिद्धांतों का प्रतिपादन किया जो आज भी यूरोपीय कानून के आधार बने हुए हैं।

रोम के कानूनों का विकास क्रमश: हुआ था। आरंभ में (900 ई० पू०) रोम के कानून धर्मादेशों और प्रथाओं के रूप में थे। इनका पालन सब लोग स्वभावत: किया करते थे। कुछ समय के पश्चात्, कानून के संबंध में, स्वभाव के स्थान पर विवेक का प्रयोग होने लगा। अत: धर्मादेशों और प्रथाओं के विवेकात्मक आधार की खोज की गयी और उनके पालन करने में, कुछ लोग, विवेक पर आधारित न होने के कारण, आनाकानी करने लगे। उनमें निश्चयता का अभाव था। अत: पेट्रीशियन और प्लीबियन वर्गों का संघर्ष आरंभ हुआ और अंत में पूर्वकालीन प्रथाओं को लिपिबद्ध करके बारह तख्तियों (Twelve Tables) के नियमों की सृष्टि हुई। इनके कारण वर्गों का संघर्ष मिट गया तथा कानून का आधार बदल गया। अब वह धर्मादेशों और प्रथाओं के रूप में न रह कर धर्म-निरपेक्ष राज्य के आदेशों के रूप में परिवर्तित हो गया। कालांतर में रोम के गणराज्य ने साम्राज्य की ओर पग उठाया और अनेक राज्यों के निवासी रोम के अधीन हो गये। बारह तख्तियों के कानून आवश्यकतानुकूल सरकारी

अधिकारियों द्वारा संशोधित किये जाने पर भी, इस नवीन परिस्थिति के लिए पर्याप्त न थे। अत: अंतर्राष्ट्रीय कानून (jus gentium) का उदय होने लगा। इनके द्वारा वे सिद्धांत निर्धारित किये गये जिनके आधार पर रोम के अधीनस्थ राज्यों के परस्पर तथा रोम के साथ संबंध निर्धारित किये जाते थे। इनका उत्तरोत्तर विकास होता गया। किंतु रोमन लोगों के नागरिकता संबंधी कानून, संशोधित किये जाने पर भी, प्राय: वे ही बने रहे जो बारह तख्तियों द्वारा निर्धारित किये गये थे। इधर रोमन-राज्य गण-तंत्र से राजतंत्र में परिवर्तित हो गया। लोगों की विचार-धारा में भी परिवर्तन दृष्टिगोचर होने लगा। अत: यह आवश्यक था कि प्रचलित कानूनों का संकलन करके एक नवीन संहिता (कोड) तैयार की जाय। यह कार्य सम्राट जस्टीनियन (Justinian) के कार्यकाल (527 ई० - 565 ई०) में, उसके नाम से संबद्ध कोड द्वारा किया गया।

जस्टीनियन का कोड
(Code Justinian)

सम्राट जस्टीनियन के समय में, रोम के समस्त कानूनों के दो हजार पुलिंदे थे जिनमें कुल मिलाकर तीस लाख लाइने थीं। इनके संकलन के लिए सम्राट ने एक कमीशन की नियुक्ति की और उसने नये कोड का निर्माण किया। उसके दो मुख्य अंग, 'दि इंस्टीट्यूट' (The Institute) और 'दि डाइजेस्ट' (The Digest) नाम के थे। पहले में रोम के प्रसिद्ध विधिवेत्ताओं, जैसे गेयस (Gaius), मारसियन (Marcian) आदि के विभिन्न विषयों के मत और दूसरे में प्रसिद्ध विधिवेत्ताओं के चुने हुए मतों का संग्रह था। इनके अतिरिक्त कोड जस्टीनियन में विभिन्न सम्राटों तथा सम्राट जस्टीनियन द्वारा घोषित कानूनों का भी संग्रह था। जस्टीनियन द्वारा घोषित कानूनों के संग्रह का नाम 'दि नावेली' (The Novelli) था। 'इंस्टीट्यूट' के साथ एक प्रस्तावना थी जिसके महत्त्वपूर्ण अंश इस प्रकार हैं—"युद्ध और शांति के दिनों में सुशासन के लिए यह आवश्यक है कि सम्राट को कानून और शक्ति दोनों का बल हो ताकि वह शत्रुओं पर विजयी होने के अतिरिक्त न्याय के प्रति भी पूर्ण निष्ठा रख सके।" अत: सम्राट ने विधिवेत्ताओं के एक कमीशन को प्राचीन काल के विधिवेत्ताओं के मतों के संग्रह का काम सौंपा है। "अपनी समस्त शक्ति तथा अध्ययन की प्रबल इच्छा से आप कानूनों का स्वागत कीजिये और इनके द्वारा अपने को इतना योग्य बनाइये कि आप से हम यह आशा कर सकें कि राज्य का जो भाग आपके अधीन होगा, उसका शासन आप योग्यता से कर सकेंगे।"

विधिवेत्ताओं के राजनीतिक विचार

कोड जस्टीनियन राजनीतिक ग्रंथ न था। उसका मुख्य उद्देश्य कानूनों का संग्रह करना था। फिर भी उसमें ऐसे विचार आये हैं जिन्हें हम राजनीतिक महत्त्व के कह सकते हैं। उनमें से निम्नलिखित उल्लेखनीय हैं—

(1) कानून और उसके प्रकार—कानून तीन प्रकार के होते हैं—(1) प्राकृतिक कानून (Natural law), (2) राजकीय कानून (Civil Law) और (3) अंतर्राष्ट्रीय कानून

(jus gentium)। गेयस के मतानुकूल प्राकृतिक कानून आदर्श कानून थे। अल्पियन (Ulpian) का भी यही मत था। तीनों का परस्पर संबंध दिखलाते हुए अल्पियन ने इस बात पर जोर दिया था कि 'अंतर्राष्ट्रीय और राजकीय कानून, प्राकृतिक कानून के तोड़े-मरोड़े रूप के समान होते हैं।''

(2) दास-प्रथा और संपत्ति—प्राय: सभी रोमन विधिवेत्ता दास-प्रथा के निंदक थे। गेयस के मतानुकूल दास-प्रथा कृत्रिम आधार पर अवलंबित थी। उसका प्राकृतिक आधार न था। अल्पियन उसे मनुष्य के दुराचरण का परिणाम समझता था। विधिवेत्ताओं के इस मत में स्टोइक दार्शनिकों का प्रभाव स्पष्ट है। संपत्ति के अधिकार को भी वे मनुष्य के पतन का प्रतीक समझते थे; किंतु उन्होंने उसका विरोध इस लिए नहीं किया कि इतिहास के प्रत्येक युग में संपत्ति का अधिकार स्वीकृत किया गया था।

(3) सरकार की उत्पत्ति और प्रकृति—राज्य-सत्ता की उत्पत्ति और प्रकृति के विषय में रोम के विधिवेत्ताओं ने समय और परिपस्थिति के अनुकूल अपने मत को परिवर्तित किया था। उनके मतानुकूल आरंभ में राज्य की समस्त सत्ता जनता में निहित थी। वह जिसे चाहती थी, उसे सत्ता को हस्तांतरित करके अपना शासक बनाती थी। इस प्रकार राज्य की इच्छा को कानून समझा जाता था। उसके पीछे जनता का बल था। साम्राज्यकालीन विधिवेत्ताओं ने इस मत में संशोधन किया। ''जनता ने अपनी सत्ता सम्राट को इस भाँति समर्पित की है कि वह वापस नहीं ली जा सकती।'' अत: सम्राट का स्थान कानून से ऊपर हो गया था और वह अपने कामों के लिए किसी के प्रति उत्तरदायी न था।

राजनीतिक विचारों को रोम की देन

यद्यपि रोमन लोग विचारक न थे तो भी उन्होंने युरुप के राजनीतिक विचारों को निम्नलिखित देन दी थी–

(1) कानून की कल्पना और उसका आधार—रोमन लोगों ने कानून का विशेष अध्ययन करके, संसार को कानून संबंधी ऐसी देन दी है जिसका प्रभाव आज भी विद्यमान है। उनका कानून विश्वव्यापी तथा जीवन के सभी अंगों से संबद्ध था। उसी के आधार पर भविष्य में ईसाई धर्म की कुछ बातें आधारित की गयी थीं।

(2) स्वतंत्रता के स्थान पर व्यवस्था की प्रधानता—यूनानियों का राजनीतिक आदर्श व्यक्ति और राष्ट्र की स्वतंत्रता का आदर्श था। इसके लिए वे सब कुछ स्वाहा करने को तैयार थे। स्वतंत्रता के लिए वे हल-चल मचा सकते तथा आगे की ओर बढ़ सकते थे। पर उनमें इस बात की क्षमता न थी कि जो कुछ हाथ में आ गया था, उसे दृढ़ बनाया जाय। रोमन लोगों ने स्वतंत्रता के स्थान पर व्यवस्था के आदर्श को अपनाया। वे जिस किसी स्थान पर विजय प्राप्त करते थे, उसे सड़कों द्वारा रोम से संबद्ध कर देते थे। और वहाँ निश्चित कानूनों की घोषणा करके, शांति और व्यवस्था की स्थापना करते थे।

(3) केन्द्रित राजतंत्र—यूनानी लोग नगर-राज्यों की सरकारों से ही परिचित थे। उनमें शासकों और शासितों का संपर्क रहता था। इसके विपरीत रोम ने एक विशाल साम्राज्य का

निर्माण करके रोम से उसका शासन-संचालन किया। उनकी सरकार को केन्द्रित राजतंत्र कहना अधिक उपयुक्त प्रतीत होता है। यह बात लोकतंत्र के विमुख थी। पर स्थानीय प्रथाओं तथा वर्गों को मिटा कर, उन्होंने भविष्य के लोकतंत्र के लिए अनुकूल वातावरण की तैयारी की थी।

(4) विश्व-व्यापक दृष्टिकोण—यूनानियों का दृष्टिकोण, नगर-राज्यों की सीमा से परिमित होने के कारण, संकुचित था। रोमन लोगों ने संसार के एक बड़े भाग की राजनीतिक एकता स्थापित करके, लोगों के हृदय में यह धारणा उत्पन्न कर दी थी कि समस्त संसार को एक ही सूत्र में बांधा जा सकता था। उनका दृष्टिकोण इस प्रकार नगर-राज्य से सीमित न होकर विश्व-व्यापक हो गया था। इसी के आधार पर उन्होंने दास-प्रथा की निंदा की थी। उनके मतानुकूल जातीय उत्कर्षता का सिद्धांत निरर्थक था, क्योंकि संसार के सब व्यक्ति और सब जातियाँ सद्गुणी जीवन को प्राप्त कर सकती थीं।

अभ्यास के लिये प्रश्न

1. पाश्चात्य राजदर्शन में रोमन विचारधारा के योगदान का मूल्यांकन कीजिये।
2. पाश्चात्य राजदर्शन को रोमन दार्शनिकों की क्या देन है? विवेचना कीजिये।
3. पाश्चात्य राजदर्शन के इतिहास में रोमन दार्शनिकों की विचारधारा का संक्षिप्त महत्त्व बताइये।

10

सिसरो

(Cicero, 102 B.C.—43 B.C.)

जब यूनान में नगर-राज्यों का विकास हुआ, नये संस्थान बने-बिगड़े, तो इटली में एक नई सभ्यता जनमी जो एथेन्स, स्पार्टा आदि नगर-राज्यों से भिन्न थी। यूनान की स्वतन्त्र सत्ता विघटित हो चुकी थी पर रोमन स्वाधीनता प्रकर्षशील थी। विचारों की दौड़ में द्रुतगामी यूनान तो सो गया पर संयमी, आश्वस्त, व्यावहारिक रोम धीरे-धीरे बढ़ता गया। रोम ने व्यवस्थित ज्ञान दिया, देश, साम्राज्य की कल्पना दी, नागरिक संघ स्थानों की उपयोगिता बताई और सबसे महत्वपूर्ण विधिशास्त्र (Jurisprudence) दिया। प्लेटो की तरह संश्लिष्ट तथा व्यापक विचार प्रस्तुत करते हुए भी रोमन चिन्तकों ने काल्पनिक आदर्शवाद का तिरस्कार किया और यर्थाथवाद का समर्थन किया। विशाल रोमन-साम्राज्य बहुत काल तक प्रभावशाली रहा किन्तु प्रकृति के अपरिहार्य नियम के अनुरूप उसका भी ह्रास हो गया। रोम ने तीन प्रमुख विचारक दिये— पोलिबियस (ई० पूर्व 240 से 122) जो सत्रह वर्षों तक रोम में राजबन्दी (Political hostage) रहा, सिसरो, सुप्रसिद्ध निबन्धकार तथा विख्यात वक्ता (ई० पूर्व 102-43) और सेनेका, सम्राट नेरो का मुख्य मन्त्री, लेखक तथा मित्र (ई० पूर्व 4 से 63)। ये तीनों यूनान के विचारों से पूर्णतया परिचित थे पर वहाँ की अन्धानुकृति के बजाय वास्तविक स्थिति में अपने ढंग से विचार रखना इन्होंने उचित समझा। इनमें से पोलिबियस तथा सेनेका का वर्णन पिछले अध्याय 10 में और सिसरो का इस अध्याय में दिया गया है।

जीवन परिचय

सिसरो का पूरा नाम मार्कस टूलियस सिसरो (Marcus Tullius Cicero) था वह रोमन इतिहास में सुप्रसिद्ध वक्ता, दार्शनिक, तथा राजनीतिज्ञ जाना गया है। रोम के ऐतिहासिक पुरुषों की प्रामाणिक जीवनी सर्वप्रथम प्लूटार्क (Plutarck's lives) ने लिखी थी, जिसके आधार पर सिसरों की विशेषतायें ज्ञात होती हैं। शेक्सपीयर ने अपने ऐतिहासिक नाटकों (जूलियस सीजर आदि) में इस चरित्र पर थोड़ा-बहुत प्रकाश डाला है। इसका जीवन काफी नाटकीय

था उसमें अपने आपको दूसरों से पृथक् तथा उच्च समझने की तीव्र भावना थी। सामाजिक प्रश्नों में भी वह अपनी अहंवादिता सामने रखकर ही विचार प्रकट करता था किन्तु उसके विचारों पर सारे रोमन लोगों का ध्यान बरबस खिंच जाता था। उसके वक्तव्य तथा निबन्ध अपनी नवीनता तथा विशेषता के लिये प्रसिद्ध थे। सीनेट में प्रतिनिधि के रूप में उसकी ख्याति अवश्य थी लेकिन विरोध अथवा विरोधी दल को बर्दाश्त करने में वह असमर्थ था। सीनेट में वह ब्रूटस, केसियस, एन्टोनी, सीपियो आदि के साथ बैठता था लेकिन उसका व्यक्तित्व अलग ही झलकता था। उसके भाषणों तथा वक्तव्यों में जहाँ भावना का ज्वार और तर्क का तूफान था वहीं उसके जीवन में शिथिलता और निष्क्रियता भी थी। सङ्कटकालीन घड़ियों में निर्णय करने में अशक्त होने के कारण उसे दु:खद अन्त भोगना पड़ा।

अपने समय के सुप्रसिद्ध सिद्धान्त शास्त्री तथा प्रभावशाली व्यक्ति के रूप में सिसरों की ख्याति सुरक्षित है। उसने दूसरों के विचारों को नये भाषा-परिधान दिये और उन्हें अमर बनाया। उसकी लेखन तथा भाषण शैली आकर्षक तथा प्रभावक थी। उसके ग्रंथों का सबसे अधिक पठन-पाठन किया गया। उसकी रचनाओं में जो भी विचार उतरे उन्हें श्रेष्ठतम मानव अनुभूति तथा अभिव्यक्ति के रूप में प्रसिद्धि मिली।[1]

रोम के सामाजिक संगठन में उस समय भीषण उथल-पुथल मची जब गृहयुद्धों की अधिकता से न्याय-कानून सब ध्वस्त होने लगे। धनिकों और निर्धनों का गृहयुद्ध उस समय युग का महत्वपूर्ण वर्ग संघर्ष था जो भीषण गतिरोध उत्पन्न करता था। इस अव्यवस्था या अराजकता के चलते रोम का राजनीतिक विकास अवरुद्ध था; विधियों के स्रोत सूख चुके थे। सिसरो ने प्रजातंत्र विधि तथा शासन पर तीन पुस्तकें लिखीं; डी रिपब्लिका (De Republica), डी लेजिबस (De Legibus) तथा डी आफिसिस (De Officiis)। इनका उद्देश्य सामाजिक एकता कायम रखकर न्याय के प्रति निष्ठा जागृत करना था। जिससे नियमानुकूल विकास निरन्तर होता रहे तथा गतिरोध न उत्पन्न हो। युद्धजनित वातावरण में इन ग्रन्थों के सिद्धान्त नक्कारखाने में तूती की आवाज भर पैदा कर सके और सिसरों के समकालीन राजनीतिज्ञों पर कोई विशेष प्रभाव नहीं पड़ा। बाद में विधिशास्त्रियों तथा धर्माचार्यों ने उनसे कुछ लाभ उठाया। डी रिपब्लिका में आदर्श राज्य की कल्पना करते हुए राज्य के सर्वोत्तम रूप का वर्णन किया गया है। प्लेटो के ग्रन्थ से प्रभावित होकर सिसरो ऐसा राज्य बनाना चाहता था जो केवल हवाई किलों का निर्माण न करे बल्कि शासन में लौकिक, सांसारिक तथा व्यावहारिक नियमों का पालन करे। इस ग्रन्थ में गणतन्त्रात्मक व्यवस्था का समर्थन करते हुए आचारशास्त्र, नीतिशास्त्र, राजनीति, धर्मशास्त्र आदि सिद्धान्तों के बल पर अपने मत का प्रतिपादन किया गया है। मनुष्य की व्यवसायात्मिक या निर्णायिका बुद्धि (good counsels) का सामन्जस्य विधि के साथ करते हुए उसे सर्वोच्च स्थान देने की चेष्टा की गई है। इसमें

---

1. ''His ideas were taken from other men, but he gave them an immortality that their originators could not, because he wrote last literature, and an idea one incorporated in Cicero's works was forever emblamed in the classics of human expression.''

—Maxey, *Political Philosophies*,-page 84.

प्रश्नोत्तर तथा संवाद के रूप में विवेचन है और सिपियो तथा लेशियस को नायक बनाया गया है। डी लेजिबस में विधियों की सार्वभौमता तथा उपयोगिता पर प्रकाश डाला गया है। प्राकृतिक विधियों को मानव हित के स्वयंसिद्ध नियम मानते हुए उन्हे सार्वदेशिक बनाने पर जोर दिया गया है जिससे मनुष्यता के बीच दरारें न हों। विश्व भ्रातृत्व की दिशा में उसका सुझाव स्पष्ट है। वह ऐसा साम्राज्य चाहता है जिसमें समता तथा विश्वबन्धुत्व हो और कानून की मर्यादा का पूरा-पूरा पालन हो। राज्य तथा शासन सम्बन्धी विचारों में सिसरों ने प्रत्यक्ष जनतन्त्र को समर्थन करते हुए जनशक्ति पर विश्वास रखने की सलाह दी। अवधि, न्याय, प्रभुत्ता तथा अन्य शक्ति का आदिस्रोत जनता ही है। डी आफिसिस (De officiis) में सिसरो अपने पुत्र को पत्र द्वारा नागरिक उत्तरदायित्व तथा शासन, राज्य, पद सम्बन्धी विचार प्रगट करता है। उसके ग्रन्थत्रय (trilogy) मौलिक भले ही न हों लेकिन रोम की राजनीतिक स्थिति में उपादेय अवश्य है और शाश्वत सिद्धान्तों का समर्थन करने के कारण स्थायी मूल्य रखते हैं। उसके ग्रन्थ प्राचीन तथा अर्वाचीन साहित्य की विधि के रूप में मान्य हैं और उनसे उद्धरण दिये जाते हैं। प्रोफेसर विलोबी के अनुसार सिसरो का महत्वपूर्ण योगदान इस कार्य में रहा कि उसने यूनानी विचारों को रोम के साथ संयुक्त किया और इस तरह एक संश्लिष्ट सिद्धान्त प्रस्तुत किया; भले ही उसने कोई नया सिद्धान्त न दिया हो। उसने रोम की विधि-प्रधान विचारधारा में यूनान की न्याय तथा समता की कल्पना समन्वित करके विधि शास्त्र को समृद्ध किया है। उसने प्लेटो, पोलिबियस, स्टोइक या विरक्तिवादी पेनेशस (Panaetius) आदि के विचारों से प्रत्यक्ष सहायता ली है और कहीं-कहीं उन्हें ज्यों का त्यों रख दिया है। सिसरों पर प्लेटो के प्रभाव के सम्बन्ध में चर्चा करते समय उसे उत्साही प्लेटो भक्त (Ardent Platonist) कहा जाता है विचार साम्य तथा अनुकृति के बल पर इस बात की कल्पना की जा सकती है कि मानो प्लेटो की पुस्तक हाथ में लेकर सिसरों अपने संवाद ठीक कर रहा हो, पात्रों को तैयार करता हो और विषय-निर्वाचन में व्यस्त हो। उसने अन्य स्थानों से भी विचार ग्रहण किये।[1] पोलिबियस तथा लाइकरगस ने जिन आदर्श संविधानों की रूप-रेखा प्रस्तुत की सिसरों ने उसे स्वीकार किया। पोलीबियस की भांति सिसरों भी यह मानता है कि राजतंत्र, कुलीनतंत्र, जनतंत्र तीनों चक्के की तरह (ऊपर-नीचे) घूमते हैं और तीनों में अलग-अलग गुण-दोष हैं, जिनसे राज्य का उत्थान-पतन होता रहता है।

सिसरो की रचनाओं का मौलिक उद्देश्य उन विस्तृत रोमन आदर्शों की पुन: स्थापना करना था जिनसे राजनीतिज्ञ सेवाव्रत लेकर गौरवान्वित होते थे। यूनानी यथार्थ से जोड़कर सिसरो ने आदर्शों को सुगठित मूर्तरूप दिया। उसका राजनैतिक उद्देश्य गणतन्त्र को शक्तिशाली संविधान के रूप में रखकर उसका पुराना वैभव लौटा लाना था जो टाइबेरियस ग्रेकस (Tiberius Gracchus) की पुरानी क्रान्तिकारी परिषद् (revolutionary tribunate) के पूर्व था। उसके समय में क्रिसिपस का विरक्तिवाद (Stoicism of Chrysippus) प्रचलित था जो मनुष्य की

---

1. He was profuse borrower and gathered his material from a great variety of sources. His books were frankly compilations.
—G.H. Sabine.

स्वतंत्रता तथा एकता का व्यक्तिवादी ढंग से समर्थन करते हुए विश्वबन्धुत्व का पक्ष मजबूत करता है। क्रिसिपस तथा सिसरो के विचारों से मनुष्य को साध्य के रूप में निरूपित किया गया।

मनुष्य-स्वभाव और समाज
(Human Nature and Society)

प्लेटो तथा अरस्तु यह मानकर चलते हैं कि मनुष्य में विविधता तथा विचित्रता का अपूर्व मिश्रण है। भिन्न-भिन्न परिमाण में गुणों के मिलने से मनुष्य अपनी व्यक्तिगत विभिन्नता प्राप्त करता है। मानसिक गुणों के संघात से शारीरिक निर्माण होता है और लोगों का वर्गीकरण इन आधारों पर किया जा सकता है। इसलिये अरस्तु ने बहुसंख्यक लोगों के लिये दासता की व्यवस्था की क्योंकि वे दूसरे कार्य के अनुपयुक्त थे। उसने दासता का समर्थन नैतिक तथा आर्थिक ढंग से भी किया। यूनान में जहां गुणों की प्राप्ति पर अधिक जोर दिया जाता था वहां स्वभाव का मौलिक भेद मान लिया गया था। इसके विपरीत सिसरो स्वभाव की मौलिक एकता मानकर चलता है। जिस आधार पर अरस्तु ने दासत्व का समर्थन किया उसका सिसरो ने तीव्र खण्डन किया। दासता को स्वाभाविक मानना बुनियादी भूल है और मानव स्वभाव की पूर्ण अनभिज्ञता है। गुण उपार्जित करने में व्यक्ति किसी से पीछे नहीं रहता क्योंकि गुण-ग्राहकता की प्रवृत्ति सब में विद्यमान है।

व्यक्ति में भेद तो स्वरूप का नहीं केवल मात्रा का होता है। व्यक्ति इस प्रकार अपने लिये सामान्य स्थान प्राप्त करता है, सामान्य व्यवहार का हकदार बनता है। विशेष सुविधा या अपेक्षाकृत अधिक स्वतन्त्रता की माँग करना अनुचित, अस्वाभाविक तथा अक्षम्य है। व्यक्ति की तरह कोई समूह या सामाजिक वर्ग भी ऐसा नहीं है जो सर्वथा गुणी या गुणहीन ही हो। न्यूनाधिक मात्रा में गुण सब जगह हैं और सम्बन्धित दोष भी वहीं दिखाई दे जाते हैं। इसलिये सुविधा प्राप्त वर्ग (privileged class) या निहित स्वार्थ (vested interest) वाले दलों को समाज में कोई स्थान नहीं होना चाहिये। मौलिक एकता की व्याख्या करते समय सिसरों सर्वदेशिक शाश्वत विधि (Universal eternal law) का उल्लेख करता है। ईश्वरीय सृष्टि तथा अनुशासन (providential government) ने जगत में इस तत्व की रचना की तथा मनुष्य की बुद्धि, सामाजिक प्रवृत्ति, सहयोग भावना ने इसकी पुष्टि की। अपने इन्हीं गुणों के कारण मनुष्य ईश्वर के निकट ही नहीं, उससे मिलता-जुलता भी है। समस्त संसार के राज्य में जिसमें सभी राज्य-समाज सम्मिलित हैं इस स्थायी नियम को मानना पड़ता है कि सभी मनुष्य समान है। समान कहने का अर्थ यह नहीं कि वे विद्या या सम्पत्ति में बराबरी का दावा करते है; किन्तु मनोवैज्ञानिक रचना, (psychological make-up) विश्वास-मान्यता-विवेक आदि के सम्बन्ध में सभी बराबर हैं। यदि समानता व्यवहार या यथार्थ में नहीं दिखाई देती तो इसका कारण भ्रान्ति, दुर्बुद्धि, असत्य धारणा तथा अनुचित व्यवहार है। सभी मनुष्य तथा जाति समूह अनुभव प्राप्त करने, उनका संरक्षण करने, उन्हें हस्तान्तरित करने की एक सी योग्यता रखते हैं। यह अनुभूतिमूलक एकता सार्वभौम है किसी एक कौम या जाति की बपौती नहीं है।

'डी रिपब्लिका' में सिसरो कहता है ''वास्तव में सच्चा कानून एक ही है और वह सद्विवेक या सद्बुद्धि (right reason) का कानून है जो प्रकृति के अनुकूल सब मनुष्यों में प्राप्य, अपरिवर्तनशील तथा चिरन्तन है। अपने निर्देशों से कानून मनुष्य से अपने कर्तव्यों की पूर्ति कराता है; निषेधों से उसे गलत रास्ते पर जाने से रोकता है। आदेश-निषेध (Commands and prohibitions) का प्रभाव अच्छे व्यक्तियों पर ही पड़ता है, बुरे व्यक्तियों पर नहीं। मनुष्यकृत कानून से इस नैसर्गिक विधि को अवैध बनाना या इसमें संशोधन करना नैतिक अपराध है। इसका प्रयोग रोकना अनुचित है और इसे रद्द करना असम्भव है। सीनेट, प्रतिनिधि या जनसमूह हमें इस कानून के मानने से नहीं रोक सकते और न इसकी व्याख्या या टीका करने के लिये किसी विद्वान विधिशास्त्री या सेक्सटस एलियस की जरूरत है (अर्थात् इसका परिचय तथा ज्ञान आसान, सर्वसुलभ है)। इसमें रोम के लिये कुछ और एथेन्स के लिये कुछ नियम नहीं बनते, उसी तरह आज और कल के नियमों में अन्तर नहीं होता। एक ही नियम शाश्वत, अपरिवर्तनशील, अकाट्य, अपौरुषेय है, प्रत्येक व्यक्ति इसे मानने के लिये बाध्य है और इसकी प्रेरणा देने वाला सब मनुष्यों तथा जातियों का नियन्ता ईश्वर है। जो मनुष्य इसे नहीं मानता वह अपनी आत्मा के श्रेष्ठ अंश (best self) से उदासीन है। मनुष्य के वास्वतिक स्वभाव के विरुद्ध जाकर वह मानवी दण्ड से भले बच जाय, उसे असहाय यातना या यन्त्रणा भोगनी ही होगी।''

सिसरो के उपर्युक्त वक्तव्य में प्रवचनकर्ता पादरी की तरह अदम्य उत्साह, विश्वास तथा धर्म के प्रति आस्था है। अपनी बात समझाने के लिये मनुष्य की बुद्धि को तरंगित करना ही नहीं बल्कि आतंकित करना भी उसका तरीका था। प्रोफेसर ए॰ जे॰ कार्लाइन ने सिसरो के सिद्धान्तों में अरस्तु का विरोधभास ढूंढा और यह सिद्ध किया कि सिसरो ने बड़ी हिम्मत से यूनानी धारणाओं को उलट देने का प्रयास किया। स्वतन्त्र नागरिकता (free citizenship) की भावना केवल बराबरी वाले लोगों में होती है किन्तु, अरस्तु के अनुसार, बराबरी मनुष्य स्वभाव में है ही नहीं इसलिये स्वतन्त्र नागरिकता केवल सीमित रूप में दिखाई देती है। इस धारणा का विरोध करते हुए सिसरो ने यह कहा कि मनुष्य विधियों से शासित है और विधियों के समक्ष सब बराबर हैं। छोटा-बड़ा, ऊँच-नीच कुछ भी नहीं है। स्वतन्त्र नागरिकता केवल समानता के बल पर ही ग्राह्य है और वह एक नैतिक आवश्यकता है। सिसरो के वाक्यों में राजनीतिक जनतंत्र (political democracy) की व्यापक या विशद कल्पना नहीं की गई है किन्तु बिना किसी ऐसे नैतिक आधार के राजनीतिक जनतंत्र का समर्थन करना कठिन हो जाता है। सिसरो के अनुसार प्रत्येक व्यक्ति में मानवीय आदर (human dignity) निहित है और वह विशाल भ्रातृ-संघ का एक सम्मानित सदस्य है। यदि दुर्भाग्य से उसे दास बनना ही पड़ा तो वह अरस्तु की व्याख्या की तरह अभिजात्यों की सम्पत्ति तथा पशु (goods and chattels) या जीवित औजार (living tool) न होकर, क्रिसिपस के कथनानुसार, जीवन-पर्यन्त भृत्यजीवी (a wage-earner hired for life) है। इस तरह सिसरो के विचार अरस्तु की अपेक्षा अधिक प्रगतिशील तथा अर्वाचीन है। 'डी लेजिबस' से निम्नलिखित उद्धरण सिसरो की विशिष्ट चिन्तनधारा का समर्थक है। ''दार्शनिकों के विचार-मन्थन से एक ही निष्कर्ष निकलता है

कि मनुष्य न्याय (justice) से सम्पृक्त है तथा अधिकारों का मूल मनुष्य की राय या सलाह में नहीं बल्कि स्वभाव में है। यदि आप मनुष्य की सहयोगी सामाजिकता तथा भ्रातृत्व की धारणा मान लें तो यह बात और भी स्पष्ट हो जाती है। हम लोग आपस में एक दूसरे के पूरक तथा शेषाङ्ग (counterpart) हैं। यदि बुरी आदतें या झूठ विश्वास हमारे मस्तिष्क खराब न करें तो हमारा व्यक्तित्व दूसरों में भी साफ झलकने लगेगा और आपस में हम सब एक से दिखाई देगें।''

समाज के सम्बन्ध में सिसरो की धारणा आदर्शवादी है। समाज व्यक्ति की सामूहिक अभिव्यक्ति है और संगठित समाज ही न्याय तथा एकता का संरक्षक है। सिसरा ने रोम के समाज को न्यायप्रिय, स्वातन्त्र्य प्रिय तथा समदर्शी बनाने का प्रयत्न किया। ऐसे समाज की संस्थाएँ आदर्शवादी होकर भेदभाव को प्रश्रय नहीं देतीं। संगठित जनता की आवाज व्यापक जनहित (common good) के लिये उठती हैं, एक-एक स्वर मिलकर उस महाध्वनि को तेज बनाते हैं। जब समाज जनहित में न्यायपूर्वक प्रवृत्त होता है तब वह अपने लिये आवश्यक उपकरण (Instrumentality or Agency) ढूँढता है जिससे जनता की सामूहिक इच्छा न केवल व्यक्त हो बल्कि कार्यरूप में भी परिणत हो। समाज की महत्ता स्थापित करके जनप्रिय संप्रभुता (popular sovereignty) की ओर सिसरो का स्पष्ट झुकाव है। जनप्रिय संप्रभुता के अन्तर्गत ही वैधानिक या राजनीतिक प्रभुत्व का समावेश किया गया है। किसी भी नियम-विधान-संविधान या स्वरूप रचना में समाज ही अधिकार तथा सत्ता की अन्तिम स्वीकृति है। सामाजिक अधिकार या सत्ता जब संगठित शक्ति के रूप मे प्रकट होती है तो उसका दमनकारी स्वरूप (coercive power) मनुष्यों द्वारा ही बनाया हुआ होता है। इस तरह सिसरो समाज में जनता के संगठित सामूहिक मूर्तरूप को शक्तिशाली मानकर (corporate power of the people) चलता है।

राज्य तथा शासन
(State and Government)

समाज के भीतर पारस्परिक तथा सवायव एकता मानकर चलने से एक बात साफ हो जाती है कि परस्पर कर्तव्य की चेतना के बिना (consciousness of mutual obligation) कोई काम चल ही नहीं सकता। जनता की सहमति के बिना राज्य की उत्पत्ति सम्भव नहीं है और सहमति से ही एक दूसरे की समानता की स्वीकृति मिलती है। समझौता होना या न होना गौण बात है, सामाजिक तथा सहयोग प्रधान है। सिसरो के अनुसार राज्य इसलिये नहीं बना कि लोग अपने आप को निराश्रित तथा निर्बल मानते थे बल्कि इसलिये बना कि वैसा करना उनके स्वभाव में ही था, सामाजिकता की प्रवृत्ति उनमें जन्मजात थी। चूँकि जनसमूह के विभिन्न वर्गों का समावेश होता है इसलिये सर्वोच्च वैधानिक सत्ता आवश्यक है जो नियामक तथा प्रेरक हो, इसका काम निषेधात्मक या प्रतिबन्धात्मक होने के साथ ही विधायक भी है। सिसरो राज्य को जनता का मामला या जनता का कार्य मानता है। उसका प्रसिद्ध वाक्य है ''राज्य जनता की सम्पत्ति है'' (Respublica res populi)। राज्य कोई बिखरा हुआ समूह

या झुण्ड नहीं है बल्कि विशाल जनमत का संघ है जो न्याय पर आधारित है तथा सामान्य हित में साझीदार है।[1] राज्य का निर्माण इसलिये नहीं हुआ है कि सामूहिक स्वार्थों की खोज में मनुष्य को आसानी हो बल्कि यह नैतिकता के सिद्धान्तों पर आधारित मनुष्य की स्वाभाविक आवश्यकता है। राज्य की इस भावना ने ही कामनवेल्थ की धारणा को पुष्ट किया है। सिसरो ने अपने राज्य सम्बन्धी विचारों के द्वारा भोगवादियों (epicureans) तथा संशयवादियों (sceptics) की इस अवधारणा का खण्डन किया है कि न्याय तथा धर्म अपने आप आन्तरिक रूप से अच्छे हैं (justice in an intrinsic good) या प्रकृति का व्यक्तिगत स्वार्थ से सामन्जस्य (identification of nature with individual self-interest) जमता है। जब तक राज्य नैतिक उद्देश्यों की पूर्ति के लिये संगठित जनसमूह नहीं बनता है तब तक वह आगस्टाइन के शब्दों में बड़े पैमाने पर डकैती है (highway robbery on a large scale)। इस सम्बन्ध में यह धारणा रोमन काल में प्रबल थी कि न्याय के अभाव में राज्य पाशविक आतंक तथा लूट है। (In the absence of justice what is the state except an organised brigandage.) राज्य भले ही आतंककारी या पाशविक सत्ताधारी हो जावे लेकिन उसका जनवादी स्वरूप नष्ट नहीं होने पाता। इसलिये निरंकुश राज्य पतन की ओर बढ़ता है और विकृत हो जाता है। कामनवेल्थ राज्य की परिभाषा सिसरो ने अपने ढंग से की है। ''कामनवेल्थ वास्तव में जनता का संगठित प्रयास है। जनता का अभिप्राय जन समूह या वर्ग है। परन्तु वर्ग समूह स्वेच्छा से किसी भी रूप में मिलकर राज्य नहीं बना सकते। इसके लिये बड़ी संख्या में लोगों को एकत्रित होकर कानून तथा अधिकारों के सम्बन्ध में सामान्य सहमति व्यक्त करनी चाहिये और सामाजिक लाभ के लिए आपसी सहयोग करने की प्रतिज्ञा करनी चाहिये।'' इस प्रकार राज्य एक समष्टिगत संस्था (corporate body) है जिसमें सभी नागरिक सदस्य हैं और जो अपने सदस्यों को आपसी अभय तथा न्यायपूर्ण शासन (just government) देती है। इस धारणा से तीन निष्कर्ष निकलते है: (i) राज्य तथा विधि जनता की सम्पत्ति है इसलिये उसके अधिकार जनता के सामूहिक अधिकारों (collective powers) से उत्पन्न होते है। (ii) यदि राजनीतिक अधिकार वैधानिक तथा न्यायपूर्ण ढंग से प्रयोग में लाया जावे तो वह जनता का ही सामूहिक अधिकार है। न्याय करने वाला मजिस्ट्रेट अपने पद के कारण इसका प्रयोग करता है। इसका वारंट (या आदेश) कानून है और वह स्वयं कानून से बनाया गया है।[2] (iii) राज्य और विधि हमेशा किसी ऊँचे ईश्वरीय नियम से आबद्ध हैं, वे नैतिक तथा नैसर्गिक नियमों की अवहेलना नहीं कर सकते हैं। मनुष्यकृत नियम–अनुशासन के ऊपर भी एक व्यापक अनुशासन है जो अनुलंबनीय है। शक्ति का प्रयोग राज्य के लिये आनुषंगिक है क्योंकि वह न्याय और अधिकार के चलन के लिये ही उपयोग में लाई जाती है। इस तरह

---

1. ''The essential feature of a state is the association of a large body of people in an agreement with respect to justice and a partnership for the common good.''
—C. Maxey, *Political Philosophies,* p.85

2. ''As the laws govern the magistrate, so the magistrate governs the people, and it can truly be said that the magistrate is a speaking law and the law a silent magistrate.''
—Cicero in De Legibus

सिसरो ने सरकार के लिये त्रिविध सूत्र बनाये। सत्ता जनता पर अवलम्बित है, विधिसम्मत तथा विधिप्रेरित है और नैतिक आधार से ही अनुमोदित है। इन सिद्धान्तों को राजनीतिक दर्शन में सामान्य स्वीकृति मिली और ये सदियों तक सर्वमान्य सिद्धान्त बने रहे।

शासन तथा संविधान के भेद ढूँढने में इस युग में दो विचारधारायें प्रबल थीं। एक तो मिश्रित संविधान (mixed constitution) को श्रेष्ठ मानना और दूसरी संविधानों की चक्रवत् गति। इन धारणाओं को पोलिबियस तथा पेनेशस से ग्रहण कर रोम के इतिहास के अनुकूल उसमें परिवर्तन करते हुए सिसरो शासन संघ का उल्लेख करता है। यूनान में शासन का वर्गीकरण करने में शासकदल तथा शासन के उद्देश्य ध्यान में रखे जाते थे। एकतंत्र, अभिजात्यतंत्र तथा प्रजातन्त्र ये 3 स्वीकृत खण्ड थे जिनके साथ विकृत रूपों (आततायित्व, भ्रष्टकुलीनतंत्र, भीड़तंत्र) को रखा जाता था। रोम के विचारकों ने इस वर्गीकरण को ग्रहण किया किन्तु उनकी धारण थी कि चक्रवत्गति के कारण अच्छे और बुरे दोनों संविधान आते रहते हैं। एकतन्त्र से आततायित्व, आततायित्व से कुलीनतन्त्र, कुलीनतन्त्र से भ्रष्टकुलीनतन्त्र, भ्रष्टकुलीनतन्त्र से प्रजातन्त्र, प्रजातन्त्र से भीड़ शासन—यह संक्रमण सर्वत्र प्राप्त होता है। इस अवधारणा के पीछे कोई ऐतिहासिक समर्थन नहीं बल्कि अनुभूत्यात्मक कल्पना ही अधिक थी।

सिसरो ने रोम के संविधान को आदर्श, स्थायी, अनुकरणीय तथा सुरक्षामूलक माना क्योंकि वैसा करना रोम की परम्परा थी। इस तरह नगर राज्यों का अनुभव खींचतान कर बड़े साम्राज्य में जोड़ने की चेष्टा की गई। सिसरों के ग्रन्थनायक सीपियों के इन शब्दों से शासन सम्बन्धी विचार स्पष्ट हो जाते हैं: "मैं किसी भी शासन-प्रकार से मुक्त रूप से सहमत नहीं हूँ। उन सब के सम्मिलित स्वरूप को मैं श्रेयस्कर तथा श्लाघ्य मानता हूँ क्योंकि उसमें सबकी विशेषतायें किसी न किसी रूप में सुरक्षित हैं।" इसी प्रकार के वक्तव्य अन्य रोमन विचारकों ने भी दिये हैं। यदि किसी एक अमिश्रित शासन या संविधान का चयन करना हो तो सिसरो एकतन्त्र (monarchy) को ही चुनेगा क्योंकि वह पितृतुल्य शासन (paternal rule) की तरह है जिससे राज्य का विकास तथा संरक्षण ठीक होता रहता है। दूसरे नम्बर में वह अभिजात्यतन्त्र को रखेगा और तीसरे में प्रजातन्त्र को।

आलोचना एवं मूल्यांकन

प्रजातन्त्र की कमजोरियों (frailties of democracy) के सम्बन्ध में सिसरो प्लेटो से अधिक प्रभावित था, किन्तु इस प्रकार प्रजातन्त्र की अवहेलना करके नागरिकों को मौलिक एकता की बात कहना कहां से संगत या उचित है, यह प्रश्न विचारणीय है। प्रजातन्त्र के सम्बन्ध में इस तरह का बर्ताव करने से सिसरो में गम्भीर विरोधाभास मालूम होता है। उसने शासन तथा संविधान के सम्बन्ध में जिस तरह के विचार रखे और मिश्रित रूप को बढ़ावा दिया उसकी आलोचना में टेसीटस का यह वाक्य अक्सर जोड़ा जाता कि 'मिश्रित' रूपों की प्रशंसा करना तो आसान है लेकिन किसी एक रूप को भी अमल में लाना कठिन है। राज्य तथा शासन के सम्बन्ध में एक सिद्धान्त बनाकर रोम के संस्थामूलक इतिहास से सम्बद्ध करना सिसरो का प्रशंसनीय प्रयास था। किन्तु बनी-बनाई चीज लेकर लादने वाला व्यक्ति वास्तविक क्षेत्र

में, उसकी उपयोगिता नहीं दर्शा पाता। शासन सम्बन्धी विचार में सिसरो संगठित जनसमूह की बात कहता है और उसकी परिभाषा भी निश्चित करता है। रोम की सीमा के अन्तर्गत उसे संकुचित राष्ट्रवादी परिभाषा भी कहा जा सकता है। इस परिभाषा के अनुसार आत्मशासित जनसमूह राष्ट्रमूलक संगठन है, जो अपनी रक्षा तथा वृद्धि करने में समर्थ है। इसके अधिकार सुसंगठित तथा सर्वमान्य हैं और प्रत्येक स्थिति में लागू हैं।[1] इस परिभाषा में सबसे बड़ी कमी यह है कि जनसमूह कैसे आत्मशासित है? कौन शासन करता है? किसे जनता या प्रतिनिधि माना जाये? जनसमूह की अभिव्यक्ति कहाँ, कब, कैसे होती है? इन व्यावहारिक प्रश्नों के उत्तर सिसरो में नहीं मिल पाते। इस दृष्टि से सिसरो के सिद्धान्त अपूर्ण तथा भ्रामक हैं। वह शासकों को इस बात की चेतावनी देता है कि जनसेवक के नाते उन्हें सदैव प्रजा का हितचिन्तन करना चाहिये अन्यथा उन्हें प्रकृतिकोप का सामना करना पड़ेगा। उसने आतंककारी राजाओं की हत्या (Tyrannicide) की सलाह दी है। शासकीय कार्यों में जनता को अधिक से अधिक हिस्सा लेना चाहिये किन्तु सिसरो व्यावसायिक तथा औद्योगिक वर्गों (Commercial and industrial classes) का विरोधी है क्योंकि धन के बल पर वे भ्रष्टाचार फैलाते हैं और लोगों का नैतिक पतन कर देते हैं। वे वर्ग अपने स्वार्थ-लाभ तथा आधिपत्य के लिये शोषण तथा छलबल का सहारा लेते हैं। शासकीय पदाधिकारियों को अपना जीवन शंका या भ्रष्टाचार से परे रखना चाहिये और स्वयं को रोमन नागरिकों का तुच्छ सेवक मानकर चलना चाहिये। इस सम्बन्ध में एक बात स्मरण रखनी चाहिये कि अपनी अस्थिरता तथा ढुलमुल नीति के कारण (Fickleness and fluctuations) रोमन जनता इतिहास प्रसिद्ध हो गई थी।

कभी भीड़ का अत्याचारी शासक को मारना; कभी उसकी पूजा करना; कभी अधिकारियों की अवहेलना करना, कभी राजमार्ग पर अनियंत्रित भीड़ लगा कर हुल्लड़ करना, ये सब मामूली घटनायें थीं। अपने ग्रन्थ डी आफिसिस (De Officis) में सिसरो ने पदों का महत्व तथा उनकी रक्षा करने के उपाय बताये हैं। सत्ताधारी कब अत्याचार की ओर बढ़ने लगता है इसका पूरा आभास जनता को नहीं मिल पाता। बूँद-बूँद कर छनकर सत्ता (Power percolates) अनजाने में राजा के पास केन्द्रित होती जाती है और एक दिन उसे सर्वस्व, सर्वोच्च बनने की धुन सवार हो जाती है। उस दिन से वह घृणास्पद (Despicable) तथा अनुपयोगी हो जाता है। इसीलिए सत्ता पर अंकुश रखने के लिये सुरक्षा तथा स्वीकृति (Safeguards and sanctions) जनता के पास होनी चाहिये। इनके अभाव में हुल्लड़बाज या धूर्त (Rabble-rouser or demagogue) लोगों को अपना उल्लू सीधा करने का मौका मिलता है। यह स्थिति अराजकता से कम भयावह नहीं है। इसीलिये जहाँ रोम की जनता अत्याचार को बुरा से बुरा समझ कर (Tyranny is a bitter wrong against people) अत्याचारी को हटाने या मार भगाने का प्रयत्न करती है, वहीं दूसरी ओर वह दूसरे अत्याचारी को भ्रान्तिवश शासन का आमन्त्रण देती है। रोम के इतिहास में इसके उदाहरण भरे पड़े हैं।

---

1. ''A people is a self- governing organisation which has necessarily the powers required to preserve itself and continue its existence.'' —Cicero

विधि सम्बन्धी विचार
(Thoughts About Law)

सिसरो का सबसे महत्वपूर्ण योगदान विधि सम्बन्धी नियमों का स्पष्टीकरण है। प्राकृतिक विधि (Natural law) के सम्बन्ध में उसके विचार स्थायी तथा शास्त्रीय वक्तव्य (Classic statement) के रूप में मान्य हैं। वास्तविक विधि की परिभाषा देते हुए सिसरों ने कहा कि विधि स्वभावसम्मत सामान्य विवेक है जो सार्वभौमिक तथा शाश्वत है। इसका स्पष्टीकरण इन शब्दों में किया गया है–'सच्ची विधि स्वभाव से अनुमोदित उचित विवेक का पथ है। प्रयोग में यह सार्वभौमिक है, स्थायी तथा अपरिवर्तनशील है। अपने आदेशों से वह कर्तव्य की प्रेरणा देती है और निषेधों से भ्रान्तियों का निराकरण करती हैं।''[1] इसका अभिप्राय यह है कि विधि के दो गुण प्रमुख हैं। एक तो प्रयोगात्मक है जिससे वह सब पर सबके द्वारा लागू कही जा सकती है। इसके फलस्वरूप ही सार्वभौमिकता की बात स्वीकार की जाती है। दूसरा गुण सर्वकालीनता अर्थात् किसी भी युग में काल का व्यवधान न मानते हुए निश्शंक भाव से इसका प्रयोग करना चाहिये। युग, काल या समय के परिवर्तनों का इसकी मौलिक अंतरंग धारा पर कोई प्रभाव नहीं पड़ता। इससे यह विधि अविनाशी तथा चिरन्तन या शाश्वत हो जाती है। यह विधि सिद्धान्त ही राज्य की उत्पत्ति का आधार है। सर्वोत्तम या आदर्श राज्य में विधि की प्रधानता है। विधि की उपेक्षा करने से अराजकता तथा विप्लव की स्थिति उत्पन्न हो सकती है। विधि सामान्य होती है, विशेष नहीं। व्यक्तिगत आचरण में नैतिकता का जो महत्व है वही शासन में विधि का है। राजनीतिक आचार या व्यवहार का नियंत्रण या संतुलन करने के लिये ही विधियों का निर्माण हुआ। सिसरो ने कानून सम्बन्धी विचार 'डी लेजिबस' में स्पष्ट किये हैं परन्तू उसके लिखने का उद्देश्य उन दार्शनिक विचारों को स्पष्ट तथा विस्तृत व्यावहारिक रूप देना है, जिन्हें वह 'डी रिपब्लिका' में स्थापित कर चुका था। कानून की मर्यादा, उसकी मान्यता और क्षमता का पूरा-पूरा उल्लेख करने के बाद वह सुगठित तथा सुशासित राज्य के लिये वैज्ञानिक विधि-संहिता (Code of laws) बनाने का काम भी करता है ऐसा करने में वह रोम के परामपरागत कानून (Customary law) का अनुसरण करता है परन्तु कहीं-कहीं अनुमान तथा कल्पना के सहारे भी तर्क करता है। समानता, न्यायप्रियता तथा तारतम्य के आधार पर उसने रोमन विधि सिद्धान्तों को सर्वप्रिय तथा व्यापक बना दिया। इसका प्रभाव साम्राज्यवादी न्यायाचार्यों तथा ईसाई धर्माचार्यों पर भी पड़ा। विधिशास्त्र में जिस संवैधानिक नैतिकता (Constitutional morality) का महत्वपूर्ण उल्लेख किया जाता है उसकी रक्षा करने तथा उपयोगिता बनाये रखने की ओर भी वह संकेत करता है। प्राकृतिक विधि के सम्बन्ध में विरक्तिवादियों (Stoics) की धारणा की पुष्टि करते हुए सिसरो ने जो भी विचार विधियों के सम्बन्ध में व्यक्त किये वे आज तक प्रभावशाली है।

---

1. ''True law is right reason in agreement with the nature; it is of universal application, unchanging and everlasting; it summons to duty by its commands, and averts from wrong doing by its prohibition.'' —Maxey, *op. cit, p.* 86.

विरक्तिवादियों ने जिन तत्वों का कानूनी अर्थ में कम तथा नैतिक अर्थ में अधिक प्रचार किया उनमें विश्व-राज्य की कल्पना, प्राकृतिक न्याय, विश्व की सार्वभौम नागरिकता आदि थे। उन दिनों विभिन्न विचार पन्थों (Schools of thought) में एक दूसरे से ग्रहण करने की पद्धति थी। पेनेशस तथा क्रिसिपस के विरक्तिवादी विचार बिना किसी विशेष परिवर्तन के सीपियानिक वर्ग (Scipionic circle) तथा सिसरो तक पहुंच गये थे। इस युग की कतिपय मान्यताओं पर ध्यान देना आवश्यक है। इन लोगों का यह विश्वास था कि संसार में ईश्वरी शासन (Divine government) चल रहा है, जो न्यायपूर्ण तथा दयालु है और जनता का पालन अपने बच्चों की तरह करता है। विशाल मानव-वंश के सभी सदस्य आपस में भाई-भाई हैं। भाषा, आचार-विचार, जीवन प्रणाली के अन्तर के बावजूद मनुष्यों में तात्विक एकता है। आचरण के कुछ ऐसे नियम सबके लिये अनिवार्य हैं, जो न्याय, नैतिकता तथा विवेक पर आधारित हैं। यह इसलिये नहीं कि उन्हें आदेशात्मक विधि के रूप में बताया गया है या न मानने से दण्ड मिलता है, परन्तु इसलिये कि वे अपने आप अच्छे, उपयोगी तथा आदरणीय हैं।

आगस्टाइन तथा लेक्टेन्शस ने सिसरो के विचारों को सामान्य ज्ञान की तरह अपनी पुस्तकों में उद्धृत किया। विधि की सर्वोच्च सत्ता मानने का एक स्वाभाविक परिणाम यह हुआ कि शासन में निर्वैयक्तिकरण (Depersonalisation) की भावना प्रबल होती गई और विधि प्रधान शासन (Rule of law) स्थापित होने की सुगमता हो गई। एक बार जहाँ संविधान की महत्ता तथा पवित्रता (Sanctity) स्वीकार की गई शक्ति संतुलन, संशोधन, नियमन, परिमार्जन, अनुगमन आदि अपने आप होने लगते हैं और विद्रोह तथा विनाश की संभावनाएँ कम होती जाती हैं। संविधान वास्तव में व्यक्ति समूह की सम्मिलित तथा परिष्कृत अकांक्षाओं का प्रतीक बनकर एक पवित्रतम अभिलेख बन जाता है जिसकी रक्षा करना प्रत्येक का कर्तव्य है। इसमें शासन के उद्देश्य, प्रकार, तरीके, भेद या अन्तर आदि इस प्रकार नियमपूर्वक सजाये जाते हैं कि समर्थक और विरोधी दोनों पक्षों का यथासम्भव समाधान होता जाता है। इसके साथ ही परम्पराओं (Conventions) की व्यवहार श्रृंखला इस प्रकार बनती जाती है कि उसका मूल्य अधिक ठोस हो जाता है। इस सम्बन्ध में परम्पराओं का मूल्य लिखित प्रावधानों या धारा-उपधाराओं से कहीं अधिक होता है। संविधान की सर्वोच्चता का परिणाम यह भी होता है कि उसके अंतर्गत गठित की गई शक्ति या सरकार उसकी रक्षा करती है, उसमें अभिवृद्धि या संशोधन करती है और स्वतः उससे उत्पन्न होती है। चूँकि संविधान जनता द्वारा ही अधिनियमित, अंगीकृत तथा आत्मार्पित होता है इसलिये वह जनता द्वारा ही बदला जा सकता है। सरकार में आमूल परिवर्तन करके नई जनशक्ति के अभ्युदय से नये संविधान की कल्पना की जाती है। इस प्रकार संविधान किसी भी देश की जन्मकुण्डली है जिसके सूक्ष्म अध्ययन से उसकी गतिविधियों, सम्भावनाओं तथा आपात स्थितियों का परिचय मिल सकता है। सिसरो ने संविधान को स्थायी तथा सार्वकालिक रूप देने की चेष्टा की। संविधान प्राकृतिक विधि पर ही आधारित है इसलिये उसके भेद-प्रभेद करना केवल सुविधा की दृष्टि से उपयुक्त है। वस्तुतः मिश्रित संविधान ही प्रमुख है। सिसरो की ये धारणायें न केवल रोमन विचारकों का परिचय देती हैं बल्कि अधिकांश दार्शनिकों के बहुत समय तक लगभग ऐसे ही विचार बने रहे।

रोम का राजनीतिक योगदान और सिसरो

रोम के विचारकों ने राजनीति के मौलिक सिद्धान्त नहीं दिये और यूनान की तरह सूक्ष्म बौद्धिक चिन्तन नहीं किया, किन्तु उन्होंने समस्याओं का व्यावहारिक समाधान ढूँढने में अद्वितीय क्षमता तथा विद्वता का परिचय दिया। उन्होंने यूनान से दार्शनिक शब्दावलियाँ उधार लीं किन्तु वास्तविक राजनीति तथा प्रशासन के लिये ठोस धरती पर अपने पैर जमाये। रचनात्मक विधि, अधिकारों का सिद्धान्त, संप्रभुता, राज्य का विधिमूलक प्रत्यय (Juridical concept), राजनीति सत्ता का सशर्त स्थानान्तर, विंधियों की धर्मनिरपेक्षता आदि विचार रोम से प्राप्त हुए। रोम की समस्यायें यूनान से भिन्न थीं। रोम का साम्राज्य विस्तृत तथा विविधतायुक्त था। उसका प्रमुख कर्तव्य शासन चलाना था न कि सैद्धान्तिक वाग्जाल में उलझे रहना। उनके बहुभाषी राज्यों (Polyglot domains) में विधि का समन्वय धर्म और नैतिकता से करना असम्भव था, इसलिये उन्होंने विधि को धर्म-नैतिकता के बन्धनों से मुक्त कर स्वतन्त्र रूप में खड़ा किया। प्रोफेसर गेटल के अनुसार, उन्होंने व्यक्ति और राज्य को पृथक किया, उनके कर्तव्य और अधिकार निश्चित किये। राज्य की कल्पना वैधानिक व्यक्तित्व (Legal entity or personality) के रूप में की गई जो सामाजिक जीवन के लिये आवश्यक तथा स्वाभाविक था, जिसका कार्य व्यक्ति के अधिकारों का संरक्षण करना था। इस प्रकार व्यक्ति और राज्य की मर्यादारेखा खींचकर प्रत्येक का स्थान निश्चित करना और अवैधानिक हस्तक्षेप (Illegal encroachments) दूर करना उनका प्रमुख कार्य रहा। प्राकृतिक विधि तथा राष्ट्रीय विधि के रूप में उन्होंने अलग-अलग ढंग से कानून की मर्यादा स्थापित की। इस प्रकार विधिशास्त्र का निर्माण सम्भव हो सका। यूनान और रोम दोनों के राजनीतिक विचार एक दूसरे के पूरक थे। यूनानी नगर राज्यों का शासन कल्पना तथा आदर्श की मरीचिका लेकर चलता रहा किन्तु रोम के साम्राज्य का शासन अधिक व्यावहारिक था । रोम के साम्राज्य ने जिन प्रमुख राजनीतिक विचारों को परिपुष्ट किया वे हैं—विधि के सर्वयुगीन सिद्धान्त, सत्ता का केन्द्रीयकरण, राज्य की मौलिक एकता, विश्वबन्धुत्व तथा सार्वभौमिकता की भावना व्यापक सहिष्णुता, मानवता की भावना, मौलिक अधिकारों का संरक्षण, प्रजातन्त्र की उपादेयता आदि इन सिद्धान्तों में कुछ ऐसी बुनियादी कमजोरियाँ छिपी थीं जिनके कारण रोम का साम्राज्य अधिक समय तक कायम न रहा।

पोलीबियस, सिसरो, सेनेका इन तीनों विचारकों को रोम का 'राजनीतिक मस्तिष्क' कहा जाता है। तीनों के विचारों में एक-सी गति है तथा एक ही लक्ष्य रहा है। पोलीबियस ने अपने अन्य ग्रन्थ 'रोम का इतिहास' (History of Rome) में उस साम्राज्य की महानता तथा गरिमा का परिचय देते हुए शासनतन्त्र का वर्गीकरण किया है जिसे सिसरो ने स्वीकार किया। यह वर्गीकरण एकाङ्गी नहीं कहा जा सकता क्योंकि इसमें उन स्वरूपों का भी उल्लेख था जो आन्तरिक शक्तिहीनता या दुरूपयोग से भ्रष्ट या विकृत हो जाते हैं। मिश्रित व्यवस्था को स्वीकार करना एक तरह से मध्यमार्गीय दृष्टिकोण कहा जा सकता है। शासन-व्यवस्था तथा संविधान के चक्रवत् घूमने की बात भी व्यवहार जगत् से अधिक सम्बन्ध रखती है। पोलीबियस के पहले लाइकरगस ने भी मिश्रित-विधान स्वीकार किया था। सिसरो ने गम्भीरतापूर्वक उन

परिस्थितियों का अध्ययन किया जिनके कारण रोम के विशाल गणराज्य को मिट्टी में मिल जाना पड़ा। उसने निष्कर्ष निकाला कि विभिन्न तत्वों के आपसी संघर्ष तथा गतिरोध के कारण वह टूटा। उसने शक्तिशाली साम्राज्य की कल्पना आगे बढ़ाई किन्तु उन कमजोरियों से मुक्ति न पा सका। सिसरो की स्थिति उस व्यक्ति की तरह है जो विश्वबन्धुत्व के आदर्श तथा व्यक्तिवादी स्वातन्त्र्य के बीच पड़ा है और दोनों को जोड़ने का प्रयास करता है। वह सार्वभौमिकता की खोज में निकलता है पर व्यक्तिवाद का चोंगा उतारना नहीं चाहता। सेनेका भी मानवमात्र की समानता में विश्वास करता है किन्तु सिसरो से अधिक भावुक तथा व्यक्तिवादी है। प्राकृतिक अवस्था की तरह वह ऐसी स्थिति (unspoiled golden age) की कल्पना करता है जिसमें पूर्ण सुख-शान्ति थी, मनुष्य निर्विकार, निश्च्छल था। बुराइयों के कारण राज्य की उत्पत्ति हुई जो प्रतिबन्धात्मक कार्य करता है। सेनेका के विचार राजनीतिक कम दार्शनिक अधिक थे। वह अपने समय की निराशावादिता का ही चित्रण करता है। तीनों विचारक विरक्तिवादियों से प्रभावित हैं, राज्य को नैतिक विकास का साधन बनाना चाहते हैं। सिसरों ने प्लेटो की दार्शनिक प्रतिभा तथा अरस्तु की सूक्ष्म वैज्ञानिक दृष्टि का समन्वय करने का प्रयास किया। किन्तु उसमें न तो वह ज्वलन्त आशावाद तथा (काल्पनिक) आदर्शवाद है जो प्लेटो में था और न अरस्तु की तरह बिखरे तथ्यों को समेटकर सिद्धान्त गढ़ने की क्षमता है। इतना अवश्य है कि सिसरो ने दासप्रथा का खंडन किया और इस प्रकार प्लेटो तथा अरस्तु के विचारों की एक बड़ी भ्रान्ति दूर करने की चेष्टा की। इसलिए सिसरो का महत्व दूसरे विचारकों से कम नहीं समझना चाहिये।

विरक्तिवादी विचारधारा में चाहे जितनी अशुद्धियां रही हों, मानवतावादी दर्शन (Philosophy of humanitarianism) के रूप में उसकी ख्याति हुई। पेनेशस, क्रिसीपस, पोलीबियस आदि के विचारों का प्रतिनिधित्व करने में इस दर्शन को सफलता मिली। सिसरो इसे बढ़ाने में सफल हुआ। सिसरो ने रोम के प्राचीन आदर्शों का पुनरभ्युदय किया; कलासाहित्य का विकास किया; सहृदयता-सद्‌भावना-विनम्रता का प्रचार किया। सीपियो-दल (Scipionic circle) के साथ सिसरो ने इसकी उन्नति करने में अनुपम सहयोग दिया। रोम का कानून इसके पूर्व धार्मिक आचार, आडम्बर, पूर्वज-स्मृति, देवपूजा आदि कृत्यों से जुड़ा था और गैर रोमन लोगों से भेदमूलक बर्ताव करता था। सिसरो ने उसे नया स्वरूप दिया। इस हद तक तो सिसरो को सफलता मिली। उसने स्फुट विचारों को संकलित कर एक सूत्रताबद्ध किया और सिद्धान्तों का विशदीकरण किया। राज्य, समाज, व्यक्ति विधि, सत्ता, अधिकार, नागरिकता-विश्वबन्धुत्व आदि के सम्बन्ध में उसके विचार ध्यान देने योग्य हैं। सिसरो ने जो सबसे बड़ी बात सिद्ध कर दी वह यह कि शासकों को सारे अधिकार जनता से ही प्राप्त होते हैं; इसलिये जनता ही सर्वोच्च शक्ति मानी जानी चाहिये। जनता की इस शक्ति से ही शासन, संविधान-क्रान्ति आदि का संचालन होता है। सिसरो को रोम के कानूनों को स्फुटिक रूप से सुडौल बनाकर (crystallisation of the theory of law) पेश करने में सफलता मिली। परन्तु उसकी व्याख्या या उसके उपदेश रोम के गिरते साम्राज्यवाद को नहीं बचा सके। इतिहास ने रोम की व्यवस्था के साथ-साथ सिसरो के सिद्धान्तों को भी काल की रद्दी की टोकरी में फैंक दिया क्योंकि

सिसरो ने भी केवल आदर्शों के ऊपरी आवरण पर ही ध्यान दिया, वह भीतरी कमजोरियों को छिपाता रहा। परिणामस्वरूप निरंकुशता, भ्रष्टाचार, स्वार्थ, आत्म-पुष्टि के सामने विधि व्यवस्था परास्त हो गई। नागरिक आदर्श मृतप्राय हो गये। सिसरो के विचारों में इतनी शक्ति न थी कि वह रोम की बुराइयाँ दूर कर सकता।

विधियों का जाल फैलाने के कारण व्यक्ति की उपेक्षा हो गई क्योंकि विधियों में उसकी अन्तर्निहित भावना (Spirit) की जगह ऊपरी ढाँचा या शब्दमात्र (letter of law) प्रधान हो गया। कानूनी दांव-पेच जहाँ बढ़ते हैं वहाँ कानूनी बारीकियाँ, भ्रामकता, असत्य, तथा बाह्य आडम्बर की ओर अधिक ध्यान दिया जाता है। इसीलिये बहुत ज्यादा कानून कभी-कभी दिमागी दिवालियेपन का सूचक है। सिसरो ने राज्य सम्बन्धी सिद्धान्तों में कोई नई बात नहीं कही, वह पुरानी बातों को ही निरर्थक जोर देकर दुहराता रहा। उसके सारे सिद्धान्तों के बावजूद सत्ता का दुरुपयोग या आततायित्व की स्थापना न रुक सकी। सत्ता के केन्द्रीकरण ने एक ओर निरंकुशता को जन्म दिया और दूसरी ओर विश्वशासन की भावनाओं को उभारा। विश्वबन्धुता की भावना कोरे आदर्श के रूप में तब भी थी, आज भी बनी है। राज्य की एकता का सिद्धान्त अवश्य ही मान्य रहा और उस पर आगे चलकर विचारकों ने प्रकाश डाला। व्यक्तिवाद तथा समानता का प्रचार करने में सिसरो ने रोम के गणतन्त्रीय युग का समर्थन किया जो रोम की राजनीतिज्ञ परिपक्वता का सूचक था। परन्तु उस युग के बीत जाने, नष्ट हो जाने पर भी सिसरो इसी भ्रम में रहा आया कि वह उसे फिर ले जा सकता है। इतिहास ने उसके विरुद्ध अपना मत दिया। नीरो (Nero) जैसे सम्राटों ने उस युग की अंत्येष्टि-क्रिया कर दी फिर भी इस बात से असहमति नहीं प्रकट की जा सकती कि सिसरो ने व्यक्ति के नैतिक कर्तव्यों का उल्लेख कर सेवा-भावना जागृति करने में अपूर्व सफलता पाई।

अभ्यास के लिये प्रश्न

1. सिसरो के राजनैतिक दर्शन एवं उनकी देन का मूल्यांकन करो।
2. रोमन राजनैतिक चिन्तनधारा में सिसरो का क्या स्थान है? उसने किन मूल्यों पर जोर दिया है?
3. सिसरो के प्राकृतिक विधि के सिद्धान्त की व्याख्या कीजिये और राजनैतिक दर्शन के इतिहास में उसके महत्व को स्पष्ट कीजिये।

11

ईसाई का राजनैतिक चिन्तन

(Christian Political Thought)

ईसाइयत के प्रारम्भिक राजनैतिक विचार 'न्यू टैस्टामैंट' तथा महात्मा ईसा के बारह ाष्यों (Apostles) की शिक्षा में मिलते हैं। ईसाइयत का कोई विशेष राजनैतिक प्रभाव नहीं ड़ा, क्योंकि यह आन्दोलन राजनैतिक आन्दोलन न होकर एक धार्मिक आन्दोलन था। ईसा जनीति से दूर मानवीय समानता, विश्वबन्धुत्व तथा प्राकृतिक नियमों को महत्व देते थे। उनका त था कि "जार को जार की वस्तुयें और भगवान को भगवान की वस्तुयें सौंप दो।"[1] ईसाई र्म के अनुयायियों (नेताओं) ने प्रकृति के नियम का विचार स्टोइको से लिया था।

ईसाई राजनीतिक चिन्तन

(Christian Political Thought)

रोमन साम्राज्य के इतिहासकार गिब्बन (Gibbon) ने ईसाइयत के फैलने के निम्नलिखित ख्य कारण बताये हैं–

1. भावी जीवन का सिद्धान्त।
2. ईसाइयों का सुन्दर एवं पवित्र आचरण।
3. ईसाई प्रचारकों में अत्यधिक उत्साह।
4. चर्च के प्रारम्भ में व्यक्तियों की चमत्कारपूर्ण शक्तियाँ।
5. ईसाइयों की एकता, अनुशासन एवं चर्च का सुदृढ़ संगठन।

1. राज्य (The State)—ईसाइयत के राज्य सम्बन्धी विचार 'रोमनों को सम्बोधित पत्रों' postles to the Romans) में व्यक्त किये गये हैं। ईसाइयत के अनुसार राज्य का मुख्य श्य न्याय की स्थापना है जिसकी शासन व्यवस्था ईश्वर द्वारा दी गई है। उसके अनुसार

"Render unto Caesar the things that are Caesar's and unto God the things are God's."
—Jesus Christ

न्याय का सिद्धांत पवित्र हाने के कारण जो भी संस्था न्याय को लागू करती है, वह भी पवित्र है। इस सम्बन्ध में सन्त पीटर अपने विचार व्यक्त करते हुये कहते है कि "भगवान के लिये मनुष्य के प्रत्येक आदेश का पालन करना चाहिये चाहे वह मनुष्य सर्वोच्च राजा हो या उसके राज्यपाल हों, जो बुरा काम करने वालों को दण्ड देने के लिये तथा अच्छा काम करने वालों की बड़ाई करने के लिये भेजे जाते हैं।"

2. प्राकृतिक नियम का सिद्धान्त (The Theory of Natural Laws)— स्टोइकों की भाँति ईसाइयत में भी राज्य के नियम तथा प्राकृतिक नियमों में अन्तर माना गया है। ईसाई मत के अनुसार ये प्राकृतिक नियम दैवी नियम (Divine Laws) होते हैं जिनका उल्लंघन नहीं किया जा सकता। उनके अनुसार प्राकृतिक नियम अपरिवर्तनशील नियम हैं। उनका प्रतिपादन मानव ने निष्पक्ष मस्तिष्क से किया है।

3. दास-प्रथा सम्बन्धी विचार (Thoughts on Slavery)– तत्कालिन समाज में दास-प्रथा प्रचलित थी। उस समय कुछ लोग इसके पक्ष में थे तो कुछ विपक्ष में। 'न्यू टैस्टामेंट' यह मानकर चलता है कि प्रत्येक व्यक्ति ईश्वर की सन्तान है तथा सब भाई-भाई हैं। वे निम्न तथा उच्च वर्ग, राजा-रंक, अमीर-गरीब, दास-मालिक को नहीं मानते। उनकी मान्यता के अनुसार मनुष्य का वास्तविक जीवन तो आन्तरिक है, दासता तो केवल भौतिक बन्धन है।

4. सम्पत्ति (Property)– ईसा मसीह के राज्य सम्बन्धी विचार धनिक वर्ग के विरोधी थे, उनके अनुसार, "यह सम्भव है कि ऊँट सुई की नोक में से निकल जाय परन्तु यह असम्भव है कि धनी वर्ग स्वर्ग के द्वार से निकलकर उसमें प्रविष्ट हो सके।" ईसा मसीह के सम्पत्ति सम्बन्धी विचारों का आधार, सम्पत्ति पर सामूहिक स्वामित्व है। परन्तु यह प्लेटो की साम्यवादी विचार जैसे नहीं हैं। "महात्मा ईसा का सन्देश सर्वप्रथम निर्धनों में ही फैला था, अतएव उनके शिष्यों ने प्रारम्भ में वैयक्तिक सम्पत्ति से रहित साम्यवादी समाज की कल्पना तथा सम्पत्ति पर सामूहिक स्वामित्व की कामना की थी। लेकिन उन्हें इसकी अव्यवहारिकता ज्ञात थी। अतएव उनका कथन था कि अमीरों को चाहिये कि वे गरीबों को दान दें। कालान्तर में पोप के सम्पन्न होने पर सम्पत्ति सम्बन्धी दृष्टिकोण में भी परिवर्तन आया। ईसाई धर्म के समर्थक व्यवहारिक व्यक्ति थे, उन्होंने कभी अपने साम्यवादी सिद्धान्त को राज्य के माध्यम के द्वारा लागू करने का प्रयत्न नहीं किया।"

ईसाई पिताओं के राजनीतिक विचार (Political Thought of the Church Fathers)–सन्त आगस्टाइन, सन्त एम्ब्रोज, सन्त जेरोम, ग्रेगोरी महान् तथा सन्त एथनेशियस ये पाँचों विद्वान ईसाई पिता (Church of Father) के नाम से जाने जाते थे। इन विद्वानों ने तत्कालीन समाज की प्रत्येक समस्या को आलोचनात्मक दृष्टि से देख कर, हल करने का प्रयास किया। इनके प्रमुख राजनैतिक विचार निम्नलिखित हैं:

1. राज्य (The State)–ये राज्य की दैवीय उत्पत्ति (Divine origin) में विश्वास रखते थे। राज्य ईश्वरीय है। राज्य को ईश्वरीय मानने के कई कारण थे। सर्वप्रथम वे अराजकता के विचारों का खण्डन करना चाहते थे। जिनका समर्थन कुछ प्रारम्भिक ईसाई धर्म के नेताओं

ने किया था। इनके अनुसार, सभी मनुष्य बराबर हैं। अत: किसी भी सरकार की आवश्यकता नहीं। ये सरकार को 'आदिम पाप' (Origninal Sin) का परिणाम मानते हैं। यदि मनुष्य में शुरू में पाप की भावना उत्पन्न न हुई होती तो उसे दूर करने हेतु सरकार का गठन न हुआ होता।

2. सम्पत्ति (Property)– ईसाई मत सामूहिक स्वामित्व के पक्ष में था। उनके अनुसार व्यक्तिगत सम्पत्ति उस दशा में सही है जब उसका उपभोग दूसरे की भलाई हेतु किया जाये। इस सम्बन्ध में 'चर्च-पिताओं' का यह विचार था कि व्यक्तिगत सम्पत्ति का प्रयोग ईसाई भाइयों के लिए किया जाये। संत आगस्टाइन ने सम्पत्ति के सम्बन्ध में कहा है "सम्पत्ति व्यक्ति को भगवान ने एक धरोहर के रूप में प्रदान की है, इसका प्रयोग उचित रूप में होना चाहिये। इस विषय में सन्त एम्ब्रोज ने लिखा है कि 'स्वार्थ एवं लोभ के कारण मनुष्य वस्तुओं पर व्यक्तिगत स्वामित्व की स्थापना कर लेते हैं। यदि सम्पत्ति का उपयोग मानव समाज के लिये किया जाये तब इस पर व्यक्तिगत स्वामित्व न्याय संगत है।"

3. दास-प्रथा (Slavery)–सन्त पाल तथा सिसरो की भाँति चर्च पिताओं ने मत प्रस्तुत किया कि प्रकृति ने सभी को स्वतन्त्र पैदा किया है, परन्तु उन्होंने दास-प्रथा को जड़-मूल से समाप्त करने जैसा कोई मत नहीं दिया। उन्होंने कहा कि स्वामियों को अपने दासों के प्रति उदारता तथा क्षमापूर्ण व्यवहार करना चाहिये। ग्रेगरी महान् तथा सन्त एम्ब्रोज ने दास-प्रथा का विरोध किया, परन्तु वे इसके उन्मूलन का उपाय न खोज सके।

ईसाइयत की विजय का प्रभाव
(The Effect of the Triumph of Christianity)

1. यह आन्दोलन प्रारम्भ में धार्मिक आन्दोलन था, परन्तु बाद में इसमें धर्म और राजनीति का समन्वय हो गया। राज्य में प्रवेश करने के पश्चात् चर्च केवल धार्मिक परिधि तक ही सीमित न रहा वरन् राजनीति के समस्त मामलों में हस्तक्षेप करने लगा।

2. इससे पोप की सत्ता का विकास हुआ। अब संगठन का रूप केन्द्रीयकरण की ओर अग्रसर हुआ।

3. कुछ समय बाद इसकी उदारता खत्म हो गई और गैर-ईसाइयों के प्रति अत्याचार होने लगे।

सन्त ऑगस्टाइन
(St. Augustine)

354 ई० में अफ्रीका के टेगस्टे नामक नगर में सन्त ऑगस्टाइन का जन्म हुआ था। इनके पिता का नाम पैट्रीशियस तथा माता का नाम मोनिका था। इनकी माता एक धर्मनिष्ठ प्रकृति की महिला थीं, जबकि इनके पिता ईसाई धर्म के प्रति कोई निष्ठा नहीं रखते थे। इस प्रकार इनके माता पिता परस्पर विरोधी प्रकृति के थे। इनकी प्रारम्भिक शिक्षा घर पर रहकर ही हुई थी। इन्होंने अपने जीवन की उच्च शिक्षा करथेज विश्वविद्यालय में प्राप्त की। इस विश्वविद्यालय

में ही उनका एक महिला से प्रेम सम्बन्ध हो गया। यहीं पर ये मैनीकियत सम्प्रदाय के सम्पर्क में आये। इस सम्प्रदाय के सम्पर्क में ये लगभग 9 वर्षों तक रहे और बाद में इसे छोड़ दिया। कुछ समय बाद ये अलंकार शास्त्र के अध्यापक बन गये। यहीं पर इनकी भेट सन्त एम्ब्रोज से हुई जिन्होंने रोमन सम्राटों की कड़ी चुनौती दी हुई थी। यहीं से इनके जीवन में परिवर्तन आ गया तथा ये ईसाई धर्म के अनुयायी बन गये। यह उनका श्रेष्ठ जीवनकाल था। ईसाइयत के प्रचार में सन्त ऑगस्टाइन का विशेष हाथ रहा। उन्होंने इसके राजदर्शन की आधारशिला रखी तथा इस विचारधारा को पुष्पित-पल्लवित किया। ये अफ्रीका में हिप्पो नामक स्थान के बिशप बन गये। इसी स्थान पर 430 ई॰ पू॰ में इनकी मृत्यु हो गई।

सन्त ऑगस्टाइन के दो प्रसिद्ध ग्रन्थ हैं–

1. 'ईश्वर का नगर' (De Civitate Dei)—सन्त ऑगस्टाइन का सर्वाधिक महत्वपूर्ण ग्रन्थ (De Civitate Dei) था, जिसका अंग्रेजी में The City of God के नाम से अनुवाद हुआ है। सन्त ऑगस्टाइन ने इस ग्रन्थ की रचना तीन लक्ष्यों को ध्यान में रखकर की थी–

(1) ईसाइयत को प्रभावशाली बनाना तथा उसका राज्य स्थापित करना,

(2) ईसाई धर्म के विरुद्ध लगाये गये आरोपों का खण्डन करना, तथा

(3) यह स्पष्ट करना कि ईसाई धर्म की प्रगति के कारण रोमन साम्राज्य का पतन नहीं हुआ।

इस ग्रन्थ की रचना में ऑगस्टाइन को तेरह वर्ष लगे। इस ग्रन्थ में 22 खण्ड हैं। इसके प्रथम दस खण्डों में ईसाई धर्म के विरोधियों द्वारा लगाये आरोपों का उत्तर दिया गया है तथा शेष बारह खण्डों में ईश्वर की नगरी का वर्णन किया है।

2. 'आत्म कथा' (Confessions)— इस ग्रन्थ में ऑगस्टाइन ने अपने अनुभवों का वर्णन किया है।

सन्त ऑगस्टाइन का राजनीतिक चिन्तन

सन्त ऑगस्टाइन के राजनीतिक विचार निम्नलिखित हैं–

1. मानव स्वभाव की अवधारणा (Conception of Human Nature)–सन्त ऑगस्टाइन ने मानव स्वभाव की दो प्रवृतियों का वर्णन किया है–आध्यात्मिक तथा सांसारिक। आध्यात्मिक हितों की पूर्ति के लिये उसे ईश्वरीय नगर की सदस्यता प्राप्त करनी होती है तथा सांसारिक हितों की पूर्ति के लिए उसे लौकिक या सांसारिक जगत का सदस्य बनना होता है। ऑगस्टाइन के अनुसार, "मानव प्रकृति के दो रूप हैं– आत्मा और शरीर। अतएव मनुष्य इस संसार का और ईश्वरीय नगर का भी नागरिक है। मानव जीवन का आधारभूत तत्व मानव-हितों का विभाजन है। मनुष्य के लौकिक हित उसके शरीर से सम्बन्ध रखते हैं। मनुष्य के पारलौकिक हित उसकी आत्मा से सम्बन्ध रखते हैं।"

2. द्वि-नगरीय सिद्धान्त (The Theory of Two States)–सन्त ऑगस्टाइन ने अपने ग्रन्थ (The City of God) में दो नगरों सांसारिक एवं आध्यात्मिक का वर्णन किया है–

साँसारिक नगर की सदस्यता मनुष्य जन्म से ही प्राप्त कर लेता है। जबकि ईश्वरीय नगर की सदस्यता का सम्बन्ध मनुष्य की आत्मा से होता है। सेबाइन ने इस सम्बन्ध में कहा है कि, ''मानव समाज सदैव ही दो समाजों के संघर्ष द्वारा नियन्त्रित होता है। एक ओर 'संसार का नगर' है। यह मनुष्य की अधोमुखी प्रकृति–काम, क्रोध, लोभ, मोह आदि के ऊपर आधारित है। दूसरी ओर 'ईश्वर का नगर' है। यह स्वर्गीय, शान्ति तथा आध्यात्मिक मुक्ति की आशा के ऊपर आधारित है।'' फॉस्टर (Foster) के अनुसार, ''राजनीतिक विचारधाराओं के सन्दर्भ में संत ऑगस्टाइन के सबसे महत्वपूर्ण विचार वह हैं, जो उसकी दो राज्यों की अवधारणा में केन्द्रभूत होते हैं, अर्थात् पृथ्वी का राज्य तथा स्वर्ग का राज्य।

3. ईश्वरीय नगरी (The City of God)– संत ऑगस्टाइन ने 'ईश्वर की नगरी' की कल्पना की थी। यह विचारधारा स्टोइक विचारधारा को काफी कुछ प्रभावित करती है। ऑगस्टाइन इस नगरी की कल्पना कहीं स्वर्ग में न करके बल्कि इस पृथ्वी पर ही करता है। उसके अनुसार इसे पाने के लिये केवल ईसाई होना ही आवश्यक है। किसी विशेष जाति वर्ग का सदस्य नहीं बल्कि यह केवल चर्च द्वारा ही सम्भव है। इस विषय में ऑगस्टाइन ने कहा है कि, ''ईश्वरीय नगर का सच्चा प्रतीक चर्च था क्योंकि केवल चर्च ही गुणों तथा भलाइयों का केन्द्र था। भलाई का विकास करने के लिये राज्य चर्च का शस्त्र था। अतः दोनों एक दूसरे पर आधारित थे। वास्तव में वह एक अमूर्त समाज का रूप है, न कि ऐतिहासिक सत्य। ईश्वर प्रेम में स्थापित है, जबकि सांसारिक राज्य (Civitas Terrane) आत्म-प्रेम पर।'' राज्य चर्च के सम्बन्ध में फॉस्टर (Foster) ने भी कहा है कि, ''चर्च ईश्वरीय नगर का वह भाग है, जिसमें वे सब सदस्य सम्मिलित हैं, जो अभी अपनी विश्व-यात्रा ही कर रहे हैं और जिसमें वे सब (या लगभग सब) जो ईश्वरीय राज्य के सदस्य हैं, जो गुजर चुके हैं।''

4. ईश्वरीय नगर की विशेषतायें (Characteristics of City of God)– ऑगस्टाइन ने अपने ईश्वर के नगर में निम्नलिखित विशेषताओं का वर्णन किया है–

(i) **न्याय** (Justice)– ऑगस्टाइन की न्याय सम्बन्धी विचारधारा बहुत कुछ प्लेटो की भाँति है। वह न्याय को व्यवस्था के अनुरूप मानता है। उसके अनुसार मनुष्य का कर्त्तव्य है कि वह व्यवस्थानुरूप अर्थात् न्याय के अनुसार कार्य करे।

(ii) **शान्ति** (Peace)–ऑगस्टाइन ने ईश्वरीय नगर की दूसरी प्रमुख विशेषता शान्ति को बताया है। ऑगस्टाइन के अनुसार, शान्ति की स्थापना उसी स्थिति में सम्भव है, जब कि मनुष्यों में सद्भावना हो। उसने शान्ति का तात्पर्य किसी झगड़े या युद्ध के न होने से नहीं लगाया था बल्कि उसका अर्थ समाज के अन्य गुणों से भी था। सन्त ऑगस्टाइन ने दो प्रकार की शान्ति का वर्णन किया है–

(अ) सांसारिक (क्षणिक) शांति।

(ब) पारलौकिक व आध्यात्मिक शान्ति।

उसने समाज में प्रत्येक प्रकार की शांति की स्थापना में निम्नलिखित दो बातों का होना आवश्यक माना है–

(अ) सभी मनुष्यों को प्रेम व सद्भाव के साथ रहना चाहिये।

(ब) सभी मनुष्य एक सार्वभौम व्यवस्था के अन्दर होने चाहियें।

(iii) **राज्य सम्बन्धी विचार** (Ideas Regarding the State)—ऑगस्टाइन के अनुसार राज्य एक पवित्र संस्था है। इसको ईश्वर ने मानव के पापों को दूर करने हेतु स्थापित किया है। ईश्वर का प्रतिनिधित्व करते हुए राजा पापों से जनता को मुक्त कराने के लिये पैदा हुआ है। ऑगस्टाइन राज्य को दैवी उत्पत्ति मानता है। उसके अनुसार समस्त व्यक्तियों को राज्य की आज्ञाओं का पूर्ण रूप से पालन करना चाहिये। उसने यह भी कहा है कि यदि ये आज्ञा धर्म विरोधी हों तो इनको मानने के लिये लोग प्रतिबन्धित नहीं हैं। सन्त ऑगस्टाइन ने चर्च को राज्य से ऊँचा दर्जा दिया, क्योंकि उसके अनुसार न्याय चर्च द्वारा ही सम्भव है, राज्य द्वारा नहीं। उसके अनुसार राज्य और चर्च एक दूसरे के साथ ही सम्भव है, अर्थात् ये एक दूसरे के पूरक हैं।

(iv) **सम्पत्ति सम्बन्धी विचार** (Views Regarding the Property)—सन्त ऑगस्टाइन के सम्पत्ति सम्बन्धी विचार मौलिक नहीं हैं। सम्पत्ति के अधिकार को स्वीकार करते हुए वह उसे परम्परागत संस्था मानता था। उसने व्यक्तिगत सम्पत्ति का समर्थन किया है। सम्पत्ति के अधिकारों की प्राप्ति राज्य द्वारा ही सम्भव है। शान्ति व व्यवस्था बनाये रखने की दृष्टि से निजी सम्पत्ति का होना आवश्यक है, परन्तु व्यक्ति को उतनी ही सम्पत्ति रखने का अधिकार होना चाहिये, जितनी उसके लिये आवश्यक है।

(v) **दासता सम्बन्धी विचार** (Views Regarding Slavery)—सन्त ऑगस्टाइन ने दास-प्रथा का समर्थन किया है। उसके अनुसार दास निजी सम्पत्ति का ही एक रूप है। वह दासता को पूर्व जन्म के किये गये पापों का परिणाम मानता था। उसके अनुसार दासता 'पाप का दैनिक प्रतिकार' है। फॉस्टर (Foster) ने इस विषय में कहा है कि, "हजरत नूह ने अपने पुत्र को पापमय जीवन व्यतीत करने के कारण दासता का दण्ड दिया, उसी समय से दास-प्रथा का प्रचलन हआ।" उसने आगे कहा, "यदि मनुष्य पाप न करतां, तब ईश्वर दासता की व्यवस्था न करता। वस्तुतः मनुष्य के पतन ने उसे समानता से वंचित कर दिया जो मानव प्रारम्भ में स्थापित करना चाहता था। अतः उसने इसका समर्थन किया।"[1]

ऑगस्टाइन के विचारों की आलोचना

(1) **फॉस्टर (Foster) के अनुसार,** "ऑगस्टाइन का दासता का सिद्धान्त कठिन और असन्तोषजनक है। दासता के समर्थन में ऑगस्टाइन अरस्तु के तर्कों को अमान्य करते हैं, क्योंकि वे अरस्तु की तरह यह नहीं मानते कि दासता प्राकृतिक वस्तु है।"

(2) **वेबर के अनुसार** —वेबर ने आलोचनात्मक मत प्रस्तुत करते हुए लिखा है कि, "अपने सिद्धान्तों के आधार पर ऑगस्टाइन प्रशासक तथा दास के बीच अन्तर नहीं कर सका।"

---

1. "It was divinely ordained for the retribution of sin, God would not have ordained itself men had not sinned."
—Foster

(3) **विबासी के अनुसार–** "ऑगस्टाइन के दासता सम्बन्धी विचार तर्कसंगत प्रतीत नहीं होते हैं। एक स्थान पर तो वह सम्पूर्ण मानव जाति को पापी घोषित करता है। दूसरे स्थान पर वह दास-प्रथा को पाप का दण्ड घोषित करता है। उसका मत है कि मनुष्य को पाप का शोध करने के लिये दासता स्वीकार करनी आवश्यक है। इसका अर्थ तो यह हुआ कि अपने पूर्व पापाचार के कारण सम्पूर्ण समाज को दासवृत्ति करनी चाहिये।"

अभ्यास के लिये प्रश्न

1. चर्च और राज्य के सम्बन्ध में तथा सरकार के स्वभाव व कार्य के विषय में सन्त ऑगस्टाइन के विचारों की विवेचना कीजिये।
2. राजदर्शन के विकास में सन्त ऑगस्टाइन के योगदान का मूल्यांकन कीजिये।
3. सन्त ऑगस्टाइन के राजनीतिक दर्शन का विस्तारपूर्वक वर्णन कीजिये।
4. सन्त ऑगस्टाइन के राजनीतिक विचारों की व्याख्या करते हुये मध्यकालीन विचारधारा पर उसके प्रभाव की विवेचना कीजिये।

भाग-II
मध्यकालीन राजनैतिक चिन्तन
(Medieval Political Thought)

12

मध्यकाल का राजनैतिक चिन्तन
(Political Thought of Middle Ages)

मध्यकालीन युग का 'श्रद्धा का युग' (Age of Faith) कहा जाता है। इस युग की विचारधारा धर्म प्रधान थी और इसमें धार्मिकता एवं आध्यात्मिक विश्वासों का आधिक्य था। राजनीतिक चिंतन पर तो किसी का भी ध्यान नहीं था। इस युग के विचारकों को राजनीतिक विचारकों की श्रेणी में नहीं रखा जा सकता। राजनीतिक चिंतन पर ध्यान न दिये जाने के कारण ही इस युग को अराजनीतिक युग (Unpolitical Age) तथा 'अन्धकार का युग' (Dark Age) कहा जाता है।

मध्ययुग पर एक दृष्टि डालने से ही उसके विस्तार का ज्ञान हो जाता है। यह ईसा के जन्म से लेकर मैकियावली तक फैला हुआ है। डेढ़ हजार वर्षों के इस काल को राजदर्शन के विद्यार्थी दो भागों में बाँट कर पढ़ते हैं। इसका प्रथमार्ध पहली शताब्दी से लेकर आठवीं शताब्दी तक का है और द्वितीयार्ध आठवीं से लेकर पन्द्रहवीं शताब्दी तक का। मध्ययुग को एक ही काल मान लेने पर दोनों भागों की कुछ समान विशेषताएँ भी प्रकट होती हैं।

राजनीतिक विचारों का इतिहास लिखनेवाले कुछ विद्वानों ने मध्ययुग को अंधयुग (Dark Ages) भी बतलाया है। इसका कारण यह है कि मध्ययुग में व्यवस्थित राजनीतिक विचारों का अभाव तथा तत्कालीन विचारों की मौलिक असंबद्धता है। मध्ययुग के प्राय: सभी विचारकों की शैली त्रुटिपूर्ण, अपर्यवेक्षणशील तथा अशुद्ध है जिसकी वजह से राजनीतिक विचारों में कोई विशेष प्रगति नहीं दिखलायी पड़ती। जितनी प्रगति प्राचीन काल में 750 वर्षों में यूनानी राजनीतिक विचारों द्वारा हुई--उस प्रगति का अर्धांश भी मध्ययुग के लगभग 1500 वर्षों में नहीं दिखलायी पड़ता। इसका प्रभाव कला और साहित्य पर भी पड़ा।

कला तथा साहित्य के साथ मध्ययुग में राजनीतिक विचारों के जगत में भी कोई प्रगति नहीं दिखलायी पड़ती। किन्तु इस युग का इतिहास पूर्णतः अंधकारमय ही नहीं है। मध्ययुग के भी कुछ अपने योगदान हैं। मध्ययुग में ही यूरोप में धर्म का शुद्धिकरण हुआ था। यूरोप मूर्तिपूजा तथा असंख्य देवोपासना के चंगुल से मुक्त हुआ। एक ही ईश्वर की कल्पना को मान्यता प्राप्त हुई। इस मान्यता का परिणाम यह हुआ कि समस्त मानव जाति को एक ही ईश्वर का पुत्र समझा जाने लगा। इसी मान्यता की स्वाभाविक उपसिद्धि के रूप में विश्वबंधुत्व का सिद्धान्त सामने आया।

इसी युग में प्रतिनिधि संस्थाएँ भी पनपीं। ग्रामों में कारीगरों के संघ बने। इन संघों की प्रशासनिक व्यवस्था प्रतिनिधियों के निर्वाचन पर आधारित रहती थी। ईसाई मठों का प्रशासन भी इसी प्रकार होता था। पोप तक का निर्वाचन हुआ करता था। ईसाई मठों के प्रबंध के लिये विभिन्न समितियाँ हुआ करती थीं। इन समितियों के सदस्य भी निर्वाचित होते थे। इस प्रकार मध्ययुग में प्रतिनिधि निर्वाचन प्रणाली के विकास तथा उसके द्वारा प्रशासन एवं प्रबंध करने की प्रवृत्ति की सहायता से प्रजातंत्र की भूमिका तैयार की गयी।

सभी मनुष्य एक ही ईश्वर के पुत्र हैं-- इस विश्वास ने इस सिद्धान्त को जन्म दिया कि सभी मनुष्य भाई-भाई हैं और इस भाईचारे के कारण वे समान हैं। अतएव, दासता की प्रथा को हेय समझा जाने लगा। इस मनोवृत्ति ने दासता के उन्मूलन में अनुकूल पृष्ठभूमि का कार्य करते हुए अन्त में दासता की प्रथा को उखाड़ ही फेंका जो यूनानी काल से चली आ रही थी और जिसके विरुद्ध प्लेटो तथा अरस्तु ने भी नहीं कहा था।

धर्म के शुद्धिकरण, विश्वबंधुत्व के सिद्धान्त, प्रतिनिधि संस्थाओं के विकास तथा दासता की प्रथा के उन्मूलन आदि ने मध्ययुग की त्रस्त मानव आत्मा को नया जन्म दिया। ज्यों-ज्यों पादरियों तथा गिरजों के पतन के चिह्न स्पष्ट होने लगे त्यों-त्यों धर्म-सत्ता की कठोर आलोचना हुई और राजसत्ता से उसके अलग किये जाने की माँग की जाने लगी। धर्मसत्ता की राजनीतिक क्षेत्रों में अवहेलना होने लगी। राजसत्तायुक्त व्यक्ति उसके प्रति शनैः-शनैः उदासीन हो गये। मैकियावली के समय तक यह स्थिति उत्पन्न हो गयी थी कि धर्मसत्ता को राजसत्ता के अन्तर्गत ही माना जाने लगा था। मध्ययुग के द्वितीयार्ध के समाप्त होते-होते फ्लोरेंस तथा वेनिस आदि में विशुद्ध ज्ञान के अध्ययन के लिये अपेक्षाकृत उच्च स्तर की विद्यापीठों की स्थापना हो गयी थी। इन्हीं सबके कारण सुधारों का युग (Reformation) आया जिसमें व्यक्ति स्वातंत्र्य (Individual liberty), सार्वभौमिकता (Universalism) तथा मानव अधिकार (Rights of Man) आदि के सिद्धान्त पनपे।

मध्ययुगीन विचारकों के अध्ययन स्रोत

स्थूल रूप से मध्ययुग के विचारकों के अध्ययन स्रोतों (Sources) की गणना इस प्रकार की जा सकती हैं--(1) बाइबिल, (2) रोमन विधियाँ, (3) यूनानी राजदर्शन तथा (4) गिरजाघर के पादरियों के लेखादि। इन चारों स्रोतों के स्वभाव का अध्ययन स्पष्ट कर देता है कि मध्ययुग के विचारों में क्रमबद्धता क्यों नहीं थी।

1. **बाइबिल**—बाइबिल में पुराने यहूदी समाज का चित्रण है। उस समय की परिस्थितियाँ, विश्वासों तथा मान्यताओं का दर्शन बाइबिल में मिलता है। बाइबिलों में जिन सिद्धान्तों का निरूपण किया गया है उनमें काफी सिद्धान्त सार्वभौमिक हैं परन्तु कुछ ऐसी भी बातें हैं जो सभी कालों में उसी ढंग से लागू नहीं की जा सकतीं जिस प्रकार से वह यहूदी जगत् में लागू होती थीं। यह बात मध्ययुग के पूर्वार्ध के विचारक मानने को तैयार न थे। उनके लिये तो जो कुछ बाइबिल में लिखा था वह अकाट्य था और जो कोई उसका खण्डन या विरोध करता था वह चर्च के क्रूरतापूर्ण अत्याचारों का शिकार होता था। कोपरनिकस, गेलिलिओ और ब्रूनो आदि बहुत दिनों तक यह नहीं कह सके कि पृथ्वी गोल है और वह अपनी धुरी तथा निश्चित मार्ग पर घूमती है और सूर्य स्थिर है। बाद में जिन लोगों ने यह कहा उनको या तो चर्च के क्रूर अत्याचारों के सामने झुक जाना पड़ा या फिर उन्हें कालकोठरी में घुट-घुटकर दम तोड़ना पड़ा अथवा उन्हें जिन्दा जला दिया गया।

2. **रोमन विधियाँ**—बाइबिल की भाँति ये ग्राम-सभ्यता तथा सत्ता के विकेन्द्रीकरण की परिस्थितियों में उत्पन्न नहीं हुई थीं। अपितु केन्द्रीय सत्ता और एक बड़े साम्राज्य के शासन के लिए जिनका निर्माण हुआ था। रोमन विधियों में प्रजा के अधिकारों के लिए कम स्थान था। शासनसत्ता सर्वोच्च मानी जाती थी।

3. **यूनानी राजदर्शन**—तत्कालीन विचारक, अरस्तु की रचनाओं से भी सहायता लेते थे। अरस्तु ने प्रजातंत्र के विषय में अपने विचार लिखे थे जब कि उस समय सामन्तवाद प्रबल था और अरस्तु द्वारा प्रतिपादित प्रजातंत्रवाद कहीं भी नहीं था।

4. **पादरियों के लेख**—मध्यकालीन विचारक अपने पूर्ववर्ती पादरियों के लेख का भी प्रयोग करते थे जिनका आधार बाइबिल थी।

इन चारों स्रोतों के प्रयोग से मध्यकालीन विचारकों ने जो खिचड़ी पकाई उसमें क्रमबद्धता और व्यवस्था असंभव थी। इन चारों स्रोतों की धाराओं-प्रधाराओं के घात-प्रतिघातों ने मध्ययुग के राजनीतिक विचारों की गति को अवरुद्ध कर दिया। मध्यकालीन विचार पद्धति असंबद्ध थी। उसमें वैज्ञानिकता और पर्यवेक्षणशीलता का तो बिल्कुल अभाव था। विचारों का निरूपण करने में ऐतिहासिक प्रणाली का भी प्रयोग नहीं किया जाता था। समस्त विचारपद्धति धार्मिक कूपमण्डूकता और अंधविश्वासों पर आधारित थी।

मध्ययुग की विशेषताएँ
(Characteristics of Middle Ages)

मध्ययुग की सात विशेषताएँ हैं—1. केन्द्रीय सत्ता का अभाव और ग्राम-व्यवस्था की प्रबलता; 2. अशान्ति तथा अव्यवस्था के वातावरण का प्रभाव; 3. धर्म की श्रेष्ठता; 4. क्रमबद्ध राजनीतिक विचारों का अभाव; 5. विश्वबंधुत्व की भावना; 6. धर्म और राज्य का संघर्ष, और संधियुग के रूप में महत्ता।

1. **केन्द्रीय सत्ता का अभाव और ग्राम व्यवस्था की प्रबलता**—रोमनों ने जो साम्राज्य स्थापित किया था, कालान्तर में उसमें सत्ता के केन्द्रित हो जाने से ऐसी निर्बलताएँ

आ गयीं कि जब पूर्व से बर्बर जातियों ने यूरोप पर आक्रमण किया तो रोमन साम्राज्य ताश के मकान की तरह ढह गया। बारम्बार होने वाले बर्बर जातियों के हमले के सामने रोमन साम्राज्य व्यवस्था के पतन से सम्पूर्ण यूरोप छोटे-छोटे टुकड़ों में विभक्त हो गया और उनका शासन स्थानीय सरदारों या सामन्तों के हाथ में चला गया। सामन्तवाद के प्रसार तथा प्रचार में स्थानीय देशभक्ति (Local patriotism) का भी काफी बड़ा हाथ था। सामन्तवादी व्यवस्था की स्थापना से एक तो कोई केन्द्रीय सत्ता नहीं रही दूसरे, सारे यूरोप में ग्राम समाज तथा ग्राम-सभ्यता का उत्तरोत्तर विकास होता गया। इस विकास में इसलिये और भी सहायता मिली कि गमनागमन के साधन अधिक न थे जिन राजमार्गों और राजपंथों का निर्माण रोमनों ने कराया था उनकी देखभाल करने वाला कोई शेष न रह गया था। बड़े-बड़े मार्गों की मरम्मत न होने से वे नष्ट-भ्रष्ट हो गये तथा जंगल बन गये। ग्राम्यीकरण की राह में गमनागमन के साधनों की दुर्गमता ने और भी अधिक सहायता दी। यूनानी तथा रोमन सभ्यता मध्ययुग में समाप्त सी हो गयी थी। नागरिकों को शिक्षा देने की जो व्यवस्था यूनानी और रोमन युगों में थी, उसका अन्त हो गया था। अधिकांश लोग निरक्षर थे। ईसाई धर्म भी प्रबल न हो सका और ईसा के अनुयायियों को बर्बर जातियों के शासकों के संकेतों पर ही कार्य करना पड़ता था। ईसाई पादरियों ने साक्षरता प्रसार का प्रयास किया वह अधिक सफल न हुआ। फिर भी ईसाई पादरियों द्वारा प्राचीन यूनानी संस्कृति और रोमन सभ्यता की ज्योति किसी न किसी प्रकार जीवित रखी गयी।

2. अशान्ति और व्यवस्था का जन-जीवन पर प्रभाव– बर्बर जातियों के निरन्तर होने वाले आक्रमणों के कारण सारे महाद्वीप का जनजीवन अत्यन्त अशान्त और अव्यवस्थित था। सदैव कहीं न कहीं मार-काट मची रहती थी। लूट-पाट तो साधारण-सी बात हो गयी थी। जीवन और सम्पत्ति सदैव खतरे में रहती थी। न जाने कब और किधर से आक्रमण हो जाये यह भय ग्रामवासियों को घेरे रहता था। मृत्यु के भय से आतंकित रहने के कारण तत्कालीन समाज में लोगों की मनोवृत्ति संसारिकता के बजाय लोकोत्तर जीवन पर अधिक ध्यान देने की हो गयी थी। धार्मिक भावना की प्रधानता का एक यह उल्लेखनीय कारण था। ईसाई मठों और गिरजों के प्रति लोगों की बड़ी भक्ति थी। इसका एक व्यावहारिक कारण यह भी था कि बर्बर आक्रमणकारी भी गिरजों या मठों पर आक्रमण नहीं करते थे और न उनमें रहने वालों को किसी प्रकार की क्षति ही पहुँचाते थे। ऐसी दशा में जब राजसत्ता लोगो की रक्षा करने में असफल रही तो मठों और गिरजों के प्रति ग्रामसमाज की श्रद्धा और भक्ति रहना स्वाभाविक था। तत्कालीन अशान्ति और अव्यवस्था का जनजीवन पर दो प्रकार का प्रभाव पड़ा एक तो सांसारिक जीवन में उदासीनता तथा दूसरा धर्म तथा धर्म संबंधित संस्थाओं के प्रति अंधविश्वास।

3. धर्म की श्रेष्ठता– यूरोप में धर्म में ही रोम और यूनान की सभ्यता एवं संस्कृति केन्द्रित हो गयी। जन-साधारण तो अशिक्षित थे। उन्हें इस बात का ज्ञान नहीं रह गया था कि यूनान और रोम क्या हैं। परन्तु उन दिनों के ईसाई पादरी पढ़े-लिखे होते थे, वे लगन के साथ सत्य की शोध में जुटे रहते थे। यह बात दूसरी है कि स्रोतों की मौलिक विरोधी बातों तथा पद्धति और शैली की न्यूनताओं से वे अधिक कृतकार्य न हुए हों किन्तु जहाँ तक ज्ञानवर्धन के प्रयत्नों की सच्चाई का संबध है—वे किसी से कम न थे। इस वजह से तथा कुछ

जनसाधारण की अशिक्षाजनित विवेक-शून्यता के कारण यूरोप में ऐसी स्थिति उत्पन्न हो गयी थी कि धर्म-संबंधी बातों को बिना किसी तर्कबुद्धि का प्रयोग किये स्वीकार कर लिया जाता था। राजनीतिक सिद्धान्तों का निर्धारण भी इन्हीं अंधविश्वासों के आधार पर निकाल लिया जाता था। इस प्रकार के निष्कर्षों में निगमन प्रणाली का उपयोग किया जाता था।

4. क्रमबद्ध राजनीतिक विचारों का अभाव—क्रमबद्ध राजनीतिक विचारों का अभाव मध्य युग की एक महत्वपूर्ण विशेषता थी। उस समय राजसत्ता निर्बल पड़ गयी थी; अतएव, यह स्वाभाविक था कि राजनीतिक विचार अत्यन्त आरंभिक अवस्था में हों। अंधयुग में अरस्तु की 'पॉलिटिक्स' तो खो ही गयी थी। उसका आगे चलकर बहुत दिनों बाद उद्धार हुआ। जो कुछ राजनीतिक ग्रंथ उन दिनों लिखे गये उनमें कैसियोदोर्स (Cassiodores) का 'इन्स्टीट्यूटस' (Institutes) और इसीडोर (Isidore) का 'एनसाइक्लोपीडिया' (Encyclopaedia) उल्लेखनीय हैं। इनमें दिये गये राजनीतिक विचार अत्यन्त सामान्य हैं। इनमें प्रतिभा का अभाव स्पष्ट झलकता है। वहीं मानसिक-प्रौढ़ता नहीं दिखलायी पड़ती जो राजनीतिक विचारकों के लिये अपेक्षित है। इनकी भाषा अलंकृत और जटिल है। इनमें मतों की स्थिरता और दृढ़ता नहीं थी। तत्कालीन राजनीतिक विचारक कभी राजसत्ता की प्रशंसा करते थे और कभी निंदा। राजसत्ता बर्बर जातियों के सरदारों के हाथ में थी। जहाँ प्रारंभिक विचारकों ने इनकी प्रशंसा की है, वहीं अन्य परवर्ती विचारकों विशेषकर संत ऑगस्टाइन ने जिस राजसत्ता को धर्म का समर्थन उपलब्ध न हो उसे लुटेरों और बटमारों की सत्ता बतलाया है। ईसाई पादरियों ने राजसत्ता को कभी धर्म से ऊपर नहीं माना। वे या तो इनकी समानता का उपदेश देते थे, जैसा कि दो तलवारों के सिद्धान्त से प्रकट है, या धर्मसत्ता के सामने राजसत्ता को निम्नतर मानते थे। जब राजसत्ता को निम्नतर समझा जाय तब राजनीतिक विचारों में धर्म की प्रबल होना स्वाभाविक है। धार्मिक विचारों का कोई क्रम न होने से उस युग के राजनीतिक विचारों में कोई क्रमबद्धता न आ पायी।

5. विश्वबन्धुत्व या सार्वभौमिकता की भावना—मध्ययुग के प्रथमार्ध में इस विश्वास की प्रबलता थी कि मानव जाति एक ही ईश्वर की संतान है। सब मनुष्य एक ही पिता के पुत्र हैं। ईसाई-धर्म के प्रचार के साथ यह विश्वास बढ़ता ही गया। सारे संसार के ईसाई एक दूसरे के बंधु हैं, और उनका एक विश्वव्यापी समाज है इस पर मध्ययुग के सभी विचारकों ने बड़ा जोर दिया। आगे चलकर इसी समाज में दो प्रतिद्वंद्वी शक्तियाँ आध्यात्मिक और राजनीतिक उत्पन्न हो गयीं। प्रारंभ में तो विश्वव्यापी समाज की इस कल्पना का परिपोषण धार्मिक रोमन सम्राटों (Holy Roman Emperors) ने ईसाई मठों को अपने आधिपत्य में रखकर किया। कालान्तर में जब ईसाई मठों तथा गिरजों की शक्ति बढ़ गयी तो पोपतंत्र ने राजाओं को अपने अन्तर्गत रखकर इस लक्ष्य की पूर्ति की।

6. धर्म और राजसत्ता के बीच संघर्ष—आगे चलकर ईसाइयों के विश्व मानव-समाज की कल्पना में दो आध्यात्मिक और राजनीतिक शक्तियाँ उत्पन्न हो गयीं। आध्यात्मिक शक्ति का प्रतिनिधित्व ईसाइयों के मठों तथा संघों के सर्वोच्च पादरी अर्थात् पोप करते थे, तथा राजसत्ता का प्रतिनिधित्व रोमन सम्राट करते थे। पोपतंत्र के उदय से लेकर दसवीं शताब्दी तक राज और धर्मसत्ता के बीच पारस्परिक सहयोग की भावना विद्यमान थी। किन्तु शक्ति के बढ़ने

के साथ प्रभाव बढ़ा और शक्ति तथा प्रभाव की वृद्धि के साथ यह प्रश्न उठा कि किस सत्ता के अधिकार अधिक हैं और किसका स्थान अपेक्षाकृत उच्चतर है अर्थात् दसवीं शताब्दी के बाद जब राज्य और धर्म की शक्तियों के बीच संघर्ष आरंभ हुआ तब धार्मिक शक्तियों की सत्ता ने ही विजय प्राप्त की। यह स्थिति ग्यारहवीं से लेकर तेरहवीं शताब्दी तक बनी रही। तेरहवीं शताब्दी में कालचक्र पुनः घूमा और अबकी बार उसकी गति पोपतंत्र के प्रतिकूल हो गयी। चौदहवीं शताब्दी तक पोप की शक्ति का बिल्कुल ह्रास हो गया। राजसत्ता की स्थिति दृढ़तर हो गयी और धर्म राज्य के अन्तर्गत आ गया। मध्ययुग के प्रायः सभी विचारकों ने इस समस्या के हल की ओर बहुत अधिक ध्यान दिया। प्रत्येक पक्ष का विचारक एक ही प्रकार के स्रोतों से तर्क लेकर अपने दृष्टिकोण का औचित्य सिद्ध करता था और प्रतिकूल के पक्ष को अनुचित बताता था। किन्तु पन्द्रहवीं शताब्दी तक स्थिति स्पष्ट हो गयी तथा मैकियावली ने स्पष्ट रूप से धर्म को राजसत्ता के अन्तर्गत मानकर धर्म-संबंधी आधुनिक युग की कल्पना को जन्म दे दिया।

7. संधियुग के रूप में महत्ता—मध्ययुग को संधियुग भी कहा जाता है। इस युग में ही प्राचीनताओं को छोड़कर यूरोप आधुनिक युग की दिशा में अग्रसर हुआ। आधुनिक युग का आरंभ निरंकुश राजतंत्रों से हुआ। पोपतंत्र की निरंकुशता ने इस प्रकार के राजतंत्रों के स्वरूप की झलक पहले ही दिखा दी थी। सामन्तवाद का व्यापक प्रभाव था और उसके साथ बर्बर जातियों की स्वतंत्रता का समन्वय हुआ था। इस विचार ने विभिन्न राष्ट्रीयताओं के जन्म में अत्यन्त महत्वपूर्ण योगदान प्रदान किया। कुछ राजनीतिक विचारक मध्ययुग को क्षेपक की संज्ञा भी देते हैं। वे कहते है कि मध्ययुग के आरंभ होने से पूर्व प्राचीन युग में जिन आदर्शों का प्राधान्य था वे आधुनिक युग में पुनः स्थान पाने में सफल हो गये। रोमन विधि संहिताओं की मान्यता, धर्म की गौणता, राजशक्ति की प्रमुखता आदि ऐसे आदर्श थे जिनका मध्ययुग में पतन हो गया था और उनको नहीं माना जाता था परन्तु आधुनिक युग के आरंभ में वे पुनः माने जाने लगे।

क्या मध्ययुग अराजनीतिक था?
(Was Middle Age Unpolitical ?)

डनिंग[1] ने लिखा है कि मध्ययुग अराजनीतिक था। इसी कथन को गेटिल ने और अधिक स्पष्ट करते हुए बतलाया है कि मध्ययुग अनिवार्यतः इन अर्थों में अराजनीतिक था कि उसमें राजनीतिशास्त्र और राजदर्शन को शोध का अलग-अलग विषय नहीं माना जाता था।[2] इसका मुख्य कारण यह था कि राजसत्ता धर्मसत्ता के आधीन थी। जब राजसत्ता को धर्मसत्ता से मुक्ति प्राप्त हो गयी तभी उक्त विषय शोध एवं अध्ययन के स्वतंत्र विषय बन सके।

---

1. "The *Middle Age was unpolitical.*" —Dunning, *Political Theories,* p. 131.
2. "The Middle Age was essentially unpolitical in the sense that politics and political theory were not considered as separate subjects of investigation."
—Gettell, *History of Political Thought,* p. 51.

1. असहिष्णु धर्मसत्ता—राजनीतिशास्त्र और सिद्धान्तों के स्वतंत्र अध्ययन में सबसे बड़ी बाधा इसलिये पड़ी कि कालान्तर में धर्मसत्ता की नीति बड़ी असहिष्णु हो गयी। ईसाई धर्मग्रन्थों के अंधविश्वास के विरुद्ध कोई भी बात कही या लिखी नहीं जा सकती थी। ज्योतिषविद् कोपरनिकस पचीसों वर्ष तक पृथ्वी के अपनी धुरी पर घूमने का वैज्ञानिक मत प्रकट नहीं कर सका। क्योंकि उक्त वैज्ञानिक सत्य ईसाई धर्म की मान्यताओं के विरुद्ध पड़ता था। जब ब्रूनो और गेलीलिओ ने ऐसा करने का दुस्साहस किया तो उन्हें कारागार में डाल दिया गया और बाद में उनमें से एक को केवल इसी अपराध के लिये जीवित ही जला दिया गया कि उसने पृथ्वी के घूमने की बात कह दी थी। ऐसी अवस्था में किसी प्रकार की वैज्ञानिक शोध संभव न थी। ईसाई धर्म की ऐसी कट्टरवादी नीति आरंभ से ही नहीं थी। जब ईसाई धर्म का जन्म हुआ था उस समय उसमें बड़ी क्रान्तिकारणी शक्ति विद्यमान थी। राज्य का कोई आश्रय न मिलने पर भी इसका प्रचार हुआ। परन्तु जब ईसाई धर्म के कर्णधारों को राज्याश्रय प्राप्त हो गया तो उनकी नजरें बदल गयीं। राज्याश्रय प्राप्ति के पूर्व धार्मिक विश्वासों का व्यक्तिगत माना जाता था और ईसाई पादरी अपने अनुयायियों को सबके प्रति सहिष्णुता रखने का उपदेश देते थे। शक्ति प्राप्त हो जाने पर ईसाई गिरजों तथा मठों के अधिनायक पोप ने ऐसे सत्यों के अध्ययन तथा भाषणों पर भी प्रतिबंध लगा दिया जो ईसाई धर्म-ग्रंथों तथा बाइबिल के कथनों के विपरीत हों। ऐसी दशा में यह स्वाभाविक था कि सभी विषयों के वैज्ञानिक अध्ययन को बन्द कर दिया जाता और लोग मौन बैठे रहते। धर्मसत्ता द्वारा उत्पन्न की गयी असंभव परिस्थितियों के कारण ही राजनीति के अध्ययन के क्षेत्र में मध्ययुग में कोई प्रगति नहीं हुई। मध्ययुग में राजनीति संबंधी अध्ययन पर धर्म की मुद्रा अंकित है और राजनीति का स्थान गौण है। तत्कालीन युग में तथाकथित राजनीतिक विचारकों को संप्रभुता या विधि की श्रेष्ठता जैसी किसी कल्पना का कोई ज्ञान नहीं था। संप्रभुता का ज्ञान होने पर राजसत्ता का धर्मसत्ता के अधीन होना असंभव हो जाता यदि विधि की श्रेष्ठता मान ली जाती तो फिर न्यायकार्य बाइबिल तथा उसके सहायक धर्मग्रन्थों से न हो पाता।

2. विधि सम्बन्धी दोष—मध्ययुग के राजनीतिक विचारकों की पद्धति पर्यवेक्षणात्मक (Observational) नहीं थी। वे वास्तविक दशाओं का अध्ययन करके समस्याओं का हल निकालने का प्रयत्न नहीं करते थे। उनके हल धार्मिक आदर्शों के अनुकूल होते थे। वे इतिहास का अध्ययन नहीं करते थे। इतिहास का जो कुछ न्यूनाधिक प्रयोग किया जाता था वह भी इस रूप में कि किसी समस्या का पहले धार्मिक आदर्शों के अनुरूप हल निकाल लिया गया और फिर उसके समर्थन के लिए इतिहास के उदाहरण ढूंढ लिये गये। विचार पद्धति की ये त्रुटियाँ राजनीतिशास्त्र एवं राजनीति के सिद्धान्तों के अध्ययन में बड़ी बाधक थीं।

3. अध्ययन स्रोतों की त्रुटियाँ—अध्ययन सामग्री और स्रोत भी एक दूसरे के विरुद्ध थे। उन दिनों विचारक वर्ग के अध्ययन स्रोत तीन थे—(1) बाइबिल, (2) यूनानी और रोमन ग्रंथ तथा (3) ईसाई पादरियों के लेखादि। पहला स्रोत बाइबिल था। इसकी सबसे बड़ी त्रुटि यह थी कि वह सर्वथा अवैज्ञानिक और अनैतिहासिक (Unscientific and Unhistorical) है। इन स्रोतों के आधार पर तत्कालीन विचारकों ने एक ऐसे मानव-समाज की कल्पना की थी

जिसके समस्त व्यक्ति ईसाई धर्म के अनुयायी होंगे। आलोचनात्मक वृत्ति न होने के कारण तथा पद्धति के अपर्यवेक्षणात्मक होने के परिणामस्वरूप तत्कालीन विचारक यह न देख पाये कि जिस यूरोप में वे विश्वबंधुत्व युक्त एक मानव-समाज की कल्पना को साक्षात देखने का दावा कर रहे हैं—वह है कहाँ? उस समय यूरोप छोटे-छोटे सामन्तों की असंख्य रियासतों में बँटा हुआ था। अतः सार्वभौमिक ईसाई राज्य की कल्पना ने मध्ययुग के विचारकों के लेखों तथा अन्य सामग्रियों को अयथार्थवादी बना दिया। दूसरा स्रोत यूनानी राजनीतिक विचारों का तथा रोमन विधियों का था। ये दोनों ही मौलिक दृष्टि से एक दूसरे से भिन्न थे। यूनानी राजनीतिक विचार अरस्तु की 'पॉलिटिक्स' से ग्रहण किये गये थे। यह ग्रन्थ प्रजातांत्रिक व्यवस्था पर आधारित है। इसमें किसी एक साम्राज्य की सत्ता के अस्तित्व की कल्पना नहीं की गयी थी। बल्कि उसमें एक ऐसे नगर-राज्य का चित्रण था जिसमें सत्ता विकेन्द्रित है; अर्थात् नगर-राज्य के शासन का भार और उत्तरदायित्व प्रत्येक नागरिक का माना जाता था। इसके विपरीत रोमन विधि-संहिताओं का लक्ष्य सत्ता का केन्द्रीकरण था; क्योंकि रोमन विधियों के रचयिताओं को एक संघटित साम्राज्य की शासनिक तथा प्रशासनिक समस्याओं का हल निकालना था। अरस्तु की 'पॉलिटिक्स' और रोमन विधियों के लक्ष्यों में मौलिक अन्तर होने के कारण तथा विचारकों द्वारा दोनों के प्रयोग किये जाने के कारण उनके विचारों तथा निष्कर्षों में और भी अधिक अस्तव्यस्तता आ गयी थी। अस्तु मध्ययुग के राजनीतिक विचार दबे-से, कुछ उलझे हुए और अत्यन्त जटिल-से लगते हैं और जब परिश्रम करके उनके अध्ययन का यत्न किया जाता है तब आधुनिक युग के राजनीतिशास्त्र के विद्यार्थी को उसके अध्ययन से अत्यल्प लाभ होता है।

4. राजनीति के सिद्धान्त और व्यवहार में अन्तर— तत्कालीन विचारक सार्वभौमिक ईसाई राज्य की कल्पना करते रहते थे। जबकि उनके दिमाग में रोमन साम्राज्य का भूत चक्कर काटा करता था। तब यूरोप की दशा यह थी कि वह सामन्तवादी रियासतों में बँटकर छिन्न-विच्छिन्न हो चुका था। समाज पर एक ओर राज्य का और दूसरी ओर चर्च का दोहरा शासन होता था। दोहरे शासन का परिणाम यह हुआ कि ''चर्च राज्य हो गया और राज्य चर्च हो गया।''

प्राकृतिक विधि की अवधारणा
(Concept of Natural Law)

यद्यपि मध्ययुग की मौलिक समस्या चर्च तथा राज्य के पारस्परिक संबंधों को स्थिर करने की थी परन्तु इसके अतिरिक्त कुछ और पूरक या सहायक समस्याएँ भी थीं जिनमें प्राकृतिक विधि की अवधारणा भी सम्मिलित है।

प्राकृतिक विधि की प्रकृति

मध्ययुग में सर्वसाधारण लोग तथा विद्वान् विचारक दोनों ही प्राकृतिक विधि को यथार्थ समझते थे। उनका मत था कि यह प्राकृतिक विधि ऐसे नियमों का संकलन है जिनकी रचना मनुष्य द्वारा नहीं होती। मध्ययुग में लोग प्राकृतिक विधि को अपौरुषेय मानते थे। प्राकृतिक विधि ''ईश्वर की आवाज की कठोर पुत्री'' (The stern daughter of voice of God)

कहलाती थी। मध्ययुग के विचारकों के कथनानुसार प्राकृतिक विधियाँ मानवीय विवेक का परिणाम थीं। उन प्राकृतिक विधियों द्वारा मनुष्य ईश्वर की खोज में समर्थ हो सकता था कोई मानवीय संस्था प्राकृतिक विधियों का विधेयन (Legislation) नहीं करती। वे मनुष्य के स्वभाव से ही उत्पन्न होती है, इसलिए दैवी है। प्राकृतिक विधियों के दैवी तथा स्वाभाविक होने के कारण उनको सार्वभौमिक (Universal) और शाश्वत (Eternal) माना जाने लगा। इन दो मान्यताओं से यह स्वाभाविक उपसिद्धि प्रकट हुई कि प्राकृतिक विधियों का उल्लंघन कोई मानवीय संस्था नहीं कर सकती; संसार भर के नरेशों द्वारा उनका पालन अनिवार्य था। दूसरे शाश्वत होने के कारण उनमें स्थायित्व था। इसलिये सब राजा तथा नरेश उन विधियों को समान रूप से सदैव मानते थे। ऐसी कोई मानवीय विधि नहीं थी जो प्राकृतिक विधियों के प्रतिकूल हो। प्राकृतिक विधि के विरुद्ध किसी भी मानवीय विधि को मान्यता नहीं दी जाती थी। प्राकृतिक विधि का उल्लंघन भी नहीं किया जा सकता था क्योंकि यह माना जाता था कि प्राकृतिक विधिसम्मत बात ही उचित होती है।

प्राकृतिक विधि की विशेषतायें

प्राकृतिक विधियाँ शुद्ध विवेक हैं। ये विधियाँ मानवीय स्वभाव के अनुकूल हैं इसलिये सभी मनुष्यों पर इनका स्वच्छन्दता से प्रयोग किया जा सकता है। इनमें कोई परिवर्तन नहीं होता और न कभी ये समाप्त ही होती हैं। अतएव, प्राकृतिक विधियों की तीन विशेषताएँ हैं–(1) सार्वभौमिकता, (2) अपरिवर्तनीयता और (3) शाश्वतता। मध्ययुग के विचारकों के अनुसार इन्हीं प्राकृतिक विधियों के आदेश से मनुष्य अपने कर्तव्यों के पालन में तत्पर होता है। प्राकृतिक विधियों की निषेधाज्ञाओं के पालन से मनुष्य गलतियाँ करने से बचता है। लेकिन यहाँ प्राकृतिक विधिवेत्ताओं का एक और भी मत था। उनका कहना था कि भले अर्थात् सामान्य मस्तिष्क के व्यक्ति (Normal mind) पर प्राकृतिक विधि की रचनात्मक (Positive) और निषेधात्मक (Negative) आज्ञाओं का अनुकूल प्रभाव पड़ता है तथा बुरे मनुष्यों या असामान्य मस्तिष्क (Abnormal mind) पर उनका प्रभाव या तो पड़ता ही नहीं या पड़ता भी है तो वह प्रतिकूल होता है। इन्हीं विधिवेत्ताओं का यह भी कहना था कि प्राकृतिक विधियों को मानवीय विधेयन द्वारा अवैध या निषिद्ध घोषित करने का प्रयत्न नैतिक दृष्टि से कभी अच्छा नहीं होगा। इसलिये ऐसा करना सर्वथा अनुचित है। प्राकृतिक विधियों के प्रयोग-निषेध की अनुमति भी कभी नहीं दी जा सकती और प्राकृतिक विधियों को सर्वथा अनुपयोगी कर देना तो असंभव ही है। ऐसा भी नहीं हो सकता कि प्राकृतिक विधि का कोई रूप आज कुछ और हो और कल कुछ और। प्राकृतिक विधि का एक नियम होगा और वह सर्वकालव्यापी, अपरिवर्तनीय, सार्वभौमिक तथा शाश्वत होगा। प्राकृतिक विधियाँ ईश्वर के आदेशों की स्वाभाविक व्याख्याएँ हैं जो लोग इन विधियों के आदेशों का पालन नहीं करेंगे दुखी होंगे, जो इनका पालन करेंगे वे सुख से रहेंगे। प्राकृतिक विधियों के उल्लंघनकर्ताओं को इसलिए दुख भोगना पड़ेगा कि वह अपने-अपने स्वभाव के अनुकूल कार्य नहीं कर रहे। जो भी व्यक्ति अपने स्वभाव के अनुरूप कार्य नहीं करता–उसे दुख ही होगा।

सार्वभौम समाज की कल्पना

चूँकि, प्राकृतिक विधियाँ ईश्वर के आदेशों के रूप में मानी जाती थीं और सभी मनुष्य ईश्वर के पुत्र माने जाते थे—इसलिए मध्ययुग में एक सार्वभौमिक समाज (Universal Society) की कल्पना की गयी। क्योंकि प्राकृतिक विधियाँ अपने आप में सम्पूर्ण और संप्रभु (Sovereign) होती थीं इसलिए वे राज्य के अन्दर तो राजाओं तथा विधानसभाओं के अधिकारों को और बाह्य दृष्टि से अन्तर्राज्यीय संबंधों को नियंत्रित करती थीं। मध्ययुग के विचारक यह मानकर चलते थे कि प्रकृति ने मनुष्य की कुछ सीमाएँ निर्धारित कर दी हैं और रचनात्मक विधियों को उन सीमाओं का बराबर ध्यान रखना चाहिए। किसी भी विधि में ऐसी कोई बात नहीं होनी चाहिए जो प्राकृतिक विधि के प्रतिकूल हो अर्थात् मानवीय स्वभाव के विरुद्ध हो। यह मान्यता न केवल पूरे मध्ययुग भर चली अपितु आधुनिक काल तक चली आयी। जैसा कि सरफ्रेडरिक पोलक ने कहा है, ''रोमन गणतंत्र से लेकर आधुनिक काल तक प्राकृतिक विधियों का मुख्य भाव यह रहा है कि वे मनुष्य के बौद्धिक और सामाजिक स्वरूप के बीच सामंजस्य का वह अंतिम सिद्धान्त स्थिर करती है, जो किसी भी रचनात्मक विधि (Positive Law) का औचित्य होता है या होना चाहिए।''[1]

राज्य की अवधारणा
(Concept of State)

राज्य की परिभाषा गारनर ने इस प्रकार की है: ''व्यक्तियों का एक ऐसा समुदाय जो किसी निश्चित भू-भाग का स्थायी निवासी हो और बाह्य नियंत्रण से पूर्णतः या लगभग स्वतंत्र हो और किसी एक ऐसी संघठित सरकार द्वारा शासित हो जिसकी आज्ञाओं को निवासियों का अधिकांश भाग स्वभावतः पालन करता हो।''[2] इस परिभाषा से राज्य के निम्नलिखित तत्व स्पष्ट होते है:

(1) व्यक्तियों का समुदाय (अर्थात् जनसंख्या)

(2) निश्चित 'भू-भाग' में स्थायी निवास,

(3) बाह्य नियंत्रण से मुक्ति (अर्थात् संप्रभुता), और

(4) संघठित सरकार।

---

1. ''An ultimate principle of fitness with regard to the nature of man as a rational and social being, which is or ought to be the justification of every form of positive law.''
—Sir Frederick Pollock, *The History of the Law of Nature,* p. 31.

2. ''A community of persons, more or less numerous, permanently occupying a definite portion of territory, independent or nearly so of external control and possessing an organised Government, to which the great body of inhabitants render habitual obedience.''
—Prof. Garner : *Political Science & Government,* p. 52.

द्वैध सम्प्रभुत्ता—जब हम मध्ययुग की राज्य संबंधी कल्पना को इस परिभाषा तथा उसके अनिवार्य अंगो की कसौटी पर कसते हैं तो यह स्पष्ट हो जाता है कि उस समय राज्य की वह कल्पना नहीं थी जो आधुनिक काल में है। मध्ययुग में भी जनसंख्या तथा सरकार—ये दो तत्व थे। राज्य की श्रेष्ठता का सिद्धान्त तो अरस्तु से चला आ रहा था। किन्तु संप्रभुता का एक निश्चित सिद्धान्त के रूप में विकास नहीं हुआ। मध्ययुग के अन्त में जब राष्ट्र-राज्यों (Nation States) का जन्म होने लगा उस समय राज्य के कर्णधार के अधिकारों को सर्वोपरि बतलाने तथा उनका औचित्य सिद्ध करने के लिए संप्रभुता के सिद्धान्तों को जन्म दिया गया। इसी संप्रभुता के बल पर राज्य की कर्णधार शक्ति या शक्तियों को नागरिक विधियों की सामग्री (Contents) तथा स्वरूप निर्धारित करने का अधिकार मिल सका। इसके विपरीत मध्ययुग में राजसत्ता तथा धर्मसत्ता दोनों ही अपनी-अपनी सत्ता को श्रेष्ठ बताने के लिए प्रयत्नशील थीं। इसी लिए दोनों में संघर्ष भी चलता रहता है। मध्ययुग के राजसत्ता तथा धर्मसत्ता के संघर्ष के काल को हम द्वैध संप्रभुता का काल (Dual Sovereignty) कहते है, जो लगभग 1000 वर्ष तक चला। जब तक ईसाई धर्म निषिद्ध और वर्जित समझा जाता रहा—तब तक ईसाई धर्माधिकारी यह प्रचार करते थे कि धार्मिक मामले व्यक्तिगत और निजी होते हैं और इनमें सहिष्णुता से काम लिया जाना चाहिए। लेकिन कालान्तर में जव ईसाई धर्म को राज्य का संरक्षण प्राप्त हो गया तब सहिष्णुता के सिद्धान्त का परित्याग कर दिया गया।[1] इस सिद्धान्त के परित्याग के कई कारण थे। एक राजनीतिक कारण तो यह था कि धार्मिक विभेदों से लोगों को यह आशंका थी कि उससे राज्य की एकता खतरे में पड़ जायेगी। धार्मिक कारण यह था कि चर्च ने यह सिद्धान्त स्थिर कर दिया था कि मुक्ति केवल उसके द्वारा ही हो सकती है तथा ऐसी कोई बात कही या सुनी नहीं जा सकती जो चर्च के विरुद्ध हो। अस्तु विचार-स्वातंत्र्य पर प्रतिबंध लग गया। चर्च के अनुयायी और अधिकारी असहिष्णु हो गये। असहिष्णुता के परिणामस्वरूप लोगों के विचार करने का ढंग पुराणपंथी हो गया। हर बात बाइबिल को आधार बनाकर ही कही जाने लगी। सोचने के वैज्ञानिक ढंग को तिलांजलि-सी दे दी गयी। राज्य का स्वतंत्र व्यक्तित्व युद्ध तथा राजनीति के संघर्षों के बीच लुप्त हो गया। यद्यपि ईसाई गिरजा एकही विश्वसाम्राज्य तथा उस पर एक ही धर्मसत्ता के शासन के सपने बराबर देखा करता था। परन्तु विश्वसाम्राज्य तथा उस पर एक ही सत्ता के शासन की कल्पना तथा मध्ययुग के सामन्तवादी विकेन्द्रित सत्ता के युग के यूरोप में जमीन आसमान का अन्तर था।

दो सत्ताओं का शासन

तत्कालीन चर्च तथा राज्य ने मिलकर एक समाज का निर्माण किया परन्तु समाज पर दो सरकारों का शासन चला। दो सत्ताओं का अस्तित्व बना रहना तथा ईसाई पादरियों द्वारा अपने लेखों में स्पष्टतया दो सत्ताओं का उल्लेख किया जाना— इस अवैज्ञानिक विश्वास के जन्म

1. "When Christianity was a forbidden sect, it claimed toleration on the ground that religious belief is voluntary and not a thing to be enforced. After it secured the power of the state behind it this view was abandonded."

—R.G. Gettell, *A History of Political Thought,* p. 82.

का कारण बन गया कि राज्य का शासन दो सत्ताओं द्वारा ही होता है। इस सिद्धान्त का विवेचन पोप ने सम्राट को लिखे एक पत्र में इस प्रकार किया था—"इस संसार का शासन दो सत्ताओं द्वारा होता है। ये सत्ताएँ पादरियों की और राजा की हैं। इन दोनों सत्ताओं में राजसत्ता से पादरियों की सत्ता श्रेष्ठतर है क्योंकि पादरियों को ही कयामत के बाद राजाओं के कर्मों का भी उत्तर देना पड़ेगा।"[1] प्रारंभ में यह समझा जाता था कि वह शासनसत्ता समाज के लिए सबसे अच्छी है जिसमें धर्म और राज्य दोनों सत्ताओं का सहयोग रहे। प्रत्येक सत्ता का अपना-अपना अलग-अलग क्षेत्र रहे और प्रत्येक सत्ता उसी प्रकार कार्य करती रहे। एक दूसरे के क्षेत्र में कोई सत्ता किसी प्रकार का हस्तक्षेप न करें। इस प्रकार द्वैध-सत्ता के सिद्धान्त में दोनों के बीच संभावित संघर्ष को टालने की भावना ही अधिक दिखलायी पड़ती है। इसी इरादे से उक्त पत्र भी लिखा गया था किन्तु व्यावहारिक क्षेत्र में यह सिद्धान्त सफलतापूर्वक कार्यान्वित नहीं हो सका। प्रत्येक सत्ता एक दूसरे पर यह आरोप लगाती थी कि प्रतिपक्षी सत्ता उसके क्षेत्र में अनुचित हस्तक्षेप कर रही है। प्रत्येक सत्ता ऐसे सिद्धान्तों का औचित्य सिद्ध करने का प्रयत्न करती थी जिससे उसके अधिकार क्षेत्र में वृद्धि हो सके। दोनों सत्ताओं के पोषक तथा समर्थक अपने-अपने पक्ष के समर्थन के लिए प्रयत्नशील रहते थे किन्तु दोनों पक्षों में से कोई भी पक्ष अपने मत को स्पष्ट रूप से उपस्थित नहीं कर पाता था। न कोई पक्ष इसी बात के लिए तैयार होता था कि वह विपक्षी से अपना स्थान कुछ छोटा मान ले। पहले तो पोप जो भी धर्मसत्ता के विरुद्ध अपना मत प्रकट करते उसको धर्मबहिष्कृत कर देते। प्रारंभ में यह कार्य कुछ सफल भी हुआ लेकिन बाद में जब राजसत्ता ने पोप के धर्मबहिष्कृत करने की आज्ञाओं की अवहेलना करना आरंभ कर दिया, तब पोप ने प्रजा को यह आज्ञाएँ देनी आरंभ कर दीं कि वह धर्मबहिष्कृत राजाओं की आज्ञाओं का पालन न करे।

इस प्रकार मध्ययुग में एक प्रकार की द्वैध-संप्रभुता दिखलाई पड़ती है। संप्रभुता का एक गुण उसकी अविभाज्यता है। इस दृष्टि से मध्ययुग की राज्य की कल्पना में संप्रभुता के लिए कोई स्थान नहीं है।

भूभाग सम्बन्धी कठिनाई

सामन्तवादी व्यवस्था में राज्य के निश्चित भू-भाग की कल्पना भी अपूर्ण ही रह जाती है। पश्चिमी साम्राज्य के ढह जाने के बाद छोटी-सी भूमि का अधिकारी किसान एक ऐसी अरक्षित अवस्था में रह गया था जिस पर कोई भी बर्बर जाति आक्रमण कर उससे जो चाहती थी वह करा लेती थी। ऐसी अवस्था से बचने का एकमात्र साधन यही था कि वे समीपवर्ती सामन्त के पास जाकर अपनी भूमि उसको अर्पित कर दें और फिर निरन्तर कुछ कर देते रहें तथा भूमि को जोतते रहें। जिस सामन्त को भूमि अर्पित कर दी जाती थी, उस भूमि की रक्षा

1. "There are two systems under which chiefly this world is governed, the sacred authority of priests and the royal power. Of these the greater weight is with the priests in so far as they will answer to the Lord even for the kings on last day of Judgement."

—Quoted by W.A. Dunning in *Political Theories,* Vol. 1, p. 166.

का भार सामन्त की सेना पर चला जाता था। यह सहायता उन दिनों की अराजकतापूर्ण दशा में बहुत बड़ी सहायता थी। अपनी सैनिक शक्ति बढ़ाने के लिए बड़े-बड़े जमींदार भी अपनी भूमि को बड़े-बड़े सामन्तों की जागीरों में मिला देते थे। जिन लोगों के पास इस प्रकार सामन्त की भूमि रहती थी उनकी यह जिम्मेदारी होती थी कि वे किसी भी आक्रमण के समय सामन्त की सहायता करें और उसकी तरफ से लड़ें। सामन्त का यह कर्तव्य होता था कि वह आक्रमण तथा संकट के समय अपनी प्रजा की यथाशक्ति रक्षा करे। उन दिनों कोई केन्द्रीय राजससत्ता थी ही नहीं केवल चर्च ही एक ऐसी शक्ति थी जिसे सार्वभौमिक मान्यता प्राप्त थी। अतएव मध्ययुग में आधुनिक युग की राज्यसंबंधी अवधारणा आंशिक रूप से ही सत्य हो पायी थी।

अभ्यास के लिये प्रश्न

1. मध्यकालीन राजनीतिक चिन्तन की प्रमुख विशेषताओं का वर्णन करो।
2. ''सार्वभौमिकता मध्यकालीन राजनीतिक चिन्तन की कुंजी है।'' विवेचना कीजिये।
3. ''मध्य युग अराजनीतिक था।'' ब्राइस के इस कथन की व्याख्या कीजिये।
4. ''दो तलवारों के सिद्धान्त'' से आप क्या समझते हैं? मध्ययुगीन राजनैतिक चिन्तन पर उसका प्रभाव बताइये।

13

चर्च और राज्य में सत्ता-विवाद

(Power Controversy Between State and Church)

ग्यारहवीं तथा बारहवीं शताब्दी से लेकर चौदहवीं शताब्दी तक धर्म सत्ता और राज सत्ता के मध्य अधिकारों एवं एक दूसरे से सर्वोच्चता को लेकर संघर्ष चलता रहा। अतः मध्यकाल को विवाद का युग कहते है। प्रो० बार्कर (Prof. Barker) ने इस युग को 'विद्रोहपूर्ण युग' की संज्ञा देते हुए लिखा है कि "मध्य युग एक विद्रोहपूर्ण युग था, जिसमें पोपशाही को राजाओं, सम्प्रदायों तथा परिषद् से संकट उत्पन्न होता है, जिसमें कृषक ग्रामों में तथा शिल्पकार नगरों में विद्रोह करते हैं, जिसमें सिद्धान्त एक दम नवीन, साधारण, जन-प्रधान तथा क्रान्तिकारी हो उठते हैं।"

चर्च तथा राज्य में सत्ता विवाद

चर्च तथा राज्य के विवाद की व्याख्या करते हुए मैकिलवेन (Mackilven) ने लिखा है कि "चर्च और राज्य के मध्य संघर्ष न केवल राज्यों के सम्बन्धों के निरूपण का युग था अपितु राजनीतिक शास्त्र के इतिहास में एक क्रान्तिकारी घटना थी। इसका महत्त्व इसलिये और भी अधिक हुआ कि दोनों पक्षों के समर्थकों ने न केवल अपने तर्कों और मान्यताओं की पुष्टि की अपितु धार्मिक और राजनैतिक क्षेत्र में इससे प्रचुर साहित्य की उपलब्धि करा दी कि अवरुद्ध विचारों का प्रवाह एकाएक आगे बढ़ चला।"

विवाद के तीन चरण

(Three Phases of Controversy)

प्राचीन युग में ग्यारहवीं शताब्दी तक राज्य और चर्च दोनों में सहयोग की भावना बनी रही, परन्तु रोमन साम्राज्य पर बर्बर जातियों के आक्रमण ने ही इस विवाद के बीज बो दिये। काल के आधार पर इस विवाद को तीन चरणों में विभक्त कर सकते हैं।

(i) पहला चरण–11वीं से 12वीं शताब्दी तक।

(ii) दूसरा चरण–13वीं शताब्दी का विवाद।

(iii) तीसरा चरण–14वीं शताब्दी का विवाद।

(i) पहले चरण में विवाद

सन् 1073 ई॰ में ग्रेगरी सप्तम के पोप बनने के पश्चात् यह विवाद आरम्भ हुआ तथा जर्मनी के सम्राट हेनरी चतुर्थ के मध्य यह खुलकर चला। बिशपों की नियुक्ति को अपने अधिकार में बताते हुए ग्रेगरी सप्तम ने सम्राट के इस अधिकार को खुली चुनौती दी। यही नहीं सम्राट के द्वारा नियुक्त बिशपों की नियुक्ति अवैध घोषित करते हुये उसने इन बिशपों को चर्च से निकाल दिया। पोप की सर्वोच्चता सिद्ध करते हुये ग्रेगरी सप्तम ने हेनरी चतुर्थ को लिखा कि "सेन्ट पीटर का आह्वान कर मैं तुम्हें लिखता हूँ कि–भगवत करुणा द्वारा स्वीकृत और ईश्वर द्वारा प्रदत्त शक्ति के अनुसार पृथ्वी और स्वर्ग दोनों में मुझे ही बद्ध या स्वतन्त्र करने का अधिकार है। उस शक्ति और दी गई सत्ता के आधार पर शाह हेनरी के पुत्र तुम राजा हेनरी के राज्य को मैं भंग करता हूँ, जो जर्मनी और इटली में स्थित है तथा सभी ईसाइयों को तुम्हारे प्रति दी गई शपथ से मुक्त करता हूँ .... और किसी भी व्यक्ति की तुम्हें राजा मानकर सेवा करने से मना करता हूँ।"

ग्रेगरी सप्तम् ने सम्राट को धर्म से बहिष्कृत करने तथा राज्य से भी बहिष्कृत करने हेतु एक पड़ौसी राज्य को हेनरी चतुर्थ पर आक्रमण करने के लिये उकसाया। सभी धर्मसत्ता के समर्थकों ने एक जुट होकर पोप का साथ दिया।

सत्ता संघर्ष के इस विवाद में फंसकर सम्राट हेनरी चतुर्थ को पोप से माफी मांगनी पड़ी। इस प्रकार धर्म सत्ता के समक्ष राजसत्ता को पराजय का मुंह देखना पड़ा।

प्रथम चरणीय विवाद के आरम्भ में ग्रेगरी सप्तम को इतनी अधिक सफलता नहीं मिली, जितनी कि बाद में पोप इन्नोसेन्ट तृतीय (Innocent III) को सन् 1198 ई॰ से 1226 ई॰ के मध्य में मिली इस तथ्य का उल्लेख करते हुए डनिंग (Dunning) ने लिखा है कि "क्रूसेड्स के प्रभाव से पोप की प्रतिष्ठा चारों ओर फैल गई तथा 12वीं शताब्दी के दौरान उसका राज्य चारों ओर व्याप्त हो गया।" इसके अन्य परिणामों को इस प्रकार व्यक्त किया जा सकता है–

(1) धर्मसत्ता तथा राजसत्ता के इस विवाद के परिणामस्वरूप अनेक महान् विचारकों जैसे जॉन ऑफ सेलिसबरी, सन्त थामस एक्वीनस तथा दांते आदि का उद्भव हुआ।

(2) धर्मसत्तावादियों तथा राजसत्तावादियों ने अपनी-अपनी उच्चता सिद्ध करने के लिये सर्वमान्य तथा प्रामाणिक सिद्धान्तों को खोजने का अथक प्रयास किया। इसका परिणाम यह हुआ कि रोम के प्राचीन सिद्धान्तों का विश्व-दर्शन के इतिहास में उदय हुआ। इन्हीं प्रयत्नों के फलस्वरूप महान् दार्शनिक अरस्तु के दर्शन को भी सामने लाया गया। इस प्रकार इस विवाद के कारण ही एक नवीन युग का भी श्रीगणेश हुआ।

(ii) दूसरे चरण में विवाद

हेनरी चतुर्थ की मृत्यु के पश्चात् हेनरी पंचम तथा पोप ग्रेगरी सप्तम् के बाद बने पोप पास्कल द्वितीय के मध्य विवाद की स्थिति से बचने के लिये एक समझौता किया गया, जिसके अनुसार यह निर्णय किया गया कि "पोप राजनीतिक कार्यों को बिल्कुल त्याग देगा। धर्माधिकारियों को नियुक्त करने का अधिकार पोप का होगा तथा वह शक्ति की प्रतीक अंगूठी तथा दण्ड भी प्रदान किया करेगा। सम्राट उसे सामन्त पद के प्रतीक 'रीगेलिया' (जो राजनीतिक पद भी था) से विभूषित करेगा।"

इस समझौते के कारण लगभग 100 वर्षों तक दोनों पक्षों में सौहार्द्र पूर्ण सम्बन्ध रहे, किन्तु इन्नोसेन्ट तृतीय (Innocent III) के पोप बनने पर यह संघर्ष पुनः आरम्भ हो गया। उसने पोप की सत्ता के प्रभाव में बहुत अधिक वृद्धि की। किन्तु फ्रेडरिक द्वितीय के सिंहासन पर बैठते ही राजसत्तावादियों ने अपना संघर्ष तेज कर दिया। फ्रेडरिक का विचार था कि पोप का अधिकार केवल धार्मिक क्षेत्र तक ही सीमित था। फ्रेडरिक राज्य-प्रबन्ध सम्बन्धी विषयों में अपने आपको स्वतन्त्र मानता था। संघर्ष को और अधिक तेज करते हुए फिलिप चतुर्थ ने पोप की बढ़ती हुई शक्ति पर न केवल अंकुश लगाया, अपितु चर्च की सम्पत्ति पर कर भी लगाया।

पोप समर्थकों ने फिलिप चतुर्थ के इस कार्य का डटकर विरोध किया। तत्कालीन पोप बोनीफेस अष्टम ने यह आदेश प्रसारित किया कि "चर्च की सम्पत्ति में से कोई कर नही दिया जायेगा और यदि कोई अधिकारी जबरन इस कर को वसूल करेगा तो उसे ईसाई धर्म से ही बहिष्कृत कर दिया जायेगा।" इस आदेश को प्रसारित करने के बावजूद वह फिलिप चतुर्थ के कड़े विरोध का सामना न कर सका और शीघ्र ही परलोक सिधार गया। उसके बाद बने पोप बेनीडिक्ट को भी विष पान कराके मार दिया गया। अब सम्राट ने 'आर्कबिशप बर्ट्रेण्डडिगीट' को निम्नलिखित शर्तों पर पोप बनाना स्वीकार किया—

(1) पोप को पहले हुए समझौते के अनुसार ही चलना होगा तथा राज्यों के साथ सहयोग करना होगा।

(2) फ्रांस के पादरियों पर लगाया गया दस प्रतिशत कर का पोप पाँच वर्ष तक समर्थन करता रहेगा।

(3) अब पोप बोनीफेस द्वारा दिये गये दण्ड को वापिस लेगा तथा बोनीफेस पर मरणोपरान्त मुकदमा चलाकर दण्ड प्रदान करेगा।

उपरोक्त शर्तों पर पोप द्वारा पद ग्रहण करने के कारण, अब पोप राज्य का प्रभुत्व स्थापित हो गया। इस प्रकार द्वितीय चरणीय विवाद में राजसत्तावादियों की विजय हुई। धर्म सत्तावादियों तथा राजसत्तावादियों के इस द्वितीय चरणीय संघर्ष के परिणाम का मूल्यांकन करते हुए सेबाइन (Sabine) ने लिखा है कि "इस संघर्ष का स्तर पहले की अपेक्षा ऊँचा था। अबकी बार धार्मिक मान्यताओं के स्थान पर वैधानिक और दार्शनिकता पर अधिक बल दिया गया। इस प्रकार संघर्ष के इस द्वितीय चरण में राजसत्ता की विजय हुई तथा उसने धर्मसत्ता पर अपना अधिकार स्थापित कर लिया।"

(iii) तीसरे चरण में विवाद

धर्मसत्तावादियों व राजसत्तावादियों के विवाद का तीसरा चरण सन् 1314 ई० में फ्रांस के राजा लुई 14वें द्वारा रोमन साम्राज्य को हस्तगत करने के साथ ही आरम्भ हो गया। सन् 1339 ई० में उसने एक अधिनियम प्रसारित किया, जिसमें कहा गया था कि "हम घोषणा करते हैं कि शाही सम्मान और पद केवल भगवान ही धारण करते हैं—निर्वाचन द्वारा चुने गये व्यक्ति को सच्चा राजा और रोमन लोगों को सम्राट मानना चाहिये। उसे साम्राज्य के सब अधिकारों तथा सम्पत्ति के प्रशासन का अधिकार है—उसे पोप से या किसी अन्य व्यक्ति से स्वीकृति तथा सन्तुष्टि का अधिकार ग्रहण करने की सहमति लेने की आवश्यकता नहीं है।"

चर्च और राज्य के संघर्ष के इस चरण में मुख्य विवाद पोप जॉन 22वें तथा बवेरिया (जर्मनी) के शासक लुई के मध्य हुआ। सन् 1316 ई० में जॉन 22वां आविन्योन में पोप चुना गया जबकि इटली का सिंहासन खाली था। बवेरिया के लुई ने अपने आपको इटली का शासक घोषित कर दिया। पोप ने इसे अनुचित ठहराया तथा घोषित किया कि बिना पोप की स्वीकृति के लुई को इटली का शासक स्वीकार नहीं किया जा सकता। इसी बीच फ्रांस के लुई 14वें के प्रभाव के कारण चर्च में लम्बी फूट (Great Schism) चली, जिसके कारण पोप को वाँछित जन समर्थन प्राप्त नहीं हुआ और चर्च पर राजसत्तावादियों का प्रभाव निरन्तर बढ़ता चला गया। पोप के विलासपूर्ण जीवन तथा राष्ट्रीयता की भावना के कारण भी पोप का प्रभाव निरन्तर समाप्त होता चला गया और चर्च राजसत्तावादियों के प्रभुत्व में आता चला गया।

इस तृतीय चरणीय विवाद के अत्यन्त महत्त्वपूर्ण परिणाम निकले, जिनका वर्णन निम्नलिखित है—

(1) इस चरण में विवाद का स्तर और अधिक ऊँचा हुआ, क्योंकि इसके फलस्वरूप राजनीतिक दर्शन का एक नया अध्याय आरम्भ हुआ।

(2) इसी तृतीय चरणीय संघर्ष ने आगे चलकर कन्सीलियर आन्दोलन को प्रेरणा दी।

(3) इस विवाद के कारण एक विशाल साहित्य का जन्म हुआ, जिसकी विशेषता यह थी कि वह सत्ता का या तो एक दम समर्थक था या विरोधी।

(4) इस विवाद के कारण पोप की शक्ति निरन्तर समाप्त होती चली गई।

विवाद के विषय
(Contents of Conflict)

धर्मसत्तावादियों व राजसत्तावादियों के मध्य हुये उपरोक्त लम्बे विवाद के आधार पर उन प्रश्नों (समस्याओं) अथवा (विषयों) का उल्लेख किया जा सकता है, जो इस प्रकार हैं—

(1) चर्च की सम्पत्ति पर कर लगाना सम्राट का अधिकार है अथवा नहीं है।

(2) सम्राट चर्च के अधिकारों पर मुकदमा चलाकर उन्हें दण्डित कर सकता है अथवा नहीं।

(3) चर्च के धर्माधिकारियों जैसे पोप आदि की नियुक्ति करने का अधिकार किसको है?

(4) पोप राजनीतिक मामलों में तथा राजसत्ता अर्थात् सम्राट धार्मिक विषयों में किस सीमा तक हस्तक्षेप कर सकता है?

(5) धर्मसत्ता को रोमन सम्राट की नियुक्ति अथवा उसके निर्वाचन में हस्तक्षेप करने का अधिकार है अथवा नहीं?

(6) पोप का लौकिक विषयों में हस्तक्षेप करने का किस सीमा तक अधिकार है?

सर्वोच्चता के लिये दोनों पक्षों के तर्क
(Arguments of Both the Sides for Supremacy)

धर्मसत्तावादियों तथा राजसत्तावादियों में संघर्ष सर्वोच्चता प्राप्त करने के लिये था। सी॰ डी॰ बर्न्स (C.D. Burns) के शब्दों में, ''दोनों ने श्रेष्ठता का दावा किया। चर्च को आधीन बनाकर साम्राज्यवादियों ने उसे एक राज्य बना दिया।''[1] दोनों पक्षों के द्वारा दिये गये तर्कों का वर्णन निम्नलिखित है–

पोप समर्थकों के तर्क
(Arguments of Popelists)

धर्म सत्तावादियों अर्थात् पोप समर्थक विचारकों ने चर्च की सर्वोच्चता के समर्थन में निम्नलिखित तर्क प्रस्तुत किये–

(1) आध्यात्मिक श्रेष्ठ जीवन (Glorious Eternal Life)–पोप समर्थक विचारकों ने धर्मसत्ता की सर्वोच्चता सिद्ध करने के लिये सर्वाधिक महत्त्वपूर्ण तर्क यह दिया कि आध्यात्मिक जीवन सांसारिक जीवन से श्रेष्ठ है। इस तर्क को प्रस्तुत करते हुए सन्त आम्ब्रोज ने कहा है कि ''शीशे और सोने की चमक में जो अन्तर है, वही अन्तर राजाओं तथा बिशपों के गौरव में है। आत्मा शरीर से श्रेष्ठ है। अतः आध्यात्मिक जीवन स्वतः ही भौतिक जीवन से अधिक महत्त्वपूर्ण है।''[2]

''इस प्रकार मानव आत्माओं को स्वर्ग के मार्ग पर अग्रसर करने वाले पोप ही सांसारिक शासकों की अपेक्षा अधिक सम्माननीय तथा श्रेष्ठ हैं।'' आध्यात्मिक जीवन की श्रेष्ठता का तर्क पोपवादियों द्वारा प्रस्तुत किया गया।

(2) ईश्वर द्वारा चर्च की स्थापना (Church is established by God)–धर्मसत्तावादियों ने चर्च की सर्वोच्चता के पक्ष में कहा है कि चर्च ईश्वर द्वारा निर्मित है। इसका

1. ''Both claimed for supremacy. The imperialists by subordinating the church made church a state.'' —C.D. Burns
2. ''The glory of princes was to the glory of bishops as the brightness of lead to the brightness of gold.'' St. Ambrose

आवश्यक परिणाम यह है कि महात्मा ईसा इस राज्य के सर्वोच्च अधिकारी हैं तथा पोप धरती पर उसका प्रतिनिधि है। अतः सर्वोच्च अधिकारी के प्रतिनिधि की आज्ञा का सर्वत्र सम्मान होना चाहिये।

(3) आदिम पाप द्वारा राज्य की उत्पत्ति (State is originated by Original Sin)—पोप समर्थकों ने बताया है कि चर्च की उत्पत्ति आदिम पाप (Original Sin) द्वारा हुई है जिसकी शुद्धि एवं प्रायश्चित के लिये आवश्यक है कि चर्च की शरण में आया जाये तथा उसके कार्यों में सहयोग दिये जाने को सर्वोपरि माना जाये।

(4) चर्च पर सम्राट का अस्तित्व निर्भर है (King's Existence depends on Church)—पोप समर्थकों के अनुसार 'आत्मा प्रमुख है शरीर नहीं।' इसी प्रकार चर्च राज्य से प्रमुख है क्योंकि राज्य शरीर है तो चर्च आत्मा। चर्च के विषय में कहा गया है कि "वह सूर्य है, तो राज्य चन्द्रमा है, जो सदैव अपना प्रकाश सूर्य (चर्च) से ग्रहण करता है।" इस प्रकार चर्च पर ही राज्य का अस्तित्व निर्भर करता है।

(5) धर्म शास्त्रों का महत्त्व (Importance of Religious Holy Books)—पवित्र धर्मशास्त्रों के महत्त्व पर भी पोपवादियों ने विशेष बल दिया है। उनमें से ऐसे अनेक उद्धरणों को प्रस्तुत किया गया, जिनसे राजाओं के विवाद हल किये गये थे और चर्च की सर्वोच्चता सिद्ध की गई थी। आर्कबिशप हिंकमार (Hincmar) ने लोरेन के राजा लोथेयर (Lothiar) के तलाक के मामले में पोप के न्याय को धर्मग्रंथों के आधार पर उचित ठहराया था। इससे पोप का प्रभुत्व स्थापित होता है। हिंकमार ने राज्य के निर्णय को स्वतन्त्र मानते हुए भी निरंकुश शासकों पर पुरोहितों द्वारा नियन्त्रण उचित बतलाया था।

(6) पोप समर्थन में प्रस्तुत घटनायें (Incidents given in support of Pope)—पोप समर्थकों द्वारा चर्च के समर्थन में अनेक घटनाओं का वर्णन प्रस्तुत किया गया था। जैसे सम्राट थियो डोसियूस को सन्त आम्ब्रोज द्वारा प्रायश्चित के लिये विवश करना, पोप की मदद से पेपिन के फ्रेंक को राजा बनाना, पोप द्वारा की गई शार्लमेगन की ताजपोशी तथा कान्स्टेन्टाइन का दान आदि। इन घटनाओं को प्रस्तुत करते हुए पोप समर्थक यह तर्क प्रस्तुत करते थे कि जब पोप को सिंहासन पर बैठाने का अधिकार है, तो उसे हटाने का भी पोप को अधिकार है।

(7) धार्मिक ग्रन्थों के उद्धरण (Quotations from Religious Books)—धार्मिक ग्रन्थों के उद्धरण प्रस्तुत करके भी पोप समर्थक पोप की सर्वोच्चता को युक्तिसंगत तर्क के रूप में प्रस्तुत करते थे। उदाहरण के लिये ईसा ने पीटर से कहा था "Feed my Sheep" इस कथन का अर्थ डनिंग (Dunning) ने इस प्रकार किया कि "जो संसार की सार्वभौमिक सर्वोच्च सत्ता से बंधा, उससे राजा भी मुक्त नहीं है।"[1] इसी प्रकार डियेट्रोनोमी (Deuteronomy) के आधार पर इन्नोसेन्ट तृतीय (Innocent III) ने सिद्ध किया कि लौकिक तथा धार्मिक सभी विवादों का निर्णय करने का अधिकार पोप को है।

---

1. "Which was constructed as charge of universal pastoral authority from which kings were not exempted."
—Dunning

(8) दो तलवारों का सिद्धान्तों (Theory of two swords)—धर्मसत्तावादियों द्वारा पोप की सर्वोच्चता के समर्थन में इस सिद्धान्त की व्याख्या करते हुये सन्त गैलेशिवम ने कहा था "इस संसार में दो तलवार हैं दो भगवत सत्तायें हैं—धर्म सत्ता और राजसत्ता। लेकिन धर्म-सत्ता का दायित्व राजसत्ता से कहीं अधिक है, क्योंकि धर्मसत्ता को राजाओं के चरित्र के बारे में भी भगवान को हिसाब देना पड़ता है।" सुप्रसिद्ध पोप इन्नोसेन्ट तृतीय (Innocent III) ने इस सिद्धान्त को स्पष्ट करते हुये कहा था कि "राज्य के अन्दर भी पोप को बहुत से अधिकार प्राप्त हैं जैसे न्याय के मामलों में त्रुटि होने पर धार्मिक न्यायालय द्वारा परीक्षण, आदि। जहाँ भी नैतिकता या न्यायोचितता का सवाल है, वहाँ धर्मसत्ता का भी क्षेत्राधिकार है क्योंकि न्याय और नैतिकता की अन्तिम सत्ता पोप में है।" दो तलवारों के इस सिद्धान्त की व्याख्या जौन ऑफ सैलिसबरी (John of Salisbury) ने एक अन्य विशेष ढंग से की है। उसके अनुसार "ईसा के पास दो तलवारें अर्थात् धर्मसत्ता और राजसत्ता नामक दो शक्तियाँ थीं, जिसे उसने अपने उत्तराधिकारी पीटर को दे दिया। पीटर ने एक तलवार को राजा को दे दिया था। रोमन कानून के अनुसार "वैधानिक तरीके से दी गई वस्तु वैधानिक तरीके से वापिस भी ली जा सकती है।" इस प्रकार दोनों की शक्ति पोप में है। इस सिद्धान्त के अनुसार पोप ने यह सिद्ध कर दिया कि पोप राजा को भी हटा सकता है।

(9) पोप समर्थकों द्वारा व्यापक प्रचार (Vide publicity by Popalist)—पोप समर्थकों ने जहाँ इन तर्कों द्वारा धर्मसत्ता की सर्वोच्चता का व्यापक प्रचार किया वहाँ उन्होंने इस बात का भी प्रचार किया कि "स्वर्ग की कुंजी रोम के पीटर के चर्च में है।" कहा जाता है कि "ईसा ने पीटर से कहा था कि मैं तुम्हें स्वर्ग के राज्य की कुंजी सौंप दूंगा।"[1] इससे स्पष्ट किया गया कि मनुष्य को स्वर्ग की प्राप्ति के लिये भी पोप का आश्रय लेना आवश्यक है। स्पष्ट है कि "मध्यकाल में चर्च ने महत्त्वपूर्ण स्थान प्राप्त कर लिया था।"[2]

राज्य सत्तावादियों के तर्क
(Arguments of Sacerdotalists)

राजसत्ता की स्वतन्त्रता एवं सर्वोच्चता सिद्ध करने के लिये निम्नलिखित तर्क प्रस्तुत किये गये—

(1) राजा के दैवी अधिकारों का सिद्धान्त (Theory of Divine Rights of King)—जहाँ पोप समर्थकों ने चर्च के ईश्वरीय अधिकार को अपने तर्कों में प्रस्तुत किया वहीं पर राजसत्तावादियों ने 'राजाओं के दैवी अधिकार के सिद्धान्त' की व्याख्या की। इस सम्बन्ध में हेनरी चतुर्थ ने ग्रेगरी सप्तम को लिखा था कि "राज्य की शक्ति सीधे ईश्वर से प्राप्त हुई है, चर्च के माध्यम से नहीं।" इस प्रकार राज्य किसी भी आधार पर चर्च के अधीन नहीं है, अपितु राज्य को किसी भी सम्बन्ध में निर्णय लेने का पूर्ण अधिकार है। इस सिद्धान्त के अनुसार

1. "And I will give unto thee the keys to the kingdom of Heaven." —Jesus Christ
2. "The medieval church was in fact, not in theory, a most potent political institution."

"राज्य का कर्त्तव्य है कि वह न्याय करे, चर्च की रक्षा करे, परन्तु राजा यदि अपने कर्त्तव्यों का पालन नहीं करता, तो इसके दैवी अधिकार समाप्त नहीं हो जाते। उसको दण्ड केवल भगवान ही दे सकता है।"

इस सम्बन्ध में विचार प्रकट करते हुये यार्क ट्रैक्टस के लेखक ने कहा था कि "राजा की सत्ता बिशपों से कहीं ऊँची है। उसे बिशपों पर शासन करने का पूर्ण अधिकार है।"

(2) राज्य की सम्प्रभुता का सिद्धान्त (Theory of State's Sovereignty)—जॉन ऑफ पेरिस ने कहा था कि "पोप से बड़ी तो वह संस्था है, जो उसका चुनाव करती है। अत: पोप श्रेष्ठ सत्ताधारी कैसे हो सकता है?........यदि पोप राज्य के विरुद्ध आन्दोलन करता है तो राजा को उसका उत्तर तलवार से देने का अधिकार है और ऐसा करने में वह धर्म के विरुद्ध नहीं, समाज के एक शत्रु के विरुद्ध आचरण करेगा।"

मार्सिलियो ऑफ पडुआ ने 'चर्च को राज्य के एक अंग के रूप में व्यक्त किया है। वह कट्टर राजसत्तावादी था तथा पोप समर्थकों पर गहरे कटाक्ष करता था।

(3) धार्मिक ग्रन्थों से साक्ष्य (Evidence from Religious Books)—राजसत्तावादी भी अपने पक्ष में धार्मिक पुस्तकों में से प्रमाणस्वरूप साक्ष्य जुटाने में पीछे नहीं रहे। उन्होंने इन धर्म शास्त्रों में से अनेक उद्धरणों द्वारा सबल तर्क प्रस्तुत किये। सैन्ट पॉल (St. Paul) तथा सैन्ट पीटर (St. Peter) के कथनों में से अनेक उद्धरण निकालकर राजसत्तावादियों ने अपने पक्ष में तर्क प्रस्तुत किये। सैन्ट पॉल (St. Paul) ने कहा था कि "शक्तियाँ भगवान द्वारा प्रदत्त होती हैं। जो कोई भी सत्ता रखता है वह भगवान की आज्ञा का पालन करता है। वह भगवान का सेवक (कार्यपालक) है तथा उन व्यक्तियों से बदला लेता है, जो बुरे कार्य करते हैं। वह जहाँ भी शासन करता है, वहाँ वह बदले के लिये नहीं बल्कि आत्मा की रक्षार्थ कार्य करता है।"

पीटर का यह भी कथन था, कि मनुष्य (राजा) द्वारा दी गई प्रत्येक आज्ञा भगवान की आज्ञा है।"[1] राजसत्तावादियों ने अपने तर्कों में प्रयुक्त किया। पोप समर्थकों ने अपने विरोधियों के इस कथन-प्रयोग पर कड़े प्रहार किये और जब उन्होंने ओल्ड टेस्टामैंट (Old Testament) में से यह कथन कि "उन्होंने राजा की स्थापना की मैंने नहीं, उन्होंने राजा बनाये और मैं इसे नहीं जानता।"[2] अपने पक्ष में प्रस्तुत कर जब चर्च ने भी 'अच्छे-बुरे राजा' पर व्यंग्य से तब राजसत्तावादियों ने उसके इस कथन का पूर्णत: खण्डन किया। उन्होंने सभी राजाओं को अच्छा बताकर चर्च पर अधिकार करने का मार्ग प्रशस्त किया।

(4) नैतिकता-राज्य के आधार के रूप में (Morality : as the basis of State)—नैतिक आधार पर भी राजसत्तावादियों ने राज्य की सर्वोच्चता का पक्ष प्रस्तुत किया। इस सम्बन्ध में उन्होंने प्लेटो व अरस्तु के आदर्श राज्यों के कार्य सिद्धान्त को प्रस्तुत किया,

1. "To every ordinance of man (king) for the Lord's sake." —Peter.
2. "They have set up king but not by me, they have made princes and I know it not." —Old Testament.

जिसमें "राज्य का कार्य सत् एवं न्याय की व्यवस्था करना है।" इस आदर्श राज्य में चर्च अथवा अन्य किसी धार्मिक संगठन को कोई स्थान नहीं है। राज्य का प्रभुत्व राज्य के समस्त कार्यों में आवश्यक तथा सर्वोपरि है।

(5) कानून को महत्त्व (Importance to Law)—कानून को महत्त्व देकर राज्य समर्थकों ने राजसत्ता की सर्वोच्चता का समर्थन किया, क्योंकि 11वीं शताब्दी में रोमन कानून का अध्ययन व्यापक रूप से आरम्भ हो गया था। कानून के आधार पर राजसत्ता की सर्वोच्चता का समर्थन करते हुये ग्रेशियन ने लिखा कि "राजाओं की आज्ञा के लिये चर्च की स्वीकृति की नहीं पालन करने की आवश्यकता है।"[1]

(6) दो तलवारों के सिद्धान्त की नूतन व्याख्या (New Interpretation of Theory of two Swords)—धर्म सत्तावादियों द्वारा प्रतिपादित जिलोसियस के दो तलवारों के सिद्धान्त की भी राज्य सत्तावादियों ने अपने पक्ष में नवीन व्याख्या की। उनके अनुसार "ईसाई राज्य (Christian Commonwealth) के लिये 'क्षात्र' (Imperium), ब्रह्म (Sacerdotium) शक्ति के सहयोग की आवश्यकता है। इनमें एकता होनी चाहिए। चर्च को सांसारिक विषयों में राज्य के अधीन होना चाहिये एवं राज्य धर्म के मामलों में चर्च के अधीन होना चाहिए।" इस प्रकार उन्होंने इस सिद्धान्त के आधार पर भी राज्य को महत्त्व प्रदान किया।

(7) चर्च में नियुक्तियों का प्रश्न (Question of Appointments in Church)—चर्च में धर्माधिकारियों की नियुक्ति के लिए राजसत्तावादियों ने राज्य को सर्वोपरि माना, क्योंकि उन्हें राज्य में रहकर ही अपने कार्यों का पालन करना था, चर्च की सम्पत्ति पर राज्य का नियन्त्रण होना चाहिये, क्योंकि राज्य में राजा ही सम्प्रभु है।

इस प्रकार दोनों पक्षों ने अपने-अपने तर्कों द्वारा अपनी सत्ता को सर्वोच्च बनाने का प्रयास किया, जिसके कारण विवाद बढ़ा। इसका परिणाम पोप की समाप्ति तथा राजसत्ता की विजय में फलित हुआ। हॉब्स (Hobbes) ने ठीक लिखा है कि "पोपवादिता रोमन साम्राज्य का भूत था, जिसकी कब्र पर राजसत्ता पदारूढ़ हुई। मध्यकाल का यह संघर्ष राजसत्तावादियों की विजय में परिणित हुआ।"

अभ्यास के लिये प्रश्न

1. धर्म और राज्य के संघर्ष में मध्यकालीन पोपवादियों का राजसत्तावादियों की ओर से दिये जाने वाले तर्कों का वर्णन कीजिये।
2. आप चर्च तथा राज्य के वाद-विवाद से क्या समझते हैं? इसके समर्थन तथा विरोध में विभिन्न विचार प्रकट कीजिये।
3. "ग्यारहवीं तथा बारहवीं शताब्दियों की राजनीतिक रचनायें मुख्य रूप से पोपों तथा राजाओं के मध्य संघर्ष के चारों ओर घूमने वाले ऐहिक तथा धार्मिक सत्ताओं के सीमा सम्बन्धी विवाद का प्रतिपादन करती हैं।" (सेबाइन) इस कथन की व्याख्या कीजिये।

---

1. "The Decrees of Princes do not take precedence over, but follow, decrees of the church."
—Gratian.

14

मध्यकालीन पोप समर्थक विचारक
(Popalist Thinkers of Medieval Age)

जॉन ऑफ सैलिसबरी
(John of Salisbury)

राजनीति दर्शन के मध्यकाल में पोप समर्थक विचारकों ने पोप की सत्ता की सर्वोच्चता सिद्ध करने के लिए व्यापक रूप से कार्य किया। इनमें से जॉन ऑफ सैलिसबरी प्रमुख थे।

जॉन ऑफ सैलिसबरी का जन्म सन् 1115 ई० में सैलिसबरी नामक स्थान पर हुआ। पोप ग्रेगरी सप्तम के बाद इन्होंने ही चर्च की सर्वोच्चता के औचित्य को सिद्ध किया था। सन् 1173 ई० में उन्हें चार्टेस के बिशप पद पर नियुक्त किया गया, परन्तु केवल चार वर्ष पश्चात् अर्थात् सन् 1180 ई० उनकी मृत्यु हो गई। सन् 1159 ई० में जॉन ऑफ सैलिसबरी ने 'पालिक्रेटिकस' (Policraticus) नामक ग्रन्थ की रचना की थी। यह ग्रन्थ काफी सुव्यवस्थित ढंग से लिखा गया था।

डॉ० डिकिन्सन ने इसे 'सांगोपाँग ग्रन्थ' का नाम दिया था। इस ग्रन्थ के विषय में सेबाइन (Sabine) ने लिखा है कि "अरस्तु के पुनरुद्धार से पहले इस ढंग की यह पहली पुस्तक थी, जिसमें उन प्राचीन परम्पराओं का संकलन किया गया है, जो कि सिसरो, सेनेका, चर्च के संस्थापकों और रोमन विधिवेत्ताओं के पास से होती हुई, 18वीं शताब्दी तक आई थी। इस ग्रन्थ में बड़ी ईमानदारी से उन विश्वासों को प्रकट करने का प्रयत्न किया गया है, जिन्हें 19वीं शताब्दी में सब लोग मानते थे और जहाँ तक उस समय ज्ञात था– हमेशा मानते आये थे।"

राजनीतिक चिन्तन
(Political Thoughts)

जॉन ऑफ सैलिसबरी के राजनीतिक विचार निम्नलिखित थे–

1. **चर्च की सर्वोपरिता** (Supremacy of Church)–जॉन ऑफ सैलिसबरी का मत था कि धर्म तथा राजनीति एक दूसरे से भिन्न हैं। उसने चर्च की सर्वोपरिता सिद्ध करने

ु 'दो तलवारों के सिद्धांत' को अपनाया था। जॉन के अनुसार ईसा मसीह ने अपने दूत को तलवारें दीं। आध्यात्मिक तलवार चर्च ने अपने पास रखी तथा सांसारिक तलवार राजा को त आश्वासन अथवा शर्त पर प्रदान की कि वह उसका प्रयोग चर्च के आदेशानुसार ही करेगा। ॉन के अपने ही शब्दों में, ''इस तलवार (लौकिक शक्ति) को राजा चर्च से प्राप्त करता । यद्यपि इस रत्नमय तलवार को चर्च अपने हाथों में नहीं थामता है, तथापि इस पर उसका ाधिपत्य है। चर्च इसका प्रयोग राजा के हाथ से करता है और लौकिक विषयों में उसे दण्ड ा अधिकार प्रदान करता है, आध्यात्मिक विषयों का अधिकार पादरियों के लिये ही सुरक्षित र लेता है। इस तरह राजा एक प्रकार से चर्च का ही एक कर्मचारी है और वह पवित्र कर्त्तव्यों उस भाग को पूरा करता है जिसका करना पादरियों के लिये शोभनीय नहीं है।'' इस प्रकार ष्ट है कि जॉन ऑफ सैलिसबरी के विचार में चर्च सर्वाधिक ऊपर है।

2. कानून का महत्त्व (Importance of Law)—जॉन ऑफ सैलिसबरी का मत है ि राजा कानून का दास है, कानून राजा द्वारा नहीं बल्कि राजा के लिये कानून बनाता है। सके अनुसार, ''राजा सार्वजनिक उपयोगिता की पूर्ति करने वाला कर्मचारी तथा न्याय का त्रक है।'' कानून के अन्दर रहकर ही राजा को कार्य करना चाहिये। राजा का पद कानूनों रा नियन्त्रित होता है। कानून के अनुसार कार्य न करने वाले शासक अत्याचारी शासक हैं।

3. राज्य का सावयव सिद्धान्त (Organic Theory of the State)—जॉन ऑफ लिसबरी ने राज्य की तुलना मानव शरीर के अवयवों से की है। उसके अनुसार राज्य एक रीर की भांति है। शरीर में जो स्थान सिर का होता है, राज्य में वही स्थान राजा को प्राप्त सीनेट राज्य का हृदय, चर्च राज्य की आत्मा न्यायाधीश तथा प्रान्तीय गर्वनर उसकी आंख, क, कान, जीभ की भांति हैं, सैनिक उसके बाजू हैं, किसान व श्रमिक उसके पैर हैं।'' जॉन फ सैलिसबरी के अनुसार, ''यदि सिर अर्थात् सम्राट आत्मा अर्थात् चर्च की आज्ञानुसार ार्य करें तभी राज्य रूपी शरीर पर शासन होता है, उसी प्रकार राज्य के अन्दर चर्च शासन रता है।''

4. सार्वभौम ईश्वरीय राज्य (Universal Divine State)—अपने समकालीन द्वानों व विचारकों की भांति जॉन ऑफ सैलिसबरी ने भी 'सार्वभौम ईश्वरीय राज्य' की ल्पना की थी, और चर्च को सार्वभौम ईश्वरीय राज्य का प्रतिनिधि माना था। इस प्रकार जॉन फ सैलिसबरी भी सार्वभौमिक ईसाईयत का समर्थक था।

5. अत्याचारी शासक का वध करने का सिद्धान्त (The Theory of Killing e Tyrant)—जॉन ऑफ सैलिसबरी ऐसा प्रथम विचारक था, जिसने किसी अत्याचारी शासक वध करने का मत प्रस्तुत किया। उसने कहा कि यदि शासक अत्याचार करने लगे तो उसका ा करना ही उचित है। उसने उदार व अत्याचारी शासकों में भेद भी बताये। उसने राजा के ा को पाप नहीं बताया। इस अधिकार को नियन्त्रित करने हेतु जॉन ने कुछ शर्तें भी लिखीं। से—(i) व्यक्ति राज भक्ति की शपथ से बन्धन मुक्त होना चाहिये। (ii) शासक का र्म-विरुद्ध कार्य द्वारा अन्त न किया जाय। (iii) अत्याचारी शासक का अन्त करने का

सर्वाधिक सुरक्षित एवं उपयोगी ढंग भगवान से प्रार्थना है। डनिंग ने इस सम्बन्ध में कहा कि, "यदि शासक की शक्ति दैवी आज्ञाओं का विरोध करती है, ईश्वर के विरुद्ध किये जा वाले युद्ध में मुझे शामिल करना चाहती है, तो मैं मुक्त-कण्ठ से यही उत्तर दूंगा कि भूत पर किसी भी व्यक्ति की तुलना में ईश्वर को महत्त्व दिया जाना चाहिये। अत्याचारी शास का वध करना न केवल वैधानिक है, वरन् उचित और न्यायपूर्ण भी है।"

अभ्यास के लिये प्रश्न

1. जॉन ऑफ सैलिसबरी के राजनीतिक विचारों का वर्णन करते हुए उनका मूल्यांक कीजिये।
2. राजदर्शन को सैलिसबरी के जॉन की क्या देन है? इसका उल्लेख कीजिये और उन महत्त्व का मूल्यांकन कीजिये।

15

सन्त थामस एक्वीनास

(St. Thomas Aquinas, 1227-1274 A.D.)

सेन्ट थॉमस एक्वीनास के जन्म व मृत्यु के सम्बन्ध में विद्वानों में मतभेद है। कुछ द्वानों का मत है कि थॉमस का जन्म रोम राज्य की नेपल्स नामक रियासत में एक्वीनो नगर 1225 में हुआ था। कुछ का मत है कि इस सन्त का जन्म 1226 में हुआ था। सामाजिक ज्ञान-सम्बन्धी विश्वकोष में लिखा है कि इसका जन्म 1226 ई० में एक प्रतिष्ठित कुटुम्ब हुआ था। 16 वर्ष की आयु में डोमीनिकन सम्प्रदाय के आचरण सम्बन्धी शुद्धता और आदर्श तिकता से प्रभावित होकर थॉमस इस सम्प्रदाय का सदस्य हो गया। थॉमस के माता-पिता ो अपने पुत्र की यह बात अच्छी न लगी। वे चाहते थे कि वह कोई उच्च अधिकारी बने। रन्तु जब थॉमस अपने निश्चय पर दृढ़ बना रहा तो थॉमस को डोमीनिकन संप्रदाय से पकड़ लवाया और एक कमरे में बन्द कर दिया। माता ने सोचा कि सम्भव है कि विवाह कर देने उसके विचारों में परिवर्तन हो जाय। इस उद्देश्य से उसके पास एक सुन्दर स्त्री भेजी गई रन्तु थॉमस ने अपनी माता को अपना दृढ़ निश्चय बताया कि उसने अपने मन में संकल्प र लिया है कि वह सांसारिक जीवन के सुखों से दूर रहेगा। माता ने पुत्र के दृढ़ विचारों ो सुन कर चाहा कि थॉमस को छोड़ दिया जाय परन्तु पिता ने इसका विरोध किया। एक न अवसर पाकर थॉमस अपने कमरे से निकल भागा। वह डोमीनिकन सम्प्रदाय के मठ में हुँचा और वहाँ से वह पेरिस चला गया।

पेरिस पहुँच कर थॉमस ने अपना नाम पैरिस विश्वविद्यालय में लिखा लिया। स्मृति-शक्ति ज होने के कारण उसकी ख्याति चारों ओर फैल गयी। उसने अपने गुरु अलबर्ट मेगनस Albert Magnus) के पास रह कर शिक्षा प्राप्त की। उसकी योग्यता इतनी बढ़ गई कि उसको 256 में धर्म के आचार्य (Master of Theology) की उपाधि मिली। इसके उपरान्त ईसाई र्म के प्रचार के लिये उसने अनेक स्थानों का दौरा किया, भाषण दिये और कई पुस्तकें नखीं। उसको कई बार बड़े-बड़े धार्मिक पदों पर नियुक्त किया गया परन्तु उसने उन्हें स्वीकार किया और अपना समय ईश-चिन्तन में लगाना शुरू कर दिया। अपने जीवन के

अन्तिम दिनों में वह ईश-चिन्तन में इतना मग्न हो जाता कि अचेत सा हो जाता था। 48 व की अल्पायु में उसकी मृत्यु 1274 ई० में हो गई।

पादरी होने के नाते सेन्ट थॉमस धर्म ग्रन्थों में लिखित बातों की अवज्ञा करने का साह न कर सका और उसने यह माना कि धर्मशास्त्र के वचन प्रमाण हैं परन्तु उन वचनों की व्याख्य करने में उसने अरस्तु के तर्क प्रधान विचारों का उतना ही आश्रय लिया जितना कि ईसाई ध गुरुओं का। अविश्वास के उस युग में थॉमस का ऐसा करना बड़ा साहस का काम था औ यह बुद्धिवादी होने का प्रमाण है।

सेन्ट थॉमस ने धार्मिक ग्रन्थों के अतिरिक्त, राजनीति शास्त्र, धर्मशास्त्र और तर्कशास्त्र का भी अध्ययन किया और इन विषयों पर पुस्तकें भी लिखीं। अल्पायु में मृत्यु हो जाने के कारण उसकी नई पुस्तकें अर्धलिखित रह गईं। सुम्मा-थ्योलोजिया (Summa Theologia), कामेन्टरी आन दि पॉलिटिक्स ऑफ आरिस्टाटल (Commentaries on the Politics of Aristotle), दि रूल ऑफ प्रिंसेज (The Rule of Princes) और सुम्मा कन्ट्रा जेंटाइल्स (Summa Contra Gentiles) उसकी मुख्य कृतियाँ हैं। 'कमेन्टरीज आन दि पालिटिक्स आफ आरिस्टाटल' में थॉमस ने केवल अरस्तु के विचारों का स्पष्टीकरण और व्याख्या की है परन्तु अपने विचारों को व्यक्त नहीं किया है। उसके राजनैतिक विचार उसकी 'दि रूल आफ प्रिंसेज' नामक पुस्तक में मिलते हैं। 'सुम्मा-थ्योलिजिया' में विधि विवेचना की गई है।

सेन्ट थॉमस ने राजनीतिशास्त्र को एक स्वतन्त्र शास्त्र स्थापित करने का प्रयत्न किया परन्तु इसमें उसे सफलता नहीं हुई क्योंकि थॉमस के विचारानुसार आचारनीति-शास्त्र और राजनीति शास्त्र पृथक-पृथक नहीं हैं।

मानव प्रकृति
(Human Nature)

थॉमस के विचारानुसार प्रकृति में विश्व का एक श्रेणी-बद्ध आकार है जिसमें ईश्वर सर्वोपरि है। इस सृष्टि में प्रत्येक प्राणी अपने स्वभाव की आन्तरिक वेदनानुसार काम करता है और अपने हित अथवा पूर्णावस्था प्राप्त करने का प्रयत्न करता है। जिस सीमा तक उसको अपने इस प्रयत्न में सफलता प्राप्त होती है उस सीमा तक उसकी प्रगति इस श्रेणीबद्ध संसार में ऊपर की ओर होती है। अपने काल के धर्मसत्ता समर्थक विचारकों की तरह थॉमस का भी यह विचार था कि जिस प्रकार ईश्वर विश्व पर और आत्मा शरीर पर शासन करती है उसी प्रकार उच्चतम प्राणी लघुतर प्राणी पर शासन करता है। थॉमस का कथन है कि तुच्छ से तुच्छ वस्तु अथवा प्राणी का प्रकृति में कुछ न कुछ महत्त्व है जिसके द्वारा वह वस्तु विश्व के पूर्णत्व प्राप्त करने में योग प्रदान करती है। विश्व की इस व्यवस्था द्वारा थॉमस ने प्रकृति के सोद्देश्य अस्तित्व स्थापित करने का प्रयत्न किया है। उसने विश्व की इस व्यवस्था द्वारा यह भी सिद्ध करना चाहा कि प्रकृति का सोद्देश्य अस्तित्व है। उसके कथनानुसार इस संसार की सृष्टि में मनुष्य के स्वभाव को एक विशेष स्थान प्राप्त है क्योंकि मनुष्य में एक तो जागृत और दूसरी विवेकी और आध्यात्मिक प्रकृति होती है। जागृत प्रकृति तो दोषयुक्त भी हो सकती

है परन्तु विवेक और आध्यात्मिक प्रकति इन दोषों से मुक्त होने के कारण ईश्वरीय प्रवृतियों का प्रतिनिधित्व करती है।

समाज
(Society)

मानवीय प्रकृति की इस कल्पना के आधार पर थॉमस ने समाज की संस्थाओं की रूपरेखा खींची और विधियों को आधारित किया। उसके समाज सम्बन्धी विचार प्रकृति सम्बन्धी विचारों से मिलते-जुलते हैं। उसका कहना है कि प्रकृति की भांति समाज भी उद्देश्यों और अभिप्रायों की एक सुव्यवस्थित संस्था है जिसमें छोटा प्राणी बड़े प्राणी की सेवा करता है और बड़ा प्राणी छोटे को आदेश अथवा निर्देश देता है। एक्वीनास अरस्तु के इस विचार से सहमत था कि जीवन को सुखी और अच्छा बनाने के लिये समाज में पारस्परिक सेवाओं का विनिमय आवश्यक है। प्रत्येक वर्ग अपने निश्चित काम करके समाज को सुखी बनाता है। किसान और शिल्पकार भौतिक सामग्री द्वारा और पादरी तथा पुजारी प्रार्थना और धार्मिक व्यवस्था स्थापित कर समाज के भौतिक और आध्यात्मिक सुख में योग देते हैं। थॉमस के अनुसार जनहित के लिये समाज में शासक का होना आवश्यक है। उसका कथन है कि यह कोई अनुचित बात नहीं है क्योंकि यह प्रकृति का नियम है कि शरीर पर आत्मा शासन करती है और छोटे प्राणी पर बड़े प्राणी शासन करते हैं।

एक्वीनास अरस्तु के इस कथन से सहमत है कि मनुष्य एक सामाजिक प्राणी है। उसने अपने इस मत की पुष्टि अपनी पुस्तक द रूल ऑफ प्रिंसेज (The Rule of Princes) में की है। प्राकृतिक रूप से पशुओं की अपेक्षा मनुष्यों में सामाजिक भावना अधिक है। पशुओं को प्रकृति ने तैयार भोजन, ऋतुओं की कठोरता से बचने के लिये बाल और सुरक्षा के लिये दातं, सींग, पन्जे या भागने की शक्ति दी है। परन्तु प्रकृति ने मनुष्य को इनमें से कोई भी वस्तु न देकर उसे बुद्धि दी है, जिसके द्वारा मनुष्य उन वस्तुओं को प्राप्त कर सकता है। यद्यपि किसी एक व्यक्ति के प्रयत्न से उन सब चीजों का प्राप्त करना असम्भव है। इसलिये मनुष्यों का अनेकों के समाज में रहना स्वभाविक अथवा प्राकृतिक है। मनुष्य ही ऐसा प्राणी है जिसको ईश्वर ने वाक्शक्ति दी है जिसके द्वारा मनुष्य एक दूसरे को अपने विचार प्रगट कर बौद्धिक स्तर पर अपनी संस्थाओं के हित को सोच सकते हैं। इन्हीं सब कारणों से एक्वीनास ने मनुष्यों को एक सामाजिक प्राणी बताया और समाज में रहना मनुष्य की एक प्राकृतिक आवश्यकता माना है।

पशुओं में सहज ज्ञान होता है। वे यह जान लेते हैं कि कौन-सी वस्तुएं उनके लिये हितकर हैं और कौन-सी अहितकर। उदाहरण के लिये भेड़ को प्राकृतिक ज्ञान होता है कि भेड़िया उसका शत्रु है। पशुओं को सहज ज्ञान होता है कि कौन-सी वनस्पति उनके जीवन के लिये आवश्यक है और कौन-सी जड़ी-बुटियाँ औषधि हैं। अकेला मनुष्य अपने प्रयत्न से इन सब बातों का ज्ञान नहीं प्राप्त कर सकता है। कोई मनुष्य औषधियों का ज्ञान प्राप्त करता है, तो कोई उपज सम्बन्धी और कोई सुरक्षा सम्बन्धी। इस प्रकार भिन्न-भिन्न क्षेत्र से विभिन्न

प्रकार के ज्ञान को प्राप्त कर मनुष्य अपने अनुभव और ज्ञान से एक दूसरे को लाभ पहुँचा कर जीवन को सुलभ बनाता हैं। इस कारण मनुष्य को समाज में रहना आवश्यक है।

राज्य
(The State)

यदि मनुष्यों का समाज में रहना एक प्राकृतिक आवश्यकता है तो उस समाज को सुव्यवस्थित रखने के लिये शासन की भी आवश्यकता है। थॉमस के दृष्टिकोण से समाज में एकता, सुव्यवस्था और शान्ति स्थापित रखने के लिये राजा ही उपयुक्त है। जिस प्रकार ईश्वर अपनी सृष्टि में और हृदय शरीर में सब पर नियंत्रण रख कर व्यवस्था बनाये रखता है, वैसे ही समाज में एक राजा ही ठीक व्यवस्था कर सकता है। थॉमस राजतन्त्र का समर्थक था। उसके कथानुसार समाज में सुव्यवस्था स्थापित करने और समाज को सुखी बनाने के लिये ईश्वर ने राजा को शासन सम्बन्धी अधिकार दिये हैं। राजा के कार्य उसी समय तक उचित हैं जब तक वह जनहित के लिये शासन-प्रबन्ध करता है। राजा को राज्य पद और समाज का विश्वसनीय पद समझना चाहिये। उसे स्वार्थ भाव से प्रेरित न होकर जनहित भाव से शासन प्रबन्ध करना चाहिये। राजा को न तो ऐसे अधिकारों का उपयोग करना चाहिये और न ऐसा कर लगाना चाहिये जो आवश्यक नहीं है। थॉमस के विचार से राजा का यह कर्तव्य है कि वह राज्य के सारे वर्गों के कार्यों का निर्देशन इस प्रकार करे कि जिससे राज्य के लोग सुखी और सदाचारी जीवन व्यतीत कर सकें। थॉमस के अनुसार मनुष्य का समाज में रहने का उद्देश्य भी यही है। जनता का जीवन सुखी बनाने के लिये राजा को चाहिये कि देश में शान्ति रखे, आवश्यक लोक सेवाएँ स्थापित करे, न्याय व्यवस्था बहुत ही अच्छी रखे, सुरक्षा का अच्छा प्रबन्ध करे और शासन में जहाँ-कहीं बुराइयाँ आ गई हों उनका तुरन्त उपचार करे और सुखी जीवन व्यतीत करने में जो चीजें बाधक हों उनको नष्ट कर दे।

जब कोई एक व्यक्ति जनहित के लिये नहीं बल्कि स्वार्थ भाव से, शासन स्थापित कर लेता है तो ऐसे व्यक्ति को थॉमस ने निरंकुश शासक की संज्ञा दी है और शासन को निरंकुश शासन कहा है। अरस्तु की भाँति एक्वीनास ने भी निरंकुश शासनतन्त्र को राजतन्त्र का भ्रष्ट स्वरूप बताया है। निरंकुश शासक के सम्बन्ध में जॉन सेलिसबरी और थॉमस एक मत थे, किन्तु किन साधनों से अत्याचारी राजा से पीछा छुड़ाया जाय इस बात में दोनों में मतभेद थे। थॉमस के विचारानुसार साधन ऐसे होने चाहिये जिनसे इतना सार्वजनिक अहित न हो जो निरंकुश शासन के अहित से अधिक हो। निरंकुश शासन में सदाचारी जीवन स्थापित करने के लिये राज-विरोध आवश्यक है और जब तक इस उद्देश्य से प्रजा राज विरोध करती है वह राजद्रोही नहीं कही जा सकती।

यदि स्वार्थसिद्धि करने के लिये शासन की स्थापना एक व्यक्ति ने न कर कुछ व्यक्तियों ने की है तो थॉमस ने उस शासन को कु-कुलीन तंत्र (Oligarchy) की संज्ञा दी है। ये व्यक्ति धन के लालच में पड़ कर जनता के ऊपर अत्याचार करते हैं। इसलिये थॉमस इस शासनतंत्र का विरोध उतना ही करता है जितना कि निरंकुश शासन का। यदि स्वार्थभाव से प्रेरित होकर

बहुतों ने मिल कर शासन स्थापित किया हो तो थॉमस ऐसे शासन को कु-प्रजातन्त्र (democracy) की संज्ञा देता है। वह इस शासन के भी पक्ष में नहीं है। यदि बहुत से आदमियों ने मिल कर एक न्यायमुक्त शासन की स्थापना की है तो वह ऐसे शासन को सु-प्रजातन्त्र (polity) कह कर सम्बोधित करता है। यदि कुछ ही व्यक्तियों ने ऐसे शासन की स्थापना की है तो इस शासन को सु-कुलीन तन्त्र (divine laws) से सम्बोधित करता है। यदि जनहित के उद्देश्य से एक ही व्यक्ति शासन करता है तो थॉमस के विचार से उस व्यक्ति को राजा और ऐसे शासन को राजतन्त्र कहना उचित है। इससे यह स्पष्ट हो जाता है कि राज्यों का वर्गीकरण करते हुये थॉमस ने अरस्तु द्वारा की गई राज्य के वर्गीकरण की व्यवस्था का अनुकरण किया है।

राज्य का ध्येय और राजा के कर्तव्य

थॉमस और अरस्तु दोनों ने राज्य को सुखी व सदाचारी जीवन तथा स्वर्गीय जीवन प्राप्त करने की सीढ़ी माना है। इस अन्तिम उद्देश्य की प्राप्ति ईसाई पुजारी ही करा सकता है। परन्तु राजा का कर्तव्य है कि जनता के सुखी और सदाचारी जीवन व्यतीत करने के लिये ऐसी परिस्थितियाँ और वातावरण उत्पन्न करे जिससे मनुष्य को अपने ध्येय अर्थात् मोक्ष की ओर बढ़ने में सहायता प्राप्त हो। वास्तविक सुख और उसके बाधकों का ज्ञान दैवीय विधियों (divine laws) से होता है। जिसकी शिक्षा ईसाई पुजारियों को देनी चाहिये। जब राजा को दैवीय विधियों का ज्ञान हो जाय तो उसको इस बात का अध्ययन करना चाहिये कि उसके आधीन जनता किस प्रकार सुखी जीवन व्यतीत कर सकती है। थॉमस के मत के अनुसार इस अध्ययन के तीन भाग हैं–

1. राजा किस प्रकार से जनता में सुखी जीवन व्यतीत करने का वातावरण पैदा कर सकता है?
2. किस प्रकार उस वातावरण को स्थायी रखे ताकि उसमें कोई दोष न आ सके।
3. स्थित वातावरण में क्या परिवर्तन किया जाय कि वातावरण और भी सुधर जाय?

सेन्ट थॉमस एकवीनास अपनी पुस्तक 'दी रूल ऑफ प्रिसेंज' (The Rule of Princes) में लिखता है कि किसी एक व्यक्ति के जीवन को सदाचारी बनाने के लिये दो बातों की आवश्यकता है, प्रथम सदाचारी कार्य और द्वितीय पर्याप्त मात्रा में भौतिक पदार्थ जिनका उपभोग सदाचारी कार्य करने में आवश्यक है। प्रकृति व्यक्ति में एक्य स्थापित करती है और जन-समूह में एक्य को वह वस्तु जिसे शान्ति कहते हैं, राजा स्थापित करता है। इसलिये जनसमुदाय में सदाचारी जीवन स्थापित करने के लिये तीन बातों की आवश्यकता है।

1. जन समुदाय में शान्ति स्थापित कर एक्य प्राप्त करे।

2. एक्य प्राप्त होने के उपरान्त मनुष्यों को सदाचारी काम करने के लिये प्रोत्साहित करना चाहिये।

3. राजा को ऐसा प्रबन्ध करना चाहिये कि अच्छा जीवन व्यतीत करने के लिये जीवन सम्बन्धी आवश्यक वस्तुयें पर्याप्त मात्रा में उपलब्ध हों। जब राजा ऐसी दशा स्थापित करे तो इसे सुरक्षित रखने का प्रयत्न करे ताकि वह बिगड़ने न पाये।

सेन्ट थॉमस एक्वीनास के मतानुसार सुखी और सदाचारी जीवन के लिये तीन चीजें बाधक हैं–

1. पहली बाधा तो प्रकृति उपस्थित करती है। जनहित सम्बन्धी परिस्थितियों की स्थापना क्षणिक या अस्थायी न होकर स्थायी होनी चाहिये। मनुष्य नाशवान् है और सदैव जीवित नहीं रह सकता। वह अपने जीवन काल में सदैव एक-सा ही उत्साही नहीं रहता है क्योंकि आयु उत्तरदायित्वों को सदा एक-सा पूरा नहीं कर सकती है।

2. द्वितीय बाधा मनुष्य की कमजोरी है, मनुष्य की इच्छा आसानी से दूषित हो जाती है और स्वार्थी बन कर जनसमूह की शक्ति को नष्ट करने लगती है।

3. तीसरी बाधा विदेशियों के आक्रमणों से पड़ती है या शत्रुओं के कुचक्रों से।

इसलिये राजा को चाहिये कि वह ऐसी व्यवस्था रखे की मृत्यु अथवा शक्ति-क्षीणता के कारण जो लोग अपने उत्तरदायित्व को उत्साह सहित पूरा नहीं कर सकते हैं उनकी जगह पर उतने उत्साही मनुष्य स्थानापन्न किये जा सकें और जनसमुदाय की शान्ति सुरक्षित बनी रहे। दूसरे, राजा को विधियाँ बनानी चाहिये और ऐसी आज्ञायें जारी करनी चाहिये कि लोग दूषित मार्ग को ग्रहण न करें और ग्रहण करने का साहस न करें। इस सम्बन्ध में राजा को ईश्वर के उदाहरण का अनुसरण करना चाहिये। जिस प्रकार ईश्वर उन मनुष्यों को जो उसके बनाये नियमों का पालन करते हैं अच्छा प्रतिफल देता है और जो उसके विरुद्ध आचरण करते हैं उनको दण्ड देता है, उसी प्रकार राजा को जनसमूह की इच्छाओं को दूषित होने से बचाने के लिये विधियों और आज्ञाओं को प्रतिपादित करना चाहिये और जो उन विधियों और आज्ञाओं का पालन करें उन्हें पुरस्कार दे और जो अवहेलना करे उन्हें दण्ड दे। तीसरे, जनसमुदाय को विदेशियों और शत्रुओं से सुरक्षित करना राजा का परमावश्यक कर्तव्य है।

विधि
(Law)

थॉमस के दृष्टिकोण से राजनैतिक शासन स्थापित करने का एक नैसर्गिक उद्देश्य मुक्ति को प्राप्त करना है। इस नैसिर्गिक उद्देश्य से यह भी परिणाम निकलता है कि राजा के अधिकार सीमित होने चाहिये और राजा अपने अधिकारों का उपभोग नियमानुसार करे। यही कारण है कि उसने निरंकुश शासन का विरोध किया और उसके प्रति अपनी घृणा प्रकट की। विधियों के प्रति थॉमस की विशेष श्रद्धा थी। उसे विश्वास था कि विधियों के प्रभुत्व अन्तर्वर्ती हैं न कि मानुषी। उसका यह भी विश्वास था कि सांसारिक जीवन का उद्देश्य मोक्ष प्राप्त करना है जो कि दैवी विधियों के अनुसार आचरण करने से हो सकता है, और मानवीय विधियाँ (human laws) दैवी विधियों की सहायक हैं। इसी कारण थॉमस ने मानवीय विधियों का अधिक से अधिक सम्बन्ध दैवी विधियों से स्थापित करने का प्रयत्न किया। उसने प्लेटो, अरस्तु, सिसरो और सैलिसबरी की विधि-सम्बन्धी मीमांसाओं और विवेचनाओं का अत्यन्त गहन अध्ययन कर अपने विधि सम्बन्धी विचारों को अपनी पुस्तक 'सुम्मा थियोलोजिया' और 'दि रूल आफ प्रिसेंज' में व्यक्त किया है।

विधि की परिभाषा करने से पूर्व थॉमस ने बताया कि विधि की विशेषता यह है कि यह आदेशक होती है या निषेधक अर्थात् यह मनुष्यों को कोई कार्य करने का आदेश देती या उन्हें कोई कार्य करने से रोकती है। आदेशक तत्त्व मनुष्य की विवेक बुद्धि से सम्बन्धित है, इस कारण विधि का भी सम्बन्ध विवेक बुद्धि से है। थॉमस ने विधि की परिभाषा इस प्रकार की है "विधि उस व्यक्ति का विवेकसम्मत सार्वजनिक हित के लिये अध्यादेश है जिस पर जनसमूह के योगक्षेम का भार है।" थॉमस ने विधि के चार रूप बताये हैं: (1) शाश्वत विधियाँ (Eternal Laws), (2) प्राकृतिक विधियाँ (Natural Laws), (3) मानवीय विधियाँ (Human Laws) और दैवी विधियाँ (Divine Laws)।

(1) शाश्वत विधियां (Eternal Laws)—थॉमस के विचारानुसार विधि जनहित के लिये शासन का विवेकपूर्ण आदेश है, अर्थात् राजा का आदेश उसकी विवेकपूर्ण बुद्धि है। इसलिये यदि सम्पूर्ण विश्व अपितु ब्रह्माण्ड पर ईश्वर का शासन है तो शाश्वत विधि ईश्वर की विवेकपूर्ण बुद्धि है जिसके अनुसार सारे ब्रह्माण्ड का शासन प्रबन्ध होता है। ये विधियाँ ईश्वर के ही मस्तिष्क में है और इनको पूर्ण प्राप्त करना मनुष्य की शक्ति के बाहर है। इसका अर्थ यह नहीं है कि मनुष्य इन विधियों से बिलकुल अनभिज्ञ है। जिस सीमा तक मानव शक्तियाँ सहायक होती हैं उसी सीमा तक मनुष्य इन विधियों को अनुभव करता है और उनके अनुसार आचरण करने का प्रयत्न करता है। जिस सीमा तक मनुष्य शाश्वत विधि के अनुसार अपना आचरण करने में सफल होता है उसी सीमा तक वह निर्दिष्ट उद्देश्य अर्थात् सांसारिक बन्धनों से मुक्ति प्राप्त करता है। थॉमस का कथन है कि विधि एक आदेश है जो किसी उद्देश्य प्राप्ति के लिये होता है। शाश्वत विधि ईश्वरीय विधि होने के कारण किसी दूसरे उद्देश्य के लिये नहीं, केवल ईश्वर प्राप्ति के लिये हो सकती है।

(2) प्राकृतिक विधि (Natural Laws)—यह विधि शाश्वत विधि से सम्बन्धित है। भगवद्विधान के आधीन जितनी भी वस्तुएँ हैं उनका कर्तव्य शाश्वत विधि के अनुसार है। विवेकी जीव जो दैवीय कार्य में भाग लेता है वह श्रेष्ठ रूप से भगवद्विधान के आधीन है। भगवद्विधान में भाग लेकर वह अपने और दूसरों के लिये व्यवस्था स्थापित करता है। विवेकी जीव द्वारा शाश्वत विधि में भाग लेने को ही प्राकृतिक विधि कहते हैं। विवेक बुद्धि के द्वारा आलोक से सम्बन्धित होना ही प्राकृतिक विधि है। इसी आलोक से हम यह पहचान करते हैं कि कौन वस्तु उपयुक्त अथवा कौन अनिष्टकर है। थॉमस के विचार से हमारे भीतर जो दैवी प्रकाश है उसकी छाया प्राकृतिक विधि है।

(3) मानव विधियाँ (Human Laws)—राज्य का उद्देश्य सुखी और सदाचारी जीवन की सृष्टि करना है जो कि स्वर्गीय जीवन के लिये एक सीढ़ी है। सुखी और सदाचारी जीवन की सृष्टि के लिये विशेष व्यावहारिक परिस्थितियों में मनुष्य को विवेक बुद्धि की सहायता से प्राकृतिक विधियों के आधार पर विधियाँ बनानी पड़ती हैं। ये मानव विधियाँ हैं। इनका उद्भव प्राकृति विधियों से हुआ है। ये प्राकृतिक विधियों के उप-सिद्धान्त हैं, उदाहरणार्थ, क्योंकि किसी भी समाज में हत्या शान्ति और व्यवस्था के विरुद्ध है इसलिये यह प्रकृति के भी विरुद्ध है। परन्तु प्राकृतिक विधि में न तो हत्या की स्पष्ट परिभाषा, मनुष्य-हत्या के अन्य

वर्गों (other forms) से भिन्न दी गई है और न कोई विशेष दण्ड ही निश्चित किया गया है। हत्या का काम समाज में असंगत है क्योंकि वह समाज के साधारण आचरण के विरुद्ध है, और क्योंकि यह कार्य असंगत है इसलिये इसका रोका जाना आवश्यक है या इस काम के लिये दण्ड देना आवश्यक है। परन्तु इसके रोकने या दण्ड देने का अति उत्तम उपाय नीति पर निर्भर है और नीति में समय, स्थान और परिस्थिति के अनुसार परिवर्तन होता रहता है। इसलिये मनुष्य समय, स्थान और परिस्थिति के अनुसार प्राकृतिक विधियों के आधार पर समाज के लिये नियम बनाता है और यही मानव विधि कहलाती है।

(4) दैवी विधियाँ (Divine Laws)–दैवी विधि से थॉमस का आशय ईश्वरीय रहस्योद्घाटन (Divine secret) से है जिसके द्वारा मनुष्य अपनी सांसारिक व वासनात्मक बुद्धि की अपूर्णता दूर करता है। ये वे विधियाँ हैं जिनको ईश्वर ने ईसा मसीह को दिया और जिनका वर्णन बाईबिल के नये और पुराने दोनों भागों में है और जिनके अनुसार जीवन व्यतीत करने से जीव नैसर्गिक सुख को प्राप्त कर सकता है। इससे यह स्पष्ट हो जाता है कि दैवीय विधि ईश्वरीय हितेच्छा है न कि विवेक बुद्धि। थॉमस ईसाई रहस्योद्घाटन के महत्त्व को कम नहीं करना चाहता था। इस कारण उसने बताया कि रहस्योद्घाटन विवेक बुद्धि का सहायक है न कि नष्टकारक। थॉमस के विचार से दैवीय विधि का आधार बुद्धि और विश्वास है। उसने इस विधि की आवश्यकता कई कारणों से बताई है।

(1) प्रथम कारण यह है कि मनुष्य का अन्तिम उद्देश्य बुद्धि से परे है।

(2) मनुष्य के निर्णय में संदिग्धता रहती है।

(3) मानवी विधि मनुष्य के बाहरी आचरणों पर ही केवल नियन्त्रण कर सकती है।

(4) मानवी विधि न तो मनुष्य के सब बुरे कामों की ही रोकथाम कर सकती है और न उन सब कामों के लिये दण्ड ही दे सकती है। इन अपूर्णताओं को दूर करने के लिये दैवी विधि की अवश्यकता है।

थॉमस का कथन है कि किसी न्यायाधीश का विधि के अनुसार निर्णय ही न्याय है। जो विधियाँ प्राकृतिक विधि के विरुद्ध हैं वे न्याययुक्त नहीं हैं इसलिये न्यायाधीशों को उन विधियों के अनुसार निर्णय न करना चाहिये। इस प्रकार थॉमस ने सब प्रकार की विधियों को केवल बुद्धि ही नहीं बल्कि न्याय का भी व्यक्त रूप माना है।

धर्म और राजसत्ता
(Religion and State)

थॉमस के मतानुसार समाज में सुव्यवस्था स्थापित करने और समाज को सुखी बनाने के लिये ईश्वर ने राजा को शासन-सम्बन्धी अधिकार दिये हैं। राजा का कर्तव्य है कि मनुष्यों को सदाचारी जीवन व्यतीत करने के लिये प्रेरित करे ताकि वे उस स्वर्गीय सुख को प्राप्त कर सकें जो कि जीवन का ध्येय है। शासन के उच्च उद्देश्य की पूर्ति में प्रेरणा तभी मिल सकती है जब कि राजा स्वयं उच्च कोटि का सदाचारी जीवन व्यतीत करे। इसलिए थॉमस ने राजा

के अधिकार विस्तृत और राज्य में उसका स्थान महत्त्वपूर्ण बताया। परन्तु उसने यह मत भी प्रगट किया कि इस विस्तृत अधिकार और महत्त्वपूर्ण स्थान वाले राजा के अतिरिक्त संसार में इससे भी बड़ा और श्रेष्ठ अधिकारी है। 'दी रूल आफ प्रिसेंज' में उसने लिखा कि समाज के सदस्यों को जीवन व्यतीत करते हुए ईश्वर से साक्षात्कार कर मुक्ति प्राप्त करना है। इस उद्देश्य की पूर्ति के लिये मनुष्य को केवल मानवी शासन की ही आवश्यकता नहीं है किन्तु दैवी शासन की भी है। ऐसा शासन ईसा का ही है जो मानवी और दैवी दोनों है। उसी ईसा से ईसाई पुजारियों ने अधिकार प्राप्त किये हैं और जिस समय तक वे उसके आदेशानुसार आचरण करते हैं उस समय तक वे राजा और पुजारी दोनों हैं। जो पुजारी जितना ऊँचा पुजारी है वह उतना ही ऊँचा राजा भी है। इसलिये पोप सबसे ऊँचा पुजारी है और सबसे उच्च अधिकारी भी है। परन्तु थॉमस पोप को लौकिक अधिकारों का सर्वोच्चाधिकारी समझता था। उसका आशय यह था कि पोप राजा को लौकिक शासन में निर्देशन करता रहे ताकि लौकिक वातावरण स्वर्गीय आनन्द प्राप्त करने में सहायक हो।

सेन्ट थॉमस ने 'दी रूल ऑफ प्रिसेंज' में राजा और गिर्जा के सम्बन्ध को समुद्री जहाज के उदाहरण से समझाया है। राजा की तुलना जहाज के बढ़ई से की है जिसका काम समुद्री यात्रा में जहाज की मरम्मत करते रहना है। गिर्जा की तुलना जलयान चालक से की है जिसका काम जहाज को लेकर यात्रा के निर्दिष्ट स्थान पर पहुँचना है। राजा का काम जीवन-रूपी नौका को आदेशों, विधियों इत्यादि के द्वारा स्वस्थ रखना है, दण्ड इत्यादि देकर मरम्मत करना है और गिर्जा का काम जीवन नौका को संसार रूपी समुद्र से लेकर मोक्ष स्थान पर पहुँचना है। राज्य का प्रधान राजा और गिरजा का प्रधान पुजारी है। इसलिये राजा को पुजारी से निर्देश लेकर काम करना चाहिये ताकि वह जीवन-नौका को निर्दिष्ट स्थान पर पहुँचाने में पुजारी का सहायक सिद्ध हो।

थॉमस ने राजसत्ता को धर्मसत्ता की अपेक्षा निम्न स्थान दिया क्योंकि ईसाई मत के अनुसार दोषरहित सरकार का उत्तरदायित्व केवल ईसा को ही प्राप्त है और अन्य सरकार दूषित हो सकती हैं। इसलिये जिनके ऊपर दोषरहित सरकार का उत्तरदायित्व है उसी का निर्देश तर्कसंगत है। ईसा से ईसाई पादरियों को अधिकार प्राप्त हुए है, इसलिए पादरियों को लौकिक मामलों में निर्देश देना उचित है।

सम्पत्ति तथा दासता
(Property and Slavery)

जिस प्रकार राजनीति सम्बन्धी विचारों में थॉमस ने मध्यकालीन विचारों का प्रतिनिधित्व किया है उसी प्रकार सम्पत्ति-संबंधी विचारों में भी वह मध्यकाल का प्रतिनिधित्व करता है। उसका कथन है कि यद्यपि निजी-सम्पत्ति प्राकृतिक विधि के अनुसार नागरिकों के पास हो सकती है परन्तु यह आवश्यक नहीं है। फिर भी सब लोगों के अनुभव से यह सिद्ध हो चुका है कि निजी सम्पत्ति का होना आवश्यक है। उसके कथनानुसार स्वामित्व तो निजी होना चाहिये ताकि साधनहीन आसानी से उपयोग कर सकें। थॉमस के अनुसार व्यापार करना तभी उचित

है जब व्यापारी जीवकोपार्जन के लिये साधारण लाभ लेकर व्यापार करता है या गरीबों की सहायता के लिये व्यापार करता है या सार्वजनिक हित के लिये व्यापार करता है। यदि व्यापारी व्यापार में लाभ उठाने के उद्देश्य से नहीं, वरन् अपना पारिश्रमिक समझ कर लाभ उठाता है तो व्यापार उचित है अन्य दशाओं में नहीं। व्यापारी को शुद्ध व्यापार सामग्री का व्यापार करना चाहिये। उसे ईमानदारी से व्यापार करना चाहिए। मूल्य, वस्तुओं के नियमों द्वारा, प्रथा द्वारा, या सच्चे ईमानदार व्यक्तियों द्वारा, निर्धारित होने चाहिए। थॉमस केवल परिश्रम द्वारा ही धनोपार्जन के पक्ष में था। यही कारण है कि वह ब्याज रूप में धन पैदा करने के विरुद्ध था। उसका कथन है कि न्यायमुक्त मूल्य और मजदूरी से मनुष्य समाज में अपने वर्ग के प्राणियों के रहन-सहन के स्तर पर रह सकता है। उसके विचारानुसार मनुष्य की आवश्यकता से अधिक वस्तुएँ और धन को साधनहीन मनुष्यों में बाँट देना प्राकृतिक विधि के अनुसार है। समाज में निर्धनता न होनी चाहिए क्योंकि इससे दोष उत्पन्न हो सकते हैं।

राज्य और धार्मिक संस्थाओं को प्रयत्न करके ऐसी पारिवारिक व्यवस्था स्थापित करनी चाहिये जिससे स्वस्थ सन्तान उत्पन्न हो। व्यक्ति और राज्य दोनों के हित के लिए शिक्षा अत्यन्त आवश्यक है। थॉमस का 'शिक्षा' से तात्पर्य है उचित अनुपात में मानसिक और शारीरिक शक्तियों को संयमित करना, शरीर की अपेक्षा आत्मोन्नति पर विशेष ध्यान देना और यदि सम्भव हो तो विधि द्वारा इसको अनिवार्य कर देना। थॉमस सन्तानोत्पत्ति-निरोध को प्रकृति के विरुद्ध और नैतिक दृष्टि से अनुचित समझता था, इस कारण इसके विरुद्ध था। वह विवाह-विच्छेद का भी विरोधी था क्योंकि उसकी दृष्टि से यह बच्चों और समाज के लिये हानिकारक है।

थॉमस के विचार से दासता की प्रथा प्राकृतिक विधि के अनुसार है। यह प्रथा समाज में कुछ व्यक्तियों के लिये उचित है। वह दासों को भी प्राकृतिक अधिकारों के उपभोग करने का अधिकारी समझता था। इसलिये दासों के मालिकों को चाहिए कि दासों के प्राकृतिक अधिकार जैसे जीवन का अधिकार, भरण-पोषण के अधिकार, कौटम्बिक जीवन के अधिकार इत्यादि भोगने में बाधक न हो।

अरस्तु का ऋण

एक्वीनास को अरस्तु का ऋणी कहना उचित होगा क्योंकि उसने अरस्तु के कई विचारों को ईसाई धर्म सिद्धान्तों का आवरण पहना कर अपनाया है।

1. एक्वीनास ने राजनीति-शास्त्र को समाज-शास्त्रों में वही स्थान दिया है जो अरस्तु ने दिया था। अन्तर केवल यह है कि अरस्तु ने विवेकाधारित ज्ञान को प्रधानता दी है और एक्वीनास ने उसकी अपेक्षा धर्म को विशेष प्रधानता दी है।

2. थॉमस अपनी पुस्तक 'दि रूल ऑफ प्रिंसेज' में अरस्तु के इन मूल सिद्धान्तों को स्वीकार किया है कि मनुष्य प्रकृति से ही सामाजिक प्राणी है, कि सामाजिक अस्तित्व जनहित के लिये सरकार की आवश्यकता पैदा कर देता है और नगर एक सम्पूर्ण स्वावलम्बीय राजनैतिक संस्था है। परन्तु थॉमस के विचार से अरस्तु ने केवल नगर को ही राज्य सीमा मान कर अधिक दूरदर्शिता नहीं दिखाई है। इसलिये थॉमस ने प्रान्त (province) को राज्य सीमा

माना है। प्रान्त में कई नगर-राज्य होंगे, इसलिए थॉमस के कथनानुसार 'प्रान्त-राज्य' अधिक स्वावलम्बी होगा और शत्रुओं से सुरक्षा करने के लिये सामग्री भी अधिक होगी।

3. अरस्तु और थॉमस दोनों के ही विचार से मनुष्य का अन्तिम ध्येय सुख अथवा आनन्द प्राप्त करना है। यह प्राप्ति राज्य की सदस्यता के द्वारा ही हो सकती है। दोनों के विचार से राज्य का कर्तव्य है कि नागरिकों के सुखी जीवन में जो अड़चने पड़ें उनको राज्य दूर करके एक ऐसा वातावरण पैदा करे जो मनुष्य को अपना ध्येय अथवा आनन्द की प्राप्ति करने में सहायक हो। थॉमस ने अरस्तु से भी आगे कदम उठाया और यह बतलाया कि सांसारिक आनन्द के अतिरिक्त मनुष्य का वास्तविक ध्येय मुक्ति प्राप्त करना है जिसकी प्राप्ति के लिये भी राज्य को वातावरण उत्पन्न करना चाहिये।

4. राज्यों के वर्गीकरण में भी थॉमस ने अरस्तु को स्वीकार किया अर्थात् वे शासन जो जनहित को ध्यान में रखकर शासन-प्रबन्ध करते हैं और वे जो स्वार्थभाव से प्रेरित होकर शासन करते हैं। थॉमस ने भी अरस्तु की तरह उस शासन का समर्थन किया जो जनहित के लिए होता है।

5. थॉमस और अरस्तु दोनों ने दासता (गुलामी की प्रथा) को राज्य के लिए आवश्यक समझा। अरस्तु ने गुलामी की प्रथा को न्याययुक्त इस कारण बताया कि प्रकृति में बुद्धिमान और बुद्धिहीन पुरुष पाये जाते हैं और बुद्धिहीनों पर शासन करना एक प्राकृतिक नियम है। थॉमस ने इसके अतिरिक्त एक और कारण बताया। उसका कहना है कि इस प्रथा से सैनिकों को वीरता से लड़ने के लिए प्रोत्साहन मिलता है क्योंकि विजयी सैनिक हारे हुए सैनिकों को अपने देश के लिए गुलाम बना लेते हैं इसलिए गुलाम बनने के भय से सैनिक बड़ी वीरता से युद्ध में लड़ते हैं।

6. दोनों विचारकों ने सम्पत्ति पर व्यक्ति के स्वामित्व को स्वीकार किया है, परन्तु थॉमस का कथन है कि निजी स्वामित्व होते हुए भी उपभोग सार्वजनिक होना चाहिए। आरम्भ में थॉमस निजी सम्पत्ति के बारे में निश्चित धारणा नहीं बना सका था क्योंकि सेन्ट एम्ब्रोज और अन्य चर्च अधिकारियों ने कहा था कि ईश्वर और प्रकृति ने सब चीजों को सार्वजनिक उपभोग के लिये बनाया है और उन पर सार्वजनिक अधिकार होना चाहिए ताकि जो कुछ उपज हो उसका उपभोग सब कर सकें। कुछ समय पश्चात् सम्पत्ति से सम्बन्धित ईसाई मतावलम्बियों के इस विचार का अरस्तु के निजी सम्पत्ति के विचारों से समन्वय करते हुए थॉमस ने लिखा कि सम्पत्ति निजी हो सकती है परन्तु उसका उपभोग सार्वजनिक होना चाहिये।

मध्यकालीन विचारकों में एक्वीनास का इसलिये महत्त्वपूर्ण स्थान है कि उसने तत्कालीन ईसाई सिद्धान्तों का समन्वय अरस्तु के विचारों से किया। सेबाइन (Sabine) ने उसके राजनैतिक विचारों को ईसाई अरस्तुवाद (Christian Aristotlianism) कहा है। थॉमस ने ईसाई सन्त होने के नाते मनुष्य के जीवन में गिर्जा को उचित स्थान देने का प्रयत्न किया है और साथ ही साथ ही अरस्तु का अनुयायी होने के कारण राज्य के महत्त्व का समर्थन किया है।

अभ्यास के लिये प्रश्न

1. थॉमस एक्वीनास की राजदर्शन को देन का मूल्यांकन करिये।
2. एक्वीनास के राजनीतिक विचार, पूर्व विचारकों पर उसका आश्रय तथा उत्तर विचारकों पर उसके प्रभाव का वर्णन करिये।
3. एक्वीनास कहां तक अरस्तु का ऋणी था? बताइये।
4. संत थॉमस एक्वीनास के राजनीतिक दर्शन का विश्लेषण करो।
5. मध्य युग के सन्त थॉमस एक्वीनास के राजनीतिक विचारों का वर्णन करते हुए उनका मूल्यांकन कीजिये।
6. ''जो कुछ भी प्रकृति के अनुरूप है वह सर्वोत्कृष्ट है, क्योंकि प्रत्येक वस्तु में प्रकृति जो कुछ भी करती है वह सर्वोत्तम है।'' (एक्वीनास) व्याख्या कीजिए।
7. ''थॉमस एक्वीनास समूचे मध्युगीन चिन्तन का प्रतिनिधित्व करता है जैसा कि अन्य कोई अकेले नहीं कर सका।'' इस कथन की विवेचना कीजिए।

16

मध्यकालीन राजसत्तावादी विचारक
(Sacerdotalist Thinkers of Middle Age)

एलगीयरी दांते
(Algiere Dante 1265-1321A.D.)

एलगीयरी दांते का जन्म इटली के फ्लोरेंस नगर में 1265 ई० में हुआ था। इसके पिता की मृत्यु इसके बाल्य-काल में ही हो गई थी परन्तु इसकी माँ ने इसकी शिक्षा का उचित प्रबन्ध किया। दांते ने प्रसिद्ध दार्शनिक और नेता ब्रूनटोलटिनी के पास शिक्षा पाई। बोलोना, पेदुआ और नैपिल्स में शिक्षा पाने के अतिरिक्त उसने पेरिस और ऑक्सफोर्ड में भी शिक्षा पाई। उसने संगीत, चित्रकला, अध्यात्मविद्या और साहित्य का अध्ययन किया। बाल्यावस्था से ही मेधावी होने के कारण दांते ने अपने विद्यालयों में उच्च श्रेणी के विद्यार्थी की ख्याति प्राप्त कर ली थी। सूक्ष्म अध्ययन और विश्लेषण करने की प्रवृति होने के कारण उसकी गणना अच्छे विद्यार्थियों में थी। दांते केवल राजनीतिज्ञ ही न था वरन् प्रतिभाशाली साहित्यिक भी था। उसने बाल्य-काल से जिस स्त्री से प्रेम किया था, उसकी मृत्यु जल्दी हो गई इसलिये उसने सन् 1291 में एक दूसरी स्त्री से विवाह किया परन्तु इस स्त्री से उसको दाम्पत्य सुख नहीं मिला। दांते का कद साधारण था। उसका चेहरा लम्बा, जबड़े चौड़े, नीचे का ओंठ आगे को निकला हुआ, आँखें बड़ी, बाल घुँघराले और घने थे।

दांते एक देशप्रेमी विचारक था और किसी अंश तक उसे मैकियावली का पूर्वज कहा जा सकता है, जो 15वीं शताब्दी का प्रायः अद्वितीय देश प्रेमी इटालियन था।

इटली की 12वीं और 13वीं शताब्दी की राजनीति में राजसत्ता और धर्मसत्ता के द्वन्द्व का महत्त्वपूर्ण स्थान था। जर्मन सम्राट ने इटली के नगरों पर अपनी सत्ता स्थापित करनी चाही जिसका वहाँ के नागरिकों ने विरोध किया। कुछ लोगों ने सम्राट का भी पक्ष लिया। इस प्रकार इटली के नागरिकों में मतभेद था। इसके अतिरिक्त इस काल में राजनैतिक गुटों में झगड़ा और पारस्परिक वैमनस्य भी था जिसके कारण जीवन बड़ा अशान्तिमय था। दांते को भी इन

झगड़ों में भाग लेना पड़ा था। कुटुम्बी राजसत्ता विरोधी दल में थे। जब इस दल की सन् 1289 ई० में राजसत्ता समर्थक दल पर पूर्ण विजय हो गई तो उसने कई बार फ्लोरेंस की कौंसिलों में काम किया। कुछ दिनों बाद वह राजसत्ता विरोधी दल की एक उपशाखा का सदस्य हो गया। इस उपशाखा के सिद्धान्तों में राजसत्ता-समर्थक दल के कुछ सिद्धान्तों का समावेश था। जब राजसत्ता विरोधक दल की इस उपशाखा दल पर विजय हो गई तो दांते को फ्लोरेंस से निकाल दिया गया। उसने अपने देश-निष्कासन काल में दिमानार्किया नामक पुस्तक लिखी जिसमें उसके राजनीति-सम्बन्धी विचार मिलते हैं। उसने कई और पुस्तकें भी लिखीं जिनमें डिवाइन कामेडिया (Divine Comedia) उल्लेखनीय है। यह पुस्तक पाश्चात्य साहित्य की उच्चकोटि की पुस्तक है। इटली की समकालीन दशा ने दांते को प्रभावित किया और वह इटली में शांतिमय वातावरण स्थापित कर उसे समृद्धिशाली देखना चाहता था। उसके राजनीतिक विचारों का यही उद्देश्य था।

सन् 1316 ई० में दांते को फ्लोरेंस सरकार की एक सूचना मिली जिसके अनुसार यदि वह कुछ जुर्माना अदा करे और प्रायश्चित करने को तैयार हो तो उसे अपनी जन्मभूमि वापस आने की अनुमति मिल सकती थी। परन्तु दांते ने इसको अस्वीकार किया। वह सन् 1318 ई० तक वरोना में रहा और सन् 1320 ई० में वह अपने मित्र पोलेन्टा के पास खेना पहुँचा जहाँ सन् 1321 ई० में उसकी मृत्यु हो गई।

राज्य की अवधारणा
(Concept of State)

जैसे प्लेटो ने यूनानी प्रजातन्त्रीय राज्यों के अन्यायपूर्ण दोषों से दुखी होकर एक न्यायमुक्त राज्य की कल्पना की थी उसी प्रकार दांते समकालीन इटली के अशान्तिपूर्ण वातावरण को देखकर तर्क और उदाहरण देते हुए इस समय की जनता और भविष्य के लोगों के हित के लिए इस बात की पुष्टि करना चाहता था कि सभ्य समाज के लिये शान्तिमय वातावरण परमावश्यक वस्तु है। राज्य सभ्य नागरिकों का एक समाज है। उसका उद्देश्य यह होना चाहिये कि वह नागरिकों के हित के लिये राज्य में शान्ति रखे।

शान्ति का महत्त्व

मनुष्य के पृथक-पृथक अंगों से मनुष्य की गणना नहीं होती। परन्तु सब अंगों के मिल जाने से वह मनुष्य कहलाता है। केवल कान या हाथ या आँख या पाँव से ही किसी को मनुष्य नहीं कहा जा सकता परन्तु सब अंगों के मिलने से जो ढाँचा बन जाता है उसे मनुष्य कहते हैं और जब सब अंग अपना निश्चित कार्य विवेक से निर्देशन लेकर करते हैं तब सम्पूर्ण मनुष्य का ज्ञान होता है। मनुष्य ही एक ऐसा प्राणी है जिसमें विवेक है और इस कारण वह किसी उद्देश्य की पूर्ति के लिये कार्य करता है। इसी प्रकार मनुष्य एक सामाजिक प्राणी होने के कारण एक राज्य में रहकर उसका एक अंग बन जाता है। जब राज्य के अंग, अर्थात् उसके नागरिक, सुखी जीवन प्राप्त करने के उद्देश्य से अपना-अपना निश्चित काम करते हैं तो राज्य का ज्ञान होता है। जिस प्रकार शरीर के अंगों में या किसी एक अंग में रोग हो जाने के कारण

शरीर के अंग या तो अपना कार्य नहीं कर पाते या अव्यवस्थित रूप से करते हैं उसी प्रकार राज्य को रोग लग जाने के कारण राज्य के अंग नागरिक अपना कार्य या तो नहीं कर पाते या अव्यवस्थित ढंग से करते हैं। राज्य का सबसे बड़ा रोग अशान्ति है। अशान्तिमय वातावरण में नागरिक की विवेकशक्ति या तो नष्ट हो जाती है या उसकी शक्ति कुण्ठित हो जाती है। इसलिए राज्य में सुखी जीवन के उद्देश्य की प्राप्ति के लिये नागरिकों की विवेक शक्ति सुरक्षित रखनी चाहिये। इस सुरक्षा के लिये राज्य में शान्ति को स्थापित रखना परमावश्यक है। इसलिये दांते के दृष्टिकोण से राज्य का परमावश्यक कर्तव्य शान्तिमय वातावरण स्थापित करना है।

शान्ति स्थापना का उत्तरदायित्व

दांते का कथन है कि प्रत्येक कार्य किसी उद्देश्य की पूर्ति के लिए किया जाता है। राज्य का कार्य शान्तिमय वातावरण स्थापित करना है। अब इस शान्तिमय वातावरण स्थापित करने का उत्तरदायित्व किस को सौंपा जाय? यह निश्चित करने से पहले दांते अरस्तु की पुस्तक पोलिटिक्स में से मनुष्य, कुटुम्ब, गाँव, नगर, राज्य से उदाहरण लेता है। अरस्तु ने लिखा है कि जब किसी उद्देश्य की प्राप्ति के लिए व्यवस्था बन जाती है तो एक व्यक्ति शासन का प्रबन्ध और निर्देशन करता है और अन्य उसकी आज्ञाओं और निर्देशन को स्वीकार करते हैं। इसी प्रकार मनुष्य सुख प्राप्ति के लिए जो कार्य करता है उसमें उसकी विवेकशक्ति का निर्देशन होता है। कौटुम्बिक जीवन को सुखी बनाने का उत्तरदायित्व उस मनुष्य के निर्देशन पर होता है जिसको वहाँ के नागरिक निर्वाचित करते हैं या जो वहाँ का मुखिया होता है। यदि वह मनुष्य शान्तिमय वातावरण स्थापित रखने में असमर्थ रहता है तो केवल उसी नगर या गाँव का ही वातावरण अशान्तिमय नहीं हो जाता, बल्कि पड़ोसी नगर या गाँव का भी वातावरण दूषित हो जाता है। इसी प्रकार राज्य में शान्तिमय वातावरण स्थापित करने का उत्तरदायित्व राजा पर है। उसकी असमर्थता से पड़ोसी राज्यों पर बुरा प्रभाव पड़ता है। इसलिये मनुष्य समाज को एक ही साम्राज्य के अन्तर्गत होना चाहिए। इस साम्राज्य में सम्राट पर साम्राज्य में अपने निर्देशन द्वारा शान्तिमय वातावरण स्थापित करने का उत्तरदायित्व होना चाहिये। राजा लोग इस सम्राट की आज्ञा और निर्देशन को स्वीकार करेंगे। दांते ने जनहित के लिये सार्वभौमिक साम्राज्य की कल्पना कर इसकी स्थापना आवश्यक बताई है।

सार्वभौमिक साम्राज्य
(Universal Empire)

सार्वभौम साम्राज्य की आवश्यकता की पुष्टि करते हुए दांते ने कहा कि जहाँ कहीं भी मतभेद हो वहाँ पर निर्णय होना आवश्यक है अन्यथा, उचित उपचार बिना वहाँ पर त्रुटि या अपूर्णता रह जायेगी और ऐसा होना असम्भव है क्योंकि ईश्वर और प्रकृति मूल आवश्यक वस्तुओं में ऐसी त्रुटि या अपूर्णतया की सम्भावना नहीं छोड़ती है। जब दो स्वाधीन राजाओं में अपनी भूल या अपनी प्रजा की भूल के कारण मतभेद हो जाता है तो मतभेद का निबटारा करने के लिये किसी साधन का होना आवश्यक होता है। क्योंकि ऐसा कोई नियम नहीं है कि बराबर स्तर वाले एक दूसरे पर शासन करें। इसलिये स्वाधीन राजा आपस में विनिर्णय

नहीं कर सकते और इसी कारण एक तीसरे राजा का होना आवश्यक है। यदि वह तीसरा राजा सम्राट है तो वह यही है जिसे विनिर्णायक की आवश्यकता थी। यदि यह सम्राट नहीं है तो उसके समस्तरीय अन्य राजा होंगे इसलिये एक और उच्च स्तर वाले राजा की आवश्यकता होगी। इस प्रकार हम अनन्त तक चलते चले जायेंगे जो कि असम्भव है। अस्तु हमको सर्वोच्च और प्रथम विनिर्णायक की शरण लेनी चाहिए जिसके निर्णय से सब मतभेदों का विनिर्णय हो जाये और वह सर्वोच्च अथवा प्रथम विनिर्णायक सम्राट होगा।

सार्वभौमिक साम्राज्य की आवश्यकता के सम्बन्ध में दांते ने एक और युक्ति दी। उसका कथन है कि वही जाति सबसे अधिक सुव्यवस्थित है जो सबसे अधिक स्वतन्त्रता का भोग करे। स्वतन्त्रता का प्रथम सिद्धान्त है 'स्वतन्त्र-वांच्छना'। स्वतन्त्र-वांच्छना से तात्पर्य है वांच्छना सम्बन्धी स्वतन्त्र विवेचना या संकल्प। यहाँ पर बोध और अभिलाषा की विवेचना से दांते का तात्पर्य है कि वह वस्तु हितकारक है अथवा अहितकारक और उसी के अनुसार वह उसका अनुशीलन करता है, अथवा उसका परिहार करता है। यदि विवेचना अभिलाषा का निर्देशन करती है और किसी प्रकार की अभिलाषा द्वारा पूर्वानुमानित नहीं होती तो विवेचन स्वतन्त्र है। दांते के अनुसार यही स्वतन्त्रता मनुष्य को ईश्वर की बड़ी भारी देन है और इसी के कारण मनुष्य सुख अनुभव करता है। यह सुखदायक स्वतन्त्रता मनुष्य सार्वभौमिक साम्राज्य में सम्राट के अन्तर्गत ही प्राप्त करता है। यदि सम्राट का शासन होगा तो मनुष्य अपने अस्तित्व को कायम रख सकेगा क्योंकि सम्राट के शासन से ही दूषित सरकारें ठीक हो सकती हैं। कुप्रजातन्त्र, कुलीनतन्त्र और स्वेच्छाचारी सरकारें मनुष्य को गुलाम बना देती हैं। सम्राट अपनी प्रजा से बहुत प्रेम करता है इस कारण वह सबका शुभचिन्तक है परन्तु दूषित सरकारों में यह बात नहीं होती है। सम्राट शासन का अध्यक्ष है परन्तु शासन के उद्देश्य की दृष्टि से वह सारे नागरिकों का सेवक है क्योंकि उसे नागरिकों के हित के लिए शासन-प्रबन्ध करना है।

राजा की सत्ता का दैवी अधिकार
(Divine Right of the King)

दांते ने शासक को सत्ता का दैवी अधिकारी माना है और तर्क द्वारा इस बात को सिद्ध करने का प्रयत्न किया है कि विश्व के राजा, अर्थात् ईश्वर का सांसारिक सम्राट से सीधा सम्बन्ध है। इस बात को समझने के लिये वह अपनी पुस्तक 'दि मानार्किया' में लिखता है कि ईश्वर की सृष्टि में मनुष्य ही एक ऐसा प्राणी है जो दूषणीय और अदूषणीय प्राणियों का मध्यस्थ है। मनुष्य के दो सारभूत भाग हैं—आत्मा और शरीर। शरीर दूषणीय और आत्मा अदूषणीय है। यदि मनुष्य का स्थान दूषणीय और अदूषणीय के मध्य में है तो उसके स्वभाव में दोनों दूषणीय और अदूषणीय गुणों का कुछ न कुछ अंश अवश्य होगा क्योंकि प्रकृति का नियम है कि मध्यस्थ वस्तु में दोनों गुणों का कुछ न कुछ भाग होना आवश्यक है। हर गुण का एक नियोजित (Planned) उद्देश्य होता है। इससे यह सारांश निकलता है कि मनुष्य के दो उद्देश्य हैं— दूषणीय और अदूषणीय। क्योंकि मनुष्य ही अकेला एक ऐसा प्राणी है जो दूषणीय और अदूषणीय में भागी होता है इसलिये उसी के लिये दो उद्देश्य नियोजित किये गये

हैं —एक लौकिक आनन्द, द्वितीय आध्यात्मिक या स्वर्गीय आनन्द। मनुष्य के लिये इन दोनों उद्देश्यों को ईश्वर ने निश्चित किया है। इन दोनों आनन्दों को मनुष्य भिन्न-भिन्न साधनों द्वारा अनुभव करता है। लौकिक सुख का अनुभव मनुष्य अपने विवेक से काम लेकर कर सकता है और आध्यात्मिक आनन्द का अनुभव ईसा और सन्तों के अनुसार आचरण करने से किया जा सकता है। दांते का कथन है कि दोनों उद्देश्यों की प्राप्ति के लिये मनुष्य को दो निर्देशकों की आवश्यकता है— एक महान् पुरोहित की, जो आध्यात्मिक आनन्द के अनुभव कराने के लिये निर्देशन करे, और दूसरा सम्राट की जो लौकिक आनन्द अनुभव कराने के लिये निर्देशन करे। क्योंकि संसार में ईश्वर ही सर्वोच्च है इसलिए वही निर्देशकों को चुनता है। इसलिये दांते का कथन है कि सम्राट को अधिकार सीधे ईश्वर द्वारा प्राप्त है न कि किसी मध्यस्थ के द्वारा। इसका तात्पर्य यह नहीं है कि सम्राट रोम के पुजारी से बिल्कुल स्वतन्त्र है। आध्यात्मिक आनन्द के अनुभव के लिये सम्राट को पुजारी के निर्देशन को स्वीकार करना पड़ेगा।

पुरोहित या पुजारी (पोप) और शासक में दांते शासक को अधिक महत्त्व देता है। पुरोहित केवल आत्मदर्शन के सहारे मनुष्य को स्वर्गीय जीवन प्राप्त करा सकता है। लौकिक सुख और कल्याण के लिये उसे मनुष्यों पर नियन्त्रण रखना उचित नहीं है और न यह उसका कर्तव्य है। इस लौकिक कल्याण के लिये सम्राट पर्याप्त है जो लौकिक विज्ञजनों की सहायता से, न कि पुरोहित के परामर्श से, इस सुख की सृष्टि करा सकता है। दांते का कथन है कि सम्राट रोमन सम्राटों का उत्तराधिकारी है और रोमन सम्राटों की भाँति सर्वोपरि है। उसके अधिकार ईश्वर से सीधे प्राप्त हैं न कि पोप की मध्यस्थता से। इस प्रकार दांते ने धर्मसत्ता की प्रधानता का खण्डन किया है और सम्राट की शक्ति को लौकिक कार्यों में महत्त्व दिया है। सार्वभौम सम्राट के सम्बन्ध में दांते ने लिखा है कि ''सार्वभौमिक सम्राट से उनका तात्पर्य ऐसे शासक से है, जो समस्त राजनीतिक समस्याओं में विश्व की सारी जातियों पर निरंकुश शासन करने का अधिकार रखता है।''[1] वह सम्राट की निरंकुशता पर प्रतिबन्ध लगाना चाहता है। हार्नशा (Hearnshaw) का विचार है कि 'दांते का सम्राट वैयक्तिक रूप में कानून है, ऐसा कानून जो राजगद्दी पर विराजमान ताजयुक्त सम्मान तथा ज्ञान से युक्त है।'' दाँते की इस धारणा से धर्माधिकारियों को गहरा धक्का पहुँचा था। प्रो० डॉयल (Doyle) के विचार में ''दांते के अनुसार आध्यात्मिक शक्ति स्थायी विषयों में से है। इसका उचित स्थान वसुन्धरा पर न होकर दैविक स्वर्ग है। इस पर (पृथ्वी पर) एकमात्र अधिकार चक्रवर्ती सम्राट का है। इसका कोई प्रतिद्वन्द्वी नहीं होना चाहिए, जिसका कि ध्वंसात्मक प्रभाव हो। धर्म सत्ता की इस आधारभूत मान्यता कि 'जीवन का एक ही लक्ष्य है?'' का इन्कार करके दांते ने धर्मशास्त्र में एक गहरी दरार खोल दी।'' इस प्रकार कहा जा सकता है कि दांते अन्तर्राष्ट्रीय विचारक था।

1. ''By Universal Emperor he meant the rule of single head controlling the whole human race, in all temporal relations and interests.''

—Dante, *De Monarchia*

पेरिस का जॉन
(John of Paris)

दांते के पश्चात् पोप विरोधी विचारकों में पेरिस के जॉन का नाम आता है। पेरिस के जॉन ने 1302 में एक ग्रन्थ की रचना की थी जिसका नाम ''De Postestate regiaet Popali'' था। इसमें वर्णित जॉन के विचार निम्नलिखित हैं–

(1) धर्मसत्ता एवं राजसत्तावादियों के सम्बन्ध में विचार (Views Regarding Popalist & Sacerdotalists)–पेरिस का जॉन पोप एवं चर्च का विरोधी था। वह पोप को मात्र अन्य बिशपों के समान समझता था। यदि पोप का व्यवहार उचित न हो तो उसे पदच्युत किया जा सकता है। इसी प्रकार जॉन अत्याचारी शासक को भी हटाने का समर्थक था। जॉन ने राजा व पोप दोनों को समान स्थान दिया है तथा दोनों के लिये शक्ति के सन्तुलित उपयोग का उपदेश दिया है। दूसरे शब्दों में राजसत्ता के एवं धर्मसत्ता के सम्बन्ध में उसने मध्यम वर्ग का अनुसरण किया है।

(2) राज्य सम्बन्धी विचार (Views regarding State)–अरस्तु से प्रभावित होकर जॉन ने समुदाय की आत्म-निर्भरता के सिद्धान्त को माना था। उसके अनुसार 'राज्य एक अनिवार्य बुराई' नहीं, बल्कि एक 'भावात्मक भलाई' है। यद्यपि उसने राज्य पर ईश्वर की शक्ति को अप्रत्यक्ष रूप से माना है, फिर भी उस पर धर्म का अंकुश स्वीकार नहीं किया है।

(3) सम्पत्ति सम्बन्धी विचार (Views regarding Porperty)–उस समय दो विचारधारायें प्रचलित थीं– एक, पोप को धन रखना चाहिए तथा दूसरा, पोप को धन नहीं रखना चाहिए। जॉन ने इनके बीच का मार्ग अपनाया। उसका कहना था कि आध्यात्मिक आवश्यकताओं की पूर्ति हेतु पादरियों को कुछ धन रखना चाहिये, परन्तु उस पर लौकिक सत्ता का नियन्त्रण होना चाहिये तथा आध्यात्मिक सत्ता का नियन्त्रण नहीं होना चाहिए। सम्पत्ति पर तो सम्पूर्ण समाज का स्वामित्व है, न कि किसी पोप या व्यक्ति का। इससे निम्न चार बातें स्पष्ट होती हैं–

(i) पोप धार्मिक सम्पत्ति का व्यवस्थापक है न कि उसका व्यक्तिगत स्वामी।

(ii) पोप धार्मिक सम्पत्ति के रूप में धन रख सकता है।

(iii) मात्र शासक होने के बावजूद भी यदि पोप धार्मिक सम्पत्ति का उपयोग करे तो पोप को दण्डित किया जा सकता है।

(iv) जॉन ने सम्पत्ति को व्यक्तिगत और सार्वजनिक दो भागों में बाँटा है। सार्वजनिक आवश्यकता के अनुभव किये जाने पर ही राजा को व्यक्तिगत सम्पत्ति के अधिकारों का निगमन करना चाहिए।

पेरिस के जॉन का विवेक ऐतिहासिक एवं तर्क की भूमिका पर आधारित था। उसके राज्य, राजसत्ता एवं सम्पत्ति सम्बन्धी विचार राजनीतिक चिन्तन को अमूल्य देन हैं।

अभ्यास के लिये प्रश्न

1. विश्व राज्य के पक्ष में दांते के तर्कों का संक्षेप में वर्णन कीजिये।
2. दांते के राजनीतिक दर्शन का संक्षेप में वर्णन कीजिये।
3. ''दांते ने यह परिणाम निकाला था कि समूची मानव जाति एक ही राजनीतिक संगठन में संगठित है, जिसका नियन्त्रण एक ही सत्ता द्वारा किया जाना चाहिये।'' इस कथन की व्याख्या कीजिये।
4. मध्यकालीन राजदर्शन में दांते का महत्त्व बताइये।
5. दांते के 'सार्वभौमिक साम्राज्य' सम्बन्धी विचार की परीक्षा कीजिये।
6. राजदर्शन को दांते के अनुदान का मूल्यांकन करिये।
7. एक्वीनास और दांते की राजदार्शनिक विचारकों की दृष्टि से तुलना कीजिये।
8. पेरिस के जॉन के राजीतिक दर्शन का संक्षेप में वर्णन कीजिये।

17

मारसीलियो ऑफ पडुआ
(Marsilio of Padua, 1270-1340A.D.)

मारसीलियो के पडुआ के सम्बन्ध में मूर (Moore) ने लिखा है कि "मारसीलियो चौदहवीं शताब्दी के सबसे प्रसिद्ध मौलिक विचारक थे।" उसके मौलिक विचारों की आधुनिक इतिहासकारों ने भूरि-भूरि प्रशंसा की है। प्रो० भण्डारी (Prof. Bhandari) के अनुसार "वह मध्य युग का एक मौलिक विचारक एवं अरस्तु के बाद यूरोप का सबसे महान् राजनीतिक विचारक था।"[1] सेबाइन (Sabine) के विचार में "वह मध्यकालीन युग की एक महान् कृति थी।"

मारसीलियो का जीवन एवं रचनायें

मारसीलियो के पडुआ का जन्म 1270 ई० से 1280 ई० के मध्य इटली के पडुआ नगर में हुआ था। किशोरावस्था में इन्होंने पडुआ विश्वविद्यालय में धर्मशास्त्र एवं चिकित्साशास्त्र का गहन अध्ययन किया था। पडुआ के विचार में इटली की तत्कालीन शोचनीय दशा के लिये पोप उत्तरदायी था। इसलिये उन्होंने अपने विचारों में राज्य एवं धर्म को पृथक-पृथक रखा तथा राजसत्ता को धर्मसत्ता से अधिक वैधानिक एवं तर्कपूर्ण बताया।

मारसीलियो ने डिफेन्सर पेरिस (Defenser Paris), 'डिफेन्सर माइनर' (Defenser Miner) नामक ग्रन्थों की रचना की थी। सन् 1340 ई० में रचित 'डिफेन्सर पेरिस' की विशेषताओं पर प्रकाश डालते हुये प्रो० डनिंग (Dunning) ने लिखा है कि "यह पहली पुस्तक है, जिसमें चर्च को समस्त लौकिक मामलों में राज्य का एक भाग स्वीकार किया गया है। यह पुस्तक चर्च तथा राज्य के बीच संघर्ष में एक विशेष स्थान नहीं रखती बल्कि इसने राजनीतिक दर्शन के विकास में महत्त्वपूर्ण योगदान दिया।" 'डिफेन्सर पेरिस' पुस्तक तीन भागों में विभक्त है— प्रथम भाग में अरस्तु के विचारों पर आधारित राज्य सम्बन्धी मूल सिद्धान्तों

---

1. "One of the most original of the medieval thinkers and of the greatest political thinkers in Europe after Aristotle."
—Prof. Bhandari

की विवेचना की गयी है। दूसरे भाग में मारसीलियो ने पोप की सत्ता पर प्रहार करके उसकी शक्ति एवं कार्य क्षेत्र को सीमित बना दिया है। यूरोप की अशान्ति के लिये भी मारसीलियो ने पोप को दोषी माना है। तीसरे भाग में दोनों विचारों का निष्कर्ष प्रस्तुत किया गया है।

दूसरी पुस्तक 'डिफेन्सर माइनर' में मारसीलियो ने कोई मौलिक विचार व्यक्त नहीं किया है। विद्वानों के अनुसार यह रचना 'डिफेन्सर पेरिस' की सारांश मात्र है।

पडुआ के मारसीलियो के राजनीतिक विचार
(Political Ideas of Marsilio of Padua)

मारसीलियो के राजनीतिक विचार निम्नलिखित हैं–

(1) राज्य की प्रकृति (Nature of State)–अरस्तु की भांति मारसीलियो ने राज्य को सर्वश्रेष्ठ एवं आत्म-निर्भर संस्था माना है। राज्य को जीवित एवं विकसित सावयव मानते हुये मारसीलियो ने कहा है कि "राज्य एक सजीव शरीर के समान विभिन्न अंगों से मिलकर बना है। राज्य का विकसित रूप विभिन्न अंगों द्वारा समुचित एवं व्यवस्थित रूप से कार्य करने पर निर्भर है। राज्यों के विभिन्न अंगों के सहयोग से शान्ति एवं सुव्यवस्था की स्थापना करना, राज्य का प्रमुख कर्त्तव्य मानता है।"

(2) राज्य की उत्पत्ति (Origin of State)–मनुष्य की आवश्यकता की पूर्ति हेतु राज्य का उदय हुआ था। अरस्तु की भांति उसका विचार था कि नगर राज्य मनुष्य की उत्तम तथा श्रेष्ठ आवश्यकताओं की पूर्ति करने में सक्षम है। श्रेष्ठ जीवन के विचार को, अरस्तु ने इहलोक तक ही सीमित रखा था, इसलिये मारसीलियो ने इसे इहलोक के साथ-साथ पारलौकिक जीवन तक विकसित किया। उनके अनुसार इहलौकिक जीवन का आधार बुद्धि एवं विवेक है, जबकि पारलौकिक जीवन का आधार श्रद्धा और विश्वास है। उसके विचार में दर्शनशास्त्र एवं धर्मशास्त्र दोनों महत्त्वपूर्ण हैं। उसने नागरिक शासन और धर्म दोनों की आवश्यकता पर बल दिया है।

(3) समाज की प्रकृति (Nature of Society)–मारसीलियो ने समाज के विभिन्न वर्गों को भी स्वीकार किया है। किसान एवं शिल्पकारों को भौतिक आवश्यकताओं की पूर्ति करने वाला बताया है। इसके अतिरिक्त समाज में सैनिक अधिकारी एवं पुरोहित वर्ग के अस्तित्व को भी मारसीलियो ने स्वीकार किया था। इन्हीं के मेल से समाज अथवा राज्य का निर्माण होता है।

(4) जनता की प्रभुसत्ता (Public Sovereignty)–मारसीलियो जनता की प्रभुसत्ता का समर्थक था और प्रशासक की निरंकुशता का विरोधी है। वह सीमित राजतन्त्र का पक्षधर था, अर्थात् 'अपने कार्यों के लिये सम्राट जनता के प्रति उत्तरदायी है।' उसके विचार में "राज्य का शासन जनता द्वारा निर्वाचित एवं उसके प्रति उत्तरदायी लोगों के अधीन होना चाहिये। जनता शासन का दुरुपयोग करने वाले अर्थात् कानून का उल्लंघन करने वाले शासक को उसके पद से हटा सकती है।" मारसीलियो ने शासन के तीन अंग माने हैं–प्रतिनिधि सभा, कार्यकारिणी सभा तथा शासक।

(5) राज्य एवं चर्च (State and Church)—मारसीलियो चर्च का विरोधी था फिर भी वह उसके लोकतान्त्रिक संगठन की आज्ञा देता है। उसने सामान्य सभा को पोप की शक्ति का स्रोत माना है। उसके अनुसार इस सभा में राजनीतिक एवं धार्मिक दोनों प्रकार के सदस्य होते थे। इनका कार्य पोप का निर्वाचन करना तथा चर्च पर नियंत्रण रखना था। यदि पोप इसका विरोध करे, तो उसको पदच्युत करना चाहिये।

(6) श्रम विभाजन (Division of Labour)—मारसीलियो ने श्रम-विभाजन सम्बन्धी सिद्धान्त को अपनाया था। जिस प्रकार श्रमिक एवं कृषक भौतिक आवश्यकताओं की पूर्ति करते हैं, उसी प्रकार पादरीगण जनता पर नैतिक दृष्टि से नियन्त्रण रखते हैं। मारसीलियो के अनुसार "पोप का कार्य उन कार्यों को करना एवं सिखाना है जो धर्मानुसार यकीन करने या मोक्ष प्राप्ति के लिये त्याज्य हैं।" मारसीलियो के विचारों को स्पष्ट करते हुए सेबाइन (Sabine) ने लिखा है कि "समस्त इहलौकिक विषयों में पादरियों पर राज्य का नियन्त्रण ऐसा ही है जैसा कि कृषि और वाणिज्य के ऊपर है।"

(7) कानून सम्बन्धी विचार (Views about Law)—डिफेन्सर माइनर में मारसीलियो ने कानून सम्बन्धी विचारों का वर्णन किया था। मारसीलियो विधायक के बलपूर्वक दिये जाने वाले आदेश को कानून की संज्ञा देता है। इसकी व्याख्या करते समय सेबाइन (Sabine) ने लिखा है कि "सचमुच में वह यह दर्शाता है कि कानून शब्द विवेक का नियम आवश्यक रूप से न्याय के अर्थ में प्रस्तुत होता है। परन्तु वह कानून को स्पष्टतः विधि शास्त्रीय अर्थ में मानता है, क्योंकि वह किसी स्थापित सत्ता से उत्पन्न होता है और उसका उल्लंघन करने पर दण्ड दिया जाता है।" मारसीलियो ने कानून दो प्रकार का माना है—

(i) **दैवीय कानून** (Divine Law)—प्रो॰ सेबाइन ने मारसीलियो की दैवीय कानून की धारणा का वर्णन करते हुए लिखा है "दैवी विधि सीधे ईश्वर का आदेश है। इसमें मनुष्य के सोच-विचार के लिये गुंजाइश नहीं है। दैवी विधि से मनुष्य को बताया जाता है कि क्या कार्य करे, क्या न करे, इस विधि में मनुष्य को सर्वश्रेष्ठ साध्य प्राप्त करने तथा आगामी संसार के लिये वाँछनीय परिस्थितियों के निर्माण का उपाय भी बताया जाता है।"

(ii) **मानवीय कानून** (Human Laws)—मानवीय कानून का जन्म मानवीय इच्छाओं पर आधारित होता है, क्योंकि यह सीधे सांसारिक जीवन से सम्बन्ध रखता है। इसे जनहित के आधार पर निर्मित किया जाता है तथा इसके उल्लंघन करने पर जनहित और शान्ति की स्थापना हेतु दण्ड दिया जाता है। मारसीलियो के मानवीय कानून के विषय के विचारों का वर्णन करते हुये सेबाइन (Sabine) ने कहा है कि "मानवीय विधि नागरिकों के सम्पूर्ण समुदाय की आज्ञा है। यह उन लोगों के निर्णय का परिणाम है, जो सोच विचार के पश्चात् विधि को जारी करते हैं। मानवीय विधि में मनुष्य को यह बतलाया जाता है कि वह क्या कार्य करे। मानवीय विधि एक ऐसा आदेश है, जिसके उल्लंघन करने पर उल्लंघनकर्त्ता को इस संसार में दण्ड मिलता है।"

मारसीलियो का योगदान

मेयर (Mayer) महोदय ने मारसीलियो को चौदहवीं शताब्दी का सबसे अधिक मौलिक विचारक बताया है। प्रो० गैटिल (Gettell) के अनुसार ''मध्य युग के प्रभाव के अतिरिक्त मारसीलियो का दृष्टिकोण पूर्णतया आधुनिक था।'' सेबाइन (Sabine) ने लिखा है कि ''मध्य युग में ऐसा कोई विचारक नहीं है, जिसने चर्च की स्वतंत्रता को इतना कम महत्त्व प्रदान किया हो। मारसीलियो के बाद 17वीं शताब्दी तक फिर ऐसा कोई प्रयत्न नहीं हुआ, जिसमें धर्म को विशुद्ध रूप से व्यक्तिगत मामला ठहराया गया हो। 17वीं शताब्दी में हॉब्स ने अवश्य ऐसा प्रयास किया था।'' इस प्रकार मारसीलियो के राजनीतिक दर्शन ने उन्हें मध्ययुगीन विचारकों में महत्त्वपूर्ण स्थान दिलाया।

अभ्यास के लिये प्रश्न

1. मारसीलियो ऑफ पडुआ के राजनीतिक विचारों का उल्लेख कीजिये।
2. ''कुछ अंशों में मारसीलियो भविष्य वक्ता है ...... धर्म सुधार आन्दोलन के तथ्य रूसो की पहले से ही सूचना देने वाला है, परन्तु समग्र रूप में वह अपने युग की विचारधारा की व्याख्या करने वाला है।'' इस कथन की व्याख्या कीजिये।
3. ''मारसीलियो धर्म निरपेक्ष राज्य तथा जनता की प्रभुसत्ता के विचार का पहला व्याख्याता था।'' इस कथन की व्याख्या कीजिये।
4. चर्च और राज्य पर मारसीलियो ऑफ पडुआ के विचारों की व्याख्या कीजिये। मारसीलियो के विचारों में आधुनिकता के क्या तत्त्व हैं?

18

मध्यकाल का अन्त—कन्सीलियर आन्दोलन

(End of Medieval Period—Conciliar Movement)

कन्सीलियर आन्दोलन मध्यकाल के अन्तिम चरण में 15वीं शताब्दी की महान् घटना थी। यह एक धार्मिक आन्दोलन था, जिसका उस युग की राजनीति पर विशेष प्रभाव पड़ा। इसकी प्रकृति पर टिप्पणी करते हुये फिलिस डोयल (Phyllis Doyle) ने लिखा है कि "परिषदीय आन्दोलन सरकार के दो विरोधी रूपों—संविधानवाद तथा निरंकुशवाद के बीच संघर्ष था।"[1]

कन्सीलियर आन्दोलन का परिचय
(Introduction to Conciliar Movement)

पेरिस विश्वविद्यालय से सम्बद्ध कुछ विद्वानों ने इस सिद्धान्त का प्रतिपादन किया था, जिनमें हेनरी ऑफ लेगेस्टीन, कोनार्ड ऑफ गैल्नहासेन, फ्रांसिस्को जबारेला, पीटर दी ऐली, जॉन गर्सन तथा निकोलस ऑफ कूसा आदि प्रमुख थे। इन्होंने जॉन ऑफ पेरिस, मारसीलियों ऑफ पडुआ तथा विलियम ऑफ ओकम जैसे महान् विद्वानों की रचनाओं का गहन अध्ययन किया, जिन्होंने पोपशाही की आलोचना की थी। मारसीलियो ऑफ पडुआ की पुस्तक "The Defensor Paris" में पोपशाही की आलोचना की गई थी और धार्मिक प्रश्नों पर निर्णय हेतु एक सामान्य परिषद् के निर्माण पर बल दिया था। निकोलस ऑफ कूसा की पुस्तक 'डी कॉनकॉर डैन्शिया कैथोलिका (De Concordantia Catholica) में इस परिषद् के गठन का जोरदार समर्थन किया गया था।

---

1. "The Conciliar Movement represented a struggle between two opposite systems of government— constitutionalism versus autocracy."

—Phyllis Doyle

मारसीलियो ने लिखा था कि "जिस प्रकार राज्य की जनता में प्रभुसत्ता का निवास है उसी प्रकार चर्च में अन्तिम सत्ता समस्त ईसाई जगत में और इससे चुनी हुई सामान्य परिषद् में रहती है, न कि पोप में।" पोप के स्थान पर परिषद् की सर्वोच्चता पर बल देने ही के कारण यह सिद्धान्त परिषदीय सिद्धान्त (Conciliar Theory) कहलाया। इस सिद्धान्त को धार्मिक जगत का भरपूर समर्थन मिला। एक आन्दोलन चलाकर इसे प्रचारित-प्रसारित किया गया। इसी आन्दोलन का नाम कन्सीलियर आन्दोलन (Conciliar Movement) पड़ा, जिसका तत्कालीन चर्च व राज्यों की राजनीति पर व्यापक प्रभाव पड़ा था।

कन्सीलियर आन्दोलन के कारण
(Causes of Conciliar Movement)

कन्सीलियर आन्दोलन के प्रमुख कारण निम्नलिखित थे–

(1) **चर्च की महान फूट** (Great Schism of Church)–इस आन्दोलन का एक प्रमुख कारण चर्च की महान् फूट (Great Schism) थी। सन् 1378 ई० से लेकर 1417 ई० तक चर्च की यह फूट चर्च को तथा पोप की स्थिति को निरन्तर कमजोर करती चली गई। सन् 1378 ई० में ग्रेगरी सप्तम के उपरान्त रोम में जनता द्वारा अर्बन षष्ठ को पोप चुना गया, किन्तु फ्रांस ने इसको स्वीकार न करके क्लीमेंट पंचम को फ्रांसीसी चर्च का पोप बनाया। इन दोनों ने ही अपने आपको वास्तविक पोप बताया, जिससे चर्च में फूट पड़ गई तथा समस्त ईसाई जगत दो भागों में विभाजित हो गया। यही फूट इतिहास में 'महान फूट' के नाम से विख्यात है।

फ्रांस और रोम के इन दो पोपों से उत्पन्न समस्या पर विचार करने के लिये पीसा (Pisa) में एक सम्मेलन बुलाया गया, जिसने एक नया पोप एलेक्जेण्डर पंचम (Alexander V) को बनाया। अब समस्या और भी उलझ गई। दो से तीन पोप हो गये तथा सभी अपने आपको 'वास्तविक पोप' बताने लगे। इस प्रकार चर्च की फूट बढ़ती चली गई, जिसे सुलझाने के लिये समय-समय पर धार्मिक परिषद् बुलाई जाती रही और परिषदीय आन्दोलन तीव्रतर होता चला गया।

(2) **पोप के जीवन में अनैतिकता** (Immorality in the Pope's Life)–कन्सीलियर आन्दोलन का दूसरा प्रमुख कारण पोप के जीवन में आई अनैतिकता थी। जब से पोप का आविन्योन निवास स्थान हुआ तब से पोप का जीवन भ्रष्टाचार, विलासिता, कामुकता एवं व्याभिचार का घर बन गया था। कैथराइन (Katherine) ने कहा है "पोप एकादश के दरबार मे उसके नथने नरक की दुर्गन्ध से भरे रहते हैं।" पेट्रार्क (Patrarch) ने लिखा है कि "यह भूतल का नरक, बुराइयों का आगार तथा संसार का गन्दा नाला है। इसमें न तो श्रद्धा है, न दान का भाव, न धर्म तथा ईश्वर का भाव। संसार की सारी गन्दगी यहाँ एकत्रित है।"

(3) **पोप की अनैतिकता का प्रचार** (Vide Publicity of Pope's Immorality)–इस आन्दोलन का एक अन्य प्रमुख कारण पोप के अनैतिक जीवन का प्रचार था। तत्कालीन अनेक विचारकों ने जिनमें इंगलैंड के सुधारक जॉन विक्लिफ (John Wycliff) तथा बोहेमिया

के जॉन हस (John Huss) भी थे, चर्च की बुराईयों को जनता के सम्मुख रखा तथा सुधारों की माँग के रूप में कन्सीलियर आन्दोलन के लिये समर्थन जुटाया।

(4) चर्च की खोई हुई प्रतिष्ठा पुनः प्राप्त करना (To get back glory of Church)—पोप की अनैतिकताओं के कारण चर्च में आई बुराइयों को दूर करने के लिये समस्त ईसाई जगत में एक लहर सी दौड़ गई, जिसके कारण इस कन्सीलियर आन्दोलन को व्यापक जन समर्थन प्राप्त हुआ।

कन्सीलियर आन्दोलन के उद्देश्य
(Aims & Objects of Conciliar Movement)

कन्सीलियर आन्दोलन निम्नलिखित निश्चित उद्देश्यों की प्राप्ति के लिये आरम्भ हुआ था—

(1) पोप के स्थान पर परिषद् की प्रभुता (Supremacy of Council instead of Pope)—पोप की प्रभुता एवं जीवन अब सर्वमान्य न रहकर सबकी आलोचना का विषय बन गया था। पोप का नैतिक पतन हो गया था। भ्रष्टाचार, व्याभिचार, कामुकता एवं विलासिता पोप के जीवन के अंग बन गये थे। इसलिये यह विचार व्यक्त किया गया कि चर्च की प्रभुता पोप के हाथों में न सौंपकर एक सामान्य परिषद् (General Council) को सौंपी जाय। चर्च का प्रशासन इस परिषद् के हाथों में सौंपना इस आन्दोलन का प्रमुख उद्देश्य था। इस परिषद् में पोप, कार्डिनल्स एवं प्रलिटेस सम्मिलित होने की व्यवस्था की गई थी। इससे पोप की निरंकुशता समाप्त होने का उद्देश्य था।

(2) पोप संवैधानिक अध्यक्ष के रूप में (Pope as a Constitutional Head)—कन्सीलियर आन्दोलन का अन्य उद्देश्य पोप को, चर्च का सर्वोच्च अध्यक्ष न बना कर संवैधानिक अध्यक्ष बनाना था, जिसका कार्य चर्च के लिये कानून बनाना न होकर चर्च की सामान्य परिषद् द्वारा निर्मित कानूनों का पालन करना हो। अब परिषद् का नियन्त्रण पोप को भी स्वीकार करना होगा।

(3) ईसा मसीह का विकार (Vicar of Jesus Christ)—इस आन्दोलन का लक्ष्य यह विचार व्यक्त करना था कि 'ईसा-मसीह का विकार' (Vicar) वास्तव में पोप नहीं चर्च है। संसार को बचाने के लिये पोप की उतनी आवश्यकता नहीं है जितनी कि चर्च की है। इसलिये चर्च पोप से ऊपर है।

(4) जन-समर्थन की आवश्यकता (Necessity of Public Support)—चर्च के कार्य करने के लिये कानूनों एवं जन-समर्थन का होना आवश्यक है, जिसकी अभिव्यक्ति केवल सामान्य परिषद् द्वारा ही हो सकती है, पोप द्वारा नहीं। प्राकृतिक कानून व्यक्तिगत इच्छाओं पर आधारित न होकर प्रकृति की इच्छा पर निर्भर होते हैं। चर्च द्वारा निर्मित नियमों में व्यक्ति के प्राकृतिक अधिकारों का ध्यान रखना चाहिये, जो केवल सामान्य परिषद् ही रख सकती है।

(5) चर्च की आर्थिक स्थिति का सन्तुलन (Balanced Economic Set up of Church)—पोप के हाथों चर्च की सम्पत्ति एवं आय का दुरुपयोग हो रहा था, जिसको दूर करने के लिये भी परिषद् की आवश्यकता पर बल दिया गया। परिषद् की व्यवस्था से यह आशा की गई थी कि पोप के दरबार की विलासिता तथा अनावश्यक व अनुसूचित व्ययों को समाप्त कर दिया जायेगा।

(6) चर्च से अनैतिकताओं को समाप्त करना (To stop immoralities of Church)—चर्च में पोप के कारण अनेक अनैतिकताओं का समावेश हो गया था, जिनको 'दूर करने के लिये परिषदीय व्यवस्था की स्थापना को प्रमुखता देना' इस आन्दोलन का उद्देश्य था।

(7) चर्च में एकता स्थापित करना (Unification of Church)—बहुत समय से चली आ रही लम्बी फूट के कारण जो बिखराव चर्च में आ गया उसे दूर करना तथा अलग-अलग पोप न बनाकर सबको एक सामान्य परिषद् के अधीन रखकर चर्च में एकता की स्थापना करना, इस आन्दोलन का प्रमुख उद्देश्य था।

इस प्रकार कन्सीलियर आन्दोलन निरंकुशवाद के विरुद्ध वैधानिक तन्त्र की पहली आवाज थी। सेबाइन ने ठीक ही लिखा है कि "इसने ऐसे दर्शन का प्रचार किया, जिसकी सहायता से प्रधान रूप से निरंकुशवाद के साथ संघर्ष किया जा सकता था।"

कन्सीलियर आन्दोलन के मौलिक विचार
(Basic Thoughts of Conciliar Movement)

कन्सीलियर सिद्धान्त (Conciliar Theory) के आधारभूत सिद्धान्त निम्नलिखित थे—

(1) पोप की स्थिति—चर्च में पोप न तो कानून का निर्माता है, न ही सर्वोपरि है। उसकी सत्ता कानून द्वारा मर्यादित है तथा वह भी कानून के अधीन है। सेबाइन (Sabine) के अनुसार "कन्सीलियर सिद्धान्त का सारांश यह था कि समूचा चर्च-संगठन, धर्म पर विश्वास करने वाले समस्त व्यक्तियों का समूह, स्वयं अपने कानून का स्रोत है, पोप व अन्य चर्च अधिकारी उसके अंग तथा सेवक हैं।"

(2) सामान्य परिषद् का महत्त्व—पोप की हैसियत वस्तुतः चर्च के अध्यक्ष की न होकर, एक प्रतिनिधि जैसी होनी चाहिये, क्योंकि चर्च की प्रभुता पोप में न होकर चर्च की सामान्य परिषद् में है। इस परिषद् में सम्मिलित सदस्य, कार्डिनल्स तथा प्रीलेट आदि लोकतन्त्रीय प्रणाली से कार्य करें। सेबाइन (Sabine) के अनुसार "आन्दोलनकारियों का मार्गदर्शन करने वाली चर्च सरकार का नमूना मध्य युगीन वैधानिक राजतन्त्र था, जिसमें भू-सम्पत्ति धारण करने वालों की सभा होती या और अधिक स्पष्ट शब्दों में सम्भवतः मतों की व्यवस्था का संगठन होता, जिनमें छोटे-छोटे निगम अपने प्रतिनिधियों द्वारा मिलकर एक धार्मिक जन-समूह के रूप में समूचे विकास का प्रतिनिधित्व करते हैं।"

(3) पोप की सीमा—कन्सीलियर आन्दोलन के मूल में यह भावना स्थित थी कि पोप की सत्ता चर्च परिषद् के अधीन है। वह स्वेच्छाचारी नहीं है और न ही पोप चर्च परिषद् के आदेशों के विरुद्ध कोई आदेश जारी कर सकता है।

(4) चर्च के आधीन पोप—आन्दोलनकारी पोप को चर्च के प्रतिनिधि के रूप में स्वीकार करते थे, ईसा के प्रतिनिधि के रूप में नहीं। पोप चर्च के अधीन है जो कि पूर्ण समाज है। ईसाई समाज का मूल स्त्रोत चर्च है, पोप नहीं। पोप की कोई विज्ञप्ति केवल जनता के प्राकृतिक अधिकारों का हनन करने पर ही कानून का रूप ले सकती है।

(5) प्राकृतिक कानून का महत्त्व—आन्दोलनकारी प्राकृतिक कानून को व्यक्तिगत कानून से उच्च मानते थे। अतः पोप को प्राकृतिक कानून का उल्लंघन करने का अधिकार नहीं है जो कि उनके विचार से सत्ता का अन्तिम मूल बिन्दु है।

(6) चर्च की सम्पत्ति की सीमा—आन्दोलनकारी विचारक चर्च की बढ़ती हुई सम्पत्ति को चर्च के अधिकारियों की विलासिता का कारण और उसके आध्यात्मिक कार्यों में बाधक मानते थे। उनकी मान्यता थी कि चर्च के पास केवल उतनी ही सम्पत्ति होनी चाहिये, जिससे वह सुगमता से संचालित हो सके। इससे अधिक सम्पत्ति को जन-कल्याणकारी कार्यों पर खर्च किया जाना चाहिये तथा वह कार्य परिषद् द्वारा सुविधाजनक रूप से किया जा सकता है।

(7) पोप को हटाने का अधिकार—चर्च की परिषद् को पोप को उसके पद से हटाने का भी अधिकार होना चाहिये।

कन्सीलियर आन्दोलन के उपरोक्त मौलिक सिद्धान्तों के निर्माण में निकोलस तथा गर्सोन का प्रमुख हाथ था।

कन्सीलियर आन्दोलन का विकास
(Development of the Conciliar Movement)

कन्सीलियर आन्दोलन का विकास मुख्य रूप से निम्नलिखित दो चरणों में हुआ—

(1) चर्च की सामान्य परिषदें (General Councils of Church)—आन्दोलन के विकास के प्रथम चरण में चर्च की सामान्य परिषदों को बुलाने का विचार प्रस्तुत किया गया, जिसके प्रणेता मुख्यतः पेरिस का जॉन, मारसीलियो ऑफ पडुआ तथा ओकम आदि थे।

(2) प्रमुख विचारकों द्वारा विचार सम्पन्न (Working out the idea by eminent thinkers)—द्वितीय चरण में परिषदों के सम्मेलनों के विचार को कार्यान्वित किया गया। परिणामस्वरूप 15वीं शताब्दी में तीन परिषदें बुलाई गयीं। इस द्वितीय चरण में जिन विचारकों ने इस विचार तथा आन्दोलन को कार्यरूप दिया, उनमें प्रमुख थे—गर्सोन, पेरी तथा निकोलस आदि।

कन्सीलियर आन्दोलन की परिषदें
(Councils of Conciliar Movement)

कन्सीलियर आन्दोलन के उद्देश्यों की पूर्ति के लिये मुख्यतः अग्रलिखित दो परिषदों का आयोजन किया गया, जिनमें अत्यन्त महत्त्वपूर्ण निर्णय लिये गये।

(1) कान्स्टेन्स की परिषद् (Council of Constance)–चर्च की लम्बी फूट (Great Schism) को दूर करने के लिये पीसा (Pisa) में एक सभा का आयोजन किया गया था, किन्तु सन् 1409 तक आते-आते पीसा की यह सभा अपने उद्देश्यों में पूर्ण रूपेण असफल हो गई। अब गर्सोन ने 1416-18 ई० में एक धार्मिक परिषद् बुलाने का आह्वान किया। इस परिषद् में आध्यात्मिक एवं लौकिक दोनों शक्तियों ने भाग लिया। इस परिषद् का सर्वाधिक महत्त्वपूर्ण कार्य यह उद्घोषणा थी, जिसमें पोप के ऊपर परिषद् की प्रभुता को मान्यता दी गई थी तथा चर्च के कर्त्तव्यों की भी घोषणा की गई थी। सेबाइन के अनुसार "कैथालिक चर्च का प्रतिनिधित्व तथा चर्च के समस्त तत्त्वों को सम्मिलित करते हुए ईसा के बाद समस्त अधिकारों से सज्जित होकर एक सभा आयोजित की गई, जिसमें कहा गया था कि समस्त मानव, जो भी इस संसार में अस्तित्व रखता है, चाहे वह पोप ही क्यों न हो, इन चीजों को मानने के लिये बाध्य है, कि जो धर्म से सम्बन्धित हैं, फूट को दूर करने के लिये हैं तथा चर्च में संख्यात्मक अथवा अध्यक्षात्मक स्थिति के लिये चर्च के सुधार से सम्बन्धित हैं।" इस घोषणा के महत्त्व पर टिप्पणी करते हुए, डॉ० फिगीस (Dr. Figgis) ने कहा है कि "यह संसार का सम्भवतः सर्वाधिक क्रान्तिकारी दस्तावेज है।" इस आलेख के पारित होने पर पोप जॉन 23वें से त्याग-पत्र देने के लिये कहा गया और जब उसने ऐसा नहीं किया तब उस पर अनेक आरोप लगाकर उसे पोप के पद से हटा दिया गया। इस परिषद् के निर्णयों का सर्वप्रथम प्रभाव इसी पोप पर पड़ा।

अक्तूबर 1417 ई० में इस परिषद् ने ही एक अन्य घोषणा की, जिसमें कहा गया कि परिषद् का अधिवेशन प्रति दस वर्ष बाद आयोजित किया जाय। कान्स्टेन्स परिषद् का मूल्यांकन करते हुए सेबाइन (Sabine) ने लिखा है "निरंकुशवाद के विरुद्ध संविधानवाद पर यह एक पहला वाद-विवाद था।" चर्च की फूट दूर करने में भी इस परिषद् का सफल योगदान रहा।

(2) बाजेल की परिषद् (Council of Basle)–पहली परिषद् चर्च में फैली जिन बुराईयों को दूर न कर सकीं, उन्हें दूर करने के लिये सन् 1431 से 1448 के मध्य चलने वाली यह परिषद् बाजेल में बुलाई गई। इस परिषद् ने भी पोप के अधिकारों को सीमित करने का प्रयास किया, किन्तु राष्ट्रीय विद्वेष के कारण तथा आपस की कलह के कारण इस परिषद् को कुछ विशेष सफलता न मिल सकी।

कन्सीलियर आन्दोलन के विचारक
(Thinkers of Conciliar Movement)

कन्सीलियर आन्दोलन का समर्थन करने वाले विचारकों ने अपने प्रचुर साहित्य के द्वारा इस आन्दोलन का बहुत विकास किया। इन विचारकों में प्रमुख निम्नलिखित थे–

(1) जॉन गर्सोन (John Gerson)–यह पेरिस विश्वविद्यालय का चांलसर था, जिसने कन्सीलियर आन्दोलन को वास्तविक एवं मूर्त रूप दिया। चर्च परिषद् की प्रभुता सिद्ध करने के लिये इसके प्रयास प्रशंसनीय थे। इसके महान प्रयत्नों के कारण ही चर्च की आपसी फूट प्रायः समाप्त हो गई थी। चर्च की प्रभुता के सम्बन्ध में इसने सामूहिक प्रभुसत्ता (Community Sovereignty) का सिद्धान्त प्रतिपादित किया।

राजनीतिक दृष्टि से गर्सोन ने मिश्रित सरकार के सिद्धान्त का प्रतिपादन किया। पोप तथा राजा के अधिकारों के सम्बन्ध में वह 'सीमित अधिकार' के सिद्धान्त की व्याख्या करता था। प्रसिद्ध लेखक डनिंग (Dunning) के शब्दों में "चर्च के मामले में वह सीमित राजतंत्र के स्वरूप को मानता था।"[1]

(2) निकोलस ऑफ कूसा (Nicholas of Cusa)–निकोलस दूसरी धार्मिक परिषद् का प्रमुख प्रणेता था। इसने एक अत्यन्त प्रसिद्ध पुस्तक "डी कन्कोरडैन्शिया कैथोलिका" (De Concordantia Catholica) की रचना की। यह चर्च में शान्ति तथा एकता का पक्षपाती था और लौकिक तथा अलौकिक वस्तुओं में एकता के सिद्धान्त की व्याख्या करता था। इसका सर्वाधिक प्रमुख सिद्धान्त सावयव सिद्धान्त (Organic theory) था, जिसकी व्याख्या वह विश्व के परिप्रेक्ष्य में करना चाहता था। उसके अनुसार, "जिस प्रकार विश्व विभिन्न तत्त्वों के सामंजस्य का परिणाम है, उसी प्रकार राज्य तथा चर्च में भी सामंजस्य है।' प्रभुसत्ता की दृष्टि से वह लोकप्रिय प्रभुसत्ता (Popular Sovereignty) तथा चर्च व राज्य के लिये प्रतिनिधित्व व्यवस्था (Representative System) का पक्षधर था।

(3) इनियस सिल्वियस (Innias Silvius)–कन्सीलियर आन्दोलन के इस प्रसिद्ध विचारक ने सुप्रसिद्ध "De orty et Auteritate Inpiere Romanip" (Origin and Powers of the Papacy) की रचना की थी। इसके विचार में जनता ने अपने में व्याप्त कठिनाइयों एवं अव्यवस्था को दूर करने के लिये ही एक शक्तिशाली को राजा बनाया। अनावश्यक होने पर अथवा राजा के अत्याचारी होने पर जनता उसे पदच्युत भी कर सकती है। पोप के विषय में भी उसने इसी नियम को लागू करने का विचार व्यक्त किया कि जब भी परिषद् पोप को अयोग्य समझे उसे उसके पद से हटा दे।

कन्सीलियर आन्दोलन की असफलता के कारण
(Causes of the Failure of the Conciliar Movement)

यद्यपि कन्सीलियर आन्दोलन निश्चित उद्देश्यों एवं लक्ष्यों को लेकर चला था तथा अनेक सुप्रसिद्ध विचारकों ने अपने-अपने प्रसिद्ध ग्रन्थों एवं प्रचार साहित्य द्वारा इसका संचालन किया था, किन्तु फिर भी यह अपने उद्देश्य में सफल न हो सका। प्रो० भण्डारी (Prof. Bhandari) ने लिखा है कि "कन्सीलियर आन्दोलन में वैधानिक तन्त्र का विरोधाभास पाया जाता है।" इस आन्दोलन की असफलता के निम्नलिखित कारण थे–

(1) कन्सीलियर आन्दोलन का एक निश्चित उद्देश्य 'चर्च की फूट' दूर करना था। जैसे ही चर्च की यह फूट दूर हुई यह आन्दोलन भी मन्द पड़ता चला गया।

(2) इस आन्दोलन का एक अन्य प्रमुख उद्देश्य पोप की निरंकुशता को समाप्त करना था। इसलिये पोप ने भी इस आन्दोलन को समाप्त करने में अपने समस्त साधनों का खुलकर प्रयोग किया और आन्दोलन को असफल बनाकर ही दम लिया।

---

1. "Gerson's writings, both before and during the session of council, presented a well rounded theory of limited monarchy as the true form of ecclesiastical organisation."
—Dunning

(3) कन्सीलियर आन्दोलन के पीछे जन-समर्थन भी न था। चर्च के प्रति श्रद्धालु जन उसके विवाद को ही अप्रिय मानकर उदासीन रहे।

(4) यूरोप के बड़े-बड़े राष्ट्रों जैसे इंग्लैंड तथा फ्रांस आदि ने इस आन्दोलन में या तो रुचि नहीं ली या इस आन्दोलन के भाव को कुचलने में ही रुचि ली।

(5) राजाओं ने भी इस आन्दोलन को कुचलने में पोप को सहयोग दिया क्योंकि 'लोकप्रिय प्रभुता', 'सीमित प्रभुसत्ता' तथा 'संविधानवाद' के राजनीति में भी प्रवेश का उनको खतरा बन गया था। इसलिये ये पोप की निरंकुशता में तो रुचि लेते थे उनका लक्ष्य उसकी फूट को बढ़ावा देकर निर्बल बनाये रखना ही था।

(6) इस आन्दोलन द्वारा किये जाने वाले सुधारों से राजाओं को चर्च के सुदृढ़ बन जाने का खतरा था। इसलिये इस आन्दोलन को कुचलने में ही वे अपना हित समझते थे।

(7) इस आन्दोलन के नेता मात्र कुछ विचारक या प्रोफेसर थे, जिनका जनाधार पर्याप्त न होने के कारण इस आन्दोलन में तेजी न आ सकी और यह धीरे-धीरे समाप्त होता चला गया।

(8) इस आन्दोलन में मौलिकता का भी अभाव था। मार्सीलियो ऑफ पडुआ तथा विलियम आदि ने इन विचारों को पहले बहुत व्यापक पैमाने पर प्रतिपादित कर दिया था।

(9) परिषद् स्वयं राष्ट्रीय द्वेष से ग्रस्त थी, जिसके कारण वह पोप की सत्ता पर कड़ा प्रहार न कर सकी। सेबाइन ने लिखा है कि "वह परिषद् जो स्वयं प्रत्येक प्रकार से राष्ट्रीय द्वेष का शिकार हो, धर्माधिकारियों के विशेष हितों पर हमला नहीं कर सकती।"

(10) सामान्य परिषदों के गठन पर कुछ व्यावहारिक एवं ठोस विचार न होने के कारण भी परिषदें सुचारू रूप से आन्दालेन न चला सकीं।

(11) परिषदों का स्वरूप राष्ट्रीय था, जबकि आन्दोलन का उद्देश्य अन्तर्राष्ट्रीय जगत में व्याप्त सार्वभौमिक ईसाई समाज के लिये धार्मिक समस्याओं का निराकरण था। अतः यह आन्दोलन अपनी अन्तर्राष्ट्रीय प्रकृति के कारण भी सफल न हो सका।

(12) प्रो० कुक (Prof Cook) ने लिखा कि "इस आन्दोलन के नेताओं के फूँक-फूँक कर कदम रखने और उनकी नम्रता का भी इस आन्दोलन की विफलता में बड़ा हाथ रहा। उनकी अत्यधिक नम्रता ने उन्हें रूढ़िवादी बना दिया।" आन्दोलन के लिये वांछित उग्रता का सदैव ही अभाव रहा, जिससे इस आन्दोलन को सफलता प्राप्त न हो सकी।

कन्सीलियर आन्दोलन का महत्त्व
(Significance of Conciliar Movement)

कन्सीलियर आन्दोलन की असफलता से यह परिणाम निकाल लेना उचित नहीं कि यह निरर्थक था, क्योंकि इस आन्दोलन का राजनैतिक दर्शन में अग्रलिखित महत्त्व है।

(1) इस आन्दोलन ने पोप की सर्वोच्चता पर कड़ा प्रहार किया। अब इसका वह महत्त्व नहीं रह गया था, जो इससे पहले था।

(2) चर्च में प्रतिनिधि व्यवस्था को महत्त्व दिया जाने लगा।

(3) इस आन्दोलन से राष्ट्रीय चर्चों की स्थापना का मार्ग प्रशस्त हो गया।

(4) गैटिल (Gettell) ने उचित ही लिखा है कि "इस आन्दोलन ने राष्ट्रवाद लोकतन्त्रवाद तथा प्रतिनिधि-शासन के सिद्धान्तों को प्रस्फुटित होने का अवसर प्रदान किया।"

(5) इस आन्दोलन की प्रेरणा से ही मार्टिन लूथर किंग कालविन तथा रूसो जैसे विचारकों का जन्म हुआ।

(6) सेबाइन (Sabine) के विचार में, "चर्च के विवाद ने ही सबसे पहले निरंकुश तथा संवैधानिक सरकार के मध्य होने वाले प्रश्न की रूपरेखा निर्धारित की और इसी से इसने उस विचार-दर्शन का प्रसार किया, जो कालान्तर में निरंकुशवाद के विरुद्ध एक प्रमुख अस्त्र बना। सभी प्रभुत्वपूर्ण शक्ति के दैवी अधिकार तथा समाज की प्रभुत्वपूर्ण शक्ति दोनों का ही लौकिक शासन के क्षेत्र में प्रत्यावर्तन कर दिया गया।"

कन्सीलियर आन्दोलन के महत्त्व के विषय में कहा जा सकता है कि यह आन्दोलन निरंकुशवाद तथा वैधानिक तन्त्र के मध्य में प्रथम वाक् संघर्ष था। इस आन्दोलन ने उन विचारों को जन्म दिया जो बाद में निरंकुश राजतन्त्र तथा लोकतन्त्र के बीच होने वाले संघर्ष के बीच सहायक सिद्ध हुए। इस आन्दोलन की समाप्ति के साथ ही राष्ट्रीयता के उदय के कारण मध्यकाल की राजनैतिक विचारधारा का अन्त होता चला गया।

अभ्यास के लिये प्रश्न

1. कन्सीलियर आन्दोलन के प्रमुख राजनैतिक विचारों की समीक्षा कीजिये। इन विचारों के निर्माण में मारसीलियो ऑफ पडुआ कहां तक उत्तरदायी थे?
2. कन्सीलियर आन्दोलन के प्रादुर्भाव, विकास तथा असफलता पर प्रकाश डालिये।
3. परिषदीय आन्दोलन के उद्देश्यों का वर्णन कीजिये। इसकी सफलता के क्या कारण थे?

भाग-III
आधुनिक राजनैतिक चिन्तन
(Modern Political Thought)

19
निकोलो मैकियावली
(Niccollo Machiavelli, 1469—1527 A.D.)

पुनर्जागरण का युग

पन्द्रहवीं शताब्दीं के प्रथमार्ध में यूरोप में तीन शक्तियों की प्रमुखता थी– फ्रांस, स्पेन और इंगलैंड। इन तीनों ही देशों में राष्ट्रवाद की भावना बड़ी द्रुत गति से पनप रही थी। इन तीनों राज्यों ने धर्मसत्ता के प्रभाव से मुक्ति प्राप्त कर ली थी। वहाँ के राजतंत्र पोपों के आदेशानुसार चलना अपना कर्तव्य नहीं मानते थे। वे अपने देश तथा वहाँ के निवासियों के हितों की चिन्ता करना अधिक उपयुक्त समझते थे। इंगलैंड, फ्रांस और स्पेन के राष्ट्र-राज्य क्रमशः हेनरी सप्तम, लुई एकादश और फर्डीनेण्ड के राजछत्रों के नीचे सबल से सबलतर होते जा रहे थे। सामन्तों का दमन हो रहा था। राज्यों में ऐसी शक्तियों का पराभव ह़ो रहा था जो राज्य की अनैक्यता को प्रोत्साहित करती थीं। इन राज्यों का मूलमंत्र सत्ता का केन्द्रीकरण था। जर्मनी में भी ऐसी प्रवृतियाँ प्रकट हो रही थीं जो विकेन्द्रित, विशृंखलित और विभक्त जर्मनी के बजाय एक ऐसे राजतंत्र का निर्माण करना चाहती थीं जो सत्ता का केन्द्रीकरण करके सुसंगठित और संयुक्त जर्मनी की रक्षा कर सके। इस संबंध में मैक्समिलन के प्रयास विशेषरूप से उल्लेखनीय हैं। प्लेटो और अरस्तु के बौद्धिकतावाद के अस्त हो जाने के बाद अब ज्ञान का पुनरोदय हो रहा था। समस्त यूरोप बौद्धिक पुनर्जागरण के युग से गुजर रहा था। अस्तु इसे 'रेनेसाँ' (Renaissance) का युग कहा जाता है। धार्मिक अंध और मूढ़ विश्वासों के स्थान पर जनता में बुद्धि-विवेक द्वारा चीजों को समझने और परखने की प्रवृत्ति बढ़ रही थी। यूरोप वैज्ञानिकता के संसार में प्रवेश कर रहा था।

इटली की अवस्था

जिस समय समकालीन संसार तेजी से राष्ट्र-राज्यों के निर्माण की ओर अग्रसर हो रहा था उस समय इटली अनैक्यता, गृहयुद्ध और विदेशी शक्तियों के स्वार्थसाधनों का अड्डा बना हुआ था। इंगलैंड, फ्रांस और स्पेन में पोप या पोप के अधिकारियों की ऐसी स्थिति नहीं थी कि वे वहाँ राजसत्ता के केन्द्रीकरण को रोक सकते या सामन्तों को प्रभावित कर उन्हें राजाओं के विरुद्ध भड़का सकते, लेकिन इटली की राजनीतिक अवस्था इसके अनुकूल थी। समस्त इटली छोटी-छोटी रियासतों और नगर-राज्यों में बँटा हुआ था। ये राज्य भी परस्पर एक दूसरे से संबद्ध नहीं थे। इन राज्यों को परस्पर श्रृंखलित करने वाली कोई एक ऐसी सत्ता नहीं थी जो कि समूचे इटली को एक सबल राज्य का रूप दे सकती। इटली अलग-अलग छोटी-छोटी रियासतों में विभक्त था। ये रियासतें आपस में बराबर लड़ा करती थीं। गृहयुद्धों के कारण सामाजिक व्यवस्था अस्तव्यस्त हो गयी थी। अशान्ति ने इटली के प्रसिद्ध नगरों का व्यापार और वाणिज्य बिल्कुल चौपट कर रखा था। कृषि और अन्य उत्पादन कार्य इसलिए बन्द हो गए थे कि पता नहीं किस स्थान पर किस पड़ोसी रियासत की सेनाएँ अकस्मात् चढ़ दौड़े। इस प्रकार सम्पूर्ण देश दरिद्रता, क्षुधा और निर्धनता से तड़प रहा था। एक ओर तो वाणिज्य और व्यवसाय में लगे फ्रांस, इंगलैंड और स्पेन के राष्ट्र-राज्य अपनी समृद्धि बढ़ाने में लगे थे और दूसरी ओर इटली की देख-भाल करने वाला कोई न था। गृहयुद्धों और सामन्तवादी राज्यों के अतिरिक्त धर्मसत्ता के अध्यक्ष पोप भी स्थिति को बिगाड़ने में सहायक हो रहे थे। वे इटली में उन शक्तियों का दमन करने में व्यस्त थे जो उसका एकीकरण चाहती थीं। इस कार्य के लिए पोप अन्य देशों से धन प्राप्त कर किराये के सैनिकों से युद्ध लड़ा करते थे। विदेशी शक्तियों का हित इसी में था कि इटली अपनी आन्तरिक समस्याओं के सुलझाने में ही व्यस्त रहे और अन्तर्राष्ट्रीय व्यापार-वाणिज्य के क्षेत्र में उनके प्रतिद्वंदी के रूप में न आ सके। इस अंधकारमय वातावरण में एक आशा की किरण थी—ज्ञान का पुनरोदय। इस ज्ञान के प्रभाव से इटली के नगरों— फ्लोरेंस, वेनिस, नेपिल्स आदि में ऐसी विद्यापीठें खुल गयी थीं जो तत्कालीन आन्दोलन का प्रतिनिधित्व करती थीं।

मैकियावली का जीवन परिचय

सन् 1469 में निकोलो मैकियावली (Niccollo Machiavelli) का जन्म फ्लोरेंस नाम के इटली के नगर में हुआ था जो समकालीन ज्ञान के पुनर्जागरण (Renaissance) का प्रमुख अड्डा था। मैकियावली के माता-पिता साधारण स्थिति के मध्यम वर्ग के लोगों में से थे। मैकियावली की शिक्षा फ्लोरेंस की एक ऐसी विद्यापीठ में हुई जिसमें विवेकाधास्ति ज्ञान के अनुसार पाठ्यक्रम रखा गया था। इस प्रारंभिक शिक्षा का मैकियावली पर भावी प्रभाव पड़ा कि अपनी अधूरी शिक्षा के बाद वह किसी प्रकार सरकारी नौकरी प्राप्त करने में सफल हो गया। फ्लोरेंस में उन दिनों गणतंत्रवादी (Republican) सरकार थी। फ्लोरेंस एक स्वतंत्र नगर-राज्य था। सरकारी क्षेत्रों में मैकियावली परिवार के व्यक्तियों का कोई प्रभाव नहीं था। परन्तु परिवार के कुछ मित्रों के प्रयत्न से वह सरकारी नौकरी पाने में सफल हो सका। उसकी

मानसिक और बौद्धिक प्रतिभाओं से सरकारी अधिकारी बहुत अधिक प्रभावित हुए और उन्होंने मैकियावली की पदोन्नति में यथाशक्ति सहायता पहुँचायी। उसकी पैरिस, रोम तथा दूसरे राज्यों में राजदूत के पद पर 23 बार नियुक्ति की गई। अंत में वह फ्लोरेंस की दस सदस्यों वाली शासन परिषद् (Council of Ten) का सचिव (Secretary) बन गया। इस बहुमुखी अनुभव से मैकियावली को व्यावहारिक राजनीति का बहुत अधिक ज्ञान प्राप्त हो गया। इसी बीच सन् 1509 में रेवना की लड़ाई में फ्रांस की हार और स्पेन की जीत हो गयी। फ्लोरेंस ने इस युद्ध में कोई भाग नहीं लिया फिर भी युद्ध के परिणामों की प्रतिक्रिया के फलस्वरूप वहां उस शासनतंत्र को बदल दिया गया जिसके अन्तर्गत मैकियावली कार्य कर रहा था। स्पेन के समर्थक जो फ्लोरेंस में सत्तारूढ़ हो गये थे, उन्होंने अन्य व्यक्तियों के साथ मैकियावली को भी निष्काषित कर दिया। अपने निष्कासित जीवन का मैकियावली ने राजनीतिक ग्रंथों के पठन और अध्ययन में उपयोग किया। वह कुछ न कुछ राजनीतिक कार्य भी करता रहता था। इटली की तत्कालीन राजनीतिक स्थिति का अध्ययन करके उसने उन समस्याओं को भी खोज निकाला जिसका हल किया जाना इटली की एकता के लिए आवश्यक था। परन्तु मैकियावली की राजनीतिक गतिविधियों पर उसके विरोधियों की दृष्टि थी। उन्होंने मैकियावली की कार्रवाइयों को अपने विरुद्ध समझा और उसे पकड़कर राजद्रोहात्मक षड्यंत्र के अपराध में बंदीगृह भेज दिया। बंदी जीवन बिताने के पश्चात् वह जब मुक्त हुआ तो एक गाँव में जाकर समाज सेवा और लेखनकार्य में जीवन बिताने लगा। उसकी समस्त रचनाएँ इसी काल में लिखी गयीं। उसने अपने ग्रन्थों को लिखते समय यह सोचा था कि उसे कोई ऊँचा ओहदा पुनः प्राप्त हो सकेगा लेकिन उसकी यह आशा सफलीभूत न हुई। सन् 1527 में अट्ठावन वर्ष की अपेक्षाकृत स्वल्पायु में अत्यन्त साधारण व्यक्ति की भांति मैकियावली की मृत्यु हो गयी। रोम, बोर्जिया, पेरिस आदि में 23 बार राजदूतों के पद पर काम कर चुकने वाला व्यक्ति अपने स्वल्पायु में बिना कोई महत्त्व प्राप्त किये काल के गर्भ में समा गया।

मैकियावली का महत्त्व

डनिंग[1] ने मैकियावली के सम्बन्ध में अपनी पुस्तक में लिखा है, ''यह प्रतिभा सम्पन्न फ्लोरेंसवासी वास्तविक अर्थों में अपने युग का शिशु था।'' अन्य विचारकों की अपेक्षा मैकियावली ने समकालीन समस्याओं पर अधिक ध्यान दिया। यही कारण है कि अन्य विचारकों की तुलना में उसे उक्त विशेषण से संबोधित करना अधिक उपयुक्त प्रतीत होता है। उसके मतों तथा विचारधारा पर समकालीन वातावरण की मुद्रा स्पष्ट अंकित है। उसके ग्रंथों और लिखित सामग्री में ज्ञान और विद्या के पुनरोदय की आत्मा प्रतिबिम्बित होती है। मैकियावली ने इटालियन समाज का अत्यन्त सूक्ष्म अध्ययन किया था। इस इटालियन समाज की विशेषताएँ उसकी कलात्मक प्रवृत्तियों और सर्जनात्मक कार्यों में निहित थीं। मैकियावली के समकालीन इटालियन समाज ने ही यूरोप में ज्ञान के पुनरोदय के आन्दोलन का प्रसार किया था एवं विद्वानों का ध्यान संयत तार्किकता और अनुभूतिशीलता की ओर आकृष्ट किया था।

1. ''The brilliant Florentine was in the fullest sense the child of his times.''
—Dunning, *Political Theories,* p. 285.

परन्तु इटली की राजनीति जितनी भ्रष्ट थी उतनी शायद अन्य किसी स्थान की नहीं थी। नैतिक दृष्टि से इटली के समाज के अध:पतन की यह दशा थी कि वहाँ लोग किराये के सैनिकों के रूप में लड़ने जाया करते थे। यदि युद्ध-क्षेत्र में विरोधी पक्ष ने उन्हें अधिक धन देने का लालच दिया तो वह सेना के सेनापति सहित विरोधी पक्ष से मिल जाया करते थे। इटालियन समाज में नागरिक शासन की स्थानीय संस्थाएँ विनष्ट हो चुकी थीं। गिरजा और साम्राज्य दोनों का प्रभाव समाप्त हो चुका था। शासन का कार्य केवल हत्याएँ और निर्दयतापूर्वक क्रूर कार्य करना था। सच्चाई और विश्वसनीयता नहीं रह गई थी। पोप का आसन ऐसी विदेशी शक्तियों का अड्डा हो गया था जो इटली की अशान्त और अस्तव्यस्त स्थिति का लाभ उठाकर अपने स्वार्थों की पूर्ति करने में व्यस्त थीं। वे अपने हितों के लिए इटालियन राज्यों को परस्पर लड़ाया करती थीं। मैकियावली को सक्रिय राजनीति का पूरा-पूरा अनुभव था। रोम, पेरिस, बोर्जिया आदि में 23 बार राजदूतों के पदों पर काम करने के बाद वह पोप और अन्य विदेशी शक्तियों के कर्णधारों की मनोकामनाओं को भली भांति समझता था। अतएव मैकियावली एक ऐसे राजनीतिक सिद्धान्तशास्त्री के रूप में गिना जाता है जो किसी ऐसे समाज में खड़ा है जिसका कोई स्वामी नहीं और जिसमें व्यक्ति बिल्कुल एकाकी रह गया है।

स्वतंत्र इटली राष्ट्र का स्वप्न

मैकियावली की अध्ययन पद्धति पर उसकी काल-सीमाओं का प्रभाव पड़ा है। मैकियावली धर्मसत्ता का कट्टर विरोधी था। उसे धार्मिक मूढ़ताओं और अंधविश्वासों में कोई आस्था नहीं थी। उसने इतिहास का प्रयोग केवल अपनी सहायता-सामग्री के रूप में किया, इतिहास द्वारा सिद्धान्त निरूपण करने में नहीं। उसने अपनी कृतियों में साफ कह दिया कि वह धर्म के साम्राज्य में कोई विश्वास नहीं करता और इटली का कल्याण इसी में है कि वह अपना एक स्वतंत्र राज्य स्थापित करे। उस समय तक मध्य युग का पवित्र रोम साम्राज्य (Holy Roman Empire) मृत हो चुका था। अन्य राज्य युग के प्रवाह में तेजी से आगे बढ़ रहे थे। उन्होंने न केवल स्वतंत्र राष्ट्र राज्यों की स्थापना करके शान्ति और एकता प्राप्त कर ली थी वरन् अन्तर्राष्ट्रीय जल-यातायात के विकास द्वारा वाणिज्य और व्यवसाय की सहायता से विपुल धनराशि एकत्रित कर ली, समृद्धि और वैभव भी प्राप्त कर लिया था। मैकियावली पहला इटालियन था जिसने स्वतंत्र इटालियन राष्ट्र की स्थापना का स्वप्न देखा था। उधर फ्रांस तथा स्पेन में यह होड़ लगी थी कि कौन पहले इटली को अपनी दासता के पाश में बाँध लेता है। मैकियावली की सूक्ष्म दृष्टि से यूरोप की उक्त शक्तियों की महत्वाकांक्षा छिपी नहीं थी। व्यावहारिक अनुभव के कारण वह जानता था कि उसके लक्ष्य की पूर्ति नैतिक साधनों द्वारा नहीं हो सकती। उसने अपनी पुस्तक 'प्रिंस' में जो कुछ लिखा उसमें उसका पूरा विश्वास था। वह तथ्यों को मान्यता देने में विश्वास करता था चाहे वे कितने ही हेय क्यों न हों। वह समझता था कि बल और बुद्धि के उचित समन्वय द्वारा ही इटली की एकता स्थापित हो सकती है। तत्कालीन राजनीतिज्ञों ने आवेश में आकर मैकियावली के विरुद्ध बड़ा जहर उगला; परन्तु मैकियावली की मृत्यु के साढ़े तीन-सौ वर्ष बाद जब केवूर (Cavour), गैरीबाल्डी (Garibaldi) और विक्टर इमैनुअल के प्रयत्नों से इटली संयुक्त हो सका, उस समय इटली के इन राष्ट्रभक्तों ने वे सब साधन प्रयुक्त किये जो मैकियावली द्वारा उचित ठहराये गये थे।

मैकियावली के समय में राष्ट्रीयता सबल राजतंत्र से ग्रंथित मानी जाती थी। उसने इटली के लिए एक ऐसे नरेश की कल्पना की जो बलवान् राजतंत्र की स्थापना कर सके। वह स्वयं अपने नगर फ्लोरेंस के ईर्ष्यालू तत्त्वों से परिचित था। वह यह भी जानता था कि उन तत्त्वों का दमन कोई शक्तिशाली राजा ही कर सकता है।

व्यक्तिवाद

अपने समकालीनों की भाँति मैकियावली व्यक्तिवाद में विश्वास करता है। उसका मत है कि मनुष्य अपने प्रारब्ध की रचना स्वयं करता है। वह धन और वैभवसम्पन्न हो सकता है। उसे सम्पत्ति रखने का पूरा अधिकार है और उस सम्पत्ति का राज्य द्वारा संरक्षण प्राप्त करने का भी पूरा अधिकार है। वह राजनीति को केवल कुछ दैवी अधिकार प्राप्त मनुष्यों का संकीर्ण क्षेत्र नहीं मानता था। राजनीति क्षेत्र में कोई भी व्यक्ति प्रवेश कर सकता है।

व्यावहारिक राजनीति

मैकियावली राजनीति को नैतिकता, आचारशास्त्र और धर्मशास्त्र आदि के बंधनों से नहीं बांधता। यदि नैतिक उपायों से राज्य की रक्षा हो सके तो अच्छा है, लेकिन यदि राज्य के अस्तित्व को बचाने के लिए अनैतिकता का भी सहारा लेना पड़े तो भी कोई हर्ज नहीं है। नरेश को ऐसा होना चाहिए जो प्रत्येक स्थिति का सामना कर सके। सार्वजनिक कार्यों का प्रबंध नैतिकता और आचारिकता के विशुद्ध सिद्धान्तों के आधार पर नहीं हो सकता; अतएव लोक-कल्याण के लिए उनका हनन किया जा सकता है। ईश्वर और नरेश दोनों की सेवा करना एक साथ संभव नहीं है। किसी राजनीतिज्ञ को आचारिकता और नैतिकता द्वारा अनुमोदित स्पष्टीकरणों के लिए चिन्ता नहीं करनी चाहिए।

मैकियावली युग ज्ञान के पुनरोदय का युग था—इस युग की विशेषता थी कि व्यावहारिकता पर बहुत बल दिया जाय। मैकियावली ने भी व्यावहारिक राजनीति पर बहुत बल दिया और उसने साफ-साफ कर दिया कि राजा की नैतिकता व्यक्ति की नैतिकता से सर्वथा भिन्न है। राजा की नैतिकता वही है जो व्यावहारिक हो और राज्य के हितों तथा उसके अस्तित्व की रक्षा में सहायक सिद्ध हो।

मानव-स्वभाव का निरूपण करते हुए मैकियावली ने उसे स्वार्थी बतलाया है और कहा है कि व्यक्ति अच्छाइयों की बहुत अधिक परवाह नहीं करता। उसका मानव-स्वभाव संबंधी यह मत भी अपने युग का प्रतिनिधित्व करता है। मैकियावली सुधारवादी (Reformative) आन्दोलन का प्रतिनिधि नहीं था। वह पुनर्जागरण का दूत था।

अध्ययन पद्धति
(Method of Study)

मैकियावली के पूर्व मध्य युग के विचारक धार्मिकतायुक्त अध्ययन प्रणाली के अनुसार अध्ययन करते थे। इसका परिणाम यह होता था कि वे मूढ़ताओं और अंधविश्वासों से मुक्त ही नहीं हो पाते थे। मैकियावली ने इस प्रणाली का पूर्ण रूप से बहिष्कार किया। मैकियावली की अध्ययन पद्धति में निम्नलिखित विशेषताएँ स्पष्ट रूप से दिखलाई पड़ती हैं—

(i) ऐतिहासिक, (ii) पर्यवेक्षणात्मक, (iii) यथार्थवादी दृष्टिकोणयुक्त, (iv) वैज्ञानिक और (v) व्याप्तिमूलक़ (Inductive)।

मैकियावली ने पूर्णत: वैज्ञानिक तटस्थता की प्रवृत्ति को अपनाया। मैकियावली व्यावहारिक राजनीतिज्ञ था। वह राजनीतिक कल्पना करने वाले विचारकों की श्रेणी का नहीं था। वह शासनतंत्र का कलाकार था, सिद्धान्त निरूपक नहीं। यह स्वाभाविक था कि वह ऐतिहासिक पद्धति अपनाता। आजकल ऐतिहासिक पद्धति का आशय यह होता है कि सम्पूर्ण इतिहास का अध्ययन करके कुछ सिद्धान्त स्थिर किये जायें जिनके प्रयोग द्वारा समकालीन समस्याओं का हल निकालने का प्रयत्न किया जाय। मैकियावली के बारे में यह बात नहीं कही जा सकती। उसने अपने व्यक्तिगत अनुभव के आधार पर कुछ धारणााएँ बना ली थीं और उन धारणाओं की पुष्टि के लिए वह इतिहास से अपने मतानुकूल उदाहरण खोजा करता था। उसने सम्पूर्ण इतिहास का अध्ययन करके उसकी सहायता से कोई सिद्धान्त स्थिर नहीं किया। इसी कारण मैकियावली की अध्ययन-पद्धति को पर्यवेक्षणात्मक (Observational) बताया जाता है। यह पद्धति इन अर्थों में पर्यवेक्षाणत्मक थी कि मैकियावली ने तत्कालीन अव्यवस्था और अशान्ति के कारणों का अध्ययन कर यह निष्कर्ष निकाला कि मानव-स्वभाव स्वार्थी होता है। किन्तु मैकियावली की अध्ययन-सामग्री सीमित एवं उसका पर्यवेक्षण अधूरा था। यदि वह इटली को छोड़ कर दूसरे देश के लोगों के स्वभाव का भी पर्यवेक्षण करता तो मानव-स्वभाव के संबंध में ऐसी धारणा कभी न बना पाता। उसमें वैज्ञानिकों सी तटस्थता भी नजर नहीं आती, क्योंकि उसकी रचनाओं में पोप के प्रति पूर्वनिश्चित घृणा का भाव नजर आता है। दूसरे वह राजा के प्रति भी पक्षपात करता है। वह हर हालत में राजसत्ता का ही औचित्य सिद्ध करता है।

मैकियावली पर प्रभाव
(Influences on Machiavelli)

मैकियावली पर प्राचीन युग के जिन विद्वानों ने सबसे अधिक प्रभाव डाला उनमें अरस्तु का नाम विशेषरूप से उल्लेखनीय है। उसे यूनान के अन्य प्राचीन ग्रंथों का पठन-पाठन भी प्रिय था। उसने रोमन इतिहास का विशेषकर रोम की विधि संहिताओं का भी अध्ययन किया था। रोम के बाद उसने आगे के इतिहास तथा पूर्ववर्ती लेखकों पर कोई ध्यान नहीं दिया। उसने ईसाई धर्म के जन्म, अभ्युदय तथा स्कालिस्टिक आन्दोलन के विकास आदि की अवहेलना की। धर्म ग्रंथों और पादरी लेखकों की रचनाओं को वह राजनीति के उपयुक्त नहीं समझता था। राजसत्ता और धर्मसत्ता के बीच कई सौ वर्षों तक चला विवाद भी उसकी दृष्टि से बिल्कुल बेकार था। वह धर्मसत्ता को निश्चित रूप से निम्न स्थान देता था। राजसत्ता की श्रेष्ठता को उसने स्वत: सिद्ध मान लिया था।

द प्रिन्स
(The Prince)

मैकियावली की मूल पुस्तकें लैटिन भाषा में लिखी गयी हैं। इनका अंग्रेजी में सी० ई० डेटमोल्ड ने अनुवाद किया है। यह अनुवाद 'हिस्टारिकल, पोलिटिकल एण्ड डिप्लोमेटिक

राइटिंग्स ऑफ मैकियावली' के नाम से प्रकाशित हुआ है। मैकियावली के ग्रंथों में 'दि प्रिंस' (The Prince) नाम की पुस्तक सबसे अधिक महत्त्व रखती है। उसके सभी राजनीतिक विचार इसी पुस्तक में संकलित हैं। ''प्रिंस'' नाम की पुस्तक सन् 1513 में लिखी गयी थी। यह कुल 26 अध्यायों में विभक्त है। इन 26 अध्यायों को तीन भागों में बाँटा जा सकता है। इनमें अंतिम और तीसरा भाग सर्वाधिक महत्त्वपूर्ण है। इसी भाग में मैकियावली ने अपने राजदर्शन की विशद व्याख्या की है। प्रथम भाग में अधिकतर राजतंत्रों की शासन-व्यवस्थाओं का वर्गीकरण किया गया है और दूसरे में किराये पर लड़ने वाली सेनाओं की प्रचलित परम्पराओं की व्याख्या की गयी है। मैकियावली ने इस अध्याय में सेनाओं की उक्त पद्धति की कठोर आलोचना करते हुए यह मांग की है कि राष्ट्रीय सेना स्थापित होनी चाहिए। अन्तिम भाग में उसने राजा को नीति सम्बन्धी शिक्षाएँ भी दी हैं। इस पुस्तक का मुख्य उद्देश्य सफल शासक का निर्माण है। कूटनीति संबंधी शिक्षाओं को दृष्टि में रखते हुए मैकियावली की तुलना चाणक्य के साथ ही जा सकती है।

मैकियावली की समस्याएँ
(Problems of Machiavelli)

मैकियावली ने अपने सामने व्यावहारिक लक्ष्य रखे। उसका उद्देश्य प्लेटो की भांति कल्पना के संसार में मनोहर महल का निर्माण करना नहीं था। उसकी मुख्य समस्यायें थी: (1) इटालियन राष्ट्र का निर्माण, (2) इटली के नगरों की समृद्धि और वैभव को बढ़ाना, (3) बौद्धिकतावादी ज्ञान के पुनरोदय के आन्दोलन को बढ़ाना और (4) प्रचलित अंध और मूढ़ विश्वासों का खण्डन कर धार्मिकता के प्रपंच से तत्कालीन समाज को मुक्ति दिलाना। उन दिनों इटली निम्नलिखित पाँच राज्यों में विभक्त था—वेनिस और फ्लोरेंस के गणतंत्र, नेपिल्स का राज्य, डची मिलान और रोमन चर्च का राज्य। मैकियावली चाहता था कि अन्य राजाओं की भाँति इटली भी एक सुदृढ़ राष्ट्र बने। इस कार्य के लिए यह आवश्यक था कि वहाँ कोई ऐसा सुदृढ़ राजतंत्र स्थापित होता जो वहाँ की कलहरत पाँचों रियासतों को एकता के सूत्र में बांध सकता और ऐसी शान्ति तथा व्यवस्था स्थापित कर सकता जिसमें जनता सुख से रहती हुई अन्य राष्ट्रों की भाँति वाणिज्य-व्यवसाय करती तथा अपना एवं देश का वैभव बढ़ाने में योगदान देती। सबसे बड़ी समस्या यह थी कि इटली में व्यापार करने वाला मध्यवर्ग आन्तरिक अशान्ति के कारण कोई भी कार्य नहीं कर पाता था। इसके विपरीत सामन्तवादी तत्त्व पुराने ढंग से जीवन व्यतीत कर रहे थे। उन दिनों इटली ज्ञान के पुनरोदय के आन्दोलन का केन्द्रस्थल हो गया था। उक्त आन्दोलन का लक्ष्य मनुष्य के स्वतंत्र बौद्धिक विकास को प्रोत्साहन देना था इससे अन्य राष्ट्रों ने काफी लाभ उठाया किन्तु इटली जहाँ का तहाँ रहा। मैकियावली के अनुसार धार्मिक अंधविश्वास और मूढ़ताएँ ही इटली की दुर्दशा का मुख्य कारण थीं। अत: वह पोप का जबर्दस्त विरोधी हो गया। इटली के हित की आकांक्षा करने वाले मैकियावली के सिद्धान्तों को कालान्तर में धर्महीनतापूर्ण और मानवता विरोधी कहा जाने लगा। परन्तु मैकियावली की कटु निन्दा करते हुए भी कुछ लोगों ने व्यवहार में उसके सिद्धान्तों का ही अनुकरण किया। अस्तु, मैकियावली की समस्यायें एक दूसरे से संबंधित थीं और वे

सब की सब राष्ट्रीय थीं। जब मैकियावली ने द प्रिंस लिखना शुरू किया उस समय उसने यह नहीं सोचा था कि संसार भर के राष्ट्रों के लिए कोई आचार संहिता लिखने जा रहा है। उसका उद्देश्य केवल इतना था कि वह उस शासक का थोड़ा बहुत पथप्रदर्शन कर सके जो इटली को एक राष्ट्र का रूप दे। परन्तु शनैः-शनैः उसके विचारों ने सार्वभौमिक महत्त्व प्राप्त किया।

मानव स्वभाव
(The Human Nature)

मैकियावली ने अपनी पुस्तक 'द प्रिंस' में मानव स्वभाव का विवेचन किया है यह तत्कालीन इटली निवासियों के आचरण पर आधारित है। अपने समकालीन देशवासियों के स्वभाव का अध्ययन कर उसने यह परिणाम निकाला कि व्यक्ति स्वभाव से दुष्ट और स्वार्थी होता है। वह अनिवार्यतः सद्‌गुणी नहीं होता। मनुष्य का चरित्र विभिन्न प्रकार की दुर्बलताओं, मूढ़ताओं और मूर्खताओं का केन्द्र है। अतएव यह आवश्यक है कि उसे बराबर दबाया जाय और मनुष्य के स्वभाव को सुधारने का प्रयत्न किया जाय जिससे समाज को अच्छा बनाया जा सके। यह दृष्टिकोण काल्विन तथा हॉब्स आदि विचारकों से काफी मिलता-जुलता है। ऐसा प्रतीत होता है कि ईसाइयों के मनुष्य के पापी होने के समकालीन सिद्धान्त का भी मैकियावली पर प्रभाव पड़ा था। मैकियावली यह मान कर चलता है कि मनुष्य का अहम् तथा उसकी स्वार्थ प्रवृत्तियाँ ऐसी प्रेरणादायी शक्तियाँ हैं जो उसे आगे बढ़ने के लिए विवश करती हैं। मनुष्य आनन्द चाहता है और कष्ट तथा दुख से बचने की बराबर कोशिश करता रहता है। मनुष्य कृतघ्न, विश्वासघाती, कायर और लालची होता है। वह अच्छा बनने की तभी कोई कोशिश करता है जब ऐसा करने में उसे कोई लाभ प्रतीत हो। मैकियावली का कहना था कि भय मानवजीवन को प्रेम से भी अधिक प्रभावित करता है। इसलिए राजा को प्रजावत्सल नहीं, वरन् ऐसा बनना चाहिए कि लोग उससे बराबर डरते रहें। जब तक वे डरेंगे तभी तक राजा से प्रेम करेंगे और उसके आदेशों को मानेंगे। परन्तु भय, घृणा और अपमान के बीच अत्यन्त सुस्पष्ट रेखा खींचते हुए उसका कहना था कि शासक को चाहिए कि वह अपने कार्यों से प्रजा को भयभीत तो रखे लेकिन ऐसा न कर बैठे कि राज्य का कोई वर्ग उससे घृणा करने लगे या उसकी मानहानि का प्रयत्न करे।

मानवस्वभाव के विषय में मैकियावली के उपरोक्त विचार इटली की तत्कालीन स्थिति से प्रभावित हुए थे। परन्तु मैकियावली के विचारों में अनेक विरोधात्मक प्रवृतियाँ देखने को मिलती हैं। उदाहरणार्थ जब वह कहता है कि मनुष्य अनिवार्यतः स्वार्थी और दुष्ट है तो उस समाज का सुधार किस प्रकार किया जा सकता है जिसकी वह रचना करता है। उसके विचार अवैज्ञानिक हैं। वह कभी-कभी कोई बात कह देता है और फिर उसको जहाँ का तहाँ छोड़ कर आगे बढ़ जाता है, उचित तर्कों द्वारा अपने सूत्र कथन की पुष्टि नहीं करता। उदाहरण के लिए 'समाज का सुधार संभव है', मैकियावली ने अपने इस कथन की तर्कों द्वारा कहीं पुष्टि नहीं की।

नैतिकता संबंधी सिद्धान्त
(Theory of Morality)

मैकियावली का नैतिकता का सिद्धान्त द्वैध (dual) है। उसका कहना है कि न कोई कार्य या बात बिलकुल अच्छी होती है और न बिलकुल बुरी। वह वस्तु की अच्छाई इस आधार पर निश्चित करता है कि उससे राज्य को कोई सहायता मिलती है या नहीं। यदि कोई वस्तु या कार्य राज्य की उपयोगिता की दृष्टि से लाभदायी है, तो वह नैतिक है अन्यथा अनैतिक। वह नैतिकता के दो मानदण्डों की चर्चा करता है। वह विस्तारपूर्वक बतलाता है कि प्रत्येक कार्य के संबंध में दो दृष्टिकोणों से फैसला किया जा सकता है—पहला दृष्टिकोण नरेश का मानदण्ड है और दूसरा प्रजा का। राजा को इस बात का अधिकार है कि वह अपने उद्देश्य की सिद्धि के लिए जो भी साधन उचित समझे उनका उपयोग करे। उसके प्रत्येक साधन का औचित्य सिद्ध करने वाली केवल एक ही कसौटी है और वह है उसकी सफलता। वह अपनी सफलता के लिए ऐसे साधनों का प्रयोग कर सकता है जो व्यक्ति या प्रजा की नैतिकता की दृष्टि से वर्जित है। इसके विपरीत प्रजा को सद्गुणसम्पन्न होना चाहिए। प्रजा का एकमात्र यही कर्तव्य है कि राजा चाहे जैसा हो वह उसकी सेवा बराबर करती जाय। राजा की आज्ञा का पालन करना उसका कर्तव्य है। इसके विपरीत राजा के लिए यह आवश्यक नहीं कि वह किसी की आज्ञा का पालन करे। प्रजा के लिए तो यह जरूरी है कि उसमें सार्वजनिक सेवा का भाव हो; वह समाज के हित के लिए अपने निजी स्वार्थों का बलिदान कर दे, परन्तु राजा के लिए यह आवश्यक नहीं कि वह प्रजा की सेवा करे। वास्तविकता यह थी कि मैकियावली समकालीन इटली की राजनीतिक और सामाजिक दशा के विषय में अपना मत प्रकट कर रहा था। यह कारण है कि उसके नैतिक सिद्धान्त द्वैध, परस्पर विरोधी तथा त्रुटियुक्त प्रतीत होते हैं। यही कारण है कि उसने उसी राजा को सर्वोत्तम बतलाया है जिसमें शेर और लोमड़ी के स्वभावों का सुन्दर समन्वय हो। आवश्यकता पड़ने पर वह शेर की तरह बहादुर और खूंखार हो और जरूरत पड़ने पर लोमड़ी की तरह चालाक। राजा को आवश्यकतानुसार विधि (Law) और बल (Force) का प्रयोग करना चाहिए। उसे अपना वचन तभी पूरा करना चाहिए जब तक ऐसा करना उसके हित में हो। यदि कालान्तर में हित की दृष्टि से वचनभंग करने की आवश्यकता पड़ जाय तो उसे इसमें संकोच नहीं करना चाहिए। मैकियावली जहाँ एक ओर नागरिकों को सबसे मैत्रीभाव बनाये रखने का उपदेश देता है और कहता है कि उन्हें पड़ोसियों से झगड़ा नहीं करना चाहिए वहाँ दूसरी ओर वह राजा को पड़ोसी से सदैव सतर्क रहने का उपदेश देते हुए सलाह देता है कि मौका मिलते ही उसके राज्य को झपट कर अपने राज्य में मिला लेना चाहिए। राजा को स्वयं भावनाहीन होना चाहिए, किन्तु दूसरों की भावनाओं को भड़का कर उनसे खूब लाभ उठाना चाहिए। राजा को विवेकयुक्त तथा अवसरवादी होना चाहिए। राज्य के हित में उसे तथाकथित पापों से नहीं डरना चाहिए। उसे अपनी आत्मा का सौदा करके भी राज्य की रक्षा करनी चाहिए। उसका प्रेम केवल राज्य तक ही सीमित रहना चाहिए। उसे अच्छाई, बुराई आदि के फेर में बिलकुल नहीं पड़ना चाहिए। राजा के आचरण और उसकी नैतिकता की परीक्षा केवल परिणामों से होती है। यदि राजा सफल होता है तो फिर साधनों की उसे कोई चिन्ता नहीं करनी चाहिए।

धर्म, आचारशास्त्र और राजनीति
(Religion, Ethics and Politics)

मैकियावली ने आचारशास्त्र और राजनीति को बिलकुल अलग कर दिया है। उसका कहना है कि राजनीति में हत्या करना बुरी बात नहीं है जब कि व्यक्ति के आचारशास्त्र की दृष्टि से ऐसा करना जघन्य अपराध है। मैकियावली के आचारशास्त्र और राजनीति संबंधी विचार सोलहवीं शताब्दी की क्रान्तिकारी मध्ययुगीन प्रवृत्तियों का प्रतिनिधित्व करते हैं। वह राजनीति में धर्म या आचार संबंधी विचारों को कोई स्थान नहीं देता। वे स्वयं अनाचारी या अनैतिक नहीं था किन्तु उसकी राजनीति नैतिकताहीन एवं आचारहीन थी। उसने उपयोगिता की दृष्टि से राजनीति के सिद्धान्त निश्चित किये। यदि किन्हीं कार्यों से राज्य को लाभ होता है तो राजनीति में उनका अनुसरण किया जाना चाहिए। यदि धर्म और आचार किसी बात का विरोध करते हैं और राजसत्ता यह अनुभव करती है कि उसके करने से राज्य को लाभ होगा तो राजा को वह कर डालना चाहिए। सच्चा राजनीतिज्ञ वही है जो वास्तविक परिस्थितियों को समझ कर राज्य के हित में तदनुकूल कार्य करे। स्पष्ट है कि मैकियावली राजनीति को धार्मिकता और आचारिकता के बंधनों से मुक्त रखना चाहता था। मैकियावली के मतानुसार राजा के आचरण का व्यक्ति आचरण से कोई संबंध नहीं है। व्यक्ति को हत्या का अधिकार नहीं है, वह ऐसा करके अन्याय करता है। व्यक्ति दूसरे की सम्पत्ति हड़पने का अधिकारी भी नहीं है। लेकिन राजा अपराधी को मृत्युदण्ड दे सकता है तथा मौका आ पड़ने पर पड़ोसी राजा के राजपाट पर कब्जा कर सकता है। अतः व्यक्ति और राजा के आचरण के मानदण्ड सर्वथा भिन्न हैं।

मैकियावली का राजनीति संबंधी दृष्टिकोण कलात्मक था। राज्य की उत्पत्ति, प्रकृति या विकास संबंधी कोई व्यापक बातें छोड़कर उसने अपने विचारों को अपेक्षाकृत सफल शासनतंत्र (सरकार) के दायरे तक ही सीमित रखा। प्लेटो, अरस्तु या मध्ययुग के कुछ विचारकों की भांति उसने राजदर्शन के संबंध में कोई पोथा नहीं लिखा वरन् उसने यह बतलाया कि सफल शासक कैसे बनाया जा सकता है तथा सफल शासन की कसौटी क्या है। इसी सीमितता के कारण 'प्रिंस' को कोई स्वतंत्र ग्रंथ नहीं अपितु राजनीति का एक अध्याय माना जाता है। इसी प्रकार अपने दूसरे ग्रंथ 'डिसकोर्सेज' में भी मैकियावली ने यह बतलाया है कि सफल गणतंत्र राज्य की स्थापना किस प्रकार की जा सकती है।

इतिहास और परिवर्तन
(History and Change)

इतिहास के संबंध में मत प्रकट करते हुए मैकियावली परिवर्तन के सिद्धान्त (The Theory of Change) का निरूपण किया है। इतिहास में कोई वस्तु स्थिर नहीं है। मनुष्य इतना लोभी और वासनामय है कि उसकी इच्छाएँ लगातार बढ़ती ही जाती हैं इनका बढ़ना ही परिवर्तनों का कारण है। इस प्रकार के परिवर्तनों की क्रमबद्ध कथा ही इतिहास है। चूँकि परिवर्तनों का कारण वासनाएँ हैं और इतिहास इन्हीं परिवर्तनों का विवरण है; अतः मानवजाति के कृत्यों

का इतिहास गौरवमय या उज्ज्वल नहीं है। अपनी बुराइयों के कारण ही मानवजाति दिन-प्रति-दिन अधिकाधिक अध:पतन के गर्त में गिरती जा रही है। इतिहास की गति मानवजाति के उस अंतिम विनाश और प्रलय की ओर ही इंगित करती है जिसकी ओर वह बढ़ी जा रही है। अत:, मैकियावली इतिहास को मानवजाति के छल, कपट और स्वार्थों का लेखा-जोखा मानता है। इतिहास चक्रवत् घूमता है। एक अच्छी चीज आती है कालान्तर में वह भ्रष्ट हो जाती है तो उसका स्थान दूसरी वस्तु ले लेती है। इसी प्रकार इतिहास का चक्र घूमता रहता है। अरस्तु ने भी लगभग ऐसी ही बात कही थी। उसने राज्यों का जो वर्गीकरण किया था उसमें बतलाया था कि राजतंत्र के बाद अभिजात्यतंत्र और अभिजात्यतंत्र के भ्रष्ट होने के बाद प्रजातंत्र और फिर राजतंत्र आता है। फिर भी मैकियावली ने अरस्तु का कहीं उल्लेख नहीं किया है। इस प्रकार एक आलोचक के शब्दों में उसने "बिना कृतज्ञता प्रकट किये चोरी" की है।

मानव प्रकृति और राज्य की उत्पत्ति
(Human Nature and Origin of State)

मैकियावली ने राज्य की उत्पत्ति के पूर्व मनुष्य की दशा का विवरण दिया है। उसने लिखा है कि एक समय ऐसा था कि जब न कोई समाज था न कोई राज्य। सदैव कलह और संघर्ष हुआ करता था। किसी का जीवन या सम्पत्ति सुरक्षित नहीं थे। ऐसी अवस्था में जब सब ऊब गये तो यही ठीक समझा गया कि समुचित व्यवस्था कर सकने वाले किसी अधिकारी की नियुक्ति कर दी जाय। राज्य की उत्पत्ति का कारण मानव समुदाय का कोई सामान्य हित (Common interest) था। इस सामान्य हित से जब व्यक्ति के हित संयुक्त हो गये तभी राज्य की उत्पत्ति हुई। सभी व्यक्तियों के सामान्य हितों के प्रभाव और दबाव के कारण कुछ व्यक्तियों को अपने निजी स्वार्थों का बलिदान करना पड़ा और तब राज्य की स्थापना हो गयी। अस्तु व्यक्तिगत स्वार्थों के समक्ष राज्य के स्वार्थों की प्राथमिकता स्वत:सिद्ध है। राज्य की उत्पत्ति का कारण कोई दैवी या ईश्वरीय कृत्य नहीं है। मनुष्य स्वभाव से दुष्ट है और उसकी दुष्टता को संयमित और सीमित करने के लिए किसी सबल बाह्य शक्ति की अपेक्षा है और वह आवश्यकता राज्य पूरी करता है। राज्य की उत्पत्ति ईश्वर की इच्छा से नहीं हुई वरन् वह समाज के बल का परिणाम है। मैकियावली की राज्य संबंधी कल्पना केवल विचार जगत की वस्तु नहीं है। वह इस भौतिक और प्रत्यक्ष संसार का अंग है। वह इतिहास का छात्र था और इतिहास को मानवजाति के छल, कपट और स्वार्थ की लम्बी कहानी मानता था। चूँकि उसने राज्य की उत्पत्ति को इतिहास से खोजा था इसलिए मैकियावली का राज्य भी स्वार्थी है।

राज्य की श्रेष्ठता
(Superiority of the State)

मैकियावली ने राज्य को समस्त मानव संवासों में सबसे अधिक श्रेष्ठ बतलाया है। अरस्तु की भाँति ही उसने कहा है कि मानवकल्याण का राज्य से बढ़ कर कोई दूसरा साधन नहीं हो सकता। मनुष्य जब अपने व्यक्तित्व को राज्य में विलीन कर देता है तभी वह राज्य के अस्तित्व को बनाये रखने में सफल होता है। ऐसा करने से व्यक्ति को ही अधिक लाभ

होता है। उसका चतुर्दिक बौद्धिक विकास होता है; उसके व्यक्तित्व की प्रतिभा बढ़ती है और उसके गुण पूर्ण रूप से मुखरित हो उठते हैं। अस्तु राज्य के हितों के समक्ष व्यक्तिगत हितों की चिन्ता बिलकुल ही नहीं उठनी चाहिए। राज्य का सर्वथा स्वतंत्र अस्तित्व है। राज्य अन्य संवासों से बिलकुल अलग और श्रेष्ठ है। अन्य समस्त संवास राज्य के प्रति उत्तरदायी हैं; जबकि राज्य किसी के प्रति उत्तरदायी नहीं है। मनुष्यों की भाँति राज्य की कोई नैतिक अथवा आचारिक संहिता नहीं है।

राज्यों का वर्गीकरण
(Classification of the State)

मैकियावली ने राज्यों का नहीं अपितु शासनतंत्रों (सरकारों) का वर्गीकरण किया है क्योंकि वह आदर्श शासनतंत्र की स्थापना करना चाहता था। उसके शासनतंत्र का आदर्श किसी कल्पना पर नहीं वरन् सफलता पर आधारित था। शासनतंत्रों के वर्गीकरण में उसने अरस्तु का अनुगमन किया है। अरस्तु की भाँति उसने समस्त शासनतंत्रों तथा उनके भ्रष्ट स्वरूपों को 6 वर्गों में विभक्त किया है। यथा—(1) राजतंत्र तथा निरंकुशतंत्र, (2) आभिजात्यतंत्र और अयोग्य उच्चजनतंत्र एवं (3) लोकतंत्र तथा समूहतंत्र। रोमन विचारकों की भांति उसने उसी शासनतंत्र को सफल और आदर्श माना है जो मिश्रित हो। मिश्रित शासनतंत्र से उसका अभिप्राय एक ऐसे शासनतंत्र से था जिसमें राज्य के तीनों वर्गों के तत्त्वों का सम्मिश्रण हो। तीनों वर्गों के शासनतंत्रों के गुणों का समावेश हो जाने से मिश्रित शासनतंत्र पर भली भाँति नियंत्रण भी बना रहता है और किसी तत्त्व के हाथ में आवश्यकता से अधिक शक्ति भी नहीं पहुँच पाती, अर्थात् शक्ति संतुलन बना रहता है। सम्पत्ति और राजसत्ता का घनिष्ठ संबंध है। धन, राजसत्ता के शक्ति संकलन में योग देता है। यदि राज्य का कोई बहुसंख्यक वर्ग ऐसा है जिसके आर्थिक हितों की उपेक्षा की जाती है तो उस राज्य में असन्तोष होना स्वाभाविक है। जो वर्ग राज्य की समस्त सम्पत्ति पर अधिकार किये बैठा हो, वह असंतोषी वर्ग को दबाने की चेष्टा करेगा और अपनी सत्ता से चिपका रहेगा। मैकियावली ने 'प्रिंस' में एक ऐसे राजा की कल्पना की है जो सर्वशक्तिमान हो और सारे देश के निवासियों को एकता के सूत्र में बाँध सके। उसने यह भी माना है कि एक व्यक्ति से कुछ व्यक्तियों का समूह अधिक बुद्धिमान होता है। अत:, ऐसे राज्य में जहाँ आर्थिक और वित्तीय वितरण की समानता हो, वहाँ गणतंत्रात्मक शासन सर्वोत्तम होता है। राजतंत्र की अपेक्षा गणतंत्रात्मक शासन आसानी से बदला जा सकता है, अथवा उसमें अपेक्षित सुधार भी किये जा सकते हैं। उसमें व्यक्ति की स्वतंत्रता भी अधिक सुरक्षित रहती है। निर्वाचित राजतंत्र ही समकालीन इटली की आवश्यकता है। शासनतंत्रों का स्वरूप समयानुकूल बदलते रहना चाहिये।

प्रत्येक वस्तु परिवर्तनशील है और वह लगातार बदलती रहती है। इसलिए राज्य भी परिवर्तनशील है और वह भी बदलता रहता है। ज्यों-ज्यों राज्य जीर्ण होता जाता है त्यों-त्यों उसकी बुराइयाँ बढ़ती जाती हैं और सुधार की आवश्यकता बढ़ती जाती है। जब राज्य जीर्ण हो जाता है तो उसे सुधार के लिए शक्तिशाली राजा की आवश्यकता पड़ती है और जब राज्य

सुधर जाता है तो राज्य को गणंतत्र अर्थात् ऐसे शासनतंत्र की आवश्यकता पड़ती है जिसमें जनमत का प्रतिनिधित्व हो। इस प्रकार मैकियावली निम्नलिखित दो परस्पर विरोधी तत्त्वों के बीच समन्वय स्थापित करता है—शक्तिशाली नरेश या राजा, और स्वशासन योग्य जनता।

मैकियावली यह मानता है कि गणतंत्र या राजतंत्र (Republic or Monarchy) कोई भी शाश्वत नहीं है। वह गणतंत्र को आदर्श शासनतंत्र मानता है किन्तु चूँकि मानव-स्वभाव के कारण ऐसा राज्य संभव नहीं है इसलिए वह राजतंत्र की ओर झुक जाता है। अतः वह राज्यों का वर्गीकरण (अ) गणतंत्र (Republic) और (आ) राजतंत्र (Monarchy) में करता है। राजतंत्र (Monarchy) दो प्रकार का होता है—(1) आनुवंशिक राजतंत्र (Hereditary Monarchy) और (2) कृत्रिम राजतंत्र (Artificial Monarchy)। आनुवंशिक राजतंत्र देश में अपने राजा का राज होता है। कृत्रिम राजतंत्र वह होता है जो शत्रु को परास्त करने के बाद कोई दूसरा राज्य पराजित राज्य पर लादता है। मैकियावली का कहना था कि अपने देश का राजतंत्र तो शीघ्र अपने क्षेत्र में सुस्थिर हो जाता है लेकिन कृत्रिम राजतंत्र की समस्याएँ अधिक कठिन होती हैं।

मैकियावली ने यह स्वीकार किया है कि मानव स्वभाव से ही दोषी होता है। अतः यदि राजा को दीर्घकाल तक बहुत अधिक अधिकार दे दिये जायें तो संभव है कि वह दोषी हो जाय। वह अपने कुछ स्वार्थों के पीछे जनता के हितों का परित्याग कर सकता है। इसके विपरीत जनता अपने हिताहित को समझती है। वह राजा से अधिक बुद्धिमान होती है। उसका मत समय की गति और सब के हितों के अनुकूल बदलता है। ह्यूम ने लिखा है कि मैकियावली के इन विचारों से हम यह परिणाम निकाल सकते हैं कि गणतंत्र अन्य प्रकार के शासनतंत्रों की अपेक्षा अधिक स्थायी होता है। मैकियावली ने भी लिखा है कि रोमन गणतंत्र रोमन साम्राज्यों की अपेक्षा अधिक दिनों तक जीवित रहे थे।

मैकियावली अभिजात्यतंत्र (Aristocracy) की कठोर आलोचना करता है। वह सामंततंत्र का भी विरोधी है। सामंत वर्ग निठल्ले और आलसी होते हैं। वे दूसरों के श्रम की चोरी पर जिन्दा रहते हैं, स्वयं कुछ भी नहीं करना चाहते। सामंतों और धनिकवर्गों के विरुद्ध मैकियावली मध्यवर्ग का समर्थन करता था। मध्यवर्ग उत्तरदायी होता है। वह अपना हित-अहित समझता है; परिश्रम करता है और दूसरों के परिश्रम पर जिन्दा नहीं रहता। मैकियावली ने पोप की भी बड़ी कठोर आलोचना की है और राजनीतिक दृष्टि से पोपतंत्र को सर्वथा अनावश्यक बतलाया है।

राज्य का विस्तार
(Extension of the State)

राज्य के निरन्तर विस्तृत होते रहने की आवश्यता बतलाते हुए मैकियावली ने बतलाया कि मनुष्य का स्वभाव पारे (Mercury) की भांति होता है। वह बराबर बढ़ते रहना चाहता है। यदि वैभव और व्यवस्था है तो राज्य को भी बढ़ना चाहिए। मनुष्य का स्वभाव चंचल होता है—वह स्थिर नहीं रह सकता। अतएव ऐसी कोई वस्तु शाश्वत या दीर्घजीवी नहीं हो सकती,

जो स्थिर रहे। इस सम्बन्ध में उसने रोमन साम्राज्य के पतन का उदाहरण देते हुए बतलाया कि उस साम्राज्य के नष्ट होने का मुख्य कारण उसका सदैव एक समान बने रहना था। रोमन साम्राज्य के शासकों ने उसके विस्तार की चेष्टा नहीं की। अत: 'प्रिंस' तथा 'डिसकोर्सेज' में मैकियावली ने यह समझाने की चेष्टा की कि राज्य में अधिकृत प्रदेश को निरन्तर बढ़ाते रहने की आवश्यकता है। एक ही राजा के छत्र के नीचे शासितों की संख्या निरन्तर बढ़ती रहनी चाहिए। ऐसा उस समय तो बराबर ही होना चाहिए जब केन्द्रीय राजसत्ता को अपने ही देश के किसी भूमि भाग को अपने अन्तर्गत लाना हो। उपरोक्त बात मैकियावली ने इटली की दशा को देखते हुए कही थी। राजा को साम, दाम, दण्ड और भेद की चारों नीतियों को काम में लाना चाहिए। उसे यदि आवश्यकता पड़े तो सेना का प्रयोग करने से भी नहीं चूकना चाहिए। शान्ति, व्यवस्था और सुरक्षा की दृष्टि से राज्य के भूमि भाग को बढ़ाते रहना आवश्यक है।

राज्य की सुरक्षा
(Security of the State)

राज्य को सुरक्षित रखना शासक का पहला कर्त्तव्य है। मैकियावली ने विस्तारपूर्वक बतलाया है कि शासक को यह कार्य किस प्रकार करना चाहिए। उसकी सलाह निम्नलिखित है–

1. राज्य की सुरक्षा की दृष्टि से उसने राजा को सबसे पहली राय यह दी कि उसे अपनी प्रजा की सम्पत्ति का सबसे अधिक ध्यान रखना चाहिए। मनुष्य को सम्पत्ति सबसे प्यारी होती है। मैकियावली ने लिखा है "मनुष्य अपने पिता की हत्या भूल सकता है लेकिन सम्पत्ति के अपहरण के कृत्य को नहीं भूलता।" इसलिए यदि राजा को विवश होकर किसी को कठोर से कठोर दण्ड भी देना पड़े तो उसे चाहिए कि वह मृत्युदण्ड भले ही दे दे लेकिन सम्पत्ति न छीने।

2. राजा को चाहिए कि वह अपनी प्रजा को उचित भाषण, गमनागमन आदि की स्वतंत्रताएँ भी प्रदान करे।

3. राजा को प्रचलित परम्पराओं, प्रथाओं और लोकमर्यादाओं का भी सम्मान करना चाहिए। ऐसा करना राजा के हक में बड़ा जरूरी है। प्रजा अपनी स्वतंत्रता और संभवत: अपने जीवन की भी इतनी परवाह नहीं करती जितना प्रचलित रीति-रिवाजों की।

4. जहाँ तक बन पड़े राजा को कम से कम राजस्व वसूल करना चाहिए। शान-शौकत तथा तड़क-भड़क के ऊपरी खर्चों के लिए राजकोष से धन नहीं लिया जाना चाहिए बल्कि उसके लिए बाहरी राज्यों पर किये गये आक्रमणों की लूटमार से प्राप्त धन पर निर्भर रहना चाहिए।

5. राजा को भाँति-भाँति की लुभावनी योजनाओं द्वारा प्रजा के मस्तिष्क को सदैव अपने काबू में रखना चाहिए।

6. उसे कला और संस्कृति तथा साहित्य के विकास पर भी समुचित ध्यान देना चाहिए।

7. राजा को अत्यन्त बलवान् सेना रखनी चाहिए।

8. राजा धर्मनिरपेक्ष रहे, धार्मिक अधिकारियों को अधिक सुविधाएँ न दे और न उसको ऐसा मौका दे जिससे वे राजा या राज्य के विरुद्ध षड्यंत्र रच सकें। यह परामर्श देते समय मैकियावली ने समकालीन इटली की अवस्था का अध्ययन कर निष्कर्ष निकाले थे। मैकियावली का दृढ़ मत था कि इटली तथा उसके निवासियों के अध:पतन का मुख्य कारण ईसाई धर्म तथा उसके अधिकारी थे। इसी कारण मैकियावली ने धर्मसत्ता का इतना कठोर विरोध किया था। फिर भी मैकियावली नास्तिक नहीं था। वह व्यक्ति के लिए धर्म का महत्व समझता था। उसका कहना था कि धर्म मनुष्य को शुद्ध कर सकता है; बुराइयों से बचा सकता है, किन्तु राज्य ऐसा लौकिक संवास है जिसमें धर्म को स्थान दिये जाने की कोई आवश्यकता नहीं है।

राजा के कर्त्तव्य
(Duties of the King)

मैकियावली ने 'प्रिंस' के तीसरे भाग के एक अध्याय में शासक के कर्त्तव्यों पर प्रकाश डाला है। शासक की सफलता की पहली कसौटी उसकी लोकप्रियता है। इसलिए शासक को लोकप्रिय बनने का यत्न करना चाहिए। उसे प्रजा को हर तरह से संतुष्ट रखना चाहिए। ऐसा करने के लिये तीन प्रकार की सुरक्षा आवश्यक है—जीवन की रक्षा, धन और सम्पत्ति की सुरक्षा और स्त्रियों का आदर।

1. **जीवन की सुरक्षा**—मैकियावली ने कहा है कि जिस राजा के राज्य में जीवन सुरक्षित नहीं वहाँ की प्रजा कदापि संतुष्ट नहीं रह सकती और राज्य में सुख-शान्ति की स्थापना भी नहीं हो सकती। अत: जीवन की सुरक्षा प्रदान करना राज्य का प्राथमिक कर्त्तव्य है। यह शासक का प्रत्यक्ष और प्रथम उत्तरदायित्व है। राजा या शासक की नियुक्ति ही इसीलिए होती है कि वह जीवन की सुरक्षा प्रदान करे।

2. **धन और सम्पत्ति की सुरक्षा**—इसके बाद मनुष्य को अपने धन और सम्पत्ति के सुरक्षित होने का विश्वास होना चाहिए। अरस्तु की भाँति मैकियावली भी धन और सम्पत्ति को व्यक्तित्व के विकास का साधन मानता है। यदि मनुष्य को सम्पत्ति रखने का अधिकार नहीं मिलता तो वह कदापि उन्नति नहीं कर सकता। अत: राज्य की उन्नति की दृष्टि से प्रजा को यह अधिकार मिलना आवश्यक है। दूसरे सम्पत्ति से व्यक्ति को बड़ा मोह होता है। व्यक्ति अपने पिता की हत्या को भी भूल सकता है, लेकिन सम्पत्ति की हानि को नहीं। अत: राज्य को व्यक्ति की सम्पत्ति को अपहृत करने का अधिकार बहुत कम काम में लाना चाहिए।

3. **स्त्रियों का आदर**—राज्य में स्त्रियों का समादार होना चाहिए। शासक को अपना चरित्र इतना स्वच्छ और उज्ज्वल रखना चाहिए कि उसकी ओर कोई उँगली न उठा सके। शासक को कामवासना का शिकार कभी नहीं होना चाहिए। मैकियावली ने इतिहास से उदाहरण देकर बतलाया है कि शासक की कामुकता के कारण किस प्रकार बड़े-बड़े राज्यों का पतन हो जाता है।

संप्रभुता की अवधारणा
(Concept of Sovereignty)

मैकियावली के समय तक संप्रभुता (Sovereignty) की अवधारणा विकसित नहीं हो पायी थी। अस्तु, मैकियावली की संप्रभुता-सम्बन्धी कल्पना कुछ अव्यवस्थित और अस्पष्ट सी है। उसमें जटिलता भी है। वह राष्ट्र राज्य की आंशिक कल्पना सी प्रतीत होती है। मैकियावली कहता है कि शासक की शक्ति अविभाज्य (Indivisible) है। जो शक्ति अविभाज्य है उसे संप्रभुता कहा जा सकता है। शासक किसी बाह्य शक्ति के प्रति उत्तरदायी नहीं होता। अपने राज्य के बाहर उसका किसी के प्रति कोई कर्त्तव्य नहीं होता। उसे किसी बाहरी शक्ति द्वारा आज्ञापालन के लिए बाध्य नहीं किया जा सकता।

राज्य की शक्ति की उक्त व्याख्या से संप्रभुता की आधुनिक अवधारणा का आभास मिलता है। मैकियावली ने राज्य की शक्ति की इस व्याख्या द्वारा आधुनिक राष्ट्र-राज्य (Nation-State) के आगमन की पूर्वसूचना दी थी। मैकियावली की उसके समय में तथा उसके बाद तक काफी आलोचना हुई है। परन्तु लार्ड एगडन (Lord Egdon) के शब्दों में मैकियावली के बाद जो कुछ भी हुआ वह सब कुछ उसके लिए प्रमाणपत्र के सदृश है। इस कथन का अभिप्राय यह है कि मैकियावली की मृत्यु के उपरान्त विश्व का घटनाचक्र ठीक उसी तरह से घूमा जैसी कि मैकियावली ने भविष्यवाणी की थी। लार्ड एगडन ने भी यह स्वीकार किया है कि राज्य की आज्ञा का पालन भय के कारण ही होता है। इसलिए राज्यसत्ता के आज्ञापालन का मूलभाव भी वही है। इसके सम्बन्ध में सबसे पहले मैकियावली ने ही लिखा था। बोदां तथा हॉब्स ने मैकियावली की संप्रभुता की जटिल और अस्पष्ट कल्पना को सरल, सुबोध और स्पष्ट बनाया था।

विधि की अवधारणा
(Concept of Law)

मैकियावली विधानमण्डल को सर्वशक्तिमान मानता है। उसकी इस अवधारणा में विधि की अवधारणा भी सन्निहित है। मैकियावली ने बतलाया है कि लोग विधि के आदेशों को भय के कारण मानते हैं। मैकियावली की विधि की परिभाषा बहुत सीमित थी। वह केवल नागरिक विधि (Civil Law) के अस्तित्व को ही स्वीकार करता था। उसका कहना था कि विधियाँ शासक द्वारा बनायी जाती हैं अतएव उनका स्रोत शासक है। शासक या राज्य की उत्पत्ति के पहले विधियाँ नहीं थीं। अराजकता (Anarchy) और विधि-व्यवस्था का अभाव (Lawlessness) पर्यायवाची शब्द हैं। अराजकता की अवस्था में समाज और राज्य के सारे अंग विशृंखलित हो जाते हैं। विधि का कार्य इन्हीं विशृंखलित अंगों के बीच सामंजस्य और समन्वय की स्थापना करना है। मध्य युग के विभिन्न लेखकों की भांति मैकियावली ने विधि को प्राकृतिक, ईश्वरीय परम्परागत आदि वर्गों में विभक्त नहीं किया। नागरिक विधि की अवधारणा को बतलाने के बाद उसने आगे और कुछ नहीं लिखा। उसका विधि और विधानमण्डल संबंधी दर्शन भी अत्यन्त सीमित है। वह शासक को ही विधानमण्डल मानता है।

सेना का राष्ट्रीयकरण
(Nationalisation of Militia)

सेनाओं के संबंध में भी मैकियावली के विचार अत्यन्त महत्त्वपूर्ण हैं। उसके समय में तीन प्रकार की सेनाएँ हुआ करती थीं–

1. राष्ट्रीय सेनाएँ (National Militia),
2. राज्यिक सेनाएँ (State Militia), और
3. किराये पर लड़ने वाली सेनाएँ (Mercenary Armies)।

समकालीन इटली में जितनी विदेशी फौजें लड़ने आती थीं वे सब राष्ट्रीय सेनाएँ होती थीं। ये सेनाएँ बहुधा स्पेन, फ्रांस और जर्मनी की होती थीं। इनका मुकाबला इटली की छोटी-छोटी रियासतों की सेनाओं को करना पड़ता था। इन सेनाओं में फूट भी रहती थी। इनके अलावा कुछ सेनाएँ किराये पर भी लड़ा करती थीं। इटली की सामरिक पराजयों के कारणों का निदान करते हुए मैकियावली ने रियासती सेनाओं और किराये पर लड़ने वाली सेनाओं के बहुत-से दोष गिनाये हैं। उसका कहना था कि ऐसी सेनाएँ दब्बू, कायर, लालची और महत्त्वाकांक्षिणी होती हैं। इनको प्रेरणा देने वाला लक्ष्य राष्ट्र की सेवा का भाव नहीं बल्कि धन होता है। अतएव, इस प्रकार की सेनाओं पर भरोसा करके इटली राष्ट्र-राज्यों का सामना नहीं कर सकता। यदि इटली को स्वतंत्रता प्राप्त करनी है तो उसे भी फ्रांस आदि की भांति राष्ट्रीय सेनाओं का संघठन करना चाहिए और किराये तथा अन्य प्रकार की सेनाओं पर निर्भर नहीं रहना चाहिए।

राष्ट्रीयता की अवधारणा
(Concept of Nationality)

आधुनिक युग में मैकियावली ही ऐसा पहला विचारक था जिसने राष्ट्रीयता के संबंध में अपने विचार प्रकट किये। किन्तु आलोचकों ने इस संबंध में बड़े परस्पर-विरोधी विचार प्रकट किये हैं। एलन का कहना है कि मैकियावली ने यह नहीं बतलाया कि राष्ट्र-राज्य में कौन-कौन से अंग होते हैं। विचारों की अस्पष्टता मैकियावली की एक बहुत बड़ी त्रुटि है। एलन के मत के विपरीत हरनशॉ का कहना है कि वस्तुतः राष्ट्र-राज्य का जनक मैकियावली ही था। यह बात इस अर्थ में स्वीकार की जा सकती है कि मैकियावली ने ही सबसे पहले राष्ट्र-राज्य की रूपरेखा दी। चाहे वह रूप-रेखा अस्पष्ट ही क्यों न थी।

मैकियावली के विचारों की त्रुटियाँ
(Errors of Machiavelli's Thought)

मैकियावली के विचारों में अव्यवस्था, अस्पष्टता और जटिलता के साथ ही विचार भी त्रुटिपूर्ण हैं। मैकियावली की आरंभिक त्रुटियाँ इस प्रकार हैं।

1. अध्ययन-पद्धति की त्रुटियाँ–मैकियावली की अध्ययन-पद्धति त्रुटिपूर्ण है। वह सम्पूर्ण इतिहास का अध्ययन कर उनसे निष्कर्ष निकालने अथवा सिद्धान्तों को मुखरित करने

का कार्य नहीं करता। वह अपने पर्यवेक्षण के आधार पर सिद्धान्तों को निश्चित करता है, तथा उनकी पुष्टि के लिए इतिहास के उदाहरण देता है। यह अध्ययन-पद्धति गलत है। उसका इतिहास का अध्ययन सीमित था, वह केवल इटली की ही दशा का पर्यवेक्षण कर अपनी धारणाएँ बनाता था।

2. मानव-स्वभाव संबंधी दोष—मानव स्वभाव के संबंध में मैकियावली की प्रवृत्ति सदैव बुराई की ओर रहती है। वह यह भूल जाता है कि समाज व्यक्तियों के समूह से ही बनता है और जब मनुष्य स्वभाव से ही दुष्ट और स्वार्थी होता है तो फिर उसमें सुधार कैसे किया जा सकता है। ये दोनों परस्पर विरोधी बातें हैं जो असंगति की ओर इंगित करती हैं।

3. नैतिकता संबंधी दोषपूर्ण सिद्धान्त—नैतिकता संबंधी सिद्धान्तों का निरूपण करते हुए मैकियावली एक ओर तो यह कहता है कि मनुष्य को धार्मिक, सदाचारी और सद्गुणसम्पन्न बनना चाहिए और दूसरी ओर वह शासकों को ठीक इसके प्रतिकूल उपदेश देता है।

4. राज्य संबंधी विचारों में दोष--मैकियावली का आदर्श राज्य गणतंत्र है। किन्तु आर्थिक समानता इस गणतंत्र की एक जरूरी शर्त है। अत: उसे असंभव मानकर वह राजतंत्र का समर्थन करता है। इस प्रकार वह निम्नलिखित दो विरोधी तत्त्वों में समन्वय करने का प्रयत्न करता है: (1) अत्यन्त बलवान् शासक और (2) स्वशासन योग्य जनता। परन्तु जिस राज्य में अपना शासन करने योग्य जनता होगी, वहाँ बलवान शासक कैसे रह सकता है। ये परस्पर विरोधी बातें हैं, किन्तु मैकियावली इस असंगत मत को ही ठीक मानता है।

5. राष्ट्रीयता, संप्रभुता और विधि सम्बन्धी दोष—मैकियावली के राष्ट्रीयता, संप्रभुता और विधि संबंधी विचारों में अस्पष्टता और अव्यवस्था है। वह राष्ट्रीयता या राष्ट्र-राज्य की कोई परिभाषा नहीं देता। वह संप्रभुता की भी कोई स्पष्ट व्याख्या नहीं करता। उसका विधियों का विवेचन भी सीमित है। वह केवल नागरिक विधि को ही महत्त्व देता है। उसकी दृष्टि में ईश्वरीय या प्राकृतिक विधियों का कोई मूल्य नहीं है।

आधुनिक राजनीति का जनक
(Father of Modern Politics)

मैकियावली को आधुनिक राजनीति का जनक (पिता) कहा जाता है। इस कथन का आशय यह है कि उसके विचारों ने आधुनिक राजनीतिक विचारों को बहुत अधिक प्रभावित किया है। इसी प्रभाव के कारण कुछ समालोचक मैकियावली को आधुनिक युग का विचारक बतलाते हैं और कुछ उसे मध्य युग का अंतिम विचारक मानते हैं। वास्तविकता यह है कि मैकियावली की अपनी स्वतंत्र स्थिति है। वह न तो केवल मध्य युग की प्रवृत्तियों का और न पूर्णत: आधुनिक युग का प्रतिनिधितत्व करता है। उसकी स्थिति ऐसे विचारक की-सी है जो दो युगों की सीमाओं पर पैदा होता है। उसमें दोनों युगों की छाया प्रतिबिम्बित होती है। जो भी हो अग्रलिखित कारणों से मैकियावली को आधुनिक राजनीति का जनक कहा जाता है।

1. अध्ययन-पद्धति– मध्य युग की अध्ययन-पद्धति अतिधार्मिकता के दोषों से परिपूर्ण थी और उसमें मूढ़ताओं और अंध-विश्वासों का इतना अधिक बोलबाला था कि वह प्रगति या वास्तविक स्थिति की ओर कोई ध्यान ही नहीं देती थी। आधुनिक युग के विचारकों की अध्ययन-पद्धति इस दोष से मुक्त है और उसमें निम्नलिखित गुण भी पाये जाते हैं– (1) पर्यवेक्षणात्मक (Observational), (2) यथार्थवादी दृष्टिकोणयुक्त (Realistic approach), (3) वैज्ञानिकों-सी तटस्थता (Scientific detachment), (4) विश्लेषणात्मक (Analytical) और (5) ऐतिहासिक (Historical)। निषेधात्मक दृष्टि से मैकियावली ने अपनी अध्ययन पद्धति में अतिधार्मिकतावादी दृष्टिकोण का बहिष्कार किया था और थोड़ी बहुत त्रुटियों सहित अध्ययन-पद्धति के उक्त सभी गुण अपना लिये थे। मैकियावली ने समस्त मानवता की मुक्ति या विश्व-साम्राज्य की कल्पना नहीं की। उसने केवल स्वतंत्र इटालियन राष्ट्र की कल्पना की। इटली की तत्कालीन कठिनाइयों का अध्ययन कर उसने देश को आगे बढ़ाने की कोशिश की। यद्यपि उसके विचारों में "दूरदर्शिता" (Far-sightedness) का अभाव है। परन्तु उसकी दृष्टि सूक्ष्म और "स्पष्ट" अवश्य थी। मैकियावली के बाद के विचारकों ने उसी की अध्ययन पद्धति को अपनाया।

2. राज्य पर बल– मैकियावली ने राज्य के महत्त्व पर बल दिया। उसने राज्य का जो स्वरूप निर्धारित किया वह आधुनिक राज्य से बहुत कुछ मिलता-जुलता है। आधुनिक राज्य किसी भी बाह्य शक्ति का प्रभुत्व स्वीकार नहीं करता। वह संप्रभुता-सम्पन्न (Sovereign) होता है। राज्य की एकता पर भी विशेष बल दिया जाता है। वह स्वतंत्र इकाई (Unitary) के रूप में रहना चाहिये। राज्य आध्यात्मिक विकास की अपेक्षा नागरिक, भौतिक और साम्पत्तिक विकास की ओर अधिक ध्यान देता है। संक्षेप में आधुनिक राज्य संप्रभु (Sovereign) ऐकिक (unitary) लौकिक, धर्म-निरपेक्ष (Secular), राष्ट्रीय (National) और स्वतंत्र अस्तित्ववान (isolated) होता है। मैकियावली ने इटली के संबंध में जो कल्पना की थी वह इससे मिलती-जुलती थी। उसके विचार अस्पष्ट अवश्य थे किन्तु उसकी अध्ययन-पद्धति तथा विचारों से उक्त रूप-रेखा की झलक मिल जाती है। आचारशास्त्र (Ethics) और धर्म (Religion) को राजनीति से अलग कर उसने राज्य को राष्ट्रीयता, संप्रभुता और ऐकिकता की ओर बढ़ाने में बड़ी मदद दी।

3. धर्मशास्त्र और आचारशास्त्र का प्रयोग– मैकियावली धर्महीन या दुराचारी नहीं था। अपने व्यक्तिगत और सार्वजनिक कार्यों में उसका चरित्र अत्यन्त उज्ज्वल थां वह यह नहीं चाहता था कि लोग नास्तिक हो जायँ और चारित्रिक गुणों को तिलांजलि दे दें। वह राज्य को धार्मिक और आचारिक बंधनों से छुड़ाना चाहता था। वह धर्महीन नहीं अपितु धर्मनिरपेक्ष, आचारहीन नहीं अपितु आचारिक बंधनों से मुक्त राज्य चाहता था। धर्मशास्त्र और आचार-शास्त्र को विशुद्ध व्यक्तिगत उपयोग तक सीमित रखकर उसने व्यावहारिक राजनीति को उनके बंधनों से मुक्त कर दिया था। ऐसा करना तत्कालीन समाज के हित की दृष्टि से आवश्यक था। वह धर्म तथा आचार को राज्य से निम्न स्थान देता था। वह कहता था कि इनका उपयोग राज्य के हित में होना चाहिये। उसके बाद का इतिहास इस बात का प्रमाण है

कि कालान्तर में जो कुछ हुआ वह सब उसके मत की ही पुष्टि करता है। आज भी प्रत्येक राज्य अपने आपको धर्म और आचार के बंधनों से मुक्त मानते हुए उनका उपयोग अपने हितों के लिए करता है।

4. सीमित संप्रभुता—शासक की शक्ति को मैकियावली सर्वोच्च मानता था। अन्तर्राष्ट्रीय मामलों में उसने शासक की स्थिति का भली भांति अध्ययन करके कार्य करने की सलाह दी थी और इस प्रकार उसने सीमित संप्रभुता का सिद्धान्त भी प्रतिपादित किया था। उसने जर्मन दार्शनिक हीगल की भाँति राज्य को ही साधन और साध्य माना था। यही नहीं, उसने यह कहकर उपयोगितावादी (Utilitarian) विचारधारा की नींव भी डाली थी कि मनुष्य दुख से बचना चाहता है तथा सुख की कामना करता है।

मैकियावली का योगदान
(Contribution of Machiavelli)

1. व्यावहारिक राजनीति—व्यावहारिक राजनीति और सिद्धान्त के क्षेत्र में मैकियावली का योगदान अत्यन्त महत्त्वपूर्ण है। मैकियावली ने जिन सिद्धान्तों का प्रतिपादन किया उनका समकालीन राजनीतिज्ञों ने बड़ा विरोध किया। जर्मनी के तत्कालीन सम्राट फ्रेडरिक महान् ने तो मैकियावली द्वारा अनुमोदित नीतियों का न केवल मौखिक विरोध किया अपितु एक पुस्तक भी लिख डाली। फ्रेडरिक महान की इस पुस्तक का नाम है Refutation of the 'Prince' of Machiavelli। यह पुस्तक जर्मन भाषा में है। किन्तु, इससे भी आश्चर्य की बात यह है कि मैकियावली की जिन नीतियों का उसने विरोध किया उन्हीं का व्यावहारिक राजनीति में अनुसरण कर सफलता प्राप्त की। समकालीन इटली ने भले ही मैकियावली की बात न मानी हो, किन्तु 350 वर्षों के बाद जब इटली का राष्ट्रीयकरण हो गया तो इटालियन काउण्ट केवूर ने लक्ष्यसिद्धि के साधनों की चर्चा करते हुए एक बार कहा, "हमने इटली के लिए जो कुछ किया, यदि वह हम अपने लिये करते तो हम बहुत बड़े दुष्ट होते।"[1] इससे राजनैतिक क्षेत्र में मैकियावली के नैतिकता संबंधी दृष्टिकोण का औचित्य स्वत: सिद्ध हो जाता है।

2. मानव-स्वभाव संबंधी सिद्धान्त—मैकियावली का मानव-स्वभाव संबंधी सिद्धान्त अंशत: ठीक है और जो कुछ ठीक है वह अत्यन्त आधुनिक-सा प्रतीत होता है। मैकियावली ने राज्य की उत्पत्ति के सिद्धान्त का विवेचन करते हुए मनुष्य की प्राकृतिक अवस्था दु:ख और कष्टपूर्ण मानी थी। यह विवेचन हॉब्स की प्राकृतिक अवस्था में चित्रण तथा बेंथम के उस सिद्धान्त से मिलता-जुलता है जिसमें मनुष्य को दु:ख और सुख, इन दो स्वामियों के अधीन माना है।

---

1. "If we have done for ourselves what we have done for Italy, we should have been great rascals."

3. **प्रयोगात्मक पद्धति** (Empiric Method)—व्यावहारिक राजनीति (Comparative Politics) में जहाँ पहले सैद्धान्तिकता पर अधिक बल दिया जाता था वहाँ मैकियावली ने सबसे पहले प्रयोगात्मक पद्धति का उपयोग किया। यह प्रयोग आज भी समाजशास्त्रों के अध्ययन के लिए अनिवार्य ठहराए जाते हैं।

4. **व्यक्तिवाद**—मैकियावली के पूर्व के विचारकों के चिन्तन का आधार समाज था। ईसाई लेखकों ने भी यही किया। किन्तु मैकियावली ने जहाँ एक ओर राज्य को सर्वोच्च बतलाया वहाँ उसने मनुष्य को जीवन की सुरक्षा, सम्पत्ति रखने की सुविधा आदि के अधिकार भी प्रदान किये जिनसे आगे चलकर व्यक्तिवादियों ने एक स्वतंत्र सिद्धान्त का निरूपण ही कर डाला। लॉक ने भी अपने तर्कों की पुष्टि के लिए मैकियावली के जीवन और सम्पत्ति की रक्षा के सिद्धान्त का सहारा लिया।

5. **नैतिकता का सिद्धान्त** (Theory of Morals)—मैकियावली ने राजनीतिक नैतिकता को व्यक्ति, समाज तथा धर्म की नैतिकता और उसके आदर्शों से सर्वथा मुक्ति दिला दी और इस प्रकार एक लौकिक राजनीति (Secular Politics) की सृष्टि की। मैकियावली द्वारा प्रतिपादित लौकिक राजनीति का सिद्धान्त आज प्राय: सभी राष्ट्र मानते हैं। धर्मतंत्र में विश्वास करने वाले राज्यों की संख्या उँगलियों पर गिनने योग्य है। इस प्रकार मैकियावली ने उपयोगितावादी नैतिकता (Utilitarian Ethics) की सृष्टि की।

6. **राज्य की उत्पत्ति**—राज्य की उत्पत्ति को पहले दैवी माना जाता था। मैकियावली ने बतलाया कि राज्य विशुद्ध मानवीय कृत्य (Human Act) का परिणाम है। बाद में हॉब्स, लॉक, रूसो आदि ने भी इसी सिद्धान्त का समर्थन किया। आधुनिक विद्वानों ने यह स्वीकार किया है कि राज्य की रक्षा के लिए मनुष्य को सब कुछ करना चाहिए। राज्य लौकिक, संप्रभु, राष्ट्रीय, स्वतंत्र अस्तित्वयुक्त और ऐकिक है। राज्य की इस अवधारणा को आधुनिक युग ने ज्यों का त्यों स्वीकार कर लिया है।

7. **विधि की अवधारणा** (Concept of Law)—विधि की अवधारणा में मैकियावली ने बतलाया कि नागरिक विधियाँ (Civil Laws) ही सर्वोच्च होती हैं। हॉब्स ने भी अपने 'लेवॉयथन' (Leviathan) में नागरिक विधियों को ही श्रेष्ठतम स्थान दिया। मैकियावली की व्यावहारिक राजनीति के कूटनीतिक सिद्धान्त का हीगल और बौसाँके ने भी समर्थन किया है।

8. **कूटनीतिक सिद्धान्त**—नरेशों के लिए कूटनीतिक आचरण संबंधी मैकियावली के सूत्रों का उसके बाद अनेक सम्राटों द्वारा पालन किया गया। इस संबंध में हेनरी सप्तम, विक्टर इमैनुअल, फ्रेडरिक महान आदि के नाम विशेष रूप से उल्लेखनीय हैं।

9. **राष्ट्रीयता की भावना**—इटली में राष्ट्रीयता की भावना मैकियावली के विचारों द्वारा ही जागृत हुई। इसीलिए मैकियावली को पहला इटालियन राष्ट्रभक्त, पहला देशभक्त, आदि विशेषणों से संबोधित किया जाता है। वह पहला आधुनिक राष्ट्रीयतावादी था।

10. गणतन्त्र का समर्थन—गणतंत्रवाद को जन्म देने का श्रेय भी मैकियावली को ही है। उसी ने सबसे पहले यह कहा कि जनमत शासक के निर्णय से कहीं अधिक उचित होता है। जनता राजा से अधिक बुद्धिमान होती है।

अभ्यास के लिये प्रश्न

1. "प्रिंस पहली महान कृति जो कि मध्यकालीन चिन्तन के तरीकों से बिल्कुल भिन्न थी।" इस कथन का विश्लेषण कीजिए।
2. मैकियावली आधुनिक युग का प्रथम विचारक क्यों माना जाता है?
3. "मैकियावली सही अर्थों में अपने युग का शिशु था।" समीक्षा कीजिये।
4. पितृदाय की क्षति की अपेक्षा मनुष्य अपने पिता की मृत्यु अधिक शीघ्र भूल जाता है।" मैकियावली के इस कथन की व्याख्या कीजिये।
5. "नरेश राज्य के अस्तित्व को कायम रखने के लिये प्रयत्न करें। उसके साधन सम्मानपूर्ण समझे जायेंगे।" मैकियावली के इस कथन की व्याख्या कीजिये।
6. धर्म एवं नैतिकता के सम्बन्ध में मैकियावली के विचारों की विवेचना कीजिये।
7. क्या आप इस कथन से सहमत हैं कि मैकियावली का राजनैतिक विचार अतीत से स्पष्टत: सम्बन्ध विच्छेद है?

20

सुधारवादी आन्दोलन तथा उसके विचारक

(Reformation Movement and Its Thinkers)

16वीं शताब्दी में यूरोप में ईसाई धर्म सुधार के जिस आन्दोलन के माध्यम से विश्व की राजनीति आन्दोलित हुई, वह 'धर्म सुधार आन्दोलन' अथवा प्रोटेस्टेन्ट आन्दोलन के नाम से विख्यात हुआ। इस आन्दोलन के प्रणेता मार्टिन लूथर थे। चर्च अथवा पोप की सत्ता के विरुद्ध 'प्रोटेस्ट' करके राज्य की सत्ता का समर्थन करना ही प्रोटेस्टेन्ट आन्दोलन का प्रमुख उद्देश्य था।

धर्म सुधार-आन्दोलन के कारण
(Causes of Reformation Movement)

प्रोटेस्टेन्ट धर्म सुधार आन्दोलन, कैथोलिक धर्म की व्याप्त बुराइयों को दूर करके एक सुधारात्मक आन्दोलन के रूप में चला था, जिसके निम्नलिखित कारण थे—

(1) राष्ट्रीय राज्यों का उदय (Rise of National State)—अब यूरोप में समस्त राज्यों में राष्ट्रीयता की भावना का उदय हो रहा था तथा राष्ट्रीय राज्यों की स्थापना की जाने लगी थी। इन नवीन राज्यों के राजा पोप के रूप में किसी अन्तर्राष्ट्रीय सत्ता को स्वीकार करने को तैयार न थे। अत: उन्होंने पोप का विरोध करना आरम्भ कर दिया।

(2) पोप द्वारा नवीन राष्ट्रों का विरोध (Opposition of National States by the Pope)—पोप ने इन नवीन राष्ट्रों में उत्पन्न निरंकुशता एवं राजाओं की स्वेच्छाचारिता का विरोध किया, क्योंकि ये राजा पोप को सहन करने को तैयार न थे। उधर पोप को भी राजाओं द्वारा धार्मिक मामलों में टाँग अड़ाना सहन न था।

(3) पोप के साधन एवं शक्ति (Means and Power of the Pope)—उस समय पोप के पास अनेक साधनों का होना भी उसे प्रभावशाली बनाने को पर्याप्त था। चर्च की एकता

स्थापित हो जाने के कारण अब पोप अपने राजनैतिक विरोधियों को पछाड़ने के लिये पर्याप्त शक्ति का स्वामी हो गया था। पोप की यह शक्ति राज्य की दृष्टि में सदैव खटकती रहती थी।

(4) चर्च की असीम सम्पत्ति (Unlimited wealth of church)—चर्च के पास अब विशाल सम्पत्ति एकत्र हो गई थी। किसी-किसी स्थान पर तो चर्च की सम्पत्ति राज्य की आधी सम्पत्ति से भी अधिक थी। पोप की प्रभावशाली शक्ति के साथ चर्च की यह विशाल सम्पत्ति भी शासक वर्ग की आँखों में खटकती थी। इस विशाल सम्पत्ति को हासिल करने के लिये भी राजा लालायित हो उठे थे।

(5) ट्यूटॉनिक विद्रोह (Tutonic Revolt)—चर्च के भ्रष्ट, विलासी एवं अत्याचार पूर्ण शासन के विरुद्ध ट्यूटॉनिक जाति ने विद्रोह कर दिया था, ताकि चर्च में व्यापक सुधार किये जा सकें।

इस विद्रोह के साथ ही धर्म सुधार आन्दोलन आरम्भ हो गया। इस प्रकार मैक्सी (Maxey) ने ठीक ही कहा है कि "यह आन्दोलन धार्मिक ही नहीं राजनैतिक भी था।"

धर्म सुधार आन्दोलन का स्वरूप
(Nature of Reformation Movement)

धर्म सुधार आन्दोलन का एक सूत्री उद्देश्य पोप की सत्ता का विरोध करना था। उसने पोप के भ्रष्ट एवं विलासी जीवन की पोल खोली। इस आन्दोलन के प्रणेता मार्टिन लूथर किंग ने पोप के विरुद्ध 95 आरोपों की एक सूची बनाकर बर्लिन के मुख्य द्वार पर एक कील पर लटका दी।

उस समय के प्रमुख पोप पीटर ने चर्च की मरम्मत कराने के लिये एक नई विधि से धन संग्रह किया। उसने 'स्वर्ग जाने के पासपोर्ट' बनवाये, जिनसे एक बहुत बड़ी धन राशि एकत्र की गई। उन आन्दोलनकारियों ने इन पासपोर्टों की होली जलाई। पोप का विरोध करने के कारण ही इन आन्दोलनकारियों को 'पोटेस्टेन्ट' कहा जाता था। अपने विचारों को स्पष्ट करते हुये इन आन्दोलनकारियों ने लिखा था कि "मनुष्य के ईश्वर से सीधे सम्बन्ध हैं, पोप का उससे कोई सम्बन्ध नहीं है। पोप को धर्मग्रन्थ के बारे में अपने विचार प्रकट करने का कोई अधिकार नहीं है।" वस्तुत: पोप को धर्म व राजनीति दोनों के क्षेत्रों से बाहर रख कर उसके प्रभाव को कम करने के लिये सुनियोजित प्रयास रचा गया था।

धर्म सुधार आन्दोलन की सफलता
(Success of Reformation Movement)

धर्म सुधार आन्दोलन 16वीं शताब्दी में सम्पन्न एक सफल आन्दोलन था। इस आन्दोलन को पोप की सत्ता कम करने में बहुत अधिक सफलता मिली। इसकी इस महान सफलता के कई कारणों में सर्वाधिक महत्वपूर्ण कारण जर्मनी के सम्राट द्वारा अपने स्वार्थों की सिद्धि के लिये इस आन्दोलन को सहायता देना था। यह इसलिये आवश्यक समझा गया क्योंकि वे

चर्च की सम्पत्ति को हड़पने तथा अपने साम्राज्य की वृद्धि करने में और पोप की स्थिति को निर्बल बनाने में रुचि रखते थे। इसलिये उन्होंने मार्टिन लूथर के विचारों के प्रचार में योग दिया और पोप के पतन में आन्दोलनकारियों को सक्रिय सहयोग भी दिया।

धर्म सुधार आन्दोलन के प्रमुख नेता
(Prominent Leaders of the Movement)

आन्दोलन की सफलता वस्तुत: उसके प्रमुख नेताओं के आधार पर होती है। इस आन्दोलन के प्रणेता एवं सुधारक नेताओं के सफल नेतृत्व में इस आन्दोलन को आशातीत सफलता प्राप्त हुई। इनमें से दो प्रसिद्ध नेता मार्टिन लूथर और काल्विन थे।

मार्टिन लूथर किंग
(Martin Luther King)

मार्टिन लूथर किंग धर्म सुधार आन्दोलन के जन्मदाता जर्मनी का एक प्रसिद्ध विचारक था। मार्टिन लूथर का जन्म सन् 1483 ई० में ट्यूटोनिक जाति के एक कृषक परिवार में हुआ था। लूथर ने विश्वविद्यालय स्तर तक की शिक्षा ग्रहण की थी। इसके बाद उसने "ऑगस्टाइन सम्प्रदाय" की सदस्यता ग्रहण की थी। सन् 1511 ई० में लूथर ने रोम की यात्रा की। इस यात्रा के दौरान लूथर को रोम के पोप के भ्रष्ट, विलासी तथा अनैतिक जीवन का रूप देखने को मिला जिसके कारण उसकी आत्मा पर गहरी चोट लगी। उसने पोप की पोल खोलने तथा चर्च में सुधार करने को अपने जीवन का लक्ष्य बना लिया।

लूथर को पोप ने चर्च से बहिष्कृत कर दिया, किन्तु लूथर ने इसकी परवाह नहीं की और पोप के पाखण्डपूर्ण तथा पापमय जीवन पर 95 आरोप लगाये। इस आरोप पत्र को उसने ब्रिटनगर्ग के चर्च के मुख्य द्वार पर लटका दिया, ताकि जनता को पोप के पाखण्ड, अनैतिक एवं भ्रष्ट-विलासी जीवन के कारण पोप से नफरत हो। इस प्रकार लूथर ने पोप के द्वारा पाप-मुक्ति पत्रों (Indulgences) के द्वारा धन-संग्रह करने तथा इस अतुलनीय धन का विलासी, भ्रष्ट, कामुक जीवन पर व्यय करने आदि का खुल कर प्रचार किया।

चर्च में आमूल परिवर्तनों का पक्षपाती यह महान सुधारक सन् 1546 ई० में परलोकवासी हुआ।

मार्टिन लूथर के राजनीतिक विचार
(Political Views of Martin Luther)

यद्यपि मार्टिन लूथर का कार्य क्षेत्र चर्च सम्बन्धी धार्मिक विचारों से सम्बन्धित था, किन्तु उसके राजनीतिक विचार भी महत्त्वपूर्ण थे। उसके राजनीतिक विचारों का वर्णन निम्न प्रकार किया जा सकता है–

1. पोप का प्रबल विरोध (Strong Opposition of Pope)–मार्टिन लूथर चर्च में पोप की सत्ता का प्रबल विरोधी था। पोप की सर्वोच्चता को ही वह सब झगड़ों का मूल

आधार मानता था। इसलिये उसने राज्य और पोप दोनों की सत्ता में निहित अन्तर को जनता को स्पष्ट रूप में समझाया। उसने कहा कि "पोप को राजा को धर्म से बहिष्कृत करने का अधिकार नहीं है।" इसके साथ-साथ उसका कथन था कि "राजा को चर्च की समस्त शक्ति-सम्पत्ति पर पूर्ण अधिकार है।"

2. राजसत्ता की सर्वोच्चता (Supremacy of State Power)—मार्टिन लूथर राजसत्ता की सर्वोच्चता का पक्षपाती था। अपने पूर्ववर्ती विचारक दांते (Dante) की भांति वह अराजकता को धर्मसत्ता के ऊपर मानता था। उसका कहना था कि राजा को सांसारिक व अध्यात्मिक दोनों प्रकार के अधिकार किसी पोप से नहीं बल्कि सीधे भगवान से प्राप्त हुये हैं। इसलिये राजा को चर्च के ऊपर स्थान दिया गया।

3. मानव धर्म राजाज्ञा-पालन करना है (Man's duty is to obey the State Order)—राजाज्ञा का पालन, मानव का प्रथम तथा प्रमुख धर्म है क्योंकि "राजा ही भगवान का प्रतिनिधि" है। अपने विचार व्यक्त करते हुये लूथर ने कहा कि, "इस संसार में राजा ही ईश्वर है" सामान्य जनता द्वारा ईश्वर कभी-कभी उससे काम कराता है जबकि अन्य अवसरों पर वह जनता के पापों के प्रायश्चित के रूप में विद्रोह और सजा प्रदान करता है। लूथर ने कहा कि "मैं जनता के सही विचारों की अपेक्षा राजा की गल्तियों को भी सहन कर सकता हूँ।"

4. राज्य एक पवित्र संस्था (State as a Pious Organisation)—मार्टिन लूथर राज्य को एक पवित्र संस्था के रूप में व्यक्त करता था तथा राजाज्ञाओं को सर्वोच्च स्थान देता था। अपने इन्हीं विचारों के आधार पर ही लूथर ने राजा के दैवी अधिकारों के सिद्धान्त (Theory of divine Rights of King) का प्रतिपादन किया था। "राज्य की असहिष्णुता को शाही सत्ता के आधीन करके तथा धार्मिक व्यक्तियों को राजसत्ता के आधीन करके लूथर ने राजा के दैवी अधिकारों के सिद्धान्त का प्रतिपादन किया।"

मार्टिन लूथर की देन
(Contribution of Martin Luther)

मार्टिन लूथर धर्म सुधार आन्दोलन का जन्मदाता था। वह प्रमुख नेता था जिसने राजसत्ता को धर्म सुधार के लिये सर्वोच्च सत्ता के रूप में स्वीकार किया। यद्यपि लूथर के राजनीतिक विचारों में क्रमबद्धता का अभाव है तथा उनमें विसंगतियाँ भी बहुत अधिक हैं, किन्तु फिर भी उसके विचार राजनैतिक चिन्तन के इतिहास में विशेष स्थान रखते हैं। राजनीतिक क्षेत्र में दी गई उसकी देन का मूल्यांकन करते हुये डॉ॰ फिग्गिस (Dr. Figgis) ने लिखा है कि, "राजनीति को लूथर की सबसे महत्त्वपूर्ण देन है 'एकता', सार्वभौमिकता तथा प्रभुत्व सम्पन्न प्रादेशिक राज्य का औचित्य एवं किसी रूप में बाध्य प्रादेशिक स्वतन्त्र जन-समुदाय की अस्वीकारोक्ति।" चर्च से पोप की निरंकुशता का उन्मूलन एवं चर्च में व्यापक सुधारों की धारणा मार्टिन लूथर की महत्त्वपूर्ण देन है।

कात्विन
(Calvin)

लूथर के समान काल्विन भी धर्म सुधार आन्दोलन का प्रमुख नेता था। काल्विन का जन्म सन् 1509 ई० को फ्रांस के पिकार्डो नामक स्थान पर एक कैथोलिक परिवार में हुआ था। काल्विन ने वकालत का अध्ययन किया। प्रोटेस्टेन्ट मत स्वीकार करने तथा अन्य कारणों से उसे फ्रांस से भागना पड़ा। वह जेनेवा आया, जहाँ उसका यश चारों ओर फैल गया। सन् 1541 ई० में वह जेनेवा नगर का धार्मिक तथा राजनीतिक दोनों ही प्रकार का प्रभावशाली शासक बन चुका था। सन् 1564 ई० में मृत्युपर्यन्त वह इसी नगर में निवास करता रहा। यहीं रहकर उसने अपना प्रसिद्ध ग्रन्थ "Institute of Christian Religion" लिखा।

काल्विन के राजनीतिक विचार
(Political Views of Calvin)

धर्म सुधार आन्दोलन के इस प्रसिद्ध नेता के राजनीतिक विचारों का वर्णन निम्नलिखित है–

1. राज्य की प्रकृति (Nature of State)–काल्विन ने राज्य की उत्पत्ति को 'आदिम पाप' के कारण माना है। मनुष्य के बुरे स्वभाव को नष्ट करने के लिये यह राज्य के दो कर्त्तव्य बतलाता है, पहले जनता के धन व शरीर की रक्षा करना, दूसरे मूर्ति-पूजा व ईश्वर की निन्दा की बुराइयों को दूर करना।

2. मानव स्वभाव की अवधारणा (Conception of Human Nature)–मानव स्वभाव के विषय में काल्विन की अवधारणा इन शब्दों से स्पष्ट होती है, "उसका (मनुष्य का) हृदय पाप से इतना भरा रहता है कि वह भ्रष्टाचार और अनाचार में ही सांस लेता है और यदि कुछ व्यक्ति किसी अवसर पर कोई अच्छाई कर भी दिखाते हैं तब भी उनके अन्तर में अहम् और धोखेधड़ी में, मन्थन होता रहता है, उनकी आत्मा अन्दर से बुराइयों के लिये कचोटती रहती है।" इसलिये मनुष्य को समाज तथा राज्य में सुचारू रूप से रहने के लिये कानून का पालन करना चाहिये, जो ईश्वर की आज्ञा है।

3. आज्ञा का पालन (To Obey the Order)–काल्विन ने आज्ञा-पालन को जनता का कर्त्तव्य माना है, यद्यपि उसने कुछ परिस्थितियों में राजा के प्रति विरोध करने का भी अधिकार दिया है। जैसे राजा की आज्ञा यदि ईश्वर के आदेश के विपरीत हो, यह जबरन सिंहासन प्राप्त करे तो उसके विरुद्ध सशस्त्र विरोध करना तथा प्रतिनिधि संस्थाओं द्वारा विरोध करना भी उचित है।

4. चर्च की सत्ता (Power of the Church)–काल्विन चर्च और राज्य दोनों को पृथक-पृथक सत्ताओं का स्वामी मानता है। दोनों के उद्देश्य, कार्य एवं कार्य-क्षेत्र स्वतंत्र तथा पृथक-पृथक हैं। यदि सांसारिक कार्य राजा के कार्य क्षेत्र से सम्बन्धित है, तो चर्च की सत्ता आध्यात्मिक क्षेत्र में कार्य करती है।

इस प्रकार लूथर और काल्विन दोनों ही नेता चर्च में व्याप्त बुराइयों को दूर करने तथा राजसत्ता का समर्थन करने और आज्ञा-पालन पर विशेष ध्यान देते थे। पोप की सत्ता उखाड़ फैंकना उनका उद्देश्य था।

धर्म सुधार आन्दोलन के प्रभाव तथा परिणाम
(Effects and Results of Reformation Movements)

तत्कालीन धर्म तथा राजनीति पर धर्म सुधार आन्दोलन का प्रभाव व्यापक रूप से पड़ा। इस आन्दोलन के जो परिणाम दृष्टिगोचर हुए, उन्हें निम्नलिखित रूप से व्यक्त किया जा सकता है–

(1) राज्य के दैवी अधिकार (Divine Rights of King)–धर्म सुधार आन्दोलन का एक सीधा प्रभाव राजसत्ता की सर्वोच्चता के रूप में दिखाई पड़ा। पुनः एक बार राजसत्ता का व्यापक रूप से समर्थन किया गया। इससे पूर्व पोप अपने को ईश्वर का प्रतिनिधि समझता था। इस आन्दोलन ने पोप की इस मान्यता को उखाड़ फैंका और इस सिद्धान्त की प्रतिस्थापना की कि, इस संसार में राजा ही ईश्वर का प्रतिनिधि है।

(2) चर्च में पोप की महत्ता का कम होना (Less importance of Pope in Church)–इस आन्दोलन ने चर्च में पोप की स्थिति को बहुत कम कर दिया। पोप अब तक सभी निर्णयों पर अन्तिम फैसला किया करता था, किन्तु अब व्यक्तिगत रूप से किये गये निर्णयों को महत्त्व दिया जाने लगा, क्योंकि अब किसी के प्राकृतिक (व्यक्तिगत) अधिकारों का हनन नहीं किया जा सकता था।

(3) प्रजातन्त्रीय भावनाओं का उदय (Rise of Democratic Feelings)–इस धार्मिक सुधार आन्दोलन का एक सीधा परिणाम यह भी निकला कि अब राज्य तथा चर्च दोनों में प्रजातन्त्रीय भावनाओं को महत्त्व दिया जाने लगा तथा निरंकुशता का दौर समाप्त होने लगा। गैटिल (Gettell) ने लिखा है कि, ''धर्म सुधार का तत्कालिक प्रभाव तो राज्य की सत्ता पर सुदृढ़ करना था, किन्तु अन्तिम परिणाम व्यक्तिगत स्वतन्त्रता और लोकतन्त्र के विचार को बढ़ाना था।''

(4) राजनीति में व्यक्तिगत स्वतन्त्रता का विकास (Development of Personal Freedom in Politics)–भविष्य की राजनीति में इस आन्दोलन के प्रभाव के रूप में यह परिणाम भी दृष्टिगोचर हुआ कि अब व्यक्तिगत स्वतन्त्रता का विकास हुआ। इस आन्दोलन द्वारा यह स्पष्ट रूप से कहा गया था कि, ''सभी मनुष्य समान हैं,'' इस पृष्ठभूमि में प्रत्येक व्यक्ति को बाइबिल पढ़ने तथा व्यक्तिगत निर्णय का अधिकार दिया गया। इस आन्दोलन ने प्रचार किया कि मोक्ष दिलवाना पोप की बपौती नहीं है, बल्कि हर एक व्यक्ति मोक्ष प्राप्त कर सकता है। इसी कारण धार्मिक दृष्टि से अनेक सम्प्रदायों का जन्म हुआ।

(5) प्रोटेस्टेन्ट सम्प्रदाय का उदय (Rise of Protestant Sect)–इस आन्दोलन के कारण ही पोप का विरोध हुआ तथा ईसाई धर्म में प्रोटेस्टेन्ट मत का उदय हुआ, जिसने

आगे चलकर यूरोप की राजनीति में बढ़-चढ़ कर भाग लिया। आगे चलकर अनेक देशों ने ईसाई धर्म के इस प्रोटेस्टेन्ट धर्म को ग्रहण कर लिया, जिससे कैथोलिक मत के अनुयायी देशों से उनका संघर्ष बढ़ता चला गया।

(6) राष्ट्रीयता का विकास (Development of Nationality)—धर्म सुधार के इस आन्दोलन का एक परिणाम इस रूप में भी दिखाई पड़ा कि यूरोप के अनेक देशों में राष्ट्रीयता का विकास हुआ। इंगलैंड, स्काटलैंड, स्विटजरलैंड आदि देश पोप से सम्बन्ध तोड़कर स्वतन्त्र हो गये तथा अपने देश में राष्ट्रीय चर्चों की स्थापना कर ली।

निष्कर्ष रूप में मैक्सी (Maxey) के इन शब्दों को उद्धृत किया जा सकता है कि, "इस आन्दोलन ने प्रथम कोटि के राजनीतिक विचारक उत्पन्न ही नहीं किये, अपितु इसने ऐसे घटना चक्र को और ऐसे विचारों को भी जन्म दिया, जिन्होंने आने वाली पीढ़ियों के राजनीतिक विचारों का निर्माण किया। यह विद्रोह धार्मिक तथा राजनीतिक दोनों प्रकार का था।"

अभ्यास के लिये प्रश्न

1. धर्म सुधार आन्दोलन के कारण और परिणाम बताइये। इस आन्दोलन के प्रमुख नेताओं का संक्षिप्त विवरण भी दीजिये।
2. पाश्चात्य राजनीतिक चिन्तन को धार्मिक सुधार आन्दोलन की देनों का मूल्यांकन कीजिये।
3. धार्मिक सुधार आन्दोलन के कारण तथा परिणाम क्या थे? इस आन्दोलन के प्रमुख नेता कौन थे?
4. मार्टिन लूथर और काल्विन के राजनैतिक विचारों के महत्त्व की संक्षिप्त विवेचना कीजिये।

21

जीन बोदाँ

(Jean Bodin 1530—1596A. D.)

फ्रांसीसी दार्शनिक जीन बोदाँ का जन्म सन् 1530 में और मृत्यु 66 वर्ष की अवस्था में सन् 1596 में हुई थी। जिन दिनों बोदाँ का जन्म हुआ उन दिनों फ्रांस धर्मयुद्धजनित गृह-कलहों से बुरी तरह पीड़ित था। सन् 1562 से लेकर 1598 तक फ्रांस में 9 धर्मयुद्ध हुए थे। इसलिए यह स्वाभाविक ही था कि उसका ध्यान इस ओर जाता। सौभाग्यवश उन्हीं दिनों फ्रांस में धार्मिक सहिष्णुता का आन्दोलन चल पड़ा जिसे इतिहास में पॉलिटिक्स (Politiques) के नाम से जानते हैं। बोदाँ इसी आन्दोलन का समर्थक था। प्रारम्भिक शिक्षा के बाद उसने विधि या कानून की शिक्षा प्राप्त कर वकालत आरंभ की। अपनी प्रतिभा के कारण उसका संबंध फ्रांस के राजा हेनरी तृतीय से हो गया। उसके दरबार में रहकर उसने अंतिम समय तक कार्य किया। वह अनेक भाषाओं का ज्ञाता था। फ्रैंच तो उसकी मातृभाषा थी ही। इसके अतिरिक्त उसने लैटिन और ग्रीक का भी गहन अध्ययन किया था। वह यूरोप की भी कई भाषाओं का विद्वान था। वकालत में ख्याति पाने के लिये उसने कई देशों के कानूनों का अध्ययन किया तथा बहुत से देशों के संविधान भी पढ़े। उसके ऊपर एक ओल्ड टेस्टामेण्ट का और दूसरा नवीन प्लेटोवादी दर्शन का बड़ा जबर्दस्त प्रभाव पड़ा।[1] प्लेटो का प्रभाव इटालियन प्लेटोवादियों द्वारा पड़ा।

बोदाँ की कृतियाँ

बोदाँ ने छोटी-मोटी पुस्तिकाओं के अतिरिक्त पाँच प्रमुख ग्रंथ लिखे है। इनके नाम हैं: (1) रेसपॉन्स (Responcse), (2) डेमानोमेनी (Demonomanie), (3) हेप्टाप्लोमर्स (Heptaplomeres), (4) यूनिवर्स नेचरे थियेटरम् (Universe Naturae Theatrum) और (5) सिक्स लाइवर्स डि ला रिपब्लिक (Six Liveres de La Requblique)। उसकी सबसे

1. "The chief of the influences in his intellectual life seems to have been the Old Testament and the new Platonic Philosophy as interpreted by Italian Platonist."
—F.J.C Hearnshaw in the *Social and Political Idea of the Sixteenth and Seventeenth Centuries*, p. 42.

पहली पुस्तक सन् 1569 में छपी। इस पुस्तक का विषय राजनीतिक अर्थ-व्यवस्था है। बोदाँ की अंतिम पुस्तक सन् 1576 में प्रकाशित हुई। यह 6 संस्करणों में है। बोदाँ की 'डी ला रिपब्लिक' को सोलहवीं शताब्दी का सबसे महत्त्वपूर्ण ग्रंथ माना जाता है। बोदाँ की ख्याति इसी पुस्तक पर आधारित है। बोदाँ ने राजनीतिशास्त्र को अनेक शब्दों की परिभाषा में बाँधने का प्रयत्न किया। उसके ग्रन्थों में राज्य, संप्रभुता, नागरिकता आदि की परिभाषाएँ मिलती हैं। राजनीति का शायद ही कोई ऐसाा क्षेत्र हो जिसे बोदाँ ने स्पर्श न किया हो। राज्य की एकता पर जितना उसने बल दिया है समकालीन विचारकों में से शायद ही किसी ने दिया हो। ज्ञान के पुनरोदय की आभा उसकी कृतियों में साफ-साफ झलकती है। उसमें दर्शन और व्यावहारिकता दोनों पर समुचित ध्यान दिया गया है। बोदाँ ने अपने ग्रंथों में दो मान्यताओं का प्रतिपादन किया है। एक तो यह कि राजा का अधिकार निर्विवाद है और दूसरा यह है धार्मिक सहिष्णुता राष्ट्रीय एकता के लिये आवश्यक है। दोनों ही विषयों पर बोदाँ के विचार स्पष्ट है। लेकिन इसका यह अर्थ नहीं है कि उसकी कृतियों में कोई त्रुटि ही नहीं है। उसकी प्रसिद्ध पुस्तक डी ला रिपब्लिक की सबसे बड़ी त्रुटि यह है कि वह बड़ी अव्यवस्थित है। पुनरुक्ति का दोष भी उसमें बहुत अधिक है। उसके बहुत से विचार असंबद्ध है। वह इतने अधिक ऐतिहासिक दृष्टान्त, अंक, उदाहरण और कानूनी व्याख्यायें भर देता है कि पाठक का चित्त मुख्य समस्या पर केन्द्रित नहीं रह पाता। इसी कारण उसकी पुस्तक जटिल और स्वरूपहीन है। सेबाइन के अनुसार वह अतीत के युगों की बहुत अधिक याद दिलाता है।[1] फिर भी कहीं-कहीं उसके विचार अत्यन्त स्पष्ट हैं।

अध्ययन-पद्धति
(Method of Study)

बोदाँ ने मुख्यत: ऐतिहासिक और विशलेषणात्मक अध्ययन पद्धति का अनुसरण किया। वह इस बात पर बहुत अधिक बल देता है कि राज्य के विभिन्न अंगों और संवासों का भली भाँति अध्ययन एवं पर्यवेक्षण करके सिद्धान्त निर्धारित किये जायें। उसने इतिहास का उचित प्रकार से प्रयोग न करने के लिये मैकियावली की आलोचना की है। स्वयं इतिहास का अत्यन्त गंभीर अध्ययन करके उसने यह पता लगाने का प्रयत्न किया कि प्राचीन काल से अब तक मानवीय विकास की प्रगति में किन-किन सिद्धान्तों और तथ्यों का हाथ रहा है। इस प्रकार की अध्ययन पद्धति का प्रतिपादन कर उसने इतिहास के एक दर्शन की रचना कर डाली। बोदाँ का इतिहास दर्शन उसके निबंध Methodus ad Facilem Historiarum Cognitionem में देखा जा सकता है। यह 1566 में प्रकाशित हुआ था। बोदाँ का मत है कि संसार के समस्त ज्ञान को एक समन्वित ग्रंथ के रूप में ग्रहण करना चाहिए। ज्ञान के सबंध में सन्त थामस एकवीनास तथा अन्य स्कालिस्टिक विद्वानों ने ऐसा ही मत प्रकट किया था। बोदाँ ने तुलनात्मक अध्ययन पर भी विशेष बल दिया था। न्याय शास्त्र और विधि में वह इस प्रकार के अध्ययन का पक्षपाती था। वह यह भी चाहता था कि राजनीति और राजदर्शन में भी ऐसा ही किया जाय। वह आगमनात्मकमूलक पद्धति (Inductive Method) का भी प्रयोग करता था।

---

1. "G. H. Sabine, *A History of Political Theory,* p. 342.

प्राकृतिक विधि
(Law of Nature)

बोदाँ ने राज्य की उत्पत्ति पर विचार करने के पूर्व प्राकृतिक विधि (Law of Nature) के संबंध में लिखा। कई मध्ययुगीन विचारकों की भांति प्राकृतिक विधियों के संबंध में बोदाँ का मत है कि वे मुख्यत: नैतिक हैं। इनका आवास मनुष्य के हृदय में है। प्राकृतिक विधियों की शक्ति से ही मनुष्य यह तय कर पाता है कि क्या उचित है और क्या अनुचित है। राजनीति के उच्चतर सिद्धान्तों का निर्धारण प्राकृतिक विधियों की सहायता से ही होता हैं। संसार का कोई भी नरेश या राजसत्ताधारी व्यक्ति उनकी अवहेलना नहीं कर सकता। प्राकृतिक विधियाँ विवेक का फल होती हैं। अतएव जो राजा या शासक विवेक द्वारा पथ प्रदर्शन नहीं ग्रहण करता वह कदापि सफल नहीं हो सकता। वह सदाचरण को भी महत्त्व देता है।

राज्य की उत्पत्ति
(Origin of State)

बोदाँ ने व्यक्ति को राज्य का निर्माण करने वाली इकाई न मानकर परिवार को ईकाई माना है। अरस्तु की भाँति वह व्यक्ति को नहीं बल्कि परिवार को राज्य की प्राथमिक या आधारभूत शिला मानता है। विवाह, माता-पिता और बालकों के साथ उनके संबंधों, सम्पत्ति, दास-प्रथा आदि सबको वह परिवार का अंग मानता है। राज्य को वह इन सबसे अलग मानता है। उसने राज्य की परिभाषा करते हुए लिखा है कि ''राज्य एक परिवार तथा अनेक स्वत्वों का एक समूह है जिसका शासन एक संप्रभु शक्ति और विवेक द्वारा होता है।''[1] बोदाँ की यह परिभाषा प्राचीनकाल की अरस्तु की राज्य संबंधी कल्पना और अनुबंधवादियों के राज्य की उत्पत्ति संबंधी विचारधारा का समन्वय करती है। बोदाँ प्राकृतिक अवस्था में सभी मनुष्यों को समान अधिकार देता है। इस स्वतंत्रता से कुछ के अहित की संभावना बनी रहती है इसलिये वह उस स्वतंत्रता के नियंत्रण के लिये राज्य का आविर्भाव आवश्यक मानता है। राज्य की उत्पत्ति का आधार बलप्रयोग द्वारा नियंत्रण का सिद्धान्त है। परिवार में जिस प्रकार पिता को अपने बच्चों, पत्नी और नौकरों पर बलप्रयोग द्वारा नियंत्रण रखने का अधिकार है, उसी प्रकार राज्य के शासक को भी प्रजा के हित के लिये बलप्रयोग द्वारा नियंत्रण करने का अधिकार है। वह परिवार के अध्यक्ष को नागरिकता का अधिकारी मानता है। इस दृष्टि से बोदाँ की नागरिकता संबंधी कल्पना अत्यन्त संकीर्ण है। उसने यह स्वीकार किया है कि राज्य के अन्य संवास व्यक्ति की सामाजिकता की प्रवृत्ति पर निर्भर करते है। परन्तु वह यह नहीं मानता कि राज्य की सदस्यता भी व्यक्ति की इच्छा और रुचि पर निर्भर है। इसके विपरीत वह राज्य की सदस्यता को अनिवार्य मानता है। बोदाँ के मत के अनुसार राज्य सभी संवासों का अंतिम स्वरूप है। सभी संवास उसके अधीन है। और राज्य की आज्ञाओं का पालन करना

---

1. A state is ''an aggregation of families and their common possessions ruled by a sovereign power and by reason.''
— R.H. Murray, *The History of Political Science*, p. 180.

उनका कर्तव्य है। बोदाँ के लिये नागरिक और संवास राज्य की प्रजा है। उन्हें वह राज्य की संप्रभु शक्ति का भागी नहीं मानता।

मूल्यांकन और आलोचना

राज्य की उत्पत्ति के संबंध में बोदाँ ने जो विचार प्रकट किये हैं, उनका सबसे बड़ा दोष तो यह है कि वे बड़े असंबद्ध हैं। बोदाँ राज्य के लक्ष्य को निर्धारित करने में बिल्कुल असफल रहा। वह यह तो मानता है कि राज्य ''बहुत से परिवारों और उनकी सम्पत्ति के उस सामूहिक रूप का नाम है जिसका शासन एक विधिवत् निर्मित सरकार द्वारा होता है।'' उस शासन के उच्चतर लक्ष्यों के संबंध में वह कोई भी सुस्थिर विचार प्रकट नहीं कर पाया है। वह यह मानता है कि जो लक्ष्य प्राचीनकाल में नगर राज्यों के थे वे आजकल के राष्ट्र राज्यों के उपयुक्त नहीं हैं और इसीलिये वह अरस्तु से सहायता नहीं लेता। वह यह मानता है कि परिवार की सीमाओं के अन्दर व्यक्ति स्वतंत्र है और राज्य के अधिकार परिवार की चौखट पर जाकर समाप्त हो जाते है। बोदाँ ने राज्य और परिवार दोनों के अधिकार क्षेत्रों को बिल्कुल अलग-अलग कर देने पर बहुत अधिक बल दिया है। वह सम्पत्ति पर राज्य के शासक का अधिकार नहीं मानता। उसका कहना है कि परिवार के मामलों में राज्य को कोई हस्तक्षेप नहीं करना चाहिए। परन्तु इस सिद्धान्त की पुष्टि के लिये बोदाँ के तर्क स्पष्ट नहीं हैं। वह यह भी स्पष्ट नहीं कर सका कि परिवारों के समूह से राज्य का निर्माण किस प्रकार हो जाता है। फिर भी बोदाँ ने इतना अवश्य समझाया कि बिना एक संप्रभु शक्ति के एक सुव्यवस्थित राज्य की स्थपना नहीं हो सकती।

संप्रभुता का सिद्धान्त
(Theory of Soverignty)

राजदर्शन के इतिहास में बोदाँ का संप्रभुता सिद्ध सर्वाधिक महत्त्वपूर्ण माना जाता है। संप्रभुता की परिभाषा करते हुए बोदाँ ने कहा है, ''संप्रभुता नागरिकों और प्रजाजनों पर प्रयुक्त की जाने वाली यह सर्वोच्च शक्ति है जो विधियों द्वारा नियंत्रित नहीं होती।''[1] इसी संबंध में बोदाँ ने एक और स्पष्टीकरण किया है जो इस प्रकार है, ''प्रत्येक स्वतंत्र समुदाय में जिसका विधिवत शासन होता है ऐसी कोई सर्वोच्च शक्ति अवश्य होनी चाहिए- जो चाहे एक व्यक्ति में हो या अनेक में —जिससे विधियो की स्थापना होती हो और जो स्वयं विधियों का स्रोत हो। ऐसी शक्ति की विधि को भी अधिक उच्चतर होना चाहिए।''[2] संप्रभुता के मूल स्रोत के संबंध में बोदाँ का मत है कि वह सामूहिक रूप से जनता में ही निहित है। परन्तु जनता सामूहिक

---

1. '' 'Sovereignty' has been described as the supreme power over citizens and subjects unrestrained by law''. —R.H. Murray, *The History of the Science of Politics,* p. 47.

2. In every independent community governed by law there must be some authority whether residing in one person or several whereby laws are established and from which they proceed. And this power being the source of law must itself be above the law.''
—Sir F. Pollock, *The History of the Science of Politics,* p. 47.

रूप से इस शक्ति का प्रयोग नहीं कर सकती। वह अपनी इस शक्ति को नरेश, शासक या राजा को समर्पित कर देती है। राजा द्वारा इसका प्रयोग विविध राज्याधिकारियों द्वारा राज्य का प्रतिनिधित्व प्राप्त कर लेने के बाद किया जाता है। संप्रभुता समाज की इच्छा का उच्चतम और सर्वाधिक विकासित स्वरूप है। संप्रभुता के ही प्रभाव से अन्य नागरिकों तथा संवासों की इच्छाओं को राज्य की इच्छाओं के समक्ष नतमस्तक हो जाना पड़ता है। अपनी संप्रभुता के कारण ही राज्य को हर प्रकार की वैधानिक सीमाओं और अनिवार्यताओं से मुक्ति प्राप्त हो जाती है। राज्य की स्वीकृति के बिना उसके अपने या किसी न्यायालय में राज्य पर कोई केस नहीं चलाया जा सकता। इस प्रकार बोदाँ ने समस्त राजदर्शन के इतिहास में पहली बार संप्रभुता की इतनी विशद विवेचना की। संप्रभु शक्ति की असीमता बतलाते हुए बोदाँ ने लिखा है, ''संप्रभुता पर कोई सीमा संबंधी प्रतिबंध लागू नहीं हो सकते। यही बात उसकी कर्तृत्वशक्ति या विधि निर्माण के संबंध में भी सत्य है क्योंकि वह संप्रभुताधारों के बजाय स्वयं राज्य में निहित होती है।''[1] इस प्रकार संप्रभुता ही समस्त विधियों के निर्माण का मूल स्रोत है। संप्रभुताधारी व्यक्ति विधियों के बंधन से परे है क्योंकि वही एक प्रकार से विधियों का स्रोत होता है। इस प्रकार ''संप्रभुता सर्वोच्च और शाश्वत सर्वव्यापिनी वैधानिक शक्ति है''[2] संप्रभुताधारी व्यक्ति भले ही मर जाये लेकिन संप्रभुता कभी नहीं मरती। बोदाँ ने संप्रभुताधारी व्यक्ति को सर्वथा निरंकुश अधिकार नहीं सौंपे। उसने कहा, सप्रंभुताधारी व्यक्ति को भी अपने कर्तव्यों और नैतिक उत्तरदायित्वों का पालन करना होगा। वह यह नहीं कह सकता कि ''मैं संप्रभुताधारी हूँ, इसलिए किसी भी प्रकार के कर्तव्य के निर्वहन के लिए बाध्य नहीं हूँ।'' बोदाँ ने स्वयं संप्रभुता की भी अनेक सीमाएँ बतलायी है। संप्रभुता जिस व्यक्ति द्वारा कार्यान्वित होती है उसे भी ईश्वरीय आदेशों, प्राकृतिक विधियों तथा अन्य देशों की विधियों अर्थात् अन्तर्राष्ट्रीय विधियों की मर्यादा का ध्यान रखना पड़ता है। उसे वे बातें भी याद रखनी पड़ती हैं जिनकी प्रतिज्ञा उसने की हो। वह उन कर्तव्यों के पालन के लिये भी बाध्य है जिनकी पूर्ति प्रजा की ओर से उससे आशा की जाती है। वह अपनी विधियों की मर्यादा मानने के लिये विवश है। यद्यपि संप्रभु शक्ति के सामने कोई विधि बड़ी नहीं है तथापि वह अपनी ही विधियों का अकारण नहीं बदल सकता। कुछ मामलों में उसे अपने पूर्ववर्त्तियों के वचनों का भी ध्यान रखना पड़ता है। परन्तु वह इस बात के लिये बाध्य नहीं कि कभी भी उनके विपरीत आचरण न करे। आवश्यकता पड़ने पर, समय की माँग के अनुसार वह समुचित संशोधन कर सकता है। जो संप्रभु शासक दैवी आदेशों और प्राकृतिक विधियों का उल्लघंन करता है वह आततायी (Tyrant) कहलाता है। परन्तु बोदाँ प्रजा को उसका भी विरोध करने का अधिकार नहीं देता। वह राजतंत्र और आततायी शासनतंत्र में नैतिक अन्तर ही बतला कर चुप हो जाता है। उसने वैधानिक और नैतिक कर्तव्यों की सीमाओं को पहली बार बिल्कुल अलग-अलग

1. "Sovereignty can suffer on limitations in time, in fuction or in law", (because) it "belongs rather to the state itself than to the actual sovereign."
—F.J.C. Hearnshaw, *Social and Political Ideas of the Sixteenth & Seventeenth Centuries*, p. 50.
2. "Sovereignty was supreme and perpetual legal omnipotence."
— R.G. Gettell, *The History of Political Thought*, p. 183.

किया। परन्तु उसने संप्रभु को यह स्पष्ट आदेश दिये कि वह प्रजा की सम्पत्ति के अपहरण के कार्य से बिल्कुल दूर रहे। वह सम्पत्ति को परिवार के लिए आवश्यक मानता है। सम्पत्ति का अधिकार परिवार का निजी अधिकार है। इस संबंध में बोदाँ का मत एक सीमा तक मैकियावली से मिलता है। मैकियावली ने अपने 'प्रिंस' को प्रजा की सम्पत्ति कभी न लूटने की सलाह दी थी। इसके विपरीत हॉब्स कहता है कि संप्रभु जो चाहे कर सकता है, वह चाहे तो सम्पत्ति भी छीन सकता है।

बोदाँ ने संप्रभु शासक के कर्तव्य बतलाये हैं। संप्रभु शासक का प्रथम और अंतिम कर्तव्य विधियों का निर्माण करना है।[1] ये विधियाँ उसकी प्रजा पर व्यक्तिगत या सामूहिक किसी भी रूप में लागू हो सकती हैं। बोदाँ ने विधियों और प्रथाओं का अन्तर भी बतलाया है। संप्रभु शासक यदि चाहे तो कानून या विधि द्वारा किसी प्रथा को नष्ट कर सकता है। परन्तु प्रथा द्वारा विधि नष्ट नहीं की जा सकती। युद्ध, यश, शान्ति की घोषणा, राज्य के लिए अधिकारियों की नियुक्ति, क्षमादान करना, सिक्के बनाना, राजस्व वसूल करना आदि भी संप्रभु के कर्तव्य हैं। संप्रभु शासक के जो-जो कर्तव्य बोदाँ ने बतलाये हैं वे आज के संप्रभुता सम्पन्न राज्यों द्वारा पूरे किये जाते हैं।

मूल्यांकन और आलोचना

बोदाँ की संप्रभुता की व्याख्या से यह स्पष्ट हो जाता है कि उन दिनों शासक और शासित के बीच किस प्रकार के सबंधों की कल्पना की जाती थी। उसने राज्य का मुख्य गुण संप्रभुता बताया है। यदि वह गुण किसी राज्य में विद्यमान नहीं है तो वह देश राज्य की संज्ञा प्राप्त नहीं कर सकता। संप्रभुता शाश्वत, अहस्तान्तरणीय, और असीम होती है। संप्रभुता की स्थिति के स्थान से ही अशासनतंत्रों का वर्गीकरण हो सकता हैं। इतने पर भी बोदाँ के संप्रभुता के सिद्धान्त में निम्नलिखित उलझने हैं।

1. एक ओर जहाँ-वह उसे असमीमं बतलाता है वहीं दूसरी प्राकृतिक विधियों, अन्तर्राष्ट्रीय मर्यादाओं और दैवी आदेशों के बंधनो से युक्त भी बतलाता है। बोदाँ का संप्रभु शासक एक सीमा तक अपनी वाणी की मर्यादा की रक्षा करने के लिए विवश है। यह विवश शासक संप्रभु कैसे हो सकता है?

2. जहाँ एक ओर बोदाँ कहता है कि सब लोग संप्रभु शासक की आज्ञा मानने के लिए विवश हैं, वहां दूसरी ओर यह भी कहता है कि यदि संप्रभु शासक किसी मैजिस्ट्रेट के प्राकृतिक विधि के आदेशों के विरुद्ध कार्य काने का आदेश देता है तो मैजिस्ट्रेट के लिये यह उचित होगा कि वह उसकी आज्ञा का पालन न करे। बोदाँ यह भी कहता है कि संप्रभु शासक राज्य का संविधान मानने के लिये विवश है। ऐसी अवस्था में शासक पर एक ओर बंधन लग जाता है। इन बंधनों से संप्रभुता के उस सिद्धान्त की व्यावहारिक पुष्टि नहीं होती जिसकी उसने कल्पना की थी। इस प्रकार एक ओर तो संप्रभु शासक है विधियों का स्रोत (Fountain of

1. "Legislation is not then the chief function of the Sovereign. It is practically the sole and all-inclusive function". —W.A. Dunning, *Political Theories,* Vol. II, p. 103.

Law) है और दूसरी ओर वह उन सांविधानिक विधियों (Constitutional Laws) के बंधन में है जिन्हें न तो उसने बनाया है और न उनमें कोई परिवर्तन कर सकता है। स्पष्ट है कि संप्रभु शासक संपभुता के सिद्धान्त के अनुसार व्यावहारिक क्षेत्र में प्रकट नहीं होता। वास्तव में बोदाँ एक ओर फ्रांस के राजा को संप्रभु बनाना तथा दूसरी ओर फ्रांस में जो सांविधानिक व्यवस्था चली आ रही थी उसमें कोई फर्क न पड़ने देना इन दो उद्देश्यों का समन्वय करना चाहता था। वह यह अनुभव करता था कि अशान्तिपूर्ण परिस्थितियों के कारण यह आवश्यक है कि राजा की शक्तियाँ बढ़ायी जायें परन्तु वह राजा की शक्ति इतनी अधिक भी नहीं बढ़ाना चाहता था कि वह फ्रांस की प्राचीन सांविधानिक संस्थाओं को उलट-पुलट दे। इस प्रकार उसका संप्रभुता संबंधी सिद्धान्त अव्यवस्थित है। वह यह तय नहीं कर सकता कि उक्त दोनों बातों में से कौन-सी मौलिक है। इसके लिये समकालीन परिस्थितियाँ ही उत्तरदायी थीं।

3. बोदाँ के सिद्धान्त में तीसरी त्रुटि सम्पत्ति के अधिकार संबंधी विचारों के कारण थी। बोदाँ ने सम्पत्ति के अधिकार को प्राकृतिक अधिकार बतलाया था, परन्तु प्राकृतिक विधि के अनुसार जो अधिकार मिलते हैं– वे तो नैतिक होते है, वैधानिक नहीं। बोदाँ इस अधिकार को नैतिक अधिकारों से भी अधिक महत्व दे देता है। उसने सम्पत्ति के अधिकार को इतना पवित्र बतलाया है कि बिना स्वामी की आज्ञा के संप्रभु शासक भी उसे स्पर्श नहीं कर सकता। बिना सामन्तों की सलाह के संप्रभु शासक कोई कर नहीं लगा सकता था। ऐसी अवस्था में उसकी संप्रभुता कितनी प्रभावशाली हो सकेगी इसकी कल्पना भलीभाँति की जा सकती है। स्पष्ट है कि वह शाश्वत, मर्यादाहीन और असीम, संप्रभुता के सिद्धान्त के साथ भी स्पर्श न किये जाने वाले सम्पत्ति के अधिकार की संगति नहीं बैठा पाया है। परन्तु समय ने उसका यह सिद्धान्त ठीक बतलाया था कि संप्रभु शासक भी बिना प्रजा की अनुमति के कर नहीं लगा सकता है।

शासनतन्त्रों का वर्गीकरण
(Classification of Governments)

बोदाँ ने राज्यों का नहीं वरन् शासनतन्त्रों या सरकारों का वर्गीकरण किया है। उसने यह बतलाया कि राज्यों के स्वरूप में नहीं बल्कि शासनतंत्रों में अन्तर होता है। बोदाँ ने लिखा है कि ''सर्वोच्च शक्ति किसके हाथ में है– इससे तो राज्य का स्वरूप निर्धारित होता है परन्तु जिस व्यवस्था एवं पद्धति द्वारा उस शक्ति का प्रयोग होता है उससे शासनतंत्र का स्वरूप निश्चित होता है।'' अरस्तु तथा अन्य यूनानी विद्वानों ने राज्यों के स्वरूप का जो वर्गीकरण किया है, बोदाँ ने स्थूल रूप से उसे ही मान लिया है। परन्तु रोमन विचारकों की भाँति वह किसी मिश्रित राज्य के स्वरूप में विश्वास नहीं करता। राज्यों के जो स्वरूप उसने माने हैं, वे है: (1) राजतंत्र (Monarchy), (2) आभिजात्यतंत्र (Aristocracy) और (3) प्रजातंत्र (Democracy) बोदाँ ने बताया कि यह आवश्यक नहीं कि राज्यों का स्वरूप और शासनतंत्रों का स्वरूप एक समान ही हो। उदाहरण के लिये ब्रिटेन एक ऐसा राज्य है जहाँ राजतंत्र है किन्तु वहाँ का शासनतंत्र राजतांत्रिक नहीं अपितु प्रजातांत्रिक है। जब बोदाँ यह कहता है कि मिश्रित

राज्य जैसी कोई चीज नहीं होती तब उसका आशय यह होता है कि राज्य की सर्वोच्च शक्ति या संप्रभुता अविभाज्य है। बोदाँ राजतंत्र को अन्य सब तंत्रों से श्रेष्ठ मानता है। शासन तंत्रों में भी वह राजतांत्रिक व्यवस्था को सर्वश्रेष्ठ मानता है। राजतंत्रिक व्यवस्था में ही व्यक्ति के अधिकार और उसकी सम्पत्ति सुरक्षित रहती है। अच्छा राजा सदैव प्राकृतिक विधियों और दैवी विधियों का सम्मान करता हुआ शासन करता है। इसके फलस्वरूप वह जिन विधियों की रचना करता है, उनको प्रजा स्वेच्छा से मानती है और तदनुसार राजा के प्रति आज्ञापालन का भाव रखती है। उसने राजतंत्र तथा अभिजात्यतंत्र और प्रजातंत्र के भ्रष्ट स्वरूपों की भी चर्चा की है। यदि कहीं राजतंत्र न हो तो वह अभिजात्यतंत्र को ही पसन्द करता है। प्रजातंत्र उसने कहीं भी पसन्द नहीं किया। उसने उसकी तुलना प्राकृतिक अवस्था से की है। वह यह समझता है कि प्रजातंत्र में तेजी से प्रगति नहीं हो सकती। राजतंत्र ही उसकी व्यवस्थित राज्य की कल्पना का मुख्य आधार था। शासनतंत्र में भी वह राजा की पूर्ण निरंकुशता का पक्षपाती था। बोदाँ के पूर्व मैकियावली ने भी इसी प्रकार शासक की निरंकुशता की कल्पना की थी। आगे चलकर हाब्स ने भी शासक या राजा की इसी प्रकार की निरंकुशता का समर्थन किया। बोदाँ के इस प्रकार के विश्वास का कारण यह था कि जब शेष यूरोप अशान्ति के दावानल में जल रहा था उस समय इंगलैंड और स्पेन में राजतंत्र के कारण शन्ति थी और वहाँ के लोग प्रगति के पथ पर भी बढ़े जा रहे थे।

राजक्रान्ति
(Political Revolution)

राजक्रान्ति के संबंध में बोदाँ ने जो मत प्रकट किया उस पर अरस्तु का प्रभाव स्पष्ट दिखाई पड़ता है। बोदाँ ने बतलाया कि राजक्रान्ति का अभिप्राय क्या है । राजक्रान्ति तभी होती है जब संप्रभुता की स्थिति में कोई परिवर्तन हो जाता है। राजतंत्र में संप्रभुता राजा के हाथ में रहती है। यदि वहाँ संप्रभुता राजा के हाथ से हटकर प्रजा के हाथ में चली जाय तो राजक्रान्ति हो गई मानी जाएगी। केवल विधियों के परिवर्तन से राजक्रान्ति नहीं हो जाती। बोदाँ ने बताया कि राजक्रान्तियों को किस प्रकार रोका जा सकता है। राजा को राज्य के किसी वर्ग विशेष पर अधिक कृपा नहीं करनी चाहिए। उसकी नीति ऐसी होनी चाहिए जिससे राज्य के विभिन्न वर्गों में द्वेष भाव न फैलने पाये और अधिक से अधिक सामंजस्य की भावना बनी रहे। राजक्रान्तियों का कारण धन का असमान वितरण भी होता है। अस्तु राजा को वित्तीय समानता पर भी ध्यान रखना चाहिए। राजा को बलप्रयोग तथा दमन कार्य करते समय बड़ा सावधान रहना चाहिए। दमन करते समय उसे यह देख लेना चाहिए कि सफलता मिलने की अधिक आशा है या नहीं; क्योंकि दमन की विफलता बड़ी घातक होती है। राजा को चाहिये कि वह धार्मिक सहिष्णुता प्रदर्शित करे। राज्य में विभिन्न धार्मिक विश्वासों के लोगों को रहने की स्वतंत्रता होनी चाहिए। उनके धार्मिक विश्वासों पर कोई आघात नहीं होना चाहिए। राजक्रान्ति निषेध संहिता तैयार करने में बोदाँ ने एक प्रकार से पॉलिटिक्स आन्दोलन की नीतियों और सिद्धान्तों को ही निष्कर्ष रूप में रख दिया था।

राजक्रान्तियों के संबंध में विचार करते समय बोदाँ ने मध्ययुगीनता का परिचय दिया है। वह ज्योतिष और जादूटोने के उपायों द्वारा भी राजक्रान्तियों को रोकने की सलाह देता है। इसी प्रसंग में उसने विशद् रूप से अपनी आधुनिकता का भी परिचय दिया है और यह बतलाया है कि राज्य का स्वरूप और उसकी स्थिरता में भौगोलिक वातावरण का भी प्रभाव पड़ता है। भौगोलिक अवस्थाओं द्वारा ही नागरिकों के राष्ट्रीय चरित्र का निर्माण होता है और उस चरित्र के प्रभाव से ही राज्य का स्वरूप बनता है। बोदाँ ने उत्तर और दक्षिण की भौगोलिक अवस्थाओं का अध्ययन करने के बाद बतलाया कि उत्तर के लोग शारीरिक दृष्टि से सबल होते हैं जबकि उनका मानसिक विकास अत्यन्त मन्दगति से होता है और वे बहुत धीरे-धीरे काम करते हैं। दक्षिणी क्षेत्रों वाले व्यक्ति अपेक्षाकृत निर्बल होते हैं परन्तु मानसिक दृष्टि से बहुत विकसित होते हैं। अतएव सर्वोत्तम क्षेत्र बीच का होता है जहाँ ये दोनों प्रकार के गुण समान रूप से मिलते हैं। भौगोलिक दशा का राज्य पर प्रभाव स्पष्ट कर के बोदाँ ने अपने उत्तरअधिकारियों को एक नया मार्ग दिखलोया । मान्टेस्क्यू ने इस विषय में पर्याप्त छानबीन की और राज्य के इस पक्ष पर भी काफी लिखा। बोदाँ राजक्रान्तियों को रोकने के लिये यह भी आवश्यक बतलाया कि दास-प्रथा को समाप्त कर दिया जाय। नैतिक सदाचरण की शिक्षाएँ देकर राजा को प्रजा का जीवन सुधारने की चेष्टा करनी चाहिए।

राज्य की रक्षा के लिये राजा को संधियों तथा समझौतों का पालन करना चाहिए। मैकियावली की भाँति बोदाँ यह नहीं मानता कि राजा को केवल अपना हित ही देखना चाहिए। राजक्रान्तियों का निषेध करते समय बोदाँ अरस्तु की भाँति यह लक्ष्य नहीं करता कि वे किसी भी दशा में न हों, वरन् यह मानकर चलता है कि परिवर्तन तो होगा ही। परन्तु वह परिवर्तन हिंसात्मक और आकस्मिक न होना चाहिए, उसे क्रमिक और स्वाभाविक होना चाहिए जिससे अशान्ति न हो।

बोदाँ और मैकियावली
(Bodin and Machiavelli)

प्रोटेस्टेण्ट सुधारों के परिणामस्वरूप यूरोप में अशान्ति की लहर दौड़ गयी थी जिसके काराण कैथोलिकों और प्रोटेस्टेण्टों में युद्ध होने लगे थे। इन अशान्तिकारी युद्धों के परिणामस्वरूप बड़े-बड़े राजनीतिक संवासों की जड़े हिलने लगी। ऐसे वातावरण में फ्रैंच विचारक बोदाँ ने स्थिरचित्त और तटस्थ दृष्टिकोण से शान्ति और व्यवस्था के सिद्धान्तों का प्रतिपादन किया। इसलिये कहा जाता है कि राजदर्शन के इतिहास का आधुनिक काल मैकियावली से नहीं बल्कि जीन बोदाँ से आरंभ होता है। बोदाँ ने कई प्रकार से मैकियावली द्वारा स्थिर किये सिद्धान्तों के प्राथमिक स्वरूपों को अधिक विकसित रूप दिया। जो कार्य मैकियावली ने आरंभ किये और जिन्हें मैकियावली अपने समय में पूरा नहीं कर सका उनमें से कई कार्यों को बोदाँ ने पूरा किया। मैकियावली के विचार-दर्शन में आधुनिकता के कई लक्षण दिखलायी पड़ते हैं, जैसे ऐतिहासिक अध्ययन पद्धति, राज्य संबंधी सिद्धान्त और राजनीति एवं आचार शास्त्र का अलग-अलग क्षेत्र निर्धारण आदि; परन्तु इन सबको मैकियावली उतना विकसित नहीं कर सका

जितनी आवश्यकता थी। मैकियावली ने राज्य शब्द का प्रयोग तो किया परन्तु वह यह नहीं बतला सका कि राज्य के अनिवार्य तत्त्व क्या हैं। । राज्य के तत्त्वों को बतलाने का यह काम बोदाँ ने किया।

बोदाँ और मैकियावली में से आधुनिकता का विधायक कौन था, यह समझने के लिये पहले यह जान लेना चाहिए कि राजदर्शन के इतिहास में आधुनिक और मध्य युग के विचारों में अन्तर क्या है ? इसी अन्तर के आधार पर यह निश्चय किया जा सकेगा कि दोनों में से कौन आधुनिकता के अधिक निकट है। आधुनिक युग में राजनीतिक संवास मध्य युग के राजनीतिक संवास से भिन्न है। आधुनिक युग में राष्ट्र राज्य (Nation State) की कल्पना है, जब कि ऐसी किसी भी कल्पना का मध्य युग में कोई अस्तित्व नहीं था। उन दिनों तो सार्वभौमिक राज्य की कल्पना को ही मान्यता प्राप्त थी। मध्य युग का राजदर्शन रूढ़िवादी, अंधविश्वास प्रधान, धार्मिक मूढ़ताओं पर आधारित एवं अवैज्ञानिक था। वह राजसत्ता और धर्मसत्ता के पारस्परिक संबंधों को स्थिर करने का प्रयत्न था। इसके विपरीत आधुनिक युग में राजदर्शन के अध्ययन का दृष्टिकोण अनुभूतिमूलक, ऐतिहासिकता पर आधारित, व्याप्तिमूलक, आलोचनात्मक और वैज्ञानिक है। संक्षेप में बोदाँ और मैकियावली के राजदर्शन में निम्नलिखित अन्तर हैं।

1. **अध्ययन पद्धति**–प्रोफेसर डनिंग के अनुसार इतिहासकारों और आलोचकों के बीच इस बात पर काफी मतैक्य है कि अरस्तु के युग से राजनीति शास्त्र अपने जिस स्वरूप और पद्धति से भटक गया था, बोदाँ ने उसे वह प्राचीन स्वरूप तथा अध्ययन पद्धति देकर कम से कम वैज्ञानिकता का बाह्य आवरण प्रदान किया।[1] मैकियावली ने इस दिशा में कुछ प्रयत्न अवश्य किया था। परन्तु उन प्रयत्नों की संपूर्ति का कार्य बोदाँ ने किया। मैकियावली ने ऐतिहासिक प्रणाली का प्रयोग किया था परन्तु उसका यह प्रयोग अत्यन्त सीमित था। बोदाँ ने उसे व्यापक रूप दिया। बोदाँ ने बतलाया कि इतिहास द्वारा हम बडे-बड़े राज्यों और उनके उत्थान तथा पतन के कारण को जान सकते हैं। इतिहास के ज्ञान द्वारा हम बीती पीढ़ियों की अच्छाइयों और बुराइयों को समझ कर सफलता-असफलताओं का अध्ययन कर उनसे आगे के लिये शिक्षा ले सकते हैं। इन्हीं के आधार पर भावी आचरणों का नियंत्रण और नियमन भी किया जा सकता है। ये सिद्धान्त बड़े उपयोगी और निश्चयात्मक सिद्ध हो सकते हैं। इनसे ऐसी सरकार या ऐसे आदर्श शासनतंत्र की कल्पना की जा सकती है जो सब भाँति दक्ष हो। इस प्रकार के कार्यनिपुण और दक्ष शासनतंत्र को स्थायित्व कैसे प्रदान किया जा सकता है। यह भी ऐतिहासिक प्रणाली द्वारा स्थिर किया जा सकता है। अच्छे राज्य को अव्यवस्था और

---

1. "On one point, however, there is substantial and well founded agreement among historians and critics and that is, that Bodin brought back political theory to the form and method from which it had gone far astray since Aristotle and gave to it again the externals, at least of a science."
—Prof. W.A. Dunning, *A History of Political Theories from Luther to Montesquieu,* p. 120.

बरबादी से बचाने का रास्ता भी जाना जा सकता है। यह मार्ग मैकियावली ने दिखलाया था। ऐलेन के मत से मैकियावली की अध्ययन पद्धति ही सबसे अधिक मौलिक थी। परन्तु मैकियावली यहीं तक सीमित नहीं रहा। उसने व्यप्तिमूलक (Inductive) पद्धति का भी सहारा लिया। मैकियावली के पूर्व मध्य युग के विद्वान निगमनात्मक (Deductive) पद्धति का ही प्रयोग करते थे। मैकियावली ने इस पद्धति का परित्याग कर दिया। एल॰ए॰ वर्ड के शब्दों में, "उसने अनुभूति द्वारा तथ्यों को संचित कर इतिहास के अध्ययन पर आधारित सिद्धान्तों द्वारा जाँचा।" परन्तु मैकियावली ने जिस पद्धति का प्रयोग किया वह ऐतिहासिक-सी प्रतीत होती थी; वैसी नहीं थी। उसकी प्रेरणा का असली सूत्र वह रुचि थी जो उसे मनुष्य के स्वभाव के अध्ययन के लिये प्रेरित करती थी। उसने पहले अपने आसपास के वातावरण का अध्ययन किया कि बुराइयों को किस प्रकार दूर किया जाये। ऐतिहासिक प्रणाली का उपयोग करते समय इस बात का बहुत अधिक ध्यान रखना चाहिये कि कौन व्यक्ति क्या लिख रहा है। और जो कुछ वह लिख रहा है वह सब लिखने का वह किस हद तक अधिकारी है। इस प्रकार की समालोचनात्मक दृष्टि का मैकियावली में बिल्कुल अभाव था। प्रो॰ डनिंग की यह टिप्पणी इस स्थल पर उपयुक्त जान पड़ती है कि मैकियावली से उक्त प्रकार से ऐतिहासिक पद्धति का प्रयोग करने के बजाय राज्य के सिद्धान्तों के निर्धारण के कुछ ऐसे नियम संकलित कर दिये जो शासनतंत्र चलाने की दृष्टि से अधिक उपयोगी थे। मैकियावली ने ऐतिहासिक प्रणाली द्वारा प्राप्त साधनों का तो प्रयोग किया परन्तु उस प्रणाली के प्रयोग करने में तथा समकालीन वातावरण का पर्यवेक्षण करने में मैकियावली केवल अनुभूतिमूलकता तक ही सीमित रह गया।[1] इसके विपरीत बोदाँ ने इतिहास का एक व्यवस्थित दर्शन ही बना डाता। मैक्सी के शब्दों में "बोदाँ ने इतिहास के सार्वभौमिक दृष्टिकोण को ग्रहण नहीं किया और न ही ब्रह्माण्ड के अस्तित्व के कारणों तथा उसका नियंत्रण करने वाली विधियों को ही जानने की कोशिश की बल्कि उसकी इस बात में अधिक रुचि थी कि इतिहास विवेकपूर्वक कैसे लिखा जाय और उसकी बुद्धिपूर्वक व्याख्या कैसे ही जाय।"[2] यह वह आवश्यक मानता था कि इतिहासकार के लिए घटनाओं का वर्णन करते समय निष्पक्षता बहुत जरूरी है। यदि इस प्रकार से लिखे गये इतिहास का अध्ययन किया जाय तो मनुष्य की बहुत सी समस्याओं का उत्तर स्वमेव ही मिल जायेगा। यही कारण है बोदाँ में राजनीतिशास्त्र के प्रत्येक सिद्धान्त का वैज्ञानिक आधार खोजने का प्रयत्न पाया जाता है अत: बोदाँ की अध्ययन पद्धति मैकियावली की अपेक्षा कहीं अधिक आधुनिक है और उसमें अधिक व्यवस्था और वैज्ञानिकता है।

---

1. "In Machiavelli the method of historical research and contemporary observation was fully appreciated but in its appreciation became little more than empiricism and produced rather a body of its principles for the practical conduct of government than a theory of the state."

—Prof. W.A. Dunning, *A History of Political Theories from Luther to Montesquieu,* p. 102.

2. "Bodin did not take a cosmic view of history, seeking to find its causes first and unfold its governing laws but he was much interested in the rational writing of history and in its intelligent interpretation."

– C.C. Maxey, *Political Philosophies,* p. 163.

2. राज्य की अवधारणा—मैकियावली ने अपनी पुस्तक 'दि प्रिंस' (The Prince) में राज्य शब्द का प्रयोग किया है परन्तु उसने राज्य के तत्त्वों की कहीं कोई विवेचना नहीं की। उसने अपनी दृष्टि केवल अपने समय के राज्यों तक ही सीतिम रखी थी। अपने समय के राज्यों में भी उसने फ्रांस और स्पेन का अध्ययन किया था परन्तु वह किसी परिणाम पर नहीं पहुँच पाया था। जातीयता के आधार पर इटली के पुनर्निर्माण और पुनर्संघटन की बात उसने अवश्य सोची थी। परन्तु वह राष्ट्र राज्य की कल्पना नहीं कर पाया था। मरे के शब्दों में "यह कार्य बोदाँ को ही करना पड़ा कि वह बतलाये कि सार्वभौमिक साम्राज्यों के दिन बीत चुके है। चाहे वे रोमन हो या फ्रेंच। राष्ट्रीयता के उदय होने का समय आ गया है और उसके साथ ही यह भी आवश्यक हो गया है कि संप्रभुता की अलग से बिल्कुल भिन्न व्याख्या की जाय और उसका एक नया सिद्धान्त बनाया जाय। बोदाँ ने रिपब्लिक में अपने आपको यही कार्य सौंपा है। यही उसका सबसे अधिक स्थायी कार्य है।"[1] यदि मैकियावली ने राज्य विस्तार के सिद्धान्त का विकास किया और कूटनीतिक कला की सृष्टि की तो बोदाँ ने राज्य की उत्पत्ति के सिद्धान्त की रचना की जिसे हॉब्स, आस्टिन आदि जैसे न्यायाचार्यों ने ज्यों का त्यों स्वीकार कर लिया।

3. संप्रभुता की अवधारणा—राज्य की परिभाषा करते हुए बोदाँ ने लिखा है कि "राज्य परिवारों तथा उनकी सम्पत्ति का समूह है जिसका शासन एक सर्वोच्च शक्ति और विवेक द्वारा होता है।" इस परिभाषा से स्पष्ट है कि राज्य का मुख्य तत्त्व उसकी संप्रभुता है। "सर्वोच्च शक्ति" शब्द का प्रयोग इसी से संप्रभुता की ओर संकेत करता है। यह एक ऐसा तत्त्व है जो राज्य को अन्य समस्त राजनीतिक संवासों से भिन्न स्थिति प्रदान कर देता है। "संप्रभुता नागरिकों और प्रजाजनों पर राज्य की सर्वोच्च शक्ति है और वह विधि (कानून) द्वारा सीमित नहीं होती।" आधुनिक राजदर्शन में बोदाँ ने सबसे पहले संप्रभुता के प्रश्न को उठाया और उसका वैधानिक दृष्टि से परीक्षण किया। यद्यपि संप्रभुता की कल्पना की उत्पत्ति रोमन विधि संहिताओं में मिल जाती है, तथापि बोदाँ ने संप्रभुता की परिभाषा की और उस परिभाषा को राजनीतिशास्त्र का एक अंग बना दिया। समकालीन अशान्त तथा ऊहापोह को दृष्टि में रखते हुए बोदाँ इस परिणाम पर पहुँचा कि संप्रभुता ही एकमात्र ऐसा तत्त्व है जो राज्य को एकता और शक्ति प्रदान कर सकता है। इसके विपरीत मैकियावली ने संप्रभुता की ओर केवल हलका सा संकेत किया और परिभाषा देने की कोई चेष्टा नहीं की।

4. **राजनीति और आचारशास्त्र**— मैकियावली ने राजनीतिशास्त्र (Politics) को आचारशास्त्र (Ethics) से बिल्कुल पृथक् कर दिया था। उसने राज्य के कर्ताधर्ता के लिये नैतिकता के उन नियमों को कोई बंधन नहीं लगाया जो व्यक्ति पर लागू होते हैं। वह राज्य

---

1. "It was reserved for Bodin to point out that the days of Empires, whether Roman or French, had altogether passed away. The day of ascent of antinationalism has arrived and with its arrival it was high time to devise a theory of sovereignty to this task. Bodin addresses himself in his Republique and it constitutes his most permanent achievement."
—R.H. Murray, *The History of Political Science from Plato to Present,* pp. 178-79.

के नैतिक अस्तित्व को नहीं मानता था। मैकियावली के अनुसार राज्य के लिये कोई भी कार्य नैतिक या अनैतिक नहीं है। यदि किसी कार्य को करने से राज्य की भलाई होती है और वह अनैतिक है तब भी राजा को उसे कर डालना चाहिए। बोदाँ ने मैकियावली के इस त्रुटिपूर्ण मत का संशोधन किया और एक मध्यमार्ग अपनाया। उसने कहा कि राजनीतिक संवासों और जीवन को नियंत्रण करने वाली दो शक्तियाँ हैं—पहली ईश्वर की शक्ति और दूसरी न्याय की शक्ति। राज्य के कल्याण के लिये शासक का किसी ऐसी अलौकिक शक्ति में विश्वास होना जरूरी है जो सदैव राज्य के कल्याण का चिन्तन करती है। परन्तु बोदाँ यह नहीं बतला पाया कि ईश्वर और न्याय की शक्तियाँ किस प्रकार भौतिक रूप से राज्य का नियंत्रण करती हैं। फिर भी आधुनिक राजदर्शनशास्त्री यह बात एक स्वर से स्वीकार करते हैं, कि राज्य को अधिकांश मामलों में मध्यमार्ग का अवलम्बन करना चाहिए।

5. भौतिक वातावरण का प्रभाव—राजनीतिक संवासों की रचना और किसी देश के निवासियों के राजनीतिक जीवन, पर भौतिक वातावरण के प्रभाव की बात सबसे पहले बोदाँ ने ही बतलायी। भौगोलिक, आर्थिक और धार्मिक वातावरणों द्वारा संवास किस प्रकार प्रभावित होते हैं, इस पर मैकियावली ने कोई विशेष ध्यान नहीं दिया था। इस क्षेत्र में अनुसंधान कर बोदाँ ने बतलाया कि शासनतंत्रों की स्थिरता और उनके स्वरूप पर भौतिक वातावरण करा किस प्रकार और कितना प्रभाव पड़ता है एवं नागरिकों का चरित्र उनसे कितना अधिक प्रभावित होता है। इस प्रकार बोदाँ ने मान्टेस्क्यू द्वारा भविष्य में होने वाले कार्य की तरफ संकेत किया।

6. नागरिकता की अवधारणा—बोदाँ के राजदर्शन की एक और आधुनिक विशेषता उसकी नागरिकता (Citizenship) की अवधारणा है । एक राज्य के सब नागरिकों में यह समानता होती है कि वे एक ही संप्रभु के प्रति आस्था और भक्ति रखते हैं। मैकियावली यह तो चाहता था कि इटली एक शक्तिशाली राज्य बने और एक संप्रभु शासक उसका नेतृत्व करे परन्तु वह यह नहीं जानता था कि नागरिकता एवं संप्रभुता, राष्ट्रराज्य की कल्पना के वे साधन हैं जिसे उसका देश शक्तिशाली राज्य बन सकता है। यह काम बोदाँ ने पूरा किया। इस दृष्टि से बोदाँ मैकियावली से कहीं अधिक आधुनिक है।

परन्तु उपरोक्त विवेचन से यह निष्कर्ष निकालना अनुचित है कि बोदाँ सब भाँति से आधुनिक था। वास्तव में वह आधुनिक और मध्ययुगीन युगसंधि का विचारपुरुष था। उसमें दोनों युगों के विचारों का मिलन दिखलायी पड़ता है। उसे भूतों और चुडैलों, नक्षत्रों के प्रभाव तथा अंकों द्वारा भविष्य को जानने में विश्वास था। उसका कहना था कि उसे अपनी आयु के 37वें वर्ष से एक प्रेत की सिद्धि है जिसकी वजह से वह इतना काम कर सका है। यदि वह गलत कार्य करता है तो वह प्रेत उसका बायाँ कान और यदि सही तो दायाँ छूता है। ये सब बातें बोदाँ पर मध्य युग का प्रभाव दिखलाती हैं।

बोदाँ का योगदान
(Contribution of Bodin)

अरस्तु के बाद बोदाँ को राजदर्शन का सबसे बड़ा विचारक माना जाता है। उसने राजनीति के सिद्धान्तों को एक व्यवस्थित और वैज्ञानिक स्वरूप प्रदान किया । मैकियावली ने राजनीति के सिद्धान्तों के निर्धारण में जिस ऐतिहासिक और पर्यवेक्षात्मक पद्धति का अनुगमन किया था। बोदाँ की पद्धति उससे कहीं अधिक विकसित थी। बोदाँ ने इतिहास के गहन अध्ययन के पश्चात घटनाओं की मूल प्रवृत्तियों को समझ कर उनके आधार पर राजनीति के सिद्धान्त स्थिर करने की प्रणाली अपनायी थी। उसने स्वीकार किया कि राजविज्ञान में नैतिक विचारों और वैधानिक विचारों को अलग-अलग क्षेत्रों में विभाजित कर दिया जाये। परन्तु वह मैकियावली की भाँति राजनीति और धर्म को कठोर एवं सर्वथा भिन्न-भिन्न वर्गों में विभक्त करने को तैयार नहीं था। बोदाँ के राजविज्ञान के चार महत्त्वपूर्ण अनुदान है— (1) प्राकृतिक विधि के सिद्धान्त, (2) संप्रभुता की अवधारणा, (3) शासन तंत्र (सरकार) और राज्य का विभेद, और (4) राजनीतिक जीवन तथा राष्ट्रीय चरित्र पर भौगोलिक वातावरण का असर। जहाँ प्राकृतिक विधि (Natural Law) की अवधारणा में बोदाँ ने मध्य युग के विचारकों की ही बात को थोड़े से हेर फेर के साथ मान लिया है। वहीं शेष अनुदानों के सबंध में वह काफी हद तक मौलिक हैं। बोदाँ ने यह कहा है कि संप्रभुता का मूलत: लौकिक है, दैवी नहीं। उसकी इस विचारधारा ने इंगलैड और फ्रांस के विचारकों को बड़ा प्रभावित किया। डी रिपब्लिका का 1606 में अंग्रेजी में अनुवाद हुआ था और उसे कैम्ब्रिज विश्वद्यिालय में पाठ्य पुस्तक के रूप में पढ़ाया जाता था। हॉब्स और फिल्मर ने इस संबंध में बड़ा काम किया। वे दोनो ही अंग्रेज थे और दोनों ही बोदाँ से प्रभावित थे। दोनों ने ही राजा की निरंकुशता का समर्थन किया और यह कहा कि ससंद (Parliament) को राजा की गतिविधि को नियंत्रित करने का कोई अधिकार नहीं है। ग्रोशस तथा लॉक ने बोदाँ के संकेतों पर चलते हुए प्राकृतिक विधियों का धर्म-निरपेक्षीकरण (Secularisation) किया। मान्टेस्क्यू ने भौगोलिक वातावरण के राजनीति पर प्रभाव का विस्तारपूर्वक विवेचन किया। बोदाँ के बाद यदि उसकी डी रिपब्लिका उपेक्षित हो गयी तो इसका यह कारण नहीं था कि उसमें महत्त्व की बातें नहीं बल्कि यह कि उसकी भाषा जटिल तथा लिखित साम्रगी अव्यवस्थित सामग्री थीं।

अभ्यास के लिये प्रश्न

1. राज्य और सम्प्रभुता से सम्बन्धित बोदाँ की परिभाषाओं की व्याख्या कीजिये और बताइ कि यह दोनों परिभाषायें किस प्रकार असंगत हैं?
2. जीन बोदाँ के मुख्य राजनीतिक विचार क्या थे? उसके विचार में क्या कमियाँ थीं?

22

ह्यूगो ग्रोशियस
(Hugo Grotius, 1583—1645 A.D.)

ह्यूगो ग्रोशियस का जन्म 1583 ई० में 'लीडन' के 'वान ग्रुट' परिवार में हुआ था। वह बचपन से ही कुशाग्र बुद्धि का था। केवल आठ वर्ष की अवस्था से ही वह लैटिन के पद्यों की रचना करने लगा। 11 वर्ष की अवस्था में उसने मैट्रिक पास तथा लीडन विश्वविद्यालय में प्रवेश किया। दर्शन, कानून और गणित आदि के ज्ञान रूपी क्षेत्र में उसका अधिकार हो गया। केवल 15 वर्ष की अवस्था में ही उसने राज्य अधिकारी के पद को प्राप्त कर लिया। उसकी विद्वता से प्रभावित होकर उसे एक डच दूत मण्डल के साथ पेरिस भेजा गया। वहाँ वह अपने क्षेत्र की सफलता के उच्च शिखर पर पहुँचा। वहाँ से वापस आकर उसने कानून में डाक्टर की डिग्री प्राप्त की। उस समय गौनेरिज्म तथा आर्मीनियनिज्म सम्प्रदायों में विवाद चल रहा था। उसने एक दल के साथ मिलकर इस विवाद को दबाने का प्रयास किया, परन्तु उस पर राजद्रोह का अभियोग लगा दिया गया था तथा दण्डस्वरूप आजीवन कारावास दिया गया। उसकी पत्नी ने उसकी वकालत की। तीस वर्ष की अवस्था में ग्रोशियस को रोटरडम (Rotterdom) का मजिस्ट्रेट बनाया गया। 1625 ई० में उसने अपने सुप्रसिद्ध ग्रन्थ 'शान्ति और युद्ध नियम' (The Law of Peace and War) की रचना की। सन् 1645 ई० में ह्यूगो ग्रोशियस की मृत्यु हो गई।

अपने जीवन काल में ह्यूगो ग्रोशियस ने निम्नलिखित ग्रन्थों की रचना की–

(i) मेरे लिब्रम अर्थात् 'स्वतन्त्र समुद्र' (Meare Liberum, 1609)।

(ii) "डी जूर प्रेडिया" अर्थात् "लूट के माल का कानून" (De Jure Praedea, 1609)।

(iii) 'डी जूर बैली एकपेसिस' अर्थात् 'युद्ध एवं शान्ति' (De Jure Belli Ac Pecic 1625)।

ह्यूगो ग्रोशियस के राजनीतिक विचार
(Political Views of Hugo Grotius)

(1) प्राकृतिक कानून (Law of Nature)–ह्यूगो ग्रोशियस ने प्राकृतिक कानून को जस नेचुरल (Jus Natural) के नाम से सम्बोधित किया। वह अरस्तु की इस बात को मान्यता देता था कि ''मनुष्य एक सामाजिक प्राणी है'', समाज मानव के अभाव में नहीं हो सकता तथा मनुष्य बिना समाज के रह नहीं सकता, अर्थात् ये एक दूसरे के पूरक हैं। ह्यूगो मनुष्य को सामाजिक प्राणी के साथ-साथ एक बुद्धि प्रधान व्यक्ति मानता है। कानून भी बुद्धि पर ही आधारित है, बुद्धि के अभाव में कानून सम्भव नहीं। ग्रोशियस के ही शब्दों में ''जहाँ कहीं भी मानव का सामाजिक जीवन है, वहीं पर तर्क एवं उसी प्रकार की विधि–'प्राकृतिक विधि'–पाई जाती है।''[1] ग्रोशियस प्राकृतिक कानून को सार्वभौमिक मानता है। उसके अनुसार यह सभी पर समान रूप से लागू होता है। यह राष्ट्रों पर भी लागू होता है। उसने इन नियमों को शाश्वत् अर्थात् अपरिवर्तनशील माना है। ग्रोशियस ने इन प्राकृतिक नियमों को ईश्वरीय नियम का नाम नहीं दिया। उसने प्राकृतिक नियम को परिवर्तनशील तथा ईश्वरीय नियम कहे जाने का विरोध किया। स्टोइक्स तथा सिसरो की परम्परा में उसने प्राकृतिक नियमों को विवेकसम्मत माना है।

ह्यूगो ग्रोशियस ने प्राकृतिक कानून की निम्नलिखित विशेषतायें बतायी हैं–

(i) यह बुद्धि द्वारा प्रतिपादित है।

(ii) प्राकृतिक कानून की दूसरी विशेषता इनका स्थायीपन है।

(iii) तीसरी विशेषता इसके शाश्वत होने की है।

(iv) प्राकृतिक कानून की एक विशेषता अपरिवर्तनशीलता है।

(v) प्राकृतिक कानून की विशेषताओं में से एक इसकी सार्वभौमिकता है।

(vi) प्राकृतिक कानून की एक विशेषता असीमित शक्ति है।

(2) अन्तर्राष्ट्रीय कानून (International Law)–ह्यूगो ग्रोशियस को उसके द्वारा अन्तर्राष्ट्रीय कानून के विकास क्षेत्र में अपनी भूमिका निभाने हेतु ''अन्तर्राष्ट्रीय कानून का पिता'' नाम मिला है। यद्यपि अन्तर्राष्ट्रीय कानून का जन्म बहुत पहले ही हो गया था, परन्तु इसका विकास धीरे-धीरे तीन चरणों में हुआ। प्रथम चरण, प्रारम्भ से रोमन साम्राज्य तक, दूसरा चरण रोमन साम्राज्य से धर्म सुधार आन्दोलन तक तथा तीसरा, चरण आधुनिक काल। प्रथम चरण में, इसमें केवल नाम मात्र का ही विकास हुआ था, द्वितीय चरण में भी कोई महत्त्वपूर्ण सफलता प्राप्त नहीं हुई, किन्तु आधुनिक काल में ग्रोशियस ने इसके विकास क्षेत्र में महत्त्वपूर्ण सफलता प्राप्त की। ह्यूगो ग्रोशियस ने अन्तर्राष्ट्रीय कानूनों के अग्रलिखित आधार का वर्णन किया है–

---

1. ''Wherever there is social life there is reason and likewise law—Natural Law'.''
—Grotius

(i) **अन्तर्राष्ट्रीय सम्बन्ध**—ह्यूगो ग्रोशियस ने कानून को अन्तर्राष्ट्रीय सम्बन्धों के लिए अत्यधिक महत्त्वपूर्ण माना है। विविध राष्ट्रों के सम्बन्ध कानूनों पर आधारित होते हैं।

(ii) **शाश्वत नियम**—ग्रोशियस ने अन्तर्राष्ट्रीय कानूनों को प्राकृतिक कानून से भिन्न माना है। उसने कुछ ऐसे नियमों को खोजा, जो शाश्वत तथा अपरिवर्तनशील हों तथा उन्हें अन्तर्राष्ट्रीय स्तर पर लागू किया जा सके।

(iii) **समझौते**—ग्रोशियस ने जीवन में समझौतों, वायदों आदि की महत्ता को स्वीकारा है। अन्तर्राष्ट्रीय नियम इन समझौतों में महत्त्वपूर्ण भूमिका निभाते हैं।

(iv) **न्यायोचित युद्ध**—ह्यूगो ग्रोशियस के अनुसार न्यायोचित युद्ध कानून पर आधारित होना चाहिये।

(v) **गुणात्मक तटस्थता**—ह्यूगो ग्रोशियस गुणात्मक तटस्थता का भी समर्थन करता है। उसने कहा है कि जब कोई राज्य न्यायोचित युद्ध लड़ रहा हो तो उसके सहयोग के लिये सदैव तैयार रहना चाहिये।

(vi) **पंच निर्णय**—ग्रोशियस युद्ध की भंयकरता से भली-भांति परिचित था। उसने 30 वर्षों में कई भंयकर युद्धों को देखा था। इसलिये वह युद्ध में मानवीय हस्तक्षेप के सिद्धान्त को मान्यता देते हुए, बात-चीत या पंच-निर्णय आदि को महत्त्व देता है।

(vii) **राज्य की समानता तथा सर्वोच्चता**—ग्रोशियस के अनुसार सभी राज्य बराबर होते हैं, तथा आन्तरिक दृष्टि से सर्वोच्च तथा बाह्य दृष्टि से स्वतन्त्र होते हैं। समानता के सिद्धान्त से पारस्परिक कलह का वातावरण समाप्त होता है।

(3) प्रभुसत्ता सम्बन्धी विचार (Views on Sovereignty)—ग्रोशियस के प्रभुसत्ता सम्बन्धी विचार जैसे उत्कृष्ट विचार उसके अलावा किसी अन्य विचारक ने नहीं दिये। वह प्रभुसत्ता को राज्य का शासन करने वाली सर्वोच्च राजनीतिक शक्ति के रूप में मान्यता देता है। उसके स्वयं के ही शब्दों में, "यह सर्वोच्च राजनीतिक शक्ति है, जो एक व्यक्ति के हाथों में हो, जिसके कामों को किसी अन्य शक्ति द्वारा अवैध न ठहराया जाय।" उस पर किसी दूसरी सत्ता का नियन्त्रण नहीं है और न ही उसकी इच्छा का कोई अन्य विरोध ही कर सकता है। राज्य में शासन करने की यह नैतिक क्षमता है।"

राज्य के तत्त्व
(Elements of the State)

राज्य में ग्रोशियस निम्नलिखित तत्त्वों को स्वीकारता है—

(i) राज्य में किसी भी रूप में एक निश्चित भू-भाग का होना आवश्यक है, जिस पर प्रभुत्ता सम्पन्न शासन का अधिकार है।

(ii) स्थायित्व राज्य का एक प्रमुख तत्त्व है।

(iii) एक प्रभुसत्तासम्पन्न शासक, दूसरे प्रभुत्तासम्पन्न शासकों से पूर्णतः स्वतन्त्र है, अर्थात् किसी का शासन उच्च नहीं है। इस प्रकार वे पोप या पवित्र रोमन साम्राज्य आदि की शक्ति से पूर्णतया स्वतन्त्र हैं।

(iv) राज्य के लिए एक आवश्यक तत्व संगठित सरकार भी है।

ग्रोशियस समाज को सामूहिक प्रवृत्ति का तथा राज्य को मानवीय समझौते का परिणाम मानता है। ग्रोशियस बोदाँ की भाँति इसे प्रभुसत्ता को अविभाज्य, अदेय तथा अखण्ड नहीं मानता। उसके अनुसार व्यक्तियों को प्रभुत्ता किसी शासक को सौंपनी चाहिये। इस प्रकार वह राजा और प्रजा में प्रभुसत्ता बाँट देता है। परन्तु वह नागरिक की प्रभुसत्ता का घोर विरोधी है। उसके अनुसार जनता को एक बार स्वेच्छा से तथा शासन प्रणाली के अनुसार राजा को चुन लेना चाहिये। और उसके पश्चात् उनका उस पर कोई अधिकार नहीं रहता।

आलोचनात्मक मूल्यांकन
(Critical Valuation)

ग्रोशियस के विचारों में कहीं-कहीं अस्पष्टता तथा विरोधाभास दिखलाई पड़ते हैं, जिसके कारण अन्य विचारकों ने इसकी आलोचना की है।

1. ग्रोशियस ने प्रभुसत्ता को विभाजित जाना है, जबकि वह प्रभुसत्ता से एकता की कल्पना करता है।

2. ग्रोशियस ने प्रभुसत्ता का विचार वैज्ञानिक दृष्टि से प्रतिक्रियावादी माना है, जबकि वह इसे व्यक्तिवादी सम्पत्ति के रूप में भी प्रयोग करता है।

3. वह एक ओर व्यक्ति की स्वतन्त्रता की बात करता है, जबकि दूसरी ओर राजा को चयन करने के अतिरिक्त कोई अधिकार नहीं देता।

4. ह्यूगो ग्रोशियस जागीरदारों तथा आधीन शासकों को भी प्रभुसत्ता सम्पन्न शासक की श्रेणी प्रदान करता है। उसके अनुसार प्रभुसत्ता एक निश्चित अवधि के बाद समाप्त हो सकती है।

5. ग्रोशियस एक ओर दास प्रथा को बुराई मानता है, जबकि चयन के बाद राजा पर जनता का कोई नियन्त्रण न होने की बात कहता है।

उपर्युक्त दोषों के बावजूद ग्रोशियस को 'अन्तर्राष्ट्रीय कानून का पिता' कहा जा सकता है।

अभ्यास के लिये प्रश्न

1. ह्यूगो ग्रोशियस की राजनीतिक व कानूनी प्रभुसत्ता सम्बन्धी विचारों में, देनों के बारे में लिखिये।
2. ह्यूगो ग्रोशियस ने अन्तर्राष्ट्रीय नियमों के विकास एवं रचना में किस प्रकार सहयोग दिया? क्या इस सम्बन्ध में इसकी देन मौलिक है?
3. ह्यूगो ग्रोशियस के राजनीतिक विचारों का विश्लेषण कीजिये, उस पर एक संक्षिप्त आलोचनात्मक टिप्पणी दीजिये।
4. आधुनिक अन्तर्राष्ट्रीय नियमों के विकास में ह्यूगो ग्रोशियस का महत्त्व स्पष्ट कीजिये।

23

थामस हाब्स

(Thomas Hobbes, 1588-1679 A.D.)

थामस हाब्स की प्रशंसा करते हुये सेबाइन ने लिखा है, ''वास्तव में हाब्स प्रथम आधुनिक महान दार्शनिक था जिसने राजनैतिक सिद्धान्त को चिन्तन की पूर्णतया आधुनिक व्यवस्था से घनिष्ठ सम्बन्ध में लाने का प्रयास किया।''[1] थामस हाब्स का जन्म मैलमस बरी नामक स्थान पर सन् 1588 में हुआ था। उसने पहले अपने नगर में और बाद में ऑक्सफोर्ड में शिक्षा प्राप्त की। उसने अंग्रेजी क्रान्ति को अपनी आँखों से देखा था और इसी अनुभव के आधार पर उसका यह विश्वास बन गया था कि शान्तिपूर्ण व्यवस्था के लिये शक्तिशाली राजतन्त्र आवश्यक है। इसके अतिरिक्त उसके विचारों पर तत्कालीन वैज्ञानिक खोजों और घटनाओं का भी महत्त्वपूर्ण प्रभाव था। इन सब प्रभावों को लेकर हाब्स ने अपने प्रसिद्ध ग्रंथ लेवियेथान (Leviathan) की रचना की। इंगलैंड में थामस हाब्स की ओर लोगों का ध्यान खींचने का श्रेय बैन्थम (Bentham) और आस्टिन को जाता है जिन्होंने हाब्स के राजनीति दर्शन की विशेषताओं पर प्रकाश डाला। आस्टिन (Austin) ने हाब्स के इस सिद्धान्त को अपनाया कि कोई भी कानून तब तक लागू नहीं हो सकता जब तक कि उसके पीछे दण्ड की शक्ति न हो। अपने प्रसिद्ध ग्रंथ लेवियेथान में हाब्स ने अपना राजनीति दर्शन उपस्थित किया। वह ग्रंथ 4 भागों में विभाजित है। पहले भाग के अन्तिम 4 अध्यायों में मनुष्य की प्राकृतिक अवस्था का वर्णन है। हाब्स मनुष्य के प्राकृतिक जीवन को पशुवत मानता था और उसको व्यवस्थित करने के लिये राज्य की आवश्यकता मानता था। पुस्तक के दूसरे भाग के पहले 5 अध्यायों में राज्य के प्रारम्भ और प्रभुसत्ता की प्रकृति का विवेचन है। हाब्स के अनुसार राज्य का प्रारम्भ संविदा के द्वारा हुआ। यह संविदा सिद्धान्त कहलाता है। पुस्तक के तीसरे और चौथे भाग में हाब्स ने कैथोलिक धर्म की आलोचना की है और यह सुझाव दिया है कि चर्च को राज्य के आधीन रहना चाहिये। यद्यपि हाब्स ने कई पुस्तकें लिखी हैं किन्तु उसकी इस अकेली पुस्तक ने ही उसे अमर बना दिया।

1. ''Hobbes was in fact the first of the great modern philosophers who attempted to bring political theory into intimate relation with a thoroughly modern system of thoughts.''
—Sabine

राज्य की आवश्यकता

हाब्स ने मनुष्य की प्राकृतिक अवस्था की यथार्थवादी विवेचना की है। उसने लिखा है, ''प्रकृति की अवस्था सबके विरुद्ध युद्ध की अवस्था थी जिसमें मानव जाति के मुख्य गुण शक्ति और धोखा थे। मानव जाति में सतत् संघर्ष, समान इच्छाओं की पूर्ति के लिये प्रतियोगिता, सुरक्षा के विषय में भय, शक्ति से जलन और यश के प्रेम के कारण थी। प्रकृति की अवस्था में न तो उद्योग, संस्कृति, ज्ञान, कलायें, साहित्य और न समाज ही थे। हिंसा पूर्ण मृत्यु का खतरा और बराबर लगा हुआ भय था। व्यक्तियों को नियंत्रित करने के लिये कोई सामान्य श्रेष्ठ सत्ता न होने के कारण, सबका हाथ सबके विरुद्ध उठा हुआ था, और इसलिये प्रकृति की दशा में मानव जीवन अकेला, निर्धन, संकुचित, पशुवत और छोटा था।''[1] प्राकृतिक अवस्था में मनुष्य को उचित अनुचित की कोई पहचान न थी। होती भी कैसे, क्योंकि उस समय कोई सामान्य कानून न था और इसलिये कोई नैतिक चरित्र नहीं था। न्याय अन्याय में कोई भेद नहीं था क्योंकि कोई प्रभुशक्ति नहीं थी और कोई कानून नहीं था। इसीलिये कोई व्यक्तिगत सम्पत्ति भी नहीं थी। मनुष्यों में बराबर संघर्ष होता रहता था। प्रत्येक व्यक्ति स्वतन्त्र था और अपने इस अधिकार को दूसरों से संघर्ष करने में प्रयोग करता था। प्रत्येक दूसरे की सम्पत्ति हड़पना चाहता था और इसलिये सब कहीं युद्ध होते रहते थे। इस परिस्थिति को सुधारने के लिये यह जरूरी था कि लोग अपनी-अपनी स्वतन्त्रता पर नियन्त्रण लगायें। मनुष्य के सामने दो ही उपाय थे—एक तो यह कि प्रत्येक व्यक्ति अपनी शक्ति और साधनों के द्वारा अपनी स्वतन्त्रता की रक्षा करे और दूसरा यह कि प्रत्येक व्यक्ति दूसरों के साथ मिलकर समझौता करे और अपनी स्वतन्त्रता का कुछ अंश किसी ऐसी सामान्य शक्ति को सौंप दे जो सबकी स्वतन्त्रता की रक्षा कर सके। यह सामान्य शक्ति ही न्याय की व्यवस्था कर सकती थी। सेबाइन के शब्दों में, ''हाब्स के दर्शन में एक मूर्त रूप मानव के अतिरिक्त, जिसकी आज्ञा का मनुष्य पालन करते हैं और जो आवश्यकता पड़ने पर अपनी आज्ञा करा सकता है, अन्य सब केवल व्यक्ति हैं और ऐसे व्यक्ति जो केवल स्वार्थों से प्रेरित हैं।'' इसलिये शान्ति बनाये रखने के लिये एक ऐसी सामान्य शक्ति आवश्यक है जो समझौतों को पूरा कराये। प्रकृति का नियम है कि, ''दूसरे व्यक्ति के साथ ऐसा व्यवहार मत करो जो कि तुम अपने प्रति किये जाना न चाहते हो। अस्तु, शान्ति तभी बनी रह सकती है जब कि कोई दूसरे की शांति भंग न करे। यह तभी सम्भव है जब कोई सामान्य शक्ति मनुष्य को विवेक के मार्ग पर रखे।' हाब्स के अनुसार, ''बिना किसी बाध्यकारी शक्ति के शब्दों के बंधन, व्यक्तियों की इच्छा, लोभ, क्रोध और अन्य वासनाओं को बांध रखने में बहुत अधिक कमजोर होते हैं।''[2] प्राकृतिक कानून

---

1. ''The state of nature was a state of war of all against all, in which chief virtues of mankind were force and fraud. The constant strife between mankind was due to competition for satisfaction of identical desires, fear about safety, jealousy of power and love for glory. In the state of nature, there was neither industry, culture, knowledge, arts, letters nor society. There was a continuous fear and danger of violent death. There being no common superior to hold individuals in check, the hand of all was against all, and therefore in the state of nature the human life was solitary, poor, nasty, brutish and short.'' —*Hobbes*
2. ''The bonds of words are too weak to bridle men's ambition, avarice, anger and other passions without the fear of some coercive power.'' — *Hobbes.*

सही बुद्धि का आदेश है जिसको उन बातों का ज्ञान होता है जिनको जीवन की सुरक्षा के लिये व्यवहार में प्रयोग किया जाये अथवा नहीं। प्राकृतिक कानून मनुष्य का तकाजा है कि वह जीवन तथा सम्पत्ति की सुरक्षा के लिये समझौते करे तथा उन समझौतों का पालन करे। तलवार के बिना समझौते केवल शब्द हैं और उनमें किसी मनुष्य की रक्षा करने की कोई शक्ति नहीं है।''

राज्य की उत्पत्ति

इस प्रकार हाब्स के अनुसार राज्य का प्रारम्भ संविदा के द्वारा हुआ है। इसके मूल में दो बातें थीं—एक तो यह कि मनुष्य दो प्राकृतिक नियमों के अनुसार शान्ति से रह सकते हैं—पहला शान्ति की तलाश करना और उसका अनुकरण करना तथा दूसरा उन समस्त साधनों से अपनी रक्षा करना जो हमें उपलब्ध हैं। दूसरा तर्क यह है कि प्रकृति के नियमों को लागू करने के लिये एक प्रभु शक्ति होनी चाहिये जिसका सम्मान और भय ही मनुष्य को समझौते निभाने पर मजबूर कर सकता है। इनमें भी सम्मान से अधिक भय प्रभावशाली है। वही मनुष्य पर दबाव डालता है। यह भय तभी हो सकता है जबकि समझौता भंग करने से लाभ के स्थान पर दण्ड अधिक मिले। हाब्स के शब्दों में, ''एक ऐसी सामान्य शक्ति को स्थापित करने के लिये जो सब मनुष्यों की बाहर के आक्रमणों से और एक दूसरे की चोटों से रक्षा कर सके। यह आवश्यक है कि मनुष्य अपनी समस्त शक्ति एक व्यक्ति अथवा व्यक्तियों के समूह को सौंप दे। यह शक्ति समस्त मनुष्यों की इच्छाओं को केवल एक इच्छा के द्वारा प्रदर्शित करेगी। सर्वोच्च शक्ति जो कुछ भी कार्य करती है अथवा जो करने की आज्ञा देती है उसे जनता को सहर्ष मान लेना चाहिये। इस प्रकार का संविदा सब मनुष्यों को एक कर देता है। इसमें प्रत्येक व्यक्ति दूसरे से कहता है कि मैं अपने समस्त अधिकार इस व्यक्ति अथवा इन व्यक्तियों के समूह को इस शर्त पर देता हूँ कि तुम भी अपने समस्त अधिकार इस व्यक्ति अथवा व्यक्तियों के समूह को सौंप दो। जब सब शक्ति इस प्रकार एक व्यक्ति में केन्द्रित हो जाती है तो राज्य का निर्माण होता है, जिस व्यक्ति को अधिकार दिये जाते हैं वह प्रभु हो जाता है और प्रभुसत्ता का स्वामी होता है, उसके अतिरिक्त प्रत्येक व्यक्ति उसके आधीन उससे शासित होता है, यह प्रभु महान लेवियेथान है जिसके कारण मनुष्यों का जीवन और उनकी सम्पत्ति सुरक्षित रहती है।''

प्रभुसत्ता की प्रकृति

रचना की उत्पत्ति के उपरोक्त सिद्धान्त में प्रभुसत्ता की प्रकृति की मुख्य विशेषतायें निम्नलिखित हैं—

(1) जनता के समझौते पर आधारित—हाब्स के सिद्धान्त में जनता के व्यक्ति परस्पर समझौता करते हैं, प्रभु उसमें साझीदार नहीं होता। समझौता करने के बाद जनता की शक्ति समाप्त हो जाती है। किसी भी परिस्थिति में इस समझौते को वापिस नहीं लिया जा सकता।

(2) असीम प्रभुशक्ति—प्रभुशक्ति पर कोई रोक टोक नहीं होती। उस पर कोई कानून लागू नहीं होता। उस पर केवल प्राकृतिक कानूनों का ही प्रतिबन्ध होता है। उसको रोकने के लिये कोई संविधान नहीं होता।

(3) जन कल्याणकारी—प्रभुशक्ति जनता को हानि नहीं पहुँचाती क्योंकि प्रभु उसका प्रतिनिधि होता है। इस प्रकार वह जन कल्याणकारी है।

(4) सम्पत्ति देने वाली—प्रभुशक्ति कानून का स्रोत है। प्रभु ही कानूनों की व्याख्या करता है। इस प्रकार सम्पत्ति उसी की देन है। वही सम्पत्ति पर कर लगा सकता है। वही युद्ध की घोषणा कर सकता है।

(5) भाषण का अधिकार देने वाला—जनता को स्वतंत्र भाषण का अधिकार प्रभु से ही प्राप्त होता है। उसे इस अधिकार पर प्रतिबन्ध लगाने की पूरी स्वतंत्रता होती है। शान्ति और अनुशासन की स्थापना के लिये वह कोई भी कानून बना सकता है।

(6) अनुल्लंघनीय—प्रभु शक्ति सर्वोच्च है, उसका कोई भी उल्लंघन नहीं कर सकता। उसके उल्लंघन का प्रत्येक कार्य समझौते के विरुद्ध होने के कारण अन्यायपूर्ण है। प्रभु की स्पष्ट स्वीकृति के बिना उसके स्थान पर किसी अन्य प्रभु को नहीं रखा जा सकता क्योंकि पहला प्रभु ही प्रजा की इच्छा का प्रतीक है। प्रभु के विरुद्ध ईश्वर तक से कोई समझौता नहीं हो सकता। जब कि प्रभु समझौते की अवहेलना कर सकता है, जनता ऐसा नहीं कर सकती। प्रभु को असीमित प्राकृतिक अधिकार प्राप्त होते हैं क्योंकि वह समझौते में भाग नहीं लेता। प्रजा के प्राकृतिक अधिकार समाप्त हो चुके होते हैं। प्रभु कभी भी अन्याय नहीं कर सकता। अल्पसंख्यकों को उसका विरोध करने का अधिकार नहीं है।

(7) अविभाज्य और अदेय—इस प्रकार प्रभु को समस्त लौकिक और धार्मिक विषयों में समस्त अधिकार प्राप्त होते हैं। वही व्यक्तियों को सम्मानित करता है। वही अधिकारियों की नियुक्ति करता है। सरकार की तीनों प्रकार की शक्तियाँ प्रभु में केन्द्रित होती हैं।

प्रभुसत्ता के लक्षण

सेबाइन ने लिखा है, ''हाब्स ने प्रभुता के मार्ग से उन सब बाधाओं को दूर कर दिया जिनको बोदाँ ने छोड़ दिया था।'' इस कथन को समझने के लिये पहले यह जानना आवश्यक है कि बोदाँ का प्रभुसत्ता का सिद्धान्त क्या था और उसने उसमें कौन-सी बाधायें छोड़ दी थीं।

प्रभुसत्ता की परिभाषा करते हुये बोदाँ ने अपनी पुस्तक 'डी रिपब्लिक' में लिखा है, ''प्रभुता नागरिकों और प्रजाजनों पर सर्वोच्च सत्ता है जो कानूनों से नियंत्रित नहीं होती।'' प्रभुसत्ता ही राज्य को अन्य समुदायों से अलग करती है। उसी की आधीनता से व्यक्ति को नागरिकता के अधिकार मिलते हैं। प्रभुसत्ता के मुख्य लक्षण निम्नलिखित हैं—

(1) स्थायित्व—प्रभुसत्ता स्थायी होती है। वह न तो किसी व्यक्ति के द्वारा और न किसी काल के लिये मिली होती है।

(2) हस्तान्तरण नहीं—प्रभुसत्ता का हस्तान्तरण नहीं किया जा सकता। उसे किसी अन्य व्यक्ति को नहीं दिया जा सकता।

(3) कानूनों का स्रोत—प्रभुसत्ता ही राज्य में कानूनों का स्रोत है। बोदाँ ने प्रभुसत्ता में अग्रलिखित बाधायें छोड़ दीं—

(i) ईश्वर के प्रति उत्तरदायित्व—प्रभु अपने कार्यों के लिये ईश्वर के प्रति उत्तरदायी होता है। इसके अतिरिक्त उस पर कोई अन्य आन्तरिक या बाहरी नियंत्रण नहीं है।

(ii) प्राकृतिक कानूनों से सहमति—प्रभुसत्ता प्राकृतिक कानूनों से सहमत होती है, वह उनका उल्लंघन नहीं करती।

(iii) कानूनी नियंत्रण—प्रभुसत्ता राज्य के कानूनों द्वारा निर्धारित होती है।

(iv) निजी सम्पत्ति की रक्षा—प्रभुसत्ता निजी सम्पत्ति की रक्षा करती है। प्रभु किसी व्यक्ति की निजी सम्पत्ति का अपहरण नहीं कर सकता।

बोदाँ से तुलना

बोदाँ के अनुसार किसी भी राज्य में प्रभुसत्ता सरकार के प्रकार पर निर्भर होती है। राजतंत्र में वह राजा में होती है, मंत्री वर्ग राजा को सलाह देता है। अभिजात्यतंत्र में राजा मंत्री वर्ग की बात मानने के लिये बाध्य होता है क्योंकि प्रभुसत्ता मंत्रीवर्ग में होती है। जनतंत्र में प्रभुसत्ता जनता में होती है।

प्रभुसत्ता के विषय में बोदाँ के उपरोक्त विचारों से इस सम्बन्ध में हाब्स के विचारों की तुलना करने से यह पता चलेगा कि हाब्स इस दिशा में बोदाँ से कहाँ तक आगे बढ़ा है।

समानतायें

(1) प्रभुसत्ता की आवश्यकता—प्रत्येक समाज में प्रभुसत्ता का होना इसलिये आवश्यक है ताकि समाज में शान्ति बनी रह सके। इस प्रभुसत्ता की इच्छा ही समाज की इच्छा होती है, अस्तु, इसके कानून और नैतिक नियमों में कोई अन्तर नहीं है। प्रभुसत्ता के द्वारा ही प्रजा से कानून का पालन कराया जाता है।

(2) राजतंत्रीय प्रभुसत्ता—राज्य के सब नागरिकों के हाथ में प्रभुसत्ता होने को हाब्स अराजकता मानता है। उसका कहना है कि समाज में शान्ति और सुव्यवस्था बनाये रखने के लिये प्रभुसत्ता एक ही व्यक्ति के हाथ में होनी चाहिये।

(3) हस्तान्तरण नहीं—बोदाँ के समान हाब्स भी यह मानता है कि प्रभुसत्ता का हस्तान्तरण नहीं किया जा सकता।

(4) निर्विरोध—बोदाँ के समान हाब्स भी यह मानता है कि प्रभुसत्ता का विरोध नहीं होना चाहिये।

(5) विभिन्न राज्यों में भिन्न प्रभुसत्ता—बोदाँ के समान हाब्स भी यह मानता है कि राजतंत्र और अभिजात्यतंत्र में प्रभुसत्ता की भिन्नता के आधार पर भिन्न-भिन्न प्रकार की सरकारें पायी जातीं हैं।

(6) कानून और शक्ति का आधार—प्रभुसत्ता ही कानून का आधार है क्योंकि उसी के पास शक्ति है।

अन्तर

उपरोक्त विशेषताओं को लेकर हाब्स और बोदाँ में अधिक अन्तर नहीं मालूम पड़ता किन्तु फिर भी निम्नलिखित बातों से इनमें अन्तर स्पष्ट होता है–

(1) बोदाँ के अनुसार प्रभु पर प्राकृतिक कानूनों और संवैधानिक कानूनों का नियंत्रण होता है। हाब्स ने प्रभुसत्ता को इन दोनों बन्धनों से मुक्त रखा है।

(2) बोदाँ के अनुसार प्रभुसत्ता व्यक्ति की व्यक्तिगत सम्पत्ति का अपहरण नहीं कर सकती। हाब्स ऐसा कोई प्रतिबन्ध नहीं मानता।

(3) बोदाँ के अनुसार प्रभुसत्ता में राज्य के कानूनों को भंग करने अथवा उनमें सुधार करने की शक्ति नहीं है। हाब्स के अनुसार प्रभुसत्ता ये दोनों ही काम कर सकती है।

(4) बोदाँ के अनुसार प्रभुसत्ता पर आंतरिक कानूनों और प्राकृतिक तथा दैवी शक्ति का प्रतिबन्ध है। हाब्स का प्रभु निरंकुश है।

उपरोक्त विवेचन से सेबाइन का यह कथन स्पष्ट होता है कि, ''हाब्स ने प्रभुता के मार्ग से उन सब बाधाओं को दूर कर दिया जिनको बोदाँ ने छोड़ दिया था।''

निरंकुश राजतन्त्र का समर्थन

सेबाइन ने लिखा है, ''निरंकुश राजतंत्र की रक्षा हाब्स के प्रभावशाली दर्शन का केवल ऊपरी रूप था और यद्यपि गृह युद्ध का उसके विचारों पर प्रभाव पड़ा परन्तु इन प्रभावों का उसके दर्शन में विशेष रूप से कोई महत्त्व नहीं था।'' इस कथन से स्पष्ट है कि हाब्स के राजदर्शन की विशेषता निरंकुश राजतंत्र के पक्ष में उसके तर्क नहीं है। इनके अतिरिक्त भी वह एक महत्त्वपूर्ण राजनैतिक विचारक था। राजतंत्र के पक्ष में तर्क उसके राजदर्शन का बहुत छोटा सा अंश है। सेबाइन के कथन को समझने के लिये यह जानना जरूरी है कि किन बातों के आधार पर हाब्स को महत्त्वपूर्ण राजनैतिक विचारक माना जा सकता है।

सन् 1642 से 1648 तक इंगलैंड में पार्लियामेंट और सम्राट के बीच गृह युद्ध हुआ जिसमें सम्राट की हार हुई और उसका वध कर दिया गया। इससे समस्त देश में अराजकता फैल गयी। इस अराजकता और पशुवत जीवन को देखकर हाब्स ने यह निष्कर्ष निकाला कि राज्यविहीन जीवन पशुवत होता है और समाज में शान्ति और सुरक्षा बनाये रखने के लिये निरंकुश राजतंत्र की स्थापना आवश्यक है। हाब्स से पहले के विचारक राजतंत्र के समर्थन में यह तर्क उपस्थित करते थे कि राजा को समस्त शक्तियाँ ईश्वर से प्राप्त होती हैं और इसलिये चाहे वह कितना भी अत्याचारी क्यों न हो, प्रजा को उसकी आज्ञा का पालन करना चाहिए। हाब्स ने राज्य के इस दैवी सिद्धान्त का खण्डन किया। उसने इसके स्थान पर सामाजिक समझौते का सिद्धान्त उपस्थित किया। इसके अनुसार मनुष्यों ने शान्ति और सुरक्षा के लिये परस्पर समझौते के द्वारा अपने समस्त अधिकार एक व्यक्ति को सौंप दिये। यह व्यक्ति निरंकुश राजा बन गया। अब यह प्रजा के कल्याण के लिये किन्तु अपनी मर्जी से शासन चलाने लगा। निरंकुश राजतंत्र के समर्थन में हाब्स ने दो तर्क उपस्थित किये। एक तो यह कि सामाजिक समझौते के समय प्रजा ने अपने समस्त अधिकार राजा को सौंपने और उसकी आज्ञा का पालन

करने की शपथ ली थी, अस्तु इस वचन का पालन करने के लिये उसे कभी भी विद्रोह नहीं करना चाहिए। दूसरे, यदि प्रजा विद्रोह करती है तो अराजकता उत्पन्न होने से मनुष्य फिर से प्राकृतिक अवस्था में पहुँच जाते हैं।

आलोचना

हाब्स के इन तर्कों से निरंकुश राजतंत्र का समर्थन नहीं होता। इनमें निम्नलिखित दोष हैं–

(1) जब प्रजा अपने स्वार्थ के लिये ही राजा को समस्त अधिकार सौंपती है तो वह अपने स्वार्थ के लिये उसकी आलोचना क्यों नहीं कर सकती?

(2) यदि कोई व्यक्ति बलपूर्वक राजा को हटाकर स्वयं राजा बन बैठे तो उसके मार्ग में कौन-सी बाधा उपस्थित होगी?

(3) जब राज्य जनता के स्वार्थों की पूर्ति के लिये बनाया गया है तो उसकी पूर्ति न होने पर उसे भंग क्यों नहीं किया जा सकता?

उपरोक्त तर्कों के आधार पर यह कहा जा सकता है कि थामस हाब्स का निरंकुश राजतंत्र का समर्थन बहुत सफल नहीं था। किन्तु जैसा कि पीछे कहा जा चुका है, निरंकुश राजतंत्र का समर्थन उसके राजदर्शन का केवल एक पहलू है।

राजशास्त्र में योगदान
(Contribution to Political Science)

राजशास्त्र में हाब्स का योगदान निम्नलिखित है–

(1) राजनीति और चर्च का विभाजन–हाब्स ने राजनीति को धर्म से अलग माना। वह चर्च को राज्य का एक विभाग मात्र मानता था। इस प्रकार उसने धर्म निरपेक्ष राज्य का समर्थन किया।

(2) प्रभुता का सिद्धांत–हाब्स ने प्रभुता के सिद्धान्त की महत्त्वपूर्ण व्याख्या की। आधुनिक काल में आस्टिन का प्रभुसत्ता का सिद्धान्त हाब्स के सिद्धान्त पर ही आधारित है।

(3) मिश्रित संविधान का समर्थन–निरंकुश राजतंत्र के पक्ष में तर्क देते हुए भी हाब्स ने मिश्रित संविधान का समर्थन किया है।

(4) दैवी सिद्धान्त का खण्डन–दैवी सिद्धान्त का खण्डन करके हाब्स ने आधुनिक राजनैतिक चिन्तन को धर्म के क्षेत्र से बाहर निकाला।

(5) सामाजिक समझौता सिद्धान्त–राजशास्त्र के क्षेत्र में हाब्स की प्रमुख देन सामाजिक समझौता सिद्धान्त था। इससे प्रभु को जनता का प्रतिनिधि मान लिया गया।

(6) राज्य का मनोवैज्ञानिक आधार–हाब्स मनोविज्ञान और राजनीति को भौतिक शास्त्र के स्तर पर स्थापित करना चाहता था। उसने मानव मनोविज्ञान की यथार्थवादी व्याख्या की भले ही यह व्याख्या कुछ लोगों को अत्यधिक कटु प्रतीत हो। प्रभुसत्ता और प्रभु के व्यवहार का विश्लेषण करते समय हाब्स ने सब कहीं मानव मनोविज्ञान में अत्यन्त सूक्ष्म अन्तर्दृष्टि

का परिचय दिया है। उसके कथनों के आधार पर आधुनिक कूटनीति की आधारशिला रखी जा सकती है।

(7) व्यक्तिवाद—हाब्स ने व्यक्ति के जीवित रहने के अधिकार को सर्वोच्च माना। उसने राज्य और समाज तक को इसकी सुरक्षा का साधन ठहराया। व्यक्ति के जीवन और सम्पत्ति की रक्षा के लिये ही प्रभु को निरंकुश अधिकार दिये गये थे। राज्य व्यक्तियों के कल्याण का साधन है, यह स्वयं साध्य नहीं है। राज्य का हित व्यक्तिगत हितों का योग मात्र है। हाब्स का यह व्यक्तिवाद आधुनिक राजतंत्र की दृष्टि से अत्यन्त महत्त्वपूर्ण है। इसकी प्रशंसा में कहा गया है, "आत्म रक्षा तथा आत्माभिव्यक्ति के जिस आधार पर हाब्स ने अपने राजनैतिक चिन्तन का विकास किया है उसे देखते हुए यह अनिवार्य था कि वह व्यक्तिवाद का समर्थन करता।"[1] हाब्स के अनुसार व्यक्ति अलग-अलग इकाइयाँ हैं, राज्य उन्हें एक सूत्र में बांधता है। सच तो यह है कि हाब्स का निरंकुश प्रभुसत्ता का सिद्धान्त उसके व्यक्तिवाद का ही पूरक है। निरंकुश शासक उच्च मानव है जो व्यक्तियों के कल्याण के लिये ही उनसे अपनी इच्छा का पालन करवाता है। हाब्स के व्यक्तिवाद के विषय में सेबाइन ने ठीक ही लिखा है "हाब्स के व्यक्तिवाद का तत्त्व पूर्ण रूप से आधुनिक है।"

(8) कानून की सत्ता की स्थापना—निरंकुश राजतन्त्र का समर्थन करते हुए भी हाब्स राज्य में कानून की सत्ता को स्थापित करना चाहता था। इसी बात को ध्यान में रखकर उसने शासक को यह उपदेश दिया कि उसे अत्यधिक कानून नहीं बनाये जाने चाहिये क्योंकि ऐसा करने से कानूनों का उल्लंघन और इसलिये उनके सम्मान के घटने का अवसर बढ़ जायेंगे। हाब्स ने कानूनों के सम्मान की स्थापना के लिये उनके पीछे दण्ड का विधान आवश्यक माना।

आधुनिक राजशास्त्रियों ने थामस हाब्स के राजनैतिक विचारों की आलोचना करते हुए परस्पर विरोधी मत उपस्थित किये हैं। एक मत के अनुसार, "हाब्स गैलीलियों के युग में राजनीति का गैलीलियो था।" अनेक विचारकों ने हाब्स के ग्रन्थ लैवियेथान की प्रशंसा की है किन्तु अन्य अनेक ने उसकी आलोचना भी की है। वाधन के अनुसार, "जहाँ तक राजनीतिक दर्शन के विकास का प्रश्न है लैवियेथान का कोई प्रभाव नहीं पड़ा है। यह एक कोरी कल्पना रह गयी है जिसका प्रचार नहीं हो सकता।" दूसरी ओर सेबाइन ने राजशास्त्र को आधुनिक चिन्तन के निकट लाने का श्रेय रखने वाले राजशास्त्रियों में हाब्स की भी गणना की है।

आलोचना

हाब्स के राजनैतिक विचारों की निम्नलिखित आलोचनाओं से उसकी स्थिति स्पष्ट होती है—

(1) सामाजिक समझौता के सिद्धान्त के दोष—हाब्स ने राज्य की उत्पत्ति का सामाजिक समझौता सिद्धान्त उपस्थित किया। आलोचकों के अनुसार यह सिद्धान्त न तो तर्कपूर्ण है और न ऐतिहासिक ही है। इसमें निम्नलिखित दोष देखे जा सकते हैं:—

---

1. "Hobbes necessarily on the assumption of his psychology of self-defence and self-assertion, is an individualist."

(अ) ऐतिहासिकता का अभाव—मानव इतिहास में ऐसी किसी घटना का उल्लेख नहीं मिलता जबकि मनुष्यों ने मिलकर सामाजिक समझौता करके राज्य का निर्माण किया हो। इस प्रकार हाब्स की कल्पना में ऐतिहासिक तथ्य नहीं है।

(ब) तर्कहीनता—हाब्स का सामाजिक समझौता सिद्धान्त तर्कयुक्त नहीं है इसकी आलोचना करते हुये लॉक ने लिखा है, "जब मनुष्य प्रकृति की दशा को छोड़ कर समाज में दाखिल हुये, वे इस बात पर सहमत हुये कि उनमें से एक को छोड़कर बाकी सब कानून के नियंत्रण में होने चाहिये, परन्तु उस एक को प्रकृति की स्थिति की समस्त स्वतंत्रता अब भी बनाये रखनी चाहिये जो कि शक्ति के साथ और भी बढ़ जाती है और निरंकुश हो जाती है। यह ऐसा सोचना है कि मनुष्य इतने मूर्ख हैं कि वे यह तो सावधानी करेंगे कि उनके प्रति बिल्लियों और लोमड़ियों द्वारा की गयी शरारत का निषेध किया जाये, और शेरों द्वारा निगले जाने में संतुष्ट होंगे और उसे सुरक्षा समझेंगे।"[1] हाब्स का यह कहना तर्कपूर्ण नहीं लगता कि मनुष्य जानबूझकर अपने को निरंकुश राजतंत्र के हाथों में सौंप देंगे।

(स) असामाजिक मानव—हाब्स के संविदा सिद्धान्त में प्राकृतिक मानव की व्याख्या उचित नहीं है। हाब्स ने प्राकृतिक मनुष्य को असामाजिक मान लिया जिसका एकमात्र उद्देश्य चाहें जैसे अपनी स्वार्थसिद्धि करना था। आधुनिक विचारकों के अनुसार और प्राचीन दार्शनिकों के अनुसार भी मनुष्य स्वभाव से ही सामाजिक प्राणी होता है। जहाँ उसमें स्वार्थ होता है वहाँ परमार्थ भी होता है। यदि मनुष्य एक दम स्वार्थी है तो फिर भी किसी भी प्रकार से उसे कानून के शासन में नहीं रखा जा सकता।

(द) प्राकृतिक स्थिति की अनुचित व्याख्या—हाब्स ने प्राकृतिक स्थिति में मानव व्यवहार का जो चित्र खींचा है वह सर्वथा एकांगी है। रूसो आदि अनेक विचारक प्राकृतिक स्थिति में मानव व्यवहार के अनेक उजले पहलुओं पर प्रकाश डालते हैं। हाब्स ने केवल बुरे और पशुवत पहलू को ही देखा है।

(2) परिवार की अवहेलना—अत्यधिक एकांगी व्यक्तिवाद के वशीभूत होकर हाब्स यह भूल गया कि आदिम समाज में समाज की इकाई व्यक्ति नहीं बल्कि परिवार होता है। अस्तु, यदि कोई समझौता हुआ भी होगा तो वह व्यक्तियों में नहीं बल्कि परिवारों में हुआ माना जाना चाहिये। यदि मनुष्य स्वभाव से ही अकेला और पशुवत है तो वह कभी भी सामाजिक जीवन के योग्य नहीं बन सकता।

(3) निरंकुश राजतंत्र में दोष—हाब्स का यह कथन न तो तर्कपूर्ण है और न इतिहास से ही सिद्ध होता है कि निरंकुश राजा के अभाव में समाज में अराजकता रहती है। भिन्न-भिन्न देशकाल में निरंकुश राजा के न होने पर भी अराजकता नहीं रही है। आधुनिक काल में शायद ही कोई राजशास्त्री हाब्स के निरंकुश राजतंत्र का समर्थन करे।

---

1. "When men, quitting the State of Nature entered into Society, they agreed that all of them but one should be under the restraint of laws, but that he should still retain all the liberty of the state of Nature, increased with power and made licentious by impunity. This is to think that men are so foolish that they take care to avoid what mischief may be done to them by polecats and foxes, but are content, may think it safety, to be devoured by lions."
—Locke

(4) कानून की संकुचित कल्पना—यद्यपि हाब्स राज्य में कानून की सत्ता स्थापित करता है किन्तु उसकी कानून की कल्पना अत्यन्त संकुचित है। उसके अनुसार निरंकुश राजा ही कानून का एक मात्र स्रोत और व्याख्याकार है तथा केवल दण्ड के द्वारा ही कानून को मनवाया जा सकता है। आधुनिक काल में कानून को मनवाने के अनेक साधन हैं और उनमें दण्ड को बहुत ही कम महत्त्व दिया जाता है। आधुनिक राजशास्त्र के अनुसार कानून का स्रोत और व्याख्याकार कोई भी एक व्यक्ति नहीं हो सकता।

(5) राज्य के नकारात्मक कर्त्तव्य—हाब्स ने राज्य के जो कर्त्तव्य बतलाये वे केवल नकारात्मक कर्त्तव्य थे। उसने कहा कि राज्य को जनता की सुरक्षा और शान्ति बनाये रखने का प्रयास करना चाहिये। उसके राज्य के मुख्य कार्य पुलिस के कार्य थे क्योंकि उसकी कल्पना का समाज जानवरों के झुण्ड से अधिक नहीं था। आधुनिक राजनैतिक विचारक राज्य के कार्यों की व्याख्या करने में नकारात्मक से अधिक सकारात्मक और कल्याणकारी कार्यों पर जोर देते हैं।

(6) भौतिकवादी राजदर्शन—हाब्स पूर्णरूप से भौतिकवादी था। मनोविज्ञान और राजनीतिक दोनों में उसके विश्लेषण पूरी तरह भौतिकवादी हैं। इस अत्यधिक भौतिकवाद के ही कारण उसने निरंकुश राजतंत्र का समर्थन किया। उसका भौतिकवाद वैज्ञानिक पृष्ठभूमि पर आधारित था। कार्लमार्क्स ने उसे भौतिकवाद का पिता कहा है। वह भौतिक विज्ञान के गति सिद्धान्त से प्रभावित था। उसने मानव प्रकृति के निम्न पहलुओं को ही सब कुछ मान लिया। उसका कहना था कि शक्ति के अभाव, षड्यंत्रों तथा व्यक्तिगत अधिकारों की मांग से राज्य कमजोर होता है। उसने चाहे जिस साधन से राज्य को सबल बनाने की सलाह दी। उसके आदर्श राज्य में नागरिकों को किसी भी मामले में सोचने और कार्य करने का अधिकार नहीं था। उसने समस्त अधिकार निरंकुश शासक को सौंप रखे थे। लॉक ने हाब्स के इन विचारों की आलोचना की।

हाब्स के राजनैतिक विचारों की उपरोक्त आलोचना से यह नहीं समझना चाहिये कि राजशास्त्र के विचारक के रूप में उसका कोई सम्मान ही नहीं है। यद्यपि उसके निरंकुश राजतंत्र के सिद्धान्त को आज कोई नहीं मानता किन्तु संवैधानिक राजतंत्र का आज भी अनेक स्थानों पर सम्मान किया जाता है। इंगलैंड में आज भी संवैधानिक राजतंत्र पर गर्व किया जाता है। हाब्स के विचारों से संसार के अनेक देशों में राज्य क्रान्तियाँ हुई। उसके भौतिकवाद ने फ्रेंच राज्य क्रान्ति को प्रभावित किया। प्रभुसत्ता के विषय में हाब्स का सिद्धान्त आज भी महत्त्वपूर्ण माना जाता है। इसीलिये हाब्स की कटु आलोचना के बावजूद वह एक महान राजनीति दार्शनिक कहलाता है। ब्रिटिश दार्शनिक बेन्थम ने हाब्स की भारी प्रशंसा की है। आस्टिन ने आधुनिक काल में अपने विधि सिद्धान्त को हाब्स के प्रभुसत्ता के सिद्धान्त पर आधारित किया है। हाब्स की मुख्य पुस्तक लेवियेथान तत्कालीन परिस्थितियों पर आधारित होने के बावजूद आज भी राजशास्त्र के क्षेत्र में महत्त्वपूर्ण स्थान रखती है।

अभ्यास के लिये प्रश्न

1. हाब्स के राज्य के सिद्धान्त की विवेचना कीजिये।
2. हाब्स के विचार प्राकृतिक अवस्था, प्राकृतिक अधिकार तथा राज्य के प्रारम्भ के विषय में बताइये।
3. ''हॉब्स ने प्रभुता के मार्ग से उन सब बाधाओं को दूर कर दिया जिनको बोदाँ ने छोड़ दिया था।'' (सेबाइन) इस कथन को स्पष्ट कीजिये।
4. प्रभुसत्ता के विषय में बोदाँ तथा हाब्स के विचारों की तुलना कीजिये।
5. प्रभुसत्ता तथा कानून के विषय में हाब्स के विचारों का वर्णन कीजिये।
6. ''निरंकुश राजतन्त्र की रक्षा हाब्स के प्रभावशाली दर्शन का केवल ऊपर का रूप था और यद्यपि गृह युद्ध का उसके विचारों पर प्रभाव पड़ा परन्तु इन प्रभावों का उसके दर्शन में विशेष रूप से कोई महत्त्व नहीं था।'' (सेबाइन)

   उपरोक्त कथन का आलोचनात्मक वर्णन कीजिये और बताइये कि किस प्रकार निरंकुश राजतंत्र की रक्षा उसके राजनीति दर्शन का महत्त्वपूर्ण भाग नहीं है। राजनीति दार्शनिक के रूप में हॉब्स का महत्त्व किन बातों में है?
7. हॉब्स के विचारों की आलोचना कीजिये तथा उनका महत्त्व बताइये।
8. हॉब्स की कटु आलोचना के बावजूद हॉब्स एक महान राजनीति दार्शनिक क्यों कहलाता है?
9. ''हॉब्स गैलीलियो के युग में राजनीति का गैलीलियो था।'' हॉब्स के साधनों तथा निर्णयों को ध्यान में रखते हुए उपरोक्त कथन की विवेचना कीजिये।
10. हॉब्स का निरंकुशवाद किस प्रकार से वास्तव में उसके व्यक्तिवाद का पूरक था?
11. 'जहाँ तक राजनीतिक दर्शन के विकास का प्रश्न है, लेवियाथान का कोई प्रभाव नहीं पड़ा है। यह एक कोरी कल्पना रह गई है जिसका प्रचार नहीं हो सकता?' (वाघन) क्या वह हॉब्स के राजनीति दर्शन को सही रूप में प्रकट करता है?

24

जॉन लॉक

(John Locke, 1632-1704 A.D.)

जान लॉक के सम्बन्ध में वेपर (Wayper) का मत है कि, ''लॉक उदारतावाद के सिद्धान्तों की प्रतिष्ठा करता है। लॉक के राजनीतिक विचारों में मध्य युग के अन्तिम तथा आधुनिक युग का प्रथम महान उद्घोष सुनाई पड़ता है।''[1]

सन् 1632 ई० में ब्रिटेन के रिंगटन नामक स्थान पर जॉन लॉक का जन्म हुआ था। उसका जन्म एक प्यूरिटन परिवार में हुआ था। उसके पिता ने इंगलैंड के गृह-युद्ध में संसद की ओर से भाग लिया था। वेस्ट मिन्सटर स्कूल तथा क्राइस्ट चर्च में लॉक की प्रारम्भिक शिक्षा सम्पन्न हुई। इसके पश्चात् उसने ऑक्सफोर्ड विश्वविद्यालय में प्रवेश लिया। ऑक्सफोर्ड की स्कोलास्टिक पद्धति की पढ़ाई भी उसे पसन्द नहीं थीं, परन्तु वह फिर भी अध्ययनरत रहा, तथा डॉक्टर बन गया। लॉक का बौद्धिक झुकाव यद्यपि अनेक विषयों तक विस्तृत था। ह्विग दल के लार्ड एशली के आश्रय में आकर इसके जीवन में परिवर्तन आ गया। 'अर्ल ऑफ शेफ्टसबरी' के आश्रय में आकर इसके उदारवादी विचारों को काफी प्रोत्साहन मिला। इस प्रकार वह ब्रिटेन के बड़े-बड़े राजनीतिज्ञों के सम्पर्क में रहा। गौरवपूर्ण क्रान्ति में उसने काफी रुचि ली। बीमारी के कारण कुछ समय फ्रांस में भी बिताया। इसको ऊँचे-ऊँचे पदों पर नियुक्ति हेतु आमन्त्रण प्राप्त हुए, परन्तु इसने उन्हें ठकुरा दिया। सन् 1704 ई० को उसका स्वर्गवास हो गया।

जॉन लॉक की रचनायें (Works of John Locke)

जॉन लॉक उस समय का महान् लेखक था। उसने लगभग 30 ग्रन्थों की रचना की, जिनमें से प्रमुख अग्रलिखित हैं–

(i) दी ट्रीटाइज ऑन सिविल गवर्नमेंट (The Treatise on Civil Government, 1690)

1. ''His is the last great voice of one great tradition and the first great voice of another great tradition.'' —C.L. Wayper

(ii) ऐस्से कन्सर्निंग ह्यूमन अन्डरस्टेन्डिग (Essay Concerning human Understanding, 1690)

(iii) लैटर ऑन टालरेशन (Letter on Toleration, 1690)

(iv) सेकण्ड लैटर ऑन टालरेशन (Second Letter on Toleration,1690)

(v) थर्ड लैटर ऑन टालरेशन (Third Letter on Toleration, 1692)

(vi) फौर्थ लैटर ऑन टालरेशन (Fourth Letter on Toleration, 1692)

(vii) सम थोट्स कन्सर्निंग एजुकेशन (Some Thoughts Concerning Education, 1692)

(viii) दी फन्डामेंटल्स ऑफ कान्सटीट्यूशन ऑफ कैरोलाइन (The Fundamentals of Constitution of Caroline, 1692)

प्रो० वाघन (Prof. Vaughan) ने लॉक की ट्रीटाइज के सम्बन्ध में लिखा है कि, ''यह एक दुनाली बन्दूक के समान है जिसकी एक नली दैवी अधिकार के सिद्धान्त को तथा दूसरी हॉब्स पर सीधा प्रहार करती है।''[1]

प्राकृतिक अवस्था
(State of Nature)

प्राकृतिक स्थिति में मनुष्य की दशा के विषय में लॉक ने हाब्स से भिन्न चित्र उपस्थित किया है। उसका विचार था कि प्रकृति ने मनुष्य को विकसित और अधिकार सम्पन्न बनाया है। उसके शब्दों में, ''जैसा कि सिद्ध किया जा चुका है, मनुष्य पूर्ण स्वतंत्रता और प्रकृति के नियम के अधिकारों और विशेषाधिकारों के अनियंत्रित आनन्द का किसी भी अन्य मनुष्य अथवा संसार में मनुष्यों की संख्या के साथ बराबर का अधिकार लेकर उत्पन्न हुआ है, स्वभाव से ही उसमें अन्य मनुष्यों के आघातों और प्रयासों के विरुद्ध अपनी सम्पत्ति अर्थात् अपने जीवन और स्वतंत्रता और एक राज्य के संरक्षण की शक्ति है, बल्कि अन्यों के द्वारा उस कानून के उल्लंघन का दण्ड देने की भी शक्ति है।''[2] मनुष्य स्वभाव से ही पूर्ण स्वतंत्र है। प्रकृति ने उसे सब प्रकार के अधिकार दिये हैं। उसमें अपने जीवन और सम्पत्ति की रक्षा करने की शक्ति है। प्राकृतिक अवस्था में राज्य नहीं था परन्तु समाज था। मनुष्य सामाजिक थे, परस्पर संघर्ष बहुत कम होता था। सब कहीं शान्ति का वातावरण था और लोग भले थे। प्राकृतिक नियम नैतिक नियम थे और बुद्धि पर आधारित थे। ये नैतिक नियम ही मनुष्य के चरित्र का नियंत्रण

---

1. ''Locke's Treatise is gun with two barrels, the one directed against flimer and Divine Right, and the other against Hobbes." —Vaughan
2. ''Man being born as has been proved, with a title to perfect freedom and an uncontrolled enjoyment of all the rights and privileges of the law of nature, equally with any other man or number of men in the world, hath by nature a power not only to preserve his property—that is his life, liberty, and a state—against the injuries and attempts of other men, but to judge of and punish the breaches of that law in others.'' —Locke

करते थे। सब मनुष्य समान रूप से स्वतंत्र थे यद्यपि उनमें बुद्धि, भौतिक शक्ति और सम्पत्ति समान नहीं थी।

इस प्रकार लॉक के अनुसार प्रत्येक मनुष्य को स्वतंत्रता, सम्पत्ति और जीवन के प्राकृतिक अधिकार प्राप्त हैं। सम्पत्ति की संस्था प्राचीन समाज में उस समय उत्पन्न हुई जब मनुष्य ने व्यक्तिगत श्रम के द्वारा किसी प्राकृतिक सम्पत्ति को अपने अधिकार में कर लिया। प्राकृतिक अवस्था में मनुष्य बुद्धि के अनुसार चलते थे और प्राकृतिक नियमों को मानते थे। बुद्धि यह बतलाती है कि हमें अन्य व्यक्तियों के जीवन, स्वास्थ्य, सम्पत्ति और स्वतंत्रता को हानि नहीं पहुँचानी चाहिये। प्राकृतिक अवस्था में प्रत्येक व्यक्ति अपनी ही बुद्धि से कानून का अर्थ लगाता था और स्वयं ही अपने ऊपर कानून को लागू करता था। चूंकि विभिन्न मनुष्यों में बुद्धि भिन्न-भिन्न थी इसलिये प्रत्येक मनुष्य प्राकृतिक नियमों का अलग-अलग अर्थ लगाता था। इससे अव्यवस्था उत्पन्न होती थी जिसके कारण जीवन और सम्पत्ति की सुरक्षा कठिन हो गयी थी। अस्तु, प्राकृतिक अवस्था में एक बड़ी कमी यह थी कि कानून का अर्थ लगाने वाला और उसे मनुष्यों पर लागू करने वाला कोई एक व्यक्ति नहीं था। इसी कमी को पूरा करने के लिये राज्य का जन्म हुआ। राज्य बनने से निश्चित कानून बने और वे शक्तिशाली तथा निष्पक्ष राजा द्वारा सब पर लागू किये गये।

प्राकृतिक अवस्था के विषय में लॉक के सिद्धान्त की आलोचना करते हुये कुछ विचारकों ने यह कहा है कि उसका सिद्धान्त धनवान व्यक्तियों के पक्ष में था क्योंकि वह स्वयं धनिक वर्ग का सदस्य था। इनका कहना है कि जब प्रकृति की दशा में मनुष्य में नैतिक चेतना थी और वह बुद्धिपूर्वक सभ्य जीवन व्यतीत कर रहा था तो उसे राज्य बनाने की क्या आवश्यकता थी। प्राकृतिक अवस्था में मनुष्य अपनी इच्छा से प्राकृतिक नियमों का पालन करते थे। तब फिर न्याय के लिये राज्य की क्या आवश्यकता थी। इस प्रकार मनुष्य की प्राकृतिक दशा के विषय में लॉक के विचार न तो तर्कपूर्ण और न ऐतिहासिक ही हैं।

सामाजिक संविदा सिद्धान्त
(Theory of Social Contract)

लॉक का कहना था कि मनुष्य स्वभाव से ही सामाजिक प्राणी है। वह अकेला नहीं रहना चाहता। समाज में उसे सुविधा अनुभव होती है। भाषा के द्वारा वह दूसरों से विचारों का आदान प्रदान करता है। इस सामाजिक प्रवृत्ति के आधार पर ही राज्य का निर्माण हुआ। इसके लिये समाज में व्यक्तियों ने एक व्यक्ति के साथ समझौता करके उसे स्वतंत्रता और सम्पत्ति की सुरक्षा तथा बाहरी आक्रमणों से रक्षा का कार्य सौंप दिया। इस समझौते के अनुसार प्रत्येक व्यक्ति अन्य व्यक्तियों से यह समझौता करता है कि मनुष्य के जीवन, स्वतंत्रता और सम्पत्ति की रक्षा का कार्य समाज, बहुमत अथवा राज्य करेगा। इस समझौते के अनुसार व्यक्ति अपने प्राकृतिक अधिकारों को नहीं छोड़ते बल्कि किसी व्यक्ति को प्राकृतिक नियमों की व्याख्या करने और उसे लागू करने का काम सौंप देते हैं। इस प्रकार सामाजिक समझौते से निरंकुश राजतंत्र नहीं बल्कि सीमित राजतंत्र का जन्म होता है। स्पष्ट है कि यह समझौता हाब्स के समझौते से भिन्न है।

हाब्स के सिद्धान्त से अन्तर

इनमें मुख्य अन्तर निम्नलिखित हैं–

(1) हाब्स के अनुसार मनुष्यों में समझौता इसलिये हुआ क्योंकि वे सामाजिक नहीं थे। लॉक के अनुसार सामाजिक समझौते का आधार मनुष्यों का सामाजिक होना था।

(2) हाब्स के सिद्धान्त में समझौता शासक के साथ नहीं बल्कि राज्य के साथ हुआ, लॉक के अनुसार समझौता परस्पर हुआ और किसी एक व्यक्ति को कुछ अधिकार सौंप दिये गये।

(3) हाब्स के सिद्धान्त में शासक निरंकुश राजा था, लॉक के सिद्धान्त में उसे सीमित सत्ता प्राप्त थी।

(4) हाब्स के सिद्धान्त में जनता राजा को हटा नहीं सकती और राजा मनमानी कर सकता है। लॉक के सिद्धान्त में विश्वासघात करने पर अत्याचारी राजा के विरुद्ध क्रान्ति की जा सकती है।

(5) हाब्स के सिद्धान्त में जनता राजा के प्रति निष्ठा रखती है। लॉक के सिद्धान्त में जनता की राजा के प्रति नहीं बल्कि राजनैतिक समाज के प्रति निष्ठा होती है। शासक भी राजनैतिक समाज के प्रति उत्तरदायी होता है।

(6) हाब्स के सिद्धान्त में शासितों के कोई प्राकृतिक अधिकार नहीं है। लॉक के सिद्धान्त में शासितों को जीवन, सम्पत्ति और स्वतंत्रता के प्राकृतिक अधिकार प्राप्त हैं जिनको कभी भी समाप्त नहीं किया जा सकता।

(7) हाब्स के सिद्धान्त में शासक बिना किसी की सलाह के चाहे जैसे शासन कर सकता है। लॉक के अनुसार शासन व्यवस्थापिका सभा की सहायता से किया जाता है।

(8) हाब्स के अनुसार राज्य के निर्माण से पहले समाज बना। लॉक के अनुसार मनुष्य स्वभाव से ही सामाजिक प्राणी है। केवल राज्य के निर्माण के लिये ही समझौता होता है, समाज के निर्माण के लिये इसकी आवश्यकता नहीं होती।

(9) हाब्स के अनुसार प्रभुसत्ता अदेय है। लॉक के अनुसार जैसे शासक को सत्ता दी जाती है वैसे ही वह उससे वापस भी ली जा सकती है।

(10) हाब्स के अनुसार प्रभुशक्ति का विरोध अवैध है, लॉक के अनुसार बहुसंख्यक वर्ग प्रभु शक्ति का विरोध कर सकता है।

(11) हाब्स के अनुसार राज्य में रहकर ही व्यक्ति का महत्त्व है। व्यक्तिवादी लॉक के अनुसार व्यक्ति का राज्य से पहले और राज्य से बाहर भी महत्त्व है।

(12) हाब्स के अनुसार शासन के अन्त से राज्य का अन्त हो जाता है। लॉक का कहना है कि एक शासन का अन्त करके दूसरा शासन स्थापित होने से राज्य का अन्त नहीं होता।

(13) हाब्स के अनुसार मनुष्यों में दो बार समझौते हुये एक से समाज की उत्पत्ति हुई और दूसरे से राज्य की उत्पत्ति हुई। लॉक की संविदा दुहरी संविदा नहीं है। क्योंकि मनुष्य

स्वभाव से ही सामाजिक प्राणी था इसलिये उसे समाज की स्थापना के लिये समझौता नहीं करना पड़ा। अस्तु, उसने केवल राज्य की स्थापना के लिये समझौता किया।

(14) लॉक के अनुसार समझौता राजनैतिक समुदाय के साथ होता है किसी व्यक्ति के साथ नहीं होता। हाब्स के सिद्धान्त में जनता एक व्यक्ति शासक के साथ समझौता करती है।

उपरोक्त विवेचन से स्पष्ट है कि हाब्स और लॉक के संविदा सिद्धान्त में महत्त्वपूर्ण अन्तर है। आधुनिक विचारक इनमें से किसी के भी सिद्धान्त को नहीं मानते। फिर भी तुलनात्मक रूप से यह कहा जा सकता है, ''संविदा का विचार, यद्यपि हाब्स ने इसका रूप बिगाड़ दिया है, लॉक के सिद्धान्त से अधिक मेल खाता है। यह उसके सिद्धान्त का केन्द्रीय बिन्दु है।''

हाब्स और लॉक की तुलना
(Comparison of Hobbes and Locke)

आधुनिक विचारक हाब्स की तुलना में लॉक का इसलिये समर्थन करते हैं क्योंकि उसने संवैधानिक राजतन्त्र की स्थापना की जो कि आजकल सब कहीं माना जाता है। इसलिये यह कहा गया है, ''जहाँ हाब्स और लॉक में मतभेद है वहाँ पर भविष्य लॉक के पक्ष में है।''

उपरोक्त कथन को स्पष्ट करने के लिये इन दोनों दार्शनिकों के मनुष्यों के स्वभाव, प्राकृतिक अवस्था, सामाजिक समझौता, धार्मिक विचार और सम्पत्ति सम्बन्धी अधिकार के विषय में विचारों की तुलना करना आवश्यक है।

(1) मानव स्वभाव—हाब्स ने मानव स्वभाव का जो चित्र खींचा उसमें मनुष्य पशु से अधिक नहीं था। दूसरी ओर लॉक ने मनुष्य के सामाजिक गुणों पर विशेष जोर दिया है। आधुनिक मनोविज्ञान और समाजशास्त्र की दृष्टि से लॉक का मत हाब्स के विचारों की तुलना में अधिक तथ्यात्मक है।

(2) प्राकृतिक अवस्था—हाब्स मनुष्य की प्राकृतिक अवस्था को अत्यन्त हीन, संघर्षमय और निम्न स्तर की मानता है। अधिकतर विचारक इस बात से सहमत नहीं हैं बल्कि रूसो के इस सिद्धान्त को मानते हैं कि प्राकृतिक अवस्था में मानव जीवन काफी स्वाभाविक और सुखी रहता है। लॉक ने प्राकृतिक जीवन को सामाजिक जीवन माना है और उसका उज्जवल चित्र खींचा है। आधुनिक विचारक प्राकृतिक दशा के चित्रण में हाब्स से नहीं बल्कि लॉक से अधिक सहमत है।

(3) सामाजिक समझौता—हाब्स और लॉक ने सामाजिक समझौते के भिन्न-भिन्न सिद्धान्त उपस्थित किये। यद्यपि आज आधुनिक विचारक सामाजिक समझौते के सिद्धान्त को नहीं मानते किन्तु तुलनात्मक दृष्टि से वे हाब्स की अपेक्षा लॉक से अधिक सहमत हैं क्योंकि हाब्स निरंकुश राजतंत्र और लॉक संवैधानिक राजतंत्र का समर्थन करता है।

(4) सम्पत्ति का अधिकार—हाब्स ने राजा को सम्पत्ति के अपहरण का भी अधिकार दिया है किन्तु लॉक व्यक्ति की सम्पत्ति को एक पवित्र प्राकृतिक अधिकार मानता है जिसको कोई भी नहीं छीन सकता। कहना न होगा कि लॉक का मत आधुनिक मानव चेतना के अधिक अनुकूल है।

(5) धर्म के प्रति दृष्टिकोण—हाब्स ने राजनीति और धर्म में घनिष्ठ सम्बन्ध माना है और चर्च को निरंकुश राजा के आधीन कर दिया है। लॉक धर्म और राजनीति में सम्बन्ध नहीं मानता और न चर्च को राज्य के आधीन करता है। उसका राज्य धर्म निरपेक्ष है। आधुनिक काल में अधिकतर राजशास्त्री धार्मिक प्रश्नों के विषय में हाब्स की तुलना में लॉक से अधिक सहमत हैं।

हाब्स और लॉक के विचारों की उपरोक्त तुलना से स्पष्ट है कि यद्यपि आधुनिक विचारक दोनों में से किसी के भी विचारों से पूर्णतया सहमत नहीं हैं किन्तु, ''जहाँ हॉब्स और लॉक में मतभेद है वहीँ पर भविष्य लॉक के पक्ष में है।''

लॉक ने कहा है, ''सम्पत्ति की रक्षा के लिये मनुष्य समझौता करते हैं।'' इस कथन को समझने के लिये सम्पत्ति के विषय में लॉक के विचारों को समझना आवश्यक हैं। लॉक व्यक्तिवादी था। उसका कहना था कि व्यक्ति को प्रकृति से ही सम्पत्ति का अधिकार मिला हुआ है क्योंकि निजी सम्पत्ति मनुष्य के परिश्रम का फल है और यह परिश्रम ही सब कुछ है। सम्पत्ति का अधिकार मनुष्य का प्रथम अधिकार है। इस अधिकार का कोई भी कभी भी अपहरण नहीं कर सकता। राज्य व्यक्ति की सम्पत्ति की रक्षा करता है, उसे उसके अपहरण का कोई अधिकार नहीं है। लॉक के इस सिद्धान्त को अनेक आधुनिक सभ्य देशों में अपनाया गया है। आधुनिक काल में अमरीका में वाशिंगटन की अध्यक्षता में यह नारा लगाया गया कि प्रतिनिधित्व के बिना कोई कर नहीं लगाया जाना चाहिये। पूंजीवादी देशों में ही नहीं बल्कि आधुनिक जनतंत्रीय देशों में भी व्यक्ति का सम्पत्ति का अधिकार पवित्र अधिकार माना जाता है।

लॉक के सम्पत्ति के अधिकार के सिद्धान्त में यह शंका उठायी गयी है कि जब सम्पत्ति का अधिकार प्राकृतिक और जन्म सिद्ध है तो उसकी रक्षा के लिये राज्य की क्या आवश्यकता है और यदि केवल राज्य ही व्यक्तिगत सम्पत्ति का अधिकार बनाये रखता है तो राज्य के जन्म से पूर्व यह अधिकार कैसे माना जा सकता है? राज्य के पूर्व कौन-सी संस्था सम्पत्ति के अधिकार की रक्षा करती थी और यदि ऐसी कोई संस्था नहीं थी तो फिर यह अधिकार कैसे माना जा सकता है? यदि प्राकृतिक दशा में ही यह अधिकार था तो इसके लिये राज्य बनाने की क्या आवश्यकता थी?

व्यक्तिवाद
(Individualism)

लॉक के विषय में यह कहा गया है कि, ''लॉक की पद्धति में प्रत्येक वस्तु व्यक्ति के चारों ओर घूमती है, प्रत्येक वस्तु को इस प्रकार व्यवस्थित किया गया है कि व्यक्ति की सर्वोच्च सत्ता सब प्रकार से सुरक्षित रहे।''[1] बोदाँ के इस कथन को पूरी तरह समझने के लिये लॉक के व्यक्तिवाद की विवेचना करना आवश्यक है। व्यक्तिवाद लॉक के राजनैतिक विचारों

1. ''Everything in the Locke's system revolves round the individual, everything is so disposed as to ensure the sovereignty of the individual.'' —Vaughan

का आधार है। उसके राजदर्शन में व्यक्ति परम साध्य है और राज्य और समाज दोनों उसके अधिकारों को बनाये रखने के साधन हैं। जहाँ कहीं राज्य व्यक्ति के अधिकारों में किसी प्रकार से बाधक होता है वहाँ उस पर प्रतिबन्ध लगाया जाना चाहिये। इस प्रकार शासक जनता का प्रतिनिधि मात्र है। ''व्यक्ति समाज अथवा राज्य का किसी भी प्रकार ऋणी नहीं है।'' इस वाक्य में लॉक का अत्यधिक व्यक्तिवाद दिखलायी पड़ता है। कोई भी आधुनिक विचारक इस बात से सहमत नहीं हो सकता कि व्यक्ति पर समाज का कोई ऋण नहीं है। आधुनिक विचारकों के अनुसार समाज के बाहर व्यक्ति की कल्पना ही नहीं की जा सकती। उसका व्यक्तित्व बहुत कुछ समाज की ही देन है। उसकी चेतना समाज में ही बनती है। समाज से ही यह भले बुरे की पहचान ग्रहण करता है। समाज में ही रहकर वह भाषा सीखता है और अन्य लोगों से आदान प्रदान करके अपना विकास करता है। लॉक का यह कहना है कि व्यक्ति की नैतिकता, विचार, न्याय और अन्याय की पहचान प्रकृति की दी हुई है, तथ्यात्मक नहीं है। उसका यह विश्वास कि मनुष्य प्रकृति से ही पूर्णतया विकसित और अधिकार सम्पन्न है, आधुनिक मनोविज्ञान और समाजशास्त्र द्वारा पुष्ट नहीं होता। उसका यह सिद्धान्त कि व्यक्तियों ने जानबूझ कर समाज और राज्य का निर्माण किया, ऐतिहासिक नहीं है। उसके द्वारा खींचे गये प्राकृतिक जीवन के चित्र और फिर राज्य की आवश्यकता में परस्पर विरोध है। जब प्रकृति के राज्य में मनुष्य भले थे और उनमें संघर्ष नहीं था तो फिर उनकी सुरक्षा के लिये राज्य के जन्म की बात करना परस्पर विरोधी बातें हैं।

लॉक का व्यक्तिवाद राज्य क्रांति के समर्थन से पुष्ट होता है। उसका कहना था कि राज्य व्यक्ति के सम्पत्ति, स्वतंत्रता और जीवन के अधिकारों में बाधक हो तो बहुसंख्यक लोगों को राज्य क्रान्ति करने का अधिकार है।

डनिंग के अनुसार, ''राजनैतिक सिद्धान्त को लॉक की सबसे अधिक विशिष्ट देन उसका प्राकृतिक अधिकारों का सिद्धान्त है।'' लॉक का प्राकृतिक अधिकारों का सिद्धान्त उसके व्यक्तिवाद को स्पष्ट करता है। उसके अनुसार प्रत्येक व्यक्ति को सम्पत्ति, स्वतंत्रता और जीवन के प्राकृतिक अधिकार प्राप्त हैं जिनको कोई भी नहीं छीन सकता। उसने समाज को व्यक्ति से ऊँचा नहीं माना। उसके अनुसार समाज व्यक्ति के साध्यों का साधन मात्र है। उसकी रचना व्यक्ति द्वारा प्राकृतिक अधिकारों के उपभोग के लिये हुई है।

धर्म के क्षेत्र में भी लॉक के विचारों से व्यक्तिवाद दिखलाई पड़ता है। उसने धार्मिक स्वतंत्रता को महत्त्वपूर्ण माना और सरकार को अथवा चर्च को इसमें हस्तक्षेप करने का अधिकार नहीं दिया। उसका कहना था कि राज्य का कार्य शांति और व्यवस्था बनाये रखना है, मनुष्य के अन्तःकरण के मामलों में हस्तक्षेप करना नहीं है। उसने कहा कि चर्च ऐच्छिक समुदाय है, उसे व्यक्ति पर बल प्रयोग करके उससे अपनी बात मनवाने का कोई अधिकार नहीं है।

उपरोक्त विवेचन से स्पष्ट है कि लॉक ने राज्य की उत्पत्ति, मनुष्य के प्राकृतिक अधिकार, सामाजिक समझौता, धर्म और राजनीति की पृथकता आदि विभिन्न क्षेत्रों में

व्यक्तिवादी विचार उपस्थित किये। इसीलिये मैक्सी ने कहा है, ''लॉक ने व्यक्तिवाद को अदेय राजनीतिक तथ्य बनाया है।''

उपरोक्त विवेचन से यह निष्कर्ष निकालना उचित नहीं होगा कि लॉक असीम रूप से व्यक्तिवादी था। वास्तव में उसका व्यक्तिवाद सीमित है। उसने व्यक्ति को अपनी सम्पूर्ण व्यवस्था का केन्द्र बिन्दु तो बनाया है किन्तु उसे सर्व सत्ताधिकारी नहीं माना है। जनता में किसी एक अकेले व्यक्ति को राज्य क्रान्ति या राज्य के विरोध का अधिकार नहीं है। लॉक ने यह शक्ति केवल बहुसंख्यक वर्ग को दी है। व्यक्ति तो क्या अल्पसंख्यक वर्ग भी राज्य क्रान्ति की मांग नहीं कर सकता। लॉक के विचारों में सीमित व्यक्तिवाद इस तथ्य से भी पता चलता है कि जनता के व्यक्तियों की तो बात ही क्या, उसने शासक व्यक्ति को भी निरंकुश अधिकार नहीं सौंपे और उस पर पार्लियामेंट का नियंत्रण आवश्यक माना। अस्तु, यह कहना उचित नहीं है कि लॉक पूर्णतया और असीम रूप से व्यक्तिवादी था। इस सम्बन्ध में बोदाँ का जो कथन पीछे दिया गया है वह एकांगी सत्य है।

राज्य और प्रभुसत्ता
(State and Sovereignty)

लॉक के राज्य के सिद्धान्त के विषय में कहा गया है, ''लॉक तथा हाब्स राज्य के उद्देश्य से सहमत हैं परन्तु मानव प्रकृति की अलग-अलग कल्पना के कारण साधनों के विषय में उनके बीच मौलिक मतभेद हैं।'' लॉक ने सीमित राजतंत्र का सिद्धान्त उपस्थित किया। उसके राज्य में प्रभुसत्ता बहुसंख्यक जनता के हाथ में थी। राजा निरंकुश नहीं था। उसके लिये जनता के हित में काम करना आवश्यक था। राज्य के कानून दैवी कानूनों के अनुरूप थे। राज्य के द्वारा जनता के प्रतिनिधि भी कानून बनाते थे। इस प्रकार शासन की सत्ता जनता की धरोहर थी। जब तक शासक को जनता का समर्थन प्राप्त था तभी तक वह शासन कर सकता था। वैधानिक शक्तियों का उल्लंघन करने पर शासक को हटाया जा सकता था और जनता को क्रान्ति का अधिकार था।

लॉक ने राज्य में व्यवस्थापिका को शासन का सर्वोच्च भाग माना है किन्तु उसे भी केवल उन्हीं शक्तियों तक सीमित रखा है जो समाज द्वारा सौंपी गयी हैं। उस पर भी जनता का अंकुश है। उसे भी प्राकृतिक नियमों का पालन करना आवश्यक है। इस प्रकार लॉक निरंकुश सत्ता के विरुद्ध था। वह सरकार की शक्तियों को विभाजित रखना चाहता था। उसने सरकार पर अनेक प्रतिबन्धों का समर्थन किया। उसने लिखा, ''जब कुछ मनुष्य प्रत्येक व्यक्ति की अनुमति से समाज की स्थापना करते हैं तो वे एक ऐसी इकाई का निर्माण करते हैं जिसका एक शरीर होता है और जो बहुमत की इच्छा और निश्चय के अनुसार एक शरीर की भांति कार्य करती है। क्योंकि समाज की प्रेरणा शक्ति व्यक्तियों की अनुमति से प्राप्त होती है और समाज को एक ही दिशा में चलना होता है इसलिये यह अनिवार्य हो जाता है कि वह उसी ओर गतिशील हो जिस ओर समाज का बल अर्थात् बहुमत की अनुमति उसे ले जाये अन्यथा उसके लिये एक शरीर की भाँति कार्य करना अथवा बना रहना असम्भव हो जायेगा।'' इस

प्रकार लॉक की व्यवस्था में समस्त प्रभुसत्ता बहुसंख्यक जनता को प्राप्त है। उसने लिखा है, ''वह शक्ति जिसको प्रत्येक व्यक्ति समाज को देता है—वह सदा समुदाय या जनता में रहेगी।''

इस प्रकार लॉक ने सरकार पर अनेक प्रतिबन्ध लगाये जबकि हाब्स के सिद्धान्त में शासक निरंकुश राजा था। इस अन्तर का मुख्य कारण यह था कि हाब्स मनुष्य को स्वभाव से पशुवत मानता है और उस पर राज्य का नियंत्रण आवश्यक समझता है। लॉक की मानव प्रकृति की कल्पना हाब्स से भिन्न थी। उसका कहना था कि मनुष्य स्वभाव से ही सामाजिक है और दूसरों से मिलजुल कर रहता है। इसलिये उस पर राज्य का निरंकुश नियंत्रण नहीं हो सकता है। स्पष्ट है कि मानव प्रकृति की अलग-अलग कल्पना के कारण राज्य के साधनों के विषय में हाब्स और लॉक के विचारों में मतभेद दिखलायी पड़ता है।

लॉक के अनुसार सरकार व्यक्ति के प्राकृतिक अधिकारों पर कोई रोक-टोक नहीं लगा सकती। उसे स्वयं प्रत्येक कार्य कानून के अनुसार करना पड़ता है। प्रतिबन्धों का उल्लंघन करने वाली सरकार की आज्ञा का पालन आवश्यक नहीं है। राज्य का निर्माण नागरिकों की सुविधाओं के लिये हुआ है। ये सुविधायें न मिलने पर राज्य को बदला जा सकता है।

राज्य के निर्माण में मुख्य उद्देश्य यह था कि वह कानून को समझने और लागू करने में सहायता देगा क्योंकि उसके बिना अलग-अलग व्यक्ति अपनी-अपनी बुद्धि से कानून का भिन्न-भिन्न अर्थ लगाते थे। कानून की व्याख्या करने का कार्य विधान सभा करती है। कार्यकारिणी और न्याय की शक्तियाँ, इसके आधीन होती हैं। व्यवस्थापिका और कार्यकारिणी के कर्त्तव्य, शक्तियां, अधिकार और अधिकारी अलग-अलग होने चाहियें। ऐसा न होने पर व्यवस्थापिका के सदस्य स्वयं को अपने बनाये हुये कानूनों से मुक्त मानेंगे और कानून बनाने तथा लागू करने में मनमानी करेंगे। इस प्रकार लॉक शासन की शक्तियों के पृथक्करण के पक्ष में है। कार्यकारिणी का कार्य राज्य में दण्ड के भय के द्वारा कानूनों को लागू करना है। उसका एक कार्य अन्य राज्यों अथा नागरिकों के आक्रमण से राज्य के नागरिकों की रक्षा करना है। इसे लॉक ने फैडरेटिव कार्य कहा है जिसमें युद्ध, शान्ति और विदेशी सम्बन्ध के मामले आते हैं। कार्यकारिणी को व्यवस्थापिका की बैठक न होने की स्थिति में अध्यादेश के द्वारा कानून जारी करने का अधिकार है।

लॉक ने राज्य को चर्च के अधिकारों से भी मुक्त रखा। वह राज्य और चर्च को अलग-अलग संस्थायें मानता है और इनमें से किसी को भी व्यक्ति के अधिकारों में हस्तक्षेप करने की शक्ति नहीं देता। इस प्रकार वह धर्म निरपेक्ष राज्य का समर्थन करता है।

आलोचना

लॉक के सीमित राजतंत्र के उपरोक्त सिद्धांतों के विरुद्ध निम्नलिखित तर्क उपस्थित किये गये हैं—

1. लॉक के सिद्धान्त में प्रभुता राज्य में नहीं बल्कि व्यक्ति में रहती जान पड़ती है। प्रभुशक्ति के अभाव में राज्य की विशेषता नष्ट हो जाती है।

2. लॉक राज्य को विशेष उद्देश्यों की पूर्ति के लिये बनी हुई एक लिमिटेड कम्पनी का रूप दे देता है। राज्य के स्वरूप की उसकी यह कल्पना यथार्थ नहीं है।

3. प्राकृतिक दशा में मानव समाज का लॉक द्वारा खींचा गया चित्र अच्छा होने पर भी वास्तविकता से दूर है। जब प्रकृति के राज्य में मनुष्य को कोई कठिनाई नहीं थी तो केवल कानून की व्याख्या करने और उसे लागू करने के लिये राज्य की उत्पत्ति की कल्पना राज्य का पर्याप्त कारण नहीं है।

4. अनेक विचारक लॉक के सिद्धान्तों में कोई मौलिकता नहीं मानते। सामाजिक संविदा, प्राकृतिक नियम, प्राकृतिक अधिकार और क्रान्ति के अधिकार आदि के विषय में लॉक के सिद्धान्त उसके पहले से चले आते हुये विचारों पर आधारित हैं। एक सच्चे विग के रूप में उसने 1688 की क्रान्ति का समर्थन किया। उसकी राजनैतिक विचारधारा उसके युग का परिणाम थी। मैक्सी के शब्दों में, लॉक ने अपनी व्यवहार बुद्धि के आधार पर दर्शन, राजनीति, आचारों और शिक्षा के क्षेत्र में कुछ ऐसे विश्वासों का समावेश किया था जिन्हें भूतकाल के अनुभव ने उसकी पीढ़ी के अधिक प्रमुख मस्तिष्कों में उत्पन्न किया था। उसने इन विश्वासों का सरल, गम्भीर और हृदयग्राही वाणी दी तथा उन्हें अट्ठारहवीं शताब्दी में पहुँचा दिया।'' इस प्रकार लॉक के विचार उसके युग की देन थे।

लॉक का योगदान
(Contribution of Locke)

पाश्चात्य राजशास्त्र के इतिहास में लॉक का स्थान महत्त्वपूर्ण है। उसके शक्तियों के पृथक्करण के सिद्धान्त को आगे चल कर मान्टेस्क्यू ने विकसित किया। उसके सिद्धान्तों के आधार पर रूसो ने लोकप्रिय प्रभुता का सिद्धान्त बनाया। उसके सिद्धान्त अधिक व्यवहारिक थे। उसका यह कहना आज भी सब कहीं मान्य है कि, ''शासन जनता की इच्छा पर आधारित है।'' उसका लोकप्रिय प्रभुता का सिद्धान्त आधुनिक जनतंत्रीय राज्य का आधार है। उसकी निरपेक्ष राज्य की कल्पना अधिकतर आधुनिक राज्यों में साकार हुई है। प्राकृतिक अधिकारों के विषय में उसका सिद्धान्त आधुनिक राज्यों में नागरिक के मौलिक अधिकारों का आधार है।

अभ्यास के लिये प्रश्न

1. लॉक के प्राकृतिक अवस्था के सिद्धान्त का परीक्षण कीजिये।
2. ''संविदा का विचार, यद्यपि हाब्स ने उसका रूप बिगाड़ दिया है, लॉक के सिद्धान्त से अधिक मेल खाता है। यह उसके सिद्धान्त का केन्द्रीय बिन्दु है।'' व्याख्या कीजिये।
3. लॉक के नागरिक राज्य के चित्रण पर विधि का प्रभाव बताइये। क्या आप वाघन के इस मत से सहमत हैं कि लॉक के विचारों की जंजीर को प्रकृति का कानून जोड़े हुए हैं?

4. लॉक के राजनीतिक विचारों की विशेषतायें बताइये।
5. ''जहाँ हाब्स और लॉक में मतभेद है वहाँ पर भविष्य लॉक के पक्ष में है।'' विवेचना कीजिये।
6. लॉक की प्रत्येक विचारधारा व्यक्ति के चारों ओर केन्द्रित है। व्यक्ति की प्रभुता की दृष्टि से वह प्रत्येक अन्य बात की अवहेलना करता है।'' इस कथन की आलोचनात्मक व्याख्या कीजिए।
7. ''वे शक्तियाँ जो प्रत्येक व्यक्ति समाज को देता है, वे सदा समाज में रहेंगी।'' (लॉक) इस कथन का आलोचनात्मक परीक्षण कीजिए।
8. लॉक और रूसो के सामाजिक संविदा और राज्य की प्रभुसत्ता सम्बन्धी विचारों का संक्षिप्त वर्णन कीजिये।

25

जीन जैकस रूसो

(Jean Jacques Rousseau, 1712—1770 A.D.)

हॉब्स और लॉक के पश्चात् रूसो ने राजनीतिक चिन्तन को जितना प्रभावित किया उतना किसी अन्य विचारक ने नहीं किया। सुप्रसिद्ध विद्वान् वाघन (Vaughan) के अनुसार, "दो शताब्दियों तक यूरोपीय विचारधारा पर रूसो का जितना प्रभाव पड़ा, उतना किसी अन्य व्यक्ति का नहीं।" क्योंकि विबासी के विचार में, "वह एक सुलझा हुआ शिक्षाशास्त्री, आदर्शवादी, मानवतावादी तथा युग निर्माता साहित्यकार था। उसके विचार में व्यक्तिवाद, आदर्शवाद एवं अद्वैतवादी लोकप्रिय सम्प्रभुता के विविध सिद्धान्तों को नवीन दिशा निर्देशन प्राप्त हुआ था।"

सन् 1712 ई० में रूसो का जन्म जेनेवा के एक घड़ीसाज के परिवार में हुआ था। जन्म के बाद ही इसकी माता की मृत्यु हो गयी थी। इस कारण एवं पिता की लापरवाही के कारण रूसो अनेक बुराइयों का शिकार हो गया। अनेक वर्षों तक उसने आवारा लोगों की भाँति जीवन व्यतीत किया। रूसो पर जेनेवा की प्रजातन्त्रात्मक शासन-प्रणाली का गहरा प्रभाव पड़ा था। 12 वर्ष की अवस्था में उसने एक सेठ के यहाँ नौकरी की, परन्तु सेठ से तंग आकर वह भाग गया और फ्राँस पहुँच गया। वहाँ वेनिस के फ्रेंच दूतावास में उसे नौकरी भी मिली, लेकिन तेज स्वभाव के कारण हटा दिया गया। वह फ्रांस में काफी समय तक रहा। इस समय फ्रांस की राजनीतिक दशा अति शोचनीय थी। अत: उसके चिन्तन एवं विचारों पर वहाँ की राजनीतिक एवं सामाजिक परिस्थितियों का गहरा प्रभाव पड़ा।

तत्पश्चात् रूसो पेरिस में रहने लगा। यहाँ राजनीतिक विचारक दिदरो से उसकी मुलॉकात हुई। सन् 1746 ई० में उसने 'गीति काव्य' लिखा तथा 1749 ई० में डिजाइन एकादमी द्वारा घोषित निबन्ध प्रतियोगिता में भाग लिया। इसका विषय था, "विज्ञान और कला की उन्नति ने नैतिक जीवन को उन्नत किया है या भ्रष्ट किया है?" इसमें रूसो को प्रथम पुरस्कार मिला था। इसी समय उसने एक अन्य प्रतियोगिता में भी भाग लिया। इसके पश्चात् एक फ्रांसीसी लेखिका 'मादाम ऐपीने' ने पेरिस से दूर जंगल में उसके लिये एक कुटिया बनवायी थी। यहाँ पर उसने अपने सभी ग्रन्थों की रचना की थी। प्रमुख निम्न हैं—लॉक नोवेल हैलाइज (Locke Nowelle Haloise), दि ईमाइल (The Emile), सोशल कान्ट्रैक्ट थ्यौरी (The Social

Contract Theory), कान्फैशन्स (Confessions), डायलॉग (Dialouge), एन इन्ट्रोडक्शन टू पॉलिटिकल एकानॉमी (An Introduction to Political Economy) एवं पोलैंड तथा कोर्सिका का आधुनिक संविधान (Modern Constitutions of Poland and Corsica) आदि।

रूसो के ग्रन्थ 'The Emile' का फ्रांस के लोगों पर इतना प्रभाव पड़ा कि वहाँ क्रान्ति हो गई। इससे पादरी वर्ग एवं प्रशासक वर्ग दोनों ही उससे नाराज हो गये और उन्होंने उसकी गिरफ्तारी के आदेश दे दिये, परन्तु रूसो भाग गया। पेरिस से भागकर वह जर्मनी एवं इंगलैंड में भटकता रहा। इस समय उसका स्वास्थ्य काफी खराब रहने लगा था, परन्तु फिर भी उसने अपना लेखन कार्य नहीं छोड़ा। इसी बीच ह्यूम एवं बर्क उसके मित्र बन गये थे। अपने जीवन के शेष वर्ष उसने फ्रांस में व्यतीत किये। 2 जुलाई, 1779 ई० वह परलोक सिधार गये।

प्राकृतिक अवस्था
(State of Nature)

मानव की प्राकृतिक अवस्था के विषय में रूसो ने हाब्स से लगभग उल्टा चित्र खींचा। यद्यपि उसकी सभी पुस्तकों में प्राकृतिक दशा का एक सा वर्णन नहीं है किन्तु सामान्य रूप से वह यह मानता है कि राज्य के जन्म से पूर्व प्रकृति के राज्य में मानव की दशा सब प्रकार से अच्छी थी। प्राकृतिक मानव अकेला और चिन्तारहित था। अभी उसने कोई भाषा नहीं सीखी थी। वह नंगा रहता था और उसे अपनी नग्नता का कोई ज्ञान नहीं था। वह आत्मनिर्भर, सन्तुष्ट और स्वतंत्र था। उसे उचित अनुचित का ज्ञान नहीं था। वह मृत्यु से नहीं डरता था। वह जो कुछ करता आत्महित की प्रेरणा से करता था। इस समय के समाज में न परिवार था और न सम्पत्ति, अस्तु संघर्ष के कोई कारण नहीं थे। रूसो का प्राकृतिक दशा का यह चित्र बाइबिल में दिये गये वर्णन से मिलता जुलता है। इस प्राकृतिक मानव जीवन में व्यक्तिगत सम्पत्ति के रूप में सर्प ने प्रवेश किया। अब मानव के मन में खानाबदोश जीवन छोड़कर एक निश्चित स्थान पर सपरिवार रहने की इच्छा उत्पन्न हुई। परिवार के साथ सम्पत्ति का भी जन्म हुआ। यह परिवार और सम्पत्ति ही नगरीय समाज के आधार हैं क्योंकि इन दोनों की रक्षा करने के लिये राज्य और कानून बनते हैं।

नगरीय समाज
(Civil Society)

इस प्रकार रूसो ने नगरीय समाज का इन शब्दों में वर्णन किया है, "पहला मनुष्य जिसने पृथ्वी के किसी टुकड़े को घेरने के बाद यह कहा है कि "यह मेरा है" और उसको विश्वास करने वाले मानव भी पाये, नगरीय समाज का वास्तविक संस्थापक था।"[1] नगरीय समाज की स्थापना से मनुष्य की स्वतन्त्रता और समानता समाप्त हो गयी। रूसो ने लिखा है कि "मनुष्य स्वतन्त्र जन्म लेता है और राज्य में वह सब कहीं बन्धनों में जकड़ लिया जाता है।"[2] राज्य

1. "The first man who, having enclosed a piece of ground he thought himself of saying, "This is mine", and found people simple enough to believe him, was the real founder of civil society." —Rousseau
2. "Man is born free but every where he is in chains." —Rousseau.

में हिंसा, अपराध, दासता आदि दिखलाई पड़ते हैं। सम्पत्ति, कानून और शासन की संस्थाओं के स्थायी हो जाने से अब प्राकृतिक अवस्था की ओर लौटना सम्भव नहीं था। मनुष्य के सामने एक मात्र विकल्प राजनैतिक समाज का निर्माण था। रूसो के शब्दों में, ''समस्या एक ऐसा समुदाय बनाने की है जो कि प्रत्येक सदस्य के व्यक्तित्व और सम्मान की सम्पूर्ण सामान्य शक्ति से रक्षा और देखभाल करेगा, और जिसमें प्रत्येक अन्य से मिलते समय, अब भी केवल अपनी ही आज्ञा का पालन करेगा और पहले के ही समान स्वतन्त्र रहेगा।''[1] इस कथन से स्पष्ट है कि रूसो एक ओर तो व्यक्ति की स्वतन्त्रता बनाये रखने के लिए प्रयत्नशील है और दूसरी ओर समाजवाद की स्थापना करना चाहता है। इसीलिए राजशास्त्रियों ने रूसो के राजनीति दर्शन में इन दोनों ही धाराओं का संकेत किया है।

राज्य की अवधारणा
(Concept of State)

मनुष्यों की सम्पत्ति की रक्षा करने के लिये और साथ ही साथ उनकी स्वतन्त्रता बनाये रखने के लिये राजनैतिक समुदाय का निर्माण हुआ। इसमें राजनैतिक समाज बनाने वाले व्यक्तियों ने एकत्रित होकर यह निश्चय किया कि हममें से प्रत्येक व्यक्ति अपने व्यक्तित्व और अपनी शक्तियों को सामान्य संकल्प के नियंत्रण में रखेगा। यह सामान्य संकल्प किसी एक व्यक्ति का संकल्प नहीं है, यह सामूहिक संकल्प है। प्रत्येक का संकल्प इसका एक अंग है। इस प्रकार रूसो के अनुसार राज्य सामान्य संकल्प का प्रतिनिधित्व करता है और उसके द्वारा व्यक्ति पर नियंत्रण होने के बावजूद व्यक्ति की स्वतन्त्रता बनी रहती है क्योंकि उसका अपना संकल्प भी सामान्य संकल्प का एक अंग है। राज्य का क्रियाशील पहलू ही प्रभु कहा जाता है। समाज की अन्य संस्थाओं की तुलना में राज्य में अधिक शक्ति होती है। राज्य का सदस्य बनने के बाद व्यक्ति नागरिक कहलाता है। राज्य के बनने से सदस्यों की समानता और स्वतन्त्रता में कोई अन्तर नहीं पड़ता। समस्त अधिकार समाज को दे दिये जाने पर भी व्यक्ति स्वतन्त्र रहता है क्योंकि उसका अपना संकल्प भी सामान्य संकल्प का एक भाग है।

प्रभुसत्ता का सिद्धान्त
(Theory of Sovereignty)

राज्य की स्थापना के लिये हुए इस समझौते में एक पक्ष व्यक्ति और दूसरा पक्ष समाज था। इसके द्वारा प्रत्येक व्यक्ति ने दो प्रकार के सम्बन्ध स्थापित किये। राज्य का सदस्य होने के नाते व्यक्ति का प्रभुशक्ति के साथ सम्बन्ध स्थापित हुआ। प्रभुशक्ति का सदस्य होने के नाते उसका अन्य व्यक्तियों के साथ सम्बन्ध स्थापित हुआ। इससे व्यक्तियों के परस्पर संघर्ष समाप्त हो गये। उन्होंने व्यक्तिगत रूप से जो खोया, सामूहिक रूप से वह प्राप्त कर लिया। अब यदि कोई व्यक्ति सामान्य संकल्प को मानने से इन्कार करता है तो समस्त नागरिकों का

---

1. "The problem is to find a form of association which will defend and protect with the whole common force the person and goods of each associate, and in which each while meeting himself with all, may still obey himself alone and remain as free as before."
—Rousseau.

समूह उसको बाध्य कर सकता है। इस प्रकार रूसो ने लोकप्रिय प्रभुता का सिद्धान्त उपस्थित किया। यह सिद्धान्त जनतन्त्रीय शासन प्रणाली का समर्थन करता है। इसके अनुसार सामाजिक समझौते से व्यक्ति नागरिक बन जाता है, उसके कार्य नैतिक बनते हैं। उसके राजनैतिक अधिकार मिलते हैं। उसके चरित्र में परिवर्तन हो जाता है। उसकी स्वतन्त्रता नागरिक स्वतन्त्रता बन जाती है। राज्य उसकी सम्पत्ति की रक्षा करता है। इस प्रकार राज्य में नागरिक एकता और समानता का जीवन व्यतीत करते हैं।

व्यक्ति की स्वतन्त्रता
(Freedom of Individual)

रूसो का कहना था कि चूँकि मनुष्य जन्म से ही स्वतन्त्र है इसलिये उसे स्वतन्त्र रहना चाहिये। सामाजिक जीवन में समाज की रूढ़ियों, कानूनों, प्रतिबन्धों और संस्थाओं आदि से व्यक्ति की स्वतन्त्रता पर बन्धन लग जाते हैं। रूसो के अनेक लेखों से यह स्पष्ट होता है कि वह इन बन्धनों से घृणा करता है। इसीलिये उसने लिखा, ''व्यक्ति स्वतन्त्र उत्पन्न हुआ है परन्तु वह सर्वत्र बेड़ियों में जकड़ा हुआ है। फिर भी रूसो यह समझता था कि हम फिर से पुरानी प्राकृतिक स्थिति को नहीं लौट सकते। इसलिये उसने सामाजिक समझौते का सिद्धान्त उपस्थित किया। सामान्य संकल्प पर आधारित राज्य में व्यक्तियों की स्वतन्त्रता बनी रहती है। इसलिये रूसो ने इस बात पर जोर दिया कि राज्य सामान्य संकल्प के अनुसार चलना चाहिये यद्यपि वह इस तथ्य से भली भांति परिचित था कि व्यवहार में बहुधा ऐसा होना सम्भव नहीं है।''

रूसो की मानव स्वतन्त्रता की धारणा हाब्स, लॉक और काँट की धारणाओं से भिन्न है। उसके अनुसार सामाजिक समझौते के परिणामस्वरूप प्रत्येक व्यक्ति का संकल्प सामान्य संकल्प में समा जाता है। सामान्य संकल्प से व्यक्तियों के विशिष्ट नहीं किन्तु सामान्य हितों की रक्षा होती है। यदि यह प्रश्न उठाया जाये कि सामान्य संकल्प कैसे पता लगाया जायेगा तो रूसो बहुसंख्यकों की राय पता लगाना उचित समझता है यदि प्रत्येक व्यक्ति से यह पूछा जाये कि सामान्य हित किस बात में है तो बहुसंख्यक लोगों की राय मिलॉकर जो बात सामने आयेगी वह बहुधा गलत नहीं होगी यद्यपि इसमें अपवाद भी हो सकता है। रूसो के अनुसार अल्पसंख्यकों को बहुसंख्यक लोगों की सम्मति का अनुगमन करना चाहिए, इसका कारण यह भी है कि अल्पसंख्यकों का संकल्प सामान्य संकल्प नहीं हो सकता, भले ही वह कितना ही अच्छा क्यों न हो। अस्तु, प्रत्येक व्यक्ति और प्रत्येक समूह को सामान्य संकल्प के अनुसार चलने के लिये बहुसंख्यकों के मत का अनुगमन करना चाहिए। इसी में व्यक्ति की वास्तविक स्वतन्त्रता है, क्योंकि अधिकतर व्यक्तियों के संकल्प मिलकर ही बहुसंख्यक संकल्प बनते हैं। उदाहरण के लिये, अ, ब, स, द के व्यक्तिगत संकल्पों को जोड़कर ही सामान्य संकल्प बनता है और इसमें इन सभी के संकल्पों का भाग है। इस प्रकार जब रूसो यह कहता है कि व्यक्ति स्वतन्त्र उत्पन्न हुआ है परन्तु वह सर्वत्र बेड़ियों में जकड़ा हुआ है तो इसका अर्थ यह नहीं लिया जाना चाहिये कि वह समाज अथवा राज्य के नियमों के विरुद्ध है और व्यक्ति को इनसे स्वतन्त्र कराना चाहता है। सच तो यह है कि रूसो के अनुसार व्यक्ति की सच्ची स्वतन्त्रता सामान्य संकल्प का अनुगमन करने में ही होती है। इसी अर्थ में उसने कहा है, ''जो कोई

व्यक्ति सामान्य संकल्प का पालन करने से इन्कार करेगा उसे पालन कराने के लिये समस्त समाज द्वारा बाधित किया जायेगा—उसे स्वतन्त्र रहने के लिये बाधित किया जायेगा।''[1]

सामान्य इच्छा का सिद्धान्त
(Theory of General Will)

यथार्थ संकल्प और वास्तविक संकल्प

रूसो के राजनैतिक विचारों में सामान्य इच्छा अथवा सामान्य संकल्प के सिद्धान्त का अत्यधिक महत्त्व है। यह सामान्य संकल्प क्या है इसको समझने के लिये रूसो का यथार्थ संकल्प (Actual will) और वास्तविक संकल्प (Real will) में किया हुआ अन्तर समझना आवश्यक है। जो संकल्प हम करते हैं वह यथार्थ संकल्प है। इसमें मनुष्य स्वार्थ के आधार पर संकल्प करता है। यह उसकी अविवेकी प्रकृति से निकलता है। इसका सामाजिक हित से कोई सम्बन्ध नहीं होता। दूसरी ओर वास्तविक संकल्प वह है जो विवेक के द्वारा किया जाता है और जिसमें सामाजिक हित को ध्यान में रखा जाता है। यथार्थ संकल्प और वास्तविक संकल्प में अन्तर बतलाते हुये बोसांके ने निम्नलिखित बातें बतलायी हैं—

(1) यथार्थ संकल्प अस्थायी और वास्तविक संकल्प स्थायी होता है।

(2) यथार्थ संकल्प परिवेश पर आधारित और वास्तविक संकल्प स्वतन्त्र होता है।

(3) यथार्थ संकल्प स्वार्थ पर और वास्तविक संकल्प परमार्थ पर आधारित होता है।

(4) यथार्थ संकल्प निम्न कार्यों और वास्तविक संकल्प श्रेष्ठ कार्यों की ओर ले जाता है।

(5) यथार्थ संकल्प व्यक्तिगत और वास्तविक संकल्प समाजगत होता है।

(6) यथार्थ संकल्प परिवर्तनशील और वास्तविक संकल्प अपरिवर्तनीय होता है।

(7) यथार्थ संकल्प से क्षणिक सुख और वास्तविक संकल्प से स्थायी संतोष मिलता है।

यथार्थ संकल्प और वास्तविक संकल्प अथवा सामान्य संकल्प का सम्बन्ध बतलाते हुये रूसो ने कहा है कि किसी भी समाज में पहले यथार्थ संकल्प का उदय होता है जो समाज के सदस्यों का व्यक्तिगत संकल्प होता है। प्रत्येक प्रश्न पर प्रत्येक व्यक्ति अपने निजी दृष्टिकोण से सोचता है। यदि ऐसा समाज सभ्य और सुसंस्कृत हो तथा उसमें नागरिकता की भावना विकसित हो तो व्यक्तियों के स्वार्थी संकल्प परस्पर स्वार्थी संकल्पों को नष्ट कर देते हैं जिसके परिणामस्वरूप सामान्य संकल्प का जन्म होता है। अतः यह कहा जा सकता है कि हम सबके संकल्प से चलते हैं और सामान्य संकल्प पर पहुँचते हैं। परन्तु इसका अर्थ यह नहीं है कि सामान्य संकल्प सब संकल्पों का योग होता है बल्कि वह व्यक्तियों के सर्वोत्कृष्ट संकल्प की अभिव्यक्ति है। दूसरे शब्दों में, जब प्रभुशक्ति जन-कल्याण के लिये कार्य करती

1. "Whoever refuses to obey the general will shall be compelled to do so by the whole body.....he will be forced to be free".
—Rousseau

है तो वह सामान्य संकल्प को अभिव्यक्त करती है। इस प्रकार सामान्य संकल्प ही जनतंत्र का आधार है। इसमें मनुष्य का विचार संकुचित न होकर उच्च और व्यापक होता है। इसीलिये सामान्य संकल्प सदैव शुभ होता है।

सामान्य संकल्प की विशेषतायें

रूसो द्वारा सामान्य संकल्प की इस व्याख्या से उसकी निम्नलिखित विशेषतायें स्पष्ट होती हैं—

(1) **अखण्डता**—सामान्य संकल्प एक और अखण्ड होता है।

(2) **स्थायित्व**—सामान्य संकल्प भावनात्मक नहीं होता बल्कि विवेकयुक्त होता है। व्यक्तिगत न होने के कारण भी वह स्थायी होता है।

(3) **कल्याणकारी**—सामान्य संकल्प शुभ, उचित और कल्याणकारी होता है। रूसो के शब्दों में ''सर्वाधिक संकल्प सदैव सर्वाधिक न्यायपूर्ण होता है। और जनवाणी वास्तव में ईश्वर की आवाज है।''[1]

सामान्य संकल्प का निर्माण

यह सामान्य संकल्प कैसे बनता है, इसकी व्याख्या करते हुये रूसो ने कहा है कि सामाजिक प्रश्नों पर व्यक्तिगत दृष्टिकोण से भिन्न-भिन्न लोगों की अलग-अलग राय होती है क्योंकि उनके दृष्टिकोण स्वार्थ पर आधारित होते हैं। अब यदि व्यक्ति सभ्य और शिक्षित हों तथा स्वार्थ को छोड़कर निस्वार्थ विवेक से काम लें तो उनके अनेक विचार सामान्य दिखलाई पड़ेंगे। ये सामान्य शुद्ध विचार ही सामान्य संकल्प बनाते हैं। यह सामान्य संकल्प विभिन्न विचारों के मध्य कोई समझौता या उनका योग नहीं है। यह स्वार्थ और भावना से मुक्त है। यह आदर्श और वास्तविक संकल्प है। राज्य इसी पर आधारित होना चाहिये।

सामान्य संकल्प के सिद्धान्त की आलोचना

रूसो के सामान्य संकल्प के सिद्धान्त की अनेक आलोचनायें की गयी हैं जिनमें से मुख्य निम्नलिखित हैं—

(1) **अव्यावहारिक**—सामान्य संकल्प की धारणा से कोई व्यावहारिक लाभ नहीं होता क्योंकि यह पता नहीं चलता कि सामान्य संकल्प क्या है। रूसो के अनुसार सामान्य संकल्प जनकल्याण पर आधारित है। यह जनकल्याण क्या है, यह कैसे निश्चित किया जायेगा। यह तथ्य है कि अनेक अत्याचारी शासक अपने निरंकुश व्यवहार को भी जनकल्याण के लिये मानने लगते हैं।

(2) **निरंकुशता का समर्थक**—जोंस ने कहा है, ''सामान्य संकल्प के सिद्धान्त में कुछ ऐसे स्थायीन तत्त्व हैं जो कि एक मूल रूप से जनतंत्रीय आधार से हटाकर एक अधिक

---

1. ''The most general will is always the most just and the voice of the people is, in fact, the voice of God''. —Rousseau.

सर्वाधिकारवादी दृष्टिकोण की ओर ले जाते हैं।''[1] जैसा कि पीछे कहा जा चुका है, कुछ निरंकुश शासक सामान्य संकल्प के नाम पर जनता पर भयंकर अत्याचार करते देखे जाते हैं।

(3) राज्य और सामान्य संकल्प के अन्तर—रूसो का यह कहना बहुत से विचारकों को मान्य नहीं है कि राज्य सदैव सामान्य संकल्प के अनुसार चलता है।

(4) संकल्प इकाई है—मानव संकल्प एक इकाई है, उसको यथार्थ और वास्तविक में बांटना उचित नहीं है। इसलिये इस सम्बन्ध में निश्चय करना कठिन है।

(5) राज्य के संकल्प पर जोर—कभी-कभी यह देखा जाता है कि राज्य का संकल्प व्यक्ति के संकल्प से भिन्न होता है। ऐसी स्थिति में रूसो के अनुसार राज्य का संकल्प ही सामान्य संकल्प है। इस सिद्धान्त को मानने से तानाशाही स्थापित होती है और व्यक्ति राज्य के हित का साधन बन जाता है।

उपरोक्त आलोचनाओं के बावजूद विचारकों ने सामान्य संकल्प के सिद्धान्त के महत्त्व से इंकार नहीं किया है। जोंस के शब्दों में, ''सामान्य संकल्प की धारणा रूसो के सिद्धान्त में सबसे अधिक केन्द्रीय धारणा ही नहीं है बल्कि वह अधिकतम मौलिक, अत्यधिक रुचिकर और ऐतिहासिक दृष्टि से राजनैतिक सिद्धान्त को दिये हुए योगदान में सबसे अधिक महत्त्वपूर्ण है।''[2]

सामान्य संकल्प की अवधारणा का योगदान

संक्षेप में सामान्य संकल्प के सिद्धान्त के पक्ष में निम्नलिखित बातें कही जा सकती हैं—

(1) राजनैतिक आदर्श—सामान्य संकल्प का सिद्धान्त भले ही किसी दृष्टि से अव्यवहारिक कहा जाये किन्तु वह राजनैतिक आदर्श अवश्य है। इस तथ्य में दो मत नहीं हो सकते कि यदि कोई राज्य सच्चे अर्थों में सामान्य संकल्प के अनुसार चलता हो तो वह निश्चय ही सर्वोत्तम राज्य होगा। अस्तु, औसबोर्न का यह कहना यथार्थ है, ''सामान्य संकल्प का सिद्धान्त रूसो का सबसे अधिक मौलिक ही नहीं बल्कि राजदर्शन में सबसे अधिक महत्त्वपूर्ण योगदान है।''[3]

(2) समाज की अवयवीय एकता पर जोर—सामान्य संकल्प के सिद्धान्त में यह मान लिया गया है कि समाज अथवा राज्य अलग-अलग व्यक्तियों के संग्रह मात्र न होकर उनमें एक अवयवीय एकता होती है। अवयवीय एकता में अंश पूर्ण पर, पूर्ण अंश पर और अंश परस्पर निर्भर होते हैं। इस आधार से समाज और राज्य का संगठित चित्र उपस्थित होता है। सामान्य संकल्प पर आधारित होने से समाज और राज्य का संगठन बना रहता है।

---

1. ''There are certain unstable elements in the doctrine of general will which cause it to tend to shift from a basically democratic to a more totalitarian point of view.'' —Jones
2. ''The notion of the general will is not only the most central concept of Rousseau's theory, it is also the most original, the most interesting and historically the most important contribution which he made to political theory.'' —W.T Jones
3. ''The doctrine of general will was not only Rousseau's most original but it was also his most important contribution to political philosophy.'' —Osborn

(3) जनमत का महत्त्व—सामान्य संकल्प का सिद्धान्त जनमत का महत्त्व दिखलाता है। इसके अनुसार कोई भी राज्य जो सामान्य संकल्प अथवा बहुसंख्यकों के संकल्प के अनुसार नहीं चलता उचित नहीं है। इस मत के अनुसार प्रत्येक राज्य को जनता और कम से कम बहुसंख्यकों के हित का पालन करना चाहिये। इस प्रकार सामान्य संकल्प का सिद्धांत जनतंत्र का आधार बन जाता है।

(4) राज्य प्राकृतिक संस्था है—कोल ने लिखा है, ''राज्य का अस्तित्व और हमारे आज्ञापालन पर अधिकार इसलिये है क्योंकि वह हमारे व्यक्तित्व का एक स्वाभाविक विस्तार है।''[1] राज्य की आज्ञा का पालन तभी उचित कहा जा सकता है जब कि वह प्राकृतिक और स्वाभाविक हो। सामान्य संकल्प पर आधारित करके रूसो राज्य को प्राकृतिक संस्था बना देता है। जब राज्य सामान्य संकल्प से चलता है तो फिर उसका कोई भी सदस्य उसका उल्लंघन कैसे कर सकता है क्योंकि उसका अपना संकल्प भी सामान्य संकल्प का एक अंग है।

(5) जनकल्याण पर जोर—रूसो के इस सिद्धान्त में जनकल्याण राज्य का आदर्श है क्योंकि सामान्य संकल्प सदैव जनकल्याण का लक्ष्य रखता है। व्यवहार में यह जनकल्याण बहुसंख्यक लोगों का कल्याण है।

प्रभुसत्ता
(Sovereignty)

प्रभुता के विषय में रूसो के विचार अत्यधिक क्रान्तिकारी सिद्ध हुये हैं। संक्षेप में उसके अनुसार प्रभुसत्ता की विशेषतायें निम्नलिखित हैं–

(1) सामान्य संकल्प पर आधारित—रूसो के सिद्धांत के अनुसार प्रभुता सामान्य संकल्प में होती है। प्रभु सामान्य संकल्प का प्रतिनिधि होता है।

(2) लोकप्रियता—इस प्रकार प्रभुता लोकप्रिय होती है। यह स्थाई, अदेय और असीमित होती है।

(3) निरंकुशता—हाब्स के समान रूसो के विचारों में भी प्रभुता निरंकुश है किन्तु जहाँ हाब्स प्रभुता को राजा में केन्द्रित करता है वहाँ रूसो ने इस प्रभुता को सामान्य संकल्प में मानकर जनता में केन्द्रित कर दिया है।

(4) जनता में प्रभुता—इस प्रकार रूसो के सिद्धान्त में प्रभुता सदैव जनता में रहती है। हाब्स ने कहा था कि जनता अपनी प्रभुता शासक को दे देती है, रूसो के सिद्धान्त में ऐसा सम्भव नहीं है। प्रभुता सदैव जनता में रहती है। इसीलिये यह कहा जाता है कि, ''रूसो की प्रभुता शीश कटा हुआ हाब्स का लेवियेथान के अतिरिक्त और कुछ नहीं है।''[2] हाब्स के लेवियेथान में राजा शीर्ष पर है और उसी को समस्त प्रभुता दी गई है। रूसो के सिद्धान्त में राजा की प्रभुता नहीं रहती और इस प्रकार लेवियेथान का सिर काट दिया जाता है।

---

1. ''The state exists and claims our obedience because it is a natural extension of our personality.'' —Cole
2. ''Rousseau's sovereignty is nothing but Hobbe's Leviathan with his head chopped off.''

(5) प्रभु और शासक में अन्तर—रूसो ने प्रभु और शासक में स्पष्ट भेद किया है। प्रभुता सदैव जनता में रहती है जब कि शासक जनता का प्रतिनिधि है।

(6) शासक की शक्ति का नियंत्रण—रूसो के प्रभुता के सिद्धान्त से शासक की शक्ति पर नियंत्रण रहता है। वह ऐसा कोई काम नहीं कर सकता जो जनहित के विरुद्ध हो। उसकी दृष्टि से समस्त मनुष्य समान होने चाहियें और न्याय अथवा समानता का नियम सभी पर लागू होना चाहिये। यदि कोई शासक इन नियमों का उल्लंघन करता है तो जनता द्वारा उसे हटाया जा सकता है।

(7) समस्त शासन प्रणालियों के अनुकूल—रूसो का प्रभुता का सिद्धान्त समस्त शासन प्रणालियों के अनुकूल है। आधुनिक काल में लगभग सभी प्रकार के राज्यों में प्रभुता जनता में ही मानी जाती है।

स्वतन्त्रता
(Liberty)

राजशास्त्र के इतिहास में रूसो ने मनुष्य की स्वतंत्रता पर सबसे अधिक जोर दिया है। मानव चिन्तन के इतिहास में मानव स्वतन्त्रता का रूसो से अधिक तीव्र समर्थन कदाचित ही किसी अन्य विचारक ने किया हो। संक्षेप में, स्वतंत्रता के विषय में रूसो के मुख्य विचार निम्नलिखित हैं—

(1) मौलिक अधिकारों का समर्थन—स्वतंत्रता मौलिक अधिकार है और अन्य मौलिक अधिकारों का आधार है। प्रत्येक व्यक्ति स्वतंत्र रूप से राज्य का नागरिक बनता है। उसकी इच्छा के विरुद्ध बह स्वयं ही प्रतिबन्ध लगा सकता है, अन्य कोई भी ऐसा नहीं कर सकता।

(2) आत्मनियंत्रण—रूसो के सिद्धान्त में स्वतंत्रता वास्तव में आत्मनियंत्रण है। कोई भी व्यक्ति अपनी स्वतंत्रता का पालन तभी कर सकता है जब कि वह दूसरों के स्वतन्त्रता के अधिकार में हस्तक्षेप न करे। अस्तु, स्वतंत्रता को बनाये रखने के लिये व्यक्ति अपनी इच्छा से राज्य के कानूनों का पालन करता है और इस प्रकार स्वेच्छा से आत्मनियंत्रण करता है।

(3) नागरिक स्वतंत्रता—वास्तविक स्वतंत्रता, प्राकृतिक नहीं बल्कि नागरिक स्वतंत्रता है। मनुष्य प्रकृति के नियमों से नहीं बल्कि कानूनों से समान माने जाते हैं। समाज और राज्य के नियमों का पालन करना ही सच्ची स्वतंत्रता है।

कानून
(Law)

रूसो के सिद्धान्त में कानून सामान्य संकल्प पर आधारित होता है। इसीलिये जनता उसका पालन करती है। दूसरे शब्दों में, कानून जनता के संकल्प से ही बनता है। उसका पालन आत्मनियंत्रण है। इससे यह सिद्धान्त भी निकलता है कि कानून कल्याण के लिये होना चाहिये, कम से कम उसमें बहुसंख्यक लोगों का कल्याण तो अनिवार्य ही है। कानून की प्रभुता समाज

से मिलती है, राज्य की शक्ति से नहीं। कोई भी व्यक्ति कानून से ऊपर नहीं है क्योंकि जिस आधार पर कानून बनता है उसमें उनका भी हिस्सा है। सामान्य संकल्प पर आधारित होने पर कानून कभी भी अन्यायपूर्ण नहीं होता और न उससे व्यक्ति की स्वतंत्रता में कोई बाधा ही पड़ती है। कानून द्वारा स्थापित समानता ही सच्ची समानता है। कानून का पालन जनता और शासक सभी के लिये आवश्यक है। कानून में कभी भी किसी विशेष व्यक्ति या कार्य का विचार नहीं किया जाता, वह सामूहिक विषयों और सामूहिक परिणामों पर आधारित होता है।

धर्म
(Religion)

रूसो ने धर्म को राज्य के आधीन माना है। उसके अनुसार ईश्वर और धर्म की शक्ति से नेकी और प्रेम को प्रोत्साहन देना चाहिये। ईश्वर न्यायप्रिय व्यक्तियों को सुख और बुरे आदमियों को दण्ड देता है तथा इस प्रकार पवित्र समझौते और कानून की रक्षा करता है। इस प्रकार रूसो विवेकयुक्त धर्म का समर्थन करता है। वह धर्म और नैतिकता में अन्तर नहीं करता है और उन्हें एक दूसरे का पूरक मानता है।

सरकार का जन्म
(Origin of Government)

सरकार के जन्म की व्याख्या करते हुये रूसो ने लिखा है कि शासन का निर्माण करने के लिये जनता ने एकत्रित होकर पहले शासन का रूप निश्चित किया और फिर यह निश्चय किया कि किन-किन सरकारी पदों पर कौन-कौन से व्यक्तियों को नियुक्त किया जाये। सामान्य संकल्प और कानून से शासन का रूप निर्धारित हुआ। शासन में पदों के निर्धारण और उन पर व्यक्तियों की नियुक्ति से सरकार की स्थापना हुई। इस प्रकार सरकार जनता द्वारा बनायी जाती है क्योंकि समस्त प्रभुता जनता में ही होती है।

रूसो ने राजतंत्र, कुलीन तंत्र और जनतंत्र को मिश्रित शासन माना है। किसी भी देश में शासन का स्वरूप वहाँ की सामाजिक, आर्थिक और भौतिक परिस्थितियों पर आधारित होता है। इसलिये अलग-अलग देशों में राजतंत्र, कुलीनतंत्र अथवा जनतंत्र पलते हैं। नगर राज्यों में जनतंत्र ही सर्वोत्तम शासन है क्योंकि वहाँ पर सामान्य संकल्प का निर्धारण आसानी से किया जा सकता है। दूसरी ओर बड़े-बड़े देशों में समुदाय का सामान्य संकल्प पता लगाना सम्भव नहीं है और इसलिये वहां पर जनतंत्रीय शासन की स्थापना में भी कठिनाई होती है। इन देशों में अन्य प्रकार के शासन तंत्रों की स्थापना होती है। रूसो प्रतिनिधि वाले शासन के विरुद्ध था। उसका कहना था कि समस्त प्रभुता समाज में होती है और कोई भी उसका प्रतिनिधित्व नहीं कर सकता। जनतंत्र में सामान्य बहुसंख्यक लोगों का संकल्प होता है किन्तु अल्पसंख्यकों की भी अवहेलना नहीं की जानी चाहिये। अनेक देशों में विशेष व्यक्ति अथवा व्यक्तियों का संकल्प सामान्य संकल्प का स्थान ले लेता है और इसलिये वहां पर राजतंत्र अथवा कुलीन तंत्र की स्थापना होती है। इस प्रकार रूसो ने किसी विशेष प्रकार की शासन प्रणाली को सब कहीं सर्वोत्तम नहीं माना है।

हाब्स, लॉक और रूसो ने मनुष्य की प्राकृतिक स्थिति, प्रकृति का कानून, प्राकृतिक अधिकार, सामाजिक समझौता, प्रभुसत्ता, व्यक्ति तथा राज्य और राज्य तथा सरकार के सम्बन्धों के विषय में महत्त्वपूर्ण विचार प्रस्तुत किये हैं। इनकी तुलनात्मक विवेचना निम्नलिखित है–

हाब्स, लॉक तथा रूसो की तुलना
(Comparison of Hobbes, Locke and Rousseau)

(1) **प्राकृतिक अवस्था**–हाब्स के अनुसार प्राकृतिक अवस्था में मनुष्य स्वार्थी और पशुवत था। वह दूसरों से लड़ता झगड़ता था। इस प्रकार मानव जीवन अत्यन्त निम्न स्तर पर था। लॉक के अनुसार प्राकृतिक अवस्था में मनुष्य भले थे और परस्पर सहायता करते थे। सब कहीं शान्ति थी और प्राकृतिक नियंत्रण था। तब फिर राज्य की आवश्यकता क्यों हुई? जबकि हाब्स के सिद्धान्त में शान्ति और सुरक्षा के लिये राज्य की स्थापना हुई, लॉक के अनुसार राज्य की स्थापना प्राकृतिक नियमों की व्याख्या और परिभाषा के लिये हुई। लॉक के साथ रूसो ने भी प्राकृतिक अवस्था में मनुष्यों को संतुष्ट, सुखी और आत्मनिर्भर माना है किन्तु वे विवेक से न चलकर भावना से चलते थे। राज्य की आवश्यकता सम्पत्ति की संस्था के प्रारम्भ से हुई क्योंकि राज्य सम्पत्ति की रक्षा करता है।

(2) **प्रकृति का कानून**–हाब्स के अनुसार प्राकृतिक कानून अनिश्चित होता है और देशकाल के अनुसार बदलता रहता है। इसीलिये जनता ने उसे छोड़कर राज्य की स्थापना की। लॉक के अनुसार प्राकृतिक कानून नैतिक कानून था और विवेक तथा बुद्धि पर आधारित था। राज्य की स्थापना उसकी व्याख्या करने और उसे लागू करने के लिये हुई। रूसो के अनुसार प्राकृतिक कानून मनुष्यों की मूल प्रवृत्तियों पर आधारित था। राज्य का जन्म सम्पत्ति के उत्पन्न होने से उसकी रक्षा के लिये हुआ।

(3) **प्राकृतिक अधिकार**–हाब्स के अनुसार प्राकृतिक अधिकार मनुष्य की शक्ति पर आधारित थे। लॉक ने जीवन की स्वतन्त्रता और सम्पत्ति के अधिकारों को प्राकृतिक अधिकार माना है। रूसो के अनुसार मनुष्य को प्राकृतिक अवस्था में समस्त प्राकृतिक अधिकार प्राप्त थे।

(4) **सामाजिक समझौता**–हाब्स के अनुसार सामाजिक समझौता व्यक्तियों के मध्य होता है, राजा उनमें शामिल नहीं होता। लॉक के अनुसार राजा भी सामाजिक समझौते का अंग होता है और इसलिये वह निरंकुश नहीं हो सकता। रूसो के अनुसार व्यक्ति परस्पर मिलकर सामूहिक रूप से समझौता करके राज्य का निर्माण करते हैं और कुछ व्यक्तियों को शासन का अधिकार सौंपते हैं जो कि उनसे छीना जा सकता है। इस प्रकार रूसो के सिद्धान्त में समझौता सामूहिक है।

(5) **प्रभुसत्ता**–हाब्स के अनुसार प्रभुसत्ता, निरंकुश, अविभाज्य, अदेय, असीम और कानून से ऊपर होती है। वह चर्च से भी ऊपर होती है, जनता उसको हटा नहीं सकती। लॉक ने सीमित सरकार की कल्पना की जो कि कर्त्तव्यपालन से ही बनी रह सकती है। इस प्रकार उसने वैधानिक प्रभुता के स्थान पर लोकप्रिय प्रभुता का समर्थन किया। रूसो ने समस्त जनता में सामूहिक रूप से प्रभुसत्ता मानी है। इस प्रकार वैधानिक प्रभुता भी जनता में ही होती है।

प्रभुता में एकता, अविभाज्यता, स्थायित्व, अदेयता और निरंकुशता के गुण पाये जाते हैं। इसका प्रतिनिधित्व नहीं हो सकता। प्रत्येक शासन में प्रभुता जनता में ही रहती है।

(6) **स्वतन्त्रता**—हाब्स के अनुसार प्राकृतिक अवस्था में स्वतंत्रता का अर्थ मनमानी करना था। नागरिक स्वतंत्रता नागरिक कानूनों के पालन से होती है। राज्य प्राकृतिक स्वतंत्रता पर नियंत्रण कर सकता है। व्यक्ति राज्य के विरुद्ध विद्रोह करने के लिये स्वतन्त्र नहीं है। लॉक ने स्वतन्त्रता के अधिकार को प्राकृतिक अधिकार माना है जिसे कोई भी राज्य छीन नहीं सकता। रूसो के अनुसार राज्य में स्वतंत्रता कानूनों के पालन से होती है और चूँकि राज्य सामान्य संकल्प पर आधारित होता है इसलिये व्यक्ति की स्वतंत्रता को उसके विरुद्ध प्रयोग नहीं किया जा सकता।

(7) **व्यक्ति और राज्य**—हाब्स के अनुसार व्यक्ति प्रत्येक सुविधा के लिये राज्य पर निर्भर है। अस्तु उसे राज्य की प्रत्येक आज्ञा का पालन करना चाहिये किन्तु राज्य को भी व्यक्ति की जीवन की स्वतंत्रता, आत्महत्या न करने की स्वतंत्रता और राज्य के उसकी रक्षा न करने पर राज्य की आज्ञा न मानने की स्वतंत्रता होनी चाहिये। लॉक के अनुसार व्यक्ति राज्य से पहले है, राज्य उसके प्राकृतिक अधिकारों को नहीं छीन सकता। राज्य को व्यक्ति के जीवन और सम्पत्ति तथा स्वतंत्रता के अधिकारों की रक्षा करनी चाहिये। ऐसा न होने पर व्यक्ति को राज्य के विरुद्ध क्रान्ति करने का अधिकार है। राज्य प्रभु नहीं है बल्कि व्यक्ति स्वयं प्रभु है। रूसो के अनुसार व्यक्ति राज्य में ही व्यक्ति बनता है। नागरिक की हैसियत से उसे स्वतंत्रता, समानता और सम्पत्ति के अधिकार मिलते हैं। सच्ची स्वतंत्रता प्राकृतिक नहीं बल्कि नागरिक है। कानून का पालन आत्म-नियन्त्रण है क्योंकि उसके द्वारा व्यक्ति सामान्य संकल्प में भाग लेता है।

(8) **राज्य और सरकार**—हाब्स राज्य और सरकार में कोई अन्तर नहीं करता। लॉक ने इनमें अन्तर माना है। उसने सीमित और वैधानिक शासन की स्थापना की। उसके अनुसार राज्य समाज से भिन्न है। रूसो ने भी राज्य और सरकार में अन्तर किया। राज्य प्रभु है और यह प्रभुता जनता में होती है। सरकार राज्य द्वारा बनाई गई और राज्य के आधीन संस्था है।

रूसो की आलोचना
(Criticism of Rousseau)

राजशास्त्र के इतिहास में रूसो के विचारों की जहाँ एक ओर महती प्रशंसा की गयी है वहाँ दूसरी ओर कटु आलोचनायें भी की गयी हैं। सामान्य रूप से उसके राजदर्शन के विरुद्ध निम्नलिखित आक्षेप उठाये जाते हैं—

(1) **परस्पर विरोध**—रूसो के विचारों के विषयों में वाघन ने लिखा है, "वह एक ओर राज्य का तीव्र समर्थक है और दूसरी ओर व्यक्ति का भारी पक्षपाती है।" इस प्रकार रूसो के विचारों में व्यक्तिवाद और समष्टिवाद का विरोध पाया जाता है।

(2) **बुद्धि और विज्ञान का विरोध**—कुछ विचारकों के अनुसार रूसो के विचार बुद्धि और विज्ञान से अधिक भावना पर आधारित हैं।

(3) मानव स्वभाव की एकांगी व्याख्या—लॉक के समान रूसो ने मानव स्वभाव का अत्यधिक सुन्दर चित्र खींचकर उसकी एकांगी व्याख्या की है।

(4) प्रगति की धारणा के विरुद्ध—मानव की प्राकृतिक दशा को आदर्श और सर्वोत्तम मानकर रूसो ने मानव प्रगति की धारणा का खण्डन किया।

(5) लोकतंत्र का विरोध—यद्यपि रूसो छोटे राज्यों में लोकतंत्र का समर्थन करता है किन्तु उसके अनुसार बड़े राज्यों में सामान्य संकल्प का पता लगाना और इसलिये लोकतंत्रीय शासन सम्भव नहीं है।

(6) सामान्य संकल्प के सिद्धान्त के दोष—रूसो के राजदर्शन में सामान्य संकल्प का सिद्धान्त केन्द्रीय है किन्तु इस सिद्धान्त में अनेकों दोष हैं।

रूसो का योगदान
(Contribution of Rousseau)

उपरोक्त आलोचनाओं के बावजूद लगभग सभी विचारक इस तथ्य से सहमत हैं कि रूसो का प्रभाव अत्यन्त व्यापक रहा है। उसके सामान्य संकल्प के सिद्धान्त में चाहे कितने भी दोष हों किन्तु आज भी वह उत्तम शासन का आधार माना जाता है। उसने राज्य और शासन के मध्य महत्त्वपूर्ण अन्तर बतलाया। कानून के आधार के विषय में उसका मत आज भी माना जाता है। उसने जनता को प्रभुसत्ता का आधार मानकर जनतंत्र की नींव डाली। उसने राज्य को सावयव मानकर व्यक्ति और राज्य के सम्बन्धों को ठोस भूमि पर आधारित किया। उसका यह विचार कि सच्ची स्वतंत्रता प्राकृतिक स्वतंत्रता न होकर नागरिक स्वतंत्रता है आधुनिक सिविल समाज का आधार है। उसने जो यह कहा है कि लोकतंत्र अधिक बड़े राज्यों में सम्भव नहीं है यह बात सुनने में कितनी भी कटु लगती हो किन्तु आज भी अनेक विचारकों को मान्य है। जनतंत्र में सबसे बड़ी कठिनाई जनसंकल्प का पता लगाना है और आजकल अधिकतर जनतंत्रीय राज्यों में राज्य जनसंकल्प के अनुसार नहीं चलते।

रूसो के स्वतंत्रता, समानता और लोकप्रिय प्रभुता के सिद्धान्तों के प्रभाव से ही सन् 1789 में फ्रांस में राज्यक्रांति हुई। अमरीका में भी स्वतंत्रता की घोषणा और संविधान के अधिकारों के विधेयक पर रूसो का प्रभाव है। रूसो आंग्ल और जर्मन आदर्शवादी विचारधारा का पिता माना जाता है। बैंथम का उपयोगितावाद उसके सामान्य संकल्प से प्रेरणा लेता है। गाडविन का राजनैतिक न्याय का विचार उसके विषमता के उद्गम के विवेचन पर आधारित है। उसके विचारों ने इतने अधिक क्षेत्रों में प्रभाव डाला है कि व्यक्तिवादी, समष्टिवादी, एकतत्त्ववादी और बहुतत्त्ववादी, समाजवादी, संघवादी, आदर्शवादी, यथार्थवादी तथा सिंडीकेटवादी आदि सभी उसके विचारों से प्रेरणा ग्रहण करते हैं। शिक्षा, धर्म, राजनीति, कला, साहित्य, मानव जीवन के प्रत्येक क्षेत्र में रूसो के विचारों का महत्त्वपूर्ण प्रभाव दिखलायी पड़ता है। वेपर के शब्दों में, ''उसने राजशास्त्र, शिक्षा, धर्म, साहित्य पर अपनी दृढ़ और मौलिक मेधा की मोहर लगायी, और रूसो के बारे में यह कहना अतिशयोक्ति नहीं होगी कि वह वर्तमान की ओर ले जाते हुये सभी मार्गों के प्रवेश द्वार पर पाया जाता है।''[1]

1. "He left the stamp of his strong and original genius on politics, education, religion, literature and it is hardly an exaggeration to say with Rousseau that he is to be found at the entrance to all the paths leading to the present. —Wayper.

अभ्यास के लिये प्रश्न

1. राजनैतिक समाज निर्माण के विषय में रूसो के विचारों का वर्णन कीजिए।
2. ''मनुष्य स्वतन्त्र उत्पन्न हुआ है, परन्तु प्रत्येक स्थान पर बन्धन में है।'' (रूसो)
   ''बहुत से व्यक्ति स्वयं को दूसरों का स्वामी समझते हैं परन्तु वह उनसे भी अधिक दास होता है।'' (रूसो)
   उपरोक्त कथनों का विवेचन कीजिए।
3. ''जैसे ही जनता किसी को अपना प्रतिनिधि बनाने के लिए तैयार हो जाती है, उसकी स्वतन्त्रता तथा उसका स्थित्व नष्ट हो जाता है।'' (रूसो) विवेचना कीजिए।
4. ''रूसो का सामाजिक संविदा सिद्धान्त हॉब्स का लेवियाथान है। परन्तु उसका शीश कटा हुआ है।'' विवेचना कीजिये।
5. ''हॉब्स तथा लॉक के सामाजिक संविदा सिद्धान्तों को मिलाने से, लोकप्रिय स्वीकृति के सिद्धान्त के आधार पर हॉब्स के मार्ग पर चलकर, चालॉक जीन जैकस रूसो ने ऐसे सिद्धान्त को जन्म दिया जिसका तर्कशास्त्र विरोध कर सकता है परन्तु उसका खण्डन नहीं कर सकता।'' (मैक्सी) इस कथन को स्पष्ट कीजिये।
6. ''रूसो की समस्या अनुशासन तथा व्यवस्था का स्वतन्त्रता के साथ मेल करना था।'' इस कथन को स्पष्ट रूप से समझाइये।
7. ''वह भार रूसो पर पड़ा कि वह प्रारम्भिक संविदा की लचकदार कल्पना को ऐसे उद्देश्यों के लिए प्रयोग करे जिनको हॉब्स अराजकता का पागलपन समझता है तथा जिनके कारण लॉक की प्रशंसा होती है।'' विवेचना कीजिए।
8. राजनीति दर्शन में रूसो के अनुदान का मूल्यांकन कीजिए।
9. रूसो के सामान्य इच्छा के सिद्धान्त का आलोचनात्मक वर्णन कीजिये।
10. रूसो के सामान्य इच्छा के सिद्धान्त का आलोचनात्मक परीक्षण कीजिये। आपके विचार में उसकी निर्बलतायें तथा भय क्या हैं? राजनैतिक विचारधारा में उसके महत्त्व का भी वर्णन कीजिये।
11. ''रूसो की सामान्य इच्छा का सिद्धान्त काल्पनिक आदर्शवाद तथा साधारण बुद्धि का अनोखा मिश्रण है।'' विवेचना कीजिये।
12. ''सामान्य इच्छा का वास्तविक विरोध इस बात में है कि जहाँ तक सामान्य होने का प्रश्न है, वहाँ तक वह इच्छा नहीं हो सकती और जहाँ तक इच्छा का प्रश्न है, वह सामान्य नहीं हो सकती।'' इस कथन को स्पष्ट कीजिये।
13. ''जो व्यक्ति सामान्य इच्छा को मानने से इंकार करेगा...........उसको स्वतंत्र होने के लिये बाध्य किया जायेगा।'' (रूसो) विवेचना कीजिये।
14. ''प्रायः सामान्य इच्छा तथा सबकी इच्छा के बीच बहुत अधिक मात्रा में अन्तर होता है।'' (रूसो) विवेचना कीजिये।

15. निम्नलिखित पर रूसो के विचार बतलाइये:– (अ) प्रभुसत्ता,(ब) स्वतंत्रता, (स) विधि तथा, (द) धर्म।

16. सरकार के जन्म तथा वर्गीकरण के विषय में रूसो के विचारों का विवेचन कीजिये।

17. हॉब्स, लॉक तथा रूसो के विचारों की तुलना निम्नलिखित शीर्षकों के अन्तर्गत कीजिये– (अ) मुख्य ग्रन्थ, (ब) प्रकृति की स्थिति, (स) प्रकृति की विधि, (द) प्राकृतिक अधिकार, (घ) सामाजिक संविदा, (न) प्रभुसत्ता, (प) व्यक्ति तथा राज्य, (फ) राज्य तथा सरकार।

18. ''रूसो के राजनैतिक दर्शन में समाजवाद, निरंकुशवाद तथा जनतन्त्र के बीज निहित हैं।'' विवेचना कीजिये।

19. ''रूसो ने भविष्य में आने वाली सन्तानों को मनोवैज्ञानिक विश्लेषण के लिये अन्य किसी लेखक की अपेक्षा अधिक पदार्थ प्रदान किये हैं।'' विवेचना कीजिये।

20. ''यदि हम रूसो के शब्दों पर अधिक गहराई के साथ विचार करें तो यह तथ्य निकलेगा कि वह केवल व्यक्तिवाद का ही नहीं, अपितु व्यक्तित्व का भी कट्टर शत्रु है।'' व्याख्या कीजिये।

21. ''रूसो का राजनैतिक दर्शन इतना अस्पष्ट था कि उसको कठिनाई से ही किसी विशेष दिशा में संकेत करता हुआ बताया जा सकता है।'' इस कथन का स्पष्टीकरण तथा परीक्षण कीजिये।

22. ''शानदार उलझनों का मिश्रण।'' क्या रूसो के दर्शन का यह उचित मूल्यांकन है?

23. ''रूसो हाब्स के समान निरंकुशवादी तथा लॉक की अपेक्षा अधिक जनतंत्रवादी है।'' विवेचना कीजिये।

26

चार्ल्स मान्टेस्क्यू

(Charles Montesquieu 1689—1755 A.D.)

चार्ल्स मान्टेस्क्यू का जन्म फ्रांस के एक निम्न संभ्रान्त परिवार में सन् 1689 में बोर्डो (Bordeaux) नगर में हुआ था। उसके पिता एक वकील थे जिन्होंने अपने पुत्र को भी कानून की शिक्षा दी। विद्यार्थी जीवन में मान्टेस्क्यू ने कानून के साथ-साथ इतिहास और साहित्य का अध्ययन किया। उस समय फ्रांस में बुद्धिवादी आन्दोलन चल रहा था जिसने अनुत्तरदायी शासन के विरुद्ध आवाज उठायी थी। मान्टेक्स्यू एक बुद्धिवादी व्यावहारिक राजनैतिक विचारक था। सन् 1721 में उसका प्रथम ग्रन्थ 'फ्रांस के पत्र' नाम का प्रकाशित हुआ जिसमें उसने दो फारस के यात्रियों की वार्तालाप के रूप में फ्रांस की तत्कालीन राजनीतिक और सामाजिक दोनों अवस्थाओं पर व्यंगपूर्ण विचार प्रकट किये। इस पुस्तक से मान्टेस्क्यू की लोकप्रियता बहुत बढ़ गई। उसने अपने ग्रन्थों में सामाजिक अनादर, रूढ़ियों और धार्मिक अविश्वासों की खिल्ली उड़ाई है। यह पुस्तक सन् 1734 में 'कन्सिडरेशन्स आन ग्रेटनेस एण्ड डिके आफ रोमन्स' नाम से प्रकाशित हुई। सन् 1748 में उसने अपना एक अन्य ग्रन्थ 'ऐस्प्रित दे लुआ' (Esprit de lois) प्रकाशित किया जिसमें उसने शक्तिपार्थक्य सिद्धान्त का प्रतिपादन किया है। इस ग्रन्थ को उसने 17 वर्ष के परिश्रम के पश्चात् प्रकाशित किया था।

मान्टेस्क्यू की कृतियाँ
(Works of Montesquieu)

मान्टेस्क्यू ने अनेक ग्रन्थों की रचना की, जिनमें निम्नलिखित प्रमुख हैं—

(i) रिफ्लेक्शन ऑन दि कॉजिज ऑफ दि ग्रेटनैस एण्ड डिक्लाइन ऑफ दि रोमन्स (Reflection on the causes of the Greatness and Decline of the Romans, 1734)

(ii) दि पर्शियन लैटर्स (The Parsian Letters, 1721)

(iii) डायलॉग्स ऑफ सुला एण्ड एकर्टेस (Dialogues of Sulla and Ecretes, 1746)

(iv) दि स्प्रिट ऑफ दी ला (The Spirit of the Law, 1748)

उपर्युक्त सभी ग्रन्थों में 'दि स्प्रिट ऑफ दि ला' (The Spirit of the Law) सर्वाधिक महत्त्वपूर्ण ग्रन्थ है। इसको 31 पुस्तकों में बाँटा गया है तथा इसको 6 भागों में विभक्त किया गया है।

(i) पहले भाग में 8 पुस्तकों को शामिल किया गया है। इनमें सरकार व कानून सम्बन्धी विचारों का वर्णन किया गया है।

(ii) दूसरे भाग में आठ पुस्तकों को शामिल किया गया है, इसमें सैनिक व्यवस्था एवं टैक्स सम्बन्धी विचारों का वर्णन किया गया है।

(iii) इसके तीसरे भाग में छः पुस्तकों को शामिल किया गया है, इस भाग में व्यवहार, रीति-रिवाज तथा जलवायु सम्बन्धी विचारों का वर्णन किया गया है।

(iv) चतुर्थ भाग में पाँच पुस्तकों को शामिल किया गया है, इसमें आर्थिक प्रबन्ध सम्बन्धी विचारों का वर्णन किया है।

(v) पंचम भाग में तीन पुस्तकें शामिल हैं, ये तीनों पुस्तक धर्म से सम्बन्धित हैं।

(vi) अष्टम भाग में पाँच पुस्तकें हैं, जिनमें फ्रेंच तथा रोमन कानूनों का वर्णन है।

मान्टेस्क्यू की रचनाओं के सम्बन्ध में डॉ॰ एस॰ पी॰ सिंह ने लिखा है कि, "यदि हम उसकी जीवन-गाथा में से उसकी साहित्यिक कृतियों को निकाल दें और उसकी रचनाओं से अलग जीवन चरित्र को लें तब वह यहाँ समाप्त हो जाता है और उसके सम्बन्ध में यह कहा जा सकता है, जैसा कि कुछ राजाओं के सम्बन्ध में ठीक ही कहा गया है कि उसने जन्म लिया, वह जीवित रहा और वह मर गया।

अध्ययन विधियाँ
(Methods Studies)

मान्टेस्क्यू को विद्वानों के द्वारा उसकी अध्ययन विधियों के आधार पर 'आधुनिक ऐतिहासिक अनुसंधान का पिता' (Father of Modern Historical Research) की संज्ञा दी गई है। उसकी अध्ययन विधियों में ऐतिहासिकता का पुट है। इसकी अध्ययन पद्धतियों में निम्नलिखित विधियों का समन्वय है—

(i) वैज्ञानिक पद्धति (Scientific Method)

(ii) तुलनात्मक पद्धति (Comparative Method)

(iii) पर्यवेक्षणात्मक पद्धति (Inductive Method)

(iv) आगमनात्मक पद्धति (Inductive Method)

(v) ऐतिहासिक पद्धति (Historical Method)

मान्टेस्क्यू की मुख्य ऐतिहासिक अध्ययन पद्धति के सम्बन्ध में डनिंग (Dunning) ने लिखा है कि, "मान्टेस्क्यू द्वारा प्रयोग किये गये तरीके अरस्तु तथा बोदाँ के हैं, प्लेटो तथा लॉक के नहीं।" यही कारण है कि मान्टेस्क्यू "18वीं शताब्दी का अरस्तु" कहलाता है।

मान्टेस्क्यू का विचार था कि किसी भी देश की राजनैतिक संस्थाओं का निर्माण उस देश की सामाजिक और भौगोलिक परिस्थितियों के अनुकूल होना चाहिये ताकि वहाँ की संस्थायें लोगों को रुचिकर हों और उनका राष्ट्रीय रूप हो जाये। उसने राजनैतिक अपराधों का बहुत गम्भीरतापूर्वक विभाजन किया है। उसका कहना है कि अपराधों के लिये अमानुषिक और अनुपातहीन दण्ड नहीं देना चाहिये। वह कहता है कि स्वतन्त्र मतदान के लिये विचारों के प्रकट करने और संवास करने की स्वतन्त्रता होनी चाहिये क्योंकि इसी आधार पर राजनैतिक स्वतन्त्रता कायम की जा सकती है।

कानून-सम्बन्धी विचार
(Ideas About Law)

14वीं शताब्दी तक यूरोप के राजनीतिज्ञों को शक्ति-पार्थक्य सिद्धान्त का ज्ञान नहीं था। सन् 1377 में सबसे पहले पैडुआ निवासी प्रसिद्ध राजनीतिज्ञ मार्सीलियो (Marsilio) ने अपने 'डिफ़ैन्सर पैसिस' (Defenser pacis) नामक ग्रंथ में शक्ति-पार्थक्य सिद्धान्त का वर्णन किया और इसका समर्थन किया। यूरोप का प्रसिद्ध राजनीतिज्ञ बोदाँ (Bodin) सबसे प्रथम व्यक्ति था जिसने 19वीं शताब्दी में लोगों का ध्यान शक्ति-पार्थक्य सिद्धांत की ओर आकर्षित किया और यह बतलाया कि यदि एक ही शासक के हाथ में शासन तथा न्याय करने का अधिकार दे दिया जायेगा तो परिणाम अच्छा न होगा। उसका कथन है कि एक व्यक्ति को ही विधान-निर्माता तथा न्यायाधीश बनाने का अभिप्राय है न्याय तथा क्षमा करने के अधिकारों का सम्मिश्रण कर देना, और ऐसा करना विधान का उल्लंघन करना है। सत्रहवीं शताब्दी के मध्य में प्यूरिटन क्रान्ति (Puritan revolution) के समय में इंगलैंड में सबसे प्रथम राजनीति में शक्ति-विभाजन सिद्धान्त का प्रयोग किया गया। इंगलैण्ड में क्रामवेल (Cromwel) ने प्रोटेक्टरेट (Protectorate) के विधान में कार्यकारिणी तथा विधान-निर्माण-शक्तियों का पृथक्करण किया परन्तु उसने न्याय विभाग की स्वतन्त्रता की ओर ध्यान न दिया और न्याय विभाग का पृथक्करण नहीं किया। मान्टेस्क्यू ने अपने ग्रन्थ 'ऐस्प्रित दे लुआ' में शक्ति-पार्थक्य सिद्धान्त की व्याख्या की है। इस ग्रंथ में उसने लिखा है कि यदि वैधानिक तथा शासन-शक्ति किसी एक व्यक्ति अथवा समूह के हाथ में एकत्र हो जाती है तो जाति की स्वतन्त्रता का नाश होना स्वाभाविक है क्योंकि जाति को सदैव इस बात का भय बना रहेगा कि राजा अथवा विधान सभा स्वेच्छाचारी कानून बना कर स्वच्छन्दतापूर्वक उनका प्रयोग करेगी। इसी प्रकार यदि न्यायकारी शक्ति वैधानिक तथा शासन से पृथक् न करके वैधानिक शक्ति के अधीन कर दी जायगी तो वैधानिक धन-जन का अधिकार न्यायाधीश के हाथ में चला जायेगा। यदि कहीं निर्णायक शक्ति शासकों को सौंप दी जायेगी तो वे अत्याचार करेंगे क्योंकि जो व्यक्ति अपराध लगायेगा वही अपराध का निर्णय भी करेगा। इंगलैण्ड के प्रसिद्ध राजनीतिज्ञ ब्लैकस्टन ने भी शक्ति पार्थक्य सिद्धान्त का समर्थन किया है। उसने सन् 1765 में 'कमेंटरीज आन दी लाज़ आफ इंगलैण्ड' नामक ग्रंथ प्रकाशित किया। उस ग्रन्थ में वह लिखता है कि ''जब कभी विधान बनाने तथा उनको प्रचलित करने का कार्य एक ही व्यक्ति अथवा वर्ग के हाथ में दे

दिया जाता है तो जनता की स्वतन्त्रता नष्ट हो जाती है।'' शासक अत्याचारी विधान बनायेगा क्योंकि उसे उनको प्रचलित करने की पूर्ण शक्ति तथा अधिकार है। इसलिये शासक उनके प्रचलित करने में अत्याचार करेगा।

संयुक्त राज्य अमेरिका के विधान निर्माताओं पर मान्टेस्क्यू तथा ब्लैकस्टन का बड़ा प्रभाव पड़ा। मैडिसन संयुक्त राज्य अमेरिका का प्रसिद्ध विधान-निर्माता समझा जाता है। उसका मत है कि व्यक्तिगत स्वतन्त्रता स्थिर रखने के लिए शक्ति-विभाजन सिद्धान्त अत्यन्त आवश्यक है। 'फैडरेलिस्ट' नामक समाचार-पत्र में एक बार उसने अपने लेख में लिखा था कि वैधानिक, कार्यकारिणी तथा न्याय शक्ति एक समुदाय तथा अनेक लोगों के हाथों में रहने से उसे अत्याचार करने वाली शक्ति कहा जा सकता है चाहे ये लोग परम्परागत हों, चाहें स्वयं अधिकार स्थापित कर लें और चाहे वे निर्वाचित हों। इसी प्रकार के विचार जार्ज वाशिंगटन ने अपने विदाई के समय दिये जाने वाले मानपत्र में प्रकट किये थे। हैमिल्टन ने 'फैडरेलिस्ट' के 47वें अंक में, जैफरसन ने अपने 'नोट्स आन वरजीनिया' में कैन्ट ने 'कमेंटरीज' में, स्टोरी तथा वैब्स्टर ने भी अपने-अपने ग्रन्थों में इसी प्रकार के विचार प्रकट किये हैं।

इंगलैंड के प्रसिद्ध राजनीतिज्ञ जॉन लॉक ने पार्थक्य-सिद्धांत का समर्थन किया है परन्तु उसने भी लिखा है कि 'विधान निर्माण करने वाला वर्ग पूर्ण रूप से लोकहित-सम्बन्धी विधानों का निर्माण नहीं कर सकता, कार्यकारिणी वर्ग केवल व्यवस्थापिका सभा द्वारा बनाये हुये विधानों को प्रचलित करके ही सफलतापूर्वक कार्य नहीं कर सकता। विधानों को प्रचलित करने में भी कार्यकारिणी को स्वतन्त्र विवेक के अनुसार इस कार्य को करने की व्यवस्था होनी चाहिए क्योंकि बहुत-सी बातें ऐसी हैं जिनके सम्बन्ध में नागरिक विधानों में कोई व्यवस्था नहीं होती है।' गुडनाउ ने भी अपनी 'पोलिटिक्स एण्ड एडमिनिस्ट्रेशन' में, ट्रीट्स ने 'पोलिटिक' में तथा जैलीनैक ने 'रेस्ट डैस मौड० स्टैट्स' में इसी प्रकार के विचार प्रकट किये हैं। मान्टेस्क्यू शक्ति-पार्थक्य सिद्धान्त को स्वतन्त्रता का आधार समझता है परन्तु वह इस बात को नहीं मानता है कि तीनों शक्तियाँ एक दूसरे से पूर्ण रूप से स्वतन्त्र हैं। शक्ति-पार्थक्य सिद्धान्त के विषय में ब्लैकस्टन के विचार भी मान्टेस्क्यू के समान थे। उसने भी इस बात का समर्थन किया है, शक्ति-पार्थक्य सिद्धांत में तीनों शक्तियों का परस्पर सहयोग तथा सम्मिश्रण है। मान्टेक्स्यू ने इंगलैंड की शासन-प्रणाली की बड़ी प्रशंसा की है क्योंकि उसका विचार है कि इस शासन-प्रणाली में शक्ति-पार्थक्य सिद्धान्त का प्रयोग किया गया है और तीनों शक्तियाँ एक दूसरे से पूर्ण स्वतन्त्र हैं। वास्तव में मान्टेस्क्यू का यह विचार नहीं था कि ये तीनों शक्तियाँ पूर्ण रूप से एक-दूसरे से स्वतन्त्र हैं। डायसी का कथन है कि मान्टेस्क्यू ने इंगलैंड के विधान को समझने में कुछ भूल की है और उसका अनुकरण करने में फ्रेंच राजनीतिज्ञों ने भी इंगलैंड की शासन पद्धति को ठीक से नहीं समझा क्योंकि फ्रेंच क्रान्ति के समय में उन्होंने अपने विधान-निर्माण के समय इंगलैंड की शासन-पद्धति के आधार पर अपना विधान बनाने का प्रयत्न किया परन्तु उसके बनाने में वे सफल न हो सके। इंगलैंड की शासन-प्रणाली में व्यवस्थापिका का एक आगार न्याय का कार्य करता है और साथ ही साथ कार्यकारिणी का वैधानिक अंग भी बना रहता है। न्याय वर्ग कार्यकारिणी तथा व्यवस्थापिका के अधीन रहता है क्योंकि न्याय विभाग की नियुक्ति

व्यवस्थापिका करती है और अपने फार्य के संचालन के लिए इसे कार्यकारिणी पर निर्भर रहना पड़ता है। बहुधा ऐसा भी होता है कि छोटे-छोटे राजकर्मचारियों के अधीन शासन तथा न्याय सम्बन्धी दोनों शक्तियाँ होती हैं। नगर शासक शासक भी होता है और न्याय भी करता है। अथवा यों कह सकते हैं कि न्यायाधीश शासक भी होते हैं।

वैसे तो इस सिद्धांत के अनुसार प्रत्येक विभाग स्वतन्त्र है और अपने-अपने कार्यों को सफलतापूर्वक करता है, परन्तु व्यावहारिक रूप में ये एक दूसरे पर निर्भर हैं। इन सब विभागों का महत्त्व एक-सा ही नहीं है। इनकी शक्तियाँ बराबर नहीं हैं। सम्पूर्ण जनतन्त्र राज्यों की शासन प्रणालियों का आधार शक्ति पार्थक्य सिद्धांत है। महत्त्वपूर्ण शक्ति व्यवस्थापिका की है। वास्तव में अन्य दोनों शक्तियाँ व्यवस्थापिका के आधीन दिखाई देती है। आधुनिक काल में जनतन्त्र राज्यों की शासन प्रणालियों का संगठन इस प्रकार किया गया है कि व्यवस्थापिका सभा की शक्ति सर्वोपरि रहती है। इस सिद्धांत के अनुसार व्यवस्थापिका सभा की शक्ति मुख्य तथा कार्यकारिणी और निर्णय करने वाली शक्तियाँ गौण हैं।

विधि सम्बन्धी विचार
(Ideas About Law)

मान्टेस्क्यू ने अपने विचार में मनुष्य और उसके अनिवार्य सामाजिक संबंधों को प्रधानता देते हुए विधियों के सम्बन्ध में विचार व्यक्त किये हैं। विधियों की परिभाषा करते हुए उसने कहा है कि विधियाँ वे आवश्यक सम्बन्ध हैं जो विभिन्न वस्तुओं के बीच में उनके स्वभाव से उत्पन्न होती हैं। इस प्रकार सभी वस्तुओं अथवा लोगों के नियम अथवा विधियाँ होती हैं। ईश्वर की अपनी विधियाँ हैं, भौतिक संसार की अपनी विधियाँ हैं, मानव श्रेणियों की अपनी विधियाँ हैं, पशुओं की अपनी विधियाँ हैं और मनुष्य की भी अपनी निजी विधियाँ हैं।

ईश्वर ने विश्व की रचना की है, सभी वस्तुओं को उत्पन्न किया है और उनकी रक्षा करता है। ये सब कार्य वह कुछ निश्चित नियमों के अनुसार करता है क्योंकि वह उन्हें जानता है, उसने अपनी बुद्धि और शक्ति से सबको उत्पन्न किया है और उनके पालन के लिए नियम बनाये हैं। इन्हीं नियमों और विधियों के अनुकूल सारा विश्व कायम है। ये नियम निश्चित हैं और पदार्थ की चल-शक्ति इन्हीं के द्वारा निश्चित होती है। ये विधियाँ दैवी विधियाँ कही जा सकती हैं और इन्हीं के द्वारा जड़ प्रवृत्ति का संचालन होता है।

पदार्थ और पशु वे गुण नहीं रखते जो विवेकपूर्ण मानव में होते हैं। यद्यपि उनकी उत्पत्ति तथा अंत मनुष्य की भांति होता है किन्तु विदेही मनुष्य की भांति वे भय से मुक्त रहते हैं। वे अपनी रक्षा का ध्यान रखते हैं और अपनी इन्द्रियों से उत्पन्न इच्छाओं को इतनी बुरी तरह से काम में नहीं लाते जैसे कि मनुष्य। जिन नियमों से इनका अस्तित्व और जीवन निश्चित होता है उन्हीं को प्राकृतिक विधियाँ कह सकते हैं।

मानव विवेकपूर्ण है, उसमें सोचने की शक्ति है, वह आवश्यकताओं को उत्पन्न करता है और उन आवश्यकताओं की पूर्ति के लिए प्रयत्न करता है। मानव समाज में रहने के लिये वह प्रकृति से अपने स्वभाव और प्रकृति से ही कुछ नियम बनाता है जो प्राकृतिक विधियाँ

कही जा सकती हैं। जैसे ही मनुष्य समाज में उत्पन्न होता है उसकी समता नष्ट हो जाती है, वह अपनी कमजोरी को समझने लगता है और अपने जीवन की रक्षा के लिए संघर्ष करता है। विभिन्न समाजों में आपस में संघर्ष रहता है और जिस प्रकार किसी समाज के विभिन्न व्यक्तियों में संघर्ष चलता रहता है उसी प्रकार संसार के विभिन्न राष्ट्रों अथवा समाजों में संघर्ष चलता रहता है। किसी भी राजनैतिक समाज के विभिन्न व्यक्तियों के आपसी सम्बन्ध मानव के आपसी नियमों अथवा विधियों के अनुकूल कायम रहते हैं। यह विधियाँ राजनैतिक सकारात्मक विधियाँ होती हैं, किन्तु विभिन्न राजनैतिक समाजों के कार्य जिन नियमों अथवा विधियों के अनुकूल परिचालित होते हैं वह भी मानव के ही बनाये होते हैं और उन्हें अन्तर्राष्ट्रीय विधियाँ कहा जाता है। इन अन्तर्राष्ट्रीय विधियों का निर्माण इस सिद्धांत पर आधारित है कि शांतिकाल में यह सभी विभिन्न राष्ट्र एक दूसरे के हित की रक्षा करें किन्तु युद्ध काल में वे एक-दूसरे को कम-से-कम हानि पहुँचाते हुए अपने वास्तविक हितों की रक्षा करें। मान्टेस्क्यू कहता है कि युद्ध का लक्ष्य विजय है, विजय का लक्ष्य अपहरण है और अपहरण के बाद प्राप्त वस्तु की रक्षा की जाती है। इस उपरोक्त सिद्धांत से जो नियम निर्माण किये जाते हैं वे ही राष्ट्रों की विधियाँ कहलाती हैं। यद्यपि सभी देशों के राष्ट्रीय नियम अथवा अन्तर्राष्ट्रीय विधियाँ हैं किन्तु इनमें बुराई यह है कि उनका निर्माण सच्चे सिद्धांतों के अनुकूल नहीं होता है।

किसी भी राष्ट्र का एक संविधान होता है जिसके आधार पर उसका शासन होता है और उसे नागरिक अथवा असैनिक शासन कहते हैं। यह शासन चाहे एक व्यक्ति के हाथ में हो अथवा अनेक व्यक्तियों के हाथ में हो उसको चलाने के लिए नियमों की आवश्यकता है और यह नियम सभी नागरिकों की इच्छाओं के अनुकूल होना चाहिए जिससे नागरिक राज्य का संचालन हो। मान्टेस्क्यू का कहना कि साधारणत: सभी नियम अथवा विधियाँ मानव की बुद्धि से उत्पन्न होती हैं क्योंकि उन्हीं के अनुकूल पृथ्वी के सभी निवासियों का शासन होता है। किन्तु किसी विशेष राजनैतिक समुदाय अथवा समाज के कानून अथवा नियम उसके विशेष वातावरण, स्वभाव और परिस्थितियों के अनुकूल मानव की बुद्धि बनती है। यह आवश्यक है कि प्रत्येक देश अथवा राष्ट्र के नियम जहां तक हों ऐसे बनाये जायें कि वे किसी दूसरे राष्ट्र के लिए अनुकूल सिद्ध हों। मान्टेस्क्यू का कहना है कि प्रत्येक राष्ट्र का शासन जिस किसी प्रकार से चलता है और उसके राजनैतिक नियम किसी भी ढंग के हों, यह आवश्यक है कि उन नियमों का निर्माण, प्रत्येक देश की जलवायु, उसकी मिट्टी के गुण और उसके निवासियों के व्यवसाय के अनुकूल होना चाहिए। वे नियम संविधान द्वारा दी हुई स्वतंत्रता के अनुसार होने चाहिए और अन्त में वे नियम निवासियों के धार्मिक विचारों, उनके स्वभाव, सम्पत्ति, संख्या, व्यापार, रहने-सहने के ढंग और रीति-रिवाजों के अनुकूल होना चाहिए। राजनैतिक विधियाँ शासक की मंशा और शासन के ढंग के अनुकूल बनाई जानी चाहिए।

मान्टेक्स्यू ने अपनी पुस्तक में इन्हीं सब बातों का विचार करते हुए विधियों के तत्त्व पर अपने विस्तृत विचार व्यक्त किये हैं और यह बताया है कि किस प्रकार विभिन्न प्रकार के शासन में विधियों की क्या प्रकृति होनी चाहिए।

शासन के प्रकार
(Types of Government)

मान्टेस्क्यू ने शासन के 3 प्रकार बताये हैं, गणतन्त्रीय, कुलीनतन्त्रीय, निरकुंशतन्त्र। गणतन्त्रीय शासन वह है जिसमें सभी लोगों अथवा उनके कुछ भाग के हाथ में प्रधान शक्ति हो। राजतन्त्र वह है जिसमें एक ही व्यक्ति निर्धारित विधियों के अनुकूल शासन करता है। माण्टेस्क्यू उस शासन को निरंकुश शासन कहता है जिसमें एक ही व्यक्ति अपनी निजी इच्छा अथवा मनमानी के अनुसार प्रत्येक बात का निदेशन करता है।

1. **गणतन्त्र** (Democracy)—गणतन्त्रीय राज्य में जब सभी लोगों के हाथ में प्रधान शक्ति होती है तो मान्टेस्क्यू उसे लोकतन्त्र कहता है और जब लोगों के कुछ भाग के हाथ में प्रधान शक्ति होती है तो उसे कुलीनतन्त्र कहते हैं। लोकतन्त्र में कुछ बात में तो लोग संप्रभु होते हैं और कुछ में वे प्रजा होते हैं। ऐसे शासन में विधियों का निर्माण लोगों की इच्छा के अनुकूल होता है। ऐसे शासन में बहुत महत्त्वपूर्ण बात यह है कि किन को और किस प्रकार और किन बातों में मतदान दिया जाय। यह इतना ही महत्त्वपूर्ण है कि कौन राजा हो और किस प्रकार शासन करना चाहिए। मान्टेस्क्यू का कहना है कि गणतन्त्र में यह आवश्यक है कि यह निर्धारित कर दिया जाय कि कितने नागरिक सार्वजनिक सभाओं में होने चाहिए। किन्तु शासन में जिन बातों में योग्यता की आवश्यकता है वह काम मन्त्रियों द्वारा होना चाहिए। यह आवश्यक है कि इस प्रकार के शासन में साधारण नागरिक ही यह निर्धारित करें कि किन लोगों को मन्त्री बनाया जाय और जब मन्त्रियों का निर्वाचन कर दिया तो उनको शासन का कार्य सौंप देना चाहिए। मान्टेस्क्यू का कहना है कि गणतन्त्र के लिए मतदाताओं को किस प्रकार मतदान करना चाहिए यह निश्चित होना आवश्यक है। यह ऐसा नियम है जो लोकतन्त्र की रक्षा के लिए अनिवार्य है।

2. **कुलीनतन्त्र** (Aristocracy)—मान्टेस्क्यू कहता है कि कुलीनतन्त्र में कुछ लोगों के हाथ में सत्ता होती है। वे ही लोग विधि निर्माण करते हैं और कार्य संचालन करते हैं, अन्य सब नागरिक उनके द्वारा इस प्रकार शासित होते हैं जिस प्रकार एक राजतन्त्र में राजा द्वारा प्रजा शासित होती है। मान्टेस्क्यू कहता है कि ऐसे शासन में एक सीनेट होना चाहिए जिसके सदस्य शासन-संचालन करें और उन बातों की देख-रेख करें जो सभी कुलीनों की योग्यता के परे हो। किन्तु सीनेट के सदस्यों का निर्वाचन ऐसे ढंग से होना चाहिए कि योग्य व्यक्ति ही सदस्यता प्राप्त कर सके। कुलीन कुटुम्बों को जहाँ तक हो सके बाहरी रूप से साधारण लोगों के समान ही चुनाव करना चाहिए।

3. **राजतन्त्र** (Monarchy)—राजतन्त्रीय शासन में एक व्यक्ति ही शासन करता है और वही व्यक्ति सारी राजनैतिक और नागरिक शक्ति का स्रोत होता है। उनका शासन उन भौतिक विधियों अथवा नियमों के अनुकूल चलता है जो उसकी मनमानी इच्छा पर निर्धारित नहीं होता है, वरन् कुछ योग्य व्यक्तियों की बुद्धि से बनाये जाते हैं, चाहे यह व्यक्ति धार्मिक संस्थाओं के हों अथवा साधारण समाज के हों।

4. निरंकुशतन्त्र (Tyranny)—मान्टेस्क्यू का कहना है कि एक निरंकुश शासन में एक ही व्यक्ति के हाथ में सारी सत्ता होती है और वही व्यक्ति अपने मनमाने नियम बनाता है और उन्हीं को शासन में जारी करता है। किन्तु व्यावहारिक रूप में वही अपनी सहयता के लिए किसी एक वजीर अथवा मन्त्री को शासन का काम सौंप देता है। जिनता ही अधिक विस्तृत साम्राज्य होता है उतना ही अधिक निरंकुश सम्राट बन जाता है और उसको शासन की देख-रेख के लिए उतना ही कम अवसर मिलता है।

शासन के आधारभूत सिद्धांत
(Basic Principles of Government)

मान्टेस्क्यू ने विभिन्न प्रकार के शासनों की प्रवृत्ति बताने के पश्चात् उनके आधारभूत सिद्धांतों का विवेचन किया है। उसका कहना है कि किसी शासन की प्रकृति उसी का निर्माण करती है और उसका आधारभूत सिद्धांत शासन को कार्यान्वित करता है। प्रकृति तो शासन का ढाँचा बनाती है और सिद्धांत मानव के स्वभाव के अनुकूल शासन को चलाते हैं। अतएव किसी भी राज्य की विधियों का निर्माण शासन की प्रकृति और उसके आधारभूत सिद्धांत के अनुकूल होना चाहिए।

सिद्धांतों का वर्णन करते हुए मान्टेस्क्यू कहता है कि इतिहास से यह सिद्ध होता है कि एक राजतन्त्र में मनोवैज्ञानिक दृष्टि से शासन का सद्गुण ही उस शासन का आधारभूत सिद्धांत है। लोकतन्त्र में देश-प्रेम और समता आधारभूत सिद्धांत हैं। वही गुण छोटे-छोटे समुदायों अथवा समाजों में अधिक मात्रा में हो सकते हैं। अतएव गणतांत्रिक शासन एक छोटे राज्य में जिसकी कम जनसंख्या हो उचित होता है अथवा सफल होता है किन्तु साथ ही साथ एक विशाल गणतंत्र संघात्मक सिद्धांतों पर आधारित हो सकता है जिनमें संघ की इकाइयाँ अपना अस्तित्व कायम रखती हुई स्थानीय मामलों में स्वतन्त्र रह सकती हैं।

गणतन्त्र में लोकतन्त्र की भाँति सद्गुण का होना एक आवश्यक सिद्धांत है। ऐसे तन्त्र में जो उच्च कुल के लोग अपने हितों की रक्षा करते हुये साधारण जन को प्रतिबंधित रखते हैं किन्तु वह एक दूसरे को प्रतिबन्धित रखने के लिए यह महसूस करते हैं कि वह नेकी के साथ कार्य करें। अतएव कुलीनतन्त्र में न तो उत्तेजना होती है और न आलोचना अथवा पुराग्रह होता है। ऐसा तन्त्र मध्य मार्ग अपनाता है।

निरंकुश शासन में आधारभूत सिद्धांत निरंकुश शासक का भय होता है जिसके कारण प्रजागण शासक की आज्ञा का बिना विरोध किये पालन करते हैं।

राज्य का ध्येय
(Ideal of State)

मान्टेस्क्यू का कहना है कि सभी शासकों का ध्येय सुरक्षा है। विभिन्न राज्यों का वर्णन करते हुए वह कहता है कि रोम का ध्येय साम्राज्य का विस्तार था, स्पार्टा का ध्येय युद्ध था, यहूदियों का ध्येय धर्म था, चीन की विधियों का ध्येय सार्वजनिक शांति था, बर्बर जातियों

की प्रकृति स्वतन्त्रता थी, राजतन्त्रों का ध्येय शासन की शांति था।

इंगलैंड के शासन पर विचार
(Ideas on British Government)

इंगलैंड में मान्टेस्क्यू दो वर्ष तक रहा था। वहाँ पर उसने इंगलैंड की शासन-पद्धति का गम्भीर अध्ययन और अवलोकन किया। वह इस निष्कर्ष पर पहुँचा कि इंगलैंड की शासन पद्धति बहुत उत्तम है और वहाँ पर राजनैतिक स्वतन्त्रता है। प्रजा-गण को शान्ति और सन्तोष है। इंगलैंड के शासन की उत्तमता का कारण यह है कि शासन के तीन अंग हैं—विधायिनी अंग, कार्य पालिका और न्याय पालिका। इन तीनों में विभिन्न लोग शक्ति रखते हैं, तीनों अंग एक दूसरे से पृथक् हैं। पार्लियामेंट विधि निर्माण करती है तो मन्त्री-मण्डल कार्यपालिका है और न्यायपालिका इन दोनों से ही पृथक है। जहाँ भी विधि निर्माण का कार्य और कार्यपालिका शक्ति एक ही व्यक्ति अथवा एक ही व्यक्ति-समूह में निहित होते हैं वहां पर नागरिक की स्वतन्त्रता नहीं रह सकती। वहां भी स्वतन्त्रता नहीं रह सकती जहां न्यायपालिका विधायिनी शक्ति अथवा कार्यपालिका पृथक् न हों, क्योंकि यदि न्यायपालिका विधायिनी शक्ति में सम्मिलित रहे तो न्यायाधीश विधि निर्माता होते हुए न्याय नहीं कर सकते। यदि न्यायाधीश ही कार्यपालिका का अंग हो तो यह भय रहेगा कि न्याय करने के बजाय वह हिंसा अथवा अत्याचार करे। अतएव यदि दोनों ही शक्तियाँ एक ही व्यक्ति या एक ही व्यक्ति समूह को सौंप दी जाय तो बिल्कुल नाश ही हो जाय। इतिहास से उदाहरण देते हुए मान्टेस्क्यू बताता है कि इटली के गणराज्यों में दोनों ही शक्तियाँ एक ही स्थान पर थीं इसलिए वहां पर अन्य राजतन्त्रों की अपेक्षा बहुत कम स्वतन्त्रता थी। बहुत से शासकों ने अपने राजतन्त्र स्थापित करते हुये तीनों ही शक्तियों को अपने हाथ में रखकर मनमाना शासन किया और इसलिए उनका शासन आन्तकवादी रहा। अन्त में वह यही निष्कर्ष निकालता है कि विधान मण्डल को कई विधियों का निर्माण करना चाहिये। कार्यपालिका को विधियों के अनुकूल शासन करना चाहिए और न्यायपालिका को स्वतन्त्र रूप से ठीक-ठीक न्याय करना चाहिये । जहाँ सरकार के दोनों अंग विभिन्न या व्यक्ति समूह को सौंप दिये जाते हैं वहां पर अच्छा शासन होता है। यद्यपि मान्टेस्क्यू ने इंगलैंड के शासन का अवलोकन करते हुए जो परिणाम निकाला था वह गलत था कि वहाँ पर शासन इसलिये उत्तम है कि शासन की तीनों शक्तियों का पृथक्कीकरण है, फिर भी उसने शक्ति पृथक्कीकरण के सिद्धांतों का प्रतिपादन कर व्यावहारिक राजनीति को एक ऐसी देन दी जिसका महत्त्व आगे चल कर बहुत बढ़ गया। संयुक्त राज्य अमेरिका के संविधान निर्माताओं ने इसी सिद्धांत के अनुसार अमरीकी संविधान में विधान मण्डल, कार्यपालिका और न्याय पालिका दोनों प्रकार की शक्तियों को विभिन्न व्यक्तियों को सौंपा और न्यायपालिका को विधान मण्डल तथा कार्यपालिका के प्रभाव से बिल्कुल स्वतन्त्र रखकर नागरिकों की स्वतन्त्रता की रक्षा की। आधुनिक काल में अनेक लोकतन्त्रीय शासन-विधानों को बनाने में मान्टेस्क्यू के सिद्धांत का अनुसरण किया गया।

स्वतन्त्रता
(Liberty)

मान्टेस्क्यू स्वतन्त्रता को सर्वाधिक महत्त्व देता है। उसके अनुसार स्वतन्त्रता का अर्थ उन सब कार्यों को करना है, जिनको करने की अनुमति कानून देता है। मान्टेस्क्यू ने अपने ग्रन्थ में दो प्रकार की स्वतन्त्रता का वर्णन किया है, जो इस प्रकार है–

(1) राजनीतिक स्वतन्त्रता (Political Liberty)–मान्टेस्क्यू ने राजनीतिक स्वतन्त्रता की परिभाषा देते हुये कहा है कि ''राजनीतिक स्वतन्त्रता का अर्थ यह है कि वह स्वेच्छानुसार व्यवहार करें, इसका वास्तविक अर्थ यह है कि हमें जिस प्रकार व्यवहार करना चाहिये, हम वैसा ही व्यवहार करें।'' उसने आगे कहा है कि ''राजनीतिक स्वतन्त्रता राज्य के कानून से प्राप्त होती है। अत: कानून में रहकर वह राजनीतिक स्वतन्त्रता का उपयोग कर सकता है।'' उसने राजनीतिक स्वतन्त्रता की प्रमुख विशेषतायें निम्नलिखित बतायी हैं–

(i) राजनीतिक स्वतन्त्रता का अस्तित्व और सुरक्षा कानूनों में निहित है।

(ii) राजनीतिक स्वतन्त्रता कानूनों का उल्लंघन करने पर समाप्त हो जाती है।

(iii) राजनीतिक स्वतन्त्रता में शासक एवं शासितों के सम्बन्धों का स्थायित्व अभिहित है।

(iv) राजनीतिक स्वतन्त्रता की सुरक्षा विधि समस्त शासन में निहित है।

(2) नागरिक स्वतन्त्रता (Civil Liberty)–मान्टेस्क्यू के नागरिक स्वतन्त्रता सम्बन्धी विचार अस्पष्ट हैं, परन्तु वह दास-प्रथा को अमानवीय मानता था, जिसका अर्थ है वह नागरिक स्वतन्त्रता का समर्थक था। इस विषय में डनिंग (Dunning) का मत है कि 'मान्टेस्क्यू ने नागरिक स्वतन्त्रता की परिभाषा स्पष्ट रूप से नहीं की है, किन्तु उसके विचारों से स्पष्ट है कि पूर्ण स्वतन्त्रता व्यक्तियों को तभी मिल सकती है, जब शासन तन्त्र असीमित शक्ति सम्पन्न या निरंकुश न हो।''

शक्ति पृथक्करण सिद्धांत
(Theory of Separation of Power)

प्राचीन विचारकों में मान्टेस्क्यू को ही केवल शक्ति पृथक्करण के सिद्धान्त की सर्वमान्यता सिद्ध करने का तथा इसकी वैज्ञानिक व्याख्या करने का श्रेय प्राप्त है। सेबाइन (Sabine) ने उसके सम्बन्ध में कहा है कि ''अट्ठारहवीं शताब्दी के समस्त फ्रांसीसी राजनीतिक विचारकों में रूसो को छोड़कर मान्टेस्क्यू सबसे आगे है।'' मैक्सी ने भी उसके विषय में लिखा है कि, ''प्लेटो, अरस्तु, मैक्यावली एवं बोदाँ के समान राजनीतिक दर्शन में निर्दिष्ट स्थान रखता है।''

मान्टेस्क्यू द्वारा 'शक्ति पृथक्करण के सिद्धान्त को' अपनाने का प्रमुख कारण यह था कि वह 'निरंकुश सत्ता' तथा 'भ्रष्टाचार' को समाप्त करना चाहता था। उसने प्रत्येक सरकार

को तीन भागों—व्यवस्थापिका, कार्यपालिका तथा न्यायपालिका में विभक्त किया था। उसके स्वयं के शब्दों में, ''जब विधायिका और कार्यपालिका शक्तियाँ एक ही व्यक्ति-समूह के हाथों में केन्द्रित हो जाती हैं, स्वतन्त्रता का अस्तित्व समाप्त हो जाता है, क्योंकि यह आशंका हो जाती है कि एक ही राजा अथवा परिषद् आतताई कानून बना लें और उन्हें सख्ती से लागू करे। इसी प्रकार यदि न्यायपालिका शक्ति को विधायनी तथा कार्यपालिका शक्तियों से पृथक् नहीं किया जाता है, तो स्वतन्त्रता नहीं रह सकती। यदि न्यायपालिका को विधायी शक्ति के साथ मिला दिया जाय तो मनुष्यों के जीवन और स्वतन्त्रता को स्वेच्छाचारी नियन्त्रण का शिकार होना पड़ेगा। कारण यह है कि न्यायाधीश ही कानून बनाने वाले होंगे। यदि न्यायपालिका को कार्यपालिका के साथ मिलाया गया, तो न्यायाधीश हिंसक अत्याचारपूर्ण व्यवहार कर सकते हैं।''

फाइनर (Finer) के शब्दों में, ''मान्टेस्क्यू चाहता था कि क्राउन की शक्ति सीमित रहे, संविधान बने और ऐसे माध्यम से बने, जिसके माध्यम से शक्ति रूपी स्त्रोत अपनी सीमाओं का अतिक्रमण न कर पाये। अन्यथा लोग आतंकित हो सकते हैं। वस्तुत: वह चाहता था, कि ऐसी संस्थाओं का निर्माण हो, जो एक ओर स्वेच्छाचारी कार्यपालिका को नियन्त्रण में रखें, दूसरी ओर न्यायपालिका और व्यवस्थापिका भी अपनी सीमाओं में रहें।''

मान्टेस्क्यू ने शक्ति विभाजन की आवश्यकता इसलिये भी समझी क्योंकि उसके अनुसार यदि तीनों शक्तियों का प्रयोग एक ही संस्था के हाथ में आ जाये तो स्वतन्त्रता समाप्त हो जायेगी।

नियन्त्रण व सन्तुलन का सिद्धान्त

मान्टेस्क्यू ने नियन्त्रण व सन्तुलन का सिद्धान्त प्रतिपादित किया है जिससे सरकार के तीनों अंगों की शक्तियाँ इस प्रकार कार्य करें कि उनमें परस्पर टकराव न होकर, नियन्त्रण व संतुलन की स्थिति बनी रहे।

शक्ति पृथक्करण सिद्धान्त की आलोचना
(Criticism of the Theory of Separation of Power)

विद्वानों ने मान्टेस्क्यू के शक्ति पृथक्करण के सिद्धान्त की आलोचनायें निम्नलिखित की हैं—

(i) **शक्तियों का पूर्ण पृथक्करण असंभव** (Complete Separation of Power Impossible)—मान्टेस्क्यू के शक्तियों के पूर्ण पृथक्करण को विद्वानों ने असम्भव माना है। उनके अनुसार तीनों अंगों के सहयोग के बिना कोई कार्य सम्भव नहीं है।

(ii) **सरकार एक सावयव** (Government as an Organism)—मान्टेस्क्यू के अनुसार, ''सरकार एक सावयव (Organism) के समान है, इसके अंग परस्पर एक दूसरे पर आश्रित होते हैं, जिसमें पूर्ण विभाजन सम्भव नहीं है।''

(iii) **संघर्ष की वृद्धि** (Growth of Conflicts)—जे० एस० मिल (J.S. Mill) ने इस विषय पर लिखा है कि ''शासन के अंगों का पूर्णतया पृथक्करण प्रशासन में आन्तरिक

संघर्ष उत्पन्न कर सकता है, क्योंकि शासन के विभिन्न अंगों के कार्य-क्षेत्र का स्पष्ट विभाजन ही सम्भव नहीं है।'' फाइनर (Finer) ने भी इस विषय में कहा है कि ''यह सिद्धांत शासन व्यवस्था में शिथिलता एवं संघर्ष की स्थिति उत्पन्न करता है।

(iv) **लोकतन्त्र के विरुद्ध** (Against Democracy)—विभिन्न विद्वानों का मत है कि यह सिद्धान्त ही लोकतन्त्र के विरुद्ध है।

(v) **कार्य विभाजन का सिद्धान्त** (Theory of the Division of Labour)—मान्टेस्क्यू का शक्ति विभाजन का सिद्धान्त शक्तियों का विभाजन न होकर कार्य विभाजन का सिद्धान्त है।

(vi) **गैटिल** (Gattell)—गैटिल ने इस सिद्धान्त के सम्बन्ध में कहा है कि ''आर्थिक रूप से 'शक्ति पृथक्करण' तथा 'निरोध और सन्तुलन' दोनों सिद्धान्त उत्तम सरकार के लिये खतरनाक हैं। इसमें एकता और सहयोग का अभाव रहता है, जो उत्तम शासन के लिये अनिवार्य है।''

मान्टेस्क्यू का योगदान
(Contribution of Montesquieu)

राजदर्शन के इतिहास में मान्टेस्क्यू का एक महत्त्वपूर्ण स्थान है। उसकी विचारधारा ऐतिहासिक अध्ययन से प्रभावित हुई थी। अरस्तु तथा मैकियावली की भांति उसने विभिन्न देशों के इतिहासों का अध्ययन किया और इस कारण उसने व्यावहारिक दृष्टि से राजनीति के विभिन्न पहलुओं पर अपने विचार व्यक्त किये हैं। उसने विधियों के तत्त्व पर विस्तारपूर्वक लिखा है। विधियों का आधार अथवा शासन की प्रकृतियों को उसने मनोवैज्ञानिक दृष्टि से प्रकट किया है और कहा है कि विधियों के निर्माण में नागरिकों के विचारों, रहन-सहन रीति-रिवाजों और आर्थिक परिस्थितियों का बहुत प्रभाव पड़ता है। मान्टेस्क्यू ने इस बात पर प्रकाश डाला है कि किसी राज्य की विधियों अथवा शासन पर वहां की भौगोलिक स्थिति, वहां की भूमि और मिट्टी, उपज आदि का बहुत बड़ा प्रभाव पड़ता है क्योंकि इन्हीं विभिन्न बातों से देश के निवासियों के विचार, रहन-सहन और रीति-रिवाज विशेष रूप धारण करते हैं और उसकी आवश्यकताओं का एक विशेष प्रकार बन जाता है जिनकी पूर्ति के लिये एक विशेष प्रकार का शासन स्थापित किया जाता है। इसी भौगोलिक आधार पर मान्टेस्क्यू ने यह मत भी प्रकट किया है कि किसी देश में और किस प्रकार की जलवायु, भोजन-वस्त्र आदि के कारण विभिन्न प्रकार के शासनतन्त्र स्थापित हो जाते हैं। आगे चलकर इन्हीं बातों का महत्त्व समझते हुये समाज शास्त्र के विशिष्ट क्षेत्र में एक विशेष शास्त्र का निर्माण हुआ, जिसे भू-राजनीति कहते हैं। जिसका महत्त्व आज बहुत बढ़ गया है। मान्टेस्क्यू ने विधियों के विभिन्न प्रकारों का बहुत विस्तृत विवेचन किया है। उसने दैवी विधियों, प्राकृतिक विधियों, मानवीय विधियों, राजनैतिक विधियों राष्ट्रीय विधियों तथा अन्तर्राष्ट्रीय विधियों का बहुत विस्तारपूर्वक विवेचन किया है। मान्टेस्क्यू का व्यावहारिक दृष्टि पसन्द थी। इसी कारण उसने सैद्धांतिक पक्ष को अधिक महत्त्व न देकर मनोवैज्ञानिक दृष्टि से विभिन्न प्रकार की शासन पद्धतियों का व्यावहारिक दृष्टि से वर्णन किया है।

अभ्यास के लिये प्रश्न

1. मान्टेस्क्यू के राजनीतिक विचार बताइये।
2. राजदर्शन को मान्टेस्क्यू की क्या देन है?
3. विधि और शासन के सम्बन्ध में मान्टेस्क्यू के विचारों का वर्णन करिये।
4. मान्टेस्क्यू की पद्धतियों तथा राजनीतिक विचारों का विश्लेषण कीजिये।
5. मान्टेस्क्यू के स्वतन्त्रता और कानून सम्बन्धी विचारों का वर्णन कीजिये।
6. मान्टेस्क्यू 18वीं शताब्दी का अरस्तु क्यों कहलाता है?
7. मान्टेस्क्यू के शक्ति-विभाजन सिद्धान्त की आलोचनात्मक व्याख्या कीजिये।
8. सरकारों के वर्गीकरण के बारे में मान्टेस्क्यू के विचारों का आलोचनात्मक विवेचन कीजिये।
9. ''निरंकुश शासन के लिये भय की सृष्टि करना आवश्यक है।'' (मान्टेस्क्यू) व्याख्या कीजिये।
10. मान्टेस्क्यू के शक्ति पृथक्करण के सिद्धान्त का वर्णन कीजिये।

27

डेविड ह्यूम

(David Hume, 1711-1776 A.D.)

रूसो के समकालीन डेविड ह्यूम सामाजिक संविदा सिद्धान्त के बहुत बड़े विरोधी थे। आज उनका नाम राजाओं के दैवी अधिकार के सिद्धान्त तथा संविदा के सिद्धान्त के विरोधी के रूप में विख्यात है। इस सिद्धान्त से लोगों की आस्था तो मान्टेस्क्यू के समय में ही उठ गयी थी पर ह्यूम के सिद्धान्तों के साथ वह लगभग समाप्त ही हो गया। हेराल्ड जे० लास्की (Harold J. Laski) के अनुसार "ह्यूम का उपयोगितावाद कठिन परिश्रम द्वारा खड़े किये गये सामाजिक समझौते के अधिभौतिक सिद्धान्त को स्थानापन्न करने वाला सबसे प्रथम और सक्षम सिद्धान्त था और यदि ह्यूम इस सिद्धान्त में (सामाजिक संविदा में) दृश्य की भावना को देखने वाले प्रथम व्यक्ति नहीं थे—क्योंकि शायद इस बात के दावेदार शेफ्टसबरी (Shaftesbury) हैं तो भी ये प्रथम विचारक थे, जिन्होंने इस सिद्धान्त की निरर्थकता को सिद्ध करने के तर्क प्रस्तुत किये।"

ह्यूम का जन्म सन् 1711 ई० में स्काटलैण्ड के एक सभ्य परिवार में हुआ था। इनकी प्रारम्भिक शिक्षा-दीक्षा बड़े ठाटबाट में हुई थी। इन्हें कानून की शिक्षा मिली थी, पर बाद में इन्होंने उसे मन न लगने के कारण छोड़ दिया। उन्होंने कई साल तक व्यापार किया और आर्थिक सिद्धान्तों का अध्ययन किया। इनकी पहली कृति 'Treatise on Human Nature' थी। इस कृति के प्रकाशन के समय ह्यूम को कोई नहीं जानता था। इस कारण इस कृति को किसी ने नहीं पूछा, परन्तु आजकल यह ह्यूम की सर्वश्रेष्ठ कृति मानी जाती है और अठारहवीं शताब्दी की विचारधारा में मोड़ लाने वाली सबसे महान रचना के रूप में इसे स्वीकार किया जाता है।

मैक्सी (Maxey) के अनुसार "ट्रीटाइज ऑन ह्यूमन नेचर" (Treatise on Human Nature) के प्रकाशन पर इसे बहुत कम लोगों ने खरीदा, उससे भी कम लोगों ने इसे पढ़ा और समझा तो इसे किसी ने भी नहीं।" ह्यूम ने केवल जनता की मान्यताओं को अस्वीकार किया, बल्कि उनकी कड़ी आलोचना भी की, जिससे पहली प्रतिक्रिया ह्यूम के विरुद्ध हुई और उन्हें धर्म व परम्परा विरोधी नास्तिक कहा गया। स्वयं ह्यूम ने अपनी स्थिति के सम्बन्ध

में एडम स्मिथ (Adam Smith) से कहा था कि "एक मैं हूँ, जिसने उन सारे विषयों पर लिखा है, जिनमें लोगों के द्वारा शत्रुतापूर्ण रुख अपनाये जाने की सम्भावना है, परन्तु सारे ह्विगों, सारे टोरियों और ईसाईयों को छोड़कर मेरा कोई शत्रु नहीं है।" इस कथन से स्पष्ट है कि दलगत भावनाओं और साम्प्रदायिक मान्यताओं से ऊपर उठकर ही ह्यूम की बातों को समझा जा सकता था। जैसे-जैसे लोग संकीर्ण विचारों से ऊपर उठे, वैसे-वैसे ही वह ह्यूम के तर्कवाद के प्रशंसक बनते गये और उपयोगितावादी काल तक तो ह्यूम के विचारों की धूम मच गयी। डेविड ह्यूम की अन्य प्रमुख कृतियाँ हैं—एसेज मॉरल एण्ड पोलिटिकल (Essays Moral and Political), पोलिटिकल डिसकोर्सेज (Political Discourses) तथा 'इनक्वायरी कंसर्निंग दि प्रिंसिपल्स ऑफ मॉरल्स' (Inquiry Concerning the Principles of Morals) आदि।

डेविड ह्यूम के राजनीतिक विचार
(Political Thoughts of David Hume)

डेविड ह्यूम के राजनीतिक विचार निम्नलिखित हैं—

(1) दैवी सिद्धान्त तथा सामाजिक संविदा (Theory of Divine Right and Social Contract)—उस समय टोरी दल की मान्यता थी कि राजसत्ता का स्रोत 'दैव' है। राजा दैवी अधिकार के बल पर शासन का अधिकारी है, जिसमें व्यक्ति ने अपने कल्याण हेतु शक्ति को राजा को इस शर्त पर सौंपा है कि यदि राजा इस समझौते का पालन नहीं करेगा तो उसे पद से हटा दिया जायेगा। इन विरोधी नीतियों के बीच का रास्ता अपनाते हुए ह्यूम ने दोनों की आलोचना की और कहा कि "सरकारों का अस्तित्व सारे युगों में रहा है, इसलिये वह ईश्वरीय तो है ही। उसकी सारी शक्तियाँ भी इसी अर्थ में ईश्वरीय हैं, जिस अर्थ में सारे संसार की अन्य शक्तियाँ। सरकार का प्रमुख इस अर्थ में ही ईश्वरीय है। इसलिये राजा चाहे न्यायी एवं उदार भी क्यों न हो, अपने को किसी रहस्यात्मक दैवी शक्ति या विशिष्ट स्थान का दावा नहीं कर सकता, चाहे वह अत्याचारी ही क्यों न हो।"

राज्य के प्रशासन में राज्य के राजा की शक्ति का जो हेतु है, वही हेतु राज्य के छोटे से छोटे अधिकारी की शक्ति का भी है। "अगर आप संसार के अधिकतर भाग में इस बात का उपदेश देने लग जाये कि राजनीतिक संस्थायें लोगों के स्वेच्छिक समर्थन या पारस्परिक समझौते पर आधारित हैं तो यदि आपके मित्र आपके इन अनर्गल प्रलापों के लिये पहले ही आपका मुँह बन्द न कर देंगे तो अवश्य ही कोई प्रशासक आपको लोगों की आज्ञाकारिता के विरुद्ध भड़काने वाला देशद्रोही मानकर जेल के अन्दर शीघ्र ही बन्द कर देगा।"

विचारकों द्वारा वर्णित किया गया प्रारम्भिक समझौता आज शक्तिहीन एवं तथ्यहीन हो चुका है। ऐसे समझौते को वर्तमान में मानने का अर्थ होगा सन्तति का अपने हजारों और लाखों वर्षों पहले के पूर्वजों के समझौते द्वारा सदा के लिये बंध जाना। लोकतन्त्र पर विश्वास करने वाला व्यक्ति शायद इस बात को बिल्कुल भी स्वीकार नहीं करेगा—इसके अतिरिक्त "इतिहास और अनुभव से ऐसा पाया जाता है कि कोई भी इस प्रकार के समझौते के औचित्य को किसी भी देश या युग में सिद्ध नहीं करता।"

इस सम्बन्ध में इंगलैंड की क्रान्ति का मूल्यांकन करते हुए ह्यूम ने लिखा है कि जो क्रान्ति जनता के नाम पर की जाती है, उसमें जनता का सही समर्थन नहीं होता। जनता के नाम पर सारी उथल-पुथल करने वाले थोड़े से व्यक्ति ही होते हैं, जो सरकार पर हावी हो जाते हैं। आगे ह्यूम ने लिखा है कि, ''मैं यह नहीं कहता कि लोगों का समर्थन, जहाँ वह सम्भव हो सके, प्राप्त न किया जाय। समर्थन के आधार पर सरकार का निर्माण यदि हो सके, तो वह अवश्य ही सर्वोत्तम व सबसे पवित्र सरकार होगी। मैं तो केवल यह कहना चाहता हूँ कि इस प्रकार के समर्थन की चीज बहुत ही कम रही है और समूचे समर्थन के आधार पर तो कभी भी कोई सरकार गठित नहीं हुई है। अतएव सरकार का कोई दूसरा आधार भी ढूंढा जाना चाहिये।''

सभी लोग किसी न किसी सरकार की आधीनता में ही जन्म लेते हैं और इसलिये जन्म से ही उस सरकार के प्रति अपने कर्त्तव्य का पालन करने लगते हैं। ऐसी स्थिति में इन कर्त्तव्यों के पालन में किसी अनुमति या छूट की बात करना ही मूर्खता है। यह कहना भी उचित नहीं है कि सभी वैधानिक सरकारों का आधार समर्थन ही होता है। अपनी आवश्यकता ही आज्ञाकारिता का कारण है, समर्थन नहीं।

(2) सरकार का आधार-उपयोगिता (Basis of Government Utility)—राजा के प्रति आज्ञाकारिता ह्यूम के अनुसार एक नैतिक कर्त्तव्य है। नैतिक कर्त्तव्य दो प्रकार के होते हैं। प्रथम, वे जिनको व्यक्ति अपनी स्वाभाविक प्रवृत्ति द्वारा करता है, दूसरे, वे जिन्हें व्यक्ति केवल करणीय कर्त्तव्य का ऋण मानकर करता है, चाहे उनके करने में भले ही उसकी प्रवृत्ति अनुकूल न हो। बहुत सारे क्षेत्रों में उसे अपनी इच्छा तथा रुचि का बलिदान करना पड़ता है, क्योंकि ऐसा करना सामाजिक जीवन के विकास, शान्ति और व्यवस्था के लिये अनिवार्य होता है। यह आवश्यकता ही न्याय, विश्वसनीयता एवं आज्ञाकारिता आदि नैतिक कर्त्तव्यों को जन्म देती है। इसी आधार पर सामाजिक जीवन चलता है। जिस प्रकार सामाजिक दृष्टि से न्याय और विश्वसनीयता अनिवार्य है, उसी प्रकार राज्य के प्रति कर्त्तव्य भी आवश्यक और करणीय है।

राज्य के प्रति आज्ञाकारिता इसलिये आवश्यक है क्योंकि इसके लिये नागरिक ने वादा किया है, वरन् इसलिये भी कि व्यक्ति के सम्बन्ध और व्यापार आदि राज्य के बिना कुछ भी सुरक्षित नहीं रह सकते। ह्यूम के अनुसार ''यदि उस आज्ञाकारिता का कारण पूछा जाता है जिसके लिए हम सरकार के प्रति बाध्य हैं तो मैं शीघ्र उत्तर देता हूँ क्योंकि बिना उसके समाज जीवित नहीं रह सकता और यह उत्तर सारी मानव जाति के लिये स्पष्ट बोधगम्य है।'' संविदावादियों के तर्क की तरह यह उत्तर देना असंगत है, क्योंकि हमें अपने वादे को निभाना चाहिये परन्तु वादे का निर्वाह कोई मूल वस्तु नहीं है। मूल वस्तु तो व्यक्ति या समाज का हित है।

ह्यूम के इन विचारों की लास्की एवं प्रो० बार्कर (Laski & Barker) ने समीक्षा की है। लास्की के मतानुसार 'ह्यूम के तर्कों द्वारा मनुष्यों का मस्तिष्क परिवर्तित हो गया और वे संविदा सिद्धान्त को असंगत मानने लगे।'' प्रो० लास्की के शब्दों में ''ह्यूम अपने लिये यह श्रेय ले सकते हैं कि उन्होंने राजनीति के सारे क्षेत्रों में उपयोगिता के सिद्धान्त को प्रसारित किया है क्योंकि ह्यूम का यह कहना है कि बिना राज्य की आज्ञा माने वह समाज में नहीं रह सकता।'

प्रो॰ बार्कर के मत में "ह्यूम का यह उत्तर सन्तोषजनक नहीं है, क्योंकि राजनीतिक अधीनता में सारी बाध्यता केवल जनता के लिये है, प्रशासक के लिये नहीं।"

(3) प्राकृतिक कानून की परख और प्राकृतिक अधिकारों की अमान्यता (The Test of Natural Law and the Rejection of Natural Rights)—ह्यूम के अनुसार "जिन्हें प्राकृतिक अधिकार कहा जाता है, वे मानवीय अभिरुचियों के समर्थन के अनुसार बदलते रहते हैं। इसलिये उन्हें प्राकृतिक कहना ही भूल है।" ह्यूम के विचार में कोई अधिकार प्राकृतिक नहीं होता, केवल सामाजिक मान्यताओं द्वारा कुछ काल के लिये समर्थित होता है। अधिकार उपयोगी होते हैं और इस उपयोगिता को सार्वजनिक समर्थन प्राप्त होने से उसे लोग प्राकृतिक कहने लगते हैं। प्रो॰ सेबाइन (Prof. Sabine) के अनुसार "उन्होंने प्राकृतिक अधिकारों, सत्य की स्वयं सिद्धियों और ऐसे शाश्वत व अपरिवर्तनीय नैतिकता के कानून सम्बन्धी बौद्धिक दर्शनों को पूरा धो दिया है, जो उस समय मानव समाज की व्यवस्था और प्रकृति में सामंजस्य लाने की प्रत्याभूति माने जाते थे।" ह्यूम ने प्राकृतिक न्याय, अनपहरणीय मानव अधिकारों और स्वतन्त्रता के स्थान पर उपयोगिता को स्थानापन्न कर दिया था।

(4) प्रजातन्त्र-विरोधी विचार (Anti-democratic Ideas)—ह्यूम की विचारधारा में प्रजातन्त्र के प्रति कोई सहानुभूति नहीं थी। इसके विपरीत उसने अपने काल की कुलीनतन्त्रीय व्यवस्था का समर्थन किया है। उसके मत में जनसाधारण में इतना विवेक नहीं होता कि वह स्वार्थ-हित की अपेक्षा सामान्य हित की उच्चता के आदर्श का अनुगमन कर सके। शासन कार्य कुछ कुलीन व्यक्ति ही उचित रूप से कर सकते हैं।

राजनैतिक चिन्तन में योगदान
(Contribution to Political Thought)

डेविड ह्यूम के दृष्टिकोण का इंगलैण्ड के उपयोगितावादी चिन्तन पर गहरा प्रभाव पड़ा था। इसके रूढ़िवादी विचारों का प्रभाव बार्कर (Barker) पर तथा दार्शनिक विचारों का जर्मन आदर्शवादी विचारक काँट (Kant) पर अधिक पड़ा। राजनीतिक चिन्तन को ह्यूम ने एक नई दिशा प्रदान की। उसने प्राकृतिक कानून तथा प्राकृतिक अधिकारों की धारणा तथा सामाजिक संविदा सिद्धान्त की भावनामूलक विचारधारा का परित्याग किया तथा राजनीतिक चिन्तन को प्रयोगवाद, उपयोगितावाद एवं व्यवहारवाद की दृष्टि से व्यक्त करने की प्रेरणा दी।

ह्यूम के तर्कवाद को कार्लाइल (Carlyle) ने तर्कशास्त्र का एक ऐसा चौड़ा और विस्तृत खलिहान कहा है "जिसमें से किराये के सिद्धान्त से लेकर धर्म के प्राकृतिक इतिहास तक सभी प्रकार के प्रश्नों की मड़ाई की जा सकती है और समान यान्त्रिक निष्पक्षता के साथ उन्हें छापा जा सकता है।" अन्त में कहा जा सकता है कि यद्यपि ह्यूम ने अपना कोई सिद्धान्त प्रतिपादित नहीं किया, परन्तु विचारों के जगत में उन्होंने ऐसी क्रान्ति ला दी, जिससे भावी विचारधारा का स्वरूप ही बदल गया।

अभ्यास के लिये प्रश्न

1. डेविड ह्यूम का उपयोगितावादी विचारधारा में क्या योगदान है?
2. डेविड ह्यूम के राजनीतिक विचारों का उल्लेख कीजिये।

28

एडमण्ड बर्क

(Edmund Burke, 1729-1794 A.D.)

राजनीति दर्शन के इतिहास में बर्क का महत्त्वपूर्ण स्थान है। लार्ड मैकाले (Lord Macauley) के शब्दों में, "मिल्टन के बाद बर्क ही हमारे देश का महानतम पुरुष है और जार्ज मार्ले के पश्चात् वही हमारे देश का विधान निर्माता था।" प्रो॰ हर्नशा (Prof. Hearnshaw) ने लिखा है, "बर्क सदैव सुधारक था, परन्तु क्रान्तिकारी कभी न था। वह सदैव संरक्षणवादी था, परन्तु सभी सुधारों का अन्धा विरोध करने वाला टोरी कभी न था।"

जीवन परिचय एवं रचनायें

एडमण्ड बर्क का जन्म सन् 1729 ई॰ में आयरलैंड के डबलिन नगर में हुआ था। इस समय वालपोल के नेतृत्व में ह्विग राजनीतिक दल अपने चरमोत्कर्ष पर था और पूरी राज व्यवस्था में सामन्तों का अधिपत्य था। बर्क के पिता प्रोटेस्टैण्ट तथा माता कैथोलिक घराने से थीं। इनकी शिक्षा-दीक्षा किल्डेयर की पाठशाला एवं बाद में डबलिन के ट्रिनिटी महाविद्यालय में हुई थी। सन् 1750 ई॰ में इन्हें वकालत की शिक्षा ग्रहण करने हेतु लन्दन भेजा गया था। वकालत में इनका मन नहीं लगा क्योंकि इनकी रुचि राजनीति, दर्शन एवं साहित्य में थी। वकालत छोड़ने के बाद बर्क ने कई ग्रन्थों को प्रकाशित करवाया। सन् 1759 ई॰ में आरयलैण्ड के मन्त्री हैमिल्टन के सचिव बने। सन् 1765 में वे राकिंघम के प्रधानमंत्री बनने पर उनके सचिव बने। सन् 1765 ई॰ में बर्क कामन्स सभा के सदस्य बने। इसके पश्चात् 30 वर्ष तक राजनीति में रहकर 1794 ई॰ में उन्होंने संसद की सदस्यता से त्याग-पत्र दे दिया। बर्क ने अन्तिम दिन बहुत दु:खों एवं कष्टों में बीते। सन् 1794 ई॰ में जब उनके पुत्र का देहान्त हो गया तब वह इस घटना को सह न सके और 1794 ई॰ में ही परलोक सिधार गये।

लेखन एवं पत्रकारिता की ओर बर्क की अधिक रुचि थी। उसकी प्रमुख रचनायें हैं—

1. विन्डिकेशन ऑफ नेचुरल सोसाइटी (Vindication of Natural Society)

2. 'आइडियाज ऑफ दि सबलाइम एण्ड दि ब्यूटीफुल' (Ideas of the Sublime and the Beautiful)

3. 'थॉट्स ऑन कॉलेज ऑफ प्रेजेन्ट डिस्कन्टैन्ट' (Thoughts on Causes of Present Discontent)

4. 'स्पीचिज ऑन कन्सीलियेशसन विद अमेरिका' (Speeches on Conciliation with America)

5. 'रिफ्लेक्शन ऑन दि रिवोल्यूशन इन फ्राँस' (Reflections on the Revolution in France) आदि।

प्रभावित करने वाली परिस्थितियाँ

बर्क के विचारों पर निम्न परिस्थितियों का प्रभाव पड़ा था–

(1) फ्रांस की क्रान्ति (French Revolution)–फ्रांस की राज्य-क्रान्ति का बर्क के विचारों पर गहरा प्रभाव पड़ा था। राजतन्त्र को नष्ट करने वाले क्रांतिकारियों ने राजा-रानी एवं उससे सम्बन्धित कुलीन व्यक्तियों की हत्या कर दी थी। इससे बर्क के हृदय को गहरा सदमा पहुँचा तथा वे स्वयं 'उदारवादी' से 'अनुदारवादी' बन गये। उसने फ्रांसीसी क्रान्तिकारियों की हिंसक कार्यवाहियों का कड़ा विरोध किया तथा यह कहा कि "फ्रांसीसी लोग क्रान्ति के द्वारा जिस स्वतन्त्रता को प्राप्त करना चाहते हैं, वह स्वतन्त्रता नहीं अराजकता है।"

(2) अमेरिकन क्रान्ति (American Revolution)–अमेरिकन क्रान्ति का बर्क के विचारों पर गहरा प्रभाव पड़ा था। अमेरिकी उपनिवेशों के प्रति इंगलैंड के जार्ज तृतीय की नीति पक्षपातपूर्ण थी। इससे इन अमेरिकी उपनिवेशों में क्रान्ति की लहर दौड़ पड़ी। अनुदारवादी इंगलैंड के लोग इस क्राति को कुचल देना चाहते थे और उदारवादी अमरीका को स्वतन्त्र कर देना चाहते थे। बर्क ने मध्यम मार्ग का अनुसरण किया तथा अमेरिकी उपनिवेशों से बातचीत करने का परामर्श दिया।

(3) भारत में ईस्ट इण्डिया कम्पनी का शासन (East India Company's Rule in India)–ईस्ट इण्डिया कम्पनी के संचालकों ने भारत में बड़ा अत्याचारपूर्ण एवं अन्यायपूर्ण शासन करना प्रारम्भ किया था, जिससे भारतीय जनता काफी दु:खी और क्षुब्ध थी। इस पर दु:ख प्रकट करते हुये बर्क ने लिखा था कि "भारत के निवासियों की दृष्टि के सामने उन शिकारी गिद्धों और निराशा पैदा करने वाली उसकी अनन्त नई उड़ानों के सिवाय और कुछ है ही नहीं जो अपनी नित्य प्रति की बढ़ती हुई भूख के साथ उस खुराक के लिये हमला करते जा रहे हैं, जिसका निरन्तर ही दुरुपयोग किया जाता है।............अंग्रेज अधिकारी भारत में अपनी सत्ता और राज्य की मदिरा का तब तक पान करके मदान्ध होते हैं, जब तक उनके दिमाग बिल्कुल कुंठित नहीं हो जाते और चूंकि सिद्धान्ततः समय से पूर्व ही पूर्ण सौभाग्यशाली बनने का अवसर मिल जाता है। इसलिये न तो प्रकृति न ही सद्बुद्धि उन्हें अपनी सत्ता के दुरुपयोग से रोक सकती है। ....वे अपने शिकार को लाकर इंगलैण्ड से इकट्ठा कर रहे हैं और भारत की चीत्कार मानसूनी तूफान के साथ समुद्र की सुदूर क्षितिज में जाकर प्रतिवर्ष उसकी मूल लहरों में तिरोहित हो रही है।" बर्क ने कम्पनी के शासन का भारी विरोध किया था।

(4) जॉर्ज तृतीय का शासन—बर्क के समय में इंगलैण्ड में राजा जॉर्ज तृतीय गद्दी पर था। जॉर्ज तृतीय बड़ा ही महत्त्वाकांक्षी था। उसकी न केवल राज्य का नामधारी अध्यक्ष रहने की इच्छा थी बल्कि वास्तविक शासनभार भी स्वयं ही सँभालना चाहता था। वह चाहता था कि संसद (पार्लमेण्ट) के अधिकारों को सीमित कर दिया जाय। उसने प्रजातंत्रवादी माँगों को मान्यता देना अस्वीकार कर दिया। वह बड़ा अदूरदर्शी और अनुदार था। शीघ्र क्रुद्ध हो जाने की आदत के कारण ही वह संकटपूर्ण राजनीतिक स्थिति को सँभालने में बड़ा अक्षम सिद्ध होता था। इंगलैण्ड की सर्वमान्य परम्पराओं और प्रथाओं की उल्लंघन करने में उसे कोई हिचकिचाहट नहीं होती थी। अमेरिका के इंगलैण्ड के हाथ से निकल जाने का एक कारण जॉर्ज का हठी स्वभाव भी था। बर्क ने जॉर्ज तथा प्रजातंत्रवादियों के संघर्ष में मध्यमार्ग का अनुसरण किया। उसने कहा "जैसा है वही ठीक है, सर्वोत्तम है।" वह "यथापूर्व स्थिति" (Status quo) का समर्थक था। वह सामयिक आवश्यकताओं के अनुसार सुधार का पक्षपाती था। किसी भी व्यवस्था में वह आमूल परिवर्तन नहीं करना चाहता था। उसने न तो क्रान्तिकारी सुधारवादी विचारकों का समर्थन किया और न घोर अनुदारवादी नेताओं का और इस प्रकार मध्यमार्ग अपनाया।

अध्ययन-पद्धति
(Method of Study)

मॉण्टेस्क्यू की भाँति बर्क की भी अध्ययन पद्धति ऐतिहासिक थी। अनुबंधवादियों तथा प्राकृतिक विधिवादियों ने राजनीति और राजदर्शन के अध्ययन के क्षेत्र में से इतिहास को अलग कर दिया था। बर्क ने इतिहास को अपना पुराना स्थान दिलवाया। बर्क को बहुत सी जटिल राजनीतिक समस्याओं को सुलझाने का काम करना पड़ा। इनको सुलझाने में उसने इतिहास का सहारा लिया और समस्या की तह तक पहुँच कर उसका हल निकाला। बर्क का कहना था कि ऐतिहासिक अध्ययन से ही समस्त समस्याओं को सुलझाया जा सकता है। वह कल्पनावादिता में नहीं अनुभूति में विश्वास करता था। इन अर्थों में वह उपयोगितावादी भी था। उसकी अध्ययन पद्धति निगमनात्मक (deductive) नहीं व्याप्तिमूलक (inductive) थी।

राज्य और समाज
(State and Society)

बर्क के राज्य संबंधी विचार उसकी अध्ययन-पद्धति से प्रभावित हुए थे। वह इस परिणाम पर पहुँचा था कि राज्य का क्रमशः विकास हुआ है। राज्य किसी अचानक घटना का परिणाम नहीं है। क्रमिक विकास द्वारा राज्य की उत्पत्ति उसी प्रकार हुई है जैसे मानव-शरीर का विकास होता है।[1] राज्य केवल वर्तमान तक ही सीमित नहीं है बल्कि उससे अतीत और

1. "....He saw the state organically....(and) was impressed by the .... wisdom of the past." .... He thought .... "the species is wise and when time is given to it, as a species it almost always acts right."
H.J. Laski, *Political Thought in England from Locke to Bentham,* p. 161.

भविष्य भी संयुक्त और संबद्ध हैं।[2] बर्क नहीं मानता था कि राज्य किसी अनुबंध का परिणाम है। अनुबंधवादियों का राज्योत्पत्ति संबंधी निष्कर्ष गलत है क्योंकि, इसका अर्थ यह होता है कि राज्य की उत्पत्ति सहसा हो गयी और इतिहास और मानव-स्वभाव के तथ्य इससे विपरीत दिशा की ओर संकेत करते हैं।

बर्क का राज्य संबंधी मत अरस्तु की सूक्ति पर स्थापित है कि "मनुष्य स्वभाव से ही राजनीतिक होता है।" इसका आशय यह है कि मनुष्य बिना राज्य के रह ही नहीं सकता। बर्क राज्य को भी आवश्यक मानता है। व्यक्ति के ऐसे कोई भी प्राकृतिक अधिकार नहीं हैं जिन्हें राज्य स्पर्श न कर सकता हो। राज्य की उत्पत्ति के पूर्व व्यक्ति के कुछ ऐसे अधिकार नहीं थे जिनको राज्य ने कभी भी न छीनने का वायदा किया हो। राज्य के अन्तर्गत व्यक्ति के कुछ अधिकार अवश्य हैं परन्तु वे इस बात पर निर्भर करते हैं कि एक व्यक्ति के अधिकारों को दूसरा व्यक्ति मान्यता प्रदान करे। समाज में ही व्यक्ति के अधिकारों का अस्तित्व है, समाज के बाहर अधिकारों जैसी कोई चीज हो ही नहीं सकती। बर्क प्राकृतिक अधिकारों के सिद्धान्त की कल्पना को राज्य-विरोधी ही नहीं बल्कि अराजकता प्रचारक मानता था। इसके लिये उस को फ्रांस की राजक्रान्ति का प्रमाण भी मिल गया। फ्रांस की राजक्रांति के सर्वेसर्वा प्राकृतिक अधिकारों में बहुत अधिक विश्वास करते थे। राजक्रान्ति के बाद फ्रांस में जो अराजकता फैली उसकी ओर संकेत करते हुए बर्क ने कहा कि काल्पनिक अधिकारों के सिद्धान्तों को क्रियान्वित करने का स्वाभाविक परिणाम अराजकता ही होगी। व्यक्ति के अधिकार और कर्तव्य, दोनों ही परिस्थितियों के बंधन में होते हैं। किसी भी उत्तरदायी शासन से इस बात की आशा नहीं की जा सकती कि वह ऐसे काल्पनिक अधिकारों को क्रियान्वित करेगा जो काल और परिस्थितियों को ध्यान में रखें बिना बनाये जाते हैं।

बर्क ने यह भी स्पष्ट करने का प्रयत्न किया कि समाज का आधार क्या है? उसने बतलाया कि समाज का विकास ईश्वरीय निर्देशानुसार स्वाभाविक रीति से होता है। चूँकि मनुष्य सामाजिक प्राणी है, अतः, उसका कर्तव्य है कि वह समाज की मर्यादाओं का पालन करे। व्यक्ति को समाज की मर्यादाओं को भंग करने का कभी नहीं सोचना चाहिए क्योंकि ऐसा करना उसके तथा समाज दोनों के लिए घातक होगा। समाज की रचना किसी एक पीढ़ी ने नहीं की। समाज किसी एक व्यक्ति ने नहीं बनाया। यदि समाज को मानवीय प्रयत्नों का परिणाम भी मान लिया जाय तब भी यह स्वीकार करना होगा कि उसकी रचना में असंख्य पीढ़ियों ने भाग लिया है। समाज की रचना या विध्वंस किसी एक व्यक्ति की इच्छानुसार नहीं हो सकता। अनुबंधवादियों ने समाज को किसी एक पीढ़ी का कार्य बतला कर समाज की कल्पना को अपवित्र कर दिया। उन्होंने यह नहीं समझा कि मानव-समाज के प्रत्येक सदस्य का यह कर्तव्य है कि उसे जो कुछ भी अपने पूर्वजों से मिला हो उसे कुछ उन्नत और विकसित करके उत्तराधिकारी पीढ़ी को दे। समाज केवल व्यक्तियों का समूह मात्र नहीं होता। बर्क के अनुसार

---

2. "I attest the retiring, I attest the advancing generations, between which, as a link in the great chain of eternal order we stand."
Edmund Burke, Speech on the Impeachment of Warren Hastings in the British Parliament, *Collected Works,* Volume VIII, p. 439.

सामाजिक अनुबंध सामान्य अर्थों में माने जाने वाले अनुबंध नहीं है। वह मानव-स्वभाव की देन है। समाज एक नैतिक संस्था है और उसका नैतिक उद्देश्य है। समाज की सदस्यता एक बड़ी व्यापक भागदारी है।[1] इस हिस्सेदारी के उद्देश्यों की पूर्ति एक पीढ़ी तो क्या अनेक पीढ़ियाँ भी एक साथ नहीं कर सकतीं। सामाजिक अनुबंध में प्रवेश करते समय मनुष्य केवल समाज के जीवित व्यक्तियों से समझौता करता है तथा मृत पीढ़ियों और आने वाली पीढ़ियों से भी समझौता करता है। वह एक शाश्वत शृंखला की छोटी-सी कड़ी होना स्वीकार करता है। समाज संबंधी यह मत अठारहवीं शताब्दी के अनुबंधवादी एवं प्राकृतिक अधिकारवादियों को सूझा ही नहीं था। बर्क का कहना था कि किसी वस्तु का हमारे सामने अस्तित्व होना ही इस बात का औचित्य है कि उस चीज को बना रहना चाहिए। वह बनी-बनायी चीज को बिगाड़ने के पक्ष में नहीं था। शासन, विधि, अधिकार, सम्पत्ति आदि के समकालीन स्वरूपों में आमूल परिवर्तनों का वह कट्टर विरोधी था। उसका कहना था कि आवश्यकता हो तो उनमें थोड़ा बहुत परिवर्तन विकास के लिए किया जा सकता है परन्तु किसी पीढ़ी की पहली पीढ़ियों के विश्वासों, मर्यादाओं आदि को उलट देना सर्वथा अवांछनीय है। बर्क को किसी भी प्रकार के क्रान्तिकारी सुधारों से मानव-समाज की व्यवस्था में परिवर्तन करना अभीष्ठ न था। यही कारण है कि उसके कथनों में हमें आशावादिता नहीं मिलती। वह हर वस्तु को निराशावादी दृष्टिकोण से देखता है। हर वस्तु के लिए वह पीछे देखता है, आगे देखने का उसका स्वभाव ही नहीं है। वह कहता है कि समाज और राज्य के विधि-विधानों में परिवर्तन करना ईश्वरीय इच्छा के विरुद्ध आचरण करना है फिर भी वह सामयिक आवश्यकताओं के तथ्यों की उपेक्षा नहीं करता और कहता है कि आवश्यकताओं के अनुरूप थोड़े बहुत परिवर्तन होते रहने चाहिए।

अधिकार
(Rights)

व्यक्ति के अधिकारों को काल एवं परिस्थितिजन्य बतलाने के बाद बर्क ने व्यक्ति के विभिन्न अधिकारों की चर्चा की। वह नागरिक अधिकारों (Civil Rights) और राजनीतिक अधिकारों (Political Rights) की अलग-अलग विवेचना करता है। नागरिक अधिकारों के संबंध में उसका मत है कि वे समान रूप से सभी को मिलने चाहिए। इन अधिकारों का प्रयोग प्रत्येक व्यक्ति कर सके यह व्यवस्था करना राज्य का कर्तव्य है। राजनीतिक अधिकारों के संबंध में बर्क का कहना था कि वे समान रूप से प्रत्येक व्यक्ति को नहीं दिये जा सकते। राजनीतिक अधिकार अत्यन्त महत्त्वपूर्ण होते हैं, वे केवल एक व्यक्ति को ही नहीं बल्कि सारे समाज को प्रभावित करते हैं। इसलिए यदि राजनीतिक अधिकार किसी अयोग्य और अक्षम व्यक्ति को दे दिये जाते हैं तो उन अधिकारों से समाज को क्षति भी पहुँच सकती है। अतएव राजनीतिक अधिकार कुछ योग्य व्यक्तियों को ही मिलने चाहिए। इस प्रकार राजनीतिक क्षेत्र में बर्क असमानता का पोषक और अप्रजातांत्रिक था। उसका कहना था कि किसी भी ऐसे

---

1. ''It is a partnership in all science, in all art, a partnership in every virtue and in all perfection.''
Edmund Burke on French Revolution, *Collected Works,* Vol. III, p. 359.

व्यक्ति को कोई अधिकार नहीं मिलना चाहिए जिसका वह लाभदायी ढंग से प्रयोग न कर सके। इस प्रकार बर्क का अधिकारों का सिद्धान्त मानव-स्वभाव के तथ्यों पर और समाज की सावयविक कल्पना पर आधारित है। चूंकि अधिकारों का उपयोग केवल समाज में ही हो सकता है—इसलिए बर्क समाज की स्थापना के पूर्व प्राकृतिक अवस्था के मनुष्य के अधिकारों को नहीं मानता। प्राकृतिक अधिकारों की गणना वह इसी वर्ग के अधिकारों में करता है ।[1] व्यक्ति के अधिकार सामयिक अवस्थाओं के अनुरूप बदलते रहने चाहिए। यही कारण है कि बर्क, अधिकारों की निश्चित धारणाओं और कल्पनाओं का विरोध करता है। उसके द्वारा लिखित संविधानों का विरोध भी बहुत कुछ इसी पर आधारित है। उसका कहना था यदि प्राकृतिक अधिकारों की कल्पना स्वीकार कर ली जाय और इंगलैण्ड के प्रत्येक व्यक्ति को तदनुसार स्वतंत्र कर दिया जाय तो सारा शासन एक दिन में ही उलट जायगा। बर्क को प्राकृतिक अधिकारों के नाम से चिढ़ थी।

सम्पत्ति
(Property)

बर्क सम्पत्ति को व्यक्ति के लिए आवश्यक समझता था। उसका कहना था कि जब तक व्यक्ति को सम्पत्ति रखने का अधिकार प्राप्त नहीं होगा तब तक समाज की प्रगति होनी संभव नहीं है। सम्पत्ति संबंधी अपने विचारों के कारण ही बर्क व्यक्ति की समानता के सिद्धान्त में विश्वास नहीं रखता था।

शासन एवं सुधार
(Government and Reforms)

चूँकि बर्क व्यक्तियों की समानता में विश्वास नहीं करता था इसलिए वह चाहता था कि शासन योग्य व्यक्तियों के ही हाथ में रहे और अयोग्यों के हाथ में न जाने पाये। इस दृष्टि से वह अभिजात्यवर्ग (Aristocracy) के शासन का पोषक था। वह चाहता था कि शासन-कार्य इस प्रकार का हो कि उससे समाज के विकास और प्रगति में किसी भी प्रकार बाधा न पड़े। शासन सार्वजनिक कल्याण को दृष्टि में रखकर होना चाहिए। इस सिलसिले में बर्क ने प्रेस की स्वतंत्रता और जनमत की उपयोगिता के संबंध भी अपने विचार प्रकट किये। उसका कहना था कि शासन (Government) को जनमत का ध्यान रखना चाहिए। शासन करने वाले व्यक्तियों को हठवादिता नहीं दिखलानी चाहिए। यदि काल और परिस्थितियों की माँग हो तो उचित परिवर्तन और सुधार कर देने चाहिए। विरोधी पक्ष की न्यायोचित माँगे भी अवश्य स्वीकार करनी चाहिए। बर्क का कहना था कि अनुभव से ही शासन-कार्य में सफलता मिल सकती है। अनुभवहीन के हाथ में शासन दे देना अपराध है। बर्क के सुधार संबंधी मत परिवर्तनवादी या क्रान्तिकारी नहीं थे। उसके समय में जार्ज तृतीय ऐसे राजनीतिक परिवर्तन

---

1. "We are afraid to put men to live and trade each on his own private stock of reason, because we suspect that this stock in each man is small and that the individuals would do better to avail themselves of the general bank and capital of nations and of ages."
—Edmund Burke, *Reflections on the Revolution of France, Collected Works,* Vol. II, p. 359.

करना चाहता था जिससे उसकी शक्ति बढ़ जाय और ब्रिटिश संसद ऐसे सुधार करना चाहती थी जिससे प्रजातंत्रवादी प्रवृत्तियों को बल मिले। बर्क ने दोनों का ही विरोध किया और कहा कि न तो मताधिकार ही विस्तृत किया जाना चाहिए और न जार्ज तृतीय के अधिकारों में ही कोई वृद्धि की जानी चाहिए। उसका कहना था कि यदि सुधार किये जायँ तो वे न्यायपूर्ण हों—यदि न्याय न किया जा सके तो सुधार किये ही न जाने चाहिए। बर्क की सम्पूर्ण शक्ति संस्थाओं में परिवर्तन करने के स्थान पर उनके स्वरूप को ज्यों का त्यों बनाये रखने में लगी रहती थी।[1]

फ्रांस की राजक्रान्ति का विरोध
(Opposition of French Revolution)

बर्क ने फ्रांस की राजक्रान्ति का विरोध किया। समकालीन क्रान्ति समर्थकों ने बर्क की इस बात के लिए आलोचना की और उसे बड़ा प्रतिक्रियावादी बतलाया। कुछ लोगों ने यह भी कहा कि अमेरिका की क्रान्ति के समर्थन के बाद बर्क के विचार बदल गये हैं परन्तु फ्रांस की राजक्रान्ति के विरोध तथा अमेरिका के प्रति सहानुभूति पूर्ण रुख अपनाने में कोई भी असंगति नहीं है। बर्क ने सदैव आवश्यकतानुकूल परिवर्तनों का समर्थन और आमूल परिवर्तनों का विरोध किया था। अमेरिका की माँगों का समर्थन करते समय बर्क का कहना था कि वहाँ के निवासियों की माँगें न्यायोचित हैं और उन्हें स्वीकार कर लिया जाना चाहिए। अमेरिका के लोगों ने फ्रांस के क्रान्तिकारियों की भाँति निर्मम हत्याएँ और नृशंस अत्याचार नहीं किये थे। बर्क फ्रांसीसी क्रान्तिकारियों के इन्हीं कृत्यों की वजह से नाराज था। फ्रांस की राजक्रान्ति का विरोध करने में बर्क ने उस प्रतिभा का परिचय नहीं दिया जिसकी अमेरिकन क्रान्ति का समर्थन करने के बाद उससे आशा की जाती थी। बर्क का यह कहना गलत था कि समाज और राज्य इतिहास के बन्दी हैं। यहाँ बर्क अपनी मर्यादा रेखा से आगे बढ़ गया। यह कहना तो ठीक है कि प्रत्येक गुजरी पीढ़ी वर्तमान पीढ़ी से संबद्ध है और वर्तमान पीढ़ी आने वाली पीढ़ियों से संबद्ध है परन्तु यह कथन सुनते ही खटकने लगता है कि वर्तमान सर्वथा अतीत का ही बन्दी है। फ्रांस के क्रान्तिकारियों ने धर्म का भी विरोध किया। चूँकि बर्क धर्मभीरु राजनीतिज्ञ था, इसलिए उसका फ्रांसीसी क्रान्ति का विरोध करना स्वाभाविक था।

अनुदारवाद
(Conservatism)

बर्क को बहुत-से विचारकों ने अनुदारवादी दार्शनिक कहा है। कुछ ने तो उसे आधुनिक अनुदारवादियों का पिता (Father of Modern Conservatives) बतला दिया है। आइवर ब्राउन ने लिखा है कि बर्क ने अनुदारवादी दर्शन को संसार के सामने इतनी पूर्णता और योग्यता के साथ रखा कि ऐसा कभी नहीं किया गया।[2] बर्क ने कभी प्रजातंत्रवादी होने का दंभ नहीं किया।

---

1. ''If I cannot reform with equity, I will not reform at all.'' Edmund Burke Quoted in R.M. Murray, *History of Political Science,* p. 295.
2. ''Burke gave to the philosophy of conservation perhaps the fullest and most eloquent expression the world has ever heard.''

—Ivor Brown, *English Political Theory,* p. 70.

उसने अपने को कभी क्रान्तिकारी सुधारक नहीं माना। वह अपने समय के तथा अपने बाद आने वाले सभी क्रान्तिवादी सुधारकों का विरोधी था। वह क्रान्तिवादियों के सिद्धान्तों और साधनों को ईश्वरीय इच्छा का विरोधी समझता था। उसका कहना था कि रीति-रिवाजों और परम्परा की मर्यादाओं का कभी भी उल्लंघन नहीं किया जाना चाहिए। जब परम्पराएँ एक बार मनुष्य के स्वभाव का अंग बन जाती है तो उनको तोड़ने से कष्ट और उपद्रव अवश्य होते हैं। मेकन के शब्दों में बर्क का अनुदारवाद केवल सैद्धान्तिक है।[1] वह भावना या रुचियों की दृष्टि से अनुदारवादी बिल्कुल नहीं है। यदि ध्यान से देखा जाय तो बर्क का अनुदारवाद दो सिद्धान्तों पर स्थित है। पहला सिद्धान्त यह है कि मानव-समाज और राज्य की पुनर्रचना किसी एक व्यक्ति या एक पीढ़ी का काम नहीं है। भले ही कोई व्यक्ति या एकाध पीढ़ी इस दिशा में थोड़ा बहुत प्रयत्न कर ले लेकिन यह असंभव है कि उसे पूर्ण सफलता मिल जाय। दूसरा सिद्धान्त यह था कि इस प्रकार के प्रयत्न किये ही नहीं जाने चाहिए।

सामाजिक अनुबंध
(Social Contract)

अठारहवीं शताब्दी के दार्शनिकों ने समाज को अनुबंध का परिणाम बतलाया था। उन्नीसवीं शताब्दी ने समाज के अनुबंधवादी रूप को स्वीकार नहीं किया और समाज को सावयविक माना। समाज के सावयविक रूप को मानते हुए भी बर्क ने अनुबंध का प्रयोग किया। अनुबंध से बर्क का आशय एक ऐसे समझौते से रहा जो किसी कृत्य द्वारा सम्पादित नहीं होता बल्कि अपने आप उत्पन्न हो जाता है, एक ऐसा अनुबंध जो क्रमिक विकास का परिणाम होता है।[2] बर्क समाज को एक समझौते की अति व्यापक सदस्यता मानता है। उसका कहना है कि यह सदस्यता एक पीढ़ी में प्राप्त नहीं होती, इसके लिए कई पीढ़ियों तक प्रयत्न करना पड़ता है। इसलिए मनुष्य को सदा समाज के सम्पूर्ण स्वरूप को मान्यता देनी चाहिए, उसे ध्वस्त या नष्ट करने का कोई प्रयत्न नहीं करना चाहिए। इसी प्रकार बर्क उपयोगितावादी आधार पर राजक्रान्ति का विरोध नहीं करता, बल्कि उसका कहना था कि प्रत्येक चीज ईश्वर की बनायी हुई है, उसको जो भी नष्ट करता है वह ईश्वरीय इच्छा के विरुद्ध आचरण करता है। चूँकि क्रान्ति में निर्मित चीजों का नाश किया जाता है, इसीलिए वह अवांछनीय है। बर्क के सभी विचारों पर धर्मभीरुता की छाप थी। उसका कहना था कि इतिहास की गति और राष्ट्रों का भाग्य ईश्वर की इच्छा और आदेशों के अनुसार निर्मित होता है। प्रत्येक देश का संविधान मनुष्यों की शाश्वत और सर्वोच्च आध्यात्मिक शक्तियों द्वारा निर्मित होता है, इसलिए उसमें बाधा डालना किसी भी प्रकार उचित नहीं है। यही कारण है कि बर्क धार्मिक और नैतिक

---

1. ''Burke's is not a conservatism of sentiment and still less of prejudice. It is the conservatism of principles.''
—John Maccunn, *The Political Philosophy of Burke*, p. 68.

2. ''The contract he has in mind always involes those slowly evolved, habitual, intimate, living ties between the members and classes of the body politic which are so clearly not the product of any explicit act of contract between man and man or class and class that they have driven our sociologists to lift society above the categories of law and plunge it deep in the categories of biology."
—*Ibid.*, p. 58.

आधारों पर सुधारों एवं आमूल परिवर्तनों का विरोध करता है। सुधारवादियों के संबंध में बर्क का कहना था कि वे किसी वस्तु को नष्ट भले ही कर दें परन्तु उसका निर्माण करना उनके लिए कठिन है। बर्क प्रजातंत्रवाद का भी विरोधी था। उसका कहना था कि सामान्यतया जनसाधारण का समूह सर्वथा मूढ़ होता है। यही कारण था कि जब कभी ब्रिटिश संसद के सामने मताधिकार के क्षेत्र को विस्तृत कर देने का सवाल उठा बर्क ने उसका पूरी शक्ति से विरोध किया। उसे प्रजातंत्रवादी नेताओं की इस माँग से कोई सहानुभूति न थी कि ग्रामीण क्षेत्रों का प्रतिनिधित्व बढ़ाया जाय और छोटे-छोटे कस्बों में म्युनिसिपैलिटियों का संगठन किया जाय।

उपनिवेशों सम्बन्धी विचार
(Ideas About Colonies)

बर्क को अनुदारवादी दार्शनिक के रूप में देख लेने के बाद यह भी आवश्यक है कि हम उसके प्रगतिवादी स्वरूप पर भी दृष्टि डालें। इस संबंध में बर्क के उपनिवेशों तथा युद्ध और शान्ति विषयक विचार विशेष रूप से उल्लेखनीय हैं। अमेरिका, भारत और आयरलैण्ड के संबंध में बर्क का व्यवहार अत्यन्त सहानुभूतिपूर्ण था। इन उपनिवेशों के संबंध में जब भी उसने विचार प्रकट किये हमेशा भविष्य को सामने रखा। वारेन हेस्टिंग्ज के मामले में भारत के प्रति बर्क की सहानुभूति इसका प्रमाण है। अमेरिका के संबंध में ब्रिटिश संसद में दिये गये बर्क के भाषणों से स्पष्ट होता है कि बर्क ने कितनी व्यवस्था से औपनिवेशिक प्रशासन की त्रुटियों पर प्रकाश डाला था। ब्रिटिश अफसरों के ये कार्य स्वयं इंगलैण्ड के हितों के विरुद्ध थे। बर्क ने प्रयत्न किया था कि इंगलैण्ड अपने उपनिवेशों को स्वतंत्रता प्रदान करके वहाँ के निवासियों के हृदयों को अपनी उदारता से जीत ले। बर्क की बातों पर उसके समकालीन सत्ताधारियों और शासन ने कोई ध्यान नहीं दिया परन्तु जो कुछ बर्क ने कहा वह अन्त में अमेरिका और भारत के संबंध में सच साबित हुआ।

युद्ध और शान्ति
(War and Peace)

युद्ध और शान्ति की समस्याओं पर बर्क ने जो विचार प्रकट किये हैं वे बड़े आधुनिक प्रतीत होते हैं। उसने युद्ध के लिए युद्ध किये जाने का समर्थन नहीं किया। बर्क ने लिखा है कि युद्ध बहुत ही खतरनाक शस्त्र है। युद्धों से बड़े-बड़े राष्ट्र बरबाद हो जाते हैं। युद्ध संबंधी निश्चय सदैव खूब विचार-विनिमय के बाद किये जाने चाहिए। मनुष्य का रक्त जब तक उसी की शुद्धि के लिए आवश्यक न हो, नहीं बहाना चाहिए। परिवार, देश, मानवता और ईश्वर के लिए रक्तपात करना उचित है परन्तु इसके अलावा खून बहाना दंभ और अपराध है।

आलोचना
(Criticism)

बर्क ने जीवन भर ह्विग दल की सेवा की और उसके दृष्टिकोण के औचित्य को ही सिद्ध किया। उसके विचार दलगत सिद्धान्तों और निर्णयों से प्रभावित रहते थे। ह्विग दल के दोष जानते हुए भी वह उनको दूर करने की चेष्टा नहीं करता था। व्यक्तिगत मित्रता और शत्रुता

भी उसके विचारों की रचना में बड़ी सहायक होती थी। यह बात लार्ड चैथम के प्रति बर्क के विरोध और फॉक्स के प्रति उसकी मित्रता से प्रकट हो जाती है। बर्क का मस्तिष्क ह्यूम की भाँति व्यापक नहीं था और बर्क की दृष्टि भी एंडम स्मिथ की तरह तीक्ष्ण नहीं थी परन्तु ह्यूम और स्मिथ में से कोई भी बर्क को उसकी दूरदर्शितापूर्ण सहानुभूति तथा गहराई से विचार करने की शक्ति के क्षेत्र में परास्त नहीं कर सका। बर्क में एक दोष यह था कि उसने कभी यह अनुभव नहीं किया कि राजतंत्र और आभिजात्यतंत्र के शासन के दिन लद गए हैं, विशेषाधिकारियों का युग बीत चुका है तथा प्रजातंत्रवादी प्रवृत्तियाँ उभार पर हैं। इसका कारण था कि बर्क सदैव अतीत की तरफ देखता था; भविष्य की ओर उसकी दृष्टि अपवादात्मक रूप से ही जाती थी। ब्रिटिश संविधान की प्रशंसा में उसने जो कुछ कहा वह भी इसी प्रवृत्ति का फल था। उसकी यह प्रशंसा वास्तविक एवं समकालीन तथ्यों पर नहीं बीती बातों पर आधारित थी। वह जनता को शासनकार्य में कोई स्थान देने का पक्षपाती नहीं था यद्यपि वह जनमत के सुझावों को मानने के लिए तैयार था। फ्रांस की राजक्रान्ति के संबंध में उसका रुख आपत्तिजनक था। इतिहास का पुजारी होते हुए भी बर्क यह न समझ सका कि फ्रांस की क्रान्ति इतिहास की ही देन थी। फ्रांस में होने वाली क्रान्ति किसी एक दिन की घटना का परिणाम नहीं थी। उसकी पृष्ठभूमि में कई दशकों का अत्याचार, उत्पीड़न और दमन था जिसके विरुद्ध जनता ने विवश होकर तलवार उठायी थी। बर्क के विचारों से इंगलैण्ड में वर्गवाद की भावना बढ़ी तथा वर्ग सामंजस्य न हो सका।

राजनैतिक चिन्तन में योगदान
(Contribution to Political Thought)

फिर भी यह कहना ठीक न होगा कि बर्क का कोई योगदान ही नहीं है। उसके बाद के राजदर्शन पर बर्क का काफी असर पड़ा। उसके राज्य के स्वरूप को सावयविक बतलाने के कारण राज्य की उत्पत्ति और विकास के संबंध में एक जीवशास्त्रीय विचारधारा ही बन गयी। यद्यपि प्रजातंत्रवाद का युग बर्क के बाद आया फिर भी बर्क ने अपने समय में प्रजातंत्र के दोषों को अनुभव कर लिया था। उसका कहना था कि प्रत्येक वस्तु का शनैः-शनैः ही विकास होने देना चाहिए। आकस्मिक परिवर्तन से वह लाभ नहीं हो सकता जो सामान्य रूप से विकास के कारण होता है। सुधार और परिवर्तन अनुभव द्वारा किये जाने चाहिए तथा इनके करने में सामयिक आवश्यकताओं और परिस्थितियों का भी ध्यान रखना

1. "The most conspicuous general features of his political outpourings are, *first* his avoidance of abstract political speculation and his denunciation of the metaphysical treatment of practical affairs, *secondly,* his insistence on the empirical nature of art of government; *thirdly,* his appeal to history and experience as the only satisfactory guides in administrative matters; *fourthly,* his emphasis on consideration of expediency rather than on arguments based on rights, in all debatable problems of policy, and *finally* the essential moderation of all his opinions even when he expressed his opinions with extreme immoderation of language."

— F.J.C. Hearnshaw in *The Social & Political Ideas of the Revolutionary Era,* p. 89.

चाहिए। आगे चलकर उपयोगितावादी विचारकों ने बर्क की इन बातों का बड़ा लाभ उठाया। बर्क उग्रतावादी नहीं था, वह सहिष्णुता का समर्थक था। हॉर्नशा के अनुसार बर्क के चार योगदान हैं– (1) विकासवादी प्रवृत्तियों का विवेचन (Evolutionary nature of things), (2) अनुभूतिमूलकता (Empiricism), (3) सामयिक परिस्थितियों पर विशेष बल (Expediency) और (4) सहिष्णुता और मध्यमार्ग का प्रतिपादन (Moderation)।[1] बर्क ने अपने विचारों द्वारा निगमनात्मक अध्ययन-पद्धति की समाप्ति कर दी। उसने अनुबंधवादियों की कल्पनावादिता को विदा कर दिया। उसने इतिहास को उचित स्थान दिया और इस प्रकार विकासवादी, जीवशास्त्रीय और उपयोगितावादी विचारकों के लिए मार्ग प्रशस्त किया। डिजराइली, वर्डसवर्थ, कॉलरिज, साउदी, मेकिनटोश आदि बर्क से बहुत प्रभावित थे।

अभ्यास के लिये प्रश्न

1. ''बर्क उदारवादी तथा रूढ़िवादी दोनों था।'' व्याख्या कीजिये।
2. आप बर्क को अनुदार अथवा उदार विचारक या दोनों मानते हैं? सकारण उत्तर दीजिये।
3. ''शासन मानवीय आवश्यकताओं की सम्पूर्ति के लिये मानवीय विवेक का उपक्रम है।'' (बर्क) इस कथन की विवेचना कीजिये।
4. प्राकृतिक अधिकार, सामाजिक प्रसंविदा तथा राज्य पर बर्क के विचारों का परीक्षण कीजिये।
5. ''एडमण्ड बर्क जितना उदार था, उतना ही उग्र भी था।'' विवेचना कीजिये।

BIBLIOGRAPHY

Abbot, F.F., *Roman Political Institutions.*

Abbot, F.F., *Society and Politics in Rome.*

Adams, A.M., *Plato, Moral and Political Ideals.*

Adams, G.B., *Civilization During the Middle Ages.*

Addington, R., *Voltaire.*

Annie Besant., *Fabian Essays.*

Aquinas, T., *Summa Theologia.*

Armstrong, E., *Political Aspects of the French Wars of Religion.*

Arnold, W.T., *The Roman System of Provincial Administration.*

Austin, J., *The Province of Jurisprudence Determined.*

Bagehot, W., *Physics and Politics.*

Bird, H.M., *Rise Of Huguenots in France.*

Barnes, H.E., *Sociology and Political Theory.*

Barnes, J.S., *Universal Aspect of Fascism.*

Barker, E., *Plato and His Predecessor*

Barker, E., *Politics of Aristotle.*

Barker, E., *Political Thought of Plato and Aristotle.*

Barker, E., *Social Contract.*

Barker, E., *Political Thought in England from 1848 to 1914.*

Bancour, J.P., *Foundation of Sovereignty.*

Benthem, J., *The Principles of Morals and Legislation;*

Benthem, J., *Fragments on Government.*

Blackstone, W., *Commentaries on the Laws of England.*

Bosanquet, B., *The Philosophical Theory of State.*

Bolingbroke, *Works.*

Bowle, *The History of Western Political Thought.*

Booth, A.J., *Saint Simon and Saint-Simonism.*

Bryce, J., *Studies in History and Jurisprudence.*

Bryce, J., *Holy Roman Empire.*

Brown, I., *English Political Theory.*

Burns, C.D., *Political Ideals.*

Burns, C.D., *International Politics.*

Calvin, J., *The Institutes of the Christian Religion.*

Carlyle, R.W. and A.J., *History of Medieval Political Theory.*

Cokker, F.W., *Readings in Political Philosophy.*

Cole, G.D.H., *Guild Socialism.*

Cole, G.D.H., *Social Theory.*

Cole, G.D.H., *The World of Labour.*

Cole, G.D.H., *What Marx Really Meant.*

Comte, A., *Positive Polity.*

Davidson, W.L, *The Utilitarians.*

Davidson, W.L, *Aristotle and Ancient Educational Ideals.*

Doyle, Phyllis, *A History of Political Theories.*

Dunning, W.A., *A History of Political Theories, Vol. I, II, III & IV.*

Duff, R.A., *Spinoza's Political Theory and Ethical Philosophy.*

Emerton, *Introduction to the Middle Ages.*

Emerton, *Mediaeval Europe.*

Engels, F., *Socialism Utopian and Scientific.*

Figgis, J.N, *From Gerson to Grotius.*

Figgis, J.N, *Modern State.*

Figgis, J.N, *The Divine Right of Kings.*

Filmer, R., *Observation Concerning the Origin of Govt. Patriarcha.*

Finer, *The Theory and Practice of Modern Government.*

Fisher, G.P., *A History of Europe.*

Fisher, G.P., *History of the Reformation.*

Fowler, W., *City States of Greeks and Romans.*

Freeman, E.A., *History of Federal Government.*

Garner, *Political Science and Government.*

Gettell, R.G., *Political Science.*

Gettell, R.G., *History of Political Thought.*

Gierke, O.F., *Political Theories of the Middle Ages* (Maitland's Trans.)

Giddings, F.H., *Studies in the Theory of Human Society.*

Godwin, W., *The Political Justice.*

Gooch, G.P., *Political Thought in England from Bacon to Halifax.*

Gooch, G.P., *Studies of Modern History.*

Gooch, G.P., *English Democratic Ideas.*

Grant, A., *The Ethics of Aristotle.*

Green, T.M., *Principles of Political Obligation.*

Hearnshaw, F.G.C., *The Social and Political Ideas of Middle Ages.*

Hearnshaw, F.G.C., *The Social and Political Thinkers of the Revolutionary Era.*

Hegel, G.W.F., *The Philosophy of Right.*

Hegel, G.W.F., *The Philosophy of History.*

Hobbes, T., *Leviathan* (edited by Rhys).

Hobhouse, L.T., *The Metaphysical Theory of State.*

Hobson, S.G., *National Guilds.*

Hobson, J.A., *Imperialism.*

Hyndman, H., *England for All.*

Joad, C.E.M., *Modern Political Theories.*

Jowett, B., *The Dialogues of Plato.*

Jowett, B., *The Politics of Aristotle.*

Knox, J., *Appellations.*

Laski, H.J., *Political Thought in England from Locke to Bentham.*

Laski, H.J., *A Grammer of Politics.*

Laski, H.J., *Foundation of Sovereignty and Other Essays.*

Laski, H.J., *Political Ideas of James I* (An Essay in the Political Science, Vol. XXXIV).

Laski, H.J., *Communism.*

Leckey, W., *England in the Eighteenth Century.*

Lindsay, A.D., *The State in Political Theory.*

Locke, J., *The Two Treatises on Civil Government* (Ed. by W.S. Carpenter).

Lord, A.R., *Principles of Politics.*

Lord, A.R., *Social Contract.*

Luther, M., *Letter to German Nobility.*

Luther, M., *How Far Obedience Is Due to Secular Authority.*

Luther, M., *Good Works.*

Mabbot, J.D., *The State and the Citizen.*

Macaulay., *Machiavelli* (Essays).

MacCunn, J., *The Political Philosophy of Burke.*

MacDonald, R., *Syndicalism.*

Machiavelli., *The Prince.*

MacIver, R.M., *Community.*
Marx, K., *The Capital.*
Maxey, C.C., *The Political Philosophies.*
Merriam, C.E., *History of Sovereignty Since Rousseau.*
Mill, James, *Essay on Government.*
Morley, J., *Machiavelli.*
Murray, J.M., *The History of Political Science.*
Nettleship, R.L. *Lectures on Plato's Republic.*
Paine, T., *The Rights of Man.*
Pease, E., *A History of Fabian Society.*
Pollock, Sir F., *The History of Law of Nature.*
Pollock, Sir F., *The History of the Science of Politics.*
Pufendorf., *The Law of Nature and of Nations.*
Reeves, J.S., *Jeremy Bentham and American Jurisprudence.*
Sabine, G.H., *A History of Political Theory.*
Se'ddilot, R., *A Bird's Eye View of World History.*
Sidgewick, H., *The Development of European Polity.*
Spencer, H., *Social Studies.*
Spencer, H., *Man Versus State.*
Stalin, J.V., *An Essay On Historical and Dialectical Materialism.*
Stalin, J.V., *Leninism.*
Symonds, *Renaissance in Italy.*
Taylor, H.O., *The Medieval Mind.*
Taylor, H.O., *Thought and Expression in the Sixteenth Century.*
Vaughan, C.E., *Political Writings of J.J. Rousseau.*
Vaughan, R.W.B., *Life and Labours of St. Thomas Aquinas.*
Walker, T.A., *History of Law of Nations.*
Wallas, G., *Fabian Essays.*
Wallas, G., *The Great Society.*
Wallas, G., *Human Nature in Politics.*
Wicksteed, P.H., *Dante and Aquinas.*
Willoughby, W.W., *Political Theories of the Ancient World.*
Willoughby, W.W., *The Nature of State.*
Woodbridge., *Philosophy of Hobbes.*
Zimmern, A.W., *The Greek Commonwealth.*